French in Action

A
Beginning
Course in
Language
and Culture

French in Action

The Capretz Method

Second Edition

Pierre J. Capretz

Yale University

with

Béatrice Abetti

Yale University

Marie-Odile Germain

Bibliothèque Nationale, Paris

Foreword by Laurence Wylie

Harvard University

Yale University Press   *New Haven & London*

French in Action is a co-production of Yale University and the WGBH Educational Foundation, in association with Wellesley College.

Major funding for *French in Action* was provided by the Annenberg/CPB Project. Additional funding was provided by the Andrew W. Mellon Foundation, the Florence J. Gould Foundation, Inc., the Ministries of External Relations and of Culture and Communication of the French government, the Jessie B. Cox Charitable Trust, and the National Endowment for the Humanities.

Designed by Richard Hendel.
Set in Gill and Berkeley type by
The Composing Room, Inc., Grand Rapids, Michigan.
Printed by Edwards Brothers, Inc.,
Ann Arbor, Michigan.

Library of Congress Cataloging-in-Publication Data
Capretz, Pierre J.
   French in action : a beginning course in language and culture / Pierre J. Capretz, with Béatrice Abetti, Marie-Odile Germain.   (2 ed.)
     p.   cm.
   Includes index.
ISBN 0-300-05821-7
   1. French language—Textbooks for foreign speakers—English.   2. French language—Conversation and phrase books—English.   I. Abetti, Béatrice.
II. Germain, Marie-Odile.   III. Title.
PC2129.E5C36   1994
448.2'421—dc20   93-28562
                          CIP

A catalogue record for this book is available from the British Library.

The paper in this book meets the guidelines for permanence and durability of the Committee on Production Guidelines for Book Longevity of the Council on Library Resources.

10 9 8 7 6 5 4 3 2

Contents

Foreword Laurence Wylie

You are embarking upon the study of a foreign language and culture. Images, sounds, actions, and written words will all play a part in your learning experience. It is the function of this preliminary essay to emphasize that human communication is not through words only. Facial expressions and body language often communicate much more than the actual words spoken, especially in the formal exchanges that we all engage in repeatedly during the course of any given day. And the modes of this nonverbal communication can differ greatly from language to language or culture to culture. To be truly proficient in a second language, one must be schooled in these differences, must note them and practice them in addition to mastering the spoken words.

Let me illustrate what I mean by analyzing what you will see and hear in the first filmed segment (lesson 2) of *French in Action*.

A young woman, Mireille Belleau, comes out of the door of her apartment house and dashes off to attend an Italian class at the Sorbonne. Before she arrives, however, she meets several friends and acquaintances and stops to greet them appropriately. In this very natural way we learn some of the most frequent greetings in French. We hear *Bonjour!* and *Au revoir!* of course, but more often expressions of inquiry and replies concerning each other's health: *Ça va? Salut! Tu vas bien? Vous allez bien?* and so on.

The most common greetings in most languages have to do with inquiries about the state of the health of each individual. If you think a little about this, you are faced with a curious question: Are human beings really so deeply interested in each other's health that they must inquire about it each time they meet? Certainly not. In fact, one definition of a bore is a person who, when you inquire about his or her health, actually tells you! There is an example of this sort of person in lesson 2: Mireille's Aunt Georgette.

The truth is that we do not usually communicate through greetings; greetings only offer us an opportunity to communicate with each other. To understand this we must know the basic meaning of the words *common, communicate,* and *communication*. They are derived from two Indo-European stems that mean "to bind together." In this ordered universe, no human being (and perhaps no beings of any sort except for a few single-celled creatures) can live in isolation. We must be bound together in order to participate in an organized effort to accomplish the necessary activities of existence. This relationship is so vital to us that we must con-

stantly be reassured of it. We test this connection each time we have contact with each other.

However, to carry out this kind of test literally each time we see each other would be too tedious. Each culture has developed the custom of greeting, which requires that we pause at least briefly with each other. All cultures I know require that a verbal exchange take place in which we talk about health or the state of the weather or our destination. This exchange takes only a few seconds and the words have no significance in themselves; nonetheless, it is long enough for our amazingly rapid and complex nervous systems to record and process thousands, perhaps millions, of messages about each other that permit us to draw conclusions about one another and about our relationship. This communication, this binding together, is accomplished in many ways—some conscious, most unconscious. We have no special organ for the purpose of communication; we communicate with every means at our disposal. The parts of our body that produce the sound waves we recognize as speech all had other elementary purposes in our evolution: to breathe, to swallow, to bite, and so on. We adapted these body parts to develop speech, but speech is only one means of communication. We utilize our total behavior and environment for communication.

Because of the way the human mind works, however, we cannot rationally grasp totality. To study the whole of a phenomenon, we must analyze it—that is, break it down into component parts. So we break communication down into different channels: speech, writing, symbolic systems, posture, use of the space around us, ritual, facial expression, gesture, manipulation of objects, touch. Some of these have been well studied; others are less well known: rhythm, pressure, heat, odor, chemical reaction, waves of energy, and undoubtedly others of which we are not even aware.

Speech is the most notable achievement of human beings, but it is usually not our most important form of communication, as we've seen in the case of greetings. As Mireille walks from her home to her class, she constantly meets people and exchanges words with them, but the only function of these words is to give her and her acquaintances an opportunity to communicate in many other ways with each other. Through all channels, she and her friends affirm their relationship: shades of social and age difference, friendship and affection, mutual expectations of behavior, and so on. When we watch the videotape at normal speed, we are not aware of the many events in the episode because they take place so fast that we perceive them only unconsciously. But with the help of the "frame advance" or slow-motion function available on some video playback units, we can slow the movement in order to observe certain kinds of communication that we would otherwise miss. Of course, we will never perceive the totality of behavior on tape or film—for instance, the heat, moisture, pressure, and odor involved in a kiss or a handshake. But there are other areas we can perceive. Perhaps with a bit of patient study in slow motion we can bring out bits of this total communication. By using the slow-motion control on your VCR and by looking carefully several times at each greeting scene, you will begin to get some idea of the basic communication that is going on. The first greeting is short and fairly uneventful: Mireille stops at the corner newsstand to buy a paper. She is obviously a regular customer, for she is handed the paper without even asking for it. Mireille and the woman behind the counter greet each other cordially, with smiles full of feeling. With a certain coyness they cock their heads and close their eyes briefly. The client-vendor relationship is noted as Mireille leaves: she says simply "Au revoir," while the merchant replies with the same words but respectfully adds "Mademoiselle." She then lowers her eyes modestly and gives a farewell smile to the young woman she has probably known since childhood.

More interesting is the next encounter, which gives an important lesson in communication with the French. Mireille is looking at her watch when she rounds a corner and does not at first notice her friend Colette sitting with two young men and a young woman at a café table. Colette calls to her. Mireille raises her eyebrows, as we always do when we are surprised, and smiles broadly. She goes toward Colette at once and leans over so the two can kiss each other on both cheeks, as good female friends usually do in France. Colette is a bit more eager; her lips touch Mireille's cheek, while Mireille does not actually kiss but offers her cheeks to be kissed. She then turns to shake hands with the three other young people, giving each a typical French handshake: one takes the hand of the other, shakes it up and down strongly once, and then on the up-movement the two hands are released. (This shake is shorter and much more vigorous than an equivalent American handshake.) Meanwhile the two people shaking hands look each other in the eye.

The young man on the left is not very cordial. He does not offer his hand until Mireille has extended hers, and his smile is tardy and brief: he seems to prefer looking at Colette! The second man is more flirtatious and holds his gaze and smile on Mireille until she departs. Colette wants Mireille to join the group, but Mireille says she is in a hurry, so she shakes hands again with the three young people, telling them, "Au revoir," although she has shaken hands with them only five seconds earlier! She does not kiss Colette again, but they give each other a friendly wave.

All this handshaking is a mystery for Americans. Why are the French so compulsive about shaking hands? I believe that no one knows the answer to that question, but it is definitely a custom you must learn to respect. Of course, one purpose of shaking hands when people are standing has to do with proxemics, the study of the use of space in communication. People in some cultures stand closer to each other than do others. Arabs stand quite close and consider Americans cold for maintaining a wider distance. The French stand somewhat closer than Americans, and when they shake hands the proper distance is regulated. When dealing with the French you should try to stand a bit closer than you normally do among Americans.

The next encounter is with Hubert, whom Mireille later describes to Robert as a childhood friend and the descendant of a distinguished, aristocratic, wealthy family. She tries to reassure Robert that there is nothing between Hubert and her, except that Hubert amuses her. Nevertheless, when the two meet on the street her greeting is more affectionate than with most people. Coquettishly she cocks her head on the side, closes her eyes briefly, then flashes a flirtatious glance into his eyes. She puts her hands on his shoulders as they kiss on both cheeks. He supports her elbows as they embrace. She withdraws her hand slowly but maintains a fond gaze and repeatedly cocks her head on the side. He rather superciliously remarks that he is not going to the *fac* and shows his tennis racket. As they part she gives him an affectionate tap with her hand. As they turn to leave they look at each other intensely.

(Hubert reappears in a later lesson, when he and Robert have dinner with Mireille's family. Hubert rants about the extravagant tastes of the modern French working class. He is speaking facetiously, of course, playing his role as aristocrat and snob to the hilt, and everyone in the Belleau family smiles indulgently. But the American hero, Robert, does not understand what is going on, and has the poor taste to rant back in defense of the working class and democracy. American viewers may approve of this heroic stand, but in France it is in bad taste. A traditional rule in France is that politics and religion are not discussed at polite gatherings. In almost every other social setting, however, they are common topics, part of the heritage of ideas and ideologies that French intellectuals love to debate.)

Mireille's next customer is Ousmane, a fellow student with whom she must be fairly well acquainted and whom she greets in a cordial way but with less affection than with Hubert, her childhood friend. There is the usual approach: she perceives him, raises her eyebrows in pleasant surprise, and walks toward him, briefly lowering her gaze. She places her hands not on his shoulders, as she did with Hubert, but on his upper arms, and when they kiss she turns her head in such a way that the kisses fall less on her cheeks than almost under her ears. After the kisses she leans backward away from her friend, smiling conventionally. As they part, she gives him a sociable tap on the upper arm, then turns away.

The next encounter has less substance. A young man and woman on a motorcycle ride up next to Mireille at the curb and greet her as a pal: "Salut!" Her reaction is usual: she raises her eyebrows in surprise and lowers her gaze coquettishly, then flashes a smile. Amazed to learn that they are going to the restaurant at eleven o'clock in the morning, she wishes them well, and they depart, all three of them exchanging a "Salut!" For American students, the most interesting thing about this exchange is to look in slow motion at the young man's lips when he says, "Nous allons au restau-U." The succession of vowel sounds brings his lips to a very forward, pointed position, one that is almost never observed on an American's face but that is frequent on French faces. To speak good French, Americans must get used to this lip position.

At the beginning of the next encounter you will note the same pursed lips, this time on the professor who addresses Mireille: "Bonjour, Mademoiselle Belleau." You should practice in front of a mirror until your lips get used to pouting in this way when you say such words as *bonjour* and *salut*.

The professor has pushed his bicycle across the street, walking with long, sturdy strides, when he spies Mireille. He speaks first, addressing her formally with her family name as well as with "Mademoiselle." His whole manner shows that he respects the young woman and admires her wholeheartedly. He cocks his head and closes his eyes flirtatiously. He then opens them, flashes a smile, leans toward her, beams admiration, and inquires about her health. With the friendly restraint a young woman shows toward an older admirer, she cocks her head a bit, blinks her eyes, and inquires about his health. As an honest older scholar, he takes the question seriously and reflects for a moment in a very French posture: he shrugs his shoulders slightly, pouts his lips, shakes his head slowly with closed eyes, then replies with a matter-of-fact, "Je vais bien, je vais bien, merci." His reaction seems to indicate that he could tell her plenty about his health, but on the whole he does not want to be a bore. He then says goodbye with the kind of coy little wave an adult gives a small child, and wheels his bicycle away. Amused by this quaint character, Mireille smiles to herself as she walks away.

On this brief walk punctuated with these encounters, Mireille meets another older person, her spinsterish Aunt Georgette. The aunt takes charge. She advances with her arms outstretched and grasps Mireille firmly by the shoulders, saying "Bonjour, ma petite Mireille!" as she and Mireille touch both cheeks. Each purses her lips as in a kiss but the lips do not actually touch the skin of the other's cheeks in this conventional kinship embrace. Then, with Georgette still holding Mireille firmly by the shoulders, they withdraw their heads and gaze steadily at each other as if to inspect each other while inquiring about health. Respectfully Mireille breaks the gaze by blinking and looking down for a moment, and then she asks about Georgette's health. Georgette is something of a bore. She wants nothing more than to answer the question in detail. She reflects on the question as the professor has just done and makes the same sort of pouting movement with her lips, but then she starts to talk about her health. She says she is not sick but "fatiguée," a popular use of the word *tired* meaning "not up to par." Mireille cuts her off by reassuring her, "I'm sure you're going to be fine soon." (It is obvious that the whole kinship group finds Georgette's worries about her health a little tedious, and they all undoubtedly refer to her as "la pauvre Georgette.") Mireille escapes, saying she is late for class, and they kiss good-bye. But Aunt Georgette is not satisfied, so she asks where Mireille is going. After the reply, there is another pair of kisses, and Mireille flees.

Note that in other social classes or parts of France, there would have been three kisses instead of two. To anticipate the correct number, one must know the customs of the social or cultural group with which one is associating. Later in the course, when Hubert comes to Mireille's apartment for dinner, as a proper aristocrat he kisses the hand of Mireille's mother as she greets him. As you can see with the slow motion control, he does not actually let his lips touch her hand; the kiss is given about one inch above the hand; the formality is fulfilled in this way. Notice, too, that he does not kiss Mireille's hand; one does not kiss the hand of a young, proper, unmarried woman. As a matter of fact, I would advise men not to participate in this formal kissing business until they have well observed the habits of the people they are associating with and understand both their social position within the group and the appropriate techniques. Especially the techniques; there is nothing more embarrassing for an American man than to bump his nose on a woman's hand as he is trying to kiss it.

Finally, after properly greeting these eleven people, Mireille reaches her class at the *fac*. There, of course, she will have the most crucial meeting—with Robert, the American and our hero. We witness a kind of miracle: Mireille and Robert see each other and fall in love at first sight. I shall not comment on that meeting because the scene strikes me as less a reflection of reality than an ironic comment on the genre of soap operas. In any event, I would not call this a common experience for young American men visiting the Sorbonne, and I wouldn't advise a young American man or woman to try to replicate the experience by standing in the courtyard and gazing soulfully at an attractive person. (If you want to analyze the episode, study especially eye behavior and body movement.)

When Mireille left home, she almost ran down to the street because she was late for class. Her greetings to the eleven people were for the most part brief because she really was in a hurry. Nevertheless, she did not slight the main purpose of the greetings. In each case she took the time to affirm her communication with the person she met. That is, she affirmed the way in which she was socially bound to each of them. This is a very important lesson for Americans to learn, for our manner of communicating, while just as effective as the French manner, is different. So remember, as Pierre Capretz stresses, "Observez!" You must learn the words and grammar, of course, but do not forget that communication has to do first and foremost with the definition of personal relationships.

Preface to the Second Edition

This second edition of *French in Action* contains a wide variety of new and revised materials that allow learners complete, systematic, and productive access to the linguistic and cultural riches of the fifty-two half-hour video programs around which the course is structured. An enhanced emphasis on reading is reflected in the addition of more than two hundred new documents to the textbook. Some of these documents are texts, some are illustrations; they range from literary excerpts to up-to-date sociological observations and demographic data on the French people. The variety and intrinsic cultural interest of these documents will stimulate discussion and help develop skills in reading and writing. Most of the new documents are supported by activities that train the learner to uncover meaning by reading contextually. A generous array of accompanying exercises has also been designed to further the learner's ability to communicate effectively in written French.

A new graphic design has given each of the print components of *French in Action* a fresh new look. These design changes reflect changes in content that make the course much easier to use. The number of illustrations used to explain vocabulary from the text has been substantially increased. The progression of learning activities in each workbook lesson has been made easier to follow. A redistribution of grammatical material gives the workbooks better balance, especially in the early lessons. Charts and visual presentations have been revised and clarified. The audio cues for aural/oral exercises, previously printed in the study guide, have been relocated for greater convenience to the workbooks, where they appear next to their corresponding exercises. The use of English for workbook instructions has been extended through lesson 5. Also in the workbooks, the index has been redesigned, and a new series of verb charts allows students to find essential verb conjugations easily in one place. The glossary in the textbook has been expanded to include the vocabulary in the new text documents.

Finally, the instructor's guide, study guides, and audio program have all been thoroughly revised. To the explanatory material in the study guides (story summaries and notes on culture and communication) have been added commentaries on the new textbook documents that are designed to help learners better grasp the meaning of what they read. Where appropriate, these commentaries draw attention to the apparent tone or intent of a document whose style might be opaque to a beginning reader of French. The audio program has been remastered digitally and expanded to include new sound documents.

Components of the Course

The *texts* for lessons 2–52 in this book present a continuous story structured to permit progressive assimilation of the French language. In lessons 2–8 you will meet the characters and become familiar with the basic situation from which this long saga will emerge.

The *video programs* that accompany this text contain 51 episodes of the story of the two students. We strongly urge you to watch the installment of the video program for each lesson—either as broadcast on television or from a videocassette or videodisc—*before* you read the text of that lesson. Seeing the story will help you to follow the plot and to understand what is going on in every situation. Each video program in this series also includes a section designed to help you figure out the meaning of key words in the story. You should view this section before undertaking the corresponding lesson in the *workbooks* that accompany the text.

The *audio program* for this course, which is available on audiocassettes, is designed to be used as you work with the textbook and workbooks, either at home or in a language laboratory. The majority of activities in the workbooks require use of the audio recordings.

A *study guide* in English is also available. It provides step-by-step directions for the effective use of all the components of this course, a statement of the main objectives of each lesson, a summary of each episode of the story, cultural notes, and additional assistance with the various tasks presented in the workbooks.

French in Action is intended to provide the equivalent of two years of instruction (elementary and intermediate French) at the college and university level, whether the course is taught over four semesters or condensed into two intensive semesters. This textbook, the workbooks, the video programs, and the audiocassettes are elements of an integrated system, and should be used together. The study guide, indispensable for distance learners taking *French in Action* as a telecourse, is optional for on-campus students.

For an intermediate or advanced review course or as supplemental material, this textbook and the series of thirteen half-hour video programs entitled *Short-Cut to French* may be sufficient, although the workbooks and the audio program would also be desirable.

Acknowledgments

This program is based essentially on *Méthode de français* by Jean Boorsch and Pierre Capretz.

The development of *French in Action* was made possible initially by a grant from the Annenberg/CPB Project. The authors are enduringly grateful for the support of the Annenberg/CPB staff, especially Mara Mayor and Lynn Smith, and for the collaboration of colleagues and other professionals who served on the project advisory committee or lent their services as content consultants: R. Brent Bonah, the late Jean R. Carduner, Michelle Coquillat, Claud DuVerlie, Rose L. Hayden, Stanley Hoffmann, Pierre Léon, Yvonne Rochette Ozzello, Rodger A. Pool, Adelaide Russo, Mary Lindenstein Walshok, and Laurence Wylie.

The authors are indebted to Jeanne Manning for her contributions to the workbook and textbook; to Christian Siret and Kristen Svingen for their unfailing dedication during the creation of the original program; and to Véronique Guarino, Heather Kispert, Lynne LaCascia, Jack Olsen, Claudine Romana, Rebecca Ruquist, Shelby Sola, and Satoko Takatomi for their skill and patience in helping to prepare this second edition.

The authors also wish to thank Judith Calvert, Mary Coleman, Laura Dunne, Ellen Graham, Chris Harris, Channing Hughes, Susan Laity, Noreen O'Connor-Abel, Jessica Schultz, Allison Schwarz, and Cele Syrotiak at Yale University Press, as well as designer Richard Hendel, without whose efforts the printed materials for this program could never have appeared.

Lesson 1 Introduction

Welcome to *French in Action*! Before you enter the world of French language and culture and meet the French-speaking men and women whose activities form the plot of our story, before you watch the video programs, listen to the tape recordings, and plunge into the workbook and this textbook, we would like to tell you, in English, something about the goals of the course, its methods, and its components.

Why Learn French?

There are more than four thousand languages spoken on this planet. So why learn French? After all, you are lucky and already speak English, the world's leading language. You already have access to millions of speakers in hundreds of countries, to the thoughts and deeds of thousands of writers over the centuries. Why spend your time on French?

First of all, and most significant, French gives you access to a wide variety of countries, peoples, and cultures. It brings with it a new way of seeing, of listening, and of thinking. Much of the creative thinking that has shaped the Western tradition has been done in French. French opens the doors to the works and words of many of the world's greatest philosophers, scientists, musicians, painters, and writers. To read their words in their own language is to be able to fathom knowledge that too often disappears in translation. A number of great French writers are represented in *French in Action:* Jean de La Fontaine, Victor Hugo, Simone de Beauvoir, Jean-Paul Sartre, Marguerite Yourcenar, and many others. To read these and other noted authors' works in French is to be able to see how the language itself creates possibilities of expression that have become examples of wisdom and beauty throughout the world.

Some people are interested in learning French because of the long and close historical ties that exist between France and the United States. In fact, no nation other than England has played a more decisive role in the making of America. (Were you aware that the first Europeans to settle in North America were French Huguenots who founded a colony in Florida in 1564?) French explorers like Cartier, Champlain, Marquette, and La Salle led expeditions through Canada and the Great Lakes region, and down the Mississippi River; and French colonists settled vast areas of the North American continent. Indeed, you might even live in one of the cities founded by French people: *Detroit,* Michigan, *Fond du Lac,* Wisconsin, *Terre Haute,* Indiana, *Saint Louis,* Missouri, *Baton Rouge,* Louisiana, or *Paris,* Texas, among many others.

French soldiers fought alongside the colonists in the Revolutionary War. Alexis de Tocqueville was one of the first and most perspicacious commentators on the new nation, and his *Democracy in America* is central to the study of American political history. A French architect, Pierre L'Enfant, designed the layout of Washington, D.C. The French gave us the Statue of Liberty, which is perhaps the foremost symbol of the United States. And the French and the Americans fought side by side in the First and Second World Wars.

Many people have practical or professional reasons to want to learn French. They may be preparing for a career in international law or commerce (a French word), in the diplomatic corps (another French word), or in the world of fashion. French, like English, is one of the world's international languages. If you have a United States passport, look at the two languages in which it is written: English and French. French is not only the principal language of France, but is also an official language of Belgium, Switzerland, and Canada. It is the common language of several countries in the Caribbean (Haiti, Guadeloupe, Martinique) and in Africa (Algeria, Senegal, the Ivory Coast), and it is widely spoken in the Middle East (Lebanon and Egypt). Finally, French is the official language of more than thirty delegations to the United Nations. Wherever you go in the world, you will find educated men and women who speak French as a second or third language. A person who knows English and French is equipped to thrive in almost any country on earth.

From French to English (and back)

It has been said that a person who does not know a foreign language can never truly know his or her own. Whatever your purpose, studying French will enhance your knowledge and control of English. The two languages, in fact, have much in common, and you may be surprised by the amount of French you already speak. If you have ever said "Very chic!" to a friend whose new clothes you admire, you were speaking French. If you have ever been on the receiving end of a barbed criticism and retorted with a gallant "Touché!" that, too, is French. How often have you wished a departing traveler "Bon voyage!"? (With French, you always have *le mot juste* at the ready.) Every aspect of English has felt the French influence, from soldiery ("curfew" = *couvre-feu*) to square-dancing ("do-si-do" = *dos-à-dos*). Your native English is full of French words and expressions; indeed, it has been claimed, not entirely in jest, that 60 percent of the English language is nothing but mispronounced French. It is a fact that ever since the Norman Conquest of Britain in 1066, which led to a fusion of an earlier form of English with an earlier form of French, the two languages have shared thousands of cognate words, such as "curious" and *curieux*, "marriage" and *mariage*, not to mention "French" and *français*. Some words even returned to French after having migrated to English: the French command form *tenez!* used to announce a serve in a ball game involving nets and rackets appeared in English as "tennis" in the fifteenth century; the French repossessed the word in the early 1800s and have been playing *le tennis* ever since.

Despite the many similarities, it can sometimes be difficult to recognize a French word that has been adopted by English. One reason this is true is that English speakers have habits of pronunciation that are quite different from those of the French. For instance, speakers of French tend to say each syllable of a word with the same intensity. Speakers of English, on the other hand, tend to stress one syllable—often the first one—and to skip over the others. So when French speakers say the word *capitaine*, they stress all three syllables equally: *ca-pi-taine*. But when English speakers appropriated this word they pronounced it in their own way, stressing the first syllable so much that the second syllable disappeared altogether: *captain*. The same thing happened to the French words *cabestan* ("capstan"), *compartiment*, and *gouvernement*, among many others.

French words that have crossed over to English can also be difficult to recognize because they are spelled differently. Differences in spelling often reflect differing habits of pronunciation, but they are due as well to the fact that many French words passed into English centuries ago and kept their original spelling in the new language, while the spelling of the French originals evolved over time. This is true, for example, of many words that now have a circumflex accent (^). In modern French, the circumflex replaces an *s* that appeared in older forms of these words; in their English equivalents, that *s* is still present:

> forest (*forêt*), haste (*hâte*), host (*hôte*), mast (*mât*), coast (*côte*), beast (*bête*), feast (*fête*). . . .

French words ending in *-é* and *-ie* often correspond to English words ending in *y*:

> *cité, éternité, bébé; biologie, calorie, envie*. . . .

Many French words ending in *-eux* correspond to English words ending in *-ous*:

> *spacieux, envieux, cérémonieux, curieux, dangereux*. . . .

French words ending in *-ier* often correspond to English words ending in *-ar* or *-iar* (*familier, particulier*) or to words in *-er* (*papier*).

Numerous French words ending in *-e* correspond to English words having no final *-e*:

> *soupe, classe, adresse, Arabe, architecte, artiste, cabine, calme, carrotte, crabe*

Other analogues:

> *-iel* often corresponds to English *-ial* (*artificiel, partiel*)
> *-aque* to English *-ack* (*attaque*)
> *-ait* to English *-act* or *-ect* (*abstrait, parfait*)
> *-ice* to English *-ess* (*actrice*)
> *-aire* to English *-ary* (*anniversaire, ordinaire, culinaire, contraire, élémentaire*) or *-arian* (*autoritaire*)
> *-ique* to English *-ic* (*fantastique, exotique*)
> *-ret* to English *-rete* (*discret, concret*)
> *-ant* to English *-ating* (*fascinant*)
> *-re* to American English *-er* (*ordre, théâtre*)
> *-ant* to English *-ing* (*amusant, intéressant*)
> *-eur* to English *-er* (*boxeur*)
> *-ment* to English *-ly* (*certainement, complètement, essentiellement, évidemment, exactement, finalement, généreusement*)
> *-eur* to English *-or* (*conducteur, erreur, couleur, horreur, honneur*)
> *-é* to English *-ed* (*décidé, équipé, fixé, forcé*)

All in all, then, there are many thousands of French words that are similar to English words, and this will streamline to some extent the process of learning French. Unfortunately, however, the fact that a French word and an English word are similar does not mean they are the *same* word; they aren't. Nor does it mean they refer to the same thing; they don't necessarily. When you come across a French word that sounds or looks like a word in English, you may for a moment entertain the possibility that the two are connected and that the things they refer to have some feature in common. But beware: although some English-French cognates do have essentially the same meaning ("rapid" and *rapide*, for instance), the resemblance of others may be quite distant, merely superficial, or even purely coincidental. In fact, the majority of French words that resemble English words differ in meaning. "An injury" is a wound, for instance, but *une injure* is an insult. The French verb *prétendre* refers to making a claim or an assertion, not indulging in make-believe. (The English words "pretense" and "pretentious" are closer to the French original; a pretender to the throne is one who lays a claim, not someone who's play-acting.) The *patron* of an establishment is its owner, never its customer. The verb *demander* is used to make a simple request, not issue an ultimatum. Your *anniversaire* falls on the date of your birth, not the date of your marriage. And so on and so forth.

The result of all this is that you must *not* assume that a French word means the same thing as an English word because they happen to resemble each other. You may hypothesize—very cautiously—that there *might* be some relationship between their meanings, but you must then check your hypothesis by studying the *context* in which the word is used. Only the context can give you a valid insight into the function of a word in a given situation. In this course we will concentrate a great deal on the situations and contexts in which words appear; they are the real keys to meaning.

How to Learn French

Think for a moment about how a person learns a second language. One means—the oldest known to history—is *total immersion.* This is the "sink or swim" process, whereby immigrants, explorers, or students in a foreign country pick up the language. Without grammar books, textbooks, audio-cassettes, dictionaries, language laboratories, drill sessions, tutors, or teachers, people have learned second, third, or fourth languages from the book of life and the school of experience. The incentive is survival—strong motivation indeed—and the classroom is the world. That is one method, but it is neither the easiest nor the most efficient. In the sink or swim method, you would learn what you needed in order to accomplish the chores of daily life, catch the drift of conversations, and make yourself understood. But you might never pronounce words properly, or progress beyond the speech level of a four-year-old, and you might never learn how to read anything other than street signs and labels.

Another method, one you may have already encountered in school, is the *grammar-translation method,* where you learn endless rules, memorize verb and noun forms in specific orders, and translate word for word from one language to another. Although this method has proven useful for languages that are no longer spoken (Sanskrit, Latin, classical Greek), it is next to worthless for learning a *living* language in which you must communicate with other people. When you meet someone on the street, for instance, in Paris, Dakar, or Montreal, and want to carry on a conversation, you don't have the time to run through your verb forms: "Shall I have lunch? Will you have lunch? Will he or she have lunch? Shall we have lunch?" By the time you found the phrase you were looking for, your acquaintance would long since have left—to go to lunch. In actual conversations, the grammar book and the dictionary aren't much use.

French in Action employs a method that is probably quite different from that of any other language course you may know. It gives you the advantages of the immersion method without its chaos by presenting native speakers in vivid situations, in real settings. At the same time, this course structures the way you learn the language, so that you can learn efficiently. We are going to plunge you into the French language. You are going to hear more French than you can possibly remember. At first you may think you are about to drown. Relax! You won't. If in the beginning you feel confused, that feeling is perfectly normal and will pass. Rest assured that thousands have done what you are setting out to do. You will learn slowly at first, and you are not expected to understand everything. Little by little, things will become clearer, and then suddenly your knowledge of French will expand exponentially.

The method of this course is to begin with a flood of authentic French in authentic circumstances. The lessons are carefully constructed so that your knowledge of words, phrases, sentences, and situations will gradually build and you will assimilate the language. For example, in lesson 2, you will see and hear our heroine meeting different people on her way to her Italian class at the Sorbonne. You will see and hear her greet a newspaper vendor, several friends, a professor, and one of her aunts, and you will learn different greetings. By the end of the lesson, you will know how to greet people, how to ask how they are, how to say how you are, and how to take your leave—all in French. From the next lesson on, all that you will see and hear in the course will be entirely in French.

The Story

French in Action is more than a traditional textbook providing grammar, exercises, and explanations. It is also a story, a mystery story in fact, and we invite you to follow the characters as they move through Paris, other cities, and the French countryside. Like all good stories, this one has a heroine, a Parisian university student whose name is Mireille Belleau. It has a hero, an American named Robert Taylor. The story has inane characters, such as Jean-Pierre, the pick-up artist, and eccentrics, such as Hubert de Pinot-Chambrun, the young nobleman who plays his aristocratic role to the hilt. It has rivals in romance. It has chases. It has escapes. And it has a dark, shadowy character, the Man in Black, a man of mystery who lurks behind the scenes, silently and relentlessly following Mireille and Robert.

Keep in mind that this is a fanciful story we have invented just for fun. The situations you will see are authentic, but the plot is actually a kind of send-up of soap opera. If you don't like the story, you will have the chance to reinvent it, to play with it, to rewrite it. You will have repeated opportunities to alter events, to recombine elements, and to tell the story in different ways in class, with a friend, or at home. All this will be part of the game of learning French.

Language and Culture

What you will learn in *French in Action* reflects life in France now. Even though the course is based on a story, what you will hear and see in the various situations that are presented is the real thing: you will encounter living French that has not been simplified or expurgated, the same French you might hear spoken among members of a family, among friends, on the street, on the radio, or on television.

You will see and hear real French men and women. In *French in Action* you will see France: its people, their customs, quirks, clothes, food, cities, homes. And you will see it as the French see it. Who knows, you may even experience a certain amount of culture shock! You may find some things strange, some people odd, and some situations bizarre. You may even be startled by the contrasts between the world you inhabit and the world of the French. Just remember, the French might be equally startled by you!

One contrast you may notice is that French behavior is different from American behavior in the area of relationships between men and women. Male-female relationships are of perennial interest in all cultures, French culture being no exception. In every society, relationships between the sexes are governed by expectations that are culturally conditioned. These expectations are taken for granted by the members of a society, but an outsider unfamiliar with the society's cultural framework may not share its expectations, and may find the behavior in some way peculiar or questionable.

The relationships between people that you will see portrayed in *French in Action* reflect cultural assumptions and notions that are specifically French. But because these assumptions are not identical to American expectations in the same areas, the behavior they underlie may seem unfamiliar, even inappropriate. Let us take one example: in lesson 11, Jean-Pierre, the loser, tries to pick up our heroine, Mireille. In most cultures, including French culture, the pick-up artist is considered a social pest, and indeed Jean-Pierre is portrayed throughout *French in Action* in a negative light, rejected and rebuffed at every turn as a pathetic heel. He tries to strike up a conversation with Mireille, and he ends up striking out. The put-down comes from Mireille herself, who gets rid of him in a way that may seem to make little sense in terms of American cultural assumptions but that is absolutely appropriate in the French cultural system: she totally ignores him. And it works.

Why does Mireille ignore Jean-Pierre's intrusion instead of getting up and telling him off? Aren't Jean-Pierre's actions an outrageous example of aggressive male behavior—of sexual harassment? And isn't Mireille's silence a harmful example of female passivity? While observers can disagree about how much of a threat Jean-Pierre actually is to Mireille

in this episode, it is important to understand that her response to him is appropriate and effective in the terms of her own culture. This is true in large part because silence has a very different social function in France than in the United States. Sociologists who study the two cultures point out that Americans use speech to maintain strangers at arm's length (making small talk about the weather, for instance), whereas in the French cultural system the act of speaking to a stranger suggests the exact opposite: that the speaker wants to create a connection. This is particularly true when the situation involves physical attraction; from the point of view of French culture, a verbal acknowledgment of the other person's presence, even in anger, only sets up a relationship and encourages further communication. As a result, Mireille's silence, which to American eyes can seem passive, even acquiescent, is in terms of her culture the very best way to keep Jean-Pierre at bay.

One thing to keep in mind, then, as you explore *French in Action* is that the situations and relationships it portrays take place in the context of a specific culture, and that projecting American expectations and sensibilities on that context can result in unnecessary misunderstanding. Although it is natural to want to form an opinion of the French from an American point of view, it is also important to perceive them as much as possible from their own point of view. We are different from the French, and the French are different from us, and that variance challenges us to extend our capacity for cultural understanding and communication. So *vive la différence!*

How to Proceed

You may want to focus on a few essential points as you begin your adventure in French.

1. As you watch the video programs and listen to tapes, try to catch the general meaning of the conversations and situations. Watch the story, look at people's expressions, get the gist of what they are saying, catch onto the context. Once you understand the background of a situation, the meaning of various phrases will become obvious. Do not try to retain everything you hear. We want you to get accustomed to listening to conversations you might not understand at first.

2. Give priority to what you hear. Throughout *French in Action* we shall present materials orally at first: you will hear the episodes of the story of Mireille and Robert. It is essential that you start out by getting familiar with the sounds of the language without being confused by the way it is written.

The writing systems of French and English—the use of the Roman alphabet to indicate different sounds—are an attempt at representing spoken language by means of graphic signs (letters). Unfortunately, as you have undoubtedly noticed in English, there is no natural or logical correspondence between a letter and a sound that the letter represents. The system of notation is arbitrary. Take the word *business.* We do not pronounce it *bizeeness,* like its two parts, *busy* and *-ness.* We say it as if it were written *bizness.* Moreover, the correspondence of sounds and letters is not only arbitrary. It is also unsystematic. George Bernard Shaw humorously proposed that the word *fish* should be spelled *ghoti: gh* to represent the sound /f/ as in *enough, o* to represent the sound /i/ as in *women,* and *ti* to represent the sound /ʃ/ as in *nation.* If Shaw's mocking of English spelling seems farfetched, consider the different sounds of *ough* in the words *rough, bough, fought,* and *though.*

The way in which letters correspond to sounds in the French language is very different from the way they correspond in English. If you yield to the temptation to pronounce French as if it were English, what will come out of your mouth will bear very little resemblance to anything a speaker of French would recognize. Listen to the sounds of French and try to imitate them. Associate the sounds with meaning. The written language is only an approximation of what the sounds express.

3. Don't let English into the picture. We will not use English, because too often translation interferes with comprehension. Translating will slow you down and get in the way of understanding. And in any case, French is not just English with different words. You cannot simply replace a word in one language with a word in another. The lessons of *French in Action* will not give you the meaning of a word or phrase in English. There is a glossary of French words with English equivalents at the end of this textbook, but you should use it only as a last resort. It presents words in isolation, and words taken out of their context often have no useful meaning. We will present words and phrases in different ways, in different combinations, and in different contexts so that you can uncover their meanings by yourself.

For example, in lesson 2 you will hear and read the French phrase "Salut! Comment-vas tu?" If you were to look up each word in the dictionary and literally translate those four words, you would end up with a totally absurd sentence: "Salvation! How go you?" Clearly you will have missed the point. But listening to that sentence in context, seeing and hearing one young person greeting another, you can easily figure out, without opening a dictionary, that "Salut! Comment-vas tu?" corresponds in meaning and in style to something like "Hi, how are you?" You can reach that level of understanding without ever knowing that the word *vas* is a form of the verb *aller* and that the verb *aller* is often used in French in phrases where English uses the verb *to go* or the verb *to be.*

Let's take a closer look at how you can discover meaning from paying attention to the different situations. In lesson 2

you will encounter a teacher saying, "Nous allons apprendre le français." Since this teacher is uttering this sentence at the very beginning of a French course, he must be indicating what he or you will do. But you cannot be sure what it is. Now if you see a young girl looking at her schoolbook and trying to do her homework, and if someone says, "Elle apprend sa leçon," then you will notice that the phrase *Elle apprend sa leçon* has something in common with the phrase *Nous allons apprendre le français.* You will also see a similarity between the classroom situation and the situation of the little girl doing her homework. Then when you hear the phrase *Il apprend à nager* and see a man copying the strokes he sees in a swimming manual, you will notice again the common element *apprend.* You cannot help observing the similarity between the last situation and the first two. And you should be beginning to have some notion of what activity the words *apprendre* and *apprend* refer to. Remember, do not let English enter into the picture. Resist the obvious translation. Associate the French words with the circumstances in which you have observed them, rather than with English words.

4. The activities of listening to a language, speaking a language, reading a language, and writing a language all demand *active* skills. *French in Action* will require your active participation. To learn a language effectively, you must listen with full attention, and you must watch carefully. When you learn a new language, you are assuming a new role. Play it fully! Participate actively by speaking out with the characters. When you listen to the audiocassettes or watch the video programs, copy what you see and hear. Copy with the sound of your voice. Copy with the shape of your mouth. Copy with your gestures. In the video lessons and audio exercises, there are interactive sections of dialogue where you will be given time to respond to questions as if you were one of the characters in the story. Answer clearly, at normal volume and tempo. If you do not have time to respond before the character speaks, simply speak along with him or her.

Do not try to invent, at least for a while. Imitate what you observe. Use the ready-made sentences or phrases you hear. You will be encouraged to recombine these phrases. Both imitation and recombination are vitally important. The object is to be able to respond with an appropriate utterance in a given situation, even if it is something you have heard before and is not at all ingenious or clever.

Saying "Bonjour!" when you meet someone and "Au revoir" when you leave, answering "Ça va" to "Comment vas-tu?" or "Bien, merci, et vous?" to "Comment allez-vous?" might not be original or clever, but it is a big step forward. To be able to give the right response at the right time is a commendable achievement, because you are communicating effectively in French. Before long, you will build up enough vocabulary—and confidence, too—to personalize what you say. You will recombine familiar elements into new phrases and sentences for new situations.

Have fun! And welcome to a whole new world!

Using the Illustrations

As you begin working with this book, you will discover that in each lesson the text of the story segment is accompanied by a variety of illustrations. Inserted into the text itself you will see a series of photographs; these are taken from the video program and will help you recognize and remember key contexts and situations in the story. In shaded areas next to the text you will find other images (photographs, drawings, cartoons) and written examples of how words and expressions in the text are used. Their function is to help you understand the new material of the lesson without having to resort to English. As you read, you should get into the habit of going back and forth between text and illustrations, using the pictures and written examples to help you hypothesize about the probable meaning of words and phrases in the story.

To simplify this process, the story segment of each lesson has been divided into numbered sections. A key word or phrase that is explained in the shaded area will be identified by the number of the section in which it occurs. Quite often several words from the same text section are explained; when this happens, the same section number is repeated for each.

A caption under each photograph or drawing contains, in boldface, the key word or expression associated with that illustration. Frequently this caption is followed by further written examples that show how the word or phrase can be used in other, somewhat different contexts; each of these alternate usages is preceded by an asterisk (*).

Leçon 2 Genèse I

Texte

1

Une salle de cours, un professeur, des étudiants.

Le professeur: Bonjour! Nous allons apprendre le français! Moi, je suis le professeur. Et vous, vous êtes les étudiants. Nous allons apprendre le français. . . . Moi, je parle français. . . . Voyons, où est-ce qu'on parle français. . . . On parle français au Canada, au Québec, on parle français en Afrique (au Sénégal, en Côte d'Ivoire, par exemple), on parle français aux Antilles, à Tahiti . . . où encore? Ah! En Suisse, en Belgique . . . et puis en France, bien sûr; en France, on parle français. . . . En Alsace, à Rouen, à Chartres, on parle français; à Paris, on parle français.

2

A Paris.

Mireille: Bonjour, Madame Rosa.
Mme Rosa: Bonjour, Mademoiselle Mireille.
Mireille: Ça va?
Mme Rosa: Ça va.
Mireille: Au revoir!
Mme Rosa: Au revoir, Mademoiselle.

1. étudiant, salle de cours

Des **étudiants** dans une **salle de cours** (un amphithéâtre) à la fac.

1. apprendre

On **apprend** à lire à l'école.

* On **apprend** le piano avec un professeur de piano.
On **apprend** à danser avec un professeur de danse.

1. bonjour

1. parler

Elle **parle** (au téléphone).

2. ça va

Mireille rencontre une amie, Colette.

Colette: Mireille!
Mireille: Tiens, Colette!
Colette: Bonjour!
Mireille: Bonjour! . . . Bonjour!
Colette: Où est-ce que tu vas?
Mireille: A la fac, je suis pressée! Au
    revoir!

Mireille rencontre un ami, Hubert, sur
le boulevard Saint-Michel.

Mireille: Tiens, Hubert! Salut! Ça va?
Hubert: Pas mal . . . et toi?
Mireille: Ça va. . . .
Hubert: Où vas-tu comme ça?
Mireille: A la fac. Et toi?

4. salut

—**Salut!**

Hubert: Oh, moi . . . non! Je ne vais
    pas à la fac!
Mireille: Ah, bon? . . . Bon, excuse-
    moi, je suis pressée. Au revoir!
Hubert: Au revoir!

5

Mireille rencontre Véronique, une
amie.
Mireille: Véronique, salut! Comment
    vas-tu?
Véronique: Ça va, merci; et toi?
Mireille: Ça va. Excuse-moi, je suis
    pressée! Au revoir!
Véronique: Au revoir!

6

Mireille rencontre Ousmane, un ami.

Mireille: Bonjour, Ousmane; tu vas
    bien?
Ousmane: Oui, oui, je vais très bien,
    merci. Et toi?
Mireille: Ça va. . . . Où est-ce que tu
    vas?

3. rencontrer

Monsieur Lemercier **rencontre**
Monsieur Dugommeau.

3. fac, faculté

Elle est étudiante; elle va à la **fac**
    (à la **faculté**).

3. pressé

Ici, Ousmane est **pressé.**

Ici, Ousmane n'est pas **pressé.**

Ousmane: Je vais à la bibli. Et toi?
Mireille: Je vais à la fac. Salut!
Ousmane: Salut!

7

Mireille rencontre deux amis, Marc et Catherine, rue des Ecoles.

Marc: Tiens, regarde, c'est Mireille!
Catherine: Salut!
Mireille: Salut! Ça va, vous deux?
Marc: Ça va. Et toi?
Mireille: Ça va. Où vous allez comme ça?
Marc: Nous allons au restau-U.
Mireille: Déjà?
Catherine: Ben, oui!!
Mireille: Eh bien, bon appétit!
Marc: Merci! Salut!
Mireille: Salut!
Catherine: Salut!

8

Mireille rencontre un vieux professeur.

Le prof: Tiens! Bonjour, Mademoiselle Belleau! Comment allez-vous?
Mireille: Je vais bien, merci. Et vous-même, vous allez bien?
Le prof: Je vais bien, je vais bien, merci. Au revoir, Mademoiselle.
Mireille: Au revoir, Monsieur.

6. bibli (bibliothèque)

Il va à la **bibli**.

Ousmane est à la **bibli** (à la **bibliothèque**).

9

Mireille rencontre sa Tante Georgette et Fido.
Georgette: Bonjour, ma petite Mireille. Comment vas-tu?

Mireille: Ça va, merci. Et toi, ça va?
Georgette: Oh, moi, ça ne va pas trop bien.

7. restaurant, bon appétit

Au **restaurant**: "**Bon appétit**, Madame; **bon appétit**, Monsieur."

7. restau-U

* Les étudiants mangent au **restau-U** (resto-U, restaurant universitaire).

Mireille: Ça ne va pas? Mais qu'est-ce qu'il y a? Tu es malade?
Georgette: Non, je ne suis pas malade, non. . . . Ça ne va pas fort! Je suis fatiguée!

Mireille: Oh, ça va aller mieux! (*Au chien*) Et toi, mon petit Fido, comment tu vas? Tu vas bien? Tu n'es pas fatigué, toi! Tu vas très, très bien! Oh, tu es un gentil toutou. . . .

Georgette: Oh, lui, la santé, ça va! Il n'est pas malade, lui! Il n'est pas fatigué, lui!

Mireille: Oh, là, là! Je vais être en retard! Au revoir, Tante Georgette!

Georgette: Mais où vas-tu?

Mireille: A la fac. Je vais être en retard, vraiment. Au revoir!

Georgette: Au revoir, au revoir, ma petite! . . . Allez, viens, Fido! . . . Viens!

10

Mireille à la Sorbonne, au cours d'italien.

Le prof d'italien: Lasciate ogne speranza, voi ch'entrate. . . .

11

La salle de cours.

Le professeur: Où va Mireille? Elle va à la fac. Pourquoi est-ce qu'elle va à la fac? Elle va apprendre le français? Non, elle ne va pas apprendre le français; elle va apprendre l'italien.

9. *malade*

Ça ne va pas. Il ne va pas bien. Il est **malade**.

9. *fatigué*

Elle est **fatiguée**.

9. *en retard*

Il est **en retard**.

Et nous, nous allons apprendre l'italien? Non, nous n'allons pas apprendre l'italien. Est-ce que nous allons apprendre l'espagnol, l'arabe, le japonais? Non, et nous n'allons pas apprendre l'anglais non plus. . . . Qu'est-ce que nous allons apprendre, alors?

Un étudiant: Le français!

Le professeur: C'est ça, nous allons apprendre le français.

🎧 **Mise en œuvre**

Ecoutez la mise en œuvre du texte et répondez aux questions suivantes.

1. Qui est-ce que vous êtes, vous, le professeur ou les étudiants?
2. Qu'est-ce que nous allons apprendre?
3. Qu'est-ce que nous allons faire?
4. Qu'est-ce qu'on parle au Canada, en Belgique, en France?
5. Qu'est-ce que Mireille parle?
6. Où est-ce que Mireille va?
7. Comment va Hubert?
8. Est-ce qu'il va à la fac?
9. Comment va Véronique?
10. Comment va Ousmane?
11. Où est-ce qu'il va?
12. Où vont les deux amis de Mireille?
13. Comment va Tante Georgette?
14. Tante Georgette est fatiguée. Et Fido, il est fatigué?

Mise en question

1. Où sont les étudiants et le professeur?
2. Qu'est-ce que le professeur parle?
3. Où est-ce qu'on parle français?
4. Qui sont Colette, Hubert, Ousmane, Marc, Catherine?
5. Pourquoi est-ce que Mireille dit "Bon appétit" à Marc et Catherine?
6. Qui est-ce qui dit "Mademoiselle" à Mireille?
7. Qui est-ce qui dit "vous" à Mireille?
8. Qui est-ce qui dit "tu" à Mireille?
9. A qui est-ce que Mireille dit "vous"?
10. A qui est-ce que Mireille dit "tu"?
11. Qui est Fido?
12. Qu'est-ce que c'est qu'un toutou?

Documents

1

Pessimisme

—Ça ne va pas mieux, hein?
—Non, ça ne va pas.
—Ah, non, ça ne va pas fort!
—Ça va mal!
—Où allons-nous?
—Nous allons à la catastrophe!

2

Journal de Mireille

Quand elle va à la fac, Mireille achète un journal—
Libération, Le Monde, *ou* Le Figaro—*au kiosque de Mme*
Rosa. *Mais Mireille a aussi un journal intime, un journal*
personnel, secret. Voici une page du journal intime de
Mireille:

28 mai

9 heures. Ça ne va pas fort. Je suis fatiguée. Je suis
malade.

Je ne vais pas aller à la fac. Je vais aller à Katmandou
. . . ou à Acapulco. . . . Oui, mais qu'est-ce qu'on parle à
Acapulco? On ne parle pas français à Acapulco! Alors,
qu'est-ce qu'on parle à Acapulco? Voyons, Acapulco, c'est
où? En Californie? Mais non! Que je suis stupide! C'est au
Mexique! Au Mexique, on parle espagnol! Bon, je vais
apprendre l'espagnol et je vais aller à Acapulco. . . . Non,
je ne vais pas apprendre l'espagnol: je suis trop fatiguée.

Où est-ce que je vais aller, alors? Voyons, où est-ce qu'on
parle français? On parle français aux Antilles, à Tahiti. . . .
Oui! Voilà, je vais aller à Tahiti et ça va aller mieux.

9 heures 30. Non, je ne vais pas aller à Tahiti: je suis
trop fatiguée. Qu'est-ce que je vais faire? Je vais aller au
cinéma.

Oui, c'est ça, je vais aller au cinéma avec Ousmane. Il
est gentil, Ousmane. Mais non, ça ne va pas! Ousmane est
un étudiant sérieux! Il va aller à la bibli; il ne va pas aller
au cinéma. Alors, qu'est-ce que je vais faire? Tiens, je vais
téléphoner à Marc: il a une motocyclette!

Oh, là, là! 10 heures! Mon cours d'italien est à 10
heures 30! Je vais être en retard! Au revoir, journal, je vais
à la fac. Je vais acheter la *Divine Comédie* et je vais aller
à mon cours d'italien. L'Enfer! Lascia ogne speranza,
ragazza. . . .

Leçon Genèse II

Texte

Une salle de cours, un professeur, des étudiants.

1

Le professeur (*à une jeune fille*): Bonjour, Mademoiselle.
La jeune fille: Bonjour.
Le professeur (*à une dame*): Bonjour, Madame.
La dame: Bonjour, Monsieur.
Le professeur (*à un jeune homme*): Bonjour, Monsieur.
Le jeune homme: Bonjour, Monsieur.
Le professeur (*aux étudiants*): Bonjour, Mesdames, Mesdemoiselles, Messieurs. Je suis le professeur. Nous allons apprendre le français. Vous êtes d'accord? Tout le monde a compris?

2

Un étudiant: Oui. Vous êtes le professeur, nous sommes les étudiants, et nous allons apprendre le français.
Le professeur: Mais vous parlez français! Vous êtes français?
L'étudiant: Non. . . .
Le professeur: Mais vous savez le français. . . .
L'étudiant: Un petit peu. . . .
Le professeur: Ah, bon!

3

Le professeur: Alors, écoutez bien! Pour apprendre le français, nous allons inventer une histoire. . . . Une histoire, comme l'histoire de Babar, l'histoire d'Astérix, l'histoire de Pierre et le loup, l'histoire du

1. *d'accord*

Ils sont **d'accord**.

Ils ne sont pas **d'accord**.

* Nous ne sommes pas **d'accord**: nous allons discuter.
Ils sont **d'accord**: pas de discussion.
Ils ne sont pas **d'accord**: ils discutent.

1. *comprendre*

Il n'a pas **compris**.

Elle **a compris**.

Renard et du Loup, l'histoire du Petit Chaperon rouge. . . .

3. histoire

L'histoire de Babar est l'**histoire** d'un éléphant.

* *Peter Pan* est l'**histoire** d'un petit garçon.
Winnie the Pooh est l'**histoire** d'un petit ours.
Alice in Wonderland est l'**histoire** d'une petite fille.

3. utile

* En France, le français est **utile**.
En France, le swahili n'est pas très **utile**.
* La mule est un animal **utile**.
Le zèbre n'est pas un animal **utile**.
* Le téléphone est une invention **utile**.

L'étudiant: Une histoire? Mais pourquoi?
Le professeur: Parce que ça va être utile pour apprendre le français.
L'étudiant: Ça va être utile?
Le professeur: Oui, bien sûr, ça va être utile.
L'étudiant: Pour apprendre le français?
Le professeur: Mais oui! Inventer une histoire, ça va être utile pour apprendre le français!

4

L'étudiant: Mais, qui va inventer l'histoire? Vous ou nous?
Le professeur: Qui est-ce qui va inventer l'histoire? Mais nous! Vous et moi! Moi, je vais proposer l'histoire.
L'étudiant: Et nous, alors?

4. ensemble

Ils sont **ensemble**.

Ils ne sont pas **ensemble**.

* Dans leurs films, les Marx Brothers sont toujours **ensemble**.
* Dans leurs films, Laurel et Hardy sont toujours **ensemble**.
Dans leurs films, Laurel et Hardy jouent **ensemble**.

* Dans un orchestre, les musiciens jouent **ensemble**.

Le professeur: Eh bien, vous, vous allez inventer l'histoire avec moi. Nous allons inventer l'histoire ensemble, vous et moi. D'accord?

L'étudiant: C'est d'accord.

5

Le professeur: Bon, alors nous allons inventer une histoire. L'histoire d'un éléphant? Non. . . . L'histoire d'un homme et d'une femme? . . . De Hansel et Gretel? De Paul et Virginie? Non, ça va être l'histoire de deux jeunes gens, l'histoire d'un jeune homme et d'une jeune fille. D'accord?

L'étudiant: Pourquoi pas. . . .

6

Le professeur: Bon! Très bien! . . . Qu'est-ce que le jeune homme va être? Est-ce que le jeune homme va être italien?

Une étudiante: Non, pas italien.

Le professeur: Non? Le jeune homme ne va pas être italien?

Qu'est-ce qu'il va être, alors? Est-ce qu'il va être espagnol?

L'étudiante: Non!

Le professeur: Est-ce qu'il va être anglais? Japonais? Norvégien?

L'étudiante: Non!

Le professeur: Alors, qu'est-ce qu'il va être? Américain?

Un étudiant: Si vous voulez. . . .

7

Le professeur: Bon! Le jeune homme va être américain. Et la jeune fille, qu'est-ce qu'elle va être? Est-ce qu'elle va être américaine?

Les étudiants: Non!

Le professeur: Est-ce qu'elle va être norvégienne? Japonaise? Anglaise? Française?

L'étudiante: Française!

Le professeur: Oui, c'est ça! La jeune fille va être française . . . parce que ça va être utile pour apprendre le français. . . .

8

Le professeur: Les deux jeunes gens vont avoir beaucoup d'amis. . . .

5. *jeunes gens, jeune homme, jeune fille*

Des **jeunes gens.** (Ils discutent.)

Deux **jeunes gens:** un **jeune homme** et une **jeune fille.**

8. *beaucoup*

Des gens.

Beaucoup de gens.

Nous allons choisir des amis pour les jeunes gens. Nous allons inventer des aventures, des voyages. . . . Nous allons discuter tout ça ensemble. Ça va être un jeu!

L'étudiant: Espérons que ça va être amusant!

Le professeur: Mais oui, bien sûr! Ça va être amusant . . . et utile!

L'étudiant: Pour apprendre le français!

8. *ami*

* Castor et Pollux étaient **amis**.

Tom Sawyer est l'**ami** de Huckleberry Finn.

8. *choisir*

La petite fille va **choisir** un chocolat.

8. *discuter*

Ils **discutent**.

8. *jeu*

Les échecs sont un **jeu**.

* Le bridge est un **jeu** de cartes.
Le poker est un **jeu** de cartes.
La roulette est un **jeu** de hasard.
Le hockey est un **jeu** brutal.
Le Monopoly est un **jeu** de société.

8. *amusant*

La radiographie, c'est **amusant** (pour le docteur)!

8. *espérer*

* Les bons Chrétiens **espèrent**.
* L'**Espérance**, la Charité, et la Foi sont les trois Vertus Théologales.
* Le Cap de **Bonne Espérance** est à la pointe sud de l'Afrique.

🎧 Mise en œuvre

Ecoutez la mise en œuvre du texte et répondez aux questions suivantes.

1. Qu'est-ce que nous allons inventer?
2. Pourquoi est-ce que nous allons inventer une histoire?
3. Qui est-ce qui va inventer l'histoire?
4. Ça va être l'histoire de qui?
5. Ça va être l'histoire de deux jeunes filles?
6. Qu'est-ce que le jeune homme va être?
7. Et la jeune fille, est-ce qu'elle va être américaine?
8. Pourquoi est-ce que la jeune fille va être française?
9. Qu'est-ce que les jeunes gens vont avoir?
10. Qu'est-ce que nous allons inventer?
11. Qu'est-ce que nous allons discuter ensemble?
12. Qu'est-ce que ça va être?
13. Comment est-ce que le jeu va être?

Mise en question

1. Qu'est-ce que c'est que *Pierre et le Loup?*
2. Qu'est-ce que c'est que *Le Petit Chaperon rouge?*
3. Pourquoi est-ce que nous allons apprendre le français?
4. La jeune fille de l'histoire ne va pas être italienne ou américaine. Elle va être française. Pourquoi est-ce qu'elle va être française?

Documents

1

"Au commencement était le Verbe..."

2

Opinion de Fido

—Alors, Fido, tu vas apprendre le français?

—Ouah, ouah. . . .

—Quoi? Qu'est-ce que tu dis? Je n'ai pas compris.

—Ouah, ouah, ouaahh.

—Mais non, Fido, nous n'allons pas apprendre l'arabe! Tu vas apprendre le français. Et pour apprendre le français, tu vas aller à la fac.

—Ouah, ouah, ouah!

—Quoi? Pas à la fac? Alors, nous allons aller au Canada, à Québec. Ça va être très amusant!

—Ouah, ouah.

—En Afrique? Pourquoi pas! D'accord, nous allons aller en Afrique, au Sénégal ou en Côte d'Ivoire. Nous allons avoir des amis africains.

—Ouaah, ouahh!

—Un éléphant? Nous allons avoir un éléphant? Bon, d'accord.

—Ouaah, ouah, ouah, ouaah, ouah!

—Quoi? Tu vas manger l'éléphant? Mais non, Fido! Ça ne va pas être utile pour apprendre le français. Et si tu manges un éléphant, tu vas être malade.

Leçon 4 Genèse III

Texte

Une salle de cours, un professeur, des étudiants.

1

Le professeur: Pour apprendre le français, nous allons inventer une histoire . . . avec une jeune fille française, un jeune homme américain, des amis, des aventures, des voyages. . . . Ça va être un véritable roman, un roman en collaboration, un roman collectif.

2

Le professeur: Vous aimez les romans?

Un étudiant: Oui . . . enfin. . . . Ça dépend. . . .

Le professeur: Vous aimez les romans d'amour?

L'étudiant: Ah, non! Je déteste ça!

Le professeur: Qu'est-ce que vous aimez? Les romans d'aventure? Les romans fantastiques? Les romans d'anticipation?

L'étudiant: Non, je n'aime pas ça.

Le professeur: Vous préférez les romans policiers?

L'étudiant: Oui!

3

Le professeur (*à une étudiante*): Et vous, Mademoiselle, vous aimez les romans?

L'étudiante: Non!

Le professeur: Ah bon! Vous n'aimez pas les romans! Vous préférez le cinéma?

L'étudiante: Oui.

Le professeur: Moi aussi, je préfère le cinéma. Qu'est-ce que vous préférez?

Les films suédois? Japonais? Les comédies anglaises? Italiennes? Les comédies musicales américaines? Vous n'aimez pas les comédies? Moi non plus. Je préfère les tragédies, les drames. . . . J'adore les histoires de crime.

L'étudiante: Moi aussi! Est-ce qu'on va avoir un crime dans l'histoire?

Le professeur: Je ne sais pas. . . . Peut-être. . . . On va voir. . . . Continuons l'invention de l'histoire. Voyons! Commençons par le jeune homme.

4

Le professeur: Il est américain. Il arrive en France. Il est à l'aéroport. Il passe la police.

1. roman

* William Faulkner est un auteur de **romans**.
Thomas Mann est aussi un auteur de **romans**.
* *David Copperfield* est un **roman** anglais.
Les Misérables est un **roman** de Victor Hugo.
Anna Karénine est un **roman** russe.

2. amour, aventure

Madame lit un **roman d'amour**.
Monsieur lit un **roman d'aventure**.

* *Love Story* est un **roman d'amour**.
Wuthering Heights est aussi un **roman d'amour**.
* Agatha Christie est un auteur de **romans policiers**.

4. aéroport

* A Paris, il y a deux grands **aéroports**: l'aéroport d'Orly et l'aéroport Charles de Gaulle à Roissy.
A New York, il y a aussi deux grands **aéroports**: La Guardia et Kennedy.

4. passer la police

* Dans un aéroport international, les voyageurs qui arrivent **passent la police. A la police, les policiers** vérifient les passeports.

Le policier: Passeport? . . . Allez-y! Vous pouvez passer.
Maintenant, il est à la douane, avec deux autres jeunes gens: une jeune fille et un jeune homme.

Le douanier: Vous êtes français tous les trois?

Le jeune homme américain: Non, Mademoiselle et moi, nous sommes américains.

Le douanier: Ah! Vous parlez anglais?

Le jeune Américain: Bien sûr . . . puisque nous sommes américains!

Le douanier: Et vous, vous êtes américain aussi?

Le deuxième jeune homme: Non, eux, ils sont américains, mais moi, je suis brésilien.

Le douanier: Vous n'avez rien à déclarer?

Les trois jeunes gens: Non.

Le douanier: C'est bon, passez! Vous pouvez passer. Allez-y, allez-y! Passez!

L'Américain (au Brésilien): C'est vrai que tu es brésilien?

Le Brésilien: Oui, bien sûr! Pourquoi pas?

L'Américain: Où vas-tu?

Le Brésilien: A la Cité Universitaire. A la maison brésilienne.

L'Américain: Il y a une maison brésilienne à la Cité?

Le Brésilien: Bien sûr! Il y a une maison brésilienne pour les étudiants brésiliens, une maison suédoise pour les Suédois, une maison danoise pour les Danois, une maison japonaise pour les Japonais, une maison cambodgienne pour les Cambodgiens, une maison canadienne pour les Canadiens, une maison cubaine pour les Cubains. . . .

La jeune fille: Et une maison américaine pour les Américains. . . .

Le Brésilien: Evidemment! C'est là que vous allez?

La jeune fille: Oui. (*Au jeune Américain*) Et toi, tu vas à la maison américaine?

L'Américain: Non, moi, je ne vais pas à la Cité. Je vais au Quartier Latin. Vous prenez un taxi?

Le Brésilien: Non, le bus ou le train. Et toi?

L'Américain: Je prends un taxi. Salut!

4. rien à déclarer

Il n'a **rien à déclarer**.

4. c'est bon

* **C'est bon!** Ça va! Pas de problème!

4. vrai

*—Rio de Janeiro est au Brésil!
—Oui, c'est **vrai!** C'est au Brésil!
—São Paulo est à Cuba!
—Non, ce n'est pas **vrai**, ce n'est pas à Cuba; c'est au Brésil.

4. passer la douane

Les jeunes gens **passent la douane**.

* A **la douane, les douaniers** inspectent les bagages.

* A **la douane** américaine, **les douaniers** américains demandent: "Vous avez de l'alcool, des cigarettes, de la drogue, des fruits?"

4. maison

Une **maison**. *Sempé*

4. prendre un taxi

Il est pressé: il va **prendre un taxi**.

🎧 Mise en œuvre

Ecoutez la mise en œuvre du texte et répondez aux questions suivantes.

1. Nous allons inventer une histoire avec deux jeunes gens, des aventures, des voyages. . . . Qu'est-ce que ça va être?
2. Est-ce que l'étudiant aime les romans?
3. Est-ce que l'étudiant aime les romans d'amour?
4. Qu'est-ce que l'étudiant déteste?
5. Est-ce que l'étudiant aime les romans d'anticipation?
6. Qu'est-ce que l'étudiant préfère?
7. Est-ce que l'étudiante aime les romans?
8. Qu'est-ce que l'étudiante préfère?
9. L'étudiante n'aime pas les comédies. Qu'est-ce qu'elle préfère?
10. Qu'est-ce que l'étudiante adore?
11. Est-ce qu'on va avoir un crime dans l'histoire?
12. Où est-ce que le jeune homme arrive?
13. Où est-ce qu'il est?
14. Qu'est-ce qu'il passe?
15. Où est-ce qu'il va après la police?
16. Avec qui est-ce qu'il est?
17. Est-ce que les jeunes gens américains parlent anglais?
18. Est-ce que le deuxième jeune homme est américain aussi?
19. Où le Brésilien va-t-il?
20. Où les Suédois vont-ils, à la Cité Universitaire, en général?
21. Et les Danois?
22. Et les Japonais?
23. Et les Cambodgiens?
24. Et les Cubains, où vont-ils?
25. Et les Américains?
26. Est-ce que le jeune homme américain va à la maison américaine?
27. Où est-ce qu'il va?

Mise en question

1. Nous allons inventer une histoire. D'accord! Mais qu'est-ce que ça va être? Quel genre est-ce que vous allez choisir? Qu'est-ce que vous préférez?
2. Quand on arrive en France, à l'aéroport, qu'est-ce qu'on fait?
3. Où vont les étudiants, à Paris?
4. Vous êtes à l'aéroport Charles de Gaulle. Qu'est-ce que vous pouvez prendre pour aller à Paris?
5. Si le bus coûte 50F et le taxi 200F, qu'est-ce que vous allez choisir?

Documents

Cités

A. La Cité Universitaire, au sud de Paris: logements pour les étudiants étrangers et français

Une cité, en général, c'est une ville. Comme Paris, Lyon, Marseille. Mais **la Cité Universitaire** à Paris n'est pas vraiment une ville. C'est un ensemble de fondations situées à la limite sud de Paris et établies par le gouvernement français et divers gouvernements étrangers, pour loger les étudiants. Il y a une maison canadienne, une maison américaine, une maison tunisienne, et beaucoup d'autres. L'architecture des maisons est très variée: ou bien moderne, comme le pavillon (ou maison) suisse, construit par l'architecte Le Corbusier; ou bien traditionnelle et dans le style national, comme le pavillon cubain et le pavillon japonais.

Entrée de la Cité Universitaire de Paris.

Le pavillon japonais.

La maison internationale de la Cité Universitaire, boulevard Jourdan.

La maison libanaise.

La maison mexicaine.

La maison italienne.

La maison argentine.

La maison arménienne.

La maison indienne.

B. L'île de la Cité

Au centre de Paris, il y a une autre cité: mais ce n'est pas une Cité Universitaire. C'est la partie la plus ancienne de Paris, sur une île de la Seine. C'est dans la Cité, l'île de la Cité, qu'il y a la cathédrale Notre-Dame, la préfecture de police, le Palais de Justice, et la Sainte-Chapelle.

Le square du Vert-Galant dans l'île de la Cité.

La cathédrale Notre-Dame, dans l'île de la Cité.

2

Extrait du journal de Robert

26 mai
New York
Demain, la France!

Je vais arriver à Paris, aéroport Charles de Gaulle, à 7 heures 55. Qu'est-ce que je vais faire?

Je vais passer la police. Ça, c'est obligatoire. J'ai mon passeport, mon visa: pas de problème!

Je vais passer la douane. Le douanier va me demander si je n'ai rien à déclarer. Qu'est-ce que je vais dire? Je vais dire: "Non, Monsieur, je n'ai pas de cigarettes américaines, je n'ai pas de cigares cubains, je n'ai pas de drogue mexicaine, je n'ai pas de chien andalou, je n'ai pas de revolver, je n'ai pas de bombe à hydrogène; je n'ai rien à déclarer!"

Après la douane, qu'est-ce que je vais faire? Je vais aller manger. . . . Je vais aller manger un hamburger . . . avec un café. Est-ce qu'ils ont des hamburgers en France? Pas sûr! Mais ils ont certainement du café.

Après le café, qu'est-ce que je vais faire? . . . Je vais téléphoner à l'hôtel; c'est plus prudent. Je vais dire "Allô, bonjour Monsieur . . . ou Madame . . . (ou Mademoiselle?);

c'est moi, Robert, l'Américain; je suis à l'aéroport; j'arrive! Au revoir (Monsieur . . . ou Madame . . . ou Mademoiselle)."

Comment est-ce que je vais aller à Paris? Je vais prendre un autobus ou un train. Est-ce qu'il y a un train? Je ne sais pas. . . . Pas sûr! Mais il y a sûrement un bus. Ou bien je vais prendre un taxi. . . .

Je vais sûrement rencontrer une jeune fille française formidable. Où est-ce que je vais rencontrer une jeune fille? A l'aéroport, dans le bus, dans le train . . . à Paris? La jeune fille et moi, nous allons parler, nous allons parler français, évidemment! Elle va me dire: "Oh, mais vous parlez très bien français!" Je vais lui dire: "Oui . . . mais, vous savez, ma mère est française. . . ." Je vais lui dire: "Vous aussi, vous parlez très bien français!" Elle va me dire: "Oui, . . . évidemment: je suis française. Et ma mère aussi est française!" "Ah, votre mère est française . . . et moi aussi, ma mère est française! Quelle coïncidence! C'est formidable!" Nous allons continuer la conversation; nous allons discuter; ça va être bien! Ça va être amusant, terriblement amusant! Et utile, pour perfectionner mon français (qui est déjà excellent!).

Leçon 5 Familles

Texte

Une salle de cours, un professeur, des étudiants.

1

Le professeur: Continuons l'invention de l'histoire. D'abord, il faut donner un prénom aux jeunes gens.

Un étudiant: Pourquoi?

Le professeur: Pourquoi? Mais c'est élémentaire. . . . Parce que tout le monde a un prénom. Moi, j'ai un prénom. Vous, vous avez un prénom. C'est quoi, votre prénom?

L'étudiant: Michael.

Le professeur: Eh bien, vous voyez! Il a un prénom! *(A une étudiante)* Vous aussi, vous avez un prénom? C'est quoi, votre prénom?

L'étudiante: Julia.

Le professeur: Elle aussi, elle a un prénom! Tout le monde a un prénom, moi, elle, lui. . . . Mais les jeunes gens de l'histoire n'ont pas de prénom! Ça ne va pas! Ce n'est pas possible! Alors, donnons un prénom aux jeunes gens . . . parce que ce n'est pas facile de raconter une histoire sans prénoms.

---

1. d'abord

* **D'abord**, pour commencer, en priorité. . . .

1. donner

Marie-Laure est généreuse: elle **donne** un chocolat à Mireille.

* Il faut **donner** aux pauvres.
* Il est riche. Il va **donner** de l'argent à l'Université. Il va faire une **donation** à l'Université.

1. prénom

Joséphine + Napo

Joséphine, Napoléon sont des **prénoms**.

1. facile

* x = 2 + 2, c'est **facile**; c'est simple.

$$4a\frac{(2x + 3y)}{2a + b} = 5y\frac{(3a + \sqrt{25x - 3y})}{2b - 2a + 4y},$$

ce n'est pas **facile**, ce n'est pas simple!

* "Bob" est un prénom **facile** à prononcer.

"Przybyszewski" n'est pas **facile** à prononcer.

1. raconter

* Il **raconte** des anecdotes. C'est un **raconteur** d'anecdotes.
* Schéhérazade **racontait** des histoires au Sultan.

2

Le professeur: Voyons, la jeune fille, d'abord. Ça va être quoi, son prénom?

L'étudiant: Ethel.

Le professeur: Euh . . . non! C'est un joli prénom, mais c'est un prénom américain, et la jeune fille est française. Il faut un prénom français! Ecoutez, le prénom de la jeune fille va être Mireille.

L'étudiant: Pourquoi?

Le professeur: Parce que c'est un joli prénom. . . . Hein, Mireille, c'est joli? Et puis, ce n'est pas facile à prononcer. Tenez, essayez, dites "Mireille" . . . allez-y . . . allez-y. . . .

L'étudiant: Mir . . . Mireille. . . .

Le professeur: Vous voyez, ce n'est pas facile!

3

Le professeur: Le prénom du jeune homme va être Robert.

Un étudiant: Euh. . . .

Le professeur: Non, non, pas de discussion, c'est décidé!

L'étudiant: Pourquoi?

Le professeur: D'abord, parce que c'est un prénom à la fois français et américain: c'est un prénom français, et c'est aussi un prénom américain. Et puis, il n'est pas facile à prononcer non plus.

2. joli

Un **joli** chien.

Un chien pas très **joli**.

* Elizabeth Taylor était **jolie** dans *National Velvet*.
* Frankenstein n'était pas **joli**, **joli**. . . .

3. à la fois

Un centaure, c'est **à la fois** un homme et un cheval.

* Un hermaphrodite est **à la fois** un homme et une femme.
* Au Canada, on parle **à la fois** français et anglais.

3. non plus

* Robert n'est pas un prénom japonais. Ce n'est pas un prénom indien **non plus**.
* Mireille n'est pas américaine. Elle n'est pas anglaise **non plus**. (Elle est française.)
* Je n'aime pas les films japonais. Je n'aime pas les films policiers **non plus**. (Je préfère les comédies italiennes.)
* Macbeth n'est pas un roman policier. Ce n'est pas une comédie **non plus**. (C'est un drame de Shakespeare.)
* Mireille n'est pas mariée. Robert **non plus**.

4

Le professeur: Bon, maintenant les deux jeunes gens de l'histoire ont un prénom. Le prénom de la jeune fille est . . .

L'étudiant: Ethel!

Une étudiante: Non, ce n'est pas Ethel, c'est Mireille.

L'étudiant: Bon, Mireille, si vous voulez.

Le professeur: Et le prénom du jeune homme est . . .

Un étudiant (*prononciation américaine*): Robert!

Le professeur: Non! Robert!

5

Le professeur: Maintenant, il faut donner une famille aux jeunes gens. D'abord à la jeune fille: la famille de Mireille n'est pas pauvre; mais elle n'est pas riche non plus. C'est une famille . . . aisée. Est-ce que Mireille va avoir une mère?

Les étudiants: Oui!
Le professeur: Est-ce qu'elle va avoir un père?
Les étudiants: Oui!
Le professeur: Bon, alors, c'est entendu. Mireille a un père et une mère. Le père et la mère de Mireille travaillent tous les deux. Son père est ingénieur chez Renault, et sa mère est chef de service au Ministère de la Santé. Mireille a deux sœurs: Cécile est plus âgée, elle a vingt-trois ans, et elle est mariée; Marie-Laure est beaucoup plus jeune, elle a dix ans . . . et elle n'est pas mariée, évidemment!

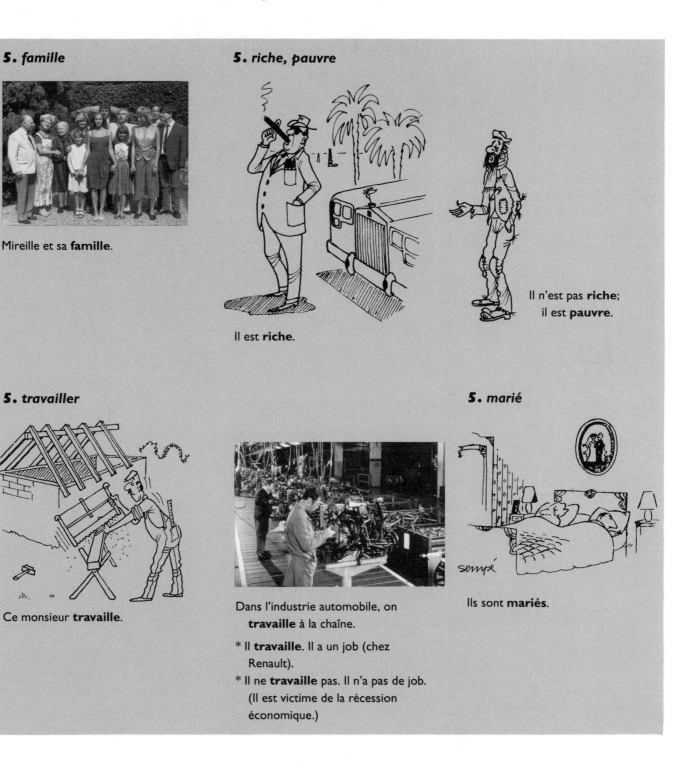

5. famille

Mireille et sa **famille**.

5. riche, pauvre

Il est **riche**.

Il n'est pas **riche**; il est **pauvre**.

5. travailler

Ce monsieur **travaille**.

Dans l'industrie automobile, on **travaille** à la chaîne.

* Il **travaille**. Il a un job (chez Renault).
* Il ne **travaille** pas. Il n'a pas de job. (Il est victime de la récession économique.)

5. marié

Ils sont **mariés**.

6

Le professeur: Et maintenant, donnons aussi une famille à Robert. Les parents de Robert ont de l'argent; ils sont même assez riches. Robert n'a pas de sœurs, il n'a pas de frères non plus: il est fils unique. Ses parents sont divorcés. Son père n'est pas remarié, mais sa mère est remariée. Pauvre Robert! Fils unique, parents divorcés, mère remariée. . . . Il va peut-être avoir des complexes. . . .

Un étudiant: Ah, très bien! J'adore ça! Parlons des complexes de Robert!

Le professeur: Vous voulez parler des complexes de Robert?

L'étudiant: Oui! Parce que ça va être amusant . . . et utile . . . pour apprendre le français.

Le professeur: Vous croyez? Peut-être . . . mais pas aujourd'hui. . . . Nous n'avons pas le temps! Une autre fois!

6. argent

De l'**argent** (français).

* Il a beaucoup d'**argent**: il est millionnaire.

6. frère, sœur

* Emily Brontë était la **sœur** de Charlotte Brontë.
* Les **Frères** Karamazov est un roman de Dostoïevski.
* Caïn était le **frère** d'Abel.

6. aujourd'hui

Aujourd'hui:	le 7 mai
Hier:	le 6 mai
Demain:	le 8 mai

6. avoir le temps

* Je n'**ai** pas **le temps**; je suis pressée.
Je ne suis pas pressée; j'**ai le temps**.

🎧 **Mise en œuvre**

Ecoutez la mise en œuvre du texte et répondez aux questions suivantes.

1. Qu'est-ce qu'il faut donner aux jeunes gens?
2. Pourquoi?
3. Pourquoi est-ce qu'il faut donner un prénom français à la jeune fille?
4. Robert, c'est un prénom français ou américain?
5. Est-ce que la famille de Mireille est riche ou pauvre?
6. Où est-ce que le père de Mireille travaille?
7. Et sa mère, où travaille-t-elle?
8. Combien de sœurs Mireille a-t-elle?
9. Quel âge a Marie-Laure?
10. Est-ce que les parents de Robert sont pauvres ou riches?
11. Est-ce que Robert a des frères ou des sœurs?
12. Est-ce que les parents de Robert sont mariés?
13. Pourquoi est-ce que nous n'allons pas parler des complexes de Robert aujourd'hui?
14. Alors, quand est-ce que nous allons parler des complexes de Robert?

Mise en question

1. Donnez des prénoms français; des prénoms de filles et des prénoms de garçons.
2. Pourquoi est-ce que le professeur choisit Mireille comme prénom pour la jeune fille de l'histoire?
3. Pourquoi est-ce qu'il choisit Robert pour le jeune homme?
4. Pourquoi est-ce que la famille de Mireille est aisée?
5. Pourquoi est-ce que Marie-Laure n'est pas mariée?
6. Pourquoi est-ce que Robert va peut-être avoir des complexes?

Documents

Prénoms

A. Le Palmarès des prénoms

Les 60 prénoms féminins les plus portés[1]

Marie	419 000	Danielle	221 000	Anne	175 000
Monique	374 000	Denise	220 000	Renée	175 000
Françoise	367 000	Chantal	219 000	Andrée	173 000
Isabelle	366 000	Marie-Thérèse	216 000	Geneviève	172 000
Catherine	362 000	Sandrine	215 000	Odette	169 000
Nathalie	353 000	Sophie	214 000	Colette	167 000
Sylvie	344 000	Suzanne	213 000	Laurence	167 000
Jacqueline	337 000	Yvonne	208 000	Thérèse	156 000
Jeanne	336 000	Stéphanie	205 000	Dominique	154 000
Jeannine	309 000	Anne-Marie	204 000	Josette	152 000
Martine	290 000	Annie	198 000	Corinne	151 000
Nicole	289 000	Céline	195 000	Elisabeth	150 000
Michèle	286 000	Christelle	194 000	Virginie	149 000
Simone	276 000	Patricia	188 000	Claudine	148 000
Christine	268 000	Brigitte	188 000	Aurélie	147 000
Madeleine	239 000	Marguerite	184 000	Cécile	147 000
Valérie	234 000	Paulette	180 000	Karine	143 000
Christiane	233 000	Yvette	180 000	Germaine	140 000
Hélène	233 000	Marcelle	180 000	Evelyne	138 000
Véronique	229 000	Marie-Louise	175 000	Bernadette	136 000

1. Estimation du nombre total de personnes portant ce nom en France pour l'année 1992.

Les 60 prénoms masculins les plus portés[1]

Michel	705 000	Eric	281 000	Paul	208 000
Jean	630 000	Marcel	278 000	Marc	200 000
Pierre	581 000	Frédéric	277 000	Yves	199 000
André	518 000	Stéphane	275 000	Bruno	196 000
Philippe	464 000	Nicolas	274 000	Serge	188 000
Alain	443 000	Georges	268 000	Jérôme	185 000
Bernard	399 000	Henri	267 000	Raymond	184 000
Jacques	394 000	Jean-Claude	263 000	Vincent	178 000
Daniel	360 000	Pascal	259 000	Mickaël	175 000
Gérard	339 000	Thierry	257 000	Gilles	155 000
Christian	339 000	Sébastien	252 000	Franck	153 000
Claude	339 000	David	251 000	Alexandre	147 000
René	338 000	Olivier	239 000	Guillaume	146 000
Patrick	333 000	Louis	232 000	Gilbert	144 000
Christophe	321 000	Guy	226 000	Jean-Paul	140 000
Jean-Pierre	303 000	Maurice	221 000	Antoine	139 000
Robert	301 000	Julien	219 000	Francis	139 000
Roger	300 000	Dominique	215 000	Jean-Luc	138 000
Laurent	290 000	Didier	214 000	Lucien	137 000
François	290 000	Joseph	210 000	Denis	130 000

—*D'après Philippe Besnard et Guy Desplanques*
Un Prénom pour toujours

B. Des prénoms à la mode

Prénoms féminins (1988–89)		Prénoms masculins (1988–89)	
Elodie	3,1%	Julien	3,0%
Laura	2,4	Kévin	2,8
Julie	2,3	Nicolas	2,6
Aurélie	2,0	Romain	2,6
Marion	1,9	Anthony	2,5
Marine	1,7	Jérémy	2,3
Audrey	1,6	Thomas	2,2
Pauline	1,6	Mathieu	2,2
Mélanie	1,5	Alexandre	2,2
Emilie	1,5	Mickaël	2,0

—*D'après Philippe Besnard et Guy Desplanques*
Un Prénom pour toujours

C. Prénom: Mireille

A l'origine, Mireille est un prénom de Provence, dans le Midi, le sud de la France. (La région d'Arles, Avignon, Aix-en-Provence, Marseille.)

En 1859, Mireille est le nom de l'héroïne d'un grand poème épique en provençal de Frédéric Mistral, *Mireille*.

En 1864, le musicien Charles Gounod compose, sur le poème de Mistral, un opéra-comique qui s'appelle aussi *Mireille*.

Vers 1935, Mireille est le nom d'une chanteuse très populaire, fondatrice du Petit Conservatoire de la chanson, mariée à Jean Nohain, présentateur à la radio; Mireille Balin est une actrice de cinéma connue. (Elle joue, en 1936, avec Jean Gabin dans *Pépé le Moko*.)

En 1948, une fille sur 70 s'appelle Mireille.

Vers 1970, Mireille Darc (aucun rapport avec Jeanne d'Arc!) est une actrice de cinéma (*La Grande Sauterelle*), amie d'Alain Delon.

Vers 1975, Mireille Mathieu est une chanteuse populaire.

Vers 1992–93, Mireille Dumas présente des émissions de télévision (sur France 2).

1. Estimation du nombre total de personnes portant ce nom en France pour l'année 1992.

2

Prénom: Marguerite

C'est un nom qui me plaît, parce qu'il n'est d'aucune époque et d'aucune classe. C'était un nom de reine, c'est aussi un nom de paysanne. Cela m'ennuierait de m'appeler Chantal, par exemple; c'est aussi un nom de sainte, mais il fait trop XVIème arrondissement.

—*Marguerite Yourcenar et Matthieu Galey*
Les Yeux ouverts

Marguerite Yourcenar s'appelle en réalité Marguerite de Crayencour. Yourcenar est un pseudonyme. C'est une anagramme de Crayencour, le vrai nom de Marguerite Yourcenar.

Marguerite Yourcenar est née à Bruxelles, en 1903. Elle est surtout connue comme romancière. Elle a écrit en particulier des romans historiques comme les *Mémoires d'Hadrien* sur l'époque romaine et *L'Œuvre au noir* sur l'époque de la Renaissance.

Son père venait d'une vieille famille du nord de la France et sa mère était belge. Sa mère est morte quelques jours après sa naissance. C'est donc son père qui s'est occupé de son éducation. C'était un homme instable, qui voyageait beaucoup. Il a donné à sa fille une éducation peu conventionnelle. Elle n'est jamais allée à l'école: elle a eu des précepteurs privés.

Elle a longtemps vécu aux Etats-Unis, où elle a même enseigné. Elle a été, en 1980, la première femme à entrer à l'Académie française. Elle est morte en 1987.

3

Extrait de "Dans ma maison"

Comme c'est curieux les noms
Marie Hugo Victor de son prénom
Bonaparte Napoléon de son prénom
Pourquoi comme ça et pas comme ça. . .

—*Jacques Prévert*
Paroles

Jacques Prévert est né en 1900. C'est un poète populaire anticonformiste. Il est l'auteur de *Paroles, Spectacle, Contes pour enfants pas sages, La Pluie et le beau temps, Histoires,* etc. Il a aussi écrit des scénarios de films: *Quai des Brumes, Les Visiteurs du soir, Les Enfants du paradis.* Il est mort en 1977.

4

Les Français et le travail

▶Les Français travaillent, en moyenne, 7,8 heures par jour.
▶2,3 millions de femmes et 460 000 hommes travaillent à temps partiel.
▶6,2 millions de travailleurs commencent le travail avant 7h 30.
▶3 millions de personnes terminent leur travail après 20h 30.
▶Il faut, en moyenne, 58 minutes par jour pour aller au travail et en revenir.

—*D'après* Francoscopie 93

5

Complexes

Deux mamans parlent de leurs enfants, et l'une dit à l'autre que son petit garçon, qui a dix ans, est malade.
—Mon Dieu, qu'est-ce qu'il a?
—Le docteur dit que c'est le complexe d'Œdipe. . . .
—Ah! Est-ce qu'il prend des antibiotiques?
—Non . . . le docteur dit qu'il n'y a rien à faire.
—Dans ce cas, ce n'est pas bien grave. . . . Et puis, l'essentiel, n'est-ce pas, c'est qu'il aime bien sa maman. . . .

—*D'après* Les Histoires du Tout-Paris

Leçon **6** Portraits I

Texte

Une salle de cours, un professeur, des étudiants.

1

Le professeur: Aujourd'hui, nous allons faire le portrait de la jeune fille de l'histoire. D'accord?

Un étudiant: Si vous voulez. . . . C'est vous le professeur! C'est vous qui décidez!

Le professeur: Ah, mais non! Moi, je propose . . . mais nous discutons et nous décidons ensemble.

L'étudiant: Voyons. Essayons.

Le professeur: Dans l'histoire, nous allons avoir une jeune fille, pas une vieille dame, pas une jeune femme, pas une petite fille, mais une jeune fille. . . . Cette jeune fille va être française et son prénom va être Mireille.

I. portrait

Nous allons faire un **portrait**.

2

Le professeur: Commençons par son portrait physique. Est-ce qu'elle va être grande ou petite?

Un étudiant: Grande!

Un autre étudiant: Petite!

Le professeur: Disons qu'elle va être plutôt petite. Elle n'a pas l'air costaud: elle a l'air fragile; mais en réalité, elle n'est pas fragile du tout. . . . Elle n'est pas malade. . . . Vous pensez bien qu'avec une mère qui travaille au Ministère de la Santé. . . . En fait, sa santé est excellente.

3

Le professeur: Elle est même très sportive, elle fait beaucoup de sport: elle fait du karaté, du vélo, du ski, du tennis, du cheval, du patin à glace, du canoë, du deltaplane, du parapente, de la voile, de la planche à voile, de la natation, de l'escrime, de l'alpinisme, de l'athlétisme. . . . Tout, quoi! Est-ce qu'elle va être mince ou un peu forte? Mince, évidemment, puisqu'elle a l'air fragile!

4

Le professeur: Est-ce qu'elle va avoir le cou long ou court? Mince ou épais? . . . Elle va avoir le cou plutôt long et mince. Et la taille? Est-ce qu'elle va avoir la taille fine ou épaisse? . . . Elle a la taille fine! Et les doigts? Est-ce qu'elle va avoir les doigts courts et épais, ou longs et fins? . . . Elle a les doigts longs et

2. plutôt

* Elle n'est pas minuscule, mais elle n'est pas grande non plus. Elle est **plutôt** petite. Elle est **plutôt** petite que grande.

2. costaud, fragile

Elle est **costaud**. Elle n'a pas l'air **fragile**.

Elle a l'air **fragile**. Elle n'a pas l'air **costaud**.

2. avoir l'air

* Mireille **a l'air** fragile; c'est une apparence, une impression, une illusion. En réalité, en fait, elle n'est pas fragile. Elle est très robuste.

3. faire du sport

Elle **fait beaucoup de sport**: du tennis, du patin à glace, du cheval, de l'escrime. . . .

3. faire du vélo

Elle **fait du vélo**.

3. faire de la voile

Elle **fait de la voile**.

3. faire de la natation

Elle **fait de la natation**.

3, 4. mince, fort, fin, épais, taille

Elle est un peu **forte**. Elle a la **taille épaisse**.

Elle est **mince**. Elle a la **taille fine**.

4. cou

Elle a le **cou** long et mince.

4. jambe

Im 30

Des **jambes** longues et fines.

Im 20

Des **pattes** longues et fines.

4. doigt

Des **doigts** longs et fins.

4. visage, ovale, allongé, rond, carré

Un **visage ovale** (d'après Léonard de Vinci).

Un visage **allongé** (d'après Modigliani).

Elle, elle a le visage **rond**.

Et lui, il a le visage **carré**.

fins. Et elle a aussi les jambes longues et fines. Le visage, maintenant. Est-ce qu'elle va avoir le visage ovale, allongé, rond, . . . carré? Ovale? Bon, disons qu'elle va avoir le visage ovale.

5

Le professeur: Est-ce qu'elle va être blonde, brune, rousse, ou châtain? Voyons . . . elle va être blonde.
Un étudiant: Dommage! Parce que moi, je préfère les brunes. . . .
Le professeur: Tant pis pour vous! Mireille est blonde et va rester blonde! Maintenant, est-ce qu'elle va avoir les cheveux longs ou courts? Qu'est-ce que vous préférez?
L'étudiant: Longs!
Le professeur: Très bien! Je suis d'accord! Elle va avoir les cheveux blonds et longs.

5. blond, brun, long, court

Elle est **blonde**. Elle a les cheveux **blonds** (et **longs**).

Elle est **brune**. Elle a les cheveux **noirs** (et **courts**).

6

Le professeur: Et les yeux? Est-ce qu'elle va avoir les yeux noirs? Les yeux marron? Les yeux gris? Ou verts? Ou bien les yeux bleus?

Un étudiant: Les yeux bleus!

Le professeur: Bon, c'est d'accord. Elle va avoir les yeux bleus, les deux. Elle va avoir les deux yeux bleus.

Voilà le portrait physique de Mireille: elle est plutôt petite, elle a l'air fragile, mais sa santé est excellente, et elle est très sportive; elle est mince, elle a le visage ovale, les cheveux blonds, et les yeux bleus.

7

Le professeur: Maintenant, faisons le portrait moral de Mireille. Au moral, elle est vive et elle a l'esprit rapide; elle est intelligente, très raisonnable, très sociable . . . un peu moqueuse, peut-être, mais elle n'est pas méchante du tout; elle a très bon caractère.

6. *œil, yeux*

Un **œil**.   Deux **yeux**.

7. *moqueur*

* Mireille est **moqueuse**; elle **se moque** des ridicules.

Les enfants du clown **se moquent** de leur père.

7. *méchant*

Il est **méchant**.   Elle est **méchante**.

🎧 Mise en œuvre

Ecoutez la mise en œuvre du texte et répondez aux questions suivantes.

1. Qu'est-ce que nous allons faire aujourd'hui?
2. Est-ce que Mireille va être grande ou petite?
3. Est-ce qu'elle a l'air robuste ou fragile?
4. Elle est malade?
5. Est-ce qu'elle est en très bonne santé?
6. Est-ce qu'elle fait du sport?
7. Est-ce qu'elle est mince ou un peu forte?
8. Est-ce qu'elle a le cou épais et court?
9. Est-ce qu'elle a la taille épaisse?
10. Est-ce qu'elle a les doigts courts et épais?
11. Est-ce qu'elle a les jambes courtes et épaisses?
12. Est-ce qu'elle a le visage carré?
13. Est-ce qu'elle est blonde ou brune?
14. Est-ce qu'elle a les cheveux longs ou courts?
15. Est-ce qu'elle a les yeux bleus ou noirs?
16. Comment est-elle au moral?
17. Est-ce qu'elle est moqueuse ou indulgente?
18. Est-ce qu'elle est méchante?
19. Est-ce qu'elle a mauvais caractère?

Mise en question

1. On va inventer une histoire, choisir des personnages, des prénoms. . . . Qui est-ce qui décide tout ça?
2. A votre avis, quel âge peut avoir une petite fille? Et une jeune fille?
3. Qu'est-ce qu'on fait au Ministère de la Santé? De quoi est-ce qu'on s'occupe au Ministère de la Santé?
4. A votre avis, pourquoi est-ce que Mireille est en bonne santé?
5. Le professeur décide que Mireille va être blonde. Un étudiant de la classe n'est pas d'accord. Pourquoi est-ce qu'il n'est pas content?
6. Pourquoi est-ce que Mireille va avoir beaucoup d'amis?

Documents

1

On a le monde
Quand on est blonde

On a la lune
Quand on est brune

La vie est douce
Quand on est rousse

—*Boris Vian*

On a le monde
Quand on est blonde

La vie est douce
Quand on est rousse

On a la lune
Quand on est brune

2

Brune, blonde ou rousse?

A.

Est-elle brune, blonde ou rousse?—Je l'ignore.
Son nom? Je me souviens qu'il est doux et sonore
Comme ceux des aimés que la Vie exila.

—*Paul Verlaine*
    Poèmes saturniens

B.

Sois brune ou blonde
Faut-il choisir?
Le Dieu du monde
C'est le Plaisir.

—*Paul Verlaine, "Chanson gothique"*
    Les Monténégrins

Paul Verlaine est un poète de la fin du XIXème
siècle—il est né en 1844 et il est mort en 1896. Sa
poésie est très musicale, souvent mélancolique; elle est
très sophistiquée mais elle a l'air très simple.

3

Aucassin et Nicolette: Portrait de Nicolette

Aucassin et Nicolette est une sorte de roman écrit au
XIIème ou XIIIème siècle. Il raconte l'histoire
d'Aucassin, fils du comte de Beaucaire, en Provence, et
de Nicolette, son amie qu'il aime tant.

Aucassin est en prison, dans une tour. Nicolette va
à la tour où est Aucassin. C'est la nuit. Il y a de la
lune.

C'était en été, au mois de mai, quand les jours sont
chauds, longs et lumineux, les nuits calmes et
sereines.
Elle avait les cheveux blonds et frisés, les yeux vifs
et riants, le visage allongé, le nez haut et régulier,
les lèvres fines et plus vermeilles que la cerise ou la
rose en été, les dents blanches et menues . . . sa
taille était si fine que vous auriez pu l'entourer de
vos deux mains. . . .

—*D'après la traduction de Jean Dufournet*

4

Un œil, deux yeux

Tu as de beaux yeux, tu sais.

—*Jean Gabin à Michèle Morgan dans* Quai des Brumes
*(1938, un film de Marcel Carné), un des classiques du cinéma
français.*

5

Petites Annonces

VACANCES

1.   **Vallée du Lot**
Vacances sportives
9 - 17 ans
juillet - août
Voile-planche à voile-aviron
canoë-kayak
tennis-cheval
Séjours de 15 jours
Documentation gratuite sur
demande
Camp de plein air de Marcilhac
47201 St. Cirq-Lapopie
Tél.: 53 26 08 32

RENCONTRES

2. Jolie brune yeux bleus, 42 ans,
élégante, vive, sens artistique, beaucoup de charme, cadre supérieur,
divorcée, cherche H. 50-60 ans pour
vie nouvelle.
Ecrire journal réf. 428/102

3. J.F. 1m 68 intelligente et cultivée,
26 a., mince jolie sportive (ski, golf,
voile) désire rencontrer H 30-40 ans,
plutôt grand, costaud pour fonder
famille solide.
Ecrire journal réf. 323/M

4. J.F. 38 a. prof africaine française
de nationalité et de culture, bien
physiq. cherche H de grande culture,
dynamique, aimant théâtre, musique,
enfants.
Ecrire journal réf. 276/110

5. 36 ans journaliste gaie féminine
aimant voyages, tennis, art, cherche
homme âge indifférent, sensible,
cultivé, sympathique pour relation
durable.
Ecrire journal réf. 594/0A

6. J.H. 25 a. gd mce bcp charm bon
phys. brun beaux yx aim mus voile
alp ski, ch JF 20-25 a. simple intel
sympa dyn sport pr vac Alpes
Ecrire journal réf. 210/3D

Leçon **7** Portraits II

Texte

Une salle de cours, un professeur, des étudiants.

1

Le professeur: Nous allons maintenant faire le portrait du jeune homme de l'histoire, Robert. C'est un Américain, un garçon solide.

Un étudiant: Vous voulez dire qu'il va être gros?

Le professeur: Mais non, pas du tout! Il est solide, robuste, costaud, mais il n'est pas gros du tout: il n'a

pas de ventre; en fait, Robert est plutôt mince. Il mesure un mètre 70, un mètre 71, et il pèse exactement 70 kilos. Il est plus grand que Mireille. Mireille fait un mètre 63, un mètre 64 peut-être, pas plus. Avec ses un mètre 70, Robert est plus grand qu'elle; ou, si vous préférez, elle est moins grande que lui, elle est plus petite que lui.

2

Le professeur: Il est très sportif: il fait du ski nautique, du surfing, du polo, du football (américain, bien

sûr), du basket, du volley, du hand, du hockey, du patin à roulettes. . . .

L'étudiant: C'est tout?

Le professeur: Oui, il faut lui laisser un peu de temps pour travailler.

L'étudiant: Ou pour faire la sieste. . . .

1. petit, gros, solide

Il est **petit**. Il n'est pas **gros**.

Il est **solide**. Il est même **gros**.

1. avoir du ventre

Il **a du ventre**.

2. faire du patin à roulettes

Robert **fait du patin à roulettes**.

2. faire la sieste

Il **fait la sieste**.

3

Le professeur: Revenons à son portrait physique. Il n'est pas très grand, il est mince, mais solide: il a les épaules assez larges et plutôt carrées; il a le menton carré. Est-ce qu'il va être blond, roux, châtain, ou brun?

Une étudiante: Blond.

Le professeur: Ah, c'est dommage, Madame, je crois que Robert va être brun. Il a les cheveux noirs.

Un étudiant: Moi, je préfère les cheveux blancs, ou gris. . . . C'est plus sérieux, plus distingué.

Le professeur: Oui, c'est vrai! Mais Robert est un jeune homme. Il a les cheveux noirs, et les sourcils. . . .

L'étudiante: Blonds!

Le professeur: Des sourcils blonds avec des cheveux noirs? Mais non! Ça ne va pas! Ça ne va pas du tout! Avec des cheveux noirs, il faut des sourcils noirs!

L'étudiante: Dommage!

4

Le professeur: Oui, mais c'est comme ça. Robert va avoir les sourcils noirs et épais . . . enfin, assez épais. Mais est-ce qu'il va avoir une moustache? Vous préférez Robert avec ou sans moustache? Sans? Très bien. C'est entendu. Robert ne va pas avoir de moustache. Est-ce qu'il va avoir une barbe? Qu'est-ce que vous préférez, avec ou sans? Alors, qu'est-ce que vous décidez? Une barbe, ou pas de barbe?

Les étudiants: Pas de barbe!

5

Le professeur: Bon. Robert ne va pas avoir de barbe. Et les yeux? Est-ce qu'il va avoir les yeux bleus? Non! Noirs? . . . Pas vraiment! Il va avoir les yeux marron. Alors, voilà! Robert n'a pas de ventre, pas de

barbe, pas de moustache, pas de cheveux blancs, mais il a les épaules larges, les cheveux noirs, les sourcils noirs, les yeux marron. Voilà pour le physique.

6

Le professeur: Au moral, maintenant. . . . Est-ce qu'il va avoir l'esprit vif, lui aussi?

Un étudiant: Non, il va être stupide.

Le professeur: Mais non, mais non! Il va être intelligent et avoir l'esprit vif, lui aussi. . . . Un peu moins vif que Mireille, peut-être, mais il ne va pas être stupide. Il est sociable, mais il parle moins que Mireille; il est aussi moins moqueur qu'elle. Il est plus indulgent.

3. menton

Il a le **menton** carré.

3. sourcils

Il a les **sourcils** noirs et épais.

4. barbe

Il a une **barbe**.

5. marron

Les **marrons** sont de couleur **marron**.

7

Le professeur: En somme, ils ne se ressemblent pas beaucoup; ils sont même assez différents: Mireille est plutôt petite, Robert est plus grand. Elle est blonde, il est brun. Elle fait du patin à glace, il fait du patin à roulettes. Elle a les yeux bleus, il a les yeux marron. Elle est très moqueuse, il est moins moqueur.

Elle est très vive, il est plus calme. Qu'est-ce que leur rencontre va donner?

Un étudiant: Ah . . . parce que . . . dans l'histoire . . . le jeune homme va rencontrer la jeune fille? . . .

Le professeur: Oui, peut-être . . . ou bien la jeune fille va rencontrer le jeune homme. . . . Tout est possible! Le hasard est si grand!

7. *hasard*

* La roulette est un jeu de **hasard**.
* Ils se rencontrent par **hasard**: c'est une pure coïncidence.

Mise en œuvre

Ecoutez la mise en œuvre du texte et répondez aux questions suivantes.

1. Qu'est-ce que nous allons faire maintenant?
2. Est-ce que Robert est un garçon fragile?
3. Est-ce qu'il est gros? Est-ce qu'il a du ventre?
4. Combien mesure-t-il?
5. Combien pèse-t-il?
6. Est-ce que Mireille est plus grande que lui?
7. Quels sports Robert fait-il?
8. Est-ce qu'il est blond, châtain, ou roux?
9. Est-ce qu'il a les cheveux blancs ou gris?
10. Est-ce qu'il a les sourcils blonds?
11. Est-ce qu'il a une moustache?
12. Est-ce qu'il a une barbe?
13. Est-ce qu'il a les yeux bleus ou noirs?
14. Est-ce qu'il est stupide?
15. Est-ce qu'il parle beaucoup, comme Mireille?
16. Est-ce qu'il est aussi moqueur que Mireille?
17. Est-ce que Mireille et Robert se ressemblent?
18. Est-ce que Mireille va rencontrer Robert?

Mise en question

1. Est-ce que Robert est bien proportionné? Est-ce qu'il pèse trop pour sa taille? Comparez son poids et sa taille. Combien mesure-t-il? (Combien de centimètres fait-il au-dessus d'un mètre?) Et combien pèse-t-il, en kilos? Comparez le nombre de kilos et le nombre de centimètres au-dessus d'un mètre.
2. Robert fait du patin à roulettes. Mireille aussi fait du patin (voyez la leçon 6, section 3). Est-ce que c'est la même chose?
3. Vous pesez trop: vous avez du ventre, la taille épaisse. . . . Qu'est-ce qu'il faut faire?
4. Il est deux heures. Vous êtes fatigué(e), vous ne voulez pas travailler. Qu'est-ce que vous allez faire?
5. Le professeur a décidé que Robert va être brun. Pourquoi est-ce que c'est dommage?
6. Des sourcils blonds avec des cheveux noirs, pourquoi est-ce que ça ne va pas?
7. A votre avis, est-ce que la jeune fille et le jeune homme de l'histoire vont se rencontrer? Vous êtes sûr(e) et certain(e)? Pourquoi?

Documents

1

Le corps humain (variante masculine)

le crâne

l'oreille

le poignet

la moustache

le coude

la barbe

la poitrine

l'épaule

la tête

la taille

le bras (gauche)

le ventre

le pouce

la main

les doigts

la cuisse

le genou

le mollet

la jambe (gauche)

la cheville

le pied (droit)   le pied (gauche)

2

L'apparence physique des Français

Taille moyenne des hommes (en 1993): 1,72m

Taille moyenne des femmes (en 1993): 1,60m

En un siècle, les hommes ont grandi de 7 cm et les femmes de 5 cm.[1]

Poids moyen des hommes (en 1993): 75kg

Poids moyen des femmes (en 1993): 60kg

—*D'après* Francoscopie 93

1. En 1840, les conscrits (les jeunes gens qui entraient dans l'armée pour faire leur service militaire) mesuraient, en moyenne, 1,62m. Leur taille moyenne était de 1,65m en 1900. Elle était de 1,69m en 1940 et de 1,72m en 1970. Ils mesurent aujourd'hui 1,74m.

3

Aucassin et Nicolette: Portrait d'Aucassin

Le comte Garin de Beaucaire était un homme âgé et fatigué. Il n'avait pas d'enfants,

à l'exception d'un seul garçon dont voici le portrait. Ce jeune seigneur s'appelait Aucassin. Beau, élégant, grand, il avait les jambes, les pieds, le corps et les bras bien faits. Ses cheveux étaient blonds et très bouclés, ses yeux vifs et rieurs, son visage lumineux et allongé, son nez haut et bien planté.

—*D'après la traduction de Jean Dufournet*

4

Nos ancêtres les Gaulois

Les Français d'aujourd'hui considèrent les Gaulois comme leurs ancêtres. Les manuels d'histoire de France pour les classes élémentaires commencent souvent par: "Nos ancêtres les Gaulois. . . ." En France, le coq gaulois est un emblème national comme l'aigle aux Etats-Unis, et Astérix le Gaulois est un héros aussi populaire que Mickey Mouse. Dans leur esprit, les Français sont des Gaulois modernisés. Pour comprendre les Français, il est utile d'avoir une idée des Gaulois.

5

Portrait des Gaulois

Au physique, les Gaulois sont grands. En tout cas, ils sont moins petits que les Romains.

Les Gaulois sont en général blonds . . . ou roux. En tout cas, ils sont moins souvent bruns que les Romains. Ils ont les cheveux longs et de longues moustaches. Ils ne sont pas rasés comme les Romains.

Les Gaulois ont les yeux bleus . . . en tout cas moins souvent noirs ou marron que les Romains.

Au moral, les Gaulois sont intelligents. Ils ont l'esprit vif. Ils assimilent rapidement les différentes tactiques et les procédés d'attaque des Romains. Ils aiment les combats. Ils sont extraordinairement courageux, audacieux, et endurants. Mais ils sont instables. Ils changent facilement d'idée. Ils sont facilement découragés. Ils n'ont pas la persévérance des Romains.

Les Gaulois aiment les couleurs vives, les bracelets, les colliers, les ornements. Ils aiment les plaisanteries, les chants, et les danses.

—*D'après Jules César*
   Commentaire sur la conquête de la Gaule
   (*1er siècle après Jésus-Christ*)

6

Astérix et Obélix, auto-portrait

Extrait de *La Grande Traversée*
   Texte de Goscinny
   Dessins de Uderzo

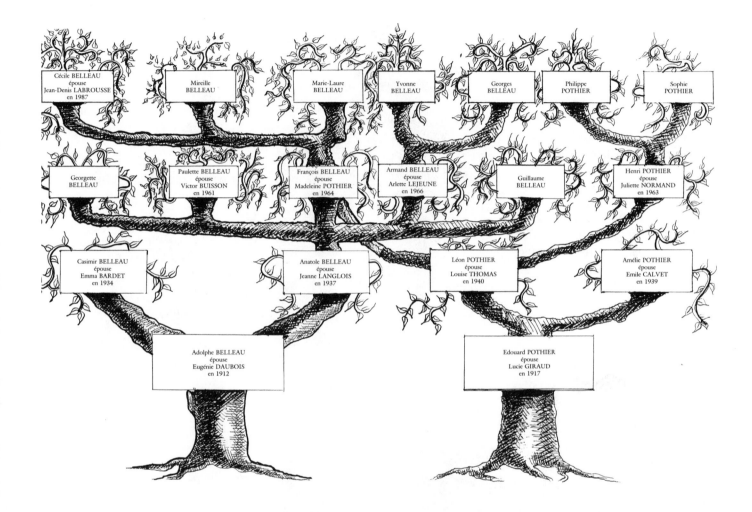

Texte

Le professeur: Etudions l'arbre généalogique de Mireille.

1

En 1912 (mil neuf cent douze), Adolphe Belleau épouse Eugénie Daubois. Ils ont deux enfants: Casimir et Anatole. En 1937 (mil neuf cent trente-sept), Anatole Belleau épouse Jeanne Langlois. Ils ont cinq enfants: deux filles, Georgette et Paulette, et trois garçons, François, Armand, et

1. épouser

1. enfant, garçon, fille

Deux **garçons** et trois **filles**: cinq **enfants**.

Mariage d'Anatole Belleau et de Jeanne Langlois. Anatole Belleau **épouse** Jeanne Langlois. (Nous sommes en 1937.)

Guillaume. En 1964 (mil neuf cent soixante-quatre), François Belleau épouse Madeleine Pothier. Ils ont trois filles: Cécile, Mireille, et Marie-Laure.

2

Si vous examinez l'arbre généalogique, vous voyez que Mireille est la fille de François et Madeleine Belleau; Cécile et Marie-Laure sont aussi les filles de François et Madeleine Belleau. Et de qui Yvonne est-elle la fille? C'est la fille d'Armand et Arlette Belleau.

3

Mireille est la petite-fille d'Anatole Belleau et l'arrière-petite-fille d'Adolphe Belleau. Georges est le fils d'Armand Belleau, le petit-fils d'Anatole, et l'arrière-petit-fils d'Adolphe.

4

Et la famille maternelle de Mireille. . . . Madeleine Belleau est la mère, Louise Pothier la grand-mère, et Lucie Pothier l'arrière-grand-mère de Mireille. Qui est Edouard Pothier? C'est le père de Léon Pothier, le grand-père de Madeleine Pothier, et l'arrière-grand-père de Mireille.

5

Cécile et Marie-Laure sont les sœurs de Mireille. Mais est-ce que Sophie Pothier est la sœur de Mireille? Non! C'est sa cousine; et Philippe Pothier, le frère de Sophie, est son cousin. Henri Pothier est son oncle, et Juliette sa tante.

6

Le professeur: Mademoiselle, vous pouvez nous présenter votre famille?
Mireille: Ma famille?
Le professeur: Oui . . . ça ne vous ennuie pas?

2. *fille*

Il a trois enfants, trois **filles**. Il n'a pas de fils.

3. *fils*

Il a deux **fils**. Il n'a pas de filles.

Mireille: Non. . . . Oui, si vous voulez. . . . Presque tout le monde est là. Commençons par mes parents. Papa! Maman! . . . Voilà mon père et ma mère. . . . Voilà ma sœur Cécile et son mari, Jean-Denis. Tout le monde dit qu'elle me ressemble . . . Marie-Laure!
Mais Marie-Laure est occupée.
Marie-Laure: Oh, attends! Je suis occupée!
Mireille: Viens! . . . Marie-Laure, je te dis de venir tout de suite!
Marie-Laure: Quoi, qu'est-ce qu'il y a?
Mireille: Dis bonjour. . . . Voilà, c'est ma petite sœur, Marie-Laure.

7

Mireille: Là-bas, c'est ma grand-tante Amélie. Elle a 70 ans. Elle est veuve.
Tante Amélie: Ah . . . du temps de mon pauvre mari. . . .
Mireille: Son mari est mort à la guerre, en 40. A côté, c'est mon grand-oncle Casimir. Il a 85 ans. Il est veuf. Sa femme est morte d'un cancer.

8

Mireille: Ça, c'est Tonton Guillaume, un frère de Papa. Il a 54 ans. Il ne travaille pas. . . . Il a de la fortune, comme dit ma tante Georgette. . . . Il a des loisirs. . . . C'est agréable, les loisirs! Il est toujours en vacances. . . . Il a des relations, beaucoup de relations. C'est utile, les relations! . . . Il n'a pas d'enfants. Il est célibataire. Mais il adore les enfants, surtout Marie-Laure.
François Belleau: Guillaume est extraordinaire! Il trouve toujours du temps pour les enfants.
Tante Georgette: Oui, oui, je sais . . . et il arrive toujours avec des chocolats, des cadeaux. . . . C'est facile, quand on a de l'argent!

6. *ennuyer*

Voilà un petit garçon qui **ennuie** son père.

6. *occupé*

Ce monsieur est très **occupé**.

Lui, il n'est pas très **occupé**. Il n'a rien à faire.

7. *veuf, veuve*

Elle est **veuve**.

Il est **veuf**.

7. *mort, guerre*

Emile Calvet est **mort** à la **guerre**.

8. *loisirs*

Il ne travaille pas beaucoup. Il a des **loisirs**.

8. *vacances*

Ces gens sont en **vacances**.

8. *cadeau*

Cadeaux de Noël.

9

Mireille: Ça, c'est ma tante Georgette, une sœur de Papa. Elle a 59 ans. Je crois qu'elle n'a pas beaucoup d'argent. Elle n'est pas mariée. Elle est célibataire, elle aussi. Heureusement, parce qu'elle déteste les enfants! Même ses neveux et nièces! Elle trouve tous les enfants agaçants et fatigants. Mais au fond, elle est très gentille! Moi, je l'aime beaucoup!

10

Mireille: Eh bien, voilà. Ma tante Paulette et mon oncle Victor ne sont pas là. Mes grands-parents non plus; mon grand-père ne va pas très bien. Mais je peux vous montrer des photos, si vous voulez. Marie-Laure!

Marie-Laure: Quoi? Qu'est-ce qu'il y a encore?

Mireille: Va chercher mon album!

Marie-Laure: Oh, mais tu m'embêtes! Tu ne peux pas aller le chercher toi-même?

11

9. agaçant

Les enfants sont **agaçants**. Cet enfant **agace** son père.

9. fatigant

* Le travail est **fatigant**.
* Les voyages sont **fatigants**.
* Quand on a la mononucléose, on est très **fatigué**.

9. gentil

Le monsieur n'est pas **gentil**. La dame est **gentille**.

Mireille: Ça, c'est moi à 6 ans.

Ça, c'est moi à 6 mois!

Ça, c'est l'annonce de ma naissance, dans *Le Figaro*.

Ça, c'est l'annonce de la naissance d'Hubert. C'est un ami. Nous avons exactement le même âge: nous sommes nés le même jour.

*Cécile et Mireille Belleau
ont la joie de vous faire part de la naissance
de leur petite sœur*

Marie-Laure

le 21 juin

*18, rue de Vaugirard
75006 Paris*

Ça, c'est le faire-part de la naissance de Marie-Laure.

12

Jean-Denis: Et ça, qui est-ce?
Mireille: Ça, c'est Sophie; c'est ma cousine . . . du côté de Maman . . . une Pothier.
Jean-Denis: Ah, oui, la sœur de Philippe?
Mireille: Oui, c'est ça!
Jean-Denis: Et comment est-elle? Elle est sympathique, la petite cousine?
Mireille: Ouais . . . enfin. . . . Elle est gentille . . . mais je préfère mes cousins Belleau, surtout Georges.
Jean-Denis: Elle n'est pas mal, ta cousine! Quel âge a-t-elle?
Mireille: Elle a dix-sept ans . . . et un sale caractère, je te préviens!
Jean-Denis: C'est vrai?

11. *faire la joie de*

Le nouveau bébé **fait la joie de** sa grande sœur.

12. *avoir un sale caractère*

Ils **ont un sale caractère.** Ils se disputent tout le temps. Ils sont irascibles.

13

Mireille: Ça, c'est Marie-Laure en tutu.

Marie-Laure: Et ça, c'est tante Georgette avec son toutou. Fido, il

s'appelle. . . . Ce sont mes parents

. . . et ça, c'est ma grand-mère.

Ça, c'est mon arrière-grand-père.

Et ça, c'est son arrière-arrière-arrière . . . grand-père: Monsieur de Cro-Magnon! D'ailleurs, elle lui ressemble, vous ne trouvez pas?

Ça, c'est mon grand-père.

Ça, c'est mon arrière-arrière-grand-père.

🎧 Mise en œuvre

Ecoutez la mise en œuvre du texte et répondez aux questions suivantes.

1. Combien d'enfants ont Anatole et Jeanne Belleau?
2. Combien de filles et combien de garçons ont-ils?
3. Est-ce que Mireille est la fille d'Anatole Belleau?
4. Est-ce que Mireille est la fille d'Adolphe Belleau?
5. Est-ce que Georges est le petit-fils d'Armand?
6. Qui est Louise Pothier, pour Mireille?
7. Et Edouard?
8. Qui sont Cécile et Marie-Laure?
9. Qui est Sophie?
10. Qui est Philippe?
11. Qui sont Henri et Juliette?
12. Quelle est la situation de famille de la grand-tante Amélie?
13. Quand son mari est-il mort?
14. Est-ce que Tonton Guillaume est riche?
15. Est-ce qu'il a des relations?
16. Est-ce qu'il est marié?
17. Est-ce qu'il aime les enfants?
18. Qu'est-ce qu'il apporte toujours aux enfants?
19. Est-ce que Georgette aime les enfants? Pourquoi?
20. Est-ce que Sophie est sympathique, d'après Mireille?

Mise en question

1. Pourquoi est-ce que Marie-Laure ne vient pas tout de suite quand Mireille l'appelle?
2. A votre avis—d'après vous—pourquoi est-ce que l'oncle Guillaume ne travaille pas?
3. A votre avis, pourquoi a-t-il beaucoup de relations?
4. Pourquoi est-ce que Monsieur Belleau trouve que son frère Guillaume est extraordinaire?
5. Est-ce que vous pensez que Tante Georgette arrive toujours avec des chocolats ou des cadeaux pour les enfants? Pourquoi, à votre avis?
6. A votre avis, comment est Tante Georgette, réellement? Est-elle méchante, désagréable, gentille?
7. Pourquoi est-ce que Mireille embête Marie-Laure?
8. Quand Mireille est-elle née? Et Hubert?
9. A votre avis, est-ce que Mireille aime beaucoup sa cousine Sophie?
10. Comment Jean-Denis trouve-t-il Sophie?
11. Dans l'album de Mireille, il y a une photo (une carte postale, je crois) qui représente la statue d'un homme préhistorique devant une caverne. Qui est cet homme préhistorique?
12. A qui l'homme de Cro-Magnon ressemble-t-il, d'après Marie-Laure? Pourquoi?
13. L'homme de Cro-Magnon vivait avant Jésus-Christ. A votre avis, combien d'années avant? Mille ans? Dix mille ans? Vingt mille ans? Cent mille ans?
14. A votre avis, est-ce que l'homme de Cro-Magnon est vraiment l'ancêtre de Mireille?

Documents

1

Les Belles Familles

Louis Ier[1]
Louis II
Louis III
Louis IV
Louis V
Louis VI
Louis VII
Louis VIII
Louis IX
Louis X (dit le Hutin)
Louis XI
Louis XII
Louis XIII
Louis XIV
Louis XV
Louis XVI
Louis XVIII
et plus personne plus rien . . .
Qu'est-ce que c'est que ces gens-là
Qui ne sont pas foutus[2]
de compter jusqu'à vingt?

—*Jacques Prévert*
 Paroles

1. Roi de France. Notez qu'on dit Louis *Premier,* mais Louis Deux, Louis Trois, etc.
2. N'utilisez pas ce mot en bonne compagnie. En bonne compagnie, dites plutôt "capables."

2

Familles

A. Familles, je vous hais.
  —*André Gide*

André Gide est né à Paris en 1869, dans une famille d'un protestantisme rigide. Avec *Les Nourritures terrestres* (1897), il réagit contre les contraintes familiales, sociales, religieuses. Son influence a été considérable ("le contemporain capital," d'après André Malraux). Il a reçu le prix Nobel de littérature en 1947. Il est mort, à Paris, en 1951.

B. La famille . . . on ne la choisit pas.
  —*Tante Georgette*

Georgette Belleau, née à Paris vers le milieu du XXème siècle, est connue pour son remarquable répertoire de proverbes.

C. On choisit ses amis, on ne choisit pas sa famille.
  —*Oncle Guillaume*

Guillaume Belleau, frère aîné de la précédente, appelé dans la famille Tonton Guillaume, a beaucoup d'amis et de relations.

D. Le sort fait les parents, le choix fait les amis.
  —*Delille*

Jacques Delille, qu'on appelle souvent l'abbé Delille, est un poète et un traducteur du XVIIIème siècle. Il a été membre de l'Académie française. Il a eu beaucoup de succès à son époque, mais il est peu connu aujourd'hui.

3

Situation de famille des Français (en 1990)

Hommes		*Femmes*	
Célibataires	35,4%	Célibataires	28,3%
Mariés	57,8%	Mariées	52,9%
Veufs ou divorcés	6,7%	Veuves ou divorcées	18,9%

—*D'après* Francoscopie 93

4

La Famille française et son évolution

1. Distinguons d'abord deux sortes de familles: la famille restreinte et la famille large.

   La famille restreinte est composée du couple (le mari et la femme, donc deux personnes), les parents de la femme et les parents du mari (donc quatre personnes au maximum), les grands-parents (donc encore huit personnes au maximum), les enfants et les conjoints des enfants (les maris et les femmes des enfants), les petits-enfants, les frères et les sœurs et leurs conjoints. Ça fait, en moyenne, dix-huit personnes.

   La famille large comprend, en moyenne, les dix-huit personnes de la famille restreinte, plus les oncles et les tantes des deux membres du couple, et les neveux et nièces.

   En plus, 36% des couples ont au moins un chien. 22% ont un chat.

2. La famille française, et européenne, change, elle évolue.

   Aujourd'hui, les couples légalement mariés divorcent plus souvent qu'autrefois. En Europe, il y a aujourd'hui 4 fois plus (400%) de divorces qu'autrefois. (6 fois plus au Royaume-Uni.) En Scandinavie, il y a un divorce pour deux mariages, mais beaucoup moins en Espagne et en Italie.

   Aujourd'hui, il y a plus de couples qui ne sont pas légalement mariés qu'autrefois. Aujourd'hui, les interdits religieux, les tabous sociaux, sont moins forts qu'autrefois. On est plus tolérant qu'autrefois. En 15 ans (de 1977 à 1992) le nombre des mariages en France a diminué de 30%. Les naissances hors mariage ont augmenté de 50%.

3. La famille évolue mais elle n'explose pas. La solidarité entre les membres de la famille (surtout entre enfants, parents, et grands-parents, et aussi entre frères et sœurs) reste très forte. La famille aide beaucoup l'intégration des jeunes dans le système économique et social. Les parents aident les enfants à trouver un logement et du travail. Les grands-parents font du baby-sitting et gardent leurs petits-enfants pendant les vacances. Dans la région parisienne, 60% des personnes entre 45 et 60

ans habitent à moins de 20 kilomètres de leurs parents. 50% habitent à moins de 20 kilomètres de leurs enfants.

7% des Français habitent dans la même maison qu'un autre membre de la famille. 12,5% habitent dans la même rue. 30% habitent dans le même quartier.

Plus de 50% des jeunes gens de 22 ans habitent chez leurs parents (60% des garçons et 50% des filles).

En général, la famille est très solidaire. Mais il est vrai que 26% des personnes préfèrent ne pas rencontrer certains membres de leur famille. Pour 26,5%, c'est un frère ou une sœur. Pour 18,3%, c'est un beau-frère ou une belle-sœur (le mari d'une sœur ou la femme d'un frère). Pour 11%, ce sont des tantes ou des oncles, pour 9,5%, ce sont des beaux-parents (un beau-père ou une belle-mère). Pour 6,4%, ce sont des cousins ou cousines, et pour 6,1%, c'est un des parents.

—*Sources: Enquêtes de l'INSEE (1992)*
Christiane Collange, Dessine-moi une famille

Je sais compter jusqu'à dix

C'est un bonhomme qui dit à son gosse:
   —Mais c'est terrible! Regarde ça! T'as quinze ans, tu vas à l'école et t'es incapable d'apprendre quoi que ce soit! Tu sais à peine compter, t'es nul! Dis-moi, tu sais compter jusqu'à combien?
   —Je sais compter jusqu'à dix!
   —Tu te rends compte? A quinze ans, tu sais compter que jusqu'à dix! Mais qu'est-ce que tu vas foutre, plus tard?
   —J'serai arbitre de boxe!

   —*Coluche*

Leçon **9** Vacances en Bretagne I

Texte

1

Pendant les vacances d'été, il y a deux ans, à Belle-Ile-en-Mer, en Bretagne . . . Mireille, Cécile, et Marie-Laure, leur cousin Georges, et leur cousine Yvonne sont seuls dans une maison louée en commun par les deux familles.

2

Mireille: Pouh! . . . C'est bien notre chance! Ça fait trois jours qu'il pleut! Elle est belle, votre Bretagne, hein!

Cécile: Oui; c'est mortel, la mer, quand il pleut. Il n'y a rien à faire. . . .

Georges: Jouons à la belote!

Marie-Laure: A la pelote? Dans la maison? On n'a pas la place!

Georges: Mais non, bécasse! A la belote! Pas à la pelote! Tu es sourde ou quoi? On ne va pas jouer à la pelote basque en Bretagne! Mais on peut jouer aux cartes: à la belote, au bridge, au poker, à l'écarté. . . .

Yvonne: On peut jouer aux échecs . . . ou aux dames, c'est moins compliqué.

Mireille: Ah, non! Tout ça, c'est mortel. Jouons plutôt à faire des portraits.

3

Cécile: Oui, c'est une idée! Jouons aux portraits!

Georges: C'est ça! Faisons des portraits!

Marie-Laure: Comment est-ce qu'on fait, pour jouer aux portraits?

Mireille: C'est très facile! Quelqu'un décrit une personne en trois ou quatre phrases. . . . Euh . . . par exemple: elle est grande, elle a un œil bleu, elle a un œil gris, elle est très gentille. . . . Et puis les autres devinent qui c'est.

Marie-Laure: Qui c'est?

Mireille: Qui?

Marie-Laure: Ben, grande, avec un œil bleu, un œil gris, et très gentille!

Mireille: Ben, je ne sais pas! Ce n'est

personne! Elle n'existe pas! C'est un exemple!

Marie-Laure: Ah, bon! On invente des personnes qui n'existent pas?

Mireille: Mais non! Ce que tu peux être bête! . . . Quand on joue, on prend des personnes qui existent, évidemment! Sinon, on ne peut pas deviner!

I. pendant, été

* Avant les vacances d'**été**: le 15 mai (par exemple).

Pendant les vacances d'**été**: le 20 juillet.

Après les vacances d'**été**: le 3 octobre.

I. seul

Robinson Crusoë était **seul** sur son île.

* Les ermites vivent **seuls**. Ils aiment la **solitude**.

I. louer

* Si on n'a pas de maison, on peut **louer** une maison.
* Si on n'a pas de voiture, on peut **louer** une voiture (chez Hertz, Avis, Europcar. . .).

2. chance

Il a de la **chance**! Il a gagné 100.000F au poker!

2. pleuvoir

Il **pleut**.

2. mortel

* C'est **mortel**. Ce n'est pas amusant. C'est sinistre.

2. belote

Mireille et Marie-Laure jouent à la **belote** (c'est un jeu de cartes).

2. avoir (de) la place

* Pour jouer à la pelote, il faut **de la place**, de l'espace! Ici, on n'**a** pas **la place**, la maison est trop petite!

2. pelote

Au Pays Basque, on joue à la **pelote** (c'est un jeu de balle).

2. échecs

On peut jouer aux **échecs**.

2. dames

On peut jouer aux **dames**.

3. idée

Newton a une **idée**.

3. décrire

Quelqu'un **décrit** une personne en trois ou quatre phrases.

* On **décrit** une personne: on fait une **description**.

3. deviner

Quelqu'un décrit une personne, et les autres **devinent** qui c'est.

Devine qui c'est!

* Elle **devine** tout: elle a beaucoup d'intuition.
* Il est extra-lucide: il **devine** l'avenir.
* Œdipe a **deviné** l'énigme du Sphinx.

4

Georges: Bon, allons-y! Commençons! On commence par des gens de la famille. Qui est-ce qui commence? . . . Allez, à toi, Yvonne, tu commences!

Yvonne: Non, pas moi . . . je n'ai pas d'idée. . . .

Georges: Mais si, voyons! Ce n'est pas difficile! Tu prends quelqu'un de la famille . . . n'importe qui!

Yvonne: Attends. . . . Je cherche. . . . Voyons. . . . Ah, ça y est! Je sais! Il est grand, il a les cheveux gris et courts, il est toujours bronzé. Il a bon caractère, il est toujours de bonne humeur. Il est très généreux, il fait toujours des cadeaux. Il adore les . . .

Georges: Tonton Guillaume! C'est trop facile!

Marie-Laure: Qu'est-ce qu'il aime, Tonton Guillaume?

Mireille: Les enfants, bécasse!

5

Georges: Allez, c'est à moi, maintenant. C'est mon tour. Le nez fin et pointu . . . les lèvres minces . . . les dents pointues, la voix pointue: "Ah, qu'il est agaçant, ce gamin! . . ."

Cécile et Mireille: Tante Georgette!

Mireille: Bon, à moi, maintenant! Le grand sportif. Très fier de ses performances . . . passées: à la course, au 100m, 400m, au marathon; au saut en hauteur, au saut à la perche. . . . L'athlète parfait, quoi. Ne manque jamais un événement sportif . . . comme

4. bronzé

Ils ne sont pas **bronzés**.
Il est **bronzé**.

Ils vont être **bronzés**!

4. être de bonne (mauvaise) humeur

Il **est de mauvaise humeur**.
Elle **est de bonne humeur**.

4. généreux

Une dame **généreuse**.

spectateur à la télé, évidemment! Il joue même au tennis . . . une fois par an!

Yvonne: Oh, là, là! Ce qu'elle est méchante! C'est Papa!

Mireille: Ben, évidemment, c'est ton père!

6

Georges: Bon, à moi! L'air distingué, les mains fines, les yeux bleus, les cheveux blonds. . . . Tout le portrait de sa deuxième fille!

Mireille: Oh . . . qu'il est galant, le petit cousin! . . . Bon. On ne va pas dire qui c'est!

Marie-Laure: Si, si, dis qui c'est!

Cécile: Allons, les enfants, il est plus de 4 heures. C'est l'heure du goûter.

Marie-Laure: Dis qui c'est! Dis qui c'est! Je veux savoir qui c'est, na!

Mireille: Oh, mais tais-toi! Tu es embêtante, à la fin! D'abord, tu vas chercher le goûter.

Marie-Laure: Eh, je ne suis pas ta bonne! Vas-y, toi!

5. nez, pointu

Un **nez pointu**.

5. lèvres

Des **lèvres** minces.

Des **lèvres** épaisses.

5. dent

Il a les **dents** pointues.

* Les tyrannosaures avaient
   beaucoup de **dents** pointues.

5. gamin

Un **gamin**.

5. fier

Il est **fier** de ses performances.

5. manquer

* Il ne **manque** pas un événement
   sportif: il voit (à la télé) tous les
   événements sportifs.
* —Le bus va passer dans deux
   minutes. Vite! Nous allons le
   manquer!

5. saut

Saut en hauteur.

Saut à la perche.

6. galant

Un jeune homme **galant**.

6. goûter

Le **goûter**. Ici, c'est des petits pains
aux raisins, des bouteilles de
limonade, d'orangina. . . .

6. bonne

Une **bonne**. (Ce n'est pas Marie-
Laure.)

7

Mireille: Ecoute . . . tu veux savoir qui c'est?
Marie-Laure: Ben, oui!
Mireille: Alors, va chercher le goûter!
Marie-Laure: Ah, ce que tu peux être embêtante! Pouh! . . .
Mireille: Apporte de l'Orangina et de la limonade.
Cécile: Il y a des petits pains aux raisins!
Georges: Apporte les galettes bretonnes aussi.

Marie-Laure: Il n'y en a plus!
Georges: Mais si, il en reste au moins cinq ou six!
Marie-Laure: Il n'en reste plus!
Georges: Tu es sûre?
Marie-Laure: Bien sûr que je suis sûre! Puisque je te le dis, tu peux me croire, non?

8

Marie-Laure apporte les bouteilles, les verres, et les petits pains aux raisins.
Mireille: Attention à ce que tu fais!
Marie-Laure laisse tout tomber.
Mireille: Ah, c'est malin!
Marie-Laure (*pleurant*): Ce n'est pas de ma faute!

Cécile: Allons, ne pleure pas. Ce n'est pas grave!
Marie-Laure: Alors, qui c'est?

7. *galette*

Des **galettes** bretonnes.

8. *bouteille, verre*

Une **bouteille** et un **verre**.

8. *c'est de ma faute*

* **C'est de ma faute**: je suis responsable.
Ce n'est pas **de sa faute**: elle n'est pas responsable.

8. *pleurer*

Il **pleure**.

8. *grave*

* Ce n'est pas **grave**: ce n'est pas important, ce n'est pas sérieux, ce n'est pas une catastrophe!

Mise en œuvre

Ecoutez la mise en œuvre du texte et répondez aux questions suivantes.

1. A quel moment sommes-nous?
2. Où Mireille, ses sœurs, et ses cousins sont-ils?
3. Est-ce que leurs parents sont avec eux?
4. Est-ce que cette maison est aux Belleau?
5. Est-ce qu'il fait beau? Quel temps fait-il?
6. Est-ce que ça fait longtemps qu'il pleut?
7. Est-ce que c'est amusant, la mer, quand il pleut?
8. Pourquoi est-ce que c'est mortel?
9. Pourquoi est-ce qu'on ne peut pas jouer à la pelote basque dans la maison?
10. A quoi est-ce qu'on peut jouer, dans la maison?
11. Comment est-ce qu'on fait, pour jouer aux portraits? Qu'est-ce qu'on fait d'abord?
12. Et les autres, qu'est-ce qu'ils font?
13. Pourquoi est-ce qu'il faut prendre des personnes qui existent?
14. Par qui Georges propose-t-il de commencer?
15. Pourquoi est-ce qu'Yvonne ne veut pas commencer?
16. Comment est Tonton Guillaume? Est-ce qu'il est petit?
17. Est-ce qu'il a les cheveux noirs?
18. Est-ce qu'il a mauvais caractère?
19. Est-ce qu'il est souvent de mauvaise humeur?
20. Est-ce que Tante Georgette a le nez rond?
21. Est-ce qu'elle a la voix douce et mélodieuse?
22. Quel type d'homme est le père d'Yvonne?
23. De quoi parle-t-il toujours?
24. Est-ce que la mère de Mireille a l'air vulgaire?
25. Quelle heure est-il?
26. Qu'est-ce que Mireille demande à Marie-Laure?
27. Est-ce qu'il y a des galettes bretonnes? Est-ce qu'il en reste?
28. Pourquoi Mireille dit-elle: "Ah, c'est malin!"?

Mise en question

1. Où les enfants sont-ils, à la montagne ou à la mer?
2. A votre avis, où sont Monsieur et Madame Belleau et les parents de Georges et d'Yvonne? Qu'est-ce qu'ils font?
3. Est-ce qu'il est prudent de laisser les enfants seuls? Quel âge a Cécile?
4. Pourquoi est-ce que Marie-Laure ne comprend pas tout de suite, quand Georges parle de belote? Qu'est-ce que c'est, la belote?
5. Pourquoi est-ce que Tonton Guillaume est toujours bronzé?
6. Pourquoi est-ce qu'il peut être généreux?
7. Pourquoi est-ce qu'Yvonne trouve que Mireille est méchante? Qu'est-ce que Mireille fait?
8. Pourquoi est-ce que Marie-Laure trouve Mireille embêtante?

Documents

1

Portraits

Les portraits sont difficiles et demandent un esprit profond.

—*Molière*

 2

Portrait de l'homme

L'homme naît sans dents, sans cheveux, et sans illusions, et il meurt de même, sans cheveux, sans dents, et sans illusions.

—*Alexandre Dumas père*

3

Un petit port breton.

Une plage bretonne.

La plage à marée basse.

La maison louée par les Belleau pour les vacances.

Une femme bretonne au marché. Elle porte une coiffe blanche sur la tête.

Un calvaire breton sculpté dans le granit. C'est un monument religieux qui représente la crucifixion de Jésus-Christ.

4

Le Goûter

44% [des enfants de 8 à 14 ans] consomment des biscuits sucrés au goûter, 40% du chocolat en tablettes, 34% des pâtes à tartiner, 32% des barres au chocolat ou aux céréales.

—Francoscopie 93

La Pause-café dans la Bretagne d'autrefois

A quatre heures de l'après-midi, dans toutes les maisons honorables, c'est le café-pain-beurre. Le thé des Saxons. . . . On invite au café non seulement ses voisins, ses amis, les gens de sa coterie, mais tous ceux que l'on veut honorer et particulièrement ceux à qui l'on doit quelque chose. Et plus particulièrement encore ceux qui vous ont offert le café.

—*Pierre Jakez Hélias*
  Le Cheval d'orgueil

5

Vivent la Bretagne et les Bretons

Ils ont des chapeaux ronds,
Vive la Bretagne,
Ils ont des chapeaux ronds,
Vivent les Bretons!

6

Un Match de football

C'était un samedi soir. J'étais allé voir un match de football. Cela ne m'arrive jamais d'ailleurs, car je trouve ce jeu complètement stupide. Des hommes, souvent très intelligents, se disputant pendant une heure et demie une balle qui n'est même pas à eux et qui revient, sitôt le match terminé, aux dirigeants du club, c'est vraiment absurde.

—*Un élève d'une classe de troisième, cité dans
  François George,* Professeur à T.

Leçon Vacances en Bretagne II

Texte

1

Mireille, ses sœurs, son cousin Georges, et sa cousine Yvonne sont en vacances en Bretagne. Il pleut. Ils jouent aux portraits pour passer le temps.

Mireille: Ah, quel temps! C'est pas vrai! Ça fait trois jours qu'il pleut! . . . Dire qu'à Paris, il fait beau! Ça, c'est bien notre chance!

Marie-Laure: Alors, qui c'est?

Mireille: Qui?

Marie-Laure: Tu sais bien, la personne dans le portrait de Georges, tout à l'heure: "L'air distingué, les mains fines, les yeux bleus, les cheveux blonds; tout le portrait de sa deuxième fille. . . ."

Mireille: Tu nous embêtes!

Marie-Laure: Mais je veux savoir qui c'est!

2

Cécile: Bon! Regarde Mireille. . . . Elle a l'air distingué? . . . Est-ce qu'elle a les mains fines? . . . Est-ce qu'elle a les yeux bleus? . . . Est-ce qu'elle a les cheveux blonds? . . .

Marie-Laure: Oui! . . . Alors, c'est Mireille?

Cécile: Ce que tu peux être bête! Ecoute: "Tout le portrait de sa deuxième fille. . . ." Est-ce que Mireille a des filles?

Marie-Laure: Ben, non!

Cécile: Alors, ce n'est pas Mireille. C'est quelqu'un qui a une fille qui a l'air distingué, les mains fines, les yeux bleus, les cheveux blonds, comme Mireille.

Marie-Laure: Alors, c'est Maman?

Cécile: Voilà! C'est ça!

Marie-Laure: Ah. . . . Alors, on continue?

Mireille: Oh, ça suffit comme ça!

Marie-Laure: Non, j'aime bien! Oh, c'est difficile, mais c'est amusant!

3

Mireille: Bon, alors, écoute. . . . Euh . . . son œil droit regarde du côté de Brest, son œil gauche regarde vers . . . Bordeaux!

Georges: Oh, là, là! Ce qu'elle est méchante! Ce pauvre oncle Victor, il ne louche presque pas!

Marie-Laure: Qui c'est?

Cécile: Oncle Victor.

Marie-Laure: Pourquoi?

Cécile: Parce que l'oncle Victor louche un peu; ses yeux ne regardent pas exactement dans la même direction. C'est tout. Bon, à moi, maintenant. Il a le nez droit, il est toujours rasé de près. Il a même la tête rasée, sans doute pour cacher qu'il va être chauve. . . .

Mireille: L'oncle Henri! Trop facile, ton portrait. Bon, à moi maintenant. Un peu de moustache, une grande

---

1. le temps qui passe et le temps qu'il fait

Le **temps passe**.

Quel sale **temps il fait**!

Quel **temps**!

2. bête

* Ce que tu peux être **bête**! Tu es stupide! Tu es idiote!

2. suffire

* Ça **suffit**! Assez! On arrête! On ne continue pas! Ça va comme ça!

3. du côté de, vers, droit, gauche, loucher

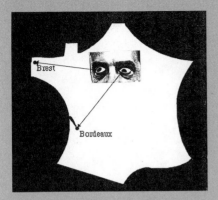

Son œil **droit** (**à gauche** sur l'image) regarde **du côté de** Bordeaux. Son œil **gauche** (**à droite** sur l'image) regarde **vers** Brest. Ses deux yeux ne regardent pas dans la même direction: il **louche**.

bouche, mais pas de menton. Et elle parle toujours de son mari défunt: "Ah, du temps de mon pauvre mari. . . ."

4

Georges: Pas la peine de continuer, c'est la tante Amélie. Ils sont tous trop faciles, vos portraits. Je vais faire le suivant. Attention, ça va être plus difficile! . . . Les oreilles décollées, de grosses lunettes, une

3. droit

Un nez **droit** (style grec). Un nez crochu (style Bourbon).

3. rasé

Tête **rasée**.

3. chauve

Il est **chauve**.

3. cacher

* L'oncle Henri veut **cacher** qu'il va être chauve. Il veut dissimuler sa calvitie commençante.
* Un masque **cache** le visage.

3. bouche

Une petite **bouche**.   Une grande **bouche**.

3. défunt

* Son mari **défunt**: son mari qui est mort.
* Mon pauvre mari . . . mon **défunt** mari, mon mari qui est mort.

4. pas la peine

* Ce n'est **pas la peine** de continuer; ne te fatigue pas, c'est inutile.

4. suivant

* Mireille fait le portrait n° 3 (le portrait de l'oncle Henri). Georges va faire le portrait **suivant** (le n° 4).

4. oreilles décollées

Des **oreilles décollées**.

4. lunettes

Des **lunettes** (noires).

barbe énorme, des moustaches tombantes, et surtout un nez immense, monumental. . . .

Mireille: Il n'est pas très joli, ton bonhomme. . . . Je ne vois pas.

Georges: Delapierre, notre prof de maths!

Mireille: Ah, mais ce n'est pas du jeu! On ne le connaît pas, nous, ton prof de maths! Il n'est pas de la famille!

Georges: Heureusement qu'il n'est pas de la famille! Il est bête comme ses pieds, et il n'y a pas plus vache!

5

Mireille: Bon, eh bien moi, je trouve que ça suffit comme ça. Ça fait deux heures qu'on joue à ce jeu idiot. . . . Tiens, qu'est-ce qu'on joue au ciné-club, ce soir? Marie-Laure, regarde dans le journal.

Marie-Laure: Je regarde quoi?

Mireille: Ben, ce qu'on donne au cinéma ce soir! Tu es sourde ou quoi? Regarde s'il y a de nouveaux films.

Marie-Laure: Ce soir, on joue *Le Génie de Claire.*

Mireille: *Le Génie de Claire?* Mais qu'est-ce que c'est que ça? Tu ne sais pas lire? Ce n'est pas *Le Génie de Claire,* c'est *Le Genou de Claire,* idiote! D'Eric Rohmer. Tout le monde connaît ça; c'est un vieux film!

Georges: Le genou de Claire. . . . Il faut dire que c'est un drôle de titre! Et pourquoi pas le pied de Claire, ou la cheville de Claire, ou l'orteil de Claire?

4. moustaches tombantes

Des **moustaches tombantes.**

4. ce n'est pas du jeu

* **Ce n'est pas du jeu!** Ce n'est pas honnête, ce n'est pas conforme aux conventions!

4. vache

Une **vache.**

Les profs sont quelquefois **vaches.** (Ils sont méchants!)

5. journal

Cécile regarde dans le **journal.**

5. sourd

Ce monsieur est **sourd**; il n'entend pas très bien.

5. nouveau, vieux

* *Le Kid, Les Temps modernes,* de Charlie Chaplin, ne sont pas des films récents. Ce sont de **vieux** films (ils datent des années 20).

* *Le Genou de Claire* est un **vieux** film, mais il est **nouveau** au ciné-club de Belle-Ile: c'est la première fois qu'il passe au ciné-club.

5. genou, pied, cheville, orteil

la **jambe** — le **genou**

la **cheville**

l'**orteil**

le **pied**

5. drôle de

* C'est un **drôle de** titre! C'est un titre bizarre!

6

Jean-Denis (*entrant*): Salut, tout le monde! Alors, qu'est-ce que vous faites? Ça fait une heure qu'il ne pleut plus!

Mireille: Il ne pleut plus?

Jean-Denis: Ah, non!

Mireille: Pas possible!

Jean-Denis: Si, si, je t'assure! Ça se lève! Alors, vous venez faire de la voile?

Georges: Non, mon vieux, pas aujourd'hui. Aujourd'hui, on fait la sieste!

Cécile: Attendez-moi, Jean-Denis! Moi, je viens, si vous voulez!

6. ne . . . plus, ça se lève

Il pleut.

Il **ne** pleut **plus**. Le temps **se lève**.

6. attendre

Ils **attendent** l'autobus.

6. ça vaut mieux

* **Ça vaut mieux**, c'est préférable, c'est plus prudent.

Mireille: Oh, là, là, quelle sportive! Tiens, prends ton ciré, ça vaut mieux!

🎧 Mise en œuvre

Ecoutez la mise en œuvre du texte et répondez aux questions suivantes.

1. Pourquoi est-ce que Mireille, ses sœurs, et ses cousins jouent aux portraits?
2. Est-ce qu'il pleut aussi à Paris?
3. Est-ce que Mireille veut continuer à jouer?
4. Pourquoi est-ce que Marie-Laure veut continuer à jouer?
5. Qu'est-ce que l'oncle Victor a de particulier?
6. Est-ce qu'il louche beaucoup?
7. Est-ce que l'oncle Henri a une barbe?
8. Est-ce qu'il a les cheveux longs?
9. Est-ce qu'il est chauve?
10. Pourquoi a-t-il la tête rasée?
11. Qui est Delapierre?
12. Est-ce qu'il a de jolies oreilles?
13. Pourquoi Mireille dit-elle que ce n'est pas du jeu?
14. Est-ce que Delapierre est intelligent?
15. Est-ce qu'il est gentil, généreux?
16. Est-ce que Mireille veut continuer à jouer aux portraits?
17. Ça fait longtemps qu'ils jouent aux portraits?
18. Qu'est-ce qu'on joue au ciné-club, d'après Marie-Laure?
19. Est-ce que c'est vraiment le titre du film? Quel est le vrai titre?
20. C'est un film récent?
21. Est-ce qu'il pleut encore?
22. Qu'est-ce que Jean-Denis propose de faire?
23. Pourquoi est-ce que Georges refuse d'aller faire de la voile?

Mise en question

1. Pourquoi Mireille n'est-elle pas contente? Pourquoi est-ce que les jeunes Belleau n'ont pas de chance?
2. Pourquoi Mireille ne veut-elle pas répondre à Marie-Laure qui lui demande qui est la personne décrite dans le portrait de Georges? Qui est cette personne? Est-ce que c'est un portrait flatteur?
3. En quoi est-ce que Mireille ressemble à sa mère?
4. Mireille ne dit pas que l'oncle Victor louche. Comment fait-elle pour ne pas dire qu'il louche?
5. A votre avis, qui est le plus méchant, dans ses portraits, Mireille ou Georges?
6. Pourquoi Mireille pense-t-elle à aller au cinéma?
7. Georges a l'air d'être moins sportif que Jean-Denis. Pourquoi?
8. Pourquoi est-ce que Cécile veut bien aller faire de la voile? Est-ce qu'elle est vraiment très sportive?
9. Est-ce que Cécile et Jean-Denis sont mariés, dans cette scène? Cette scène se passe il y a deux ans. Il y a deux ans, c'est le passé. Maintenant, dans le présent, Cécile et Jean-Denis sont mariés. Alors, il y a combien de temps qu'ils sont mariés?

Documents

1

Aucassin et Nicolette: Portrait du bouvier

Aucassin va par la forêt sur son grand cheval. Il est dans une grande affliction. Il pleure. Il pense à Nicolette, sa douce amie qu'il aime tant. A un moment, il regarde devant lui et il voit

> . . . un jeune homme dont voici le portrait: grand, monstrueusement laid et horrible, une hure énorme et plus noire que le charbon, plus de la largeur d'une main entre les deux yeux, d'immenses joues, un gigantesque nez plat, d'énormes et larges narines, de grosses lèvres plus rouges qu'un biftèque, d'affreuses longues dents jaunes.

—*D'après la traduction de Jean Dufournet*

2

Paris at Night

Trois allumettes une à une allumées dans la nuit
La première pour voir ton visage tout entier
La seconde pour voir tes yeux
La dernière pour voir ta bouche
Et l'obscurité tout entière pour me rappeler tout cela
En te serrant dans mes bras.

—*Jacques Prévert*
Paroles

3

Le Genou de Claire

1. **Marie-Laure:** Tu l'as vu, toi, ce film?

   Mireille: Quel film?

   Marie-Laure: Eh bien, ce vieux film, là . . . *Le Pied de Claire!*

   Mireille: Pas *Le Pied de Claire,* idiote, *Le Genou de Claire!*

   Marie-Laure: Oui, bon, *Le Genou de Claire.* Alors, tu l'as vu?

   Mireille: Oui, je l'ai vu, il y a deux ou trois ans.

2. **Marie-Laure:** C'est bien?

   Mireille: Oui, c'est pas mal. C'est très bien, même.

   Marie-Laure: Qu'est-ce qui se passe?

   Mireille: Eh bien, il y a un diplomate. . . .

   Marie-Laure: Un vieux diplomate?

   Mireille: Non, un jeune.

   Marie-Laure: Quel âge il a?

   Mireille: Mais je ne sais pas, moi! Trente, trente-cinq ans, peut-être.

3. **Marie-Laure:** Mais alors, il est vieux!

   Mireille: Non, trente-cinq ans, pour un diplomate, c'est jeune.

   Marie-Laure: Comment il est? Il est beau?

   Mireille: Oui, il n'est pas mal. C'est un beau brun. C'est Jean-Claude Brialy. Il a une belle barbe noire, de beaux yeux noirs. Il est très bien.

   Marie-Laure: Il est marié?

   Mireille: Non, il n'est pas marié. Mais il va se marier.

4. **Marie-Laure:** Et qu'est-ce qu'il fait? Qu'est-ce qui se passe?

   Mireille: Eh bien, il a une maison sur le lac d'Annecy, dans les Alpes, en Savoie. C'est une vieille maison, une maison de vacances. Il vient passer quelques jours dans cette maison, pendant les vacances d'été. Seul. Et il rencontre une amie, une vieille amie. Elle est en vacances dans une famille, dans une autre maison sur le lac d'Annecy. Dans cette famille, il y a la mère, qui est divorcée, je pense, et sa fille, une jeune fille très jeune et très vive. L'amie du diplomate est romancière. Elle écrit des romans. Mais en ce moment, elle n'a pas beaucoup d'inspiration, elle n'a pas d'idées pour un roman.

   Alors, elle invite le jeune diplomate pour qu'il rencontre la jeune fille et sa mère. Pour voir. Pour voir ce qui va se passer. C'est un jeu. Elle pense que ça va être utile . . . pour écrire un roman.

5. **Marie-Laure:** Utile? Peut-être . . . mais ça n'a pas l'air très amusant!

   Mireille: Mais si, c'est très amusant, tu vas voir. . . . La jeune fille trouve le jeune diplomate très sympathique. Ils parlent beaucoup ensemble. Ils vont faire une excursion ensemble dans la montagne. Elle est un peu amoureuse de lui. Mais elle a une sœur, une sœur plus âgée, qui s'appelle Claire et qui est à Paris—étudiante probablement. Et cette sœur arrive à Annecy pour les vacances d'été. Elle est blonde, elle a les yeux bleus, elle est mince, elle n'est pas mal, mais elle n'est pas extraordinaire. Mais le jeune diplomate est absolument fasciné par son genou.

6. **Marie-Laure:** Et alors, qu'est-ce qui se passe?

   Mireille: Eh bien, rien. Il ne se passe rien, rigoureusement rien! C'est une histoire extrêmement morale.

   Marie-Laure: Ça n'a pas l'air bien formidable! Où est l'intérêt, s'il ne se passe rien?

   Mireille: La psychologie, ma petite! . . .

4

Pluies

A. Il pleut

Il pleut des voix de femmes comme si elles étaient mortes même dans le souvenir

c'est vous aussi qu'il pleut merveilleuses rencontres de ma vie ô gouttelettes

et ces nuages cabrés se prennent à hennir tout un univers de villes auriculaires

écoute s'il pleut tandis que le regret et le dédain pleurent une ancienne musique

écoute tomber les liens qui te retiennent en haut et en bas

—*Guillaume Apollinaire*, Calligrammes

B. Il pleure dans mon cœur

Il pleure dans mon cœur
Comme il pleut sur la ville;
Quelle est cette langueur
Qui pénètre mon cœur?

O bruit doux de la pluie
Par terre et sur les toits!
Pour un cœur qui s'ennuie
O le chant de la pluie!

—*Paul Verlaine*
   Romances sans paroles

C. Les sanglots longs

Les sanglots longs
Des violons
       De l'automne
Blessent mon cœur
D'une langueur
       Monotone.

—*Paul Verlaine*
   Poèmes saturniens

Guillaume Apollinaire est né en 1880. Poète du monde moderne, il est fasciné par l'art et par la technologie du XXème siècle débutant. Il a participé à la fermentation artistique et intellectuelle à Paris qui a amené le modernisme, le futurisme, le cubisme. . . . Il est surtout connu pour son recueil de poèmes *Alcools* (1913). Dans *Calligrammes* (1918), il explore les possibilités picturales de la poésie ("Et moi aussi je suis peintre," déclare-t-il). Il est mort en 1918.

Leçon 11 Rencontres I

Texte

C'est le 29 mai. Aujourd'hui, les deux personnages principaux de cette fascinante histoire vont peut-être se rencontrer. C'est un beau jour de printemps, évidemment. Il y a une grève d'étudiants, évidemment.

Mireille étudie à la Sorbonne depuis un an. Elle fait des études d'histoire de l'art. En ce moment, elle vient de sortir de l'Institut d'Art et d'Archéologie, et elle se repose sur une chaise au jardin du Luxembourg.

1. *personnage, principal, secondaire*

Mireille et Robert sont les deux **personnages principaux** de l'histoire.

Marc et Catherine sont des **personnages secondaires.**

1. *faire la grève*

Les étudiants **font la grève**: ils refusent d'aller aux cours, ils ne travaillent pas, ils protestent.

2. *étudier, études*

Mireille **étudie** à la Sorbonne. Elle fait des **études** d'histoire de l'art. Elle est **étudiante**. C'est une **étudiante** très studieuse!

2. *sortir, venir de*

Mireille **sort** de l'Institut d'Art et d'Archéologie.

Ici, elle **vient de sortir** de l'Institut.

3

Robert est à Paris depuis la veille. En ce moment, il est dix heures du matin. Il sort de son hôtel et va explorer le Quartier Latin.

4

Un jeune homme se promène dans le jardin du Luxembourg. Il a l'air de s'ennuyer. Il remarque une très jolie jupe rouge sur une chaise verte. Il s'approche. La jeune fille qui porte la

jupe rouge fait semblant de ne pas le voir. Elle lève les yeux. Ils sont très bleus. Son regard se perd dans la contemplation du ciel, qui est très bleu aussi. . . .

5

Le jeune homme: Quel beau temps! Quel ciel! Pas un nuage! . . . Pas un cirrus! . . . Pas un nimbus! . . . Pas un stratus! . . . Pas un cumulus! . . . Il fait vraiment beau, vous ne trouvez pas?

Mireille: . . .

Le jeune homme: Un peu frais, peut-être . . . non?

Mireille: . . .

Le jeune homme: Enfin, il ne fait pas

---

3. *la veille*

le 28 mai	le 29 mai	le 30 mai
dans l'histoire		
la **veille**	ce jour-là	le lendemain
dans la réalité présente		
hier	aujourd'hui	demain

4. *se promener*

Il **se promène.**

4. *s'ennuyer*

Il **s'ennuie.**

4. *jupe*

une **jupe**

4. *faire semblant*

* Mireille **fait semblant** de ne pas voir le jeune homme. Elle **fait semblant** de ne pas le voir, mais en réalité elle le voit! C'est de la simulation. . . .

4. *lever*

Elle **lève** les yeux. Elle **baisse** les yeux.

4. *se perdre*

* Le Mississippi **se perd** dans le golfe du Mexique.
* On **se perd** dans les labyrinthes.
* "Rien ne **se perd**, rien ne se crée." (Lavoisier)
* "Les traditions **se perdent**. . . ." (Tante Georgette)

5. *il fait beau, beau temps*

Quel **beau temps**! Qu'il **fait beau**!
Quel ciel! Il **fait un temps**
magnifique!

5. *nuage*

Un **nuage**.

5, 6. *il fait froid, chaud, frais, bon*

Il fait **froid**.

* 0° (Celsius) : Il fait **froid**.
15° : Il fait **frais**.
20° : Il fait **bon**.
30° : Il fait **chaud**.

6. *il fait mauvais*

Il fait mauvais. Il y a du vent, il
pleut. . . .

6. *neige, neiger*

Il **neige**. On fait des boules de
neige.

Il fait **chaud**.

6. *printemps, été, automne, hiver*

* Les quatre **saisons** de l'année:
le **printemps** (du 21 mars au 21
juin);
l'**été** (du 22 juin au 22 septembre);
l'**automne** (du 23 septembre au 20
décembre);
l'**hiver** (du 21 décembre au 20
mars).

6. *marronnier, en fleurs*

* Dans le jardin du Luxembourg, il y
a de grands arbres. Ce sont des
marronniers.

Au printemps, les **marronniers**
sont **en fleurs**.

vraiment froid. . . . Non, je ne dis
pas ça. . . . Mais il fait moins chaud
qu'hier. . . .
Mireille: . . .

6

Le jeune homme: Euh . . . vous
venez souvent ici?
Mireille: . . .
Le jeune homme: Moi, j'aime
beaucoup le Luxembourg, même
quand il fait mauvais; même en
hiver, sous la neige. . . . Au
printemps, quand les marronniers
sont en fleurs. . . . En été, quand il

fait si bon, à l'ombre, près de la fontaine Médicis. . . . En automne, quand on ramasse les feuilles mortes à la pelle. . . . Vous me trouvez bête?

Mireille: . . .

7

Le jeune homme: Vous n'êtes pas bavarde! J'aime beaucoup ça. Je n'aime pas les filles qui parlent trop.

Mireille: . . .

Le jeune homme: Je ne vous ennuie pas?

Mireille: . . .

8

Le jeune homme: Vous avez une très jolie jupe. Tenez, je vais vous dire d'où elle vient. Je ne me trompe jamais. . . . Alors, ces boutons, cette poche . . . ça, ça vient de chez Dior! . . . Mmm?

Mireille: . . .

Le jeune homme: Ces boutons ne viennent pas de chez Dior? Alors, ils viennent de chez Fath! . . . Non? . . . Alors, ils viennent de chez Lanvin? . . . De chez Saint-Laurent? De chez Cardin? De chez Courrèges? De chez Givenchy?

Mireille: Prisunic. Je m'habille toujours à Prisunic.

Le jeune homme: Elle est ravissante quand même! . . . Euh . . . permettez-moi de me présenter: je m'appelle Jean-Pierre, Jean-Pierre Bourdon.

Mireille se lève et s'en va.

8. se tromper

*—Le père de Mireille est professeur à la Sorbonne, n'est-ce pas?
—Non, non, vous **vous trompez**. Il travaille chez Renault.
—Ah, oui, c'est vrai! . . . Et Mireille a deux sœurs, ou est-ce que je **me trompe**?
—Non, vous ne **vous trompez** pas. Elle a deux sœurs, c'est exact.

8. poche, boutons

une **poche**   deux **boutons**

8. s'habiller

Cette dame **s'habille** à Prisunic.

8. ravissant

* La jupe de Mireille est très jolie. Elle est **ravissante**.
* Mireille aussi est très jolie. Elle est **ravissante**.

8. quand même

* La jupe de Mireille ne vient pas de chez Dior, mais elle est ravissante **quand même**.
*—Allons nous promener.
—Mais il pleut!
—Ça ne fait rien. Allons nous promener **quand même**.

🎧 Mise en œuvre

Ecoutez la mise en œuvre du texte et répondez aux questions suivantes.

1. Qu'est-ce que les deux personnages principaux de cette histoire vont faire aujourd'hui?
2. Quelle sorte de jour est-ce que c'est? Quelle saison est-ce que c'est?
3. Quelle est la date?
4. Qu'est-ce qui se passe? Qu'est-ce qu'il y a, ce beau jour de printemps?
5. Où Mireille étudie-t-elle?
6. Depuis quand est-ce qu'elle étudie à la Sorbonne?
7. Quelles études fait-elle?
8. Qu'est-ce qu'elle vient de faire, en ce moment?
9. Où est-elle maintenant? Qu'est-ce qu'elle fait?
10. Où est Robert?
11. Depuis quand?
12. Quelle heure est-il en ce moment?
13. Que fait Robert?
14. Est-ce que le jeune homme qui se promène au Luxembourg a l'air de trouver ça intéressant?
15. Qu'est-ce qu'il remarque?
16. Que fait la jeune fille quand il s'approche d'elle?
17. Qu'est-ce qu'elle fait pour faire semblant de ne pas le voir?
18. Est-ce qu'il y a des nuages dans le ciel?
19. Quel temps fait-il?
20. Est-ce qu'il fait froid?
21. Est-ce qu'il fait aussi chaud qu'hier?
22. Quand est-ce qu'il y a de la neige?
23. Quand est-ce que les marronniers sont en fleurs?
24. Quand est-ce qu'il fait bon à l'ombre?
25. Quand est-ce qu'on ramasse les feuilles mortes?
26. Est-ce que Mireille est bavarde?
27. Comment le jeune homme trouve-t-il la jupe de Mireille?
28. D'où vient cette jupe? Est-ce qu'elle vient de chez Dior?

Mise en question

1. A votre avis, quand l'auteur parle de "cette fascinante histoire," il est sérieux, ou il se moque?

2. A votre avis, pourquoi y a-t-il des manifestations d'étudiants plus souvent au printemps qu'en hiver?

3. Quelle saison préférez-vous pour la rencontre des deux jeunes gens? Pourquoi?

4. Mireille sort de l'Institut d'Art et d'Archéologie. Est-ce que c'est normal? Pourquoi?

5. Robert va explorer le Quartier Latin. Est-ce que c'est normal? Pourquoi?

6. D'après vous, pourquoi est-ce que le jeune homme qui se promène dans le jardin du Luxembourg remarque Mireille?

7. Quand on veut engager la conversation avec quelqu'un —en particulier, quelqu'un qu'on ne connaît pas— ou quand on ne sait pas quoi dire, de quoi parle-t-on souvent?

8. D'après vous, pourquoi est-ce que le jeune homme énumère tous ces nuages? Est-ce que c'est amusant? Est-ce que c'est utile?

9. Qui est-ce qui est le plus bavard dans cette scène, le jeune homme ou la jeune fille?

10. Visiblement, le jeune homme veut engager la conversation avec Mireille. Est-ce qu'il a beaucoup de succès? Est-ce que Mireille répond au jeune homme ou est-ce qu'elle l'ignore?

11. Pourquoi est-ce que Mireille ne répond pas? Parce qu'elle est bête ou parce qu'elle pense que c'est une bonne stratégie?

12. Quand le jeune homme dit que la jupe de Mireille vient sûrement de chez un grand couturier, Mireille montre qu'elle a l'esprit vif. Qu'est-ce qu'elle dit pour se moquer du jeune homme?

13. Quand le jeune homme se présente, est-ce que Mireille se présente? Qu'est-ce qu'elle fait?

14. Finalement, qui est-ce qui est le plus fort, qui est-ce qui domine la situation, qui est-ce qui sort victorieux? Le jeune homme ou Mireille?

Documents

Recette

Pour inventer une histoire
d'abord bien choisir les personnages
Pour ça, surtout faire bien attention
d'avoir des hommes et des femmes aussi,
sinon ce n'est pas amusant.
Quand les personnages sont là,
avec nom, âge, occupation,
chercher une aventure:
Où? Quand? Comment?
Mettre les personnages dans l'aventure
et regarder ce qu'ils font.
Enfin raconter . . .
raconter comment ils vont se rencontrer.
Ah, et puis aussi . . . trouver quelqu'un pour écouter.

—*Emmanuel Rongiéras d'Usseau*

2

Grands couturiers (c'est chic!)

A.

B.

C.

D.

E.

Prisunic (c'est moins chic. . . .)

F.

G.

3

Saisons

A.
Le printemps maladif a chassé tristement
L'hiver, saison de l'art serein, l'hiver lucide.

—*Stéphane Mallarmé*

B.
. . . c'était le printemps
puis il a neigé,
puis c'était l'automne
puis c'était l'été
J'sais plus dans quel ordre
ça s'est succédé:
Que s'est-il passé?
Que s'est-il passé?

—*Jean Tardieu*
    L'homme qui n'y comprend rien

C.
Amour et les fleurs ne durent qu'un Printemps.

—*Pierre de Ronsard*

D.
Il faisait, dans cette avenue,
Un froid de loup, un temps de chien.

—*Alfred de Vigny*

E.
L'automne est un *andante* mélancolique et gracieux qui prépare admirablement le solennel *adagio* de l'hiver.

—*George Sand*
    François le Champi

4

Chanson d'automne

Et je m'en vais
Au vent mauvais
    Qui m'emporte
Deçà, delà,
Pareil à la
    Feuille morte

—*Paul Verlaine*
    Poèmes saturniens

5

Les Feuilles mortes

Oh! Je voudrais tant que tu te souviennes,
des jours heureux où nous étions amis.
En ce temps-là la vie était plus belle
et le soleil plus brûlant qu'aujourd'hui.
Les feuilles mortes se ramassent à la pelle,
tu vois, je n'ai pas oublié.
Les feuilles mortes se ramassent à la pelle
les souvenirs et les regrets aussi,
et le vent du Nord les emporte
dans la nuit froide de l'oubli,
tu vois, je n'ai pas oublié
la chanson que tu me chantais.

C'est une chanson
Qui nous ressemble,
Toi tu m'aimais
Et je t'aimais.
Nous vivions tous
Les deux ensemble,
Toi qui m'aimais,
Moi qui t'aimais.
Mais la vie sépare
Ceux qui s'aiment
Tout doucement
Sans faire de bruit
Et la mer efface sur le sable
Les pas des amants désunis.

—*Jacques Prévert*

6

L'Homme invisible

C'est Eve, au début de la création,
qui est assise dans l'herbe. Un jour en
automne, elle voit voltiger une feuille
morte et fait:
    —Tiens! L'homme invisible!

—*Coluche*

Texte

1

C'est le 29 mai. Quel beau jour de printemps! Il est 10 heures et demie, et Robert explore les petites rues du Quartier Latin.
Il rencontre une vieille femme qui

porte un gros sac. Elle le laisse tomber.
La vieille femme: Oh! Saloperie de sac!

Robert: Attendez, Madame, je vais vous aider. Ce n'est pas grave. . . .

Là, voilà! Vous allez de quel côté?
La vieille femme: Par là!
Robert: Je vais vous accompagner.
La vieille femme: Merci, jeune homme! Vous êtes bien aimable.
Robert: Ce n'est rien, Madame. Je vous en prie.

2

Au même moment, Mireille rentre chez elle. Elle trouve Marie-Laure à la maison.

---

1. *sac*

Ici, Mireille porte un **sac** à l'épaule.

1. *aider*

Mireille **aide** Marie-Laure.

1. *accompagner*

Robert **accompagne** la vieille dame.

Mireille: Mais qu'est-ce que tu fais ici, toi? Tu n'es pas à l'école?

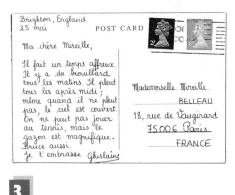

Marie-Laure: Non, j'ai mal à la gorge. Tiens, tu as du courrier. Une carte postale.

Brighton, England
25 mai   POST CARD

Ma chère Mireille,

Il fait un temps affreux. Il y a du brouillard tous les matins. Il pleut tous les après-midi; même quand il ne pleut pas, le ciel est couvert. On ne peut pas jouer au tennis, mais le gazon est magnifique. Bruce aussi.
Je t'embrasse Ghislaine

Mademoiselle Mireille
BELLEAU
18, rue de Vaugirard
75006 Paris
FRANCE

3

Marie-Laure: C'est où, Brigueton?
Mireille: Brighton, pas Brigueton!
Marie-Laure: Oui, mais c'est où?
Mireille: En Angleterre, bien sûr!
Marie-Laure: Ah. . . . Et Brusse, qu'est-ce que c'est?
Mireille: C'est un nom. . . .
Marie-Laure: Un nom de quoi?
Mireille: De garçon.
Marie-Laure: De gazon?
Mireille: De garçon! Mais tu es sourde ou tu es bête?
Marie-Laure: C'est anglais?
Mireille: Evidemment!
Marie-Laure: Et qui c'est, ce Bruce?
Mireille: C'est le petit ami de Ghislaine.
Marie-Laure: Il est anglais?
Mireille: Mais oui! Pourquoi pas?
Marie-Laure: Ben, moi, mes petits amis, ils ne sont pas anglais. Et pourquoi le gazon, il est magnifique?
Mireille: Parce qu'il pleut beaucoup.

Marie-Laure: Il pleut tout le temps en Angleterre?
Mireille: Oui . . . comme en Bretagne! . . . Pauvre Ghislaine! Je vais l'appeler, tiens!

4

Au téléphone.

Mireille: Allô. . . . Allô! Ghislaine, c'est toi? C'est moi, Mireille. Je viens de lire ta carte. Alors, tu n'as pas beau temps?
Ghislaine: Ah, non! Il fait mauvais!
Mireille: Ici, il fait beau!
Ghislaine: Ici, il fait un temps affreux!
Mireille: Ici, il fait un temps magnifique!
Ghislaine: Le ciel est gris.
Mireille: Le ciel est bleu!
Ghislaine: Le temps est couvert.
Mireille: Il n'y a pas un nuage!
Ghislaine: Il pleut.
Mireille: Il fait soleil!
Ghislaine: Il fait froid.
Mireille: Il fait chaud!

Ghislaine: J'attrape des rhumes.
Mireille: J'attrape des coups de soleil!
Ghislaine: Je me ruine en aspirine.
Mireille: Je me ruine en huile solaire! Et à part ça, ça va?

Ghislaine: Ben, oui, ça va. Toi aussi?
Mireille: Moi, oui! Et tu reviens quand?
Ghislaine: Le 2.
Mireille: Bon, à bientôt, alors! Allez, bisou!
Ghislaine: Je t'embrasse. Au revoir!

5

Mireille va sortir. . . .
Marie-Laure: Tu t'en vas?
Mireille: Oui.
Marie-Laure: Où tu vas?
Mireille: A la fac.
Marie-Laure: Tu as des petits amis anglais à la fac?
Mireille: Mais occupe-toi de tes affaires!

2. école

A l'**école**.

2. avoir mal à la gorge

* Marie-Laure n'est pas à l'école parce qu'elle est un peu malade. Elle **a mal à la gorge**, elle a une laryngite.

2. courrier

Du **courrier** (des lettres, des cartes postales, des magazines . . .).

2. brouillard

Du **brouillard**.

2. ciel couvert

Le **ciel** est **couvert**.

2. gazon

gentleman anglais

tondeuse à **gazon**

gazon

Gentleman anglais tondant son **gazon**.

2, 4. embrasser, bisou

Mireille **embrasse** Colette. Elle fait un **bisou** à Colette.

3. appeler (au téléphone)

* Mireille téléphone à Ghislaine. Elle **appelle** Ghislaine (**au téléphone**).

4. rhume

Marie-Laure a un **rhume**. (Elle attrape souvent des **rhumes**.)

4. attraper, coup de soleil

Voilà une jeune fille qui va **attraper** un **coup de soleil**!

4. se ruiner

Ghislaine utilise beaucoup d'aspirine. Elle **se ruine** en aspirine.

4. huile solaire

Mireille utilise beaucoup d'**huile solaire**. Elle se ruine en **huile solaire** pour ne pas attraper de coups de soleil.

5. s'occuper des affaires de quelqu'un

* Marie-Laure est curieuse. Elle pose des questions indiscrètes à Mireille. Elle **s'occupe** trop **des affaires de** Mireille.

6

Pendant que Mireille va à la fac, Robert continue son exploration du Quartier Latin. Il est 10h 40. . . . Un autre jeune homme se promène, et remarque une jeune fille:

"Tiens, c'est vous? Qu'est-ce que vous faites ici? . . . Eh, comment? Vous ne me reconnaissez pas? . . . " Robert, lui, découvre le Panthéon. Il voit un groupe de manifestants qui viennent de la rue Soufflot, prennent le boulevard Saint-Michel, et se dirigent vers la Place de la Sorbonne. Ils crient des phrases incompréhensibles. Robert arrête un passant.

Robert: Qu'est-ce qu'il y a? Qu'est-ce qui se passe?

Le passant: Je ne sais pas, moi. C'est une manif . . . une manifestation. "Ah," dit Robert. . . . Et il suit les manifestants. Il entre avec eux dans la cour de la Sorbonne.

7

Pendant ce temps-là, Mireille, elle, traverse le boulevard Saint-Michel et arrive à la Sorbonne par la rue des Ecoles. Elle entre dans la Sorbonne, traverse le couloir, s'arrête pour regarder un tableau d'affichage. Puis elle passe sous les arcades et se trouve dans la cour.

Robert se trouve lui aussi dans la cour. Elle arrive tout près de lui. Il remarque tout de suite sa silhouette élégante: elle porte une jupe rouge plutôt courte, et un pull blanc plutôt collant. Il trouve son visage agréable, et lui sourit. Elle le regarde avec amusement, et lui rend son sourire.

6. connaître, reconnaître

* Mireille **connaît** Hubert (c'est un ami). Mais elle ne **connaît** pas Robert (il vient d'arriver à Paris). Si elle rencontre Robert dans la rue, elle ne va pas le **reconnaître** puisqu'elle ne le **connaît** pas!

6. rue Soufflot, Panthéon

Le **Panthéon** est au bout de la **rue Soufflot**.

6. manifestant

Les **manifestants** manifestent dans la cour de la Sorbonne.

6. crier

Ils **crient** des phrases incompréhensibles.

*—Ne **criez** pas! Je ne suis pas sourd!

*—Ce n'est pas la peine de **crier**! Discutons calmement!

6. suivre

Suivez les flèches.

* Robert décide de **suivre** les manifestants. Il les **suit**. Il entre dans la cour de la Sorbonne en les **suivant**.

* Robert arrive à Paris le 28 mai. Il va (peut-être) rencontrer Mireille le jour **suivant** (le 29 mai).

7. tableau d'affichage

Mireille consulte un **tableau d'affichage**.

7. arcades

Mireille passe sous les **arcades** pour entrer dans la cour.

7. collant

Un pull plutôt **collant**.

Du papier **collant**.

7. tout près

Le jeune homme arrive **près de** la jeune fille.

Ici, il est **tout près de** la jeune fille.

Des **collants**.

Mise en œuvre

Ecoutez la mise en œuvre du texte et répondez aux questions suivantes.

1. Que fait Robert à 10h et demie du matin, ce beau jour de printemps?
2. Qui est-ce qu'il rencontre?
3. Qu'est-ce que la vieille femme porte?
4. Qu'est-ce que Robert propose?
5. Que fait Mireille au même moment?
6. Où est Marie-Laure?
7. Pourquoi Marie-Laure n'est-elle pas à l'école?
8. Qu'est-ce qu'il y a pour Mireille dans le courrier?
9. Quel temps fait-il en Angleterre?
10. Qu'est-ce qui est beau en Angleterre?
11. Que dit Ghislaine pour terminer sa carte?
12. Qui est Bruce?
13. Pourquoi le gazon est-il magnifique en Angleterre?
14. Qu'est-ce que Mireille va faire, pour parler à Ghislaine?
15. Est-ce qu'il fait chaud en Angleterre?
16. Est-ce qu'il fait froid à Paris?
17. Qu'est-ce qu'on attrape quand il fait froid?
18. Qu'est-ce qu'on attrape quand il fait chaud et qu'on reste au soleil?
19. Qu'est-ce qu'on met pour se protéger des coups de soleil?
20. Qu'est-ce que Robert voit?
21. Que font ces manifestants?
22. Qu'est-ce que Robert fait?
23. Où entre-t-il avec eux?
24. Par où Mireille arrive-t-elle?
25. Qu'est-ce qu'elle traverse?
26. Pourquoi est-ce qu'elle s'arrête?
27. Où est-ce qu'elle passe ensuite?
28. Où se trouve-t-elle?
29. Et où est Robert à ce moment-là?
30. Comment Robert trouve-t-il le visage de Mireille?
31. Qu'est-ce qu'il fait?
32. Comment Mireille regarde-t-elle Robert?
33. Qu'est-ce qu'elle fait, quand il lui sourit?

Mise en question

1. Le matin du 29 mai, vers 10h et demie du matin, où est Robert? Qu'est-ce qu'il fait?
2. Où est Jean-Pierre Bourdon? Qu'est-ce qu'il fait?
3. Où est Mireille?
4. Où est Marie-Laure?
5. Où est Ghislaine? Qu'est-ce qu'elle fait, à votre avis?
6. Où est Bruce? Qu'est-ce qu'il fait?
7. Où est Madame Belleau? Qu'est-ce qu'elle fait, d'après vous?
8. Où est Monsieur Belleau? Qu'est-ce qu'il fait?
9. Où est Ousmane? Que fait-il, à votre avis?
10. Et où est Hubert? Que fait-il?
11. Quelle idée les Français se font-ils du temps en Angleterre? Que pensent-ils du climat anglais?
12. Qui est ce passant que Robert arrête quand il voit les manifestants? Est-ce qu'il a l'air très politisé?
13. Pourquoi Mireille est-elle dans la cour de la Sorbonne, à votre avis? Qu'est-ce qu'elle fait là? Où va-t-elle?
14. Et Robert, que fait-il là?

Documents

1

Rencontres

A. Je ne crois pas aux rencontres fortuites (je ne parle évidemment que de celles qui comptent).

—*Nathalie Sarraute*

Nathalie Sarraute est née en Russie au début du siècle. Elle a passé son enfance entre la France et la Russie, mais elle a fait ses études en France, et donc en français, à Paris, au lycée Fénelon, à la Sorbonne, puis à la Faculté de Droit. Elle a aussi étudié l'histoire à Oxford et la sociologie à Berlin. Elle a été avocate et est devenue une des premières romancières de l'école du Nouveau Roman, avec Alain Robbe-Grillet, Claude Simon, et Michel Butor. Ses œuvres les plus connues sont *Le Planétarium*, *Martereau*, et *Portrait d'un inconnu*.

B. Aimer, ce n'est pas se regarder l'un l'autre, c'est regarder ensemble dans la même direction.

—*Antoine de Saint-Exupéry*

2

Météorologie

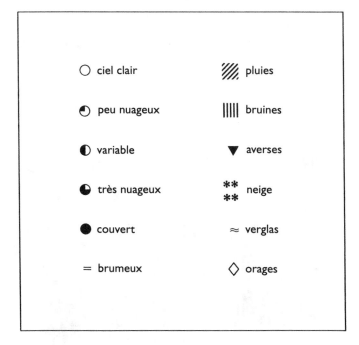

○	ciel clair	///	pluies
◔	peu nuageux	‖‖	bruines
◑	variable	▼	averses
◕	très nuageux	** **	neige
●	couvert	≈	verglas
=	brumeux	◇	orages

Météorologie

Météo 15 février

Temps en France aujourd'hui à 13 heures: Très nuageux avec pluies intermittentes.

Région parisienne

Aujourd'hui: Nuageux avec pluies passagères. Vent faible du sud-est. Températures en baisse (température minimale: 5°; température maximale: 10°).

Demain: Temps couvert avec pluies continues. Vent fort du nord-ouest. Températures stationnaires (température minimale: 5°; température maximale: 10°).

Après-demain: Ciel clair. Vent modéré du nord-est. Températures en hausse (température minimale: 10°; température maximale: 15°).

Ailleurs

Aujourd'hui: De la Manche aux Vosges et au Jura: Temps frais et très nuageux. Quelques faibles précipitations, sous forme de neige dans le Jura et les Vosges. Vent modéré du sud-est.

De la Bretagne au Bassin Aquitain: Ciel variable. Passages nuageux alternant avec quelques éclaircies. Rares averses.

Entre les deux zones ci-dessus: Temps couvert avec pluies passagères plus fréquentes et plus abondantes sur le Massif Central.

Sur le pourtour méditerranéen: Ciel clair. Vent modéré. Températures douces (température minimale: 14°; température maximale: 18°).

Demain: Sur toute la France: Temps couvert. Précipitations abondantes. Orages locaux, en particulier sur le Massif Central et les Alpes.

Sur le pourtour méditerranéen: Ciel clair. Vents modérés. Températures douces (température minimale: 13°; température maximale: 19°).

Après-demain: Sur toute la France: Ciel clair. Vent modéré. Températures en hausse.

Sur le pourtour méditerranéen: Temps couvert. Averses, orages violents. Températures en baisse (température minimale: 8°; température maximale: 12°).

3

Manifestations étudiantes

A. Tract étudiant

B. Coupure de journal

Plusieurs milliers d'étudiants et de lycéens ont défilé à Paris et en province, en février contre les projets de réforme du ministère. Slogans: «La raison a des raisons que la raison ignore.» «Réforme informe, réforme difforme.»

—Le Monde de l'Education, *mars 1992*

CONTRE LA "REFORME JOSPIN" JEUDI 19 MARS TOUS EN MANIF

Depuis plus d'un mois les étudiants se mobilisent contre la réforme.

A Aix:
près de 2 000 étudiants ont signé la pétition exigeant le retrait immédiat et sans condition du projet JOSPIN,
nous étions environ 450 à manifester au rectorat jeudi 12 mars.
Des manifestations ont été organisées:
dans plusieurs villes de Provence. Nice: 3 000 (la Fac de lettres est occupée). Toulouse: 3 500. Poitiers: 1 500. Montpellier, Nancy, Amiens, Lille, Rennes, Pau, Caen, Lyon, St. Etienne, Brest, Tours, Orléans, dans la quasi totalité des facs parisiennes: 25 000 le 25 février à Paris.

Les prises de position se multiplient pour dénoncer la réforme.

•Bertrand POIROT-DELPECH dans *Le Monde* du 4 mars souligne "le gâchis d'intelligence et le chantage au modernisme que nous prépare le projet JOSPIN, dont le seul résultat sera que les défavorisés de la culture feront les frais d'amendements qu'on croit leur destiner."
•Les sociétés des professeurs d'histoire ancienne des universités, sociétés des historiens modernistes et contemporanéistes demandent solennellement le report, en arguant de la chute de la qualité scientifique qu'en traîne ce projet.
•Les responsables des DEUG Culture et Communication des 7 universités exigent le retrait du projet.
•Les responsables pédagogiques des départements de Philosophie de Paris 1, 4, 8, 10 et 12 dénoncent la dilution de leur matière.
•D'une manière plus générale, les SNES, SUP et les syndicats d'ATOSS, mise à part la FEN, se sont clairement prononcés pour le retrait et appellent à une journée de grève le 19 mars.

*Aujourd'hui
on se manifeste!*

Le 19, faisons voter massivement le débrayage de nos cours pour participer à la manifestation.

Jeudi 19mars MANIF 14h fac St CHARLES, MARSEILLE

4

Extrait de chanson contemporaine

Je suis fille d'aujourd'hui
Tout va vite et moi je suis.

—*Guy Béart*

5

Chez l'oto-rhino

Leçon 3 Rencontres III

Texte

1

Le Quartier Latin à Paris. C'est une très belle matinée de printemps. Il est 11h. C'est le 29 mai. Il y a une grève d'étudiants, évidemment.

Robert, un jeune Américain, vient d'arriver à Paris. En ce moment, il est dans la cour de la Sorbonne. Il sourit à une jeune fille.

Mireille, une jeune Française, qui étudie l'histoire de l'art, est aussi dans la cour de la Sorbonne. Elle sourit à un jeune homme.

Un autre jeune homme traverse la place de la Sorbonne. Il a l'air de s'ennuyer. Il s'approche d'une jeune fille, et lui demande du feu. Tiens! mais c'est Jean-Pierre Bourdon!

Jean-Pierre: Pardon, Mademoiselle, est-ce que vous avez du feu, s'il vous plaît?

La jeune fille le regarde sans répondre et s'en va.

2

Pendant ce temps-là, au deuxième étage de la Sorbonne, une dizaine d'étudiants attendent devant un bureau. Un jeune homme arrive. . . . C'est Jean-Pierre Bourdon! Il examine la situation, et tout de suite se dirige vers la tête de la file. Il s'approche d'une jeune fille brune qui porte une robe violette.

Jean-Pierre: Tiens, c'est vous? . . .

Qu'est-ce que vous faites là?

Comment ça va depuis l'an dernier?

La jeune fille le regarde, étonnée.

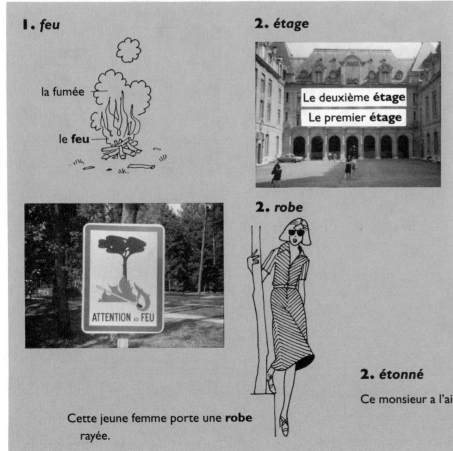

1. feu

la fumée
le feu

ATTENTION AU FEU

Cette jeune femme porte une **robe** rayée.

2. étage

Le deuxième **étage**
Le premier **étage**

2. robe

2. étonné

Ce monsieur a l'air **étonné**, surpris.

Jean-Pierre: Comment? Vous ne me reconnaissez pas? Mais si, voyons! Rappelez-vous: l'été dernier, à Saint-Tropez!

La jeune fille: Moi? A Saint-Tropez? Impossible! D'abord, j'ai horreur de Saint-Tropez . . . Les nanas, les fils à papa et les yachts, ce n'est vraiment pas mon genre! . . . Et puis je déteste l'été. Je passe tous mes étés en Patagonie, parce que l'été, là-bas, c'est l'hiver! . . . Elémentaire, mon cher Watson! Vous voyez, votre truc, avec moi, ça ne marche pas!

3

Des voix dans la queue commencent à protester: "Eh là! Pas de resquille, hein! Oh, eh, le resquilleur, là! A la queue, comme tout le monde!"

Jean-Pierre: Mais ça va! J'y vais, à la queue! Si on ne peut même plus draguer une fille en passant, maintenant. . . . Où va-t-on! . . .

Il va se placer au bout de la file. Il s'approche d'une jeune fille qui porte une robe verte.

Jean-Pierre: Pardon, Mademoiselle, vous avez du feu?

La jeune fille: Non, je ne fume pas. (*Elle montre un jeune homme devant elle*) Demandez à Jean-Luc.

Jean-Luc: Tiens, voilà!
Et il tend son briquet Bic.

4

Jean-Pierre: Merci . . . Je m'appelle Jean-Pierre Bourdon. Et toi?

Jean-Luc: Jean-Luc Marchand.

2. se rappeler

* Il ne **se rappelle** rien! Il n'a pas de mémoire!

* Je le connais, cet Américain . . . mais je ne **me rappelle** pas son nom. . . . Albert? Hubert? Ah, ça y est, je sais; maintenant, je **me rappelle**: Robert!

2. Saint-Tropez

Les yachts dans le port de **Saint-Tropez**.

2. nana

Une **nana** (familier): une femme, une jeune femme, une jeune fille.

2. fils à papa

"Maman! Je m'ennuie!"

Un **fils à papa** et son yacht.

2. genre

*—Ce n'est pas mon **genre**: je n'aime pas ça; ce n'est pas mon style.

2. truc

JE CONNAIS LE TRUC! C'EST UN TRUC CLASSIQUE.

* C'est un bon **truc**, un bon système; ça marche. Mais il y a des **trucs** qui ne marchent pas. Alors il faut essayer un autre **truc**, une autre astuce.

3. faire la queue

Les étudiants attendent: ils **font la queue**. Quand on arrive, il faut aller **à la queue**, au bout de la file.

*—Attendez, ce n'est pas votre tour. Il faut attendre son tour; il faut **faire la queue**.

3. resquille, resquilleur, resquiller

Il essaie de **resquiller**, de passer devant les autres. C'est un **resquilleur**. Il fait de la **resquille**.

3. draguer

Il essaie de **draguer** une jeune fille. Il veut attirer son attention, engager la conversation avec elle.

Jean-Pierre: Ah! . . . (*à la jeune fille*) Euh. . . . Et vous?

La jeune fille continue sa lecture sans faire attention à Jean-Pierre.

Jean-Luc: Elle, c'est Annick. . . . Son frère, Philippe; Nadia, Ousmane, des copains.

Jean-Pierre: Hmmm. . . . Qu'est-ce que tu fais comme études?

Jean-Luc: Je fais de la sociologie et du droit.

Jean-Pierre: Ah, tu as raison! Le droit, ça mène à tout!

3. fumer

Il **fume**. (C'est dangereux pour la santé.)

3. briquet

Un **briquet** qui marche!

3. tendre

Il **tend** un billet de 50F au serveur.

4. copain, copine

* Philippe et Ousmane sont des amis, des **copains**. Annick et Nadia sont des amies; ce sont des **copines**.

4. le droit

Il fait **du droit**; il veut être magistrat.

* Jean-Luc fait du **droit**. Il étudie le **droit**. Il fait des études juridiques. Il veut être juriste, avocat ou magistrat. Il étudie les lois, la jurisprudence, la législation, ce qui est légal et ce qui est illégal.

4. avoir raison

* Tu as **raison**! Je t'approuve!

4. mener

Tous les chemins **mènent** à Rome.

Le crime **mène** en prison.

* Le droit **mène** à la magistrature. Mais le droit **mène** aussi à d'autres professions (administration, secteur commercial . . .).
* Les études secondaires **mènent** au baccalauréat. Les études supérieures **mènent** à la maîtrise, au doctorat.
* La numismatique, c'est intéressant . . . mais ça ne **mène** à rien!

Il se tourne vers Annick, qui continue à ne pas faire attention à lui.

Jean-Pierre: Euh . . . et vous?

Jean-Luc: Elle, c'est une matheuse. . . .

5

Jean-Pierre: Ah, ouais? Ça ne m'étonne pas. Aujourd'hui, toutes les filles font des maths: c'est la nouvelle mode. Moi, j'ai une copine qui vient d'entrer à l'X. C'est un cerveau! Elle veut se spécialiser en informatique. C'est un truc qui a de l'avenir, ça, l'informatique. La biologie aussi . . . ou l'astrophysique. . . . Moi, je ne sais pas encore trop ce que je vais faire. Pour l'instant, je fais une maîtrise de psycho. Je vais peut-être faire médecine . . . ou alors, euh . . . psychanalyse. En tout cas, les psy font leur beurre, c'est sûr! . . . Ou alors, peut-être que je vais faire HEC. . . .

Jean-Luc: Tu n'as pas l'air très fixé. . . .

Jean-Pierre: Ah, non, non, non! Je ne veux pas me décider trop jeune, c'est trop dangereux.

Jean-Luc: Et quel âge as-tu, au juste?

Jean-Pierre: Moi? J'ai 29 ans. Pourquoi?

Jean-Luc: Non, rien; comme ça . . . pour savoir.

6

Jean-Pierre s'approche de la fenêtre. Il regarde dans la cour et appelle Jean-Luc.

Jean-Pierre: Eh, viens voir, viens voir! Une fille formidable, là-bas.

Jean-Luc: Quoi?

Jean-Pierre: Là, c'est la petite-fille de Greta Garbo!

Jean-Luc: Sans blague! Où ça?

Jean-Pierre: Là, dans la cour, là . . . à droite!

Jean-Luc: Laquelle? Celle avec le pantalon blanc, le chemisier bleu et vert, et le foulard?

Jean-Pierre: Mais, non, pas celle-là, l'autre, à côté!

Jean-Luc: Ah, la blonde?

Jean-Pierre: Mais non, pas celle avec le pull blanc et cette horrible jupe rouge de Prisunic, qui sourit d'un air imbécile! Non, la rousse avec le jean gris et la veste noire! . . . Quoi, tu ne la vois pas, ou quoi?

Jean-Luc: Mais je la connais, la rousse! Elle fait du russe aux Langues-O. Mais ce n'est pas la petite-fille de Greta Garbo, hein! D'ailleurs, Greta Garbo n'a jamais eu d'enfants!

Jean-Pierre: En tout cas, elle est très bien quand même, hein! . . . Tenez, il y a un drôle de type qui s'approche d'elle, un type avec un imper noir et un chapeau noir. Il va essayer de la draguer, c'est sûr. . . . Ça y est! Il lui demande du feu!

C'est classique! C'est même un peu élémentaire!

Annick: Ça, oui! Je crois qu'on peut le dire! Ça ne doit pas marcher souvent, ce truc.

5. médecine

Elles étudient **la médecine**. Elles font des études de **médecine** (à la fac de **Médecine**, évidemment). Elles vont être **médecins**.

5. faire son beurre

* Les psy **font leur beurre**! Les psychanalystes sont riches; ils gagnent beaucoup d'argent.

5, 6. X, HEC, Langues-O.

* L'**X** = L'Ecole Polytechnique
* **HEC** = Ecole des **H**autes **E**tudes **C**ommerciales
* **Langues-O.** = Ecole des Langues Orientales

6. fenêtre

Une **fenêtre**.

6. chemisier, pantalon

Elle porte un **chemisier** et un **pantalon**.

* En été, quand il fait chaud, Robert porte un **pantalon** et une **chemise**.

6. foulard

Foulard autour du cou.

Les gangsters portent un **foulard** sur le visage.

6. veste

Cette jeune femme porte une jupe et une **veste** sur un chemisier rayé.
Ce jeune homme porte un pantalon et une **veste** (il porte aussi une chemise et une cravate).

6. drôle de type

* C'est **un drôle de type** . . . c'est un individu bizarre.
* —Je n'aime pas ce **type**!
—Pourquoi? Il est très bien!
—Non, il a l'air d'un sale **type**, d'un gangster!

6. imper (imperméable), chapeau

Un drôle de type avec un **imper** noir et un **chapeau** noir.

7

Jean-Luc: Et comment est-ce que tu fais, toi, pour engager la conversation?

Jean-Pierre: Oh, ben, je ne sais pas, moi, il y a plein de trucs. . . . Ce ne sont pas les trucs qui manquent! Tenez, par exemple, vous dites: "Tiens, c'est vous? Qu'est-ce que vous faites là? Comment ça va, depuis l'an dernier?" La fille vous regarde, d'un air étonné. "Comment? Vous ne me reconnaissez pas? Vous ne vous souvenez pas de moi? Mais si, voyons! L'été dernier, à Saint-Tropez! . . ." ou "l'hiver dernier, à Courchevel! . . ." ou "en Patagonie! . . ." ou bien "l'année dernière, à Marienbad. . . . Comment? Vous n'êtes pas . . ." et vous dites un nom ("Catherine Deneuve, Greta Garbo, Jacqueline Dupont . . ." n'importe quoi!) "Non??? Ah, ben alors, là, c'est fou ce que vous lui ressemblez! Mais alors, où est-ce que vous passez vos vacances?" Enfin, voilà: ça, c'est un truc qui marche à tous les coups. . . . Ou bien alors, je ne sais pas, moi, euh . . . vous faites semblant de tomber devant elle dans un escalier . . . ou bien (voilà!) vous laissez tomber des papiers devant elle; elle vous aide à les ramasser, vous la remerciez, et voilà! C'est parti!

Annick: Tout ça n'est pas bien neuf! On connaît! Vous n'avez rien de mieux?

8

Jean-Pierre ne répond pas. Il regarde sa montre.

Jean-Pierre: Ah, ben, dites donc, ça ne va pas vite, hein! Ça fait longtemps que vous attendez?

Jean-Luc: Une bonne demi-heure.

Jean-Pierre: Ah, zut, alors! Je ne peux pas rester, moi. J'ai un rendez-vous avec une fille superbe à l'Escholier. Je me sauve!

Il s'en va.

9

Annick: Ah, là, là, il est puant, ce mec! "Une fille superbe"! Non mais, on dirait qu'il parle d'un cheval! Pour qui se prend-il? Quel horrible dragueur! Il s'imagine que les filles ne sont là que pour lui tomber dans les bras, peut-être! Et il n'est même pas beau! Quelle tête d'idiot! Moi, ça me tue, des types comme ça. . . .

Jean-Luc: Bof. . . . Il n'est pas bien malin, mais il est inoffensif!

Annick: Eh bien, c'est ça! Défends-le! Ah, vous êtes bien tous les mêmes, vous, les hommes! Tous aussi sexistes!

Jean-Luc: Tu t'es inscrite au MLF, toi, maintenant?

Annick: Quand je vois des types comme toi, j'ai bien envie de m'inscrire, tiens!

7. à tous les coups

* Ça marche **à tous les coups**: ça marche toujours.

7. tomber, escalier

Il **tombe** dans un **escalier**.

7. neuf

* Ce n'est pas bien **neuf**: c'est un vieux truc!

8. montre

Une **montre**.

8. rester

* Je ne **reste** pas: je m'en vais.

8. se sauver

* Je m'en vais: je **me sauve**.

9. puant

* Il est **puant**! Il est très désagréable! Il est odieux!

9. mec

QUI C'EST, CE MEC?

* Un **mec** (familier): un type, un garçon, un homme.

9. (se) prendre pour

* —**Pour** qui **se prend-il**, celui-là? Il **se prend pour** Dom Juan?
* —**Pour** qui **me prenez-vous**? Vous **me prenez pour** un imbécile?
* Tous les garçons **se prennent pour** Superman. . . .

9. tuer

le couteau

Un assassin a **tué** ce monsieur (avec un couteau).

* Moi, ça me **tue**, des types comme ça. Je déteste ce genre de type!

9. malin

* Il n'est pas bien **malin**! Il n'est pas très intelligent!

9. MLF, inscrit

* MLF = **M**ouvement de **L**ibération de la **F**emme
* Elle est **inscrite** au MLF: elle est membre du MLF.

9. avoir envie de

Adam **a envie de** manger la pomme.

🎧 Mise en œuvre

Ecoutez la mise en œuvre du texte et répondez aux questions suivantes.

1. Est-ce qu'il y a longtemps que Robert est à Paris?
2. Où est-il en ce moment?
3. Qu'est-ce qu'il fait?
4. Qu'est-ce que Mireille étudie?
5. Qu'est-ce que Jean-Pierre demande à la jeune fille?
6. Est-ce que la jeune fille lui répond?
7. Que font les étudiants au deuxième étage de la Sorbonne?
8. Que fait le jeune homme qui arrive?
9. De qui est-ce qu'il s'approche?
10. Vous êtes à Paris, à la Sorbonne, et vous rencontrez une amie. Vous êtes étonné(e). Qu'est-ce que vous dites?
11. D'après Jean-Pierre, où et quand a-t-il rencontré la jeune fille brune?
12. Pourquoi la jeune fille brune ne va-t-elle jamais à Saint-Tropez?
13. Où passe-t-elle tous ses étés? Pourquoi?
14. Est-ce que le truc de Jean-Pierre marche avec cette jeune fille?
15. Qu'est-ce qu'on dit à quelqu'un qui essaie de se placer à la tête de la file?
16. Où est-ce que Jean-Pierre va se placer?
17. De qui est-ce qu'il s'approche?
18. Qu'est-ce qu'il lui demande?
19. Pourquoi n'a-t-elle pas de feu?
20. Que fait Jean-Luc pour donner du feu à Jean-Pierre?
21. Qui sont Nadia et Ousmane?
22. Qu'est-ce que Jean-Luc fait comme études?
23. Pourquoi est-ce que c'est bien, le droit?

24. Pourquoi est-ce que toutes les filles font des maths, aujourd'hui, d'après Jean-Pierre?
25. Pourquoi est-ce que c'est bien de se spécialiser en informatique?
26. Est-ce que Jean-Pierre sait ce qu'il veut faire?
27. Pourquoi est-ce que Jean-Pierre ne veut pas se décider trop jeune?
28. Où est la jeune fille que Jean-Pierre remarque?
29. Qu'est-ce qu'elle porte?
30. Que porte la jeune fille blonde à côté?
31. Que porte la jeune fille rousse?
32. Que fait-elle comme études, d'après Jean-Luc?
33. Qu'est-ce que le drôle de type en noir va essayer de faire?
34. Comment est-ce qu'il fait, pour la draguer?
35. Est-ce que c'est un truc original, d'après Jean-Pierre?
36. Qu'est-ce qu'on peut dire à une jeune fille pour engager la conversation, d'après Jean-Pierre?
37. Quand la jeune fille vous affirme qu'elle n'est pas Catherine Deneuve ou Greta Garbo, qu'est-ce que vous lui dites?
38. Si vous laissez tomber des papiers devant une jeune fille, qu'est-ce qu'elle va faire, d'après Jean-Pierre?
39. Est-ce qu'Annick trouve que tout ça est original?
40. Est-ce qu'il y a longtemps que les jeunes gens attendent?
41. Pourquoi est-ce que Jean-Pierre ne peut pas attendre?
42. Comment Annick trouve-t-elle Jean-Pierre?
43. Comment sont les hommes, d'après Annick?

Mise en question

1. Mireille et Robert sont dans la cour de la Sorbonne. Ils se sourient. D'après vos calculs, ça fait combien de temps qu'ils se sourient? (Consultez le texte de la leçon 12 pour calculer ça.)

2. A votre avis, pourquoi Jean-Pierre se dirige-t-il vers la tête de la file quand il arrive au deuxième étage de la Sorbonne où les étudiants font la queue?

3. Quand la jeune fille en violet dit à Jean-Pierre qu'elle passe tous ses étés en Patagonie, est-ce que vous croyez que c'est vrai? Pourquoi dit-elle ça?

4. Quand les étudiants protestent parce que Jean-Pierre ne va pas à la queue, comme tout le monde, qu'est-ce qu'il dit pour se justifier? D'après lui, est-ce qu'il va en tête de file pour resquiller? Et d'après vous? (Voyez la question 2 ci-dessus.)

5. Est-ce que vous pensez que Jean-Luc fume? Pourquoi?

6. D'après vous, pourquoi est-ce qu'Annick continue sa lecture, ou fait semblant de continuer sa lecture, sans répondre à Jean-Pierre?

7. Pourquoi est-ce que Jean-Pierre va peut-être faire de la psychanalyse?

8. Quel âge a Jean-Pierre? Est-ce que c'est jeune, pour un étudiant?

9. Pourquoi est-ce que Jean-Luc demande à Jean-Pierre quel âge il a? Est-ce que vous croyez que l'âge de Jean-Pierre l'intéresse vraiment?

10. Est-ce que vous pensez que Jean-Pierre croit vraiment que la jeune fille qui est dans la cour est la petite-fille de Greta Garbo?

11. D'après Jean-Pierre, où est-ce que les gens chic (. . . comme lui!) se rencontrent, en été? Et en hiver?

12. D'après vous, pourquoi est-ce que les gens vont à Courchevel, dans les Alpes?

13. Est-ce que Jean-Pierre est présenté comme un personnage sympathique? Pourquoi?

Documents

A. La Sorbonne

Chapelle de la Sorbonne vue de la
place de la Sorbonne

Les arcades de la galerie Robert
Sorbon et la cour

Cour de la Sorbonne

Chapelle de la Sorbonne vue des
arcades de la galerie Robert
Sorbon

B. Plan de la Sorbonne

COLLEGE DE FRANCE   LYCEE LOUIS LE GRAND

RUE SAINT–JACQUES

RUE DES ECOLES

Statue de Montaigne

Grand Vestibule

Secrétariat des Sciences

Cour

Galerie des Sciences

Grand Amphithéâtre

Salle des Autorités

Galerie Robert Sorbon

Galerie des Lettres

Cour

Académie de Paris

Secrétariat des Lettres

Galerie Richelieu

Amphi Richelieu

Amphi Guizot

Amphi Descartes

Cour

Ecole des Chartes

Minéralogie

Cour

Chapelle

Cour

Physique

Cour

RUE DE LA SORBONNE

PLACE DE LA SORBONNE

Quel âge avez-vous?

Impossible de vous dire mon âge; il change tout le temps.

—*Alphonse Allais*

3

Devinette

Un monsieur avec le cou, et sans tête, avec deux bras et sans jambes?

—*Paul Eluard*

Paul Eluard, de son vrai nom Eugène Grindel, né en 1895, mort en 1952, a fait partie du groupe surréaliste avec André Breton, Max Ernst, Man Ray, Tristan Tzara, Jean Arp, René Magritte, et Joan Mirò. Poète "engagé," il s'est inscrit au parti communiste. Ses poèmes d'amour sont considérés comme parmi les plus beaux de la langue française. Son recueil de poèmes le plus connu: *Capitale de la douleur* (1926). Son poème le plus connu, écrit pendant la guerre, sous l'occupation allemande:

> *Liberté*
> Sur mes cahiers d'écolier
> Sur mon pupitre et les arbres
> Sur le sable sur la neige
> J'écris ton nom . . .
> Son vers le plus célèbre: "La terre est bleue comme une orange."

4

A. Avertissement

SELON LA LOI N° 91.32

FUMER PROVOQUE DES MALADIES GRAVES

Selon la loi N°. 91.32, ce texte doit apparaître sur toutes les publicités pour les cigarettes et autres produits contenant du tabac.

B. La vie de tous les jours

Si, dans la rue, un réverbère s'approche de vous et vous demande du feu, comment vous y prenez-vous pour ne pas paraître décontenancé?

—*Jean Tardieu*
  Petits problèmes et travaux pratiques

5

Entrer à l'X

$$X = \frac{2\,000}{230}$$

Chaque année, plus de 2 000 candidats passent le concours d'entrée à Polytechnique. 230 sont reçus.

—Francoscopie 93

La France sur le divan

Le nombre de psychiatres et psychanalystes s'est beaucoup accru au cours des dernières années en France. On en compte environ 8 000, dont plus de 5 000 dans le privé. Ils suivent environ 750 000 patients, dont la moitié hors de l'hôpital (dans des dispensaires, centres de vie, ou à domicile). Le prix de la consultation chez un psychanalyste se monte en moyenne à 200F, à raison d'environ deux séances par semaine (il peut atteindre ou dépasser 1.000F pour certaines «vedettes» de la profession, en général parisiennes).

—Francoscopie 93

Sourires

Plus le visage est sérieux, plus le sourire est beau.

—*Chateaubriand*
  Mémoires d'outre-tombe

Le sourire est le commencement de la grimace.

—*Jules Renard*
  Journal

Tuer

A.
On tue un homme, on est un assassin. On tue des millions d'hommes, on est un conquérant. On les tue tous, on est un dieu.

—*Jean Rostand*

B.

Comment ce type peut trouver de la poussière ici, moi, ça me tue!

C.
. . . Parce qu'il faut que je vous fasse un aveu. Moi, rien que d'en parler, la maladie, ça me tue.

—*Guy Bedos*

Psycho ou judo?

C'est le genre de type, au début, tu regrettes de pas avoir fait psycho; et puis après, tu te dis qu'il vaudrait mieux avoir fait judo.

—*Guy Bedos*

10

A. Rencontre à la Sorbonne

Les étudiants que j'approchai à la Sorbonne, filles et garçons, me parurent insignifiants: ils se déplaçaient par bandes, riaient trop fort, ne s'intéressaient à rien et se contentaient de cette indifférence. Cependant je remarquai, au cours d'histoire de la philosophie, un jeune homme aux yeux bleus et graves, beaucoup plus âgé que moi; vêtu de noir, coiffé d'un feutre noir, il ne parlait à personne, sauf à une petite brune à qui il souriait beaucoup. Un jour, il traduisait à la bibliothèque des lettres d'Engels quand, à sa table, des étudiants se mirent à chahuter; ses yeux étincelèrent, d'une voix brève il réclama le silence avec tant d'autorité qu'il fut aussitôt obéi. "C'est quelqu'un!" pensai-je, impressionnée. Je réussis à lui parler et par la suite, chaque fois que la petite brune était absente, nous causions. Un jour, je fis quelques pas avec lui sur le boulevard Saint-Michel: je demandai le soir à ma sœur si elle jugeait ma conduite incorrecte; elle me rassura et je récidivai.

—*Simone de Beauvoir*
  Mémoires d'une jeune fille rangée

B. Qui est Simone de Beauvoir?

Beauvoir, Simone de. Il semble presque absurde de consacrer une biographie à Simone de Beauvoir. Elle est la femme la plus influente de son époque. En même temps, et bien qu'elle s'en défende avec un mépris tout féminin, elle est une femme de pouvoir. Elle pourrait, si elle le voulait, mobiliser des foules de femmes (surtout aux Etats-Unis). . . .

Profondément autonome et indépendante, et cependant liée à Sartre par un attachement qu'elle a toujours reconnu comme indéfectible, totalement anticonformiste et cependant puissamment séduisante, objet d'une virulence haineuse de la part de ses ennemis mais aussi d'un enthousiasme militant et d'une admiration littéraire inouïs de la part des féministes qui la reconnaissent comme leur "maître à penser," elle est, malgré son obstination à se raconter dans sa vérité la plus objective et la plus quotidienne, une légende pour les femmes. . . .

Née en 1908, elle est l'aînée d'une sœur et vient d'un milieu bourgeois. Agrégée de philosophie (juillet 1929), licenciée de lettres (et l'on connaît son goût d'adolescente pour les mathématiques). Ecrivaine, elle n'a connu d'autre définition de soi, et c'est bien ainsi qu'elle se dépeint sous les traits de Françoise, l'héroïne de *L'Invitée* (1943).

L'influence? Elle ne la refuse pas, au contraire. Elle sait qu'elle en a, et peut-on être écrivaine sans la désirer? Surtout lorsqu'on porte en soi le dessein de changer le monde, comme *Le Deuxième Sexe,* publié en 1949, prouve qu'elle veut le faire pour les femmes, ce que *Les Belles Images* (1966) et *La Femme rompue* (1968) confirment. . . .

Le 20 novembre 1970, Simone de Beauvoir, sollicitée par les membres du MLF à propos du projet de loi sur l'avortement, participe à la marche des femmes, de la République à la Nation. C'est le début d'un engagement féministe direct, actif depuis lors.

Femme de gauche, elle se rend à Cuba en 1960, prend une position sans équivoque pendant la guerre d'Algérie, participe au "tribunal Russel" qui juge les crimes de guerre américains au Viêt-nam. En 1983, elle accepte d'être la rapporteuse d'une commission intitulée Femmes et Culture mise en place par la ministre des Droits de la Femme, et reçoit une importante distinction du gouvernement danois pour l'ensemble de son œuvre.

Prix Goncourt en 1954 avec *Les Mandarins* (vendu à 40 000 exemplaires en un mois); chacun de ses livres, par la suite, est un best-seller.

Elle aime les voyages, la lecture et sait écouter qui lui parle avec une prodigieuse intensité du regard et de l'attention.

Pour toutes ces raisons, elle a du pouvoir et une formidable influence.

—*Michelle Coquillat*
  Qui sont-elles? Les Femmes de pouvoir et d'influence en France

Michelle Coquillat a enseigné pendant huit ans aux Etats-Unis, puis à Paris. Elle a été chargée de mission auprès d'Yvette Roudy au Ministère des Droits de la Femme dans le premier gouvernement de François Mitterrand. Elle a publié, entre autres livres, un essai sur Simone de Beauvoir.

Leçon Entrée en matière I

Texte

1

C'est une merveilleuse matinée de printemps. Dans la cour de la Sorbonne, un jeune homme sourit à une jeune fille. Elle lui rend son sourire.

Robert: Excusez-moi, Mademoiselle. . . . Qu'est-ce qui se passe? De quoi s'agit-il? Qu'est-ce qu'ils crient? Pourquoi est-ce qu'ils manifestent?
Mireille: Je ne sais pas. Mais ils ont sûrement raison.
Robert: Il fait vraiment beau, n'est-ce pas?
Mireille: Oui, c'est une belle matinée.
Robert: Vous êtes étudiante?
Mireille: Oui, je fais de l'histoire de l'art.

2

Robert: Moi, je viens des Etats-Unis.
Mireille: Ah, vous êtes américain![1]
Robert: Oui.
Mireille: Mais vous n'avez pas d'accent du tout pour un Américain!

1. *il s'agit de*

*—**De quoi s'agit-il** dans cette histoire? De quoi est-il question? Quel est le sujet?
—**Il s'agit d'**un jeune homme américain et d'une jeune fille française.

2. *petit*

Quand Robert était **petit**, il parlait toujours français avec sa mère.

Robert: Vous êtes bien gentille de me dire ça, mais, vous savez, je n'ai aucun mérite: ma mère est française. . . .
Mireille: Ah, votre mère est française?
Robert: Oui. Quand j'étais enfant, je parlais toujours français avec elle.

3

Mireille: Il y a longtemps que vous êtes en France?
Robert: Non, depuis hier seulement. . . . Je viens d'arriver.
Mireille: Et vous habitez où? A la Cité-U?
Robert: ?
Mireille: La Cité Universitaire . . . la maison américaine?
Robert: Ah, non! J'habite dans un petit hôtel du Quartier, le Home Latin. Ce n'est pas luxueux, mais c'est propre et pas très cher.

4

Mireille: Et vous venez souvent en France?
Robert: Non, c'est la première fois. Ma mère est française, mais mon père n'aimait pas beaucoup la France. Quand j'étais petit, nous avions l'habitude de passer nos vacances aux Bermudes ou en Amérique Latine, où mon père avait des intérêts.
Mireille: Vous passiez vos vacances en Amérique du Sud? . . . Mais pourquoi dites-vous "mon père n'aimait pas . . . avait des intérêts. . . ." Est-ce que votre père . . . ?
Robert: Ah, non, non, non. Mon père vit toujours. Il est même en excellente santé. Mais mes parents sont divorcés, et je ne vis plus avec eux. Ma mère est remariée avec un Argentin. Alors, les Bermudes, les vacances en famille, tout ça . . . c'est le passé!

---

1. Vous voyez que Mireille a l'esprit rapide. Elle comprend vite!

3. *luxueux*

* C'est **luxueux**, magnifique, splendide, très confortable.
* Le Ritz est un hôtel **luxueux**.

3. *cher*

* La chambre coûte 2.000F par jour: c'est **cher**! La chambre coûte 100F par jour: ce n'est pas **cher**! C'est **bon marché**!

3. *propre*

Il est **sale**.   Il est **propre**.

Un hôtel **propre**, immaculé, aseptique, hygiénique comme un hôpital.

Un hôtel pas très **propre** . . . plutôt **sale** (il y a des insectes, de la vermine . . .).

4. *avoir l'habitude de*

Quand il était petit, Robert **avait l'habitude d'**aller aux Bermudes pour les vacances. Il y allait régulièrement.

* —Je fais ça souvent, tous les jours: c'est une **habitude**.
* Il parle toujours français avec sa mère. Il **a l'habitude** de parler français avec elle.
* Il passe toutes ses vacances à Saint-Tropez. C'est un **habitué** (de Saint-Tropez).

4. *avoir des intérêts*

Le père de Robert **avait des intérêts** (financiers) en Amérique du Sud.

4. *vivre*

Le père de Robert n'est pas mort. Il **vit** toujours. Il est toujours **vivant**. Il est **en vie**. (Il **vit** aux Etats-Unis.)

Je **vis**, Marthe, je **vis**!

4. *remarié*

La mère de Robert est **remariée** avec un Argentin.

5

Mireille: Je comprends. . . . Et qu'est-ce qu'il faisait, votre père, quand vous étiez petit?

Robert: Il travaillait dans une banque. D'ailleurs, il travaille toujours dans la même banque depuis vingt-cinq ans.

Mireille: Ah, oui? Et quel genre de travail fait-il? Il est caissier? Gardien de nuit?

Robert: Il est vice-président.

Mireille: Ah. . . . Il n'y a pas de sot métier, comme dit ma tante Georgette.

Elle reste silencieuse quelques instants.

5. depuis

Il travaille dans la même banque **depuis** 25 ans.

5. caissier

Un **caissier**.

* Dans un hold-up, les gangsters attaquent toujours les **caissiers**.
* Ce sont les **caissiers** qui ont l'argent. L'argent est dans la **caisse**.

5. gardien de nuit

Un **gardien de nuit**.

* Les **gardiens de nuit** travaillent la nuit. Ils ont souvent un uniforme. Ils assurent la surveillance. Ils ont souvent un revolver.

5. métier

* —Sa mère travaille?
  —Oui, elle est psychanalyste.
  —C'est un bon **métier**!

5. sot

* C'est un **sot**! Il est idiot!
* Il n'y a pas de **sot** métier! Tous les métiers sont respectables!

6

Mireille: Excusez-moi, je dois rentrer chez moi. . . .

Robert: C'est loin, chez vous? Est-ce que vous voudriez bien me permettre de vous accompagner?

Mireille: Non, ce n'est pas loin! C'est tout près d'ici . . . et je veux bien vous permettre de m'accompagner . . . comme vous le dites si bien!

Robert: On ne dit pas ça?

Mireille: Si, si . . . mais vous avez l'air si cérémonieux!

Robert: C'est que . . . je ne veux pas vous ennuyer. . . .

Mireille: Oh, vous ne m'ennuyez pas du tout! En fait, pour être franche, je vous trouve assez sympa . . . enfin, je veux dire sympathique. Tenez, si vous voulez, nous pouvons aller nous asseoir quelques minutes au Luxembourg. Ce n'est pas loin d'ici, et puis c'est tout près de chez moi.

7

Ils entrent dans le jardin du Luxembourg. Mireille montre le Sénat.

Mireille: Ça, là-bas, c'est le Sénat. C'est là que les sénateurs se réunissent. Et j'habite juste en face. . . . Tiens, asseyons-nous ici. . . . Oh, là, là, j'oubliais! Je devais amener ma petite sœur à son cours de danse à 11 heures et

5. rester

* Elle **reste** silencieuse; elle ne parle pas, elle ne dit rien.
* Elle **reste** immobile; elle ne bouge pas.
* Elle **reste** à la maison; elle ne sort pas.
* —Je m'en vais. Tu viens avec moi?
  —Non, je **reste**.

6. loin

* Versailles est près de Paris. Tokyo est **loin** de Paris.

6. cérémonieux

Hubert est un peu **cérémonieux**.

6. franc

* Mireille est **franche**. Elle dit la vérité. Elle est sincère. Elle ne cache pas son opinion. Elle a beaucoup de **franchise**. (J'aime sa **franchise**!)

6. s'asseoir

Robert va **s'asseoir** à côté de Marie-Laure.

Robert est **assis** à côté de Marie-Laure.

7. montrer

Marie-Laure **montre** quelque chose à Robert.

7. se réunir

Quand le Sénat est en session, les sénateurs **se réunissent** au Palais du Luxembourg.

7. en face, à côté

7. oublier

Elle **a oublié**! Elle n'a pas de mémoire, elle **oublie** tout!

7. amener

Fido **amène** Georgette au jardin du Luxembourg (il adore le jardin du Luxembourg).

7. cours de danse

Marie-Laure fait de la danse dans un **cours de danse**.

Robert est assis **à côté de** Marie-Laure. Mireille est debout **en face** d'eux.

demie! Quelle heure est-il? Midi!
Mais qu'est-ce que Maman va dire!
Excusez-moi, je me sauve!
Elle se lève et s'en va.

 8

Le soir, Robert est assis à la terrasse
d'un café, place Saint-Michel.
Le garçon: Qu'est-ce que je vous
    sers?

Robert: Un café, s'il vous plaît.
Le garçon: Un express? Très bien.
Robert commence à écrire une carte
postale.
"Paris, le 29 mai. Ma chère Maman.
. . . Je suis à la terrasse d'un café, place
Saint-Michel. Le soleil se couche. Le
ciel est tout rouge derrière le Louvre.
Il fait très doux. C'est une belle
soirée. . . . Les Parisiennes portent
des pulls blancs et des jupes rouges.
Elles sont très gentilles. Bons baisers;
Robert."
Puis il écrit l'adresse: "Señora Angèle
Bellarosa de Gomina, 32 Calle de la
Revolución, Resistencia, Argentine."

9

Robert appelle le garçon.
Robert: S'il vous plaît! Vous avez des
    timbres?
Le garçon: Ah, non! Il faut aller
    dans un bureau de poste . . . ou un
    bureau de tabac.
Robert: Ah, bon! C'est combien, le
    café?

Le garçon: 4 francs 50.
Robert: Où y a-t-il un bureau de
    poste?
Le garçon: Vous en avez un là-bas, de
    l'autre côté du pont, à droite.
Robert: D'accord!

Il se lève et se dirige vers le pont.
Il arrive devant le bureau de poste.
Malheureusement, il est déjà fermé.

8. servir

La bonne **sert** à table. Elle fait le **service**.

8. se coucher

Le soleil **se couche**.

8. Louvre

Le **Louvre** (le musée du **Louvre**).

8. doux

* Il ne fait pas trop froid, il ne fait pas trop chaud, il fait bon, il fait **doux**.

8. soirée

* Robert et Mireille se rencontrent vers 10h et demie (du **matin**), par une belle **matinée** de printemps. Robert écrit à sa mère vers 6h (du **soir**); c'est une belle **soirée**.

9. timbre

Un **timbre**.

9. bureau de poste

On peut acheter des timbres dans un **bureau de poste**.

9. bureau de tabac

On peut aussi acheter des timbres dans un **bureau de tabac**.

9. pont

Un **pont** (le Pont-Neuf à Paris).

🎧 Mise en œuvre

Ecoutez la mise en œuvre du texte et répondez aux questions suivantes.

1. Qu'est-ce que Robert dit à Mireille pour engager la conversation?
2. Est-ce que Mireille sait pourquoi les manifestants manifestent?
3. Est-ce qu'elle pense qu'ils ont tort?
4. Est-ce qu'il fait beau, ce matin-là?
5. D'où vient Robert?
6. Pourquoi Mireille pense-t-elle que Robert est américain?
7. Est-ce que Robert a un accent américain quand il parle français?
8. Pourquoi Robert n'a-t-il aucun mérite à bien parler français?
9. Qu'est-ce que Robert parlait avec sa mère, quand il était enfant?
10. Depuis quand Robert est-il à Paris?
11. Où habite-t-il?
12. Comment est cet hôtel? Il est luxueux, cher?
13. Est-ce que Robert vient souvent en France?
14. Pourquoi ne passait-il pas ses vacances en France, quand il était petit?
15. Où le père de Robert avait-il des intérêts?
16. Est-ce que le père de Robert est mort?
17. Est-ce que les parents de Robert vivent toujours ensemble?
18. Avec qui sa mère est-elle remariée?
19. Où le père de Robert travaille-t-il?
20. Qu'est-ce qu'il fait?
21. Depuis quand est-il dans cette banque?
22. Que dit Tante Georgette à propos des métiers?
23. Où habite Mireille? Est-ce que c'est loin de la Sorbonne?
24. Pourquoi Mireille se moque-t-elle de Robert quand il lui demande s'il peut l'accompagner? Comment le trouve-t-elle?
25. Est-ce que Robert ennuie Mireille?
26. Où Mireille habite-t-elle? Au Sénat?
27. Pourquoi est-ce que Mireille s'en va? Qu'est-ce qu'elle devait faire à 11h et demie?
28. Qu'est-ce que Robert écrit à sa mère, une lettre ou une carte postale?
29. Où est-il, quand il écrit à sa mère?
30. Pourquoi le ciel est-il tout rouge?
31. Comment est la température? Est-ce qu'il fait très froid? Est-ce qu'il fait très chaud?
32. D'après Robert, quelle est la mode à Paris? Que portent les Parisiennes?
33. Comment Robert trouve-t-il les Parisiennes?
34. Que dit Robert pour terminer sa carte?
35. Où peut-on acheter des timbres?
36. Où y a-t-il un bureau de poste?
37. Pourquoi Robert ne peut-il pas acheter de timbres au bureau de poste?

Mise en question

1. Nouveau calcul: Relisez le texte de la leçon 13 et faites une estimation du temps qui a passé depuis que Robert et Mireille ont commencé à se sourire. Ça fait combien de temps qu'ils se sourient, d'après vous?

2. Robert voit dans la cour de la fac une jeune fille de 18 ou 19 ans, avec des livres sous le bras. Est-ce qu'il pense qu'elle est gardienne de nuit, caissière, présidente d'une banque, ou étudiante? Alors, pourquoi lui demande-t-il si elle est étudiante?

3. D'après vous, pourquoi Robert dit-il tout de suite qu'il n'a aucun mérite à bien parler français parce que sa mère est française? Parce qu'il est honnête, modeste, ou parce qu'il ne veut pas avoir l'air d'être un étranger à 100%?

4. A votre avis, pourquoi les parents de Robert ont-ils divorcé?

5. Le père de Robert avait des intérêts, financiers probablement, en Amérique Latine. Qu'est-ce que la mère de Robert a trouvé d'intéressant en Amérique Latine?

6. Il y a des métiers qui sont plus difficiles à faire, qui demandent plus d'intelligence que d'autres. Un "sot métier" serait un métier très simple, très facile à faire, un métier qui ne demande aucune intelligence, un métier qu'un sot peut faire. Quand on dit "Il n'y a pas de sot métier" on veut dire que les métiers les plus simples sont honorables, respectables. Donc on dit "Il n'y a pas de sot métier" quand on parle d'un métier qui n'est pas particulièrement prestigieux. Alors, pourquoi Mireille dit-elle ça quand Robert dit que son père est vice-président de banque? Qu'est-ce qu'elle a l'air d'insinuer?

7. Pourquoi Robert écrit-il à sa mère que les Parisiennes portent des jupes rouges et des pulls blancs? Est-ce qu'il pense qu'il est très important d'informer sa mère de la mode parisienne? Est-ce qu'il ne généralise pas un peu? Au moment où il écrit ça, trois jeunes femmes, des Parisiennes sans doute, passent devant lui. Aucune de ces trois jeunes femmes ne porte de jupe rouge ou de pull blanc. Alors, pourquoi Robert écrit-il ça?

Documents

1

Devinette

Je ne suis pas gros,
plutôt mince, costaud,
je suis assez grand,
je suis très sportif,
je fais plusieurs sports,
du ski nautique et du polo
par exemple.
Mes cheveux? Leur couleur?
Eh bien, ils ne sont pas blancs,
car je suis jeune;
mais ils ne sont pas blonds non plus:
ils sont noirs.

Bien sûr mes sourcils
sont de la même couleur!
Je me rase tous les matins,
et je n'ai ni barbe, ni moustache.
Sans exagération,
je peux dire que je suis intelligent.
Enfin, je ne suis pas de nationalité française,
mais je parle français sans accent
(sans mérite puisque ma mère est française).
Je suis le héros d'une histoire.
Qui suis-je?

—*Emmanuel Rongiéras d'Usseau*

Comme le temps passe!

A. La vie est beaucoup plus au passé qu'au présent. Le présent est toujours court et cela même lorsque sa plénitude le fait paraître éternel.

—*Marguerite Yourcenar et Matthieu Galey*
Les Yeux ouverts

B.
O Temps! suspend ton vol;

. . . . . .

Laissez-nous savourer les rapides délices
Des plus beaux de nos jours!

—*Lamartine*
Le Lac

Alphonse de Lamartine (1790–1869) est considéré comme un des premiers grands poètes romantiques français. *Le Lac* est un des poèmes inspirés par l'amour publiés dans les *Méditations poétiques*.

C. On est en droit de se demander: Y a-t-il une vie avant la mort?

—*Coluche*

Sièges des deux assemblées législatives

Le pouvoir législatif est exercé par deux chambres, la Chambre des Députés, ou Assemblée nationale, et le Sénat. Les sénateurs siègent au Palais du Luxembourg depuis 1879. Le Palais du Luxembourg date du XVIIème siècle. Il a été construit pour Marie de Médicis, mère du roi Louis XIII.

L'Assemblée Nationale (la Chambre des Députés)

Le Sénat

4

Evidemment . . .

1. Deux personnages importants de l'histoire de France vont se rencontrer. Ils sont au paradis, évidemment. Ou bien est-ce ailleurs? Disons aux Champs-Elysées, dans une section spéciale reservée aux morts illustres.

   C'est une belle journée, évidemment, puisque toutes les journées sont belles aux Champs-Elysées. Pas un nuage! Jamais! Les journées sont toujours fraîches sans être froides, et le soleil brille éternellement. C'est un peu monotone, évidemment. Mais c'est une question d'habitude. Et on prend vite l'habitude quand le temps n'existe pas.

Très mémorable rencontre de Marie-Antoinette et d'Astérix dans les jardins élyséens par un beau jour de l'éternel printemps

2. Astérix se promène dans le parc. Il arrive à une grande allée où il voit une procession de jeunes gens qui portent de longues robes blanches et qui chantent des hymnes incompréhensibles—incompréhensibles pour Astérix parce qu'ils sont en latin, évidemment. Il les suit, et entre après eux dans la cour d'un palais en ruines.

3. Marie-Antoinette se promène dans la cour de ce palais. Elle s'approche des chanteurs. Astérix arrive près d'elle et s'arrête. Elle porte une robe très longue et très ample. Astérix remarque tout de suite son joli visage un peu triste sous une chevelure arrangée en une coiffure phénoménalement haute. Astérix croit distinguer autour de son cou une mince ligne rouge, masquée par un magnifique collier. Ça lui rappelle des incidents pénibles de l'histoire de France.

4. **Astérix:** Excusez-moi, Majesté. Pardonnez mon ignorance de l'étiquette. Mais vous êtes bien la reine Marie-Antoinette?

   Marie-Antoinette sourit, sans bouger la tête (à cause de sa coiffure), mais son sourire dit "oui!" Elle regarde Astérix et sa grande moustache (gauloise, évidemment) avec une indulgence amusée.

5. **Astérix:** Excusez-moi, Majesté, mais qu'est-ce qui se passe? Qu'est-ce qu'ils chantent?

   Marie-Antoinette: Ils chantent des hymnes en latin, à la gloire de Dieu, à la gloire du roi des cieux. Je ne comprends pas très bien, parce que mon latin est un peu rouillé; mais ils ont raison: ça renforce les sentiments monarchiques; un peu trop tard, évidemment. . . .

6. **Astérix:** Il fait vraiment beau, vous ne trouvez pas?

   Marie-Antoinette: Eh oui, comme toujours.

   Astérix: Vous êtes encore reine, ici, Majesté?

   Marie-Antoinette: Non, mais ça ne fait rien. Ici, c'est l'Egalité qui règne.

   Astérix: Vous ne me connaissez pas, évidemment, mais moi, je suis gaulois. Je m'appelle Astérix.

7. **Marie-Antoinette:** Astérix? Quel joli nom!! Comment peut-on être gaulois? Mais vous parlez vraiment bien français pour un Gaulois!

   Astérix: Vous êtes trop bonne de me dire ça, Majesté. Mais je n'ai aucun mérite; j'ai des milliers de descendants qui sont français. En fait, on dit que tous les Français croient descendre d'Astérix. Mais vous-même, Majesté, si vous permettez. . . . Mais quel bruit! Qu'est-ce que c'est? On ne s'entend plus!

8. **Marie-Antoinette:** Ce n'est rien! C'est un chœur d'anges qui s'exercent à la trompette.

Astérix: . . . Si vous permettez, Majesté, vous semblez avoir un très léger accent germanique.

Marie-Antoinette: Mais évidemment! Je suis autrichienne, moi, vous savez!

9. **Astérix:** Ah, vous êtes autrichienne! Et vous aimez Paris?

Marie-Antoinette: Pas tellement. Le Louvre, encore, ce n'est pas mal, mais la Conciergerie, c'est moins bien. Je préfère Versailles.

Astérix: Voulez-vous aller vous promener sur le cours la Reine avec moi?

Marie-Antoinette: Je veux bien. . . . Ah, mais non, je ne peux pas, j'ai rendez-vous avec un Suédois superbe dans dix minutes au Procope. Excusez-moi! Je ne sais plus où j'ai la tête! Je me sauve!

5

Maurice Chevalier chantait:

Quand un vicomte
Rencontre un autre vicomte
Qu'est-ce qu'ils se racontent?
—Des histoires de vicomtes.

—*Chanson des années 30*

Leçon Entrée en matière II

Texte

Paris. C'est le 30 mai. Il est 9 heures du matin. Robert sort de son hôtel. Il se promène dans les rues du Quartier Latin. Il semble chercher quelque chose. Il s'arrête devant un bureau de tabac, et entre pour acheter un timbre.

Robert: Je voudrais un timbre . . . pour une carte postale.

La buraliste: Oui . . . voilà, Monsieur.
Robert: C'est pour l'Argentine, par avion.
La buraliste: Pour l'Argentine, par avion, alors c'est 6 francs 30 . . . 6,30 . . . 6,50 . . . 7, et trois, 10. Voilà, Monsieur.
Robert: Où est-ce qu'il y a une boîte aux lettres, par ici?
La buraliste: A gauche en sortant, Monsieur.

Robert: Merci. Au revoir, Madame.
La buraliste: Au revoir, Monsieur. Merci.
Robert met les timbres sur la carte postale. Il cherche la boîte aux lettres . . . et il la trouve. Il relit la carte postale et il la met à la boîte.

2

Robert se promène. Il traverse la place de la Sorbonne. Il entre dans la cour de la Sorbonne. Il semble chercher quelque chose. . . . Quelque chose? Ou quelqu'un?

Il passe sous les arcades. Il traverse le couloir. Il sort par la porte de la rue des Ecoles. Il entre dans le jardin du Luxembourg. Il passe devant le Sénat. Tiens! Il y a une jeune fille sur un banc. Qui est-ce? Ce n'est pas Mireille!

Qu'est-ce qu'il va faire? Il ne va pas revenir à la Sorbonne! Mais ça ne va pas! Qu'est-ce qu'il a, ce garçon? Le Quartier Latin, c'est très bien, mais il

1. boîte aux lettres

Robert met sa carte dans la **boîte aux lettres**.

2. A voir à Paris

L'île **Saint-Louis**.

Le **Forum des Halles** et l'église Saint-Eustache.

Les **Champs-Elysées** et l'Arc de Triomphe.

n'y a pas que ça à Paris! Il y a l'île Saint-Louis, les Halles, Beaubourg, la Tour Eiffel, les Invalides, les Champs-Elysées, les musées, le Louvre, Orsay, Montmartre, l'Opéra. . . . Non? Ça ne vous intéresse pas? Vous préférez revenir à la Sorbonne? Comme c'est bizarre!

3

Robert revient à la Sorbonne et . . . voit . . . Mireille. Mais un jeune homme s'approche d'elle, et l'embrasse.

Mireille: Hubert! Toi, ici?

Hubert: Ben oui, je viens à la fac, quelquefois. . . . Justement, je voulais te voir. Tu sais. . . .

Et ils s'en vont. . . .

Le Centre Culturel Georges Pompidou à **Beaubourg**.

Le **musée d'Orsay** (musée du XIXème siècle).

La **Tour Eiffel**.

La basilique du Sacré-Cœur à **Montmartre**.

Les **Invalides**.

L'**Opéra** Garnier.

4

Nouvelle rencontre. Robert est assis à la terrasse d'un café. Et Mireille passe dans la rue. . . .

Mireille: Tiens, c'est vous? Qu'est-ce que vous faites là?

Robert: Rien. . . . Je regarde les gens qui passent.

Mireille: Excusez-moi pour hier! Mais je devais amener ma petite sœur à son cours de danse! . . . Mais puisque vous ne faites rien, allons faire un tour au Luxembourg; je ne suis pas pressée. Vous voulez bien?

Robert: Oui, bien sûr!

Ils se dirigent vers le jardin du Luxembourg.

5

Mireille: Mais, dites-moi, si votre père est banquier, vous devez être riche. Alors, pourquoi descendez-vous dans un petit hôtel minable?

Robert: D'abord, mon hôtel n'est pas minable du tout. C'est un petit hôtel très convenable. Et puis, mon père est peut-être riche, mais pas moi. Je préfère être indépendant.

Mireille: Ah, bon! Mais alors, comment faites-vous? De quoi vivez-vous? Pour venir en France, comme ça, il faut de l'argent!

Robert: Eh bien, quand j'étais petit, mes grands-parents, les parents de mon père, me donnaient toujours une centaine de dollars à Noël, et puis aussi pour mon anniversaire. C'est cet argent que je dépense maintenant.

4. faire un tour

*—Qu'est-ce qu'on fait? On va se promener?
—Oui, d'accord. Allons **faire un tour**.

5. devoir

* Vous **devez** être riche! Vous êtes probablement riche!
* Je pense que Mireille a 18 ou 19 ans. Elle **doit** avoir 18 ou 19 ans.

5. minable

Un hôtel **minable**.

5. indépendant

Le père de Robert est riche, mais Robert préfère être **indépendant**.

5. vivre de

* **De** quoi **vivez**-vous? Pour **vivre**, il faut de l'argent! La **vie** est chère à Paris; il faut beaucoup d'argent pour **vivre** à Paris.

5. Noël, anniversaire

"Ah! Voilà mes cent dollars de **Noël**. . . . J'espère qu'ils ne vont pas oublier de me donner cent dollars pour mon **anniversaire**!"

5. dépenser

Robert **dépense** l'argent de ses grands-parents.

* Tante Georgette ne **dépense** pas beaucoup d'argent. Elle doit économiser.

6

Mireille: Ah, je vois! Vous ne voulez pas prendre l'argent de votre père, mais vous n'avez rien contre celui de vos grands-parents. . . . Mais, dites-moi, si c'est la première fois que vous venez ici, vous ne devez connaître personne à Paris.

Robert: Non, pas encore, mais j'ai une lettre pour des gens qui habitent quai de Grenelle. Je compte aller les voir demain.

Mireille: Quai de Grenelle? Dans une des tours?

Robert (*regardant l'adresse*): Tour Totem, 59, quai de Grenelle. Madame Jacques Courtois. C'est une amie d'enfance de ma mère.

Mireille: Madame Courtois?!! Mais ça, c'est formidable! Quelle coïncidence!

Robert: Vous la connaissez?

Mireille: Ben, si je la connais! Mais bien sûr que je la connais! C'est ma marraine! C'était la meilleure amie de ma mère quand elle faisait sa médecine.

Robert: Madame votre mère est médecin?

Mireille: Non. "Madame ma mère," comme vous dites, n'est pas médecin. Elle est chef de service au Ministère de la Santé. Mon grand-père était chirurgien. Et mon père est chez Renault.

Robert: Et vous, qu'est-ce que vous faites?

Mireille: Eh bien, moi je fais des études d'histoire de l'art. Et je fais du karaté le samedi matin . . . ça peut toujours servir. On ne sait jamais, comme dit ma tante Georgette.

7

Marie-Laure arrive avec son bateau.

Mireille: Mais qu'est-ce que tu fais là, toi? Tu n'es pas à l'école?

Marie-Laure: Non mais, ça ne va pas! C'est mercredi, aujourd'hui! Et toi, qu'est-ce que tu fais là? Euh, justement, Maman te cherchait.

Mireille: Elle n'est pas au bureau?

Marie-Laure: Ben, non, elle était à la maison; et elle te cherchait.

Mireille: Et qu'est-ce qu'elle voulait?

Marie-Laure: Ça, je ne sais pas. Mystère . . . et boule de gomme!

Mireille: Bon, je vais voir. . . .

Marie-Laure: C'est ça, va voir!

Mireille: Et toi, où tu vas?

Marie-Laure: Ben moi, je vais faire de la voile, et je vais essayer le nouveau bateau de Tonton Guillaume.

Mireille (*à Robert*): Bon, vous m'attendez? Je reviens tout de suite.

8

Mireille s'en va, laissant Robert et Marie-Laure.

Marie-Laure: Vous êtes le petit ami de Mireille? Vous êtes anglais?

Robert: Pourquoi? J'ai l'air anglais?

Marie-Laure: Non.

Robert: Alors qu'est-ce que je suis? Japonais? Espagnol? Italien?

Marie-Laure: Américain.

Robert: Comment t'appelles-tu?

Marie-Laure: Marie-Laure. Et vous, vous vous appelez comment?

Robert: Robert.

Marie-Laure: Vous la trouvez bien, ma sœur?

6. connaître

Il ne **connaît** personne.

Il **connaît** quelqu'un.

* Mireille **connaît** bien Paris: elle y est née; elle y habite depuis sa naissance.
* Elle **connaît** bien le Pays Basque: elle y va tous les étés.
* Elle **connaît** les Courtois: Mme Courtois est sa marraine.
Robert ne **connaît** pas encore les Courtois.

6. marraine

MADAME BELLEAU
MADAME COURTOIS
MIREILLE

Mme Courtois est la **marraine** de Mireille.

6. médecin

Il est **médecin**.

Elle est **médecin**.

6. chirurgien

BLOC OPÉRATOIRE

Elle est **chirurgien**. Elle opère. Elle fait une opération **chirurgicale**.

6. servir

* Ça peut toujours **servir**: ça peut être utile.

7. bateau

Le **bateau** de Marie-Laure.

7. boules de gomme

Des **boules de gomme**.

7. essayer

Elle **essaie** une robe.

🎧 Mise en œuvre

Ecoutez la mise en œuvre du texte et répondez aux questions suivantes.

1. Que fait Robert, le 30 mai, à 9h du matin?

2. Où va-t-il pour acheter un timbre?

3. C'est combien, les timbres par avion pour l'Argentine?

4. Où y a-t-il une boîte aux lettres?

5. Où Robert va-t-il ensuite?

6. Qu'est-ce qu'il fait dans la cour de la Sorbonne?

7. Où va-t-il quand il sort de la Sorbonne?

8. Qu'est-ce qu'il voit sur un banc au Luxembourg?

9. Est-ce que c'est Mireille?

10. Où revient-il ensuite?

11. Qui est-ce qu'il voit?

12. Pourquoi ne parle-t-il pas à Mireille?

13. Qu'est-ce que Robert fait à la terrasse d'un café?

14. Qu'est-ce que Mireille lui propose?

15. Comment est l'hôtel de Robert?

16. Pourquoi Robert n'a-t-il pas beaucoup d'argent?

17. Quand les grands-parents de Robert lui donnaient-ils une centaine de dollars?

18. Où habitent les gens que Robert doit aller voir?

19. Pourquoi Mme Courtois est-elle la marraine de Mireille?

20. Qui est-ce qui était chirurgien dans la famille de Mireille?

21. Pourquoi Mireille fait-elle du karaté?

22. Pourquoi est-ce que Marie-Laure n'est pas à l'école aujourd'hui?

23. Normalement, où doit être Mme Belleau à cette heure-ci?

24. D'après Marie-Laure, où est Mme Belleau?

25. Qu'est-ce que Marie-Laure va essayer?

26. Est-ce que Marie-Laure devine la nationalité de Robert?

Mise en question

1. Quand Robert sort de son hôtel, qu'est-ce qu'il veut faire? Qu'est-ce qu'il cherche?

2. Pourquoi est-ce que Robert précise qu'il veut des timbres pour envoyer une carte postale? A votre avis, qu'est-ce qui coûte le plus cher: envoyer une carte postale ou envoyer une lettre?

3. Qu'est-ce qui coûte le plus cher, envoyer une lettre par avion ou par bateau?

4. Quand Robert met sa carte à la boîte, il la met du côté "Paris et banlieue" ou du côté "Autres destinations"?

5. Pourquoi va-t-il dans la cour de la Sorbonne? Il cherche quelque chose? Quelqu'un? Qui?

6. Qu'est-ce qu'il y a d'intéressant à Paris, en dehors du Quartier Latin?

7. Pourquoi Robert revient-il encore à la Sorbonne?

8. Est-ce que Mireille avait rendez-vous avec Hubert? Pourquoi dit-elle "Tiens! Toi, ici?"?

9. Pourquoi est-elle surprise de voir Hubert?

10. Robert est assis à la terrasse d'un café. Est-ce qu'il est gai ou triste? Content ou dépité? Satisfait ou jaloux?

11. Pourquoi est-ce qu'hier (c'est-à-dire la veille, le jour avant) Mireille est partie très vite du Luxembourg? Quelle excuse donne-t-elle à Robert?

12. Pourquoi est-ce que Mireille propose à Robert d'aller faire un tour au Luxembourg?

13. Pourquoi Mireille pense-t-elle que Robert doit avoir beaucoup d'argent? Que pensez-vous de cette supposition de Mireille? Pensez-vous qu'elle dit cela sérieusement ou pour plaisanter?

14. Est-ce que le père de Robert est riche? Qu'en savons-nous? Qu'est-ce que Robert dit à ce sujet?

15. Quelle remarque Mireille fait-elle sur les délicates réticences de Robert au sujet de l'argent? Quel trait du caractère de Mireille cette remarque montre-t-elle?

16. Calcul: si nous supposons que Robert doit avoir à peu près 20 ans, combien d'argent a-t-il? Est-ce que vous pensez que c'est suffisant pour aller en France? Pour y passer un an?

17. Robert connaît-il des gens à Paris? Pourquoi? Qui est cette Mme Courtois?

18. Quand Mireille répète l'expression de Robert: "Madame ma mère . . . ," quel trait de son caractère est-ce que ça montre?

19. Quand Mireille ajoute qu'elle fait du karaté le samedi, est-ce qu'elle est entièrement sérieuse, ou est-ce qu'elle plaisante? Est-ce que l'histoire de l'art et le karaté sont sur le même plan, est-ce que c'est le même type d'activité?

20. A votre avis, qu'est-ce qui est le plus utile, le karaté ou l'histoire de l'art?

21. Pourquoi Marie-Laure dit-elle à Mireille que sa mère la cherche? Est-ce que c'est vrai, à votre avis?

22. Qu'est-ce qui montre que Marie-Laure s'intéresse à la relation qu'il peut y avoir entre Robert et Mireille?

Documents

1

Le Quartier Latin

Le Quartier Latin? Qu'est-ce que c'est? C'est un quartier de Paris. A côté des Champs-Elysées? Mais non! C'est un quartier sur la rive gauche. Mais encore? C'est un quartier touristique où il y a beaucoup de petits restaurants, surtout grecs, et puis des tunisiens, des marocains, des vietnamiens aussi. Il y a des cafés bien sûr, et des cinémas. C'est le quartier jeune où les jeunes vont le soir.

Et vous savez pourquoi on l'appelle le Quartier Latin? C'est parce que c'est le quartier des étudiants et des universités. Là se trouve l'illustre Sorbonne! Et Paris VI, et Paris VII! Parce qu'au Quartier Latin, on s'amuse, mais on travaille aussi!

—*Emmanuel Rongiéras d'Usseau*

Un restaurant grec.

Un restaurant tunisien.

La tour de Jussieu, Université de Paris VI et VII.

2

Questions d'argent

A. L'argent n'a pas d'odeur.

—*Tonton Guillaume*

B. Les affaires, c'est l'argent des autres.

—*Alexandre Dumas fils*

Alexandre Dumas fils. Il y a un Alexandre Dumas fils et un Alexandre Dumas père. Alexandre Dumas fils (1824–1895) est le fils d'Alexandre Dumas père (1802–1870). Ils ont été tous les deux des auteurs dramatiques célèbres au XIXème siècle. (Voir leçon 24, document 6.)

C. L'important dans la vie ce n'est pas d'avoir de l'argent mais que les autres en aient.

—*Sacha Guitry*
Le Scandale de Monte-Carlo

Sacha Guitry (1885–1957) est le fils d'un acteur célèbre, Lucien Guitry. Il a écrit quelque cent quarante pièces de théâtre dans lesquelles il a souvent joué lui-même. C'est essentiellement un auteur de pièces de boulevard (voir leçon 39), pas très sérieuses mais amusantes, spirituelles.

D. L'argent ne fait pas le bonheur.

—*Tante Georgette, Tonton Guillaume, et d'autres*

E. Si l'argent ne fait pas le bonheur . . . . Rendez-le!

—*Jules Renard*
Journal

Jules Renard (1864–1910) est surtout connu pour son *Poil de Carotte* (1893), l'histoire du petit garçon qu'il a été, et son *Journal*. C'est un observateur minutieux. Son style est précis et concis (un de ses professeurs disait qu'il avait "un style de médecin, presque de pharmacien"). Il a été élu à l'Académie Goncourt en 1907.

F. Ma grande objection à l'argent, c'est que l'argent est bête.

—*Alain*
Propos d'économique

Alain (1868–1951) s'appelait en réalité Emile-Auguste Chartier. Il a surtout été professeur de philosophie, rationaliste, admirateur de Platon, Aristote, Auguste Comte, et Kant. Il a joué un rôle important par l'influence qu'il a eue sur ses élèves et par la publication de ses *Propos*, réflexions sur des sujets divers, dont beaucoup ont été publiés dans la *Nouvelle Revue Française*.

G. L'argent donne tout ce qui semble aux autres le bonheur.

—*Henri de Régnier*

Henri de Régnier (1864–1936) est un poète qui hésite entre l'influence parnassienne (il a épousé une fille du poète parnassien José Maria de Hérédia) et symboliste (c'était un des habitués des mardis de Stéphane Mallarmé). Il a aussi écrit des romans d'amour. Son beau-père, José Maria de Hérédia, disait de lui: "Mon gendre a plus de génie que moi, mais j'ai plus de talent que lui."

H. L'argent . . . est un bon serviteur et un mauvais maître.

—*Alexandre Dumas fils*
Préface de La Dame aux camélias

I. Mais sans argent l'honneur n'est qu'une maladie.

—*Racine*
Les Plaideurs

Jean Racine est né en 1639. Sa vie a mal commencé. En effet, sa mère est morte quelques mois après sa naissance, et son père quatre ans plus tard. Heureusement, sa grand-mère s'est occupée de lui et il a reçu une excellente éducation aux écoles de Port-Royal. Heureusement pour lui, aussi, le roi Louis XIV ayant été malade, Racine a écrit une *Ode sur la convalescence du Roi* et, grâce à ce poème, il a reçu une pension et est toujours resté en faveur à la Cour. Sa tragédie *Andromaque*, en 1667, connaît un très grand succès, un succès aussi considérable que celui du

Cid trente ans plus tôt. Racine devient le rival de Corneille et l'auteur à la mode.

Surtout après les tragédies de *Britannicus* et de *Bérénice*, on va opposer Racine à Corneille. "Corneille se fait admirer par l'expression d'une grandeur d'âme héroïque," dit un critique de l'époque. Il "peint les hommes comme ils devraient être," dit La Bruyère, tandis que Racine "les peint tels qu'ils sont." Pour Racine, "il n'est pas nécessaire qu'il y ait du sang et des morts dans une tragédie." La tragédie est dans les sentiments. " . . . Chez Racine tout est sentiment" (Rousseau). "Racine le poète du cœur" (Voltaire).

Après avoir éclipsé Corneille, il reste, en France, le meilleur représentant de la tragédie classique.

J. L'argent ne se souvient de rien. Il faut le prendre quand on peut, et le jeter par les fenêtres. Ce qui est salissant, c'est de le garder dans ses poches, il finit toujours par sentir mauvais.

—*Marcel Aymé*
    Le Vaurien

Orphelin très jeune, **Marcel Aymé** (1902–1967) a eu une enfance difficile. Il a été élevé par ses grands-parents, des oncles, des tantes, dans le Jura. Il n'était pas très bon élève; il voulait devenir ingénieur. Il n'a jamais été ingénieur, mais il a été employé de banque, agent d'assurances, journaliste, puis, à vingt-quatre ans il publie un premier roman et devient écrivain professionnel. Il est connu pour ses romans, *La Jument verte* (1933), *La Vouivre* (1943), et *Uranus* (1948), ses nouvelles, *Le Passe-Muraille* (1943) et *Le Vin de Paris* (1947), et ses contes pour enfants, *Les Contes du chat perché*.

K. Il faut savoir le prix de l'argent: les prodigues ne le savent pas, et les avares encore moins.

—*Montesquieu*
    Mes pensées

Montesquieu (1689–1755) s'appelait Charles-Louis de Secondat, baron de la Brède et de Montesquieu. Il est né au château de la Brède, près de Bordeaux, où il a passé son enfance. Il a étudié le droit et a été conseiller au parlement. Il s'est intéressé aux sciences physiques et naturelles et s'est occupé de ses vignes qui produisaient du vin blanc, du vin rouge, et de l'armagnac.

Il a beaucoup voyagé en Europe et est connu surtout pour ses *Lettres persanes* (1721), dans lesquelles il décrit la société française de l'époque, vue par les yeux d'un Persan, et pour son *Esprit des lois* (1748) qui a eu un très grand succès et une très grande influence, en particulier sur la constitution des Etats-Unis. C'est dans cet ouvrage que Montesquieu recommande la séparation des pouvoirs exécutif, législatif, et judiciaire.

L. Les succès produisent les succès, comme l'argent produit l'argent.

—*Chamfort*
    Caractères et anecdotes

Chamfort (1741–1794): son vrai nom est Nicolas-Sébastien Roch, mais il y a ajouté celui du petit village d'Auvergne où il est né, Chamfort, pour se donner un air aristocratique et être mieux considéré dans la bonne société qu'il fréquentait. Il est connu pour ses *Pensées, maximes, et anecdotes*.

M. . . . les riches ne sont pas pauvres . . .

—*Molière*
    Dom Juan

Molière (1622–1673), Jean-Baptiste Poquelin de son vrai nom, est, avec Racine et Corneille, l'un des plus grands auteurs dramatiques du XVIIème siècle en France. Molière n'a vécu que pour le théâtre. C'est un auteur de comédies, mais il a aussi été comédien—acteur—lui-même, et directeur d'une troupe théâtrale. Ses pièces les plus connues—*L'Ecole des femmes, Tartuffe, Dom Juan, Le Misanthrope, Le Bourgeois Gentilhomme*—soulignent surtout les contradictions du caractère humain. Frappé par la maladie sur scène pendant qu'il jouait le personnage principal de sa dernière comédie, *Le Malade imaginaire*, en 1673, il est mort quelques heures plus tard.

N. Pour quinze mille francs, le chirurgien m'a débarrassé de ce que j'avais: quinze mille francs.

—*Coluche*

Coluche (Michel Colucchi), acteur et chansonnier, est né en 1944 dans une banlieue pauvre de Paris. Il est arrivé, grâce à ses sketches humoristiques très irrévérencieux et caustiques, à une grande notoriété (il a même été proposé—pas très sérieusement—comme candidat à la présidence de la République!). Il a joué dans plusieurs films, en particulier dans *Tchao, Pantin*. Il est aussi connu pour son action anti-raciste (c'est lui qui a lancé le fameux slogan "Touche pas à mon pote!") et pour avoir fondé les "Restos du cœur," une organisation qui offre des repas gratuits aux personnes sans ressources. Passionné de moto, il est mort en 1986 dans un accident de motocyclette.

A. Rengaine

Lundi matin, l'empereur, sa femme et le petit prince
Sont venus chez moi, pour me serrer la pince
Comme j'étais sorti
Le petit prince a dit,
Puisque c'est comme ça, nous reviendrons mardi.
Mardi matin, . . .
Mercredi matin, . . .
Jeudi matin, . . .
Vendredi matin, . . .
Samedi matin, . . .
Dimanche matin, . . .
Lundi matin, . . . etc.

B. Il était un petit navire

Il était un petit navire,
Il était un petit navire,
Qui n'avait ja, ja, jamais navigué,
Qui n'avait ja, ja, jamais navigué,
Ohé, ohé!

Refrain
Ohé! Ohé! Matelot,
Matelot navigue sur les flots;
Ohé! Ohé! Matelot,
Matelot navigue sur les flots.

Il partit pour un long voyage (*bis*)
Sur la mer Mé, Mé, Méditerranée (*bis*)
Ohé, ohé!
(*Refrain*)

Récatonpilu, ou Le Jeu du poulet

Pour Nicolas

Si tu veux apprendre
des mots inconnus,
récapitulons,
récatonpilu.

Si tu veux connaître
des jeux imprévus,
locomotivons,
locomotivu.

Mais les jeux parfaits
sont les plus connus:
jouons au poulet.

Je suis le renard
je cours après toi
plus loin que ma vie.

Comme tu vas vite!
Si je m'essoufflais!
Si je m'arrêtais!

—*Jean Tardieu*
    Comme ceci, comme cela

Leçon Entrée en matière III

Texte

Le jardin du Luxembourg, à Paris, par une belle journée de printemps. Il y a des fleurs, des petits oiseaux. Il fait beau, mais il y a quelques nuages.

Un jeune homme, brun, assez grand, sympathique, est assis sur un banc. Il parle avec une petite fille qui tient un bateau. Ce jeune homme n'est pas français. Il est en France depuis deux jours. Au loin, une jeune fille arrive.

2

Marie-Laure: Tiens, voilà ma sœur qui revient. Bon, eh bien, moi, je m'en vais. Je vais profiter du vent tant qu'il y en a. Hou! Elle n'a pas l'air contente, ma sœur. . . . Quand je lui ai dit que Maman la cherchait, tout à l'heure, ce n'était pas vrai! C'était une blague. . . . Vous ne lui dites rien, hein! Mystère et boule de gomme!

1. oiseau

Un petit **oiseau**.

2. profiter de

Mireille **profite du** soleil.

La petite fille **profite du** vent pour jouer avec son bateau.

2. content

Mireille n'est pas **contente**.

Mireille est **contente**.

2. blague

* C'est une **blague**! C'est une mystification!

* Le 1er avril, les enfants font des **blagues**.

3

Marie-Laure est partie quand Mireille revient. . . .

Mireille: Où est Marie-Laure?

Robert: Elle vient de partir par là avec son bateau. Elle a dit qu'elle allait profiter du vent tant qu'il y en avait.

Mireille: Quelle sale gosse, cette gamine! Elle me disait que ma mère me cherchait, alors qu'il n'y avait personne à la maison. C'est encore une de ses blagues stupides! Elle est vraiment impossible, cette gamine!

4

Robert: Est-ce que vous connaissez le Pays Basque?

Mireille: Eh bien vous, alors, on peut dire que vous avez des

questions plutôt inattendues! Pourquoi vous me demandez ça? Je ne vois vraiment pas le rapport. . . . Oui, je le connais un peu. L'été dernier, nous sommes allés à Saint-Jean-de-Luz avec mes parents. Autrefois, quand j'étais petite, nous allions toujours à Belle-Ile-en-Mer, en Bretagne. J'aimais bien Belle-Ile; c'était tranquille, il y avait moins de monde. On faisait de la voile, on pêchait des crevettes, on attrapait des crabes. Et quand il pleuvait, on

---

3. gosse

Un **gosse**, un gamin.

4. Pays Basque

Ma mère me parlait souvent du **Pays Basque**.

* Le **Pays Basque** est une très belle région. (Une partie est en France et une partie est en Espagne.)

4. inattendu

Une visite **inattendue**. (Elle n'**attendait** personne. . .).

4. rapport

* Ça n'a pas de **rapport**: ça n'a rien de commun.

4. Saint-Jean-de-Luz

Saint-Jean-de-Luz, au Pays Basque.

4. pêcher, crevette

On **pêchait** des **crevettes**.

4. attraper, crabe

On **attrapait** des **crabes** . . . (ou des **crabes** nous **attrapaient**. . .).

4. vent

Il y a du **vent**.

* En Bretagne, il y a beaucoup de **vent**. Il y a des tempêtes.
* Jean-Denis: "Le **vent** est bon! Allons faire de la voile!"

4. être dans le vent

Une jeune fille **dans le vent**.

Une jeune fille qui n'est pas **dans le vent**.

* Tante Georgette n'est pas **dans le vent**! Elle n'est pas moderne. Elle ne sait pas ce qui est à la mode.
* Le fox-trot? Ce n'est plus **dans le vent**. Ce n'est plus à la mode! C'est passé de mode! C'est très passé! C'était à la mode du temps de mon arrière-grand-mère!

4. animé

C'est **animé**.

Ce n'est pas très **animé**.

4. avoir envie de

* Robert veut connaître le Pays Basque. Il **a envie** d'y aller.
* Robert a faim. Il **a envie de** manger. Il **a envie** d'un hamburger.
* Robert a soif. Il **a envie de** boire quelque chose. Il **a envie d'**un Coca-Cola!

jouait aux portraits, ou alors on allait voir de vieux films. . . . Mais ma sœur trouvait que ce n'était pas assez dans le vent . . . enfin, je veux dire à la mode. Alors, l'an dernier, nous sommes allés à Saint-Jean. C'est plus animé, mais. . . . Mais pourquoi vous me demandez ça?

Robert: J'ai envie d'y aller. Ma mère en parlait souvent quand j'étais enfant.

5

Mireille: C'est un très beau pays. Votre mère est de là?

Robert: Non, pas vraiment. Mais elle y a passé plusieurs années quand elle était enfant. Mon grand-père, le père de ma mère, était juge. Son premier poste a été La Rochelle. C'est pendant que mes grands-parents étaient à La Rochelle que ma mère est née. Puis mon grand-père est passé au tribunal de Bayonne quand ma mère avait quatre ou cinq ans. Ils sont restés six ou sept ans à Bayonne, je crois. C'est pendant qu'ils étaient à Bayonne que ma mère a rencontré cette Mme Courtois.

Mireille: Ah, en effet, elle est née au Pays Basque. Ses parents étaient commerçants. Ils avaient un magasin de tissus en face de la cathédrale. . . . Et vos grands-parents, où sont-ils maintenant?

6

Robert: Ils sont morts tous les deux. Ils sont morts quand j'avais neuf ou dix ans. . . . Mais dites-moi, je pensais. . . . Je vais aller chez les Courtois demain. Vous n'avez pas envie d'aller les voir demain, par hasard? Puisque Mme Courtois est votre marraine. . . .

Mireille: Non; demain, je ne peux pas. Je dois aller à Chartres.

Robert: Voir la cathédrale? Je veux aller la voir aussi, un jour. . . .

Mireille: Non, la cathédrale, je la connais, vous pensez! Je l'ai visitée au moins cinq ou six fois avec mes parents, et autant de fois avec l'école! Demain, je dois aller voir une exposition dans un petit musée qui se trouve juste à côté.

Robert: Est-ce que vous voudriez bien me permettre de . . .

5. La Rochelle, Bayonne

Mireille (*riant*): . . . de m'accompagner? Oh, mais vous pouvez, si vous voulez. Mais vous oubliez que demain, vous allez chez les Courtois!

Robert: Oh, je peux y aller un autre jour: après-demain, par exemple. . . .

7

A ce moment-là, Marie-Laure arrive en pleurant: "Mireille!"

Mireille: Quoi, qu'est-ce qu'il y a encore?

Marie-Laure: Je suis en panne. . . .

Mireille: Tu es en panne?

Marie-Laure: Oui, le bateau est en panne: il n'y a plus de vent, et il est au milieu du bassin; il ne revient pas. Viens!

Mireille: Ecoute, tu m'embêtes. Débrouille-toi.

Marie-Laure: Mais viens!

Mireille: Non!

Marie-Laure: Viens. . . .

Robert: J'y vais.

Mireille: Mais qu'elle est agaçante, cette gamine!

Le port de **La Rochelle**.

5. magasin, tissu

Un **magasin** de **tissus**.

7. en panne

Un bateau **en panne** (il ne marche pas).

7. se débrouiller

Il s'est embrouillé dans la corde. Il **s'est débrouillé**.

8

Robert et Mireille se lèvent. Ils se dirigent vers le bassin: mais le bateau de Marie-Laure est revenu tout près du bord.

Mireille: Tu te moques de nous! "Gna, gna, gna, mon bateau est en panne, il est au milieu du bassin. . . ." Eh!

Marie-Laure: Ben, oui. . . . Il était là, tout à l'heure, au milieu du bassin. Le vent est revenu, c'est tout! . . . Oh, c'est tout emmêlé!

Mireille: Eh, débrouille-toi!

Robert: Ce n'est pas grave. Je vais arranger ça. . . . Et voilà.

Mireille: Eh bien, dis merci!

Marie-Laure (*souriant à Robert*): Merci!

9

Robert et Mireille s'en vont ensemble dans le jardin du Luxembourg.

Mireille: Vous êtes trop gentil! . . . Mais, dites-moi, avec tout ça, comment vous appelez-vous?

Robert: Robert Taylor. . . . Aucun rapport avec l'acteur. Et vous-même?

Mireille: Mireille Belleau. . . . Aucun rapport avec le poète!

(Quelle pédante, cette Mireille! Elle fait allusion à Rémy Belleau, un poète du XVIème siècle, un peu oublié. . . .)

8. bord, bassin

Le bateau est revenu au **bord** du **bassin**.

8. emmêlé

La ficelle est tout **emmêlée**!

8. arranger

Il y a un petit problème, mais le mécanicien va **arranger** ça.

9. Taylor, Belleau

Affiche d'un film avec Robert **Taylor** et Greta Garbo.

Œuvres de Rémy **Belleau**, poète, 1528–1577.

🎧 Mise en œuvre

Ecoutez la mise en œuvre du texte et répondez aux questions suivantes.

1. Qu'est-ce qui indique que c'est le printemps, au jardin du Luxembourg?
2. Où est le jeune homme brun et sympathique?
3. Qu'est-ce que la petite fille tient?
4. Pourquoi est-ce que Marie-Laure veut s'en aller?
5. Est-ce que c'était vrai que Mme Belleau cherchait Mireille, tout à l'heure?
6. Pourquoi Mireille est-elle étonnée quand Robert demande si elle connaît le Pays Basque?
7. Pourquoi Mireille connaît-elle un peu le Pays Basque?
8. Où est-ce qu'elle allait en vacances, quand elle était petite?
9. Pourquoi Mireille aimait-elle la Bretagne?
10. Qu'est-ce qu'elle faisait, en Bretagne, quand il faisait beau?
11. Qu'est-ce qu'elle faisait quand il pleuvait?
12. Pourquoi est-ce que la sœur de Mireille n'aimait pas la Bretagne?
13. Pourquoi Robert a-t-il envie d'aller au Pays Basque?
14. Quel était le métier du grand-père de Robert?
15. Que faisaient les parents de Mme Courtois?
16. Où était leur magasin, à Bayonne?
17. Est-ce que les grands-parents de Robert vivent toujours?
18. Pourquoi Mireille ne peut-elle pas aller chez les Courtois le lendemain?
19. Pourquoi Robert veut-il aller à Chartres?
20. Est-ce que Mireille y va pour voir la cathédrale?
21. Si Robert ne va pas chez les Courtois demain, quand est-ce qu'il peut y aller?
22. Pourquoi Marie-Laure pleure-t-elle?
23. Pourquoi son bateau est-il en panne?
24. Quand Robert et Mireille arrivent au bassin, où est le bateau de Marie-Laure? Est-ce qu'il est toujours au milieu du bassin?
25. Comment le bateau est-il revenu près du bord, d'après Marie-Laure?

Mise en question

1. Pourquoi Marie-Laure s'en va-t-elle? Est-ce qu'elle veut vraiment profiter du vent pour jouer avec son bateau sur le bassin? Ou est-ce qu'elle préfère ne pas s'exposer à la fureur de sa sœur?
2. Pourquoi Robert parle-t-il du Pays Basque? Est-ce qu'il veut détourner la conversation, ou est-ce que le Pays Basque l'intéresse?
3. Quel genre de personne est Mireille? Est-ce qu'elle préfère les endroits à la mode, le monde, le bruit, les discothèques, les boîtes de nuit, ou la solitude, le calme, la nature, les sports de plein air? Et vous? Si on vous propose d'aller passer vos vacances à Saint-Jean-de-Luz ou à Belle-Ile-en-Mer, qu'est-ce que vous allez choisir? Pourquoi?
4. Pourquoi la mère de Robert lui a-t-elle beaucoup parlé du Pays Basque? Quelle est sa relation au Pays Basque? Est-ce que sa famille est basque? Est-ce qu'elle est née au Pays Basque?
5. Pourquoi Robert suggère-t-il à Mireille d'aller voir Mme Courtois le lendemain?
6. Comment Mireille se moque-t-elle de Robert quand il lui demande s'il ne peut pas aller à Chartres avec elle? Qu'est-ce qu'elle lui rappelle?
7. Est-ce que Robert considère qu'il est très important qu'il aille chez les Courtois le lendemain? Qu'est-ce qu'il préfère, aller chez les Courtois, seul, ou aller à Chartres avec Mireille?
8. Qu'est-ce que Mireille préfère, continuer sa conversation avec Robert, ou s'occuper du bateau de Marie-Laure?
9. Pourquoi va-t-elle au bassin? Est-ce qu'elle y va de bonne grâce, ou malgré elle? Qu'est-ce qu'elle dit qui montre qu'elle n'est pas contente d'être forcée d'y aller?
10. Quand ils sont arrivés près du bassin, qu'est-ce qui montre la mauvaise humeur de Mireille?
11. Qu'est-ce que le nom de Robert a de particulier? Et le nom de Mireille?

homme

qu'elle
son
pas

ıs.

métaphysiques

B. L'homme n'est qu'un roseau, le plus faible de la nature; mais c'est un roseau pensant.

—*Blaise Pascal*
   Pensées, *VI*

Blaise Pascal est aussi un philosophe, un mathématicien, et un physicien du XVIIème siècle (1623–1662). Il est considéré comme le précurseur des ordinateurs et de l'informatique; en effet, il a inventé, à dix-huit ans, une machine à calculer. Il a découvert, entre autres, les lois de la pression atmosphérique, le calcul des probabilités, la presse hydraulique. Ses *Pensées* sont des notes pour une *Apologie de la religion chrétienne* qu'il n'a pas eu le temps de terminer.

René Descartes (1596–1650) est un philosophe, un mathématicien, et un physicien. Il a créé la géométrie analytique et a découvert les principes de l'optique géométrique. Il est surtout connu aujourd'hui pour son œuvre philosophique: le *Discours de la méthode* (1637) et les *Méditations métaphysiques* (1641).

2

Le Pays Basque

Un village au Pays Basque.

Une maison basque.

Le port de Saint-Jean-de-Luz.

Des marins basques.

L'annonce d'un tournoi de pelote.

Une rue à Saint-Jean-de-Luz.

Des joueurs de pelote.

La plage à Biarritz.

3

Bretagne ou Pays Basque?

(Conversation téléphonique entre Mireille et Mme Courtois, captée par un détective privé non identifié.)

1. **Mireille:** Allô, Marraine?

   Mme Courtois: Ah, c'est toi, ma petite Minouche? Ça fait une éternité qu'on ne t'a pas vue! Qu'est-ce que tu deviens? Tu travailles?

   Mireille: Euh, oui. . . . Dis, je voulais te demander. . . . Cécile ne veut pas aller à Belle-Ile, cet été! Elle trouve que ce n'est pas assez dans le vent. Elle veut absolument aller au Pays Basque, à Saint-Jean-de-Luz. Elle dit que c'est plus intéressant que la Bretagne. Qu'est-ce que tu en dis, toi, qui connais bien le Pays Basque?

2. **Mme Courtois:** Ecoute, ma petite Minouche, je ne connais pas Belle-Ile, je n'y suis jamais allée. Tu sais, moi, avec Minouche, je ne voyage pas, je ne vais nulle part! (Ce n'est pas comme Jacques . . . ah, lui, il est allé partout!) Alors, je ne peux pas comparer, mais ce que je peux te dire, c'est que le Pays Basque, c'est formidable. Je suis sûre que ça te plaira. Tu ne peux pas imaginer comme c'est pittoresque! C'est la France et c'est aussi l'Espagne . . . ou plutôt, non; c'est en partie en France et en partie en Espagne, mais ce n'est ni la France ni l'Espagne. Non! C'est le Pays Basque!

3. C'est sans doute pour ça que tous les Basques sont indépendantistes . . . enfin, peut-être pas tous, mais presque tous. . . . Plus du côté espagnol que du côté français, d'ailleurs. Les Basques sont, avant tout, basques. D'abord ils ont une langue à eux . . . incompréhensible! Ni espagnol, ni français! J'ai passé toute mon enfance au Pays Basque, mais je n'ai jamais pu apprendre le basque. Pourtant, tu sais que j'aime bien les langues, j'aime bien parler. Je parle espagnol sans difficulté. . . . (C'est tellement facile!) Mais le basque, impossible! Ça ne ressemble à aucune langue connue. . . . Il y a des gens qui disent que ça ressemble au japonais . . . d'autres au hongrois ou au finnois! Je te demande un peu! Les gens disent n'importe quoi! Tu sais, quand quelqu'un parle mal français, on dit qu'il parle français "comme une vache espagnole." Eh bien, mon père disait que l'expression vient de "il parle français comme un Basque espagnol!" C'est-à-dire qu'on n'y comprend rien!

4. Et puis, les Basques, ce sont des gens fiers. Ils sont fiers de leur langue et de leurs traditions. Ils sont différents et ils veulent conserver leur différence. C'est pour ça que le Pays Basque est si fascinant! Les maisons sont blanches et brun-rouge, et le nom de celui qui a construit la maison est sculpté en relief dans la pierre au-dessus de la porte—avec la date et quelquefois avec une swastika, qui porte bonheur. La vraie swastika basque, bien sûr, qui tourne de la droite vers la gauche, pas la croix gammée des Nazis qui tourne de la gauche vers la droite (parce que tu sais que les Nazis ont voulu imiter la swastika basque,[1] mais ils se sont trompés de sens!).

   Les Basques sont catholiques, mais leurs églises sont très particulières. Par exemple, les hommes et les femmes sont séparés. Les femmes assistent à la messe en bas, dans la nef, et les hommes sont en haut, dans une galerie.

5. Et puis, sur la place du village, tu as toujours le fronton, pour jouer à la pelote basque; et pendant les matchs, il y a quelqu'un qui compte les points en chantant, en basque . . . comme une récitation . . . une sorte de psalmodie. . . . Et souvent, sur la place du village, il y a des danses, de vraies danses basques . . . des fandangos, la danse du verre, la danse du cheval . . . pas des boléros (. . . je dis ça parce que tu sais que Maurice Ravel est né dans le petit village de Ciboure, à côté de Saint-Jean-de-Luz, et que les gens s'imaginent que c'est là qu'il a composé le *Boléro*).

6. Tu vois, ce que j'aime, chez les Basques, c'est leur dignité. Même dans leurs danses il y a quelque chose de sérieux. Ce sont des gens profondément sérieux, et courageux, aventureux. Autrefois ils allaient très loin pêcher la baleine[2] (aujourd'hui c'est plutôt le thon) ou les sardines. Et quand ils ne sont pas pêcheurs, ils sont contrebandiers. Ils vont dans la montagne pour passer des marchandises d'Espagne en France, ou de France en Espagne, la nuit, en se cachant des douaniers . . . un métier dangereux. Remarque que maintenant, depuis 1993 et la libre circulation des marchandises en

---

1. Nous ne sommes pas sûrs que Mme Courtois ait raison. Les Nazis se sont plutôt inspirés du symbole sacré indien. (Note des auteurs)

2. Voir leçon 17, document 6.

Europe, il ne doit plus y avoir beaucoup de contrebandiers . . . c'est dommage! Mais si tu ne risques plus de rencontrer de contrebandiers dans la montagne, il y a toujours des bergers. Et pas seulement dans les montagnes pyrénéennes: il y a des bergers basques jusqu'en Amérique du Sud, et en Amérique du Nord, aussi, dans le Montana, par exemple.

7. A propos de bergers, je ne t'ai jamais raconté que j'ai presque épousé un berger basque? Oui, oui, oui! Comme je te le dis! Figure-toi qu'un jour, j'étais en voiture sur une petite route de montagne, au-dessus d'Irouléguy (ah, le petit vin d'Irouléguy, dirait Jacques), et un troupeau de moutons a bloqué la voiture. Le berger s'est approché, il a commencé à me parler. Il m'a offert des pommes de son jardin, puis il m'a dit qu'il était veuf, que c'était bien triste d'être tout seul, de devoir faire sa cuisine . . . et il m'a demandée en mariage! Oui, oui, oui, comme je te le dis! J'ai répondu que j'étais déjà mariée (et c'était vrai, Jacques et moi venions de nous marier, à Bayonne) et que j'avais quatre enfants. Ça c'était moins vrai . . . mais il n'a pas insisté. A propos de mariage, tu sais, bien sûr, que Louis XIV a épousé Marie-Thérèse, l'Infante d'Espagne, à Saint-Jean-de-Luz . . . en 1660. . . .

8. Oui, Saint-Jean-de-Luz, ce n'est pas mal; il y a une belle plage, c'est très animé, mais il y a trop de monde! Moi, je préfère Bayonne. Il n'y a pas de plage à la mode, mais c'est plus tranquille et c'est une ville intéressante: D'abord, c'est là que je suis née! Et puis il y a les jambons de Bayonne . . . et le sel de Bayonne . . . et les baïonnettes. . . . Oui, bien sûr, je ne crois pas qu'on fasse encore beaucoup de baïonnettes à Bayonne, mais, autrefois, au XVIIIème siècle, c'est là qu'on les faisait et c'est pour ça qu'elles s'appellent baïonnettes. Mais oui! Tu ne le savais pas? Les baïonnettes ne t'intéressent pas? Bon, mais il y a aussi une belle cathédrale (c'est là que je me suis mariée) et surtout un très beau cloître, gothique . . . du XIVème. . . . Toi qui t'intéresses à l'histoire de l'art. . . . Mais si ce sont les plages à la mode qui intéressent Cécile, eh bien, vous avez Biarritz . . . très chic . . . une très jolie côte, avec le Rocher de la Vierge dans la mer et, à côté, la plage de la Chambre d'Amour. . . .

Mireille: Ça m'a l'air très romantique. . . . Je crois que nous allons aller au Pays Basque cet été. . . .

Leçon 17 Il n'y a pas de sot métier I

Texte

Paris au printemps. . . . Il y a des fleurs dans le jardin du Luxembourg. Une petite fille joue gentiment avec

son bateau. Il est dix heures du matin. Au Sénat, les sénateurs discutent.

Dans le jardin, sur un banc, deux jeunes gens parlent: ce sont Mireille Belleau et Robert Taylor.

Mireille: Vous vous appelez Taylor? Mais ça veut dire *tailleur*, ça, en anglais.

Robert: Euh . . . je ne sais pas.

Mireille: Mais si, *tailor*, ça veut dire tailleur en anglais. Tout le monde sait ça: "My tailor is rich," c'est dans tous les livres d'anglais!

Robert: Oui . . . euh, non . . . bien sûr! Mais, je veux dire . . . mon nom s'écrit avec un *y*, et le mot anglais pour "tailleur" s'écrit avec un *i*.

Mireille: Oh, mais ça ne fait rien, c'est sûrement la même chose! L'orthographe, vous savez, ça ne veut rien dire! D'ailleurs, il y a des tas de gens qui ont un nom de métier; tenez, par exemple *Boucher*, c'est un nom propre, un nom de famille. Il y a des tas de gens qui s'appellent Boucher, comme Boucher, le peintre du XVIIIème siècle, ou Hélène Boucher, par exemple (c'était une aviatrice); et *boucher*, évidemment, c'est aussi un nom de métier: le boucher qui vend de la viande. C'est comme ça qu'une fois, je me souviens, j'ai vu sur une pharmacie: "M. Boucher,

pharmacien." C'était un monsieur qui était pharmacien de son métier et qui s'appelait Boucher.

Robert: Et vous avez déjà vu sur une boucherie: "M. Pharmacien, boucher"?

---

1. tailleur

Un **tailleur**. Il fait des costumes d'homme.

1. vouloir dire

*—"Abracadabra," qu'est-ce que ça **veut dire**? Qu'est-ce que ça signifie?

—Ça ne **veut** rien dire. Ça n'a pas de sens.

2. ça ne fait rien

* Ça ne **fait rien**, ça n'a pas d'importance, il n'y a pas de différence.

2. boucher

Un **boucher**. (Il vend de la viande de bœuf, de mouton, de porc. . . .)

3

Mireille: Ah, non! *Pharmacien,* c'est un nom de profession, de métier, mais ce n'est pas un nom propre. Personne ne s'appelle Pharmacien . . . que je sache! Ni Informaticien! Mais il y a des tas de gens qui s'appellent *Boulanger* (comme celui qui fait le pain), ou *Charpentier,* comme celui qui fait les charpentes: Gustave Charpentier, par exemple, c'était un compositeur. . . . *Messager,* aussi, c'est un nom de métier: celui qui porte des messages ou des marchandises; et c'est aussi un nom propre: André Messager, c'était un compositeur aussi. *Charbonnier,* quelqu'un qui vend du charbon, c'est aussi un nom propre . . . et aussi *Forestier, Couturier, Bouvier.* . . .

Robert: Bouvier? C'était le nom de jeune fille de ma mère! Mais ce n'est pas un nom de métier!

4

Mireille: Mais si, bien sûr que c'est un nom de métier! . . . Enfin, c'était un nom de métier autrefois: le bouvier, c'était celui qui conduisait les bœufs. Evidemment, aujourd'hui, ça ne se fait plus beaucoup en France. "Profession: bouvier," ça ne se dit plus beaucoup. On parle

3. boulanger

Un **boulanger.**

Une **boulangère.** Elle met du pain au four.

Une **boulangerie.**

3. compositeur

Un **compositeur.**

3. messager

Un **messager,** c'est quelqu'un qui porte des **messages.** (Mercure était le **messager** des dieux.)

3. charbonnier

Un **charbonnier** vend du **charbon** et du bois (pour le chauffage).

3, 4. bouvier, bœuf

Un **bouvier** et ses **bœufs.**

plutôt de conducteur de tracteur. *Chevrier* aussi c'est un nom de famille, et le chevrier est celui qui s'occupe des chèvres. Et puis, il y a aussi *Berger,* comme celui qui s'occupe des moutons, et puis *Mineur, Marin.* . . .

Robert: Marin. . . . C'est ce que je voulais être quand j'avais douze ou treize ans. . . .

5

Mireille: Oui . . . c'est drôle, les idées qu'on a, quand on est petit. Vous savez ce que je voulais être, moi, quand j'étais petite? Je voulais être infirmière et actrice: infirmière pendant le jour, et actrice le soir.

Robert: Moi aussi, j'avais des idées plutôt bizarres. Quand j'étais petit, quand j'avais sept ou huit ans, je voulais être pompier, pour rouler à toute vitesse dans les rues et faire beaucoup de bruit; monter en haut de la grande échelle, et plonger dans une fenêtre ouverte qui crache des flammes et de la fumée. . . .

Mireille: . . . et sauver les bébés endormis au milieu des flammes. . . .

6

Mais que se passe-t-il? . . . C'est encore Marie-Laure qui arrive toute trempée!

Mireille: Mais d'où sors-tu comme ça?

Marie-Laure: Du bassin. . . .

Mireille: Tu es allée plonger dans le bassin?

4. conducteur, tracteur

Un **conducteur** de **tracteur.**

4. chevrier, chèvre, s'occuper de

Le **chevrier s'occupe des chèvres.**

4. berger

Un **berger.** (Il s'occupe des moutons.)

4. mineur

Un **mineur.**

4. marin

Un **marin.**

5. drôle

CE N'EST PAS DRÔLE !

Elle, elle trouve ça **drôle.** Lui, non.

5. infirmier, acteur

"Je voulais être **infirmière** le jour et **actrice** le soir."

5. pompier, échelle, flamme

Pompier en haut de la grande **échelle** et fenêtre ouverte qui crache des **flammes**.

5. rouler

* Les trains **roulent**.
Les autos **roulent** (sur quatre **roues**).
Les bicyclettes **roulent** (sur deux **roues**).

5. bruit

* Les voitures de pompiers, les voitures de police, les sirènes, les canons, les explosions, font beaucoup de **bruit**. (Le **bruit** se mesure en décibels.)

5. plonger

Il **plonge**.

5. cracher

Il **crache**.

5. endormi

Marie-Laure s'est **endormie**. Elle est **endormie**. Elle **dort**.

5, 7. sauver, nager

Bouée de **sauvetage** pour **sauver** les gens qui ne savent pas **nager**.

6. trempé

Elle est **trempée**.

Marie-Laure: Ben, non, pas vraiment! Je suis tombée. J'ai voulu attraper mon bateau, je me suis penchée, et puis j'ai glissé, alors je suis tombée. Voilà.

Mireille: C'est malin! Allez, va te changer! Rentre à la maison tout de suite. Et tu avais mal à la gorge, hier! Mais qu'est-ce que Maman va dire?

7

Et Marie-Laure s'en va. . . .

Mireille: Cette gamine est insupportable! Heureusement qu'elle sait nager!

Robert: Elle va sûrement devenir championne de natation; ou bien elle va faire de l'exploration sous-marine avec l'équipe de Cousteau.

Mireille: On ne sait jamais!

Robert: Ouais! On ne sait jamais comment les choses vont tourner. . . .

6. se pencher

Robert **se penche** pour attraper le bateau de Marie-Laure. Il va peut-être tomber dans le bassin.

Il **se penche**. Il va sûrement tomber.

6. glisser

ATTENTION! ÇA GLISSE....

Il **a glissé** et il est tombé. (La glace, ça **glisse**, c'est **glissant**!)

🎧 Mise en œuvre

Ecoutez la mise en œuvre du texte et répondez aux questions suivantes.

1. Quelle heure est-il?
2. Qu'est-ce qui se passe au Sénat?
3. Où sont Robert et Mireille?
4. D'après Mireille, que veut dire *Taylor* en anglais?
5. Comment s'écrit le nom de Robert? Est-ce qu'il s'écrit comme le mot anglais pour tailleur?
6. D'après Mireille, est-ce qu'il faut faire très attention à l'orthographe?
7. *Boucher* est un nom de famille, un nom propre, mais qu'est-ce que c'est aussi?
8. Que fait un boucher?
9. Que fait un boulanger?
10. Que fait un messager?
11. Pourquoi Robert remarque-t-il le nom de Bouvier?
12. Qu'est-ce que c'est qu'un bouvier?
13. Est-ce que ça se fait beaucoup, d'être bouvier, en France, aujourd'hui?
14. Qui est-ce qui a remplacé les bouviers?
15. Qu'est-ce que c'est qu'un chevrier?
16. Et un berger?
17. Qu'est-ce que Robert voulait être quand il avait douze ans?
18. Qu'est-ce que Mireille voulait être quand elle était petite?
19. A quels moments est-ce qu'elle voulait exercer ces professions?
20. Qu'est-ce que Robert pense maintenant des idées qu'il avait quand il était petit?
21. Qu'est-ce qu'il voulait faire quand il avait huit ans?
22. Pourquoi voulait-il être pompier?
23. Qu'est-ce qui est arrivé à Marie-Laure? Est-ce qu'elle a plongé dans le bassin?
24. Comment est-ce que c'est arrivé? Qu'est-ce qu'elle a fait pour tomber dans le bassin?
25. Qu'est-ce que Marie-Laure doit faire maintenant?

Mise en question

1. Quel genre de phrases trouve-t-on dans les livres écrits pour enseigner les langues étrangères?
2. Qui est François Boucher? Et Hélène Boucher?
3. Pourquoi *informaticien* ou *pharmacien* ne sont-ils pas des noms de famille? Quelle différence y a-t-il entre le métier de boulanger et celui d'informaticien? Est-ce que la profession d'informaticien est une profession très ancienne? A votre avis, depuis quand y a-t-il des gens qui exercent la profession de boulanger?
4. Qui sont Gustave Charpentier, André Messager, César Franck, et Pierre Boulez?
5. Pourquoi n'y a-t-il plus beaucoup de bouviers, en France, aujourd'hui? Qu'est-ce qu'on utilisait pour les travaux agricoles, autrefois? Et aujourd'hui, qu'est-ce qu'on utilise?
6. A votre avis, pourquoi Mireille voulait-elle être infirmière et actrice?
7. A votre avis, pourquoi Robert voulait-il être pompier? Pour jouer un rôle prestigieux ou pour sauver des personnes en danger? Quand Mireille suggère que c'était pour "sauver des bébés endormis au milieu des flammes," qu'est-ce qu'elle a l'air d'en penser? Est-ce qu'elle est tout à fait sérieuse ou est-ce qu'elle se moque un peu de lui?
8. D'où Marie-Laure sort-elle? De l'école? De chez elle?
9. Pourquoi est-ce que la maman de Marie-Laure ne va pas être contente?
10. A votre avis, est-ce qu'il est dangereux de plonger dans le bassin du Luxembourg? Est-ce qu'il y a assez d'eau? Est-ce qu'il faut savoir nager pour jouer près du bassin? Pourquoi?
11. Est-ce que Robert est sérieux quand il dit que Marie-Laure va être championne de natation ou faire de l'exploration sous-marine, ou est-ce qu'il essaie d'être spirituel?
12. Et quand Mireille dit "On ne sait jamais," est-ce qu'elle parle sérieusement ou est-ce qu'elle fait semblant d'apprécier la plaisanterie de Robert?

Documents

Mon Ministre des finances

Géniale, l'idée de voler le camion des pompiers
avec l'échelle télescopique,
d'acheter ce petit singe!
Nul ne se doute à qui ça peut servir.
Nous circulons en ville, lentement.
A la moindre fenêtre ouverte, je dresse l'échelle,
le petit singe y monte, enjambe l'appui et rafle
ce qu'il trouve.
Depuis lors, le petit singe et moi vivons richement,
et—sauf le bruit du moteur quand je
dresse l'échelle—discrètement . . .
comme il sied à des gentlemen.

—*Boris Vian*

Boris Vian, né en 1920, était une sorte de génie. Il avait une formation d'ingénieur, mais il s'est surtout consacré à la musique de jazz (il a été trompettiste dans les cabarets "existentialistes" de Saint-Germain-des-Prés) et à la littérature. Ecrivain joyeux et irrévérencieux, Vian a écrit des scénarios de films et des œuvres de science-fiction, mais il est connu principalement comme poète et romancier. Il est mort jeune, à 39 ans, en 1959.

2

Pompiers

A.

B.

C.

D.

3

Au feu, les pompiers!

Au feu, les pompiers,
La maison qui brûle!
Au feu, les pompiers,
La maison a brûlé!

—*Marie-Laure*

4

Accidents de la rue

Cinq millions et demi de conducteurs français ont une mauvaise vue. Heureusement, leur nombre diminue de jour en jour.

—*Coluche*

5

Les Français en vue

Dans un sondage, effectué en 1992, qui demandait aux Français quelles étaient les dix personnalités qui comptaient le plus pour eux, ou qu'ils aimaient le plus, c'est le commandant Cousteau, spécialiste de l'exploration sous-marine, qui est arrivé en tête de liste.

L'abbé Pierre, un ecclésiastique qui a passé sa vie à aider les pauvres, arrive en deuxième position.

La troisième place est occupée par une journaliste de télévision, Anne Sinclair.

Viennent ensuite des acteurs comme Jean-Paul Belmondo (5ème) et Philippe Noiret (7ème). Avant celui-ci, cependant, la sixième place revient à un spécialiste des volcans, le volcanologue Haroun Tazieff.

La première personnalité politique citée n'est pas le président de la République, qui n'arrive qu'en trentième position, mais Bernard Kouchner, qui était alors ministre de la Santé, et qui est surtout connu comme fondateur de Médecins Sans Frontières, une organisation qui envoie des médecins volontaires dans le monde entier, où il y a des épidémies, des famines, des guerres, ou d'autres catastrophes.

Le premier sportif cité est la navigatrice Florence Arthaud qui venait alors de gagner une course transatlantique (12ème), suivie par un footballeur (19ème).

6

Les Baleines

Du temps qu'on allait encore aux baleines,
Si loin que ça faisait, matelot, pleurer nos belles,
Y avait sur chaque route un Jésus en croix,
Y avait des marquis couverts de dentelles,
Y avait la Sainte Vierge et y avait le Roi!

Du temps qu'on allait encore aux baleines,
Si loin que ça faisait, matelot, pleurer nos belles,
Y avait des marins qui avaient la foi,
Et des grands seigneurs qui crachaient sur elle,
Y avait la Sainte Vierge et y avait le Roi!

Eh bien à présent tout le monde est content,
C'est pas pour dire, matelot, mais on est content! . . .
Y a plus de grands seigneurs ni de Jésus qui tiennent,
Y a la république et y a le président,
Et y a plus de baleines.

—*Paul Fort*
Ballades françaises

7

Arthur tombe dans le bassin

Cet après-midi, j'ai poussé Arthur dans le bassin. Il est tombé et il s'est mis à faire glou-glou avec sa bouche, mais il criait aussi et on l'a entendu. Papa et maman sont arrivés en courant. Maman pleurait parce qu'elle croyait qu'Arthur était noyé. Il ne l'était pas. Le docteur est venu. Arthur va très bien maintenant. Il a demandé du gâteau à la confiture et maman lui en a donné. Pourtant, il était sept heures, presque l'heure de se coucher quand il a réclamé ce gâteau et maman lui en a donné quand même. Arthur était très content et très fier. Tout le monde lui posait des questions. Maman lui a demandé comment il avait fait pour tomber, s'il avait glissé et Arthur a dit que oui, qu'il avait trébuché. C'est chic à lui d'avoir dit ça, mais je lui en veux quand même et je recommencerai à la première occasion.

D'ailleurs, s'il n'a pas dit que je l'avais poussé, c'est peut-être tout simplement parce qu'il sait très bien que maman a horreur des rapportages. L'autre jour, quand je lui avais serré le cou avec la corde à sauter et qu'il est allé se plaindre à maman en disant: "C'est Hélène qui m'a serré comme ça," maman lui a donné une fessée terrible et lui a dit: "Ne fais plus jamais une chose pareille!" Et quand papa est rentré, elle lui a raconté et papa s'est mis aussi en colère. Arthur a été privé de dessert. Alors, il a compris et, cette fois, comme il n'a rien dit, on lui a donné du gâteau à la confiture: j'en ai demandé aussi à maman, trois fois, mais elle a fait semblant de ne pas m'entendre. Est-ce qu'elle se doute que c'est moi qui ai poussé Arthur?

—*Jehanne Jean-Charles*
  Les Plumes du corbeau

Leçon **18** Il n'y a pas de sot métier II

Texte

1

Il est 10h 30 dans le jardin du Luxembourg, à Paris. Sur un banc vert, Mireille et Robert parlent toujours. . . .

Marie-Laure, la petite sœur de Mireille, qui jouait avec son bateau, est tombée dans le bassin. Elle est allée se changer chez elle; elle habite tout près, juste en face, de l'autre côté de la rue.

2

Robert: Non, on ne sait jamais comment les choses vont tourner. Tenez, j'avais un ami, aux Etats-Unis, qui adorait le violon: il jouait merveilleusement, un vrai virtuose; il rêvait de donner des concerts dans toutes les grandes villes du monde. Eh bien, vous savez ce qu'il fait, maintenant? Il n'est pas violoniste du tout! Il fait de la saucisse aux abattoirs de Chicago!

Mireille: C'est comme la sœur de mon amie Ghislaine. Elle voulait être pianiste. Et en fin de compte, elle travaille dans le bureau de son papa . . . comme dactylo.

2. jouer du violon

Il **joue** merveilleusement **du violon.** *sempé*

2. rêver

Elle **rêve** d'être riche.

2. saucisse

Il fait de la **saucisse.**

2. abattoir

Des **abattoirs.**

2. dactylo

Elle est **dactylo.** Elle fait du traitement de texte.

3

Mais Marie-Laure s'approche, en souriant. . . .

Mireille: Mais c'est encore toi? Qu'est-ce que tu fais là?

Marie-Laure: Je te dérange?

Mireille: Tu m'agaces! Et puis, laisse ce banc tranquille!

Marie-Laure: Quoi? C'est un banc public, non? Il n'est pas à toi, ce banc! Il est à tout le monde, parce que c'est un banc public, un banc public, un banc public. . . . C'est un banc public dans un jardin public. Le jardin appartient à l'Etat et le banc aussi; donc, ils sont à moi autant qu'à toi, na!

Robert: Eh bien, voilà une jeune fille qui va sûrement être avocate, ou au Conseil d'Etat, et va défendre les intérêts de la société et de l'Etat!

Marie-Laure: Avocate? Moi? Pouh! Non! Toujours debout, crier, faire de grands gestes! C'est fatigant! . . . Le Conseil d'Etat? Bof. . . . Le Sénat, peut-être: c'est presque en face de la maison. C'est pratique: pas de métro pour aller au boulot. . . . Mais la politique, ça ne m'intéresse pas.

3. déranger, laisser tranquille

"Arrête ce bruit! Tu me **déranges**! **Laisse-moi** lire mon journal **tranquille**!"

3. avocat

Une **avocate**.

3. pratique

Ce n'est pas très **pratique** pour traverser! Un pont serait plus **pratique**!

3. boulot

3. Conseil d'Etat

* Le **Conseil d'Etat** est une cour supérieure qui s'occupe des affaires très importantes de l'Etat.

3. debout

Marie-Laure est **debout**. La dame est assise.

* On est mieux assis que **debout**, et couché qu'assis.

"Oh, là, là, quel **boulot**!" Marie-Laure a trop de travail.

* Le **boulot** (familier), c'est le travail. En général, quand on travaille à Paris, on prend le métro pour aller au **boulot**.

4

Robert: Qu'est-ce que tu veux faire, alors?

Marie-Laure: Beuh, je ne sais pas. Plombier, peut-être. . . .

Robert: Plombier? Pourquoi? Les tuyaux, les robinets, ça t'intéresse?

Marie-Laure: Ouais, j'aime bien jouer avec l'eau. Et puis, Papa dit que les plombiers gagnent plus que lui. . . . Et puis, quand on est plombier, on travaille quand on veut: si un client vous appelle et qu'on n'a pas envie d'aller travailler, eh bien, on reste chez soi. Tandis que si on veut être ingénieur ou dans un ministère, il faut aller travailler tous les jours, même si on n'a pas envie. . . . Dans la vie, on ne fait jamais ce qu'on veut! Tenez, mon papa, quand il était jeune, il voulait être masseur. . . . Pas Mireille! . . . Parce que Mireille, c'est ma sœur, oui, mais ce n'est pas ce que je veux dire! Je veux dire masseur . . . pour masser les gens qui ont mal au dos. Seulement, il avait toujours les mains froides, mon papa. Alors, hein, forcément, on ne peut pas réussir comme masseur si on a les mains froides. Les clients ne supportent pas ça. Alors maintenant, il fabrique des autos, parce que les autos supportent très bien les mains froides.

4. plombier

Un **plombier**.

4. tuyau, robinet, eau

tuyau

robinet

eau

* Les plombiers installent et réparent les **tuyaux**, les **robinets**. . . .

4. gagner

* Pour **gagner** de l'argent, il faut travailler.

4. masseur

4. réussir

Un monsieur qui **a réussi**; il a beaucoup de succès, c'est une célébrité.

4. supporter

* Tante Georgette ne **supporte** pas les enfants (les enfants l'agacent).

Elle ne **supporte** pas le bruit (elle n'aime pas le bruit; ça la fatigue).

*—Je ne **supporte** pas l'alcool (ça me rend malade).

*—Je ne **supporte** pas la contradiction (ça me rend furieux).

4. fabriquer

Chez Renault, on **fabrique** des autos.

Les **masseurs massent** les gens. Ils font des **massages**.

Mireille: Remarquez que ça n'empêche pas mon père d'être un homme très chaleureux. . . . "Mains froides, cœur chaud," comme on dit.

Marie-Laure: On dit ça?

Mireille: Oui, ça se dit. Du moins Tante Georgette le dit, et Grand-mère aussi.

5

Robert: Moi, mon père voulait devenir athlète professionnel; ou bien boxeur, ou joueur de football. Maintenant, il est vice-président d'une grande banque internationale. Le sport mène à tout.

Mireille: "Et tous les chemins mènent à Rome," comme dit ma tante Georgette! . . . On parle toujours dans la famille d'un ami qui était sûr de voir un jour son fils ambassadeur. Eh bien, le fils en question est représentant d'une maison de jouets. . . . Et mon beau-frère, Jean-Denis, le mari de ma sœur Cécile, voulait être routier pour conduire des camions énormes, un de ces vingt-tonnes avec neuf ou dix paires de pneus qui filent à toute vitesse dans un nuage de gasoil. Eh bien, vous savez ce qu'il fait, à présent? Il dessine des bijoux chez un bijoutier de la place Vendôme.

4. cœur

Un **cœur**.

4. chaleureux

* Il a les mains froides, mais il a le cœur **chaud**. Il est **chaleureux**, cordial, gentil, bon.

5. jouet

Ça, ce n'est pas un vrai bateau. C'est un **jouet**.

5. routier, camion

Un **routier** dans son **camion** qui file dans un nuage de gasoil.

5. pneu

Des **pneus**.

5. bijou

Des **bijoux**.

5. place Vendôme

Sur la **place Vendôme**, à Paris, il y a des bijoutiers, des couturiers, des hôtels chics (le Ritz, par exemple).

6. prêtre

Un **prêtre**.

6. assurances

Une compagnie d'**assurances** qui s'appelle La Providence.

* Les compagnies d'**assurances** vendent des **assurances** contre les accidents, l'incendie, des **assurances** sur la vie.

6. cinéaste, faire du cinéma

Il **fait du cinéma**; il est **cinéaste**.

6. industriel

Un **industriel**. Il est dans l'**industrie**. Il a des usines.

6. commerçant

* Les parents de Mme Courtois étaient **commerçants**. Ils faisaient du **commerce**: ils vendaient des tissus.

6. femme/homme d'affaires

Des **hommes d'affaires**. Ils sont dans les **affaires**.

6. enseignant

Une **enseignante**. Elle est dans l'**enseignement**.

6

Robert: Moi, j'ai un ami qui, dans sa jeunesse, voulait se faire prêtre. Seulement, depuis l'année dernière, il ne croit plus en Dieu! C'est un problème, ça, pour quelqu'un qui veut être prêtre. . . . Alors, il vient d'entrer dans une grande compagnie d'assurances, la Providence.

Mireille: Moi, tous mes amis veulent faire du cinéma. Ils se prennent tous pour des Fellini, des Kurosawa, ou des Truffaut. Ils se font des illusions! . . .

Robert: Peut-être, mais on ne sait jamais. . . . Et de toute façon, faire du cinéma, c'est quand même plus intéressant que d'être dans l'industrie, l'agriculture, le commerce, les affaires, la magistrature, l'armée, ou l'enseignement.

Mireille: C'est vrai, mais tout le monde ne peut pas faire du cinéma ou de la télévision; il en faut des industriels, des agriculteurs, des commerçants, des femmes et des hommes d'affaires, des magistrats, des enseignants, et même des militaires!

Robert: Des cinéastes et des vidéastes aussi, il en faut! L'ennui, avec le cinéma, c'est que même avec beaucoup de talent, on n'est jamais sûr de réussir.

7

Mireille: Ah, ça, on ne peut jamais être sûr de rien. On ne sait jamais ce qui va se passer. Mais ça ne fait rien; dites-moi quand même ce que vous allez faire.

Robert: Moi? Vous voulez vraiment le savoir? Eh bien, je crois que je vais vous inviter à prendre quelque chose à la terrasse de la Closerie des Lilas. . . . Et vous, qu'est-ce que vous allez faire?

Mireille: Hmmm. . . . Je crois que je vais accepter.

Marie-Laure: Et moi, je peux venir?

Mireille: Mais tu es encore là, toi? Qu'est-ce que tu fais là? Tu sais tes leçons pour demain?

Marie-Laure: Ouais. . . .

Mireille: Et tu as fait tes devoirs?

Marie-Laure: Ouais. . . .

Mireille: Et tu les as finis?

Marie-Laure: Presque.

Mireille: Alors, va les finir! Tout de suite.

Marie-Laure: Oh, ce que tu peux être embêtante, toi! (*à Robert*) Puisque vous êtes américain, vous devez savoir l'anglais?

Robert: Oui, un peu. . . .

Marie-Laure: Vous ne pouvez pas m'aider pour mon devoir d'anglais?

Robert: Peut-être. . . .

Marie-Laure: Alors cet après-midi, à deux heures, ici. OK?

6. ennui

* Il y a un **ennui**, il y a un problème, il y a une difficulté.
* Le grand-père de Mireille est malade. Il a des **ennuis** de santé.

6. sûr

* Mireille a un père et une mère. Ça, c'est **sûr**. Nous en sommes **sûrs**. Nous le savons.
Est-ce qu'elle va avoir des enfants? Peut-être, mais ce n'est pas **sûr**. On ne peut pas en être **sûr**. Nous ne le savons pas.

7. quand même

* —J'ai beaucoup de travail, mais je vais aller au cinéma **quand même**.
* —Vous savez que c'est dangereux et vous fumez **quand même**?

7. la Closerie des Lilas

7. devoir

Marie-Laure fait ses **devoirs**.

7. presque

* Marie-Laure va avoir 11 ans dans un mois. Elle a **presque** 11 ans.

🎧 Mise en œuvre

Ecoutez la mise en œuvre du texte et répondez aux questions suivantes.

1. Où habitent les Belleau?

2. Que voulait faire l'ami de Robert, quand il était petit?

3. Qu'est-ce qu'il fait maintenant? Est-ce qu'il est violoniste?

4. Que fait la sœur de Ghislaine qui voulait être pianiste quand elle était petite?

5. Est-ce que Mireille est contente de voir arriver Marie-Laure?

6. A qui sont les bancs du Luxembourg?

7. Pourquoi Marie-Laure ne veut-elle pas être avocate?

8. Pourquoi est-ce que le Sénat n'intéresse pas Marie-Laure?

9. Qu'est-ce que Marie-Laure veut être, plus tard?

10. Pourquoi est-ce qu'elle veut devenir plombier?

11. Quand on est plombier, est-ce qu'on est obligé d'aller travailler tous les jours?

12. Que fait un masseur?

13. Pourquoi le père de Marie-Laure n'est-il pas masseur?

14. Pourquoi est-ce qu'on peut très bien avoir les mains froides et fabriquer des autos?

15. Qu'est-ce que le père de Robert voulait faire, quand il était petit?

16. Qu'est-ce qu'il fait maintenant?

17. Quelle conclusion est-ce qu'on peut en tirer?

18. Qu'est-ce que Jean-Denis voulait être, quand il était petit?

19. Qu'est-ce qu'il fait maintenant?

20. Pourquoi l'ami de Robert qui voulait être prêtre est-il finalement dans les assurances?

21. Que veulent faire tous les amis de Mireille?

22. Est-ce qu'ils vont vraiment faire du cinéma?

23. Comment appelle-t-on les gens qui sont dans l'industrie?

24. Et ceux qui sont dans l'agriculture?

25. Et ceux qui sont dans le commerce?

26. Et ceux qui sont dans les affaires?

27. Et ceux qui sont dans la magistrature?

28. Et ceux qui sont dans l'enseignement?

29. Et ceux qui sont dans l'armée?

30. Et ceux qui sont dans le cinéma?

31. Qu'est-ce que c'est, l'ennui, avec le cinéma?

32. D'après Mireille, de quoi est-ce qu'on peut être sûr?

33. Qu'est-ce que Robert va faire?

34. Qu'est-ce que Mireille va faire?

35. Est-ce que Marie-Laure a fini ses devoirs?

36. Quand Marie-Laure et Robert ont-ils rendez-vous?

Mise en question

1. Dans l'idée de certains Français, qu'est-ce qu'il y a à Chicago?

2. Quand on joue du piano, avec quoi est-ce qu'on tape sur les touches du clavier? Et quand on fait du traitement de texte, avec quoi est-ce qu'on tape sur les touches du clavier de l'ordinateur?

3. A votre avis, pourquoi est-ce que Marie-Laure agace Mireille? Parce qu'elle joue du piano sur le dossier du banc, ou pour une autre raison?

4. Qu'est-ce qu'il faut faire pour arriver au Sénat, pour devenir sénateur?

5. Pourquoi est-ce que ce serait commode pour Marie-Laure d'être sénateur?

6. D'après ce que dit Marie-Laure, quelle doit être l'opinion de Monsieur Belleau sur les plombiers?

7. D'après ce que dit Marie-Laure, est-ce que vous pensez que Madame et Monsieur Belleau sont consciencieux dans l'exercice de leurs professions respectives?

8. Que dit Tante Georgette au sujet des mains froides?

9. A votre avis, pourquoi Jean-Denis voulait-il être routier? Comparez avec les raisons pour lesquelles Robert voulait être pompier.

10. Où trouve-t-on, à Paris, des bijoutiers célèbres, comme Cartier, Van Cleef & Arpels?

11. Comparez le métier de conducteur de camions et celui de créateur de bijoux. Lequel demande le plus de force physique, de sens artistique, de génie inventif, de résistance à la fatigue, d'attention, de calme devant le danger, de bons yeux, d'habileté manuelle, de réflexes, etc.? Qu'est-ce qui vaut le plus cher, les camions ou les bijoux? Qu'est-ce qui est le plus durable?

12. Qu'est-ce que Robert pense du cinéma comme profession?

13. Quand Robert dit à Mireille qu'il va l'inviter à aller prendre quelque chose à la Closerie des Lilas, est-ce qu'il répond vraiment à sa question? Qu'est-ce que Mireille voulait savoir?

14. Qu'est-ce que Marie-Laure aurait envie de faire?

15. Comment Mireille empêche-t-elle Marie-Laure de les accompagner?

16. Comment Marie-Laure prend-elle sa revanche? Comment se venge-t-elle de Mireille? Quel truc invente-t-elle?

Documents

Nationale Sept; poids-lourd

Je me fous des poulets sur la route et des petits
oiseaux dans les platanes.
C'est pas ça qui me chante, mais un vingt-tonnes
qui crache, qui pète et qui me pose quand une
fille me regarde passer dans un nuage de gasoil.
Que saute un des vingt pneus, je montre à qui veut
les poils noirs sur mes bras, l'huile dans mes
cheveux; et je crache mon mégot, comme ça, pour
leur montrer à tous que je commande, même au feu.

—*Norge*

2

Les Bancs publics (extraits)

Refrain
Les amoureux qui s'bécotent sur les bancs publics
Bancs publics, bancs publics,
En se foutant pas mal du regard oblique
Des passants honnêtes,
Les amoureux qui se bécotent sur les bancs publics
Bancs publics, bancs publics,
En se disant des "Je t'aime" pathétiques
Ont des petites gueules bien sympathiques.

Ils se tiennent par la main
Parlent du lendemain
Du papier bleu d'azur
Que revêtiront les murs de leur chambre à coucher.
Ils se voient déjà doucement
Elle cousant, lui fumant
Dans un bien-être sûr
Et choisissent les prénoms de leur premier bébé.
(*Refrain*)

—*Georges Brassens*

3

Prénoms et professions

A.

Quand un vicomte rencontre un bouvier

Le parcours social d'un prénom saisi par la mode suit, en général, le schéma classique de la diffusion des innovations. Il se propage *grosso modo* du haut en bas de l'échelle sociale.

Ce phénomène est ancien. Victor Hugo l'avait déjà pressenti (dans *Les Misérables*):

Il n'est pas rare aujourd'hui que le garçon bouvier se nomme Arthur, Alfred ou Alphonse, et que le vicomte—s'il y a encore des vicomtes—se nomme Thomas, Pierre ou Jacques. Ce déplacement qui met le nom "élégant" sur le plébéien et le nom campagnard sur l'aristocrate n'est autre chose qu'un remous d'égalité.

—*Philippe Besnard et Guy Desplanques*
 Un Prénom pour toujours

B.

Qui est en tête, pour l'adoption des nouveaux prénoms à la mode? D'après les auteurs du même ouvrage, ce sont les couches sociales privilégiées, que la nouvelle nomenclature de l'INSEE regroupe sous l'appellation "Cadres et professions intellectuelles supérieures." Viennent en second rang les "professions intermédiaires," suivies dans l'ordre par les artisans et commerçants, les employés, les ouvriers. Les agriculteurs ferment la marche.

Le groupe "cadres et professions intellectuelles supérieures," que nous appellerons "cadres" pour faire bref, rassemble des professions diverses, à leur compte ou salariées, dont le niveau de revenu, variable, est en moyenne deux fois plus élevé que l'ensemble des actifs, et dont l'accès est en principe subordonné à des études supérieures: professions libérales, cadres de la fonction publique, professeurs et professions scientifiques, cadres et ingénieurs d'entreprise, professions de l'information, des arts et des spectacles.

Deux catégories se distinguent au sein de ce groupe par une précocité particulière dans l'adoption de l'innovation: les professions libérales (avocats, médecins, experts-comptables, etc.) d'une part, les professions de l'information, des arts et des spectacles (journalistes, comédiens, artistes) d'autre part. Mais ces deux catégories ne privilégient pas le même type de prénoms. Les professions libérales, noyau le plus bourgeois du groupe "cadres," sont les premières à s'emparer des prénoms traditionnels quand ils reviennent à la mode, comme Catherine ou Isabelle; les professions de l'information et du spectacle ont au contraire une nette avance pour des produits nouveaux ou quasi nouveaux du genre Nathalie ou Céline.

Les "professions intermédiaires" se situent en deuxième position dans l'adoption de la mode. Deux catégories contribuent à tirer vers l'avant ce conglomérat assez hétéroclite: les instituteurs et assimilés (professeurs d'enseignement général des collèges, maîtres auxiliaires) et les professions de la santé et du travail social (infirmières, orthophonistes, kinésithérapeutes, animateurs socioculturels, assistantes sociales). Toutes deux distancent assez nettement les autres professions intermédiaires, appellation qui recouvre notamment les techniciens, contremaîtres, agents du cadre B de l'Etat, secrétaires de direction, gradés de banque, représentants, gérants de magasin (ainsi que le clergé qui ne nous intéresse évidemment pas ici).

Le groupe formé par les "artisans, commerçants et chefs d'entreprise" est également quelque peu en avance par rapport à l'ensemble de la population. Les "chefs d'entreprise," définis par le fait qu'ils emploient plus de neuf personnes, se détachent du gros bataillon de ce groupe et sont plus proches des cadres et des professions libérales. Mais il faut observer que les "commerçants" (par exemple détaillants en vêtements ou en alimentation, mais aussi patrons d'hôtels ou de restaurants, agents immobiliers, etc.) sont plus prompts à choisir des prénoms qui montent que les "artisans," catégorie qui regroupe ceux des indépendants (hormis les agriculteurs) pour qui le travail manuel occupe une place prépondérante: plombiers, couturiers, garagistes, réparateurs, mais aussi boulangers, coiffeurs et chauffeurs de taxi à leur compte.

Au sein du groupe "employés," dont la position par rapport à la mode est globalement moyenne, certains ont une petite longueur d'avance: il s'agit des employés de commerce (vendeurs), et même, dans une moindre mesure, de ceux qui se retrouvent dans la catégorie

"personnels des services directs aux particuliers": cette étiquette rassemble, à côté des employés de maison, les serveurs dans les cafés et restaurants ou encore les garçons coiffeurs. Les autres professions réunies dans le groupe "employés" sont, notamment, les secrétaires, employés de bureau, agents de service de la fonction publique, employés de banque, préposés des PTT, aides-soignantes, policiers et militaires de rang subalterne.

—*Philippe Besnard et Guy Desplanques*
Un Prénom pour toujours

4

La Cote des métiers

Les métiers qui attirent le plus les 8–14 ans sont ceux qui permettent de voyager (22%), de vivre dans la nature (15%), d'aider les autres (14%), de gagner beaucoup d'argent (11%), de rencontrer beaucoup de gens (9%). . . .

Les mutations de ces vingt dernières années ont bouleversé la hiérarchie des professions. Les notables d'hier (médecins, enseignants, hommes politiques . . .) ont perdu une partie de la considération et des privilèges dont ils jouissaient. Les cadres ont dû se mettre à l'heure de l'efficacité. Certains métiers de production ou de service ont été revalorisés (plombier, restaurateur, boulanger, viticulteur, garagiste, kinésithérapeute).

—Francoscopie 93

5

Il n'y a pas de sous-métier

C'est la deuxième fois que les Bali côtoient un vendeur de bonheur. Le père, Djuliane, a acheté une encyclopédie Saber dans les mêmes circonstances, l'année dernière. *Saber* veut dire "savoir" en latin. C'est le représentant qui l'a dit. Le latin, c'est pas n'importe quoi, ça impressionne.

—Avec les livres, l'avenir des enfants est assuré. Vous verrez, ils vont changer, a juré le monsieur.

Il ne pensait pas si bien dire.

Djuliane a été ravi de rencontrer quelqu'un d'aussi bonne éducation, qui parlait si bien et surtout qui savait écouter les autres. Parce que lui, Djuliane, il n'en connaissait pas beaucoup, autour de lui, des gens qui "savaient écouter les autres"!

—On vit dans un monde où les gens ne parlent plus. Et, même quand vous parlez, ils s'en foutent . . . les gens sont abîmés . . . , il a commenté.

Siloo a entendu.

Les dix volumes Saber *explorent* la vie du monde, des planètes, des animaux, et tout ce qu'on peut imaginer. Tout est *exploré,* décrit, expliqué, dessiné, dans le plus petit détail. Avec les croquis et illustrations, les enfants se transforment en savants, résultat garanti, promis, juré, ma mère elle meurt sur place et à l'instant si je mens! Saber: même les parents, qui sont les *premiers moniteurs de l'éducation des enfants,* peuvent apprendre des choses.

—Vous êtes seulement réparateur de cycles et de mobylettes? Y a pas de sous-métiers! a rétorqué le vendeur avec le sérieux des mots encyclopédiques. Djuliane a redressé les épaules.

Y a pas de sous-métiers.

—En plus de tout ce que je viens d'énumérer, il y a justement des rubriques sur les moteurs à trois temps, à deux temps, à tous les temps, moteurs à explosion . . . , et puis, n'oubliez pas que, dans le mot "encyclopédique," il y a "cyclo": c'est votre rayon, les moto . . . cycles, les bi . . . cycles . . . ?

Le type n'arrêtait plus. Il avait de la suite dans les idées.

—C'est aux parents de montrer l'exemple aux enfants. J'ai pas raison?

Personne n'a dit le contraire.

—C'est trop cher pour vous? Ah, l'argent, toujours l'argent!

Le vieux Bali a rentré la tête dans les épaules et le vendeur a asséné:

—Vous préférez acheter des cigarettes plutôt que d'assurer l'avenir éducatif de vos enfants?!

Il hurlait presque, comme s'il était chez lui.

—Quelques francs par mois pendant un an et des poussières, c'est une goutte d'eau dans l'océan d'une vie.

Le marché est conclu.

Ensuite, Massouda a pris les choses en main, comme tout le reste. Elle a enfermé au placard les bouquins à la couverture luxueuse, pour la décoration.

—Celui qui touche avec ses mains sales, je le massacre! Je lui enlève ses yeux!

—*Azouz Begag*
  L'Ilet-aux-Vents

Azouz Begag, de nationalité algérienne, est né en 1957 à Villeurbanne, en France. Il est docteur en économie et chercheur au Laboratoire d'Économie des Transports à l'Université de Lyon II.

6

Devoirs et leçons

Masseurs

Leçon Attention: Ecoles I

Texte

1

Paris, le Quartier Latin . . . le quartier des écoles, des facultés, des études, et des étudiants. Mireille et Robert discutent. Ils sont sûrement étudiants. . . . Les étudiants étudient, manifestent, et, le reste du temps, discutent.

Robert a invité Mireille à prendre quelque chose à la Closerie des Lilas.

Ils ont traversé le jardin du Luxembourg, sont passés devant l'Institut d'Art et d'Archéologie, où Mireille suit un cours.

Mireille: Ça, là, à droite, c'est l'Institut d'Art et d'Archéologie. J'y suis un cours d'art grec.

Ils se sont assis à la terrasse de la Closerie des Lilas. Il était 11 heures et quart à l'horloge de l'Observatoire, et 5h 15 à la montre de Robert.

Robert: Quelle heure est-il?

Mireille: 11h, 11h et quart. . . . Oui, onze heures et quart.

Robert: J'avais encore l'heure de New-York.

2

Mireille: Pourquoi avez-vous voulu venir ici?

Robert: Vous savez, je ne connais pas beaucoup de cafés à Paris. Je connaissais celui-ci à cause d'Hemingway, de Scott Fitzgerald, de Gertrude Stein. . . . Vous ne venez jamais ici?

Mireille: Non, c'est la première fois.

Robert: Ça ne vous plaît pas?

Mireille: Si, si! Mais c'est un peu trop chic et trop cher pour une pauvre petite étudiante comme moi. Si je veux prendre un café avec des copains, je vais plutôt dans un petit bistro du Quartier.

---

1. *suivre (un cours)*

* Mireille fait des études d'histoire de l'art. Elle fait de l'histoire de l'art. Elle étudie l'histoire de l'art. Elle **suit des cours** d'histoire de l'art.

1. *horloge*

L'**horloge** de l'Observatoire. (L'Observatoire est tout près de la Closerie.)

2. *plaire*

* —Ça ne vous **plaît** pas? Vous n'aimez pas ça?

* Marie-Laure veut être plombier parce qu'elle aime jouer avec l'eau. Ça lui **plaît**.

Elle ne veut pas faire de politique; ça ne lui **plaît** pas. Elle n'aime pas du tout la politique.

2. *bistro*

Mireille retrouve ses copains au Condé, un petit **bistro** du Quartier.

3

Le garçon: Qu'est-ce que je vous sers?

Mireille: Voyons . . . Hemingway prenait sans doute un whisky, mais ce n'est pas particulièrement français. Qu'est-ce qu'il y a comme apéritifs bien français?

Le garçon: Vous avez le Dubonnet, le Martini. . . .

Mireille: C'est italien, ça, non?

Le garçon: L'Ambassadeur, le Pernod, le Ricard. . . .

Mireille: Mmmm, le Pernod, j'adore ça, mais c'est un peu trop fort.

Le garçon: La Suze, le pineau des Charentes, le Saint-Raphaël, le Byrrh, le kir. . . .

Mireille: Ah, c'est ça, je vais prendre un kir!

Le garçon: Et pour Monsieur?

Robert: Euh . . . la même chose.

4

Robert: Alors, vous faites de l'histoire de l'art?

Mireille: Oui! J'ai toujours aimé le dessin et la peinture. Déjà, toute petite, à l'école maternelle, je plongeais les doigts avec délices dans les pots de couleurs, et je barbouillais d'admirables tableaux abstraits. J'étais imbattable. C'était moi la championne de ma classe, et j'ai gardé le titre jusqu'à la fin de l'école maternelle. Plus tard, à l'école primaire, l'institutrice nous a montré des reproductions de peintures murales de Matisse.

Transportée d'admiration, le soir même, j'ai entrepris de couvrir de fresques les murs et le plafond de ma chambre. Mes parents n'ont pas apprécié. En France, les grands artistes sont toujours incompris.

3. fort

* La vodka, c'est **fort**: il y a beaucoup d'alcool.
* Les Italiens aiment le café très **fort**.

3. kir

Un **kir**: un mélange de vin blanc (souvent un bourgogne, en particulier de l'aligoté) avec un peu de crème de cassis. (Une spécialité de Dijon, en Bourgogne.) On appelait ça, autrefois, un vin blanc-cassis. Depuis la Deuxième Guerre Mondiale, ça s'appelle un **kir** en l'honneur du chanoine **Kir**, de Dijon, qui s'est illustré dans la Résistance, et qui aimait beaucoup le vin blanc-cassis.

4. dessin, peinture

Dessin au crayon.

Il **peint**, il fait de la **peinture**.

Les Français ont toujours aimé le **dessin** et la **peinture**.

4. école maternelle, primaire

Ecole **maternelle**: 3 à 5 ans.
Ecole **primaire**: 6 à 11 ans.
Collège: 11 à 14 ans.
Lycée: 15 à 18 ans.

4. barbouiller, pot de peinture

Mireille aimait plonger les doigts dans les **pots de peinture**, et elle **barbouillait** d'admirables tableaux abstraits.

4. imbattable

Un boxeur **imbattable**. Il **bat** tout le monde. Personne ne peut le **battre**.

4. titre

Mireille a reçu le **titre** de championne de peinture.

4. transporté

Mireille a été **transportée** d'admiration devant les peintures de Matisse. Elle a été enthousiasmée.

4. entreprendre, mur, plafond

Mireille **a entrepris** de couvrir les **murs** de fresques: elle a commencé à peindre sur les **murs**.

4. apprécier

Les parents de Mireille n'ont pas **apprécié** son art.

Elle a entrepris de couvrir de fresques le **plafond** de sa chambre (comme Michel-Ange qui avait entrepris de couvrir de fresques le **plafond** de la chapelle Sixtine, à Rome).

4. incompris

* Mireille est une artiste **incomprise**. Ses parents n'ont pas **compris** la valeur de ses fresques. (Les parents ne **comprennent** pas les enfants. Les enfants sont souvent **incompris**.)

5

Robert: Des peintures de Matisse? Ça devait être une école d'avant-garde!

Mireille: Une école d'avant-garde? Pourquoi? Vous savez, Matisse était considéré comme un peintre d'avant-garde vers . . . 1910!

Robert: C'était une école privée?

Mireille: Non, l'école du quartier, une école publique.

Robert: Ça devait être une bonne école.

Mireille: Comme toutes les autres. Vous savez, en France toutes les écoles sont à peu près pareilles: c'est l'Etat qui finance et qui contrôle l'éducation nationale. Le système est le même dans toute la France.

5. école privée/publique

* En France, il y a quelques **écoles privées** (les écoles catholiques, l'école Alsacienne, l'école des Roches, le collège Sévigné . . .), mais il y a surtout des **écoles publiques**.

5. pareil

En France, toutes les écoles sont à peu près **pareilles**.

6

Robert: Alors, plus tard, au lycée, vous avez continué à faire de l'art et à étudier l'histoire de l'art?

Mireille: Mais non! Pensez-vous!

Il y a tellement d'autres matières à étudier! Rien qu'en histoire, par exemple, on étudie l'histoire ancienne, l'histoire de France, le Moyen Age, les Temps Modernes, l'Epoque Contemporaine, l'histoire des pays étrangers; on n'en finit pas! Sans compter la géographie! Ça ne laisse pas beaucoup de temps pour l'histoire de l'art.

Robert: Moi, j'ai suivi un cours d'histoire européenne quand j'étais à l'école secondaire aux Etats-Unis. Je n'ai pas beaucoup aimé ça; trop de rois, trop de guerres. . . . Mais vous êtes obligés de faire de l'histoire?

Mireille: Bien sûr, l'histoire est obligatoire . . . comme presque toutes les matières, d'ailleurs. Vous savez, jusqu'en première, on n'a pas beaucoup de choix.

7

Robert: Quels cours avez-vous suivis?

Mireille: Eh bien, moi, j'ai fait A en première, c'est-à-dire la section Lettres. J'ai fait du latin, mais pas de grec. Et puis, j'ai suivi les cours communs à toutes les sections: j'ai fait du français, naturellement; des maths, malheureusement (parce que j'ai toujours été nulle en maths; j'ai failli rater mon bac à cause des maths). Et puis, j'ai fait des sciences nat . . . je veux dire des sciences naturelles: de la zoologie, de la géologie, de la physiologie, de la botanique (ça, ça m'a beaucoup

plu, la botanique, à cause des fleurs. . . . J'adore les fleurs! J'étais très bonne en botanique). Et puis j'ai fait de la chimie, de la physique . . . quoi encore? De la philo, en Terminale. . . .

Robert: ?

Mireille: La dernière classe du lycée, avant le bac. . . . Et puis j'ai fait des langues, allemand et anglais.

Robert: Vous savez l'anglais?

Mireille: Oui, un peu, mais ce n'est pas au lycée que je l'ai appris. J'ai passé trois étés en Angleterre. Au lycée, on enseigne plutôt mal les langues étrangères. Et puis, vous pensez bien qu'avec toutes ces matières au programme, on ne sait jamais rien à fond!

6. Penses-tu! Pensez-vous!

*—Tu viens au cinéma?
—**Penses-tu!** J'ai trop de travail!

6. rien que . . .

* Il y a beaucoup de musées en France. **Rien qu'**à Paris, il y en a au moins soixante!

6. histoire

* **L'Histoire ancienne**: Sumer, l'Egypte, la Grèce, Rome.
Le Moyen Age: du IVème au XVème siècle.
Les Temps modernes: du XVème siècle à la Révolution Française (1789).
L'Epoque contemporaine: de 1789 à nos jours.

6. matière

* **Matières**: maths
physique
latin
anglais
allemand
français
histoire
géographie
sciences naturelles
(lycée, classe de première S)

7. collège, lycée (enseignement secondaire)

* classe de sixième: 11–12 ans
cinquième: 12–13 ans   } collège
quatrième: 13–14 ans
troisième: 14–15 ans

seconde: 15–16 ans
première: 16–17 ans   } lycée
terminale: 17–18 ans

7. nul

Mireille était **nulle** en maths.

7. faillir

TU SAIS, MON VIEUX, J'AI BIEN FAILLI MOURIR.

Il a eu un grave accident. Il **a failli** mourir. Il n'est pas mort mais . . . presque!

7. rater

Raté!

7. baccalauréat (bac)

* Le **baccalauréat** est l'examen qui sanctionne les études secondaires et permet d'entrer à l'université.

7. chimie

Classe de **chimie**.

7. à fond

* On n'étudie rien **à fond**. On ne sait jamais rien complètement.
*—J'ai bien étudié la question. Je la connais **à fond**.
* Il n'est pas sérieux. Il fait tout superficiellement. Il ne fait rien **à fond**.

8

Robert: Même si on n'apprend rien à fond, tout ça donne l'impression d'un travail énorme!

Mireille: Oh, ça, oui! Il y a du travail! Le pire, c'est le travail à la maison, les devoirs à faire, les leçons à apprendre, les interrogations écrites à préparer. Sans compter l'obsession du baccalauréat à la fin des études!

Robert: En somme, vous devez être bien contente d'en avoir fini avec le lycée?

Mireille: Ça, oui, vous pouvez le dire! Maintenant, à la fac, je me sens beaucoup plus libre. Tous les cours que je suis me plaisent, surtout les cours d'art grec. Le prof est un amour! Il est beau comme un dieu, et tellement spirituel. . . . C'est un régal de l'écouter!

Robert: . . . .

8. *pire, le pire*

* "L'arithmétique, c'est difficile, mais l'algèbre, c'est encore **pire**! Et **le pire**, c'est le calcul intégral." (Mireille)

* "Yvonne est agaçante, mais **la pire**, c'est Marie-Laure." (Tante Georgette)

8. *se sentir*

Maintenant qu'elle est à la fac, Mireille **se sent** beaucoup plus libre.

* Je **me sens** libre. J'ai l'impression que je peux faire tout ce que je veux.

J'ai été très malade, mais maintenant, c'est fini: Je **me sens** tout à fait bien.

* Il ne **se sent** pas bien. Il est malade.

* Nous **nous sentons** responsables.

8. *libre*

Il est **libre**.

Il n'est pas **libre**.

8. *régal*

* Cette mousse au chocolat est un **régal**! Elle est vraiment délicieuse!

🎧 Mise en œuvre

Ecoutez la mise en œuvre du texte et répondez aux questions suivantes.

1. Quelle est la caractéristique du Quartier Latin?
2. Où Robert et Mireille sont-ils allés prendre quelque chose?
3. Par où sont-ils passés pour arriver à la Closerie des Lilas?
4. Où Mireille suit-elle un cours?
5. A la Closerie des Lilas, est-ce qu'ils se sont assis à l'intérieur?
6. Est-ce que Mireille vient souvent à la Closerie des Lilas?
7. Pourquoi?
8. Où est-ce qu'elle va quand elle veut prendre un café avec des copains?
9. Pourquoi Mireille ne prend-elle pas de Pernod?
10. Qu'est-ce qu'elle prend finalement?
11. Et Robert?
12. Pourquoi Mireille fait-elle de l'histoire de l'art?
13. Qu'est-ce qu'elle aimait faire à l'école maternelle?
14. A l'école primaire, qu'est-ce que l'institutrice a montré aux enfants?
15. Qu'est-ce que Mireille a fait, le soir, chez elle?
16. Est-ce que ses parents ont aimé ses fresques?
17. Est-ce qu'on apprécie les artistes, en France, d'après Mireille?
18. Est-ce que l'école de Mireille était une école privée?
19. Est-ce qu'il y a de grandes différences entre les écoles, en France?
20. Pourquoi le système des écoles publiques est-il le même dans toute la France?
21. Pourquoi Mireille n'a-t-elle pas continué à faire de l'art au lycée?
22. Pourquoi Robert n'a-t-il pas aimé le cours d'histoire européenne qu'il a suivi?
23. Est-ce qu'on est obligé de faire de l'histoire, en France?
24. Quelle section Mireille a-t-elle faite?
25. Alors, elle a fait du latin et du grec?
26. Est-ce que Mireille était bonne en maths?
27. Est-ce qu'elle était nulle en botanique?
28. Comment s'appelle la dernière classe du lycée?
29. Est-ce que Mireille a fait des langues, au lycée?
30. Où est-ce que Mireille a appris l'anglais? Au lycée?
31. Qu'est-ce qu'il y a comme travail à faire à la maison?
32. Quel examen est-ce qu'on prépare au lycée?
33. Est-ce que Mireille a encore beaucoup de travail, à la fac?
34. Quel est son cours préféré?
35. Comment est le prof d'art grec?

Mise en question

1. Il y a deux personnes assises sur un banc au Luxembourg. Ce sont sans doute des étudiants. Pourquoi?

2. D'après ce qu'on dit dans le texte, où doit être l'Institut d'Art et d'Archéologie?

3. D'après ce qu'on dit dans le texte, où doit se trouver l'Observatoire de Paris?

4. Pourquoi est-ce que la montre de Robert n'a pas la même heure que l'horloge de l'Observatoire? Est-ce qu'elle s'est arrêtée?

5. Pourquoi Robert a-t-il invité Mireille à la Closerie des Lilas plutôt que dans un autre café?

6. Quand Mireille lui demande pourquoi il a voulu aller à la Closerie, Robert est tout de suite inquiet, anxieux, perturbé. . . . Pourquoi? Qu'est-ce qu'il pense?

7. Pourquoi Mireille ne veut-elle pas commander de whisky? Quelle objection fait-elle au Martini?

8. Pourquoi Robert prend-il un kir?

9. Quel genre de tableaux Mireille faisait-elle, quand elle était à l'école maternelle?

10. De quoi Mireille était-elle championne, à l'école maternelle? De boxe? De course à pied?

11. Quel titre a-t-elle gardé jusqu'à la fin de l'école maternelle?

12. Quelle a été la réaction de Mireille quand l'institutrice a montré aux enfants de la classe des reproductions de peintures de Matisse?

13. Quand Matisse était-il considéré comme un peintre d'avant-garde?

14. Est-ce que Mireille a le bac? Est-ce qu'elle a raté le bac ou est-ce qu'elle a été reçue au bac?

15. A cause de quoi a-t-elle failli rater son bac?

16. Pourquoi était-elle bonne en botanique? Pourquoi aimait-elle la botanique?

17. Pourquoi est-ce qu'on ne sait jamais rien à fond, au lycée?

18. Pourquoi Mireille est-elle contente d'en avoir fini avec le lycée?

19. Pourquoi est-ce que c'est un régal d'écouter le professeur d'art grec?

Documents

1

Rengaine

La peinture à l'huile
C'est plus difficile
Mais c'est bien plus beau
Que la peinture à l'eau.

2

La marine à l'huile

La marine à l'huile, c'est plus difficile,
mais c'est bien plus beau que la marine à l'eau!

3

Emploi du temps d'un lycéen

4

Avertissement

L'ABUS D'ALCOOL EST DANGEREUX POUR LA SANTÉ. CONSOMMEZ AVEC MODÉRATION.

D'après la loi, ce texte doit apparaître sur toutes les publicités pour des boissons alcoolisées.

5

De l'histoire

A. Je me méfie du fait que l'Histoire systématise, qu'elle est une interprétation personnelle qui ne s'avoue pas telle, ou au contraire qu'elle met agressivement en avant une théorie prise pour une vérité, qui est elle-même passagère. L'historien ne nous montre pas ses points de départ, soit individuel, soit idéologique, l'un camouflant l'autre. Il en a pourtant: c'est un bourgeois du XIXème siècle, ou c'est un militariste allemand, qui admire l'impéralisme romain, ou c'est un marxiste qui voit partout le communisme, ou l'absence de communisme, dans le passé. Il est dominé par des théories, quelquefois sans même s'en apercevoir.

—*Marguerite Yourcenar et Matthieu Galey*
    Les Yeux ouverts

B. L'histoire est un roman qui a été, le roman est de l'histoire qui aurait pu être.

—*Edmond et Jules de Goncourt*
    Journal

C. L'histoire est une galerie de tableaux où il y a peu d'originaux et beaucoup de copies.

—*Alexis de Tocqueville*

D. Le bon historien n'est d'aucun temps ni d'aucun pays; quoiqu'il aime sa patrie, il ne la flatte jamais en rien.

—*Fénelon*

E. Les historiens arrivent à tirer plusieurs volumes d'un personnage dont on ne sait pas grand-chose. C'est une manière de contempler l'univers dans une bulle de savon.

—*Prosper Mérimée*

F. L'Histoire a un goût de carton. Tous ces rois qui se suivent comme dans un jeu de piquet. Les dates ressemblent aux étiquettes de l'épicier. Et combien de bouteilles vides dans la cave de tous ces gens-là! L'Histoire? Des aventures de statues! Tout le monde sait bien que ça n'a presque pas existé, toutes ces histoires de l'Histoire.

—*Norge*
    Les Cerveaux brûlés

6

Rengaine

un éléphant

sa trompe

Un éléphant, ça trompe, ça trompe.
Un éléphant, ça trompe énormément.

—*Marie-Laure*

7

Fable

A. Le Corbeau et le renard (d'après Marie-Laure Belleau)

1. **Mme Belleau:** Tu sais ta fable?
Marie-Laure: Ouais!
Mme Belleau: Voyons!
Marie-Laure: Euh . . . eh bien . . . il y a le corbeau qui est sur un arbre, et il tient un gros fromage. Le renard arrive, parce qu'il a senti le fromage. Il s'approche et il dit au corbeau qu'il est très chouette, très beau, bien habillé et tout ça. (Mais c'est de la flatterie; parce que ce n'est pas vrai: les corbeaux ne sont pas beaux, ce sont plutôt de vilains oiseaux.) Il lui dit que si sa voix est aussi belle que son apparence, c'est lui, le roi de cette forêt. (C'était un truc pour avoir le fromage, parce que les renards, ça aime le fromage et c'est très malin. . . .)

2. Alors, le truc du renard marche: le corbeau veut montrer qu'il a une très belle voix, il ouvre la bouche pour chanter, et, en ouvrant la bouche, il laisse tomber son fromage et le renard l'attrape. Mais il ne le mange pas tout de suite. Avant de le manger, il fait un discours au corbeau. C'est la morale. (Parce que dans les fables il y a toujours une morale.) Il dit au corbeau: Monsieur le Corbeau, il faut savoir que les flatteurs malins, comme moi, profitent de la stupidité des gens comme vous qui aiment qu'on les flatte. Voilà!

3. **Mme Belleau:** Oui. Eh bien, ce n'est pas du tout ça!
Marie-Laure: Comment ce n'est pas ça? Mais si, c'est exactement ça! On l'a discuté en classe! C'est exactement comme ça!
Mme Belleau: Non! Enfin . . . tu as compris l'idée générale, mais ce n'est pas le texte de La Fontaine. Allez! Prends ton livre et apprends-moi ce texte! Par cœur! Et tout de suite!
Marie-Laure: Oh, là, là! On ne peut jamais être tranquille!

B. Le Corbeau et le renard, de Mme Belleau, Marie-Laure Belleau, et Jean de la Fontaine

1. **Mme Belleau:** Tu sais ta fable?
Marie-Laure: Ouais!
Mme Belleau: Voyons!
Marie-Laure: "Monsieur Corbeau . . . "
Mme Belleau: Non! "*Maître* Corbeau . . . "
Marie-Laure: Bon! "Maître Corbeau, monté sur son arbre. . . . "
Mme Belleau: Non! Ce n'est pas ça! Qu'est-ce qu'ils font les oiseaux sur les arbres? Ils sont assis? . . . Debout?
Marie-Laure: Ils se perchent?
Mme Belleau: Ben, oui, évidemment! Allez. . . . "Maître Corbeau sur son arbre *perché*. . . . "
Marie-Laure: "Avait dans la bouche un fromage. . . . "

2. **Mme Belleau:** Mais non! D'abord, les oiseaux n'ont pas de bouche, ils ont un *bec*, bécasse! Et puis ce n'est pas *avait*, c'est *tenait!* "*Tenait* en son *bec* un fromage."

Marie-Laure: "Monsieur Renard. . . ."

Mme Belleau: "*Maître* Renard. . . ."

Marie-Laure: Oui!!! "Maître Renard attiré par l'odeur. . . ."

Mme Belleau: Non! "par l'odeur *alléché*. . . ."

Marie-Laure: "Par l'odeur alléché, lui tient ce langage. . . ."

Mme Belleau: Non! ". . . lui *tint*. . . ." C'est le passé, le passé simple.

Marie-Laure: Oui . . . eh ben, c'est simple!! "par l'odeur alléché, lui tint à peu près ce langage: Eh, bonjour, Monsieur du Corbeau, que vous êtes joli! Que vous me semblez beau! Sans mentir, si votre . . . votre . . . chant. . . ."

3. **Mme Belleau:** Non!

Marie-Laure: "Votre . . . voix. . . ."

Mme Belleau: Non!! Comment est-ce qu'on appelle le chant des oiseaux?

Marie-Laure: Le cuicui . . . le gazouillis. . . .

Mme Belleau: Le *ramage!* Allez! "Si votre ramage. . . ."

Marie-Laure: "Ressemble. . . ."

Mme Belleau: Non! Pas "ressemble": "se rapporte"!

Marie-Laure: "Si votre ramage se rapporte à votre . . . votre. . . ." Je ne sais plus!

Mme Belleau: Qu'est-ce qu'ils ont, les oiseaux? Des poils? Des cheveux?

Marie-Laure: Ben, non, des plumes! "Si vos plumes . . ."

Mme Belleau: "Si votre *ramage* se rapporte à votre *plumage* . . ." Ça rime!

4. **Marie-Laure:** "Vous êtes le roi . . ."

Mme Belleau: Non!

Marie-Laure: "Le champion . . ."

Mme Belleau: Non! "le *phénix* . . ."

Marie-Laure: ". . . des gens qui habitent dans ces forêts. . . ."

Mme Belleau: "Vous êtes le phénix des *hôtes* de ces *bois!*"

Marie-Laure: "A ces mots, le corbeau est transporté de joie . . ."

Mme Belleau: ". . . le corbeau *ne se sent pas* de joie . . ."

Marie-Laure: "Il ouvre un large bec et laisse tomber son brie."

5. **Mme Belleau:** Non! "sa proie"!

Marie-Laure: "Le renard le prend."

Mme Belleau: Non!! "Le renard *s'en saisit* et dit: . . ."

Marie-Laure: "Mon bon Monsieur, apprenez que tout flatteur vit aux dépens de celui qui l'écoute. La leçon vaut bien un fromage, sans doute!"

Mme Belleau: Ce n'est pas fini!

Marie-Laure: Ah, oui! "Le corbeau jura, mais un peu tard, qu'on ne l'attraperait plus, avec ce truc!"

Mme Belleau: "Qu'on ne l'*y prendrait plus*"! Point! C'est fini.

Marie-Laure: Eh bien, c'est pas trop tôt! Je peux regarder la télé, maintenant, oui?

C. Le Corbeau et le renard

Maître corbeau, sur un arbre perché,
Tenait en son bec un fromage,
Maître renard, par l'odeur alléché,
Lui tint à peu près ce langage:
Hé! bonjour, monsieur du corbeau!
Que vous êtes joli, que vous me semblez beau!
Sans mentir, si votre ramage
Se rapporte à votre plumage,
Vous êtes le phénix des hôtes de ces bois.

A ces mots le corbeau ne se sent plus de joie;
Et, pour montrer sa belle voix,
Il ouvre un large bec, laisse tomber sa proie.
Le renard s'en saisit et dit: Mon bon monsieur,
Apprenez que tout flatteur
Vit aux dépens de celui qui l'écoute:
Cette leçon vaut bien un fromage, sans doute.
Le corbeau, honteux et confus,
Jura, mais un peu tard, qu'on ne l'y prendrait plus.

—*Jean de la Fontaine*
    Fables de La Fontaine, *illustrées par Simonne Baudouin*

Jean de la Fontaine (1621–1695) est sans doute l'écrivain que les petits Français connaissent le mieux, parce qu'ils apprennent tous à réciter par cœur des fables de La Fontaine dès les petites classes. Ces fables, souvent inspirées des fables latines d'Esope ou de celles du Grec Phèdre, mettent en scène des animaux qui se conduisent et parlent comme des gens de la bonne société du XVIIème siècle. Elles contiennent toutes une "morale," qui ne se propose pas de prêcher ce qu'on devrait faire, mais plutôt de montrer ce qui se fait dans la société . . . et qui n'est pas toujours moral. Dans "Le Loup et l'agneau," par exemple, nous apprenons que la loi du plus fort est toujours la meilleure.

On fait apprendre ces fables aux enfants, mais ce n'est certainement pas pour eux que La Fontaine les écrivait. Il est aussi l'auteur de *Contes et nouvelles en vers* qui sont encore moins pour les enfants, mais on l'appelle souvent "le bon La Fontaine," ou "le fabuliste," à cause de ses fables.

Leçon Attention: Ecoles II

Texte

Paris, le jardin du Luxembourg, la Closerie des Lilas. Deux jeunes gens, une jeune fille et un jeune homme, parlent de leurs études.

Mireille: Il est beau, il est beau, mais il est beau! Vous ne pouvez pas vous imaginer comme il est beau!

Robert: Qui ça?

Mireille: Mais le prof d'art grec! Il a la tête du Moïse de Michel-Ange, je vous jure!

Robert: Ah, ouais? Il est si vieux que ça? Robert prend son verre un peu brusquement. . . . Catastrophe! Un peu de kir tombe sur la jupe de Mireille. Le garçon se précipite.

Le garçon: Permettez. . . . Un peu d'eau, ça va partir tout de suite. Mireille lui dit de ne pas se déranger.

Mireille: Oh, laissez, ça n'a pas d'importance. Ce n'est pas grave! Ce n'est rien! C'est une vieille jupe; je ne la mets presque jamais.

Le garçon: Voilà, voilà, c'est parti. . . .

---

1. Moïse

Le **Moïse** de Michel-Ange.

1. jurer

* —Si, si, c'est vrai, je vous assure! Je vous **jure** que c'est vrai!
* Au tribunal: "Je **jure** de dire la vérité, toute la vérité, rien que la vérité."

1. se précipiter

* Le garçon **se précipite**. Il arrive très vite.

1. (se) déranger

* Le garçon vient aider Mireille. Il **se dérange**.
  Mireille: Oh, ne **vous dérangez** pas, ce n'est pas grave!
* Marie-Laure: Je **te dérange**?
  Mireille: Oui! Tu m'agaces!
* Mireille: Allô, Maman! Dis, ça te **dérange** si je ne mange pas à la maison aujourd'hui?
  Mme Belleau: Non, au contraire, ça m'**arrange**: justement, j'avais envie d'aller manger à la Closerie avec ta marraine.

1. mettre

* Aujourd'hui, Mireille **a mis** sa jupe rouge. (Elle dit qu'elle ne la **met** presque jamais; en fait, elle la **met** presque tous les jours!)

2

Robert: Alors, si je comprends bien, vous aimez bien vos études à la fac?

Mireille: Oui! Vous savez, après le lycée. . . . Au lycée, on n'a pas une minute à soi, on n'est jamais tranquille; on n'est pas libre: il y a toujours quelque chose à faire. C'est les travaux forcés! A la fac, c'est plus relaxe. On travaille, on travaille beaucoup si on veut, mais on n'est pas forcé. . . . On fait ce qu'on veut. Au lycée, je n'avais jamais le temps de lire pour moi, pour mon plaisir. Maintenant, je peux prendre le temps de lire. Tenez, justement, ces jours-ci, je lisais Hemingway!

3

Le garçon: Ah, Hemingway. . . . Il se mettait toujours là où vous êtes, Mademoiselle.

Mireille: Ah oui? Vraiment?

Le garçon: Oui, Mademoiselle; à cette même table.

Mireille: Pas possible? C'est vrai?

Le garçon: Oui, Mademoiselle. Ah, quel homme!

Mireille: Vous l'avez connu?

Le garçon: Non, Mademoiselle, je suis trop jeune! . . . Il n'y a qu'un an que je suis à la Closerie. Mais on me l'a dit, Mademoiselle . . . des gens qui l'ont connu. . . . Quel écrivain! Quel talent!

Mireille: Vous l'avez lu?

Le garçon: Non, Mademoiselle, je n'ai pas le temps! Vous savez ce que c'est . . . le travail, la famille, le jardin. . . . Je ne connais pas son œuvre, mais j'en ai entendu parler. Il paraît qu'il buvait beaucoup . . . mais c'était un écrivain de génie!

Robert: Eh bien, moi, je ne suis pas écrivain, et je n'ai pas de génie, mais je crois que je vais quand même boire. . . .

Le garçon: La même chose?

Robert: S'il vous plaît!

4

Mireille: Et vous êtes étudiant?

Robert: Oui. . . . Non. . . . Enfin, je l'étais. . . . Je suppose que je suis toujours étudiant, mais en ce moment, je n'étudie pas. Je viens de quitter l'Université après deux années d'études. J'ai décidé de me mettre en congé pour un an.

Mireille: Tiens! Vous vous êtes mis en congé? Vous prenez un an de vacances, comme ça? Comme c'est commode! Quelle bonne idée! Pourquoi est-ce que je n'ai pas pensé à ça? . . . Mais pourquoi est-ce que vous vous êtes mis en congé?

Robert: Pour me trouver.

Mireille: Pour vous trouver? Pauvre petit! Vous étiez perdu?

Robert: Vous vous moquez de moi!

Mireille: Moi? Jamais! Je ne me moque jamais de personne! . . . Mais qu'est-ce que vous voulez dire quand vous dites: "Je veux me trouver"?

Robert: Eh bien, je veux réfléchir, je veux faire le point, je veux voir

2. travaux forcés

Les **travaux forcés**.

3. se mettre

Ce monsieur mange toujours au restaurant. C'est un habitué. Il se **met** toujours à cette table.

où j'en suis. Je veux découvrir ce que je veux vraiment faire, savoir si je veux continuer ou faire autre chose.

5

Mireille: Je vois. . . . En somme, vous en aviez assez, vous n'aimiez pas les études!

Robert: Mais non, ce n'est pas ça du tout, non! Mais je trouve qu'on nous enseigne trop de choses inutiles; je trouve que l'enseignement est beaucoup trop autoritaire, beaucoup trop dirigiste. Je trouve que l'enseignement n'est pas adapté à la vie moderne.

Mireille: Rien que ça? C'est tout? . . . Mais, dites-moi, est-ce que vous étiez bon élève?

3. écrivain, œuvre

Un **écrivain**. Il écrit une **œuvre** importante.

* Gertrude Stein, Ernest Hemingway, Victor Hugo, Marcel Proust, Thomas Mann, Simone de Beauvoir sont des **écrivains**. Ils ont écrit des **œuvres** importantes.

3. Il paraît que . . .

* **Il paraît qu'**Hemingway buvait beaucoup (de whisky); on dit qu'il buvait beaucoup.

4. quitter

Il **quitte** l'université. Il part. Il s'en va. Il prend des vacances. Il se met en congé.

4. congé

Il ne travaille pas aujourd'hui. Il est en **congé**.

* —M. Belleau est en **congé** en ce moment.
—En **congé** de maladie?
—Non, c'est son **congé** annuel. Il a cinq semaines de **congé** par an.

4. commode

* —Pour aller à la fac, j'ai un bus très **commode**: il s'arrête juste devant chez moi. C'est pratique!
* C'est **commode**! C'est facile!

4. perdu

Il est **perdu**. Il ne sait pas où il est.

4. réfléchir

Il **réfléchit**. Il pense.

* Il faut **réfléchir**. C'est une question délicate qui demande de la **réflexion**.

4. faire le point

Quand on est sur un bateau, il faut **faire le point** tous les jours à midi pour déterminer la longitude et la latitude. Si on ne **fait** pas **le point** tous les jours, on part pour New-York et, deux mois plus tard, on se retrouve à Hong-Kong ou à Valparaiso!

5. en avoir assez

* —**J'en ai assez**, je m'arrête!
* —Marie-Laure, ça fait une heure que tu m'embêtes! **J'en ai assez!** Ça suffit comme ça!
* Robert **en a eu assez** de ses études, alors il a quitté l'université.

5. rien que ça

* —Pour mon anniversaire, je veux une montre, une paire de skis Rossignol, une caméra vidéo, une Harley-Davidson, une voiture de sport, et un voyage aux Bermudes.
—**Rien que ça?** C'est tout?

Robert: Ah, oui! Pas mauvais du tout; très bon, même. J'ai toujours été un bon élève. J'ai toujours eu de bonnes notes. J'ai toujours réussi à tous mes examens. Je n'ai jamais raté aucun examen. Jamais. Je suis ce qu'on appelle doué; mes profs disaient même que j'étais surdoué. . . . J'ai appris à lire presque tout seul.

Mireille: Sans blague! Et à écrire aussi? Vous avez appris à écrire tout seul?

Robert: Oui, et j'ai toujours été un des meilleurs élèves de ma classe.

Mireille: Et vous avez eu aussi le prix de modestie?

Robert: Voilà encore que vous vous moquez de moi!

Mireille: Moi? Pas du tout! Jamais de la vie! Non, je comprends très bien. Vous dites les choses comme elles sont, tout simplement!

5. note, noter

* En France, à l'école primaire, on **note** en général sur 10. 9/10, c'est une bonne **note**. 2/10, c'est une mauvaise **note**.

A l'école secondaire, on **note** sur 20. 16/20, c'est une bonne **note**. 4/20, c'est une mauvaise **note**.

5. doué

* Mozart était **doué** pour la musique.
* Léonard de Vinci était **doué** pour tout . . . enfin, presque tout.
*—C'est simple! Tu ne comprends pas? Eh bien, tu n'es pas **doué**!

5. meilleur, le meilleur

En peinture, Mireille était **meilleure** que Stéphane, Loïc, Elodie, Laurence, et les autres. En fait, c'était elle **la meilleure** de la classe (à la maternelle).

5. prix, modestie

Robert a eu beaucoup de **prix** à l'école. Il a eu le **prix** de mathématiques, le **prix** de physique, le **prix** d'histoire . . . mais peut-être pas le **prix** de **modestie**!

C'est dur d'être modeste!

∩ Mise en œuvre

Ecoutez la mise en œuvre du texte et répondez aux questions suivantes.

1. Qu'est-ce qui se passe quand Robert prend son verre?
2. Que dit Mireille de cette jupe?
3. A quoi est-ce que ça ressemble, le lycée, d'après Mireille?
4. Et à la fac, est-ce qu'on est forcé de travailler?
5. Qu'est-ce que Mireille n'avait pas le temps de faire, quand elle était au lycée?
6. Est-ce que le garçon a connu Hemingway?
7. Est-ce que le garçon a lu des œuvres d'Hemingway?
8. Comment est-ce qu'il connaît l'œuvre d'Hemingway?
9. Que faisait Hemingway, à la Closerie des Lilas?
10. Qu'est-ce que Robert veut faire, lui aussi?
11. Est-ce que Robert est étudiant?
12. Qu'est-ce qu'il vient de faire?

13. Comment a-t-il pu faire ça?
14. Qu'est-ce que Mireille pense de cette idée?
15. Mais pourquoi est-ce que Robert s'est mis en congé?
16. Est-ce que Mireille admet qu'elle se moque de Robert?
17. Qu'est-ce que Robert veut dire par "se trouver"?
18. Est-ce qu'il trouve que ce qu'on enseigne est utile?
19. Est-ce qu'il pense que l'enseignement est assez libéral?
20. Trouve-t-il cet enseignement bien adapté?
21. Qu'est-ce qui prouve que Robert était bon élève?
22. Est-ce qu'il a quelquefois raté des examens?
23. Est-ce qu'il a eu des difficultés à apprendre à lire?
24. Comment Mireille se moque-t-elle de lui?

Mise en question

1. Quand Mireille s'exclame "Ah, il est beau, il est beau! . . . ," pourquoi Robert demande-t-il "Qui ça?"? Est-ce qu'il n'a vraiment pas compris de qui Mireille parle, ou est-ce qu'il fait semblant de n'avoir pas compris? Pourquoi?

2. Qui est Moïse? Un acteur de cinéma? Un homme politique français? Un prophète de l'Ancien Testament?

3. Qui est Michel-Ange? Un cinéaste, un sculpteur, un peintre, un coiffeur?

4. Comment Robert profite-t-il de la comparaison avec le Moïse de Michel-Ange pour dénigrer le professeur d'art grec de Mireille? Qu'est-ce qu'il suggère? Quelle supériorité Robert peut-il avoir sur ce professeur? Est-ce que la jeunesse est une supériorité, ou est-ce qu'il vaut mieux être vieux, d'après vous? Pourquoi?

5. Pourquoi Robert a-t-il renversé une partie de son kir sur la jupe de Mireille? Est-ce qu'il l'a fait exprès, est-ce que c'était intentionnel, ou est-ce que c'est un simple accident? Est-ce que c'est une maladresse? Est-ce qu'il est naturellement maladroit ou bien est-ce que c'est un mouvement d'humeur involontaire?

6. Pourquoi Mireille dit-elle qu'elle ne met jamais cette jupe? Est-ce que c'est vrai? Ou bien dit-elle ça par politesse, pour minimiser l'importance de la maladresse de Robert?

7. Mireille a l'air de dire qu'on travaille plus à l'école secondaire qu'à l'université. Dites ce que vous en pensez d'après votre expérience personnelle.

8. Pourquoi Mireille cite-t-elle le nom d'Hemingway? Qui est Hemingway? Pensez-vous que Mireille le lisait vraiment, il y a quelques jours?

9. Pourquoi le garçon dit-il qu'Hemingway se mettait toujours là où sont Robert et Mireille? Est-ce que vous pensez que c'est vrai, qu'il se mettait vraiment, précisément, là, et pas ailleurs?

10. Quand Hemingway vivait-il? Quand était-il à Paris? Quel âge pensez-vous que le garçon peut avoir? Est-ce que le garçon peut avoir connu des personnes qui ont connu Hemingway?

11. Pourquoi le garçon n'a-t-il jamais lu Hemingway?

12. Comment le garçon a-t-il l'air de pardonner à Hemingway d'avoir beaucoup bu? Quelle excuse lui trouve-t-il? Est-ce que Robert a la même excuse?

13. Quand Mireille dit qu'elle ne se moque pas de Robert parce qu'elle ne se moque jamais de personne, est-ce qu'elle parle sérieusement ou est-ce que c'est encore une façon de plaisanter?

14. Comment Mireille se moque-t-elle encore de Robert quand il explique pourquoi il a quitté l'université et quand il critique l'enseignement? Quelle interprétation donne-t-elle de l'attitude de Robert?

15. Comment Robert se montre-t-il maladroit en essayant de se défendre contre les insinuations moqueuses de Mireille? Qu'est-ce qu'il essaie de prouver? Que dit-il de lui-même? Quel est le résultat de cette maladresse? Comment Mireille réagit-elle?

16. A votre avis, qu'est-ce que Mireille pense de Robert, à ce point-là? Qu'il est stupide, vaniteux, puant, persuadé de sa supériorité, ou, au contraire, peu sûr de lui, anxieux d'attirer l'attention, désireux d'être admiré, maladroit, mais, au fond, touchant et plutôt sympathique?

Documents

La Closerie des Lilas

Au menu . . .

La Closerie des Lilas.

Le menu.

2

Boire dans son verre

Mon verre n'est pas grand, mais je bois dans mon verre.

—*Alfred de Musset*
   La Coupe et les lèvres

Mon verre est petit, mais je ne veux pas que vous buviez
   dedans.

—*Jules Renard*
   Journal

3

Le Pélican

Le capitaine Jonathan,
Etant âgé de dix-huit ans,
Capture un jour un pélican
Dans une île d'Extrême-Orient.

Le pélican de Jonathan,
Au matin, pond un œuf tout blanc
Et il en sort un pélican
Lui ressemblant étonnamment.

Et ce deuxième pélican
Pond, à son tour, un œuf tout blanc
D'où sort, inévitablement,
Un autre qui en fait autant.

Cela peut durer pendant très longtemps
Si l'on ne fait pas d'omelette avant.

—*Robert Desnos*

4

Les Français lisent-ils?

Une enquête récente montre que, bien qu'ils regardent la télévision en moyenne 3 heures par jour, les Français lisent plus qu'il y a dix ans. 73% des Français lisent au moins un livre par an. 7% lisent de 30 à 50 ouvrages par an. 48% des lecteurs lisent des romans, 45% lisent des ouvrages d'histoire, 31% des romans policiers. Quatre cents titres nouveaux sont publiés chaque année.

Les Français sont plus nombreux à lire . . .

L'écrit reste pour le Français le meilleur moyen d'enrichir ses connaissances. Mais la lecture arrive en seconde position, derrière la musique, en ce qui concerne la satisfaction qu'elle procure.

La proportion de lecteurs s'est accrue: en 1989, date de la dernière enquête du ministère de la culture, 25% des Français déclaraient ne lire aucun livre, contre 30% en 1973. Cet accroissement s'est surtout produit au cours des années 70.

. . . mais le nombre de livres lus diminue.

La proportion de forts lecteurs (plus de 25 livres par an) a diminué: 17% contre 19% en 1981 et 22% en 1973. C'est ce qui explique que le nombre moyen de livres lus a diminué.

Si les Français lisent moins de livres, ils sont plus nombreux à en acheter. Seuls 13% n'en possèdent aucun, contre 25% en 1973. En quinze ans, la proportion de retraités possédant des livres est passée de 61 à 79%, celle des ouvriers spécialisés de 66 à 84%.

Les femmes lisent plus que les hommes. Les jeunes lisent moins qu'on ne le souhaite mais plus qu'on ne le croit.

Ce sont aujourd'hui les femmes qui sont les plus concernées par la lecture; à tout âge, elles sont proportionnellement plus nombreuses que les hommes à lire au moins un livre par an (76% contre 73%) et elles ont moins réduit que les hommes leurs habitudes de lecture depuis quinze ans.

Les jeunes aiment la lecture, mais ils considèrent qu'elle nécessite un effort plus grand que les autres loisirs, en particulier audiovisuels. On constate cependant que ceux qui disposent du maximum d'équipements culturels (télévision, magnétoscope, micro-ordinateur) sont aussi ceux qui lisent le plus. La lecture n'est donc pas une activité abandonnée par les jeunes. Outre l'accroissement du nombre des magazines et revues qui leur sont destinés, on a observé depuis 1989 une forte croissance des achats de livres pour la jeunesse, en même temps qu'une diminution sensible de la bande dessinée.

Les filles lisent deux fois plus que les garçons.

Parmi les jeunes de 16 à 18 ans, les filles sont deux fois plus nombreuses que les garçons à lire. Au cours des sept jours précédant l'enquête, 46% d'entre elles avaient lu un roman, contre 22% des garçons. 33% avaient lu un autre livre (non-scolaire) contre 27%. Le seul domaine dans lequel les garçons se distinguent est la bande dessinée: 34% contre 15%. La BD représente d'ailleurs la moitié des livres lus par les garçons, alors que les deux tiers des livres lus par les filles sont des romans. Il est difficile de préciser les raisons de cette différence d'attitude vis-à-vis de la lecture. La nature féminine est-elle plus portée à des activités calmes et à la rêverie ou l'éducation façonne-t-elle différemment les enfants de chaque sexe?

Livres et lecture

Proportion des Français âgés de 15 ans et plus qui . . .	1973 (%)	1981 (%)	1989 (%)
▶ possèdent des livres dans le foyer	73	80	87
▶ ont lu au moins 1 livre dans les 12 derniers mois	70	74	75
▶ ont acheté au moins un livre dans les 12 derniers mois	51	56	62
▶ sont inscrits dans une bibliothèque	13	14	16

Source: Ministère de la Culture et de la Communication

75% des Français de 15 ans et plus lisent au moins un livre par an. 62% achètent au moins un livre par an.

—Francoscopie 93

5

Que lisent les Français?

En 1991, les Français ont acheté 376 millions de livres, soit un million par jour.

Le nombre de titres publiés progresse régulièrement: 39 492 en 1991, contre 27 000 en 1983. Il a doublé en vingt ans.

Avec plus de 300 000 titres disponibles, le catalogue de l'édition française reste l'un des plus riches du monde. Il s'est enrichi en 1991 de 16 551 titres nouveaux. La part des nouveautés et nouvelles éditions dans l'ensemble de la production représentait 71% des livres scientifiques et techniques, et plus de 60% en littérature, livres pratiques, et livres d'art.

▶ Sur 100 lecteurs, 54 lisent à la fois des livres et des bandes dessinées, 46% uniquement des livres.

▶ 37% des Parisiens lisent au moins occasionnellement dans les transports en commun.

▶ Les Parisiens dépensent en moyenne 2,7 fois plus pour les livres que les ruraux. Les cadres supérieurs et professions intellectuelles dépensent 9 fois plus que les agriculteurs, 4,5 fois plus que les ouvriers, et 2,6 fois plus que les employés.

▶ On estime que 10 milliards de photocopies sont réalisées chaque année à partir d'œuvres protégées par le droit d'auteur.

▶ Près d'un livre sur trois est un roman.

▶ 35% des livres achetés en 1991 étaient des livres de littérature générale (romans, théâtre, poésie, critiques, essais, reportages, actualité, documents), parmi lesquels les romans constituaient l'essentiel (91%).

▶ 108 titres par jour.

Nombre de titres publiés et nombre d'exemplaires achetés en 1991 dans chaque catégorie:

	Titres	Exemplaires (millions)
▶ Littérature générale	9 295	137,9
▶ Livres pour la jeunesse	4 804	63,5
▶ Livres de sciences humaines	3 969	19,1
▶ Livres scolaires	4 573	68,8
▶ Livres pratiques	2 611	27,9
▶ Livres scientifiques, professionnels, et techniques	2 353	7,7
▶ Beaux-arts et beaux livres	1 026	7,7
▶ Encyclopédies et dictionnaires	449	10,9
▶ Divers non ventilés	1 343	21,1
Total	30 424	364,6

Source: *Francoscopie 93*

6

La vie des jeunes

Aujourd'hui, à 22 ans, la moitié des jeunes habitent encore chez leurs parents: c'est le cas pour six garçons sur dix et près de cinq filles sur dix.

—Le Monde de l'Education, *mars 1992*

7

Lycéen de jour, travailleur de nuit

C'est le titre d'un article paru dans *Le Monde de l'Education* de mars 1992. D'après cet article, un nombre de plus en plus grand de lycéens travaillent. Dans le département du Val-d'Oise, près de Paris, par exemple, plus d'un cinquième (21,6%) des lycéens âgés de dix-huit à vingt-et-un ans travaillent régulièrement. Les lycéens qui travaillent viennent en général de familles très modestes. Ils arrivent souvent en classe de seconde vers seize ans et finissent leur classe de terminale à vingt-et-un ou vingt-deux ans. Légalement, ils peuvent travailler. Ils travaillent parce qu'ils ont des besoins de jeunes adultes que leurs parents ne peuvent pas financer.

Didier habite avec ses parents dans une HLM de Montrouge, dans la banlieue sud de Paris. Pendant la journée, il suit ses 39 heures de cours en première au Lycée Emmanuel Mounier à Châtenay-Malabry. Le soir, il prend sa moto pour aller au centre de Paris, place de la République, où il travaille 15 heures par semaine dans un fast-food. Quand il rentre chez lui, le soir, il est 23h 30. Sa mère approuve: "Didier doit apprendre que l'argent est difficile à gagner." Son père, lui, a commencé à travailler à quatorze ans. [Didier] essaie d'étudier ses leçons entre la fin des cours et le début de son travail. Mais c'est difficile. Depuis qu'il travaille, ses notes au lycée sont moins bonnes. Il ne voit plus personne; il n'a plus le temps. Et aussi, il a honte; il n'ose pas dire à ses copains qu'il travaille. Il a peur qu'ils se moquent de lui. Il n'en parle même pas à sa copine.

De l'autre côté de Paris, au lycée Georges Braque, à Argenteuil, sur les vingt-sept élèves d'une classe de première, les deux tiers travaillent régulièrement. Yasmina et Nadia sont caissières le weekend dans un grand magasin; Corinne, Nathalie, et Bahcira se couchent à 23 heures, trois soirs par semaine, après avoir servi des hamburgers; Nassera et Aïcha se lèvent à 5 heures du matin pour faire des ménages. Elles sont âgées de dix-sept et dix-huit ans et travaillent de 10 à 20 heures par semaine, parfois plus. Elles gagnent entre 900 et 1.200F par mois.

Les enseignants désapprouvent: Les élèves arrivent le matin fatigués; ils s'endorment en plein milieu du cours; ils rendent leurs devoirs en retard; les notes baissent; le samedi matin, beaucoup d'élèves sont absents. En terminale, surtout, c'est une catastrophe; les absences de plus en plus nombreuses compromettent la réussite au bac.

—*Adapté du* Monde de l'Education, *article de Pascal Janghans*

Le Monde de l'Education. *Le Monde* est un des journaux quotidiens les plus connus en France. Il paraît depuis 1944. *Le Monde de l'Education* est un magazine, un supplément mensuel au *Monde,* spécialisé dans les questions d'éducation.

Lycée Emmanuel Mounier, lycée Georges Braque. Des deux lycées nommés dans l'article, l'un porte le nom d'un écrivain et l'autre, d'un artiste.

Emmanuel Mounier, mort en 1950 à Châtenay-Malabry, était un philosophe. Il a fondé la revue *Esprit.* C'était un catholique de gauche; il a essayé de concilier chrétienté et révolution. **Georges Braque** est né à Argenteuil en 1882. Il est mort à Paris en 1963. Peintre, il a participé avec Picasso au mouvement du cubisme. Il a aussi fait de la sculpture et de la gravure et a dessiné des vitraux et des bijoux.

Tout le monde n'est pas content de l'éducation qu'il a reçue

A. Opinion d'un philosophe
Vous n'imaginez pas le nombre de bêtises qu'on m'a enseignées quand j'étais étudiant.

—*Jean-Paul Sartre*

B. Enquête auprès de quelques lycéens
Quelles critiques faites-vous au lycée?

Muriel: Les cours devraient être facultatifs, pour les volontaires. De ce fait, certaines options seraient approfondies. Les cours devraient être davantage pratiques. Il faudrait faire des voyages à l'étranger pour les langues vivantes et la géographie.

Isabelle: Le lycée, c'est dépassé. La méthode d'enseignement est à revoir. Elle ne convient plus aux besoins de la société actuelle. Sept ans d'étude dans un lycée ne nous donnent que des connaissances trop limitées. Quand on pense qu'après sept ans d'allemand ou d'anglais on serait absolument incapable de parler la langue couramment! Un an dans le pays suffirait.

Jacqueline: On nous enseigne des tas de trucs. Mais que nous font à nous les poèmes de Shakespeare en anglais ou les fonctions linéaires? De quelle utilité nous seront toutes ces choses laborieusement apprises quand, au sortir de la terminale, nous nous trouverons face à la vie?

Gilles: On nous envoie dans un lycée pour nous apprendre des tas de choses qui ne nous serviront pour ainsi dire . . . à pas grand-chose dans la vie. . . . Je reproche aussi au lycée la manière d'enseignement. L'enseignement, comme je l'ai dit, n'est pas adapté à la vie que l'on mènera après. . . .

Comment concevriez-vous l'enseignement?

Jacqueline: Plus près de la vie. Par exemple, il faudrait recevoir une éducation politique. Pour les langues, il faudrait apprendre le langage courant au lieu d'étudier les textes littéraires.

Gilles: Laïque (il l'est), gratuit (il l'est moins déjà), et surtout ouvert aux réalités de la vie (il ne l'est pas du tout). Il faudrait . . . nous laisser libres de penser ce qu'on veut. . . .

Isabelle: On ne peut pas réformer uniquement l'enseignement. Il faut tout réformer.

—*Extraits de François George*
Professeur à T.

Perdus dans la nuit

Texte

1

Il est 11 heures 45 à l'horloge de l'Observatoire. Robert et Mireille sont encore à la terrasse de la Closerie des Lilas. Ils sont en train de boire leur troisième kir.

Mireille: Alors, comme ça, vous trouvez qu'on enseigne beaucoup de choses inutiles. Quoi, par exemple?

Robert: Ben . . . je ne sais pas, moi . . . presque tout! Prenez les mathématiques, par exemple. La géométrie, la trigonométrie, le calcul intégral, le calcul différentiel, à quoi ça sert, tout ça? Une fois qu'on sait faire une addition, une soustraction, une multiplication, et une division, c'est tout ce qu'il faut! Et d'ailleurs, maintenant, avec les petites calculatrices électroniques et les ordinateurs, ce n'est même plus la peine d'apprendre à compter!

Mireille: Oui, mais enfin, les ordinateurs, il faut quand même les programmer! . . .

2

Robert: C'est la même chose pour la chimie: toutes ces formules, à quoi ça sert? Je vous le demande! C'est peut-être bon si on veut être

distillateur ou pharmacien, ou pour raffiner de l'héroïne, mais à part ça. . . .

Mireille: Ça peut aussi servir si on veut fabriquer des explosifs. . . . Malheureusement, moi, j'ai toujours eu de mauvaises notes en chimie. J'ai toujours eu horreur de la chimie. Tous ces acides, ça fume, ça sent mauvais . . . la chimie, c'est la cuisine du diable!

3

Robert: Et toutes les lois de la physique, c'est la même chose! A quoi ça vous sert de connaître la loi de la chute des corps quand vous tombez d'un balcon?[1] . . . Et le latin? Vous avez fait du latin, n'est-ce pas?

Mireille: Oui, six ans, de la sixième jusqu'à la première.

Robert: Eh bien, est-ce que vous parlez latin? Non, bien sûr! Vous avez fait six ans de latin et vous ne parlez pas latin! D'ailleurs, même si vous parliez latin, avec qui est-ce qu'on peut parler latin? Je vous le demande! Même au Home Latin, en plein Quartier Latin, on ne parle pas latin!

1. Il faut savoir que Robert est tombé d'un balcon, à la Nouvelle-Orléans, quand il avait dix ans. Il est resté trois semaines à l'hôpital.

2. servir à

*—**A** quoi ça **sert**? Ça ne **sert à** rien, c'est inutile!
—Mais non, c'est très utile, au contraire! Ça peut **servir à** beaucoup de choses.

2. raffiner

* En France, on produit très peu de pétrole, mais on **raffine** beaucoup. Il y a de grandes **raffineries** de pétrole près de Bordeaux, à Fos sur la Méditerranée, etc.

2. héros, héroïne

* Le **héros** de notre histoire, c'est Robert. L'**héroïne**, c'est Mireille. (L'**héroïne**, c'est aussi une drogue . . . illégale!) Les **héroïnes** de romans policiers raffinent quelquefois de l'**héroïne**. L'**héroïne** de notre histoire ne raffine pas d'**héroïne**. Le **héros** non plus; il en parle, c'est tout!

2. avoir horreur de

* Mireille déteste la chimie. Elle **en a horreur**. Elle trouve ça **horrible**.

2. sentir mauvais

"Ouh! Il **sent mauvais**, ce fromage! Il pue!"

2. cuisine, diable

La chimie, c'est la **cuisine** du **diable**.

3. loi de la chute des corps

Newton découvre la **loi de la chute des corps**.

3. en plein

Robert découvre la **loi de la chute des corps**. (Il tombe d'un balcon, à la Nouvelle-Orléans.)

* Robert est tombé d'un balcon. Il a fait une **chute** (sans parachute!). Voyez aussi les **chutes** du Niagara, **les chutes** du Zambèze. Il y a aussi la **chute** de l'empire romain. Et avant ça, la **chute** d'Adam et Eve.

La Sorbonne est **en plein** Quartier Latin. Elle est au centre, au cœur du Quartier Latin. Le Home Latin aussi est **en plein** Quartier Latin.

4

Mireille: D'accord, oui, personne ne parle plus latin; même les curés disent la messe en français, maintenant. Mais on apprend le latin pour d'autres raisons! . . .

Robert: Ah, oui? Et pourquoi, dites-moi?

Mireille: Eh bien, pour mieux savoir le français . . . et puis pour la discipline intellectuelle.

Robert: Discipline intellectuelle! Vous me faites rire avec votre discipline intellectuelle! Si vous voulez mon avis, faire des mots croisés ou jouer au bridge est plus utile comme exercice mental!

Mireille: Oui, mais enfin, il y a quand même une belle littérature latine!

5

Robert: Ah, là, là! La littérature! C'est de la fiction, des mensonges! Rien que des choses qui n'existent pas! Toute cette mythologie, est-ce que ça existe? Vous en avez vu, vous, des sirènes et des centaures? Et puis, qui est-ce qui a jamais parlé en vers, comme dans vos tragédies classiques: ta ta ta, ta ta ta, ta ta ta, ta ta ta? Allons, voyons, c'est ridicule! C'est artificiel! Il n'y a rien de plus artificiel qu'une tragédie classique! Même les romans, ce n'est pas la vie, c'est de la fiction!

6

Mireille: Alors, pourquoi est-ce que vous n'aimez pas l'histoire? Au moins, ça, ça parle de gens réels, de gens qui ont vécu, de gens qui ont influencé les événements!

Robert: Ah! Si vous croyez que l'histoire vous dit la vérité, vous vous trompez. L'histoire, c'est arrangé pour vous faire adopter les préjugés de votre nation: votre pays a toujours raison, et les autres ont toujours tort.

7

Mireille: Mais alors, les langues modernes, ça, au moins, c'est utile, non?

Robert: Pouh! Pas comme on les enseigne! Avec toutes ces conjugaisons, ces déclinaisons, ces listes de vocabulaire . . . c'est ridicule, ça ne sert à rien! On apprend des règles de grammaire pendant quatre ans, et on n'est pas capable de dire deux phrases compréhensibles! . . . Enfin, j'exagère. J'ai eu de très bons professeurs d'allemand . . . mais je ne sais pas demander à quelle heure le train arrive!

Mireille: C'est vrai que vous exagérez. Vous êtes amusant, mais vous exagérez. D'ailleurs, tout le monde a toujours été contre l'éducation qu'il a reçue. Heureusement que la culture, c'est ce qui reste quand on a tout oublié.

8

Robert: Oh! Ce que vous êtes sentencieuse, quand vous vous y mettez! Est-ce que je peux vous inviter à déjeuner?

Mireille: C'est parce que je suis sentencieuse que vous voulez m'inviter à déjeuner?

Robert: Non, c'est parce que j'ai faim, parce qu'il va être midi, parce que je crois que vous devez avoir faim, vous aussi, que la conversation m'intéresse et que je veux la continuer.

Mireille: Ça fait beaucoup de bonnes raisons, mais je ne peux pas accepter.

Je rentre tous les jours déjeuner à la maison.

Robert: C'est dommage.

Mireille: Quelle heure est-il? Vous avez l'heure?

Robert: Il est midi moins cinq.

Mireille: Oh, là, là! Je vais être en retard! Excusez-moi, je file. . . . Non, non, surtout, ne vous dérangez pas. A bientôt! Au revoir!

4. curé, messe

* La **messe** est un service religieux catholique, célébré par les prêtres, les **curés**. Le culte est un service religieux protestant. Autrefois, la **messe** était en latin. Le culte a toujours été en français.

4. faire rire

Le monsieur est tombé; ça **fait rire** la dame.

4. *avis*

*—Vous voulez mon **avis**?
—Oui, donnez-moi votre opinion.
—Malheureusement, je n'ai pas d'**avis** sur la question. Je n'ai pas d'opinion.

4. *mots croisés*

Il fait des **mots croisés**. C'est un excellent exercice mental.

5. *sirène*

Les **sirènes**, est-ce que ça existe?

6. *événement*

* La naissance et la mort d'un roi, le mariage de la princesse de Monaco, est-ce que ce sont des **événements** importants?
* Si vous voulez suivre les **événements**, il faut lire le journal, écouter la radio, ou regarder la télévision.

6. *arrangé*

* L'histoire, c'est **arrangé** . . . c'est manipulé, réorganisé, transformé. Les événements sont présentés de façon tendancieuse.
* L'appartement des Belleau était vieux, sale, pas confortable du tout, mais ils l'ont bien **arrangé**. Ils ont fait des transformations.

6. *préjugé*

*—Je n'ai aucun **préjugé**, aucune opinion préconçue. J'ai l'esprit très large, très ouvert. Je suis objectif, impartial.

6. *avoir raison, tort*

*—J'**ai** toujours **raison**. Je ne me trompe jamais. Je sais où est la vérité. Les autres **ont** toujours **tort**. Ils se trompent. Ils sont dans l'erreur.

8. *se mettre à*

* Il **s'est mis à** pleuvoir. Il a commencé à pleuvoir.
*—Je **me mets au** travail vers huit heures, et je travaille jusqu'à deux heures du matin. . . .
*—Nous avons beaucoup de travail. Il faut **s'y mettre**! Commençons tout de suite! Allez, au boulot!
* En général, Philippe est plutôt ennuyeux, mais quand il **s'y met**, il peut être très amusant.

8. *avoir faim*

Robert **a faim**. Il rêve d'un hamburger.

8. *midi*

Il va être **midi**. . . .

8. *filer*

Mireille s'en va, elle se sauve, elle **file**.

🎧 Mise en œuvre

Ecoutez la mise en œuvre du texte et répondez aux questions suivantes.

1. Quelle heure est-il à l'horloge de l'Observatoire?
2. Où sont Robert et Mireille?
3. Qu'est-ce qu'ils font?
4. Quelles sont les opérations mathématiques qu'il faut savoir faire?
5. Maintenant, on a des ordinateurs et des calculatrices. Est-ce qu'il faut encore apprendre à compter?
6. Quand est-ce que la chimie est utile, selon Robert?
7. Et quand est-ce que c'est utile aussi, selon Mireille?
8. Est-ce que Mireille était bonne en chimie?
9. Pourquoi est-ce qu'elle n'aime pas la chimie?
10. Quand est-ce que Robert est tombé d'un balcon?
11. Est-ce que Mireille a fait du latin?
12. Est-ce qu'on parle encore latin?
13. Alors, pourquoi est-ce qu'on apprend le latin, selon Mireille?
14. Qu'est-ce que Robert trouve supérieur au latin, comme exercice mental?
15. Qu'est-ce que la littérature, selon Robert?
16. Où est-ce qu'on parle en vers?
17. Qu'est-ce que Robert pense des romans?
18. De quoi parle l'histoire?
19. Comment est-ce que l'histoire est arrangée?
20. Pourquoi est-ce qu'on enseigne mal les langues modernes, en général?
21. Est-ce que Robert sait bien l'allemand?
22. Quelle définition Mireille donne-t-elle de la culture?
23. Pourquoi Robert veut-il inviter Mireille à déjeuner?
24. Pourquoi Mireille ne peut-elle pas accepter l'invitation?
25. Quelle heure est-il?

Mise en question

1. A votre avis, quelle est l'attitude de Mireille? Est-ce qu'elle continue à se moquer de Robert? Est-ce qu'il l'ennuie? Est-ce qu'elle est légèrement amusée? Est-ce qu'elle a envie de continuer la conversation? Pourquoi? Parce qu'elle trouve la conversation absolument fascinante, ou parce qu'elle trouve Robert plutôt sympathique?

2. Quelle est l'attitude de Robert? Est-ce que ses critiques vous paraissent justifiées? Est-ce que Robert pense vraiment tout ce qu'il dit, ou est-ce qu'il exagère pour essayer d'impressionner Mireille?

3. Quand il parle de l'inutilité de la chimie, qu'est-ce qui montre qu'il n'est pas vraiment sérieux? Quelles exceptions admet-il? Est-ce qu'elles sont sérieuses?

4. Comment Mireille répond-elle? Est-ce qu'elle prend les critiques de Robert au sérieux, ou est-ce qu'elle entre dans son jeu? Comment défend-elle l'utilité de la chimie? Est-ce que l'exemple qu'elle donne est plus sérieux que ceux de Robert?

5. Conclusion: Est-ce que Robert et Mireille discutent sérieusement des mérites des mathématiques ou de la chimie, ou est-ce qu'ils pratiquent simplement l'art de la conversation?

6. Pourquoi Robert et Mireille parlent-ils? Pour arriver à découvrir la vérité sur l'utilité des diverses matières enseignées, ou pour une autre raison? Laquelle?

7. Est-ce que les arguments que Mireille invoque pour défendre l'étude du latin vous paraissent valables? Est-ce que vous pensez qu'ils expriment l'opinion personnelle de Mireille, ou bien qu'elle ne fait que répéter ce qu'elle a entendu dire autour d'elle? Quelles raisons peut-elle avoir de défendre l'étude du latin?

8. A votre avis, qu'est-ce qui est le plus près de la vie, les romans, les tragédies classiques, les biographies, les autobiographies, l'histoire?

9. Est-ce que vous savez demander à quelle heure le train arrive, en français? Essayez! Qu'est-ce que vous dites?

10. D'après la définition de la culture que cite Mireille, quelles sont les deux choses qu'il faut faire pour être cultivé?

11. Comment Robert se moque-t-il un peu de Mireille quand elle parle de culture?

12. Comment Mireille répond-elle à sa moquerie?

13. Comment Robert répond-il à la petite attaque de Mireille? Par une contre-attaque, une autre moquerie, ou par une réponse qui a un air de simplicité et de sincérité?

14. A votre avis, est-ce que la réponse de Mireille, "Ça fait beaucoup de bonnes raisons . . . ," est moqueuse ou gentiment amusée? Est-ce que vous pensez qu'elle regrette de ne pas pouvoir rester? Et Robert? Est-ce que vous pensez qu'il est assez riche pour pouvoir inviter Mireille à déjeuner à la Closerie?

Documents

1

L'Heure exacte

Et n'oublions pas, ajoutait son ami Ernest, que toute montre arrêtée donne l'heure absolument exacte deux fois par jour.

—*Norge*
  Les Cerveaux brûlés

2

Hommage à Gertrude Stein

Quelle heure est-il est une question
Quelle heure est-il est une phrase
Quelle heure est-il est quelle heure est-il
Quelle heure est-il n'est pas heure est-il
Quelle heure est-il est une question est une phrase
Quelle heure est-il est une phrase n'est pas une question
Quelle heure est-il est quelle heure est-il
Quelle heure est-il est une question
Il est douze heures trente à Paris

—*Raymond Queneau*

3

Du savoir

A. Madame, c'est un grand ornement que la science, un outil de merveilleux service.

—*Montaigne*

B. Science sans conscience n'est que ruine de l'âme.

—*Rabelais*

C. La culture, c'est ce qui demeure dans l'homme lorsqu'il a tout oublié.

—*Emile Henriot*
  Notes et maximes

D. Un homme qui enseigne peut devenir aisément opiniâtre, parce qu'il fait le métier d'un homme qui n'a jamais tort.

—*Montesquieu*

E. Il ne faut pas beaucoup d'esprit pour enseigner ce que l'on sait, il en faut infiniment pour enseigner ce qu'on ignore.

—*Montesquieu*

F. C'est une question de propreté: il faut changer d'avis comme de chemise.

—*Jules Renard*
  Journal

G. Arithmétique! Algèbre! Géométrie! Trinité grandiose! Triangle lumineux! Celui qui ne vous a pas connues est un insensé.

O mathématiques saintes, puissiez-vous, par votre commerce perpétuel, consoler le reste de mes jours de la méchanceté de l'homme et de l'injustice du Grand-Tout!

—*Lautréamont*
  Les Chants de Maldoror

4

Réforme de l'enseignement

Ouvrez un journal français: vous avez de grandes chances d'y trouver un article intitulé "la réforme de l'enseignement." Avec la crise du logement, la crise du roman, la crise économique, les crimes passionnels, le football, et les courses cyclistes, c'est un sujet permanent de discussion qui prend périodiquement un caractère d'urgence.

Les Français sont un peuple de grammairiens: dans quel autre pays les journaux discutent-ils des points de grammaire? C'est aussi une nation de pédagogues: chaque Français a beaucoup d'idées, et fort précises, sur ce que doit être l'éducation.

Il y a dans tous ces articles un cri de guerre récurrent: "Les programmes sont trop lourds! Il faut alléger les programmes!" Désir raisonnable: les programmes sont énormes. Mais regardez bien, et vous allez voir qu'après chaque réforme, les programmes sont encore plus énormes qu'avant. Ce n'est pas étonnant: dans les commissions de réforme des programmes, chaque membre consent à sacrifier la spécialité des autres, mais est prêt à défendre jusqu'à la mort sa spécialité à lui. Le chimiste pense que l'histoire est un bavardage inutile; et l'historien estime que la chimie n'est pas faite pour tout le monde.

D'ailleurs, ce n'est pas si facile d'organiser des programmes d'enseignement: il faut concilier des exigences très diverses et presque opposées: d'un côté il faut transmettre le capital des connaissances humaines, enseigner l'histoire de l'aventure humaine, montrer les réalisations des hommes et des femmes dans les arts, les lettres, et les sciences; bref, transmettre la "culture," décorée du nom de "culture générale" pour la rendre plus désirable. D'un autre côté, il faut préparer les jeunes à la vie, à prendre leur place dans la machine économique, il faut leur donner un métier. Il faut développer le jugement, la logique, la capacité de prendre des décisions, mais il faut aussi enseigner une énorme masse de faits.

Dès le seizième siècle, Montaigne signalait le conflit: "Il faut," disait-il, "une tête bien faite plutôt qu'une tête bien pleine." Il préférait une tête bien organisée, qui pensait bien, à une tête pleine de faits.

En somme, il voulait déjà alléger les programmes. Malheureusement, Montaigne ne faisait pas partie d'une commission de réforme. C'est peut-être pourquoi le problème de la réforme de l'enseignement n'est pas encore résolu.

5

Vous semblez assez bien connaître la pièce, mais votre style laisse beaucoup à désirer: Vous écrivez comme vous parlez!

Mireille Belleau   Devoir de Français   9/20
4ème A

Le Cid

Le Cid est une pièce de Pierre Corneille, un grand auteur dramatique du XVIIème siècle. Il est né en 1606 à Rouen en Normandie. Il était avocat, ce qui est un bon métier en Normandie parce que les gens aimaient bien les disputes, les chicaneries et les procès. Mais il a écrit des pièces de théâtre et il est allé à Paris. Il est mort à Paris en 1684.

Le Cid a été joué pour la première fois en 1636. Cette première représentation a fait beaucoup de bruit, parce que les gens n'étaient pas d'accord; ils se sont disputés au sujet du Cid. Il y a beaucoup de gens qui trouvaient que c'était très bien, très beau même que quand ils trouvaient que

[marges: remarque inutile! — est — si bien]

quelque chose était très beau, ils disaient "C'est beau comme le Cid!" Ça c'était le public, qui disait ça, mais les critiques, eux, trouvaient que le Cid n'était pas bien du tout parce que ce n'était pas une vraie tragédie. Et ça c'est vrai, parce que ça finit bien et qu'il n'y a presque pas de morts, juste un, le Comte, et il n'était pas très sympathique de toute façon. (Il y a bien des Maures qui sont tués dans la bataille, mais ils ne comptent pas parce que ce sont des soldats qu'on ne connaît pas. Ils ne font pas partie de l'histoire.) Donc ce n'est pas une tragédie, mais ce n'est pas une comédie non plus, parce que ce n'est pas drôle du tout. Ça ne fait pas rire. Alors, on dit que c'est une tragi-comédie.
C'est l'histoire de deux jeunes

[marges: maladroit — morts — des]

gens, un jeune homme qui s'appelle Rodrigue et une jeune fille qui s'appelle Chimène. Ils sont espagnols parce que ça se passe en Espagne; il y a longtemps, au XIème siècle. À cette époque, il y avait beaucoup de Maures qui étaient venus d'Afrique du Nord et qui occupaient une partie de l'Espagne et les Espagnols essayaient de les faire partir, alors il y avait toujours des guerres entre les Espagnols et les Maures.
Chimène aime Rodrigue et Rodrigue aime Chimène, et le Comte, qui est le père de Chimène et Don Diègue qui est le père de Rodrigue, sont d'accord pour qu'ils se marient. Alors, on croit qu'il n'y a pas de problème mais non! Il y en a un. (Il faut bien avoir un problème, sinon il ne peut pas y avoir de tragédie, ni même de

[marges: ce n'est pas une explication! — le — chasser — la remarque est juste mais un peu simplette!]

comédie... Il n'y a pas d'histoire du tout.)
Le problème c'est que le Roi veut choisir un précepteur, c'est à dire un professeur privé pour son fils. Le Comte est sûr que c'est lui que le Roi va choisir pour ce poste de précepteur parce qu'il est un bon général qui a souvent battu les Maures et qu'il est très qualifié pour enseigner l'art militaire au jeune prince. Seulement voilà, le Roi choisit Don Diègue, le père de Rodrigue, pour être le précepteur du prince. Il choisit Don Diègue, le père de Rodrigue parce qu'il est plus vieux et qu'il a plus d'expérience que le Comte. Quand il apprend ça, le Comte est jaloux, il est vexé et il est furieux. Il dit à Don Diègue que c'est lui, le Comte, qui méritait ce poste et pas Don Diègue

[marges: manque de l'explication! mais ce n'est pas le lecteur pour un imbécile! — style parlé — inutile] *commettre une erreur*

parce qu'il est trop vieux. Il dit que le Roi est peut-être un grand roi, mais qu'il a fait une bêtise, qu'il s'est trompé :

Pour grands que soient les rois, ils sont ce que nous sommes. Ils peuvent se tromper comme les autres hommes ;

Mais Don Diègue dit que non, que si le Comte n'a pas obtenu le poste c'est parce qu'il ne le méritait pas :

Qui n'a pu l'obtenir ne le méritait pas.

familier

Alors, là, le Comte est fou de rage et il donne une gifle à Don Diègue. (Il faut comprendre que donner une gifle à une grande personne, surtout quelqu'un qui est vieux, c'est

encore une remarque naïve et inutile

évitez les répétitions : le tuer

orthographe ! ennemie

ainsi

une insulte très grave, parce que les grandes personnes n'ont pas l'habitude de recevoir des gifles.) Alors, Don Diègue veut tuer le Comte parce qu'il pense qu'il l'a déshonoré. Il essaie de prendre son épée pour tuer le Comte mais il ne peut rien faire parce qu'il est trop vieux et trop faible et il dit :

O rage ! ô désespoir ! ô vieillesse ennemie !
N'ai-je donc tant vécu que pour cette infamie !

Il veut dire que ce n'est pas la peine d'avoir vécu si vieux pour être insulté et déshonoré comme ça et puisqu'il est trop vieux pour pouvoir se venger lui-même il va chercher son fils, Rodrigue, qui est jeune et très fort. Quand il le trouve il lui

Vous avez raison mais cette explication est tout à fait déplacée

demande :

Rodrigue as-tu du cœur ?

Alors, ici il ne faut pas faire comme quelques petits imbéciles de la classe qui croient stupidement qu'il s'agit d'un jeu de cartes et qu'il veut savoir si Rodrigue a du cœur, du carreau, du trèfle ou du pique, comme dans la partie de cartes du *Marius* de Pagnol, où César dit à Panisse :

Tu me fends le cœur

pour faire comprendre à Panisse qu'il a du cœur. Non, ici "avoir du cœur", ça veut dire "avoir du courage", parce que, à l'époque de Corneille, on pensait que le cœur était l'organe du courage. Don Diègue demande à Rodrigue s'il a le courage d'aller se battre contre

embrouillé

Soignez la présentation

le Comte pour venger son honneur. Alors, là, Rodrigue est bien embêté et c'est pour ça qu'il fait un monologue, c'est à dire qu'il parle tout seul. Normalement les gens ne parlent pas tout seuls, sauf, quelquefois quand ils sont très embêtés. Dans les pièces de théâtre, quand un personnage est très embêté, il parle tout seul, comme ça, on peut savoir ce qui l'embête. Rodrigue est très embêté parce qu'il ne sait pas quoi faire. D'un côté, il pense qu'il doit se battre en duel avec le Comte et le tuer puisque le Comte a insulté son père. C'est une question d'honneur et l'honneur c'est très important. D'un autre côté, il ne veut pas tuer le Comte puisque c'est le père de Chimène. Il est évident que s'il tue le père de Chimène, il ne va pas pouvoir se marier avec

Chimène. Mais s'il ne venge pas son père, il ne fait pas son devoir, s'il ne fait pas son devoir, il est déshonnoré et s'il est déshonnoré, Chimène ne va plus l'aimer. C'est un dilemme, c'est à dire un problème qui n'a pas de solution acceptable.

En fin de compte, c'est à dire à la fin du monologue, il décide qu'il va tuer le Comte et puis mourir, puisque de toute façon, il ne va pas pouvoir épouser Chimène.

Alors, quand Rodrigue voit le Comte, il l'appelle. Il lui dit :

A moi, Comte, deux mots !

on avait compris.

ce qui veut dire : viens ici, je veux te parler. il le provoque, ils sortent du palais pour aller se battre en duel, et Rodrigue tue le Comte. Don Diègue est très content parce que son fils l'a

vengé et il a retrouvé son honneur, mais Chimène n'est pas contente du tout parce que son père est mort, et Rodrigue non plus parce qu'il a tué le père de sa fiancée et que à cause de ça, il ne va pas pouvoir l'épouser. Ils sont très malheureux tous les deux là. Rodrigue fait une remarque très juste ; il remarque que les pères font toujours pleurer leurs enfants et leur causent tout un tas de difficultés. Il dit :

Que de maux et de pleurs nous coûteront nos pères !

Votre devoir pourrait être plus concis, mais il est incomplet. Il faut une conclusion! Vous ne dites même pas comment Chimène, pour faire son devoir, demande au roi de punir Rodrigue, et comment le roi, qui ne veut pas perdre un si bon général, use de son autorité pour ordonner à Chimène d'épouser Rodrigue —

Leçon **22** A la recherche d'une invitation I

Texte

1

Il est midi à Paris. Marie-Laure, qui jouait au Luxembourg, rentre à la maison. Elle chante:
"Midi!
Qui l'a dit?
La petite souris!
Où est-elle?
A la chapelle.
Que fait-elle?
De la dentelle.
Pour qui?`
Pour les dames de Paris."

Mme Belleau: Marie-Laure, c'est toi? Va te laver les mains. Dépêche-toi, tu es en retard!

2

Il est midi cinq. Robert est seul à la terrasse de la Closerie des Lilas. Mireille est partie; elle est allée chez elle pour déjeuner avec Papa, Maman, et la petite sœur.

1. souris, dentelle

Une petite **souris** qui fait de la **dentelle**.

De la **dentelle**.

1. chapelle

Une **chapelle**.

1. se laver

Marie-Laure **se lave** toujours les mains avant de se mettre à table.

1. se dépêcher

Il **se dépêche**. (Il est pressé.)

Il ne **se dépêche** pas. (Il a tout son temps.)

*—**Dépêchez-vous!** Faites vite! Je suis pressé! Je n'ai pas le temps! Je n'ai pas de temps à perdre!

Il est six heures cinq (du matin) à New-York, et six heures cinq (du soir) à Bombay. Robert a mis sa montre à l'heure française.

Il vient de finir son troisième kir. Il appelle le garçon.

Le garçon: Monsieur?
Robert: Est-ce que je peux téléphoner?
Le garçon: Oui, Monsieur, au sous-sol, à côté des toilettes.
Robert (qui n'a pas compris): Euh, ce n'est pas pour les toilettes. . . . C'est pour téléphoner.
Le garçon: Oui, Monsieur. Les cabines téléphoniques sont au sous-sol, en bas, à côté des toilettes, au fond de la salle, à droite.
Robert: Merci.

3

Robert se lève, entre dans la salle, et descend au sous-sol pour téléphoner. Il est suivi par un étrange personnage, tout en noir. . . . Robert entre dans la cabine. Il essaie de mettre une pièce dans la fente de l'appareil, sans succès. Il sort de la cabine. Il remonte dans la salle. Il va à la caisse.

Robert: Pour téléphoner, s'il vous plaît?
La caissière: Il faut un jeton.
Robert: Je peux en avoir un, s'il vous plaît?
La caissière: Voilà. Ça fait deux francs. Merci.
Robert redescend au sous-sol, entre dans la cabine, essaie encore. Cette fois, ça marche.
Robert: Allô, Madame Courtois?

Une voix, à l'accent portugais:
Non. La madame, elle n'est pas là. La madame, elle est sortie. Elle est allée promener Minouche. Elle n'est pas rentrée. Elle va rentrer tout à l'heure, pour déjeuner. Rappelez vers midi, midi et demi.
Robert: Ah, bon. Merci, merci beaucoup. Je vais rappeler dans une demi-heure. Au revoir, Madame.
Robert sort de la cabine, toujours suivi par l'étrange homme en noir.

4

Robert revient à sa table.
Robert: Ça fait combien?
Le garçon: Trente et trente: soixante, et quinze: soixante-quinze. Soixante-quinze francs.

Robert: Le service est compris?
Le garçon: Oui, Monsieur, quinze pour cent. . . . Au revoir, Monsieur; merci, Monsieur.

5

Robert marche maintenant le long du boulevard Montparnasse. Puis il regarde sa montre, cherche une cabine téléphonique. En voilà une! Mais Robert n'a pas l'air de comprendre comment elle marche.

Un passant: Il faut une carte, une carte magnétique. Essayez l'autre: elle marche avec des pièces. Vous avez de la monnaie?
Robert lui montre une pièce de 10F.
Robert: C'est tout ce que j'ai.
Le passant: Ah, non, ça ne va pas. C'est pour Paris?
Robert: Oui.
Le passant: Il faut des pièces de 50 centimes, 1 franc, ou 5 francs. Vous n'avez pas de monnaie?
Robert: Pas du tout.
Le passant: Attendez, je vais voir si j'en ai. . . . Tenez!
Robert: Merci! Au revoir!
Et Robert peut enfin téléphoner.

6

Robert: Allô, Madame Courtois?
La voix à l'accent portugais: Ah, non, c'est la bonne! Attendez, je

2. sous-sol

Dans les cafés, le téléphone est
presque toujours au **sous-sol**,
à côté des toilettes.

3. descendre

Robert **descend** au sous-sol.

3. fente

Il y a une **fente** pour les pièces de
5F, d'1F, et d'un demi-franc.

3. remonter

Robert **remonte** dans la salle.

3. jeton

Un **jeton** de téléphone.

5. marcher

Ils **marchent**.   Ils sont **arrêtés**.

5. pièce, carte

Cet appareil marche avec une **carte**.   Une **télécarte**.

Cet appareil marche avec des **pièces**
(de monnaie).

Des **pièces** de monnaie.

vous la passe. Madame! . . . C'est le monsieur de tout à l'heure!

Mme Courtois: Allô! . . . Allô, oui!
Robert: Allô, bonjour, Madame.
Mme Courtois: Allô, j'écoute!
Robert: Ici Robert Taylor.
Mme Courtois: Ah, Robert! Comment allez-vous, mon cher petit? Quelle coïncidence! Nous parlions justement de vous hier avec mon mari! Il y a longtemps que vous êtes arrivé?
Robert: Depuis hier . . . non . . . oui, enfin . . . avant-hier. Je suis arrivé avant-hier.

7

Mme Courtois: Ah! Et comment allez-vous? Vous avez fait un bon voyage? Pas trop fatigant, non, avec le décalage horaire? . . . Mon mari, qui voyage beaucoup, dit que ce qu'il y a de plus dur, c'est le décalage horaire. . . . Moi, je ne voyage pas. Je reste à la maison. Qu'est-ce que vous voulez . . . avec Minouche, je ne peux pas voyager. . . . Alors, votre maman n'est pas venue? Elle ne vous a pas accompagné? Elle est toujours en Argentine? Sa lettre nous a fait très plaisir. Nous sommes impatients de vous voir. Et je suis sûre que Minouche sera ravie de faire votre connaissance. (Minouche, c'est ma chatte . . . c'est un peu comme notre fille, vous savez. . . .) Alors,

quand venez-vous nous voir? Alors, aujourd'hui, malheureusement, ce n'est pas possible: Minouche ne va pas très bien. Non. Je ne sais pas ce qu'elle a, et il faut que je l'amène cet après-midi chez le docteur. Et puis, mon mari est absent, il est en voyage. . . . Il n'est jamais à la maison, toujours en voyage. . . . Les affaires, vous savez ce que c'est! Je le lui répète tous les jours: tu devrais faire attention! Tu te fatigues trop, ça finira mal; tu vas me faire un infarctus! Il ne m'écoute pas. Il rit! Ah, les hommes! Tous les mêmes! . . . Alors, quand, voyons, quand? Euh . . . après-demain? C'est ça, venez donc dîner après-demain, tout simplement. Nous serons si heureux de vous voir! Alors, c'est entendu, après-demain, disons . . . 7 heures et demie. Ça

vous va? Vous avez l'adresse? C'est à côté du Nikko, l'hôtel japonais. Vous trouverez? Alors, nous vous attendons! Au revoir! Et à après-demain, n'oubliez pas, surtout!

8

Il est midi 45: Robert a faim. Il aperçoit un café-restaurant et s'assied à une table libre. La serveuse sert un jeune homme à côté.

La serveuse: Un jambon de pays et un verre de beaujolais. Voilà. (*A Robert*) Et pour Monsieur, qu'est-ce que ça sera?
Robert: Euh. . . un jambon de pays et un verre de beaujolais, s'il vous plaît.

Puis, Robert continue sa promenade. Il est une heure 30. Robert hésite, et revient au jardin du Luxembourg. . . . Marie-Laure arrive peu après.
Marie-Laure: Salut!
Robert: Bonjour!
Marie-Laure: Ça va?
Robert: Mmm. . . . Et alors, ce devoir d'anglais, où est-il?
Marie-Laure: Bah, je n'ai pas de devoir d'anglais! Je suis à l'école primaire: on ne fait pas d'anglais . . . enfin, pas vraiment! Je fais de l'anglais, mais ce n'est pas sérieux! On apprend: "How do you dooo?" "Very well, thank you." . . . C'est tout.

7. *décalage horaire*

* Quand il est midi à Paris, il est 6h du matin à New-York. Il y a 6h de **décalage** entre Paris et New-York.

7. *faire plaisir*

Tonton Guillaume a donné un bateau à Marie-Laure. Ça lui **a fait** très **plaisir**.

* Quand Robert a vu Hubert et Mireille s'embrasser dans la cour de la Sorbonne, ça ne lui **a pas fait plaisir**. . . .

* —Venez nous voir! Ça nous **fera plaisir**!

7. *ravi, faire la connaissance de*

* Elle sera **ravie** de **faire votre connaissance**! Ça lui fera très plaisir de vous connaître!

7. *faire attention*

—**Fais attention**, Robert! Tu vas encore tomber du balcon!

7. *mal finir*

Ça **finira mal**!   Ça **a mal fini**!

7. *infarctus*

M. Courtois a un **infarctus**. Il "fait" un **infarctus**, comme dit Mme Courtois.

8. *apercevoir*

* Robert cherchait Mireille à la Sorbonne. Il l'**a aperçue** dans la cour, mais elle a filé avec Hubert.

Le garçon de la Closerie est très étonné: il croit **apercevoir** Hemingway qui passe sur le boulevard.

8. *beaujolais, jambon*

Un **jambon** de pays et un verre de **beaujolais** (c'est du vin rouge).

Robert: Mais alors, pourquoi est-ce que je suis venu ici, moi?

Marie-Laure: Mystère . . . et boule de gomme. Vous en voulez une? . . . C'était bien, la Closerie? Qu'est-ce que vous avez bu?

Robert: Un kir.

Marie-Laure: Ah! . . . Je ne bois que de l'Orangina. Maintenant, vous savez, les jeunes ne boivent plus d'alcool. . . .

9

A ce moment, elle aperçoit un mystérieux homme en noir qui se cache derrière un arbre et les regarde.

Marie-Laure: Vous avez vu ce monsieur, là-bas?

Robert: Tiens! Comme c'est bizarre!

Marie-Laure: Vous le connaissez?

Robert: Non, mais tout à l'heure, à la Closerie, je suis allé téléphoner et il est descendu derrière moi. Il est entré dans la cabine à côté, il y est resté pendant que je téléphonais, il est sorti quand je suis sorti, il est monté derrière moi. . . . C'est vraiment bizarre. . . .

Marie-Laure: Bizarre . . . bizarre. . . .

Mise en œuvre

Ecoutez la mise en œuvre du texte et répondez aux questions suivantes.

1. Que fait Marie-Laure, au Luxembourg?
2. Quelle heure est-il?
3. Où est Robert, à midi cinq?
4. Est-ce que Mireille est avec lui?
5. Pourquoi est-ce que Mireille est partie?
6. Qu'est-ce que Robert boit?
7. Qu'est-ce que Robert veut faire?
8. Où se trouve le téléphone?
9. Qui est-ce qui suit Robert quand il descend téléphoner?
10. Pourquoi Robert ne réussit-il pas à téléphoner?
11. Combien coûte un jeton?
12. Que fait Mme Courtois? Est-ce qu'elle est chez elle?
13. Quand est-ce qu'elle va rentrer?
14. Quand est-ce que Robert va rappeler?
15. Qu'est-ce que Robert cherche sur le boulevard Montparnasse?
16. Qu'est-ce qu'il faut, pour téléphoner de cette cabine?
17. Et pour l'autre cabine, est-ce qu'il faut aussi une carte magnétique?
18. Est-ce qu'on peut mettre une pièce de 10F?
19. Qui est-ce qui répond au téléphone?
20. Que fait le mari de Mme Courtois?
21. Qui est Minouche?
22. Quand Robert va-t-il dîner chez les Courtois?
23. Où habitent les Courtois?
24. Qu'est-ce que Robert commande au restaurant?
25. Où retourne-t-il après le déjeuner?
26. Qui arrive au jardin?
27. Est-ce que Marie-Laure est à la fac?
28. Qu'est-ce qu'elle étudie?
29. Est-ce que les jeunes boivent beaucoup, d'après Marie-Laure?
30. Que fait l'homme en noir que Marie-Laure aperçoit?

Mise en question

1. De quoi s'agit-il dans la petite chanson enfantine de Marie-Laure? Quel en est le sujet? Pourquoi dit-on que c'est une petite souris qui a dit que c'était midi? Pourquoi la petite souris est-elle à la chapelle, plutôt qu'à l'église, ou à la maison, ou ailleurs? Pourquoi fait-elle de la dentelle, plutôt que des gâteaux, de la broderie, ou du tricot? Avec quoi "Midi" rime-t-il? Avec quoi la "chapelle" rime-t-elle?

2. Qu'est-ce qu'une petite fille modèle doit toujours faire avant de se mettre à table?

3. Pourquoi la narration dit-elle que Mireille est allée déjeuner avec "Papa, Maman, et la petite sœur" plutôt que "son père, sa mère, et sa sœur"? Quel point de vue est-ce que ça reflète? A votre avis, qu'est-ce que Robert doit penser de cette habitude de déjeuner en famille? Est-ce que ça lui paraît normal? Est-ce que c'est ce qu'il a l'habitude de faire? Est-ce qu'il approuve, ou est-ce qu'il trouve ça regrettable? Qu'est-ce qu'il doit penser de ce manque d'indépendance de Mireille?

4. Où est New-York par rapport à Paris? A l'est ou à l'ouest? Et Bombay? Pourquoi est-il six heures cinq du matin à New-York quand il est midi cinq à Paris? Et pourquoi est-il six heures cinq du soir à Bombay?

5. Est-ce que vous avez déjà vu cet étrange homme en noir qui suit Robert? Où? Est-ce que Robert l'a déjà remarqué? D'après vous, pourquoi est-il là? Qui est-ce?

6. Qui est-ce qui répond à Robert quand il téléphone chez les Courtois? Est-ce que cette personne parle un français tout à fait normal? Pourquoi? Elle dit, "La Madame, elle n'est pas là." Qu'est-ce qu'une personne française dirait?

7. Calcul: Combien est-ce que le garçon fait payer à Robert? Comment arrive-t-il à ce chiffre? Est-ce que ça vous paraît normal? Combien de kirs Robert et Mireille ont-ils bus? Combien doit coûter un kir? De combien est le service? Ça doit faire combien pour le service? Est-ce que vous pouvez arriver à comprendre le calcul du garçon?

8. Combien de sortes différentes de cabines téléphoniques y a-t-il? Avec quoi marchent-elles? Avec quoi marchent les cabines modernes?

9. Pourquoi Mme Courtois ne voyage-t-elle pas?

10. Mme Courtois dit qu'elle parlait justement de Robert avec son mari la veille. Est-ce que c'est vraiment une coïncidence? Pourquoi? Qu'est-ce qu'elle a reçu de la mère de Robert? Pourquoi la mère de Robert a-t-elle écrit à Mme Courtois?

11. Pourquoi Robert ne peut-il pas aller chez les Courtois avant "après-demain" (c'est-à-dire, le surlendemain)? Quelles sont les deux raisons?

12. Pourquoi Mme Courtois dit-elle que son mari va finir par avoir un infarctus (c'est-à-dire, une crise cardiaque)?

13. D'après Mme Courtois, pourquoi Robert doit-il trouver facilement l'appartement des Courtois? Est-ce que vous pensez que Robert sait où est le Nikko, l'hôtel japonais? Pourquoi?

14. Est-ce qu'il est vrai que Marie-Laure avait un devoir d'anglais à faire? Pourquoi a-t-elle donné rendez-vous à Robert au Luxembourg? Pour ennuyer Mireille? Parce qu'elle aime bien Robert? Pour une autre raison?

15. Quand Marie-Laure dit que maintenant, les jeunes ne boivent plus d'alcool, pourquoi est-ce que c'est amusant? Qu'est-ce que ça a l'air de dire?

Documents

1

Repas chez soi et à l'extérieur

Plus des trois quarts des Français déjeunent chez eux. Moins de temps pour manger.

Les repas pris à domicile durent en moyenne 1h 30 par jour pour les adultes citadins, contre 1h 42 en 1975. La durée maximale est de 2h 06 pour les hommes de plus de 65 ans vivant seuls dans une commune rurale; la durée minimale est de 1h 16 pour les jeunes hommes actifs de 18 à 24 ans.

Le temps consacré aux repas pris à l'extérieur est beaucoup plus réduit: 27 minutes par jour en moyenne pour l'ensemble des Français, dont plus des trois quarts continuent de déjeuner chez eux.

Plus d'un repas sur trois est pris à l'extérieur, contre un sur deux en 1970.

Le développement de la journée continue et l'accroisse-

ment du nombre de femmes actives expliquent que les Français déjeunent de plus en plus souvent à l'extérieur.

Sur les quelque 5 milliards de repas pris à l'extérieur, les deux tiers environ le sont en restauration collective (restaurants d'entreprise, cantines d'écoles, etc.), un tiers en restauration commerciale.

On comptait environ 2 000 établissements spécialisés dans la restauration rapide début 1992, dont un tiers à Paris et dans les départements limitrophes. La moitié de la clientèle est composée de jeunes de moins de 25 ans, qui mangent seuls ou avec des amis (8% seulement en famille). Les restaurants de hamburgers représentent la moitié des points de vente et les trois quarts du chiffre d'affaires.

—Francoscopie 93

2

Téléphone

Vous désirez téléphoner

Utilisez, en vous munissant préalablement de pièces de monnaie ou d'une télécarte, une des 198 000 cabines placées dans les lieux publics. Si vous appelez à partir de votre hôtel, d'un café ou d'un restaurant, votre facturation risque d'être supérieure à la taxe officielle (maximum 30%).

Télécarte

Les télécartes sont utilisables comme la carte Pastel dans les publiphones à carte à mémoire.
Il y a deux types de télécartes:
- à 50 unités dont le prix est de .... 33,73 F HT, 40 F TTC
- à 120 unités dont le prix est de .... 80,94 F HT, 96 F TTC

Ces télécartes sont en vente dans les Agences Commerciales de FRANCE TELECOM, les bureaux de poste, les débitants de tabac, les guichets SNCF et chez les revendeurs agréés reconnaissables grâce à une affichette:

«TÉLÉCARTE en VENTE ICI»

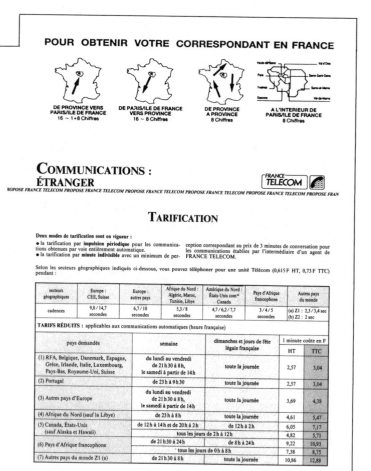

POUR OBTENIR VOTRE CORRESPONDANT EN FRANCE

DE PROVINCE VERS PARIS/ILE DE FRANCE
16 ~ 1+8 Chiffres

DE PARIS/ILE DE FRANCE VERS PROVINCE
16 ~ 8 Chiffres

DE PROVINCE A PROVINCE
8 Chiffres

A L'INTERIEUR DE PARIS/ILE DE FRANCE
8 Chiffres

COMMUNICATIONS : ÉTRANGER

FRANCE TELECOM

PROPOSE FRANCE TELECOM PROPOSE FRANCE TELECOM PROPOSE FRANCE TELECOM PROPOSE FRANCE TELECOM PROPOSE FRANCE TELECOM PROPOSE FRAN

TARIFICATION

Deux modes de tarification sont en vigueur :
- la tarification par **impulsion périodique** pour les communications obtenues par voie entièrement automatique.
- la tarification par **minute indivisible** avec un minimum de perception correspondant au prix de 3 minutes de conversation pour les communications établies par l'intermédiaire d'un agent de FRANCE TELECOM.

Selon les secteurs géographiques indiqués ci-dessous, vous pouvez téléphoner pour une unité Télécom (0,615 F HT, 0,73 F TTC) pendant :

secteurs géographiques	Europe : CEE, Suisse	Europe : autres pays	Afrique du Nord : Algérie, Maroc, Tunisie, Libye	Amérique du Nord : États-Unis cont° Canada	Pays d'Afrique francophone	Autres pays du monde
cadences	9,8 / 14,7 secondes	6,7 / 10 secondes	5,3 / 8 secondes	4,7 / 6,2 / 7,7 secondes	3 / 4 / 5 secondes	(a) Z1 : 2,3 / 3,4 sec (b) Z2 : 2 sec

TARIFS RÉDUITS : applicables aux communications automatiques (heure française)

pays demandés	semaine	dimanches et jours de fête légale française	1 minute coûte en F	
			HT	TTC
(1) RFA, Belgique, Danemark, Espagne, Grèce, Irlande, Italie, Luxembourg, Pays-Bas, Royaume-Uni, Suisse	du lundi au vendredi de 21 h 30 à 8 h, le samedi à partir de 14 h	toute la journée	2,57	3,04
(2) Portugal	de 23 h à 9 h 30	toute la journée	2,57	3,04
(3) Autres pays d'Europe	du lundi au vendredi de 21 h 30 à 8 h, le samedi à partir de 14 h	toute la journée	3,69	4,38
(4) Afrique du Nord (sauf la Libye)	de 23 h à 8 h	toute la journée	4,61	5,47
(5) Canada, États-Unis (sauf Alaska et Hawaii)	de 12 h 14 h et de 20 h à 2 h	de 12 h à 2 h	6,05	7,17
	tous les jours de 2 h à 12 h		4,82	5,71
(6) Pays d'Afrique francophone	de 21 h 30 à 24 h	de 8 h à 24 h	9,22	10,93
	tous les jours de 0 h à 8 h		7,38	8,75
(7) Autres pays du monde Z1 (a)	de 21 h 30 à 8 h	toute la journée	10,86	12,88

3

Monnaie

Des pièces de monnaie.

4

Le Bistro

Le restaurant typiquement parisien, à la mode depuis l'autre guerre, c'est le bistro, mot d'argot qui provient peut-être de la couleur bistre dont, le plus souvent, ses murs étaient enduits, le bistro avec son comptoir en étain, luisant et courbe, derrière lequel le patron sert les apéritifs et verse le vin, le bistro dont la patronne fait elle-même la cuisine, le bistro aux tables de marbre, à l'unique servante que les habitués appellent par son prénom, le bistro où il n'y a que deux ou trois plats, un bon vin ordinaire, un téléphone dans le placard aux balais, le bistro au carrelage saupoudré de sciure de bois, le bistro dont le patron vous tend une main humide par-dessus le comptoir et vous offre un petit verre au jour de l'an, le bistro avec ses jambons et ses saucissons pendus au plafond, ses tables en tôle à la terrasse et ses fusains en caisse sur le trottoir.

Il est d'autant meilleur qu'il est plus loin, plus retiré, au diable, dans une petite rue dont on ne sait pas le nom, où l'on ne connaît personne, où l'on amène tout le monde et dont on parle chez des gens chics ou dans un bar des Champs-Elysées d'un ton négligent et en disant: "Je connais une petite boîte où nous pourrions aller. . . ."

Les clients arrivent, les prix montent, les habitués s'en vont, la patronne prend une cuisinière, puis un cuisinier, repeint ses murs, modernise son restaurant, le patron n'est plus en bras de chemise mais en veston, le bistro s'est enlaidi, il a perdu sa saveur, le charme est rompu. Il faut en trouver un autre. Dieu merci, il n'en manque pas.

—*Doré Ogrizek*
 Paris tel qu'on l'aime

5

Une Visite médicale

L'inspectrice médicale est là pour une révision générale:
propreté des ongles, état des dents, état du squelette, de
la tête, extérieur, intérieur. On est très excité de passer au
garage, à cause du petit risque de s'entendre dire que ça
ne va pas du tout.

L'excitation est aussi due aux lunettes.

Depuis que les enfants voient passer dans leur école des
maîtres qui portent tous des lunettes, ils croient que, pour
devenir intelligent, il faut porter des lunettes. Alors, à
chaque visite médicale, beaucoup perdent la vue. Ils
deviennent incapables de lire la moindre lettre sur le
tableau blanc de l'inspectrice, où l'alphabet est déversé
pêle-mêle, sans logique, commençant par Z, U, V. . . .

Madame Bugeaud est inspectrice médicale depuis des
années. Elle sait tout. Pas de lunettes pour personne. Elle
dit toujours: "Lis!" Et quand l'élève fait l'aveugle, elle
tranche immédiatement: "Ça va. Dispose."

"Dispose," c'est quand on doit partir.

Elle parle bien, vite et avec autorité.

A cause des malins qui font semblant, ceux qui ont
vraiment des problèmes de vue n'ont aucune chance d'avoir
des lunettes. Ils risquent de devenir aveugles pour de
bon!

Madame Bugeaud sait.

—*Azouz Begag*
   L'Ilet-aux-Vents

6

Le Chat

Je souhaite dans ma maison:
Une femme ayant sa raison,
Un chat passant parmi les livres,
Des amis en toute saison
Sans lesquels je ne peux pas vivre.

—*Guillaume Apollinaire*
   Le Bestiaire

7

Naufragés

8

Il y a quelqu'un derrière

L'artiste est seul sur scène.
(Après s'être retourné rapidement plusieurs fois)

C'est drôle . . . !

Tout à coup, j'ai eu l'impression qu'il y avait quelqu'un derrière moi!

Cela m'arrive parfois quand je suis tout seul. Tout à coup, j'ai l'impression qu'il y a quelqu'un derrière moi.

Je me retourne . . . et puis, il n'y a personne! Cela arrive à d'autres aussi! Je ne sais plus qui me disait qu'il connaissait un monsieur qui, lorsqu'il était tout seul, avait toujours l'impression qu'il y avait quelqu'un derrière lui. Alors, il se retournait tout le temps. . . . Et finalement, il n'y avait jamais personne! Et il ajoutait:

—Il doit être détraqué!

Je lui dis:

—Détraqué, c'est vite dit! D'abord, comment savez-vous qu'il n'y avait personne derrière lui, puisqu'il était tout seul?

Il me dit:

—Parce que j'étais là!

Je lui dis:

—Donc, il y avait quelqu'un!

Il me dit:

—Il ne pouvait pas me voir. J'étais derrière!

Je lui dis:

—Oui! Mais ça justifiait son impression. Et à part vous, derrière lui, il n'y avait personne?

Il me dit:

—Non, j'étais tout seul!

Je lui dis:

—Ah, oui! . . . Mais alors, qui me prouve que ce n'est pas vous qui avez eu l'impression qu'il y avait quelqu'un devant vous?

Hé! Cela justifierait tout! Vous avez eu l'impression qu'il y avait quelqu'un devant vous, lequel forcément vous donnait l'impression qu'il y avait quelqu'un derrière, puisque vous y étiez!

Il avait du mal à me suivre, hein!

Il me dit:

—D'abord, s'il n'y avait eu personne devant, je l'aurais vu!

Je lui dis:

—C'est justement quand il n'y a personne devant qu'on ne le voit pas!

Là, il ne me suivait plus du tout! Et pourtant, j'avais toujours l'impression qu'il était derrière moi. A un moment, je me retourne . . . et puis, il n'y avait personne! . . . Ça justifie ce que je viens de vous dire. Vous me suivez, là? Alors, écoutez . . . !

(Directement au public)

S'il vous arrive, comme à moi en ce moment, d'avoir l'impression qu'il y a quelqu'un derrière vous, ne vous retournez pas! Parlez-lui!

(S'adressant, sans se retourner, à quelqu'un qui est supposé être derrière lui)

—Je sais que vous êtes derrière moi, vous savez. . . . Vous pouvez rester; ça ne me dérange pas! Maintenant, ce que vous y faites. . . .

(Interrogeant le public)

Qu'est-ce qu'il fait? Il fait des grimaces. . . . C'est ce qu'ils font tous, quand ils sont derrière vous, ils font des singeries . . . les primitifs! Si vous permettez, je voudrais vérifier une chose! Parce que là, j'ai l'impression qu'il y a quelqu'un derrière moi. . . . Je me demande, si je me retournais. . . . Est-ce que j'aurais l'impression qu'il y a quelqu'un devant?

(Il se retourne.)

C'est drôle! J'ai toujours l'impression qu'il y a quelqu'un derrière!

—*Raymond Devos*

Texte

Robert est assis sur un banc du jardin du Luxembourg, parlant avec Marie-Laure. Mireille arrive. Elle semble un peu surprise de les trouver là.

Mireille: Mais qu'est-ce que vous faites là, tous les deux?
Marie-Laure: On parle. . . .
Mireille: Mais qu'est-ce que vous avez? Vous avez l'air bizarre. . . .
Marie-Laure: Nous? On a l'air bizarre? Bizarre . . . bizarre. . . .
Robert: J'ai téléphoné aux Courtois, tout à l'heure.
Mireille: Ah, oui?
Robert: D'abord, je suis tombé sur une dame avec un accent bizarre, que je ne comprenais pas très bien.

Mireille: Ah! Ça devait être Concepcion, leur bonne. Elle est portugaise. C'est une perle! C'est une excellente cuisinière. Elle fait remarquablement bien la cuisine. Marraine aussi, d'ailleurs.

Robert: J'ai retéléphoné un peu plus tard. Là, j'ai eu Mme Courtois. J'ai eu aussi du mal à la comprendre.

Mireille: Pourtant, elle n'a pas l'accent portugais, que je sache!
Robert: Non, mais . . . ouh, là, là, ce qu'elle parle vite! Et qu'elle est bavarde!
Mireille: Ah, ça, c'est vrai; elle parle beaucoup. Enfin, quand son mari est là, c'est lui qui parle; elle, elle ne dit rien. Alors, quand il n'est pas là, elle en profite!
Robert: Je n'ai pas pu placer un mot! Enfin . . . il paraît que M. Courtois est absent: il est en voyage. Minouche ne va pas bien du tout: elle a la migraine, ou quelque chose comme ça. . . . Elle doit l'amener chez le vétérinaire. Alors ils ne peuvent pas me voir avant après-demain. Mais elle m'a invité à dîner après-demain. C'est gentil!

Mireille: C'est une excellente personne. Elle a le cœur sur la main. Et lui aussi, d'ailleurs. Lui, c'est un bon vivant, toujours content, toujours optimiste. Il ne s'en fait jamais. Il répète toujours: "Ne vous en faites pas, tout ira bien! Ne vous inquiétez pas, il n'y aura pas de problème! Ça ne fera pas un pli! Vous verrez, tout s'arrangera! Il ne faut pas s'en faire!" Elle, c'est plutôt le contraire. Elle est toujours un peu tendue, inquiète. Elle répète toujours: "Tout ça finira mal!" Et lui: "Mais non, Bobonne, tu verras, ça s'arrangera!" . . . Elle a une passion pour les chats. . . . Ils n'ont jamais eu d'enfants. . . . Lui, c'est un gourmet. Il voyage beaucoup pour ses affaires. Il connaît tous les grands restaurants de France. Et comme Concepcion est une excellente cuisinière, et Mme Courtois aussi, on mange très bien chez eux.

Robert: Vous aimez la bonne cuisine?
Mireille: Oh, oui!
Robert: Eh bien alors, puisque Mme Courtois est votre marraine, vous ne pouvez pas vous faire inviter à dîner, après-demain?
Mireille: Ah, je ne sais pas. Je ne sais pas si je serai libre. . . . Enfin, ça ne dépend pas entièrement de moi. . . . Je verrai. . . . Oh, là, là,

1. tomber sur

*—Tiens, Hubert! C'est rare de **tomber sur** toi à la fac!
—Ah, c'est vrai. On ne me rencontre pas souvent à la Sorbonne . . . mais, tu vois, j'y viens quelquefois!
*—Alors, Marie-Laure, tu as trouvé tes boules de gomme?
—Non, mais en les cherchant, je **suis tombée sur** un *Astérix* que je n'ai pas encore lu.

1. perle

* C'est une **perle**! Elle est sensationnelle!

1. faire la cuisine

Elle **fait la cuisine**.

2. avoir du mal à

Marie-Laure **a du mal à** porter ça! C'est trop lourd pour elle!

2. amener

Mme Courtois **amène** sa chatte chez le vétérinaire.

3. avoir le cœur sur la main

Elle **a le cœur sur la main**. Elle est très bonne, très généreuse.

3. bon vivant

M. Courtois est un **bon vivant**.

3. s'en faire

Il **s'en fait**. Il est préoccupé, inquiet.

3. s'inquiéter

* Mme Courtois **s'inquiète** parce que Minouche est malade.

3. pli

Ça fait un **pli**.

3. tendu

Une tente **tendue**. (Ça ne fait pas de plis.)

Une tente **détendue**. (Ça fait des plis.)

4. se faire inviter

*—Vous ne pouvez pas **vous faire inviter**? Vous ne pouvez pas vous arranger pour être invitée?

4. dépendre de

*—Où est-ce que tu joues?
—Ça **dépend**. Ça **dépend** du temps: quand il fait beau, je joue au Luxembourg; quand il fait mauvais, je joue à la maison.

excusez-moi, je file! Je vais être en retard! Au revoir!

Robert: Où est-ce qu'elle va?

Marie-Laure: Mystère . . . et boule de gomme! Vous en voulez une?

* * *

Jeudi 31 mai. Robert se promène dans Paris. Il traverse le marché aux fleurs, il passe devant la Conciergerie, sur les quais de la Seine. Il est nerveux, tendu, inquiet. Il se demande si Mireille sera chez les Courtois, le lendemain.

Il entre au musée du Louvre. Il voit un tableau d'un peintre qui s'appelle Robert. Comme c'est bizarre: il s'appelle Hubert Robert! Bizarre, bizarre. . . . Il passe devant la Victoire de Samothrace.

Un petit garçon: Dis, Papa, pourquoi elle n'a pas de tête?

Le père: C'est la Victoire de Samothrace!

Le petit garçon: Ah! . . .

Robert s'arrête devant la Vénus de Milo.

Le petit garçon: Dis, Papa, pourquoi elle n'a pas de bras?

Le père: C'est la Vénus de Milo!

Le petit garçon: Ah! . . .

Il va voir la Joconde . . . mais il ne pense qu'à Mireille: est-ce qu'elle sera chez les Courtois?

* * *

Vendredi 1er juin. Robert a mal dormi. Il se demande si Mireille sera chez les Courtois. Il ouvre sa fenêtre. Il fait un temps magnifique. . . . Oui, elle y sera! Il se rase; il se coupe. . . . Non, elle n'y sera pas! Il est neuf heures du matin; le dîner chez les Courtois est à sept heures et demie . . . du soir! Robert va se promener pour passer le temps. Il fait le tour de l'île-Saint-Louis, il

passe devant l'Hôtel de Ville, il explore le Forum des Halles, il visite

Beaubourg. Et il se demande si Mireille sera chez les Courtois ce soir.

Trois heures: Robert rentre à son hôtel, se change, et prend le métro pour aller chez les Courtois. En sortant du métro, il a l'air perdu.

Robert (*à une passante*): Mademoiselle, s'il vous plaît, la tour Totem?

La passante: Je ne connais pas! Ici, vous êtes à la Défense. Ce n'est pas ici, je ne crois pas.

Robert: Merci. . . .

Robert reprend le métro, regarde son plan, semble de plus en plus perdu. Il sort du métro.

Robert (*à un passant*): Le quai de

5. *quais de la Seine*

Des bateaux le long des **quais de la Seine.**

Grenelle, s'il vous plaît, c'est par ici?

Le passant: Le quai de Grenelle? Mais c'est dans le 15ème! Ici, vous êtes à Montmartre! Il faut prendre le métro!

Robert: Ah, non alors! Je n'ai pas le temps! Merci!

8

Et Robert part à pied. Il traverse tout Paris à pied. . . . Il marche vite, il regarde son plan, il regarde l'heure: 5 heures, 6 heures, 6 heures et demie, 7 heures. . . . Enfin, voici le quai de Grenelle, la tour Totem . . . il est 7 heures 29.

5. *La Victoire de Samothrace*

La Victoire de Samothrace a des ailes, mais elle n'a pas de tête.

5. *La Joconde*

La Joconde a une tête et elle sourit. (C'est un tableau de Léonard de Vinci.)

6. *ouvrir*

Marie-Laure **ouvre** la porte.

6. *se raser*

Il **se rase.**

6. *couper*

Il **coupe** de la viande.

7. *plan*

Robert regarde le **plan** du métro.

7. *le 15ème*

* **Le 15ème: le 15ème** arrondissement. Paris est divisé en arrondissements. Le quai de Grenelle est dans **le 15ème** arrondissement. Mireille habite dans le 6ème.

9

Il sonne à une porte. Un monsieur ouvre.

Robert: Pardon, Monsieur; Mme Courtois, c'est bien ici?

Le monsieur: Ah, non, Monsieur, non! Mme Courtois, ce n'est pas ici, non, vous vous êtes trompé de porte. Mme Courtois, c'est à côté, la porte à côté . . . juste ici.

Robert: Excusez-moi, Monsieur, je suis désolé de vous avoir dérangé; excusez-moi. . . .

Le monsieur: Ce n'est pas grave, Monsieur. Il n'y a pas de mal. Au revoir, Monsieur.

Robert: Au revoir, Monsieur. Il est 7 heures 30. . . . Ouf!

9. sonner

Robert **sonne.**

🎧 Mise en œuvre

Ecoutez la mise en œuvre du texte et répondez aux questions suivantes.

1. Où sont Robert et Marie-Laure?
2. A qui Robert vient-il de téléphoner?
3. Qui a répondu au téléphone?
4. Pourquoi Concepcion a-t-elle un accent quand elle parle français?
5. Qu'est-ce que Concepcion fait remarquablement bien?
6. Pourquoi Mme Courtois est-elle aussi plutôt difficile à comprendre?
7. Où est M. Courtois?
8. Comment va Minouche?
9. Où Mme Courtois doit-elle amener Minouche?
10. Quand Robert est-il invité à dîner chez les Courtois?
11. Comment est M. Courtois?
12. Qu'est-ce qu'il répète toujours?
13. Et Mme Courtois, comment est-elle?
14. Qu'est-ce qu'elle dit souvent?
15. Pourquoi M. Courtois connaît-il tous les grands restaurants de France?

16. Qu'est-ce que Robert suggère à Mireille?
17. Pourquoi Mireille n'est-elle pas sûre de pouvoir aller dîner chez les Courtois?
18. Robert se promène dans Paris. Est-ce qu'il est calme, détendu?
19. Qu'est-ce qu'il se demande?
20. Est-ce que Robert a bien dormi?
21. A quelle heure est le dîner chez les Courtois?
22. Que va faire Robert pour passer le temps?
23. Que fait Robert à trois heures?
24. Comment va-t-il chez les Courtois?
25. Comment va-t-il de Montmartre au quai de Grenelle? En métro?
26. Quelle heure est-il quand il arrive à la tour Totem?
27. Est-ce qu'il sonne à la bonne porte?
28. Où est l'appartement des Courtois?

Mise en question

1. Quand Mireille demande à Marie-Laure et à Robert ce qu'ils font là, et quand elle prétend qu'ils ont l'air bizarre, est-ce qu'elle est simplement surprise, ou est-ce que ça l'agace de trouver Robert en compagnie de Marie-Laure? Serait-elle jalouse? Est-ce que Marie-Laure et Robert ont vraiment un air bizarre? Pourquoi auraient-ils un air bizarre? Pourquoi sont-ils là? Est-ce qu'ils ont une bonne raison d'être là? Est-ce qu'ils ont quelque chose à cacher? Est-ce que Mireille savait qu'ils étaient là? Au fait, pourquoi Mireille est-elle venue au Luxembourg?

2. Qu'est-ce que Robert dit pour changer de sujet?

3. Est-ce que Mireille se moque légèrement de Robert quand elle fait remarquer que Mme Courtois n'a pas d'accent portugais? Est-ce que Mireille a du mal à comprendre Mme Courtois? Pourquoi?

4. Pourquoi Mme Courtois est-elle souvent bavarde? Est-ce qu'elle parle toujours beaucoup?

5. Quand un chien ou un chat est malade, est-ce qu'on l'amène, normalement, chez un docteur ou chez un vétérinaire? Pourquoi Mme Courtois dit-elle qu'elle doit amener Minouche "chez le docteur"? Quel genre de maladie a Minouche?

6. Quelle expression Mireille utilise-t-elle pour dire que Mme Courtois est très bonne, très généreuse?

7. Qu'est-ce qui explique peut-être que Mme Courtois aime tellement les chats?

8. Qu'est-ce qui explique qu'on mange très bien chez les Courtois?

9. D'après vous, pourquoi Robert suggère-t-il à Mireille de se faire inviter chez les Courtois? Est-ce qu'il dit la vraie raison? Quelle est la raison qu'il donne? Pourquoi devrait-il être facile à Mireille de se faire inviter?

10. D'après vous, pourquoi est-ce que Mireille ne dit pas si elle va se faire inviter chez les Courtois? Est-ce qu'elle n'a pas envie de passer la soirée avec Robert? Est-ce qu'elle n'est pas sûre d'en avoir envie et elle veut se donner le temps de décider? Est-ce qu'elle n'est pas libre? Elle dit qu'elle ne sait pas si elle pourra. De quoi ou de qui est-ce que ça peut dépendre? Ou bien est-ce que c'est un jeu? Est-ce qu'elle ne veut pas donner à Robert l'impression qu'elle a envie de le revoir?

11. Pourquoi part-elle précipitamment? Est-ce qu'elle est vraiment pressée? Pourquoi? Où peut-elle bien aller? Ou bien est-ce qu'elle ne veut pas que Robert insiste? Elle ne veut pas être forcée de décider et de dire oui ou non?

12. Dans la grande galerie du Louvre, Robert remarque un tableau d'Hubert Robert. Observez bien la vidéo. Qu'est-ce que ce tableau représente?

13. Qu'est-ce qu'il manque à la Victoire de Samothrace? Et à la Vénus de Milo?

14. Le matin, quand Robert ouvre sa fenêtre, pourquoi pense-t-il que Mireille sera chez les Courtois? Et puis, quand il se rase, quelques minutes plus tard, pourquoi est-ce qu'il pense qu'elle n'y sera pas?

15. Vers quelle heure Robert part-il de son hôtel pour aller chez les Courtois? Est-ce que vous pensez qu'il va être en retard?

16. Un passant lui dit qu'il est très loin du quai de Grenelle, et qu'il faut prendre le métro. Pourquoi décide-t-il de ne pas prendre le métro et d'y aller plutôt à pied?

17. Finalement, est-ce qu'il arrive à l'heure?

Documents

1

Traversée de Paris

Le Forum des Halles.

Le Louvre.

Montmartre.

L'Hôtel de Ville.

Beaubourg.

La Défense.

Le quai de Grenelle.

FORUM DES HALLES

BEAUBOURG

LE LOUVRE

HOTEL DE VILLE

XVIII

XIX

MONTMARTRE

LA DEFENSE

ETOILE

XVII

IX

X

XX

VIII

II

III

I

IV

XI

VII

ILE ST LOUIS

XVI

VI

XV

V

XII

QUAI DE GRENELLE

XIV

XIII

L'île Saint-Louis.

La place de l'Etoile.

Un jour, tu verras

Un jour, tu verras
On se rencontrera
Quelque part n'importe où
Guidés par le hasard
Je te regarderai
Et l'on se sourira
Et la main dans la main,
Par les rues on ira.

—*Mouloudji*

Futurs

A. Monseigneur, dans vingt-quatre heures, vous serez
mort ou guéri.

—*Chicot, médecin, au cardinal de Richelieu mourant*

B. Aide-toi, le Ciel t'aidera.

—*La Fontaine*
  Le Chartier embourbé

C. Qui vivra verra.

  Rira bien qui rira le dernier.

—*Tante Georgette*

D. Tel qui rit vendredi dimanche pleurera.

—*Racine*
  Les Plaideurs

E.
Demain, j'irai demain voir ce pauvre chez lui,
Demain, je reprendrai le livre à peine ouvert,
Demain, je te dirai, mon âme, où je te mène,
Demain, je serai juste et fort . . . pas aujourd'hui.

—*Sully Prudhomme*
  Poésies

Sully Prudhomme, de son vrai nom René François
Armand Prudhomme, est né en 1839 et mort en 1907.
Ses parents étaient des commerçants aisés. Il a d'abord
été ingénieur, puis il a fait son droit et a fini par devenir
poète. Un de ses poèmes, "Le Vase brisé," a été très
célèbre. Il a été élu à l'Académie française en 1881 et a
reçu le premier prix Nobel de littérature en 1901.

F. Moi, quand je serai grande, je serai paranoïaque!

—*Marie-Laure*

Inquiétudes

Le passé me tourmente et je crains l'avenir.

—*Chimène, dans* Le Cid *de Corneille, acte II, scène 4*

Hélas! Que dans l'esprit je sens d'inquiétude!

—*L'Infante, dans* Le Cid, *acte V, scène 1*

Publiphone

6

5 millions de Français sont migraineux

Le doute a longtemps plané sur la réalité physiologique de la migraine. Atteignant principalement les femmes (26% d'entre elles, contre 8% des hommes), elle pouvait passer, selon Balzac, pour «la reine des maladies, l'arme la plus plaisante et la plus terrible employée par les femmes contre leurs maris». Ce doute est aujourd'hui dissipé. La thermographie permet d'ailleurs de faire apparaître les effets de la migraine sur des clichés, sous forme de taches sur le front et sur le crâne.

—*Francoscopie 93*

7

Le Pont Mirabeau

Sous le pont Mirabeau coule la Seine
        Et nos amours
          Faut-il qu'il m'en souvienne
La joie venait toujours après la peine

            Vienne la nuit sonne l'heure
            Les jours s'en vont je demeure

. . . .

L'amour s'en va comme cette eau courante
        L'amour s'en va
      Comme la vie est lente
Et comme l'Espérance est violente

            Vienne la nuit sonne l'heure
            Les jours s'en vont je demeure

Passent les jours et passent les semaines
        Ni temps passé
     Ni les amours reviennent
Sous le pont Mirabeau coule la Seine

            Vienne la nuit sonne l'heure
            Les jours s'en vont je demeure

         —*Guillaume Apollinaire*
           Alcools

8

Musées, conservatoires de la culture

Ce qui entend le plus de bêtises dans le monde est peut-être un tableau de musée.

—*Edmond et Jules de Goncourt*

9

L'erreur est humaine

A. L'avantage du célibataire sur l'homme marié, c'est qu'il peut toujours cesser de l'être s'il trouve qu'il s'est trompé.

—*Alphonse Karr*

Alphonse Karr (1808–1890) a écrit des romans, mais il est surtout connu comme journaliste et comme humoriste. Il est devenu directeur du journal *Le Figaro* en 1839. A la fin de sa vie, il s'est installé sur la Côte d'Azur et a créé le commerce des fleurs coupées sur la Riviéra française.

B. Et ceux qui ne font rien ne se trompent jamais.

—*Théodore de Banville*
    Odes funambulesques

C. Il ne suffit pas de dire: Je me suis trompé; il faut dire comment on s'est trompé.

—*Claude Bernard*

D. Pour grands que soient les rois, ils sont ce que nous sommes:

Ils peuvent se tromper comme les autres hommes.

—*Le Comte, dans* Le Cid, *acte I, scène 3*

10

La Mort de la princesse Bibesco

Plus simple et non moins noble fut la fin de la princesse Marthe Bibesco. Je l'ai bien connue quand nous habitions l'île Saint-Louis, moi dans une cellule de trois mètres sur deux, elle dans un admirable appartement à la proue de l'île dont les fenêtres ne voyaient que la Seine et Notre-Dame. Elle avait été belle, riche, célèbre, entourée. Devenue impotente, à demi aveugle, ruinée et délaissée, elle conservait une gaieté, une drôlerie même qui supposaient une force et un courage hors du commun. . . .

Un après-midi, elle dit à la jeune femme qui lui tenait compagnie: "Aujourd'hui, je ne ferai pas la sieste, parce que j'attends une visite."
—Quelle visite, Madame? Je n'ai pris aucun rendez-vous, s'étonna son amie.

—Si, si, j'attends quelqu'un!

Elle prit un livre et s'absorba dans sa lecture. Au bout d'un moment, elle dit:
—On a sonné. Voulez-vous aller ouvrir?
—Je n'ai rien entendu. Vous êtes sûre qu'on a sonné?
—Absolument. C'est ma visite. Allez, je vous prie.
La jeune femme obéit. Bien entendu, elle ne trouva personne sur le palier. Elle revint. Dans son grand fauteuil, son livre ouvert sur ses genoux, Marthe Bibesco était morte.

—*Michel Tournier*
Petites Proses

Texte

Robert a été invité chez les Courtois; il est arrivé devant la porte de leur appartement. Mireille sera-t-elle là? Il sonne; c'est Mme Courtois qui ouvre. . . .

Mme Courtois: Ah, mon petit Robert! Vous voilà! Comme je suis contente de vous voir! Ah, comme vous ressemblez à votre maman! Vous permettez que je vous embrasse, mon petit! . . . Entrez, entrez. Mon mari n'est pas encore rentré.
Robert entre. . . . Non, Mireille n'est pas là.

Mireille avait téléphoné à Mme Courtois le jeudi matin. Ça faisait des semaines qu'elle n'avait pas vu sa marraine.
Mireille: Allô, Marraine?
Mme Courtois: Ah, ma petite Minouche! C'est toi? Mais ça fait une éternité qu'on ne t'a pas vue! Qu'est-ce que tu deviens? Ah, je suis bien contente que tu téléphones. Tu tombes bien! Ecoute, viens donc demain. Justement, nous aurons un jeune Américain charmant.[1] Il est arrivé avant-hier. Il ne connaît personne. Il sera ravi de faire ta connaissance. Et nous vous retiendrons à dîner.
Mireille: Mais, Marraine, je ne sais pas si je pourrai. . . .
Mme Courtois: Mais si, mais si! Ecoute, hein . . . depuis le temps qu'on ne t'a pas vue. . . .
Mireille: Bon, écoute, j'essaierai . . . je vais voir . . . mais je ne te promets rien!

Mais Robert ne sait pas que Mireille a bien appelé Mme Courtois. Elle n'est pas là, et Robert se demande si elle viendra.
Mme Courtois: Asseyez-vous, je vous en prie. Alors, comment allez-vous? Comment trouvez-vous Paris? Qu'est-ce que vous avez vu? Parlez-

1. Note des auteurs: Mme Courtois ne sait absolument pas si Robert est charmant ou pas. Elle l'a trouvé charmant au téléphone, sans doute parce qu'il n'a presque rien dit.

moi un peu de votre maman. Comment va-t-elle?
A ce moment, on sonne à la porte.
Mme Courtois: Ah, excusez-moi, ça doit être Mireille (c'est ma filleule). C'est, en effet, Mireille. . . .
Embrassades avec sa marraine; présentation de Robert.

Mme Courtois: Ma petite Minouche, comment vas-tu? Mais tu es fraîche comme une rose! . . . Je te présente Monsieur Taylor, qui nous arrive des Etats-Unis. . . . Robert . . . Mireille Belleau, ma filleule. . . . C'est presque notre fille.
Robert et Mireille font semblant de ne pas se connaître.
Robert: Enchanté, Mademoiselle. . . .
Mireille: Bonsoir. . . .
Ça y est! Maintenant, les Courtois ne devront jamais découvrir la rencontre de mercredi. Robert et Mireille devront garder le secret. Que la vie est compliquée!
Mme Courtois: Mais asseyez-vous, mes enfants! Vous n'allez pas rester debout, asseyez-vous! Tiens, ma petite Minouche, viens t'asseoir à côté de moi. . . . Depuis le temps que je ne t'ai pas vue. . . . (*A la chatte, qui vient se frotter contre elle*) Oh, toi aussi, tu es notre fille! Oui, tu es jalouse! Oh, qu'elle est jalouse! . . . (*Elle se lève*) Excusez-moi, je vais voir ce qui se passe dans la cuisine.

2. une éternité

* Une **éternité**: un an, un siècle, un millénaire . . . et beaucoup plus.
* —Ça fait une **éternité** qu'on ne t'a pas vue: ça fait longtemps! (Peut-être quinze jours! Mme Courtois exagère un peu!)

2. devenir

* Qu'est-ce que tu **deviens**? Qu'est-ce que tu fais? Comment vas-tu?

2. bien/mal tomber

Ça, c'est un monsieur qui **tombe mal**.

Ça, c'est un monsieur qui **tombe bien**.

* —Tu **tombes bien**! Tu arrives au bon moment!
* Ça **tombe bien**! C'est une heureuse coïncidence!

2. retenir

Mireille **retient** Robert.

RESTEZ ! VOUS ALLEZ DÎNER AVEC NOUS...

Mme Courtois **retient** Robert à dîner.

* —Non, ne partez pas! Restez! Je vous **retiens** à dîner. Vous allez dîner avec nous! Mais si, mais si!

2. promettre

* Robert: Je t'écrirai toutes les semaines, je te **promets**.
Robert **a promis** à sa mère de lui écrire toutes les semaines. Il tient sa **promesse**: il lui a déjà écrit une carte.

3. filleul

* Mme Courtois est la marraine de Mireille. Mireille est la **filleule** de Mme Courtois.

3. embrassade

* **Embrassades**: M. Courtois **embrasse** Mireille; Mireille **embrasse** M. Courtois.

3. ça y est

* —**Ça y est**! Voilà! C'est fait! C'est arrivé!

3. frotter

Avec M. Propre, plus besoin de **frotter**! (publicité)

Il **se frotte** les pieds avant d'entrer.

3. jaloux

Minouche est **jalouse** de Mireille. Elle est **jalouse** parce que Mme Courtois s'occupe trop de Mireille et pas assez d'elle.

4

Robert et Mireille restent seuls . . . mais M. Courtois arrive juste à ce moment-là.

M. Courtois: Ah, bonjour, bonjour! Excusez-moi, je suis un peu en retard . . . le travail, vous savez ce que c'est!

Mme Courtois revient de la cuisine.

M. Courtois: Ah, bonsoir, Bibiche. Comment ça va? . . . Bonsoir, ma petite Mireille. Je suis content de te voir. Ça fait longtemps qu'on ne t'avait pas vue! Qu'est-ce qui se passe? Ce sont tes études . . . ou un amoureux? . . . Et voilà notre jeune Américain! Justement, j'irai aux Etats-Unis en septembre. Il faudra me donner des tuyaux. . . .

Mais en attendant, vous prendrez bien quelque chose. . . . Voyons, qu'est-ce que je peux vous offrir? Whisky, Campari, xérès, banyuls, pastis, porto?

Robert: Un doigt de porto, s'il vous plaît.

M. Courtois: Et toi, ma petite Mireille, qu'est-ce que tu prendras?

Mireille: Eh bien, un petit pastis bien tassé, comme d'habitude!

M. Courtois: Et toi, Bibiche, qu'est-ce que je te donne?

Mme Courtois: Oh, moi, je prendrai une larme de xérès.

M. Courtois se sert généreusement de scotch, avec un petit glaçon et très peu d'eau.

M. Courtois: A la vôtre!

---

4. amoureux

Deux **amoureux** sur un banc public (ils s'embrassent).

4. tuyau

Robert donne des "**tuyaux**" à M. Courtois (il lui donne des adresses, des conseils . . .).

Un **tuyau** d'arrosage.

Un **tuyau** de poêle.

4. pastis, tassé

* Mireille veut un **pastis** (un apéritif à l'anis, un Pernod, un Ricard) bien **tassé**, très fort; beaucoup de pastis et très peu d'eau.

Un **tuyau** de pipe.

5

La conversation s'engage. On parle d'abord du temps, puis de la circulation à Paris, de la situation internationale. M. Courtois reprend du scotch. Puis on revient à Paris, aux restaurants de Paris, aux libres-services, aux "fast-food" que M. Courtois déteste.

M. Courtois: C'est un scandale! Voir ça en France! Quelle honte!

Mireille: Oh, tu sais, ce n'est pas pire que les restau-U!

Mme Courtois: Les restaurants universitaires ne servent peut-être pas de la haute cuisine, mais, au moins, ce sont de vrais repas, équilibrés. . . .

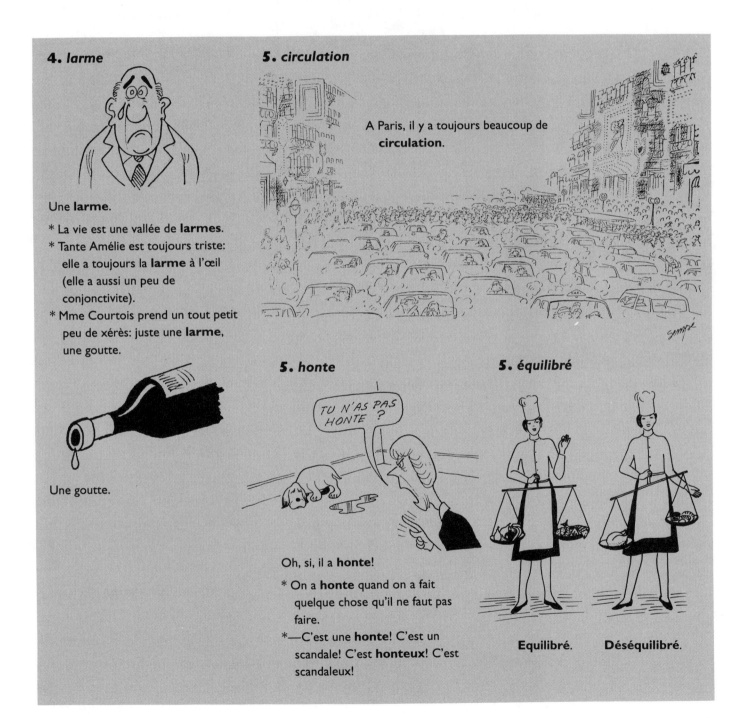

4. larme

Une **larme**.

* La vie est une vallée de **larmes**.
* Tante Amélie est toujours triste: elle a toujours la **larme** à l'œil (elle a aussi un peu de conjonctivite).
* Mme Courtois prend un tout petit peu de xérès: juste une **larme**, une goutte.

Une goutte.

5. circulation

A Paris, il y a toujours beaucoup de **circulation**.

5. honte

TU N'AS PAS HONTE?

Oh, si, il a **honte**!

* On a **honte** quand on a fait quelque chose qu'il ne faut pas faire.
* —C'est une **honte**! C'est un scandale! C'est **honteux**! C'est scandaleux!

5. équilibré

Equilibré.   Déséquilibré.

6

Enfin, on passe à table vers 20h 30. Heureusement, parce que Robert commençait à mourir de faim.

Mme Courtois: Bien! Je crois qu'on peut passer à table. Voyons . . . Robert ici, à ma droite . . . Mireille, tu te mets là. . . . *(A la bonne)* Concepcion, quand vous voudrez.

La bonne apporte le potage.

M. Courtois: Ah! Du potage!

Mme Courtois: Oui . . . enfin, non . . . plus exactement, c'est du gazpacho; c'est une spécialité de Concepcion. . . . Vous savez, ce sera très simple: truite, gigot, fromage, et dessert. C'est tout.

Mireille: Hmm . . . c'est délicieux!

Mme Courtois: Concepcion, votre gazpacho est délicieux.

Puis la bonne apporte les truites, et M. Courtois sert le vin blanc.

M. Courtois: Bibiche, un peu de vin blanc? C'est le chablis que tu aimes, le Moutonne. *(Il attaque sa truite)* Ah, une bonne petite truite, je crois que c'est le poisson que je préfère. . . . Mais Monsieur Taylor, vous ne buvez pas! Regardez Mireille!

Mireille: Moi, j'ai un faible pour le chablis!

7

Concepcion apporte le gigot, avec des haricots blancs, des haricots verts, et des pommes de terre sautées comme légumes.

M. Courtois: Je crois que je vais vous servir, ce sera plus simple. . . . Ah, Monsieur Taylor, bien cuit ou saignant?

Robert: Bien cuit, s'il vous plaît.

Mme Courtois: Tiens, Mireille, tu veux te servir de haricots? Robert, servez-vous de pommes de terre, si vous voulez.

Avec le rôti, M. Courtois sert un bordeaux rouge, un Léoville–Las Cases 1966, que tout le monde goûte dans un silence religieux.

Mireille: Hmmm . . . ce gigot est fameux!

Mme Courtois: J'ai un petit boucher qui me sert très bien. Il a toujours de la très bonne viande.

Après le plat de viande, la salade.

Mme Courtois: Robert, un peu de salade?

Après la salade, le fromage. Et avec le fromage, un bourgogne rouge, un Chambertin Clos de Bèze 1976. Repas simple, mais bien composé, qui se termine par une crème renversée.

M. Courtois: Concepcion, attention de ne pas renverser la crème renversée!

Mme Courtois: C'est le dessert préféré de Mireille!

---

6. mourir de

* Robert **mourait de** faim: il avait très faim. Il n'avait pas l'habitude de dîner si tard.
* —Fermez la fenêtre! Je **meurs de froid**.
* —Vous n'avez pas quelque chose à boire? Je **meurs de soif**.

6. apporter, potage, gazpacho

La bonne **apporte** le **potage**.

* Le soir, on commence souvent le repas par de la soupe, du **potage**, du bouillon, du consommé.
* Le **gazpacho** est une sorte de potage de légumes espagnol qu'on mange froid.

6. truite

Des **truites**. (Ce sont des poissons de rivière.)

6. gigot

Un **gigot**. (C'est de la viande de mouton.)

6. avoir un faible pour

* Mireille **a un faible pour** le chablis; elle adore ça. Elle ne peut pas résister.

6, 7. fromage

Des **fromages**.

7. pomme de terre

Des **pommes de terre**.

7. bien cuit, saignant

* Viande **bien cuite**: couleur brune.
Viande **saignante**: couleur rouge.

7. goûter

Il **goûte** le vin.

7. renverser

Une crème **renversée**.

Une salière **renversée**.

Un monsieur **renversé** par une voiture.

7. haricot

Des **haricots** blancs.

Des **haricots** verts.

8

M. Courtois organise pour Robert un tour de France touristique et gastronomique.

M. Courtois: Il faut . . . il faut aller à Lyon. . . .

Mireille: . . . L'ancienne capitale des Gaules!

M. Courtois: Ancienne capitale des Gaules, ancienne capitale des Gaules . . . c'est surtout la capitale gastronomique de la France! Vous y mangerez magnifiquement!

Mme Courtois: Si on passait à côté pour prendre le café?

M. Courtois: Et puis, il faut aller en Bourgogne, à Dijon. . . . J'y ai mangé un jour des œufs brouillés aux truffes. . . . Oh! Une merveille! Et, en parlant de truffes, il faut absolument aller en Dordogne.

Mme Courtois: Oui, c'est très beau, la vallée de la Dordogne, le Périgord. . . .

Mireille: C'est plein de grottes préhistoriques: Lascaux, les Eyzies. . . .

M. Courtois: Oui, c'est intéressant, si tu veux, mais pour les truffes, les foies gras, les confits d'oie, les cèpes, vous ne trouverez pas mieux! . . . Tenez, Robert, goûtez cet armagnac; je crois qu'il vous plaira. Cinquante ans d'âge! Vous m'en direz des nouvelles!

9

Robert est légèrement agacé par l'obsession gastronomique de M. Courtois. Il cherche un moyen de s'échapper au plus tôt, aussi poliment que possible, et, si possible, avec Mireille.

Robert: J'espère que vous m'excuserez, mais avec le décalage horaire. . . .

Mme Courtois: Ça fait combien entre New-York et ici? Cinq heures? Six heures?

Robert: Six heures. Je tombe de sommeil. . . .

Mireille: Oh, mais il est déjà minuit et demie, mon Dieu! Il faut que je rentre, moi aussi.

Robert (à *Mme Courtois*): Quel délicieux repas, et quelle charmante soirée! Je ne sais comment vous remercier. . . .

M. Courtois: Mais ne partez pas encore! Vous avez le temps! Tiens, vous prendrez bien encore un peu d'armagnac! N'est-ce pas qu'il est bon?

Robert: Il est extraordinaire, mais il faut absolument que je rentre.

M. Courtois: Vraiment? Alors, dans ce cas, je vais vous reconduire tous les deux.

Robert: Mais non, mais non, ce n'est pas la peine!

Mireille: Mais non, Parrain, ne te dérange pas! Tu dois être fatigué!

M. Courtois: Mais si, mais si! Ça ne me dérange pas du tout! De toute

8. œuf

Des **œufs**.

façon, je dois mettre la voiture au garage.

Robert: Merci encore. Tout était vraiment exquis. Bonsoir!

10

M. Courtois reconduit Mireille et Robert chacun chez eux. D'abord, il s'arrête devant le 18, rue de Vaugirard, où habite Mireille. Robert accompagne Mireille jusqu'à sa porte. Elle appuie sur un bouton. La porte s'ouvre. Robert a juste le temps de demander: "Quand est-ce que je pourrai vous revoir?"

Mireille: Je ne sais pas. . . . Donnez-moi un coup de fil lundi matin, vers neuf heures, au 43–26–88–10. Bonsoir, et bonne nuit!

Evidemment, Robert ne se rappelle déjà plus le numéro que Mireille vient de lui donner . . . mais c'est sûrement dans l'annuaire!

8. truffe

* La **truffe** est une sorte de champignon, plus ou moins sphérique, noir, qu'on trouve sous la terre, et qui a un goût très délicat. Les **truffes**, qui coûtent très cher, servent surtout à parfumer les plats. On met souvent des **truffes** dans le foie gras.

8. oie, confit

Une **oie**.

Du **confit** d'**oie**: des morceaux d'**oie** conservés dans la graisse.

8. cèpe

Des **cèpes** (ce sont des champignons).

8. vous m'en direz des nouvelles

*—**Vous m'en direz des nouvelles**! Je suis sûr que vous le trouverez remarquable, excellent, exceptionnel.

9. moyen

*—Il n'y a pas **moyen** de faire ça! C'est impossible!

*—C'est difficile, mais il y a sûrement un **moyen**!

9. s'échapper

Robert **s'échappe** avec Mireille.

9. tomber de sommeil

Il **tombe de sommeil**.

* Il a **sommeil**, il a envie de dormir.

9. reconduire

* M. Courtois veut **reconduire** Mireille et Robert chez eux; il veut les raccompagner en voiture.

9. parrain

* En fait, M. Courtois n'est pas le **parrain** de Mireille. Elle l'appelle "**parrain**" parce que c'est le mari de sa **marraine**.

10. appuyer, bouton

Mireille **appuie** sur un **bouton**.

10. donner un coup de fil

Il **donne un coup de fil**. (Il téléphone.)

10. annuaire

Un **annuaire**. On peut trouver un numéro de téléphone dans l'annuaire (un livre) ou sur le Minitel (un ordinateur).

🎧 Mise en œuvre

Ecoutez la mise en œuvre du texte et répondez aux questions suivantes.

1. Où Robert arrive-t-il?
2. Comment est Robert, physiquement? Est-il très différent de sa mère?
3. Quand Mireille avait-elle téléphoné à Mme Courtois?
4. Est-ce que Mireille avait vu sa marraine récemment?
5. Comment Mme Courtois appelle-t-elle Mireille?
6. Pourquoi Mme Courtois a-t-elle dit à Mireille qu'elle tombait bien?
7. Pourquoi Mme Courtois pense-t-elle que ce jeune Américain sera ravi de faire la connaissance de Mireille?
8. Est-ce que Mireille a tout de suite accepté l'invitation de Mme Courtois?
9. Que font Robert et Mireille, quand Mme Courtois les présente l'un à l'autre?
10. Qu'est-ce que les Courtois ne devront jamais découvrir?
11. Pourquoi Mme Courtois se lève-t-elle?
12. Quand M. Courtois doit-il aller aux Etats-Unis?
13. Qu'est-ce qu'il veut demander à Robert, avant de faire ce voyage?
14. Que sont le banyuls, le pastis, le porto?
15. Qu'est-ce que Robert prend comme apéritif?
16. Et Mireille, que prend-elle?
17. Et Mme Courtois?
18. Et M. Courtois?
19. De quoi parle-t-on?
20. Qu'est-ce qu'on fait vers 20h 30?
21. Qu'est-ce qu'on sert pour commencer?
22. Qu'est-ce qu'on sert après le potage?
23. Quel vin sert-on avec le poisson?
24. Mireille a fini son verre de chablis. Pourquoi?
25. Qu'est-ce qu'on sert après le poisson?
26. Quel vin M. Courtois sert-il avec le gigot?
27. Comment Mireille trouve-t-elle le gigot?
28. Qu'est-ce qu'on sert après la salade?
29. Pourquoi Mme Courtois sert-elle une crème renversée?
30. Pourquoi M. Courtois conseille-t-il à Robert d'aller à Lyon?
31. Est-ce qu'on prend le café à table?
32. Qu'est-ce que M. Courtois a mangé, une fois, à Dijon?
33. Où trouve-t-on des truffes?
34. Qu'est-ce qu'il y a d'autre en Dordogne?
35. Qu'est-ce qui agace Robert?
36. Pourquoi Robert ne peut-il pas s'échapper avec Mireille?
37. Pourquoi est-ce que ça ne dérange pas M. Courtois de raccompagner Mireille et Robert?
38. Que fait Robert quand M. Courtois s'arrête devant chez Mireille?
39. Qu'est-ce que Robert demande à Mireille?

Mise en question

1. Pourquoi Mme Courtois appelle-t-elle Robert "mon petit Robert"? Est-ce que c'est parce que Robert n'est pas très grand ou est-ce parce que c'est un terme d'affection et que Mme Courtois est une femme cordiale, chaleureuse?

2. Quand Mireille a téléphoné à Mme Courtois, le jeudi, ça faisait combien de temps qu'elle n'avait pas vu sa marraine? Pourquoi Mme Courtois a-t-elle dit que ça faisait une "éternité"?

3. Pourquoi Mme Courtois appelle-t-elle Mireille "Minouche"?

4. Pourquoi Mireille tombe-t-elle si bien? Est-ce que c'est une pure coïncidence si elle téléphone, ce jour-là?

5. Comparez la réponse de Mireille à Mme Courtois, quand celle-ci l'invite à dîner, avec sa réponse à Robert (leçon précédente), quand Robert lui a suggéré de se faire inviter. Qu'en pensez-vous? En quoi ces deux réponses sont-elles semblables? Qu'est-ce que Mireille fait dans les deux cas? Pourquoi?

6. Mme Courtois insiste. Quel argument utilise-t-elle pour persuader Mireille de venir?

7. Qu'est-ce que la conversation entre Mme Courtois et Robert, avant le coup de sonnette de Mireille, a de particulier?

8. Supposez que vous êtes à la place de Mireille ou de Robert et que Mme Courtois vous présente. Qu'est-ce que vous allez faire?

9. A votre avis, est-ce que c'est bien pour Robert et Mireille d'avoir un secret? Est-ce que vous croyez que ça plaît à Robert?

10. Pourquoi la chatte saute-t-elle sur les genoux de Mme Courtois quand celle-ci fait asseoir Mireille près d'elle?

11. Pourquoi M. Courtois est-il un peu en retard? D'où vient-il?

12. A votre avis, pourquoi y avait-il si longtemps que Mireille n'avait pas vu les Courtois?

13. A votre avis, quel genre de tuyaux M. Courtois voudrait-il que Robert lui donne? Qu'est-ce qu'il voudrait savoir?

14. A votre avis, est-ce que Mireille a vraiment l'habitude de boire des pastis "bien tassés," ou est-ce qu'elle s'amuse à choquer Robert?

15. Quels sont les sujets de conversation, à l'apéritif? Et quand vous êtes invité(e) à dîner, vous, de quoi parlez-vous?

16. Comment Mireille critique-t-elle la cuisine des restaurants universitaires?

17. Comment Mme Courtois défend-elle les restaurants universitaires?

18. A quelle heure dîne-t-on chez les Courtois? Et chez vous?

19. Où place-t-on l'invité d'honneur, à côté de la maîtresse de maison ou du maître de maison? A droite ou à gauche?

20. Qu'est-ce que la maîtresse de maison annonce habilement au début du repas?

21. Pourquoi tout le monde goûte-t-il le Léoville–Las Cases dans un silence religieux?

22. En résumé, avec quoi sert-on du vin rouge et avec quoi sert-on du vin blanc, dans la tradition française?

23. Pourquoi Mireille pense-t-elle que Lyon est une ville intéressante? Et M. Courtois?

24. Pourquoi Mireille pense-t-elle que la vallée de la Dordogne est une région intéressante? Et M. Courtois?

25. D'après vous, qu'est-ce que l'armagnac—un alcool, comme le cognac, le kirsch, la mirabelle, ou une liqueur comme le Grand Marnier, le Cointreau, la Bénédictine?

26. Quelle excuse Robert utilise-t-il pour partir?

27. A votre avis, pourquoi Mireille dit-elle qu'elle va partir, elle aussi?

Documents

Dordogne–Périgord

Publicité pour les foies gras du Périgord.

La vallée de la Dordogne.

Un village sur la Dordogne, La Roque-Gageac.

Un village en Périgord, Monpazier.

Le site préhistorique des Eyzies avec une statue (moderne) représentant l'homme de Cro-Magnon.

Peintures préhistoriques de la grotte de Lascaux.

2

Jeu de mots (idiot)?

A. Comment vas-tu . . . yau de poêle?

—*Marie-Laure*

B. Le plus intéressant avec Lacan était qu'il pouvait se permettre à peu près n'importe quoi sans jamais susciter autre chose dans son auditoire qu'une foi redoublée en son génie. Proféré de son lieu et par ses soins, "comment vas-tu yau de poêle" faisait largement pièce à "je pense, donc je suis". Son astuce était de laisser entendre que son discours était celui-là même de l'inconscient . . . . Yau de poêle, tout le monde te dira au-delà de l'école primaire que ce n'est pas très fort, mais tout change si tu dis que c'est de l'inconscient, du processus primaire. . . .

—*François Georges*
    Professeur à T.

3

Le Boire et le manger

A. L'appétit vient en mangeant.

—*Tante Georgette*

B. L'appétit vient en mangeant. . . , la soif s'en va en buvant.

—*François Rabelais*
    Gargantua

C. Si vous n'êtes pas capable d'un peu de sorcellerie, ce n'est pas la peine de vous mêler de cuisine.

—*Colette*
    Prisons et paradis

D. En Art, j'aime la simplicité; de même en cuisine.

—*Erik Satie*

E. Un homme qui ne boit que de l'eau a un secret à cacher à ses semblables.

—*Baudelaire*
    Les Paradis artificiels

4

Le Vin et le lait

Le vin est senti par la nation française comme un bien qui lui est propre, au même titre que ses trois cent soixante espèces de fromages et sa culture. C'est une boisson-totem, correspondant au lait de la vache hollandaise ou au thé absorbé cérémonieusement par la famille royale anglaise. Bachelard a déjà donné la psychanalyse substantielle de ce liquide, à la fin de son essai sur les rêveries de la volonté, montrant que le vin est suc de soleil et de terre, que son état de base est, non pas l'humide, mais le sec, et qu'à ce titre, la substance mythique qui lui est le plus contraire, c'est l'eau.

—*Roland Barthes*
    Mythologies

5

Recette de la crème renversée

1. Pour six personnes, prenez un demi-litre de lait et faites-le bouillir avec un bâton de vanille ou une demi-cuillerée à café d'extrait de vanille.

Cassez trois œufs dans une terrine. Battez les œufs pendant deux ou trois minutes avec une fourchette ou, de préférence, un fouet ou un batteur électrique. Versez le lait bouillant et cinq cuillerées à soupe de sucre en poudre sur les œufs tout en continuant de les battre. Laissez reposer.

2. Versez cinq cuillerées à soupe (environ 75 grammes) de sucre en poudre au fond d'une casserole. Mettez sur le feu et faites fondre le sucre en le remuant jusqu'à ce qu'il soit caramélisé, c'est-à-dire jusqu'à ce qu'il prenne une belle couleur brune. Versez ce caramel dans votre moule. Penchez le moule dans tous les sens pour distribuer le caramel également dans le fond et sur les côtés du moule. (Tenez le moule avec un torchon pour ne pas vous brûler.)

3. Versez la crème dans le moule. Posez le moule dans une casserole d'eau chaude pour faire cuire au bain-marie. Faites cuire, au four, à feu doux pendant 25 à 30 minutes.

Laissez refroidir puis démoulez en renversant le moule sur un plat.

6

Des Chutes

Quand on tombe, on ne tombe jamais bien.

—*Alexandre Dumas fils*

Rappelons qu'**Alexandre Dumas fils** est le fils d'**Alexandre Dumas père** (voir leçon 15, document 2).

Alexandre Dumas père (1802–1870) n'a pas fait de très bonnes études classiques. Vers l'âge de 20 ans il décide de refaire son éducation lui-même, en autodidacte. A 23 ans, il commence à faire jouer des comédies aux théâtres du Boulevard. Il rencontre le succès avec des drames historiques joués au Théâtre français et à l'Odéon, comme la *Tour de Nesles* (1832), puis avec des romans historiques qui restent encore très populaires: *Les Trois Mousquetaires* (1844), *Vingt ans après* (1845), et *Le Comte de Monte Cristo* (1845).

Le succès de ses romans et des adaptations de ses romans pour la scène a été énorme. Il estimait qu'il avait gagné dix-huit millions de francs-or; mais il avait aussi dépensé beaucoup d'argent et il est mort pauvre. Il a écrit plus de trois cents volumes. Il est encore, avec Balzac et Victor Hugo, l'un des écrivains les plus lus de l'époque romantique: "Un Prométhée, un Titan!" (Lamartine); "Vous êtes plus qu'un grand écrivain, vous êtes une des grandes forces de la nature" (Michelet); "Le merveilleux Dumas" (Apollinaire).

Alexandre Dumas fils est né en 1824. Son père ne s'est pas beaucoup occupé de lui dans sa jeunesse. En sortant de pension, où il avait passé huit ans, il a voulu profiter de la vie et s'amuser. Quelques années plus tard il avait 50.000 francs de dettes, ce qui, à l'époque, était énorme. Il ne savait rien faire, alors il a décidé de faire de la littérature. "Ne sachant rien faire, je fis de la littérature."

Trois ans plus tard, à 24 ans, il publie un roman, *La Dame aux camélias* (1845), qu'il adapte ensuite pour la scène. C'est un succès. Avec *La Dame aux camélias,* il est à l'origine de la pièce moderne et de ce qu'on a appelé la comédie de mœurs. Sa description de la société parisienne contemporaine a souvent fait scandale. Un critique, Jules Janin, l'appelait "un calomniateur du genre humain." Il est mort en 1895.

7

Sévère mais juste

Je suis sévère mais je suis juste!

Hier soir, je rentre chez moi . . . qu'est-ce que j'apprends? Que le chat avait mangé la pâtée du chien? Dehors le chat!

Là-dessus, qu'est-ce que j'apprends? Que le chien avait mangé la côtelette de ma femme? Dehors le chien!

Là-dessus, qu'est-ce que j'apprends? Que ma femme avait mangé mon bifteck? Dehors la femme!

Là-dessus, qu'est-ce que je découvre?

Que le lait que j'avais bu le matin était celui du chat! Alors, j'ai fait rentrer tout le monde et je suis sorti. . . .

Sévère mais juste!

—*Raymond Devos*

8

Habitation et circulation

Il y a dans les villes deux fonctions, l'une primaire d'habitation, l'autre secondaire de circulation, et on voit aujourd'hui partout l'habitation méprisée, sacrifiée à la circulation, de telle sorte que nos villes, privées d'arbres, de fontaines, de marchés, de berges, pour être de plus en plus "circulables," deviennent de moins en moins habitables.

—*Michel Tournier*
Petites Proses

Leçon 25 Nourritures terrestres II

Texte

1

Il est huit heures du matin. Robert se réveille. C'est samedi, le 2 juin. Robert se lève. . . . Il regarde par la fenêtre. Il s'étire. Il bâille. Il prend une douche. Il se rase. Il se coupe. Il se brosse les dents. Il se brosse les cheveux. Il se coupe les ongles. Il commande son petit déjeuner.

Robert: Allô, bonjour! Est-ce que je pourrais avoir un petit déjeuner, s'il vous plaît?

La reception: Oui, Monsieur. Thé, café, ou chocolat?

Robert: Thé . . . non, non, excusez-moi! Café, un café au lait, s'il vous plaît.

La reception: Bien, Monsieur. Alors, un café au lait complet, chambre 27. Tout de suite, Monsieur, on vous l'apporte.

Robert finit de s'habiller. On frappe.

Robert: Oui, tout de suite.

La femme de chambre: Bonjour, Monsieur. Voilà . . . bon appétit!

2

Robert prend son petit déjeuner sur le balcon. Il se sert de café au lait, prend un morceau de sucre, cherche la petite cuillère. Il mange son croissant, puis le morceau de pain avec du beurre et de la confiture. Il prend son temps. Il n'est pas pressé: il n'a rien à faire. . . . Il a des loisirs. . . . C'est agréable d'avoir des loisirs!

Il va aller se promener dans Paris.

3

Dans la rue, il passe devant une boulangerie. Ces croissants, ces brioches, ça a l'air bon! Mais voyons, Robert, tu n'as pas faim! Tu viens de déjeuner. . . .

Un marchand de fromages:
Monsieur, vous voulez un beau camembert? Un bien fait? Tenez, Monsieur. En voici un beau, à point.

Oui, il a l'air bon. . . . Mais voyons, Robert, tu n'as pas faim! Tu viens de déjeuner. . . .

4

Robert continue sa promenade: les arènes de Lutèce, la mosquée, l'île-Saint-Louis. Il achète un croque-monsieur.

Robert: Un croque-monsieur, s'il vous plaît.

Le marchand: Voilà. 9 francs.

Robert tend un billet de 500F.

Le marchand: Oh, là, là, 500F! Vous n'avez pas de monnaie?

Robert: Non, je n'ai pas du tout de monnaie.

Le marchand (*à un collègue*): Patrick, tu as la monnaie de 500F?

Patrick: Ouais, je crois. . . .

1. se réveiller, bâiller

Robert **se réveille** (il ouvre les yeux); il **bâille** (là, c'est la bouche qu'il ouvre).

1. s'étirer

Il **s'étire**.

1. prendre une douche

Madame prend un bain, Monsieur **prend une douche**.

1. se brosser les dents

Il **se brosse les dents**.

1. ongle

Un **ongle** (sale!).

1. frapper

Robert **frappe** (à la porte).

1, 2. petit déjeuner

Un **petit déjeuner** complet: beurre, pain, lait, café, confiture, petite cuillère, sucre, tasse, deux croissants.

2. confiture

Un pot de **confiture**.

3. brioche

Une **brioche**.

4. croque-monsieur

Robert a acheté un **croque-monsieur**. (C'est du pain, du jambon, et du fromage grillés.)

4. rendre la monnaie

* Le croque-monsieur coûte 9F. Robert donne un billet de 500F. Le marchand va lui **rendre la monnaie** de 500F, c'est-à-dire 491F.

5

Ensuite, Robert découvre la place des Vosges et le Marais. Puis il s'installe dans un petit restaurant.

Le maître d'hôtel: Bonjour, Monsieur. Vous prendrez un apéritif?

Robert: Euh . . . non, merci.

Robert consulte le menu, mais son attention est attirée par une vieille demoiselle, assise à une table voisine. Robert ne la reconnaît pas parce qu'il ne la connaît pas, mais c'est Tante Georgette, la tante de Mireille.

Tante Georgette: Garçon, garçon! Allez me chercher un autre verre, celui-ci est plein de rouge à lèvres! . . . Garçon, garçon! Apportez-moi une fourchette propre! Celle-ci est pleine de jaune d'œuf! . . . Et changez-moi cette assiette! Elle est sale! Mais enfin, qu'est-ce que c'est que ça? On ne fait plus la vaisselle, dans cette maison? Mais c'est incroyable! Et regardez-moi cette serviette! Elle est toute déchirée . . . et la nappe aussi, oh! . . . Vous m'apporterez une tête de veau.

Le garçon: Je suis désolé, Madame, il n'y en a plus.

Tante Georgette: Quoi? Il n'y a plus de tête de veau? Et ce monsieur, là, qu'est-ce qu'il mange? Ce n'est pas de la tête de veau?

Le garçon: C'était la dernière, Madame. Il n'y en a plus à la cuisine. Mais nous avons un très bon pied de porc. . . .

6

Tante Georgette: Je ne veux pas de pied de porc, je veux de la tête de veau!

Le garçon: Je regrette, Madame. . . . Le lapin à la moutarde est très bien. . . .

Tante Georgette: La moutarde, la moutarde, elle me monte au nez, hein! . . . Bon, bien . . . euh . . . vous m'apporterez une côtelette de mouton.

Le garçon: Bien, Madame; une côtelette d'agneau.

Tante Georgette: Une côtelette d'agneau, une côtelette de mouton, ça m'est égal! C'est pareil! . . . Et à point!

Le garçon: Bien, Madame.

Quelques minutes plus tard, le garçon apporte une côtelette, et s'en va. Tante Georgette le rappelle.

Tante Georgette: Garçon, garçon! Vous allez me rapporter cette côtelette à la cuisine! Elle n'est pas cuite! Je vous avais dit: "A point!" Regardez-moi ça! Elle est complètement crue à l'intérieur. C'est incroyable! Et puis, vous m'apporterez un autre couteau. Celui-ci ne coupe pas.

7

Quelques minutes après. . . .

Le garçon: Voilà votre côtelette, Madame. J'espère que cette fois, elle sera assez cuite pour vous.

Tante Georgette: Assez cuite? Mais elle est carbonisée, votre côtelette! C'est du charbon! Et puis, remportez-moi ces petits pois. Ce ne sont pas des petits pois frais. C'est de la conserve, ça! Ça sort tout droit de la boîte!

5. *voisin*

* Au restaurant, une dame est assise à une table **voisine**, une table près de celle de Robert.

5. *rouge à lèvres*

Un tube de **rouge à lèvres**.

5. *fourchette, assiette, serviette, nappe*

serviette fourchette assiette nappe

5. *faire la vaisselle*

De la **vaisselle** sale. (On ne **fait** pas **la vaisselle**, dans cette maison?)

5. *tête de veau*

Une **tête de veau**. (Mais oui, ça se mange! C'est même très bon!)

5. *pied de porc*

Des **pieds de porc** (pas cuits).

6. *lapin*

Un **lapin** (vivant).

6. *la moutarde me monte au nez*

* Tante Georgette n'a plus de patience. **La moutarde lui monte au nez.**

6. *côtelette, cru*

Une **côtelette** (complètement **crue**).

7. *petits pois, conserve*

Des **petits pois** en **conserve**.

8

Un peu plus tard. . . .

Tante Georgette: C'est tout ce que vous avez comme fromages? Votre brie est trop frais. Regardez-moi ça! On dirait de la craie! Votre brie est trop frais, et votre camembert trop fait! Il pue! C'est une infection! . . . Et puis, apportez-moi du pain frais! Celui-ci était frais il y a huit jours! Regardez: il est dur comme de la pierre! . . . Je ne suis pas rouspéteuse, mais il y a des limites!

8. *frais, fait*

*—Le brie est trop **frais**, il faut attendre quelques jours, il est trop jeune, il n'est pas bon à manger. Le camembert est trop **fait**, on a attendu trop longtemps, il est trop vieux.

8. *craie*

Mireille écrit au tableau noir avec de la **craie**. (La **craie**, c'est dur, ce n'est pas bon à manger.)

8. *pierre*

Des **pierres**.

8. *rouspéteur*

* Tante Georgette n'est pas contente. Elle **rouspète**. Les Français aiment bien protester. Ils sont **rouspéteurs**.

⌒ Mise en œuvre

Ecoutez la mise en œuvre du texte et répondez aux questions suivantes.

1. Que fait Robert, ce samedi-là, à huit heures du matin?
2. Est-ce qu'il s'habille tout de suite?
3. Qu'est-ce qu'on peut commander pour le petit déjeuner?
4. Qu'est-ce que Robert commande?
5. Où est-ce que Robert prend son petit déjeuner?
6. Qu'est-ce qu'il met dans son café au lait?
7. Qu'est-ce qu'il mange?
8. Pourquoi est-ce qu'il peut prendre son temps?
9. Qu'est-ce qu'il fait ensuite?
10. Robert voit des croissants et des brioches dans une boulangerie. Pourquoi est-ce qu'il n'achète rien?
11. Quand Robert achète un croque-monsieur, pourquoi doit-il donner un billet de 500F au marchand?
12. Où est-ce qu'il s'installe, place des Vosges?
13. Qui est-ce qu'il remarque, à une table voisine?
14. Qu'est-ce qu'elle demande au garçon?
15. Pourquoi veut-elle qu'on lui change son verre?
16. Pourquoi veut-elle qu'on lui change sa fourchette?
17. Est-ce que son assiette est propre?
18. Pourquoi le verre, la fourchette, l'assiette sont-ils sales, d'après Tante Georgette?
19. Comment sont la nappe et la serviette?
20. Pourquoi Tante Georgette ne peut-elle pas avoir de tête de veau?
21. Que suggère le garçon, à la place de la tête de veau?
22. Qu'est-ce que Tante Georgette commande, finalement?
23. Pourquoi Tante Georgette renvoie-t-elle sa côtelette à la cuisine?
24. Et son couteau, qu'est-ce qu'il a?
25. Est-ce que la côtelette est assez cuite quand le garçon la rapporte?
26. Pourquoi Tante Georgette renvoie-t-elle les petits pois?
27. Pourquoi est-ce que le brie ne lui plaît pas?
28. Pourquoi est-ce que le camembert ne lui plaît pas?
29. Et le pain, qu'est-ce qu'il a?
30. Est-ce que Tante Georgette est une cliente facile à satisfaire?

Mise en question

1. Quand Robert commande son petit déjeuner, pourquoi demande-t-il d'abord du thé et ensuite du café? Est-ce qu'il n'a pas bien compris? Est-ce qu'il n'est pas bien réveillé? Est-ce qu'il a changé d'idée? Qu'est-ce que vous buvez, vous, au petit déjeuner?

2. Est-ce que Robert a demandé un petit déjeuner complet? Est-ce qu'on lui a demandé s'il voulait un petit déjeuner complet? Qu'est-ce qu'on lui apporte? Qu'est-ce qu'il y a dans un petit déjeuner complet?

3. Qu'est-ce qu'on vend au marché de la rue Mouffetard?

4. A votre avis, les arènes de Lutèce datent du XIXème, du XVIIème siècle, de la Renaissance, du Moyen Age, ou de l'époque gallo-romaine? C'était un monument religieux, un lieu de spectacle, un marché?

5. La mosquée appartient à la religion juive, chrétienne, musulmane, ou hindouiste?

6. Est-ce que vous pouvez expliquer ce que c'est qu'un croque-monsieur? Avec quoi est-ce que c'est fait? Du pain, du jambon, du fromage? Quelle différence y a-t-il avec un sandwich au jambon et au fromage? Est-ce qu'un sandwich est grillé? Est-ce que les croque-monsieur se mangent froids ou chauds?

7. Quels plats sert-on dans le restaurant où mange Tante Georgette? Est-ce que vous avez déjà mangé de la tête de veau, des pieds de porc, du lapin, du mouton, de l'agneau, du camembert, du brie?

8. Quelle différence y a-t-il entre un mouton et un agneau? Lequel est l'animal jeune et lequel l'animal adulte? Quelle différence y a-t-il entre un veau et un bœuf?

9. Quand on mange, est-ce qu'on pose l'assiette directement sur la table, en général? Qu'est-ce qu'on met sur la table?

10. Qu'est-ce qu'on pose sur ses genoux? Avec quoi est-ce qu'on s'essuie la bouche?

11. Avec quoi est-ce qu'on coupe la viande? Avec quoi est-ce qu'on mange la viande? Avec quoi est-ce qu'on mange la soupe?

12. Dans quoi est-ce qu'on boit? Dans quoi est-ce qu'on mange?

13. Vous pensez que la moutarde est un légume (comme les petits pois, les haricots ou les pommes de terre), une viande, un condiment (comme le poivre, l'ail, ou le persil), un vin, un fruit?

14. D'après vous, il vaut mieux manger des légumes frais, en conserve, ou surgelés? Qu'est-ce que vous mangez en général? Pourquoi?

15. Tante Georgette dit: "Vous allez me rapporter cette côtelette à la cuisine!" "Regardez-moi ça!" "Remportez-moi ces petits pois!" parce qu'elle n'est pas contente du tout et qu'elle est plutôt impérieuse. Comment est-ce qu'on dit normalement?

16. Tante Georgette dit qu'elle n'est pas rouspéteuse. A votre avis, est-ce qu'elle est rouspéteuse? Est-ce que vous croyez que les Français, en général, sont rouspéteurs? Est-ce que vous croyez que les Français pensent qu'ils sont rouspéteurs? Si vous demandez à un Français en particulier s'il est rouspéteur, qu'est-ce que vous croyez qu'il dira? Et si vous lui demandez si les Français en général sont rouspéteurs, qu'est-ce que vous croyez qu'il dira?

Documents

Le quartier du Marais

La place des Vosges.

Fontaine au milieu de la place des Vosges.

L'hôtel de Sens, XVème siècle.

Cour intérieure d'un vieil hôtel du Marais.

Maison du XIVème siècle.

Vitrine d'un magasin du quartier juif du Marais.

La mosquée et l'Institut Musulman.

2

Le Sucre et la petite cuillère

C'est une petite cuillère et un sucre qui sont tombés amoureux. Malheureusement c'est une histoire terrible, parce que l'un des deux est mort: ils s'étaient donné rendez-vous dans un café!

—*Coluche*

3

Déjeuner du matin

Il a mis le café
Dans la tasse
Il a mis le lait
Dans la tasse de café
Il a mis le sucre
Dans le café au lait
Avec la petite cuiller
Il a tourné
Il a bu le café au lait
Et il a reposé la tasse
Sans me parler

Il a allumé
Une cigarette
Il a fait des ronds
Avec la fumée
Il a mis les cendres
Dans le cendrier
Sans me parler
Sans me regarder

Il s'est levé
Il a mis
Son chapeau sur sa tête
Il a mis son manteau de pluie
Parce qu'il pleuvait
Et il est parti
Sous la pluie
Sans une parole
Sans me regarder

Et moi j'ai pris
Ma tête dans ma main
Et j'ai pleuré

—*Jacques Prévert*
  Paroles

4

Le Petit Déjeuner d'Azouz

(Azouz, un petit Algérien, se réveille et observe sa mère qui prépare le petit déjeuner.)

Je regarde ma mère taper ses mains l'une contre l'autre pour faire circuler son sang et retourner d'un seul coup la galette. Gestes mécaniques. Elle ne m'a pas encore vu. Ça sent bon la semoule chaude, le café, la brise marine, un matin frais, le sel du large, l'herbe humectée de rosée.

Quelqu'un au loin brûle du bois.

Je frotte mes yeux pour les débarrasser de cette colle naturelle qui accroche la nuit, passe les doigts dans mes cheveux pour les ranger dans le même sens. Ma mère se retourne. Un large sourire brille sur son visage. Elle desserre le foulard qui cache ses cheveux.

—Déjà réveillé?

Réveillé de quoi? Je dis oui, quand même.

—Ça va?

—Oui.

—Mieux?

—Oui.

Ça va, c'est vrai. Les idées sont claires.

Elle soulève une serviette qu'elle a placée sur le côté et retire une demi-galette encore toute chaude. Elle me la tend:

—Attention, elle est brûlante.

Il y a longtemps qu'elle ne m'a pas vu manger correctement, elle fait remarquer.

—Il y a une éternité que tu as pas fait cuire de la cassara, je fais remarquer.

Elle admet:

—C'est vrai.

C'est tout.

Elle tape encore une fois sur ses deux mains et retourne la galette sur le feu.

—*Azouz Begag*
  L'Ilet-aux-Vents

5

Recette du lapin à la moutarde

Préparation: 10mn. Cuisson: 20mn par 500g.
   1 lapin
   50g de moutarde
   sel
   poivre
   2 bardes de lard
Enduire le lapin de moutarde. Disposer sur un plat à
four. Entourer le lapin couvert de moutarde avec les deux
bardes de lard. Cuire à four chaud. Saler, poivrer.

6

Leçon 26 Nourritures terrestres III

Texte

C'est dimanche. Robert n'a rien à faire. Il se promène. Il y a des gens qui vont à l'église . . . ou au temple; d'autres achètent des gâteaux dans les pâtisseries. Robert s'arrête devant une

pâtisserie, admire la vitrine, et se décide à entrer.

Robert: Bonjour, Madame.
La vendeuse: Monsieur? Vous désirez?
Robert: C'est quoi, ça?
La vendeuse: Des choux à la crème.
Robert: Et ça?
La vendeuse: Des éclairs, au café ou au chocolat.
Robert: Et ça?
La vendeuse: Des tartes au citron, Monsieur . . . des religieuses, également au café ou au chocolat.

Robert: Je vais prendre une religieuse.
La vendeuse: Oui. Au café? Au chocolat?
Robert: Café.
La vendeuse: C'est pour emporter?
Robert: Non, c'est pour manger tout de suite.
La vendeuse: Voilà, Monsieur; ça fera 10 francs. . . . Merci! Au revoir, Monsieur.

Robert se demande où il va aller déjeuner. Il achète un guide des restaurants, en choisit un, et entre.

Le maître d'hôtel: Bonjour, Monsieur. Un couvert?
Robert: S'il vous plaît.
Le maître d'hôtel: Par ici, s'il vous plaît. . . . Voilà.
Robert: Merci, Monsieur.
Le maître d'hôtel: Je vous en prie, Monsieur.

Robert consulte le menu. A la table voisine, le garçon sert des apéritifs.

---

1. église, temple

Les catholiques vont à l'**église**.
Les protestants vont au **temple**.
Les israélites vont à la synagogue.
Les musulmans vont à la mosquée.

1. gâteau, pâtisserie

Des **gâteaux** dans une **pâtisserie** (un baba au rhum, un chou à la crème, une religieuse).

Des **tartes** (aux pommes, au citron, aux fraises, aux abricots).

2. couvert

Un **couvert**.

Le garçon: Le Martini, c'est pour Madame, et le Pernod, c'est pour Monsieur. . . .

Robert lève les yeux, et voit une jeune femme blonde, qui déjeune avec un jeune homme. Il se demande si ce n'est pas Mireille.[1]

Le jeune homme: Vous nous apporterez la carte des vins, s'il vous plaît.

Le garçon: Oui, Monsieur, tout de suite.

Le jeune homme: Alors, chérie, qu'est-ce qui te tente?

La jeune femme: Boh . . . je ne sais pas. Quelque chose de léger. Je n'ai pas très faim. Qu'est-ce qu'ils ont comme plat du jour?

Le jeune homme: Le cassoulet toulousain. . . . Ça doit être bon!

La jeune femme: Oh, là, là! Non, alors! C'est trop lourd! Qu'est-ce que tu vas prendre, toi?

1. Mais non, voyons, Robert! Ce n'est pas Mireille! D'ailleurs, elle parle du nez, comme si elle avait un rhume! Mireille ne parle pas comme ça!

3. Martini

Du **Martini**, un apéritif. C'est du vermouth rouge ou blanc.

3. tenter

Eve: Alors, chéri, qu'est-ce qui te **tente**?

Scène de **tentation**: Eve **tente** Adam (avec une pomme). La pomme **tente** Adam.

3. léger, lourd

Un ballon, c'est **léger**.

C'EST LOURD!

* C'est **léger**, facile à digérer. C'est **lourd**; ce n'est pas facile à digérer.

3. cassoulet

* Un **cassoulet**: un plat de haricots blancs avec de la saucisse, du confit d'oie.

Le jeune homme: La choucroute garnie me tente . . . mais je ne la digère pas très bien.

La jeune femme: Ah, oui? Papa dit que c'est très facile à digérer, la choucroute.

Le jeune homme: La choucroute, peut-être, mais la graisse d'oie, le lard fumé, les saucisses, et le jambon, c'est une autre histoire!

4

3. *choucroute*

Une **choucroute** garnie. C'est une spécialité alsacienne.

3. *lard*

Du **lard**.

La jeune femme: Non, mais dis donc, regarde ce qu'ils ont comme canards! Canard aux olives, canard à l'orange, aiguillettes de canard aux cerises, magret de canard . . . sans compter le foie gras de canard dans les hors-d'œuvre!

Le jeune homme: Bon, il faudrait quand même se décider. . . . Alors, qu'est-ce que tu prends?

La jeune femme: Boh, je ne sais pas. Je crois que je vais juste prendre une petite omelette aux fines herbes.

Le jeune homme: Ah, je te connais! Tu vas manger une omelette, et dans deux heures, tu mourras de faim! C'était comme ça, l'année dernière, quand tu suivais ton régime!

La jeune femme: Ah, dis, tu as vu? Des œufs à la Mireille!

Le jeune homme: Où ça?

La jeune femme: Là, dans les hors-d'œuvre.

Le garçon: Vous avez choisi?

La jeune femme: Qu'est-ce que c'est, les œufs à la Mireille?

Le garçon: Ce sont des œufs durs farcis. Les jaunes sont mélangés avec une purée de thon aux tomates, avec un filet d'anchois, une olive noire, et des câpres sur le dessus.

5

La jeune femme: Ouh, les anchois, c'est trop salé. . . . Oh, il y a aussi un poulet sauté Mireille! Et des abricots Mireille dans les desserts!

Le jeune homme: Pourquoi avez-vous tous ces plats qui s'appellent Mireille?

Le garçon: Ah, ça, Monsieur, c'est toute une histoire! Une histoire bien triste. . . . Notre chef avait, dans sa jeunesse, une petite amie qui s'appelait Mireille, et qui est morte d'une indigestion de crevettes roses. Il est inconsolable, et il dédie à sa mémoire toutes ses plus brillantes créations culinaires.

Le jeune homme: C'est très touchant. . . . Et c'est comment, ce poulet Mireille?

Le garçon: Sauté avec des aubergines et des tomates. On fait sauter les morceaux de poulet dans l'huile très chaude, puis on garnit de tranches d'aubergines frites et de tomates sautées.

4. *canard*

Un **canard**.

4. *cerise*

Des **cerises**.

4. *fines herbes*

Des **fines herbes**, des herbes qui
donnent du goût, comme le persil,
l'estragon, la ciboulette. . . .

4. *suivre un régime*

Elle suit un **régime**: elle essaie de
manger peu.

4. *œuf dur, farci*

Les œufs Mireille sont des **œufs
durs farcis**.

4. *thon, anchois*

Du **thon**. (C'est un gros poisson de
mer.)

Des **anchois**. (Ce sont de petits
poissons de mer.)

5. *poulet, aubergine*

Un **poulet** (vivant).

Un **poulet** avec des tomates et des
aubergines.

5. *faire sauter, huile*

On **fait sauter** le poulet dans
l'**huile** très chaude (de l'**huile**
d'olive ou d'arachide, de maïs, de
soja . . .).

5. *tranche*

Des **tranches** d'aubergine.

6

La jeune femme: Je crois que je vais prendre une petite grillade . . . une entrecôte.

Le jeune homme: Et pour moi, ce sera . . . un steak au poivre.
Le garçon: Et comme cuisson, pour la grillade?
La jeune femme: A point, s'il vous plaît.
Le jeune homme: Et pour moi, bleu.
Le garçon: Et pour commencer?
La jeune femme: Pour moi, une assiette de saumon cru.
Le jeune homme: Vous n'avez pas d'escargots?
Le garçon: Ah, non, Monsieur, je regrette. . . .
Le jeune homme: Dommage . . . eh bien, je vais prendre une douzaine d'huîtres. Et vous nous porterez une bouteille de muscadet, et une demie de moulin-à-vent. . . . Et une demi-bouteille d'eau minérale, de la Badoit.
Le garçon apporte les hors-d'œuvre: "Le saumon, c'est pour Madame, et les huîtres, c'est pour Monsieur."

7

Plus tard. . . .
Le jeune homme: Ça va, ton entrecôte? Elle est à point?
La jeune femme: Oui, très bien. Et toi? Il est bleu, ton steak?
Le jeune homme: Ah, oui, pour une fois, il est vraiment bleu.
Puis le garçon présente le plateau de fromages.

Le garçon: Vous prendrez du fromage?
La jeune femme: Qu'est-ce que vous avez?
Le garçon: Camembert, roquefort, pont-l'évêque, cantal, saint-andré, brie, chavignol . . . ça aussi, c'est un chèvre.
La jeune femme: Je prendrai un peu de brie.
Le garçon: Et pour Monsieur?
Le jeune homme: Et pour moi, un peu de chèvre, s'il vous plaît. De celui-là, oui.

8

Un peu plus tard . . .
Le garçon: Vous désirez un dessert?
La jeune femme: Oh, non, pas de dessert pour moi, je n'ai plus faim.
Le jeune homme: Voyons ce que vous avez.
Le garçon: Bavarois, tarte aux framboises, œufs à la neige, charlotte aux poires, mousse au chocolat, et les sorbets, et la coupe Privas.
La jeune femme: Qu'est-ce que c'est, votre coupe Privas?
Le garçon: Ce sont des marrons glacés avec du cognac, de la glace à la vanille, et de la crème fraîche par-dessus.
La jeune femme: Hmmm. . . . Bon, je prendrai ça!

Le jeune homme: Et en avant les calories! Heureusement que tu n'avais pas faim! . . . Pour moi, ce sera un sorbet.
Le garçon: Poire, framboise, fruit de la passion?
Le jeune homme: Framboise. Et vous nous porterez deux express, et l'addition.
Au moment de partir, la jeune femme se retourne vers Robert. Ce n'est pas Mireille.[2]

2. Non, ce n'est pas Mireille, c'est sa sœur, Cécile. Le jeune homme, c'est son mari, Jean-Denis Labrousse.

6. *grillade, à point, bleu*

* Une **grillade**: de la viande grillée (sur le gril).
* Degrés de cuisson pour les grillades:
  bien cuit (couleur brune)
  à point (couleur rose)
  saignant (couleur rouge)
  bleu (couleur rouge-violet)

6. *escargot*

Des **escargots**.

6. *huître*

Des **huîtres**.

8. *framboise*

Une tarte aux **framboises**.

8. *poire*

Une **poire**, de la confiture de groseilles, un biscuit.

8. *addition*

RESTAURANT DU ROND-POINT
Théâtre du Rond-Point
Avenue Franklin Roosevelt - Rond-Point des Champs Élysées
*
Réservation : ☎ 256.22.01

2 apéritifs.	70
1 muscadet	80
½ moulin à vent	75
½ Badoit	18
1 saumon	90
1 huîtres	65
1 steak poivre	130
1 entrecôte	115
2 desserts	110
2 cafés	24
	777 F

Taxes et service compris

L'addition.

8. *se retourner*

Il **se retourne** (il a entendu du bruit).

🎧 Mise en œuvre

Ecoutez la mise en œuvre du texte et répondez aux questions suivantes.

1. Quel jour sommes-nous?
2. Que font les Français, le dimanche matin?
3. Qu'est-ce que c'est qu'un chou à la crème, un éclair, une tarte au citron?
4. Qu'est-ce que Robert achète?
5. Est-ce que c'est pour emporter?
6. Qui Robert remarque-t-il dans le restaurant?
7. Qu'est-ce que Robert se demande?
8. Si on veut commander un vin, dans un restaurant, qu'est-ce qu'il faut consulter?
9. Pourquoi la jeune femme veut-elle prendre quelque chose de léger?
10. Pourquoi ne veut-elle pas de cassoulet?
11. Qu'est-ce qui tente le jeune homme?
12. Pourquoi est-ce qu'il ne prend pas de choucroute?
13. Qu'est-ce qu'on prépare aux olives, à l'orange, aux cerises?
14. Qu'est-ce que la jeune femme va peut-être prendre?
15. Qu'est-ce qui va se passer, si elle prend une omelette?
16. Qu'est-ce qu'elle faisait l'année dernière?
17. Qu'est-ce que c'est, les œufs à la Mireille?
18. Comment la petite amie du chef est-elle morte?
19. Comment fait-on cuire les morceaux de poulet pour préparer le poulet Mireille?
20. Avec quoi est-ce qu'on le garnit?
21. Qu'est-ce que la jeune femme va prendre, finalement?
22. Et le jeune homme, qu'est-ce qu'il commande?
23. Si vous aimez la viande très peu cuite, comment faut-il la demander?
24. Et si vous l'aimez plus cuite?
25. Que prend la jeune femme pour commencer?
26. Et le jeune homme, qu'est-ce qu'il prend pour commencer?
27. Qu'est-ce qu'ils commandent à boire?
28. Qu'est-ce que c'est que le pont-l'évêque et le cantal?
29. Qu'est-ce que c'est que la coupe Privas?
30. Qu'est-ce que les jeunes gens prennent comme café?
31. Qu'est-ce qu'il faut demander quand on veut payer?

Mise en question

1. Où les catholiques vont-ils pour entendre la messe? Où vont les protestants pour assister au culte? Où vont les musulmans pour prier? Où vont les juifs?

2. A votre avis, quand les gens achètent-ils le plus de gâteaux? En semaine? Le dimanche? Le matin, le soir? En allant à l'église ou au temple? Ou en sortant?

3. Qui sont Gault et Millau? (Observez la vidéo.) Que font-ils?

4. Pourquoi Robert s'intéresse-t-il tellement à la table voisine, au restaurant?

5. Qui y-a-t-il à cette table? Comment est la jeune personne qu'il remarque? Pourquoi est-ce que Robert ne peut pas voir qui c'est? Est-ce qu'il la voit de face, de dos, ou de profil?

6. A votre avis, qu'est-ce qui est le plus lourd, dans le cassoulet: les haricots, la saucisse, le confit, ou la graisse d'oie?

7. Qu'est-ce que c'est que la choucroute? Du chou frais, ou du chou conservé dans de la saumure, c'est-à-dire de l'eau salée?

8. A votre avis, est-ce que M. Belleau aime la choucroute?

9. Pourquoi la jeune femme ne veut-elle prendre qu'une petite omelette?

10. Est-ce qu'elle suit un régime, maintenant? Quand suivait-elle un régime? Pourquoi croyez-vous qu'elle suivait un régime? Pour des raisons médicales ou esthétiques? Parce qu'elle était malade, parce qu'elle voulait maigrir, parce qu'elle avait peur de grossir?

11. Vous avez reconnu dans le jeune homme qui est à la table voisine Jean-Denis, le mari de Cécile. Qui est la jeune femme? Comment Jean-Denis l'appelle-t-il? Est-ce que c'est Cécile? Depuis combien de temps Cécile et Jean-Denis sont-ils mariés? Comment le savez-vous? (Reportez-vous à la leçon 10.)

12. A votre avis, qu'est-ce qui est particulier à ce restaurant, le fait qu'il y a beaucoup de plats à base de canard, ou le fait qu'il y a beaucoup de plats qui s'appellent Mireille?

13. Finalement, qu'est-ce que la jeune femme prend—une omelette? Pourquoi?

14. Qu'est-ce que le muscadet? Et le moulin-à-vent? Avec quoi vont-ils boire le muscadet? Et le moulin-à-vent?

15. Le roquefort est un fromage de brebis; le camembert, le brie, le pont-l'évêque, le cantal, le saint-andré sont des fromages de vache. Et le chavignol?

16. Pourquoi la jeune femme prend-elle un dessert? Parce qu'elle a faim, parce qu'elle est gourmande, parce qu'elle ne veut pas laisser son mari manger un dessert seul?

17. Pourquoi le jeune homme dit-il "En avant les calories!"? Où y a-t-il le plus de calories, dans un sorbet ou dans une coupe Privas? Pourquoi?

18. Pourquoi le jeune homme dit-il, gentiment mais ironiquement: "Heureusement que tu n'avais pas faim!"? Qu'est-ce que la jeune femme a mangé? Qu'est-ce qu'elle aurait mangé si elle avait eu faim? Imaginez!

19. Et vous, qu'est-ce que vous prendriez si vous étiez à la place de Jean-Denis ou de Cécile?

Documents

1

La Table

A. Il faut manger pour vivre, et non pas vivre pour manger.

—*Tante Georgette (après Molière, Plutarque, et Socrate)*

B. Quand il y a à manger pour huit, il y en a bien pour dix.

—*La grand-mère Belleau (et Harpagon dans* L'Avare *de Molière)*

C. Dis-moi ce que tu manges; je te dirai ce que tu es.

La destinée des nations dépend de la manière dont elles se nourrissent.

La découverte d'un mets nouveau fait plus pour le genre humain que la découverte d'une étoile.

—*Brillat-Savarin*
 La Physiologie du goût

D. Un repas sans fromage est une belle qui n'a qu'un œil.

—*Tante Georgette*

E. Un dessert sans fromage est une belle à qui il manque un œil.

—*Brillat-Savarin*

2

Pour un art poétique

Prenez un mot prenez-en deux
Faites cuir, comme des œufs
Prenez un petit bout de sens
Puis un grand morceau d'innocence
Faites chauffer à petit feu
Au petit feu de la technique
Versez la sauce énigmatique
Saupoudrez de quelques étoiles
Poivrez puis mettez les voiles

Où voulez-vous donc en venir?
A écrire
    Vraiment? A écrire?

—*Raymond Queneau*
 Le Chien à la mandoline

3

Régime-régime

C'est un mec qui entre dans un bistrot et il dit au garçon:
—Je voudrais un sandwich.
—Au pâté? Au jambon? Au fromage?
—Non: nature. Je suis au régime.

—*Coluche*

4

Pour faire le portrait d'un oiseau

A Elsa Henriques

Peindre d'abord une cage
avec une porte ouverte
peindre ensuite
quelque chose de joli
quelque chose de simple
quelque chose de beau
quelque chose d'utile
pour l'oiseau
placer ensuite la toile contre un arbre
dans un jardin
dans un bois
ou dans une forêt
se cacher derrière l'arbre
sans rien dire
sans bouger . . .
Parfois l'oiseau arrive vite
mais il peut aussi bien mettre de longues années
avant de se décider
Ne pas se décourager
attendre
attendre s'il le faut pendant des années
la vitesse ou la lenteur de l'arrivée de l'oiseau
n'ayant aucun rapport
avec la réussite du tableau
Quand l'oiseau arrive
s'il arrive

observer le plus profond silence
attendre que l'oiseau entre dans la cage
et quand il est entré
fermer doucement la porte avec le pinceau
puis
effacer un à un tous les barreaux
en ayant soin de ne toucher aucune des plumes de
     l'oiseau
Faire ensuite le portrait de l'arbre
en choisissant la plus belle de ses branches
pour l'oiseau
peindre aussi le vert feuillage et la fraîcheur du vent
la poussière du soleil
et le bruit des bêtes de l'herbe dans la chaleur de l'été
et puis attendre que l'oiseau se décide à chanter
Si l'oiseau ne chante pas
c'est mauvais signe
signe que le tableau est mauvais
mais s'il chante c'est bon signe
signe que vous pouvez signer
Alors vous arrachez tout doucement
une des plumes de l'oiseau
et vous écrivez votre nom dans un coin du tableau.

—*Jacques Prévert*
 Paroles

5

La Guerre de la faim

Massouda a fait cuire une pauvre petite poule, pas plus large qu'une noix de coco, qui doit calmer la faim de tous les membres de la famille Bali, huit personnes à deux pattes plus une autre à quatre pattes, Morleu le chien. Lui seul a sa ration assurée et indiscutée, les pattes, avec poils et ongles sales qu'il s'envoie toujours sauvagement entre les gencives, comme un crève-la-faim. Le reste, mangeable par les humains, doit être réparti équitablement entre les estomacs grouillants, et ça, c'est jamais du gâteau, chez les Bali.

La guerre de la faim fait rage. Chacun veut les cuisses, mais il n'y en a que deux. Chacun veut les ailes, mais il n'y en a que deux. Pour cette poule maigrichonne, tout va par deux, et la famille Bali vit par huit . . . dont des petites jumelles, Lila et Lola, qui veulent toujours recevoir exactement la même chose.

—*Azouz Begag*
  L'Ilet-aux-Vents

6

Sel et moustache

Un baiser sans moustache, disait-on alors, c'est comme un œuf sans sel.

—*Jean-Paul Sartre*
  Les Mots

7

Le Bifteck-frites

Le sanguin est la raison d'être du bifteck: les degrés de sa cuisson sont exprimés, non pas en unités caloriques, mais en images de sang; le bifteck est *saignant* (rappelant alors le flot artériel de l'animal égorgé), ou *bleu* (et c'est le sang lourd, le sang pléthorique des veines qui est ici suggéré par le violine, état superlatif du rouge). La cuisson, même modérée, ne peut s'exprimer franchement; à cet état contre-nature, il faut un euphémisme: on dit que le bifteck est *à point,* ce qui est à vrai dire donné plus comme une limite que comme une perfection.

Manger le bifteck saignant représente donc à la fois une nature et une morale. Tous les tempéraments sont censés y trouver leur compte, les sanguins par identité, les nerveux et les lymphatiques par complément. . . .

Comme le vin, le bifteck est, en France, élément de base, nationalisé plus encore que socialisé; il figure dans tous les décors de la vie alimentaire: plat, bordé de jaune, semelloïde, dans les restaurants bon marché; épais, juteux, dans les bistrots spécialisés; cubique, le cœur tout humecté sous une légère croûte carbonisée, dans la haute cuisine. . . .

Associé communément aux frites, le bifteck leur transmet son lustre national: la frite est nostalgique et patriote comme le bifteck.

—*Roland Barthes*
  Mythologies

8

Recette des filets de maquereaux Mireille

Temps de cuisson: 10mn.
6 filets de maquereaux
1 verre d'huile d'olive
1 oignon
1 gousse d'ail
2 tomates
1 cuillerée à café de sel
125g. de champignons de Paris
2 échalotes
2 cuillerées à soupe de vinaigre
1 cuillerée à soupe de persil
2 cuillerées à soupe de farine
poivre à volonté

Saupoudrer les filets de maquereaux de farine. Les faire cuire dans la poêle à l'huile brûlante. Quand ils sont cuits, les disposer sur le plat. Changer l'huile de la poêle. Couper les champignons, l'oignon, l'échalote, et l'ail en petits morceaux. Les mettre dans l'huile quand elle est brûlante et les faire rissoler. Verser le tout sur les filets. Arroser de vinaigre brûlant. Disposer autour des filets des tranches de tomates sautées à l'huile. Ajouter un peu de persil sur le dessus.

9

Je hais les dimanches

Tous les jours de la s'maine
Sont vides et sonnent le creux
Mais 'y a pire que la s'maine
'Y a l'dimanche prétentieux
Qui veut paraître rose
Et jouer les généreux
Le dimanche qui s'impose
Comme un jour bienheureux
Je hais les dimanches, je hais les dimanches.

Dans la rue 'y a la foule
Des milliers de passants
Cette foule qui coule
D'un air indifférent
Cette foule qui marche
Comme à un enterrement
L'enterrement d'un dimanche
Qui est mort depuis longtemps
Je hais les dimanches, je hais les dimanches.

. . . .

Chéri si simplement tu étais près de moi
Je serais prête à aimer tout ce que je n'aime pas
Les dimanches de printemps
Tout flanqués de soleil
Qui effacent en brillant
Les soucis de la veille. . . .

—*Charles Aznavour*

Texte

1

A neuf heures une, lundi matin, le téléphone sonne chez les Belleau. Mireille, qui, par hasard, se trouve près du téléphone, décroche.

Mireille: Allô?

La voix: Allô, l'Armée du Salut?

Mireille: Ah, non, Madame, ce n'est pas l'Armée du Salut; vous vous êtes trompée de numéro. C'est la caserne des pompiers, ici. Vous avez un faux numéro.

La voix: Ah? Je me suis trompée de numéro?

Mireille: Oui, vous vous êtes trompée de numéro, Madame.

La voix: Oh, excusez-moi, Mademoiselle, excusez-moi.

Mireille: Il n'y a pas de mal, Madame, ce n'est pas grave. . . . Vous voulez l'Armée du Salut?

La voix: Oui, l'Armée du Salut.

Mireille: Attendez, je vais vérifier le numéro. Ne quittez pas. . . . Allô, Madame? C'est le 43.87.41.19.

La voix: Ah, vous êtes bien aimable, Mademoiselle. Je vous remercie, Mademoiselle.

Mireille: De rien, il n'y a pas de quoi, je vous en prie, c'est la moindre des choses. Au revoir, Madame.

2

Mireille raccroche. A neuf heures trois, le téléphone sonne de nouveau. Mireille décroche aussitôt.

Mireille: Allô, ici l'Armée du Salut, le Major Barbara à l'appareil!

Robert: Allô . . . est-ce que je pourrais parler à Mademoiselle Mireille Belleau, s'il vous plaît?

Mireille (*riant*): Ah, c'est vous, Robert! Comment allez-vous?

Robert: Ça va, merci. Vous aussi? Je . . . je vous téléphone parce que . . . l'autre soir, là, vendredi, vous m'avez dit de vous téléphoner ce matin. Je voulais vous demander quand je pourrais vous revoir . . . enfin . . . si vous vouliez. . . .

Mireille: Ah, c'est gentil, mais pas aujourd'hui. Aujourd'hui, je dois aller à Chartres.

Robert: Mais je croyais que vous étiez allée à Chartres l'autre jour, jeudi.

Mireille: Non, jeudi, je n'ai pas pu y aller, mais aujourd'hui, je dois absolument y aller.

3

Robert: Moi aussi, je devrais aller à Chartres. . . . La cathédrale! Est-ce que je ne pourrais pas y aller avec vous?

Mireille: Oh, si vous y tenez. . . . Mais vous savez, moi, je ne vais pas à Chartres pour voir la cathédrale. J'y vais pour aller au musée et pour parler au conservateur.

Robert: Oh, ben, ce n'est pas un problème: je pourrais visiter la cathédrale pendant que vous verriez ce monsieur!

Mireille: D'abord, le conservateur n'est pas un monsieur, c'est une dame. Et je trouve que vous arrangez bien facilement les choses!

Robert: Oh, vous savez, s'il n'y avait que des difficultés comme ça, la vie serait facile . . . non? Et comment comptez-vous aller à Chartres? En auto? Par la route?

Mireille: Non, je n'ai pas de voiture.

Robert: Je pourrais en louer une, si vous vouliez!

Mireille: Non, c'est trop cher . . . et puis, avec une voiture de location, j'aurais trop peur de tomber en panne.

Robert: Pourquoi? . . . Enfin, si vous ne voulez pas louer de voiture, prenons l'autocar: ça ne doit pas être très cher.

Mireille: Ah, non, l'autocar, ce n'est pas cher; mais ce n'est pas commode: ça ne va pas vite.

1. par hasard

* C'est **par hasard** que Mireille se trouve près du téléphone. C'est un simple **hasard**. Elle n'avait aucune raison spéciale d'être près du téléphone. C'est une simple coïncidence . . . un pur **hasard**.

1. décrocher

Mireille **décroche** (le téléphone).

1. Armée du Salut

Mireille en uniforme d'officier de l'**Armée du Salut**. (Ce n'est pas sérieux. Mireille n'est pas dans l'**Armée du Salut**.)

1. faux

Un **faux** nez (en carton).

* 12 x 3 = 57??? Mais non, c'est **faux**!

12 x 3 = 36. C'est ça. C'est correct.

2. raccrocher

Mireille **raccroche**.

3. tenir à

"Il faut que j'arrive là-haut! **J'y tiens.**"

* M. Courtois **a tenu à** racompagner Mireille et Robert chez eux, malgré leurs protestations. Il a vraiment insisté.

3. compter

* Mireille a l'intention d'aller à Chartres. Elle **compte** y aller demain.

3. en auto, par la route

On peut aller à Chartres **en auto** (en voiture), **par la route**.

3. louer, location

Si on n'a pas de voiture, on peut en **louer** une.

3. avoir peur

Qui est-ce qui **a peur** du Grand Méchant Loup? Il ne faut pas **avoir peur** du Grand Méchant Loup!

3. tomber en panne

Ce monsieur est **tombé en panne** (d'essence).

3. autocar

On peut aller à Chartres en **autocar**.

4

Robert: Alors, allons-y en avion! Ça, au moins, c'est rapide!

Mireille: Mais non, voyons! On ne peut pas aller à Chartres en avion: c'est tout près! Chartres est trop près de Paris!

Robert: Ah! Eh bien, alors, si c'est tout près, allons-y à pied! J'aime bien marcher. . . .

Mireille: Tout de même . . . ce n'est pas loin, mais ce n'est pas si près que ça!

Robert: Eh bien alors, allons-y à bicyclette, ou à cheval!

Mireille: Ah, à cheval, ce serait bien. J'aimerais bien y aller à cheval. . . . Et ça peut se faire, c'est possible . . . mais je n'ai pas le temps.

Robert: Alors, si vous êtes pressée, allons-y à motocyclette! Vrrraoum! J'adore la moto. Pas vous?

Mireille: Ouh, je ne sais pas! C'est un peu dangereux! Et puis, de toute façon, je n'ai pas de casque; et le casque est obligatoire à moto.

Robert: Mais alors, je suppose qu'on ne peut pas y aller en bateau. . . . Alors qu'est-ce qu'il reste? L'hélicoptère? L'aéroglisseur?

Mireille: Il y a bien un service d'aéroglisseurs entre Boulogne et Douvres, mais pas entre Paris et Chartres. Et il n'y a pas de service d'hélicoptères non plus. Il y a bien les hélicoptères de la gendarmerie, mais ils ne prennent pas de passagers . . . sauf pour les transporter à l'hôpital. . . .

4. avion

On ne peut pas aller à Chartres **en avion!** C'est trop près!

4. bicyclette

On pourrait aller à Chartres **à bicyclette.** . . .

4. motocyclette

Et si on allait à Chartres **à motocyclette?**

4. casque

Casque gaulois.

Casque XVème siècle.

Casque 1914–1918.

. Le port du **casque** est obligatoire sur les chantiers de construction.

4. bateau

On ne peut pas aller à Chartres **en bateau**. . . .

4. rester

* Si nous éliminons l'autocar, la voiture, la bicyclette, la moto, le cheval, le bateau, l'avion . . . qu'est-ce qu'il **reste**? Il ne **reste** rien!
* 26 divisé par 4 égale 6, et il **reste** 2.
* Vous avez 25 francs. Vous en dépensez 20 pour aller à Chartres; il vous **reste** 5F pour acheter un sandwich.

4. aéroglisseur

Boulogne-Douvres 35 minutes
Seaspeed **SNCF**
Horaires et Tarifs

Il y a un service d'**aéroglisseurs** entre Boulogne (en France) et Douvres (en Angleterre).

4. gendarmerie

Un **gendarme** de la route.

* La **Gendarmerie** nationale assure la sécurité publique. La **gendarmerie** maintient l'ordre. Elle s'occupe de la police de la route.

4. passager

* Une voiture peut prendre trois ou quatre **passagers** plus le chauffeur. Un autocar peut prendre 50 ou 60 **passagers** plus le chauffeur.

5

Robert: Alors, vous allez y aller en train?

Mireille: Ben, oui, bien sûr! Vous avez deviné! Le train, vous savez, c'est encore ce qu'il y a de mieux!

Robert: Chic! Je vais pouvoir prendre le TGV!

Mireille: Mais non, voyons! Il n'y a pas de TGV entre Paris et Chartres! Le TGV va trop vite, c'est trop près. Avec le TGV, on serait arrivé avant d'être parti!

Robert: Dommage! Mais TGV ou pas TGV, si vous vouliez bien, j'irais volontiers avec vous. . . .

5. c'est ce qu'il y a de mieux

* L'autocar, ce n'est vraiment pas cher. **C'est ce qu'il y a de moins** cher.
  L'avion, c'est rapide. **C'est ce qu'il y a de plus** rapide.
  Le train, c'est très bien! **C'est ce qu'il y a de mieux!**

5. TGV

Le TGV (**T**rain à **G**rande **V**itesse) est un train de voyageurs qui peut aller à 300 km/h.

5. volontiers

* J'irais **volontiers** avec vous. Ça me plairait. J'aimerais bien y aller avec vous.

Mireille: Bon, eh bien, entendu! Rendez-vous à 11 heures à la gare Montparnasse, côté banlieue.

Robert: Comment est-ce qu'on va à la gare Montparnasse?

Mireille: C'est facile, vous n'avez qu'à prendre le métro!

Robert: Vous croyez?

Mireille: Ben, bien sûr! Pourquoi pas?

Robert: L'autre jour, j'ai voulu prendre le métro; je me suis complètement perdu.

Mireille: Sans blague? Ce n'est pas possible! On ne peut pas se perdre dans le métro!

Robert: Moi, si!

Mireille: Eh bien, écoutez, ce n'est pas difficile. Vous prenez le métro à la station Odéon ou Saint-Michel;

vous prenez la ligne Porte de Clignancourt-Porte d'Orléans, direction Porte d'Orléans. Et attention! Vous ne prenez pas le métro qui va à la Porte de Clignancourt, vous prenez celui qui en vient et qui va à la Porte d'Orléans. Et vous descendez à Montparnasse-Bienvenüe. C'est simple: c'est direct. Il n'y a pas de changement. Vous ne pouvez pas vous tromper. Et vous achèterez un carnet de tickets, c'est moins cher.

5. gare

Pour prendre le train, il faut aller à la **gare**.

6

Dans le métro, Robert, l'homme qui se perd partout. Face à lui, quatre portillons, deux couloirs,

100 kilomètres de tunnels, le plus grand réseau souterrain du monde!

Une fois de plus, Robert va faire la preuve de son exceptionnelle facilité à se perdre. . . . Robert, l'homme qui se perd partout . . . enfin, presque partout. . . .

* Il y a plusieurs **gares** à Paris:
la **gare** Montparnasse (lignes vers la Bretagne)
la **gare** Saint-Lazare (Normandie)
la **gare** du Nord (nord, Belgique)
la **gare** de l'Est (est, Suisse, Allemagne)
la **gare** de Lyon (Suisse, Midi, Italie)
la **gare** d'Austerlitz (sud-ouest, Espagne)

5. banlieue

banlieue banlieue banlieue banlieue banlieue banlieu banlieue banlieue banlieue banli anlieue banlieue banlieue banlieue banlie banlieue banlieue banlieue banlieue banlie banlieue banlieue PARIS PARIS PA banlieue banli nlieue banlieue PARIS PARIS PARIS PARIS banlieue banlieu banlieue banlieue PARIS PARIS PARIS anlieue banli banli PARIS PARIS PARIS PARIS nlieue banliet nlieue PARIS PARIS PARIS PARIS nlieue banliet banlieue ba PARIS PARIS PA nlieue banlieue nlieue banlieue banlieue ba PARIS e banlieue banlie nlieue banlieue banlieue banlieue banlieue banlieu nlieue banlieue banlieue banlieue banlie nlieue banlieue banlieue banlieue banlieue nlieue banlieue banlieue banlieue banlieue banlieue banlieue banlieue banlieue banlie

5. métro, station

Robert peut aller à la **station** Saint-Michel pour prendre le **métro**.

5. carnet

Un **carnet** de tickets de métro (10 tickets).

Quand Robert arrive à la gare
Montparnasse, Mireille est déjà là;

elle l'attend en lisant un journal.

Robert: Salut! Excusez-moi, je
suis un peu en retard; j'ai failli me
perdre. . . . Où est le guichet?

Mireille: Là-bas.

Robert: Je prends deux allers retours
de première, n'est-ce pas?

Mireille: Non, un seul billet. J'ai déjà
acheté mon billet. Et moi, je voyage
en seconde. Alors, si vous aviez
l'intention, par hasard, de voyager
dans le même wagon que moi, vous
feriez mieux d'acheter un billet de
seconde.

Robert va acheter un billet au guichet.

Robert: Un aller retour de seconde
pour Chartres, s'il vous plaît. (*Il
revient en courant vers Mireille.*)
C'est par où?

Mireille: C'est par là. . . . Hé! Il faut
composter votre billet!

6. réseau

Le **réseau** des lignes aériennes
intérieures (Air Inter).

6. billet, guichet

On peut aller au **guichet** pour
acheter son **billet**. On peut aussi
acheter son **billet** à un
distributeur automatique de
billets.

6. aller-retour

Paris-Chartres, c'est un **aller
simple**. Paris-Chartres-Paris, c'est
un **aller-retour**.

6. première, seconde classe

Dans les trains français, il y a deux
classes. La **première classe** est
plus confortable que la **seconde**,
mais elle est plus chère.

6. composter

Avant de monter dans le train, il faut
composter son billet. Le
compostage est obligatoire.

Ils compostent tous deux leurs billets
et montent dans le train qui part peu
après, exactement à l'heure indiquée.

7

Une douzaine de minutes plus tard, le train passe en gare de Versailles, sans s'arrêter.

Robert: Ah, Versailles! Le château, le Grand Trianon, les grilles, la galerie des glaces, le parc, les parterres dessinés par Le Nôtre, les bassins, le hameau de Marie-Antoinette. . . . Je devrais aller à Versailles un de ces jours. Ce serait bien si je pouvais visiter ça avec une spécialiste d'histoire de l'art comme vous! . . .

Mireille reste perdue dans ses pensées. Puis tout à coup. . . .

Mireille: Je voulais vous dire. . . . Nous ne devrions pas nous vouvoyer comme ça. . . .

Robert ne comprend pas.

Mireille: Oui, nous vouvoyer, nous dire "vous." Vous savez, les jeunes se tutoient très vite. Je ne voulais pas vous tutoyer devant les Courtois, l'autre jour, parce qu'ils sont un peu vieux jeu, mais j'ai l'habitude de tutoyer tous mes copains. Alors on peut se tutoyer? . . . A propos, mes parents aimeraient bien faire votre connaissance. Ils aimeraient vous avoir à dîner un de ces soirs. Les Courtois leur ont beaucoup parlé de vous. Jeudi soir, ça vous irait? On pourrait peut-être aller au cinéma, si vous voulez, après.

Robert: Oui, si vous voulez. Mais je croyais qu'on se tutoyait?

---

7. Versailles

* Robert a une vaste culture. Il a entendu parler du château de **Versailles**, construit par Louis XIV (XVIIème siècle).

7. perdu dans ses pensées

Mireille est **perdue dans ses pensées.**

7. tout à coup

"J'étais tranquillement en train de me reposer sur le balcon quand **tout à coup** le voisin du cinquième est arrivé. . . ."

7. tutoyer, vouvoyer

Elles se **tutoient.**

VOUS VOYEZ....

TU VOIS...

Elles se **vouvoient.**

7. vieux jeu

Les gens de droite sont un peu **vieux jeu.** Les jeunes gens de gauche sont plus dans le vent.

🎧 **Mise en œuvre**

Ecoutez la mise en œuvre du texte et répondez aux questions suivantes.

1. Où se trouvait Mireille quand le téléphone a sonné?
2. Qu'est-ce que Mireille a fait quand le téléphone a sonné?
3. Est-ce que la dame voulait téléphoner chez les Belleau?
4. Pourquoi Robert téléphone-t-il? Qu'est-ce qu'il voulait demander à Mireille?
5. Pourquoi Mireille ne peut-elle pas voir Robert aujourd'hui?
6. Pourquoi Mireille n'est-elle pas allée à Chartres jeudi?
7. Qu'est-ce qu'il y a d'intéressant à Chartres?
8. Pourquoi Mireille doit-elle aller à Chartres?
9. Qu'est-ce que Robert pourrait faire pendant que Mireille irait voir le conservateur?
10. Est-ce que le conservateur est un monsieur?
11. Pourquoi Mireille ne va-t-elle pas à Chartres en auto?
12. Qu'est-ce que Robert suggère?
13. Pourquoi Mireille ne veut-elle pas que Robert loue une voiture?
14. Pourquoi Mireille ne veut-elle pas prendre l'autocar pour aller à Chartres?
15. Pourquoi ne peuvent-ils pas aller à Chartres en avion?
16. Pourquoi ne peuvent-ils pas y aller à pied?
17. Pourquoi Robert aimerait-il y aller à pied?
18. Pourquoi Mireille ne peut-elle pas y aller à cheval?
19. Est-ce que les hélicoptères de la gendarmerie prennent des passagers?

20. Comment Mireille compte-t-elle aller à Chartres?
21. Pourquoi est-ce qu'on ne peut pas prendre le TGV pour aller de Paris à Chartres?
22. Où Mireille donne-t-elle rendez-vous à Robert?
23. Comment Robert va-t-il aller à la gare Montparnasse?
24. Où doit-il prendre le métro?
25. Est-ce qu'il doit prendre le métro qui va à la Porte de Clignancourt, ou qui en vient?
26. Est-ce qu'il faut changer?
27. Que fait Mireille, quand Robert arrive à la gare?
28. Pourquoi Robert est-il en retard?
29. Où Robert doit-il aller pour acheter les billets?
30. Pourquoi Mireille lui dit-elle d'acheter un seul billet?
31. Pourquoi Mireille lui conseille-t-elle de ne pas acheter de billet de première?
32. Par quelle ville le train passe-t-il?
33. Qu'est-ce qu'il y a d'intéressant à Versailles?
34. Pourquoi Mireille n'a-t-elle pas proposé le tutoiement chez les Courtois?
35. Pourquoi trouve-t-elle plus naturel de tutoyer Robert?
36. Pourquoi les Belleau veulent-ils inviter Robert à dîner?
37. Quel jour Mireille propose-t-elle?
38. Qu'est-ce qu'ils pourraient faire après le dîner?

Mise en question

1. A votre avis, pourquoi Mireille se trouve-t-elle près du téléphone, ce lundi matin?

2. Est-ce que Mireille dit la vérité quand elle dit que la dame qui téléphone s'est trompée de numéro? Est-ce qu'elle dit la vérité quand elle dit que c'est la caserne des pompiers? Pourquoi? C'est par méchanceté? Qu'est-ce qui montre que ce n'est pas de la méchanceté de sa part?

3. Quand Robert téléphone, pourquoi Mireille dit-elle qu'elle est le Major Barbara? Savez-vous qui est le Major Barbara? Est-ce que c'est un officier de l'armée française, américaine? Ou est-ce que c'est un personnage d'une pièce de George Bernard Shaw?

4. Quand Robert devait-il téléphoner à Mireille? (Voyez la fin de la leçon 24.) A quelle heure téléphone-t-il? Est-ce qu'il a téléphoné aussi tôt que possible? Pourquoi n'a-t-il pas téléphoné plus tôt? Est-ce que Mireille pensait qu'il allait téléphoner?

5. Est-ce que Robert avait l'intention d'aller à Chartres? Pourquoi parle-t-il d'y aller, maintenant?

6. Pourquoi Mireille dit-elle qu'elle trouve que Robert arrange bien facilement les choses? Est-ce qu'elle n'est pas d'accord avec la solution que propose Robert, ou est-ce qu'elle se moque de son désir soudain d'aller voir la cathédrale de Chartres?

7. D'après ce que dit Robert, est-ce que la vie est facile, en général?

8. Pourquoi Robert propose-t-il de louer une voiture? Parce que c'est la solution la moins chère? Pour pouvoir voyager seul avec Mireille? Pour faire plaisir à Mireille? Pour faire croire à Mireille qu'il est un riche Américain?

9. Quand Robert propose une succession de moyens de transport, pensez-vous qu'il est sérieux ou qu'il s'amuse? Qu'est-ce qui est le plus important pour lui, d'aller à Chartres en voiture, en avion, ou en train, ou d'y aller avec Mireille? Qu'est-ce qu'il essaie de faire, de trouver le meilleur moyen de transport pour aller à Chartres, ou de se montrer amusant et agréable et de persuader Mireille de le laisser venir à Chartres avec elle?

10. Qu'est-ce que Mireille dit qui montre qu'elle joue le jeu de Robert? Citez des objections de Mireille qui ne sont pas plus sérieuses que les propositions de Robert.

11. Pourquoi Robert hésite-t-il à prendre le métro?

12. Qu'est-ce qui prouve que Robert a de la suite dans les idées? Quelle possibilité est-ce que la mention de Chartres lui avait suggérée? Quelle possibilité est-ce que le nom de Versailles lui suggère maintenant?

13. Pourquoi Mireille a-t-elle préféré ne pas tutoyer Robert devant les Courtois? Ils sont peut-être un peu vieux jeu, mais est-ce qu'il n'y a pas une autre raison? Est-ce que les Courtois savaient que ce n'était pas la première fois que Mireille et Robert se rencontraient?

14. Pourquoi les Belleau veulent-ils inviter Robert? Parce que les Courtois leur ont parlé de lui? Est-ce que Mireille pourrait y être pour quelque chose?

Documents

1

Versailles

Le château vu du Midi. Façade de la galerie des glaces.

Plafond de la galerie des glaces.

Bassin d'Apollon.

Le parc.

Le Grand Trianon et les parterres dessinés par Le Nôtre.

Grille de la cour d'honneur, au Grand Trianon.

Le Hameau où Marie-Antoinette jouait à la bergère.

2

Un Plat de pauvre

Mon père était philosophe. Il disait: "On n'a qu'à manger des artichauts, les artichauts, c'est un vrai plat de pauvre. C'est le seul plat que quand t'as fini de manger, t'en as plus dans ton assiette que quand t'as commencé."

—*Coluche*

3

Do you speak English?

C'est un mec qui est dans une rivière et qui crie:
  "Help! Help!"
  'Y a un mec qui passe et qui dit:
  "Au lieu d'apprendre l'anglais, il ferait mieux d'apprendre à nager!"

—*Coluche*

4

Régie Autonome des Transports Parisiens

La RATP c'est . . .

9 millions de personnes transportées chaque jour

300 kilomètres de lignes de métro et de RER

3 100 kilomètres de lignes de bus

4 voyageurs au mètre carré en moyenne, mais beaucoup plus sur la ligne A du RER

De 1 000 à 1 500 tickets vendus chaque minute

300 caméras cachées dans les couloirs du métro

1 suicide en moyenne tous les deux jours

300 voitures dégraffitées chaque nuit

100 musiciens autorisés

600 commerces

39 000 salariés

18 milliards de francs de budget d'exploitation.

5

Billet de chemin de fer

6

Avis aux voyageurs

A partir du 1er novembre, merci de respecter les nouveaux espaces non-fumeurs.

Dans le cadre du nouveau décret d'application de la loi contre le tabagisme,	La SNCF modifie la répartition des espaces réservés aux fumeurs dans les trains*.

Afin de satisfaire la demande de notre clientèle, des places assises fumeurs continueront d'être proposées en 1ère et 2ème classe. Par ailleurs, il sera possible de fumer sur une plate-forme par voiture-lits, voiture-couchettes et voiture à sièges inclinables. Nous vous demandons donc de ne plus fumer dans les bars, couloirs, toilettes ainsi que sur les plate-formes repérées par un pictogramme non-fumeurs. Nous vous rappelons que désormais, les gares sont également des espaces non-fumeurs.

* sauf les trains de banlieue totalement non-fumeurs.

Faites passer : désormais, seules les cigarettes voyageant en places assises fumeurs pourront fumer dans les trains.

SNCF

7

Campagne anti-tabac

C'est une locomotive à vapeur qui
rencontre le TGV et qui lui dit:
—'Y a longtemps que t'as arrêté de
fumer?

—*Coluche*

8

Malbrough s'en va-t-en guerre

Malbrough s'en va-t-en guerre,
Mironton, mironton, mirontaine,
Malbrough s'en va-t-en guerre,
Ne sait quand reviendra, (*bis*)
Ne sait quand reviendra.

—*Mme Belleau*

Malbrough s'en va-t-en guerre
En hélicoptère (*bis*)
Ne sait quand reviendra
Dans un pa, pa, dans un panier,
Ne sait quand reviendra
Dans un panier percé.

—*Marie-Laure*

Malbrough, c'est John Churchill, duc
de Marlborough, qui, avec une armée
de 120 000 Anglais et Hollandais et
120 canons, a infligé une grande
défaite à une armée française de
80 000 hommes et 80 canons à la
bataille de Malplaquet. Cela se passait
en 1709, sous le règne de Louis XIV,
dans le nord-ouest de la France.

Les Français, vaincus, se sont
vengés de leur défaite en composant,
un siècle plus tard, cette chanson
burlesque qui célèbre la mort de leur
vainqueur:

Monsieur Malbrough est mort,
Mironton, mironton, mirontaine,
Monsieur Malbrough est mort,
Est mort, et enterré, (*bis*)
Est mort, et enterré.

Leçon **28** Transports en tous genres II

Texte

 1

Robert et Mireille viennent d'arriver à Chartres.

Robert: 11 heures 43. . . . Eh bien, dis donc, le train est arrivé à l'heure pile!

Mireille: Evidemment! Les trains sont toujours à l'heure, en France: ils sont très ponctuels. Ils partent exactement à l'heure et ils arrivent exactement à l'heure.

Robert: Toujours?

Mireille: Oh, oui, toujours! Enfin . . . presque toujours!

2

Ils sortent de la gare.

Mireille: Tu as faim? Bon, allons manger quelque chose rapidement

dans un café en face. . . . Tiens, là-bas.

Ils s'installent à une table, consultent rapidement le menu. La serveuse s'approche.

1. l'heure pile

* Il est midi **pile**: il est exactement midi.

1. ponctuel

* Marie-Laure n'est pas très **ponctuelle**: elle arrive souvent en retard à l'école.

La serveuse: Bonjour, Messieurs-dames.

Robert: Bonjour, Madame.

Mireille: Moi, je prendrai juste une assiette de crudités.

Robert: Pour moi, une assiette de charcuterie, s'il vous plaît, et un petit pichet de vin rouge.

Mireille: Et une carafe d'eau, s'il vous plaît.

La serveuse: Oui, Mademoiselle, tout de suite. (*Elle s'en va, et revient peu après avec la commande.*) Une assiette de crudités, une assiette de charcuterie, et un pichet de rouge. Voilà. Bon appétit.

Mireille: Et une carafe d'eau, s'il vous plaît!

La serveuse: Oui, Mademoiselle, tout de suite. (*Elle apporte la carafe.*) Une carafe d'eau.

Mireille: Merci.

3

Robert: Ton musée est près de la cathédrale?

Mireille: Juste à côté.

Robert: On va prendre un taxi. . . .

Mireille: Mais tu plaisantes! C'est tout près! On y va à pied! C'est à dix minutes au plus.

Au moment où ils vont traverser la Promenade des Charbonniers, ils assistent à un accident: un vélomoteur, qui sort trop vite d'une rue latérale, heurte une camionnette qui, heureusement, roule très lentement. Le cycliste est projeté par-dessus le capot sur le trottoir d'en face, juste devant une pharmacie. Le cycliste se relève: "Ce n'est rien." Mireille s'est approchée.

2. crudités

Une assiette de **crudités**: plusieurs légumes crus; carottes râpées, tomates, céleri, concombres. . . .

2. charcuterie

Une assiette de **charcuterie**: une tranche de jambon, du pâté, du saucisson. . . .

2. pichet

Un **pichet** (de vin rouge).

3. plaisanter

* Tu **plaisantes**! Tu n'es pas sérieux! Sois sérieux!

* Ce sont des choses graves. Il ne faut pas **plaisanter** avec ces choses-là.

3. assister à

Robert et Mireille **assistent à** un accident. (Ils **assistent à** un accident comme spectateurs . . . ils n'y participent pas. Ils auraient aussi bien pu **assister à** la messe à la cathédrale, à une séance de cinéma, à un cours à la Sorbonne. . . .)

3. vélomoteur

Les **vélomoteurs** (Mobylette, Solex) sont très communs en France. Ce sont essentiellement des vélos équipés d'un petit moteur.

3. heurter

Le vélomoteur **heurte** une camionnette.

3. capot

Le garagiste a ouvert le **capot**.

3. trottoir

Les gens sont dans la rue. (Ils traversent.)

Ils ont traversé: ils sont sur le **trottoir**.

Mireille: Vous ne vous êtes pas fait mal?

Le cycliste: Non, non, ça va. (*Il aperçoit la pharmacie et sourit.*) Ah, ben, j'ai de la chance! Je suis bien tombé!

4

Robert et Mireille sont maintenant devant la cathédrale. Ils admirent le portail.

Mireille: Là, tu vois, ce sont les apôtres.

Robert: Ils ont de belles têtes.

Mireille: Et là, c'est le Christ, tu vois, avec les pieds posés, là, sur des lions.

Robert: Tu as vu tous ces monstres?

Mireille: Oui, ça, c'est l'Enfer. De ce côté, c'est l'Enfer, et de l'autre côté, c'est le Paradis. . . . Entrons à l'intérieur de la cathédrale, tu veux?

Robert: Tu ne vas pas au musée?

Mireille: Si, tout à l'heure; j'ai le temps, il n'est même pas deux heures.

3. se faire mal

Lui, il **s'est** sûrement **fait mal.**

3. pharmacie

Le cycliste va se faire soigner dans une **pharmacie.**

4. Enfer

L'**Enfer** (portail de la cathédrale de Bourges).

5

Il y a très peu de monde dans la cathédrale. Quelqu'un joue du Bach à l'orgue. La lumière qui traverse les vitraux de la rosace projette des taches multicolores sur les dalles et sur les énormes piliers. Un rayon illumine un instant les cheveux blonds de Mireille. . . . Robert est très ému.

Ils sortent de la cathédrale.

Mireille: Bon, je vais y aller. Voyons, il est deux heures. Je te retrouve ici dans une heure, à trois heures pile. D'accord?

Robert: D'accord.

Mireille: A tout à l'heure.

Robert admire le portail royal, les statues-colonnes des rois et des reines avec leurs longs cheveux. Puis il va regarder les magasins qui vendent des

cartes postales, des cuivres, des guides, des dentelles, toutes sortes de bibelots. Il se demande s'il ne pourrait pas acheter un petit cadeau pour Mireille . . . mais il n'ose pas.

5. du monde

Il y a très **peu de monde** dans la cathédrale.

Tout le monde est dans les magasins.

5. vitrail, rosace

En haut une **rosace**, en bas des **vitraux**.

5. tache

5. dalle

Une tache de lumière sur les **dalles**.

5. pilier

Les **piliers** de la cathédrale de Chartres sont énormes.

5. rayon

Un **rayon** illumine les cheveux de Mireille.

5. ému

Robert est très **ému** (c'est l'émotion religieuse).

5. cuivre

Des **cuivres**.

* Les trompettes, les trombones sont des instruments de **cuivre**.

5. bibelot

* Dans les magasins pour touristes, on vend des **bibelots**, des petits objets pas très utiles.

5. oser

* Robert n'**ose** pas, c'est un garçon timide, il manque de courage.

6

Juste à ce moment, Robert croit voir Mireille qui sort du musée. Elle se trouve tout près d'un très beau jeune homme blond qui a l'air suédois. Elle remarque tout de suite sa silhouette sportive et ses jambes musclées. Il porte un short bleu extrêmement court. Elle trouve son visage agréable, et lui sourit. Il lui rend son sourire . . . et ils disparaissent derrière l'abside.

7

Quelques instants plus tard, Mireille arrive comme une fleur devant le portail royal.
Mireille: Tu vois, je suis ponctuelle . . . comme les trains! Je suis même en avance: il n'est que 2h 59!

A ce moment, Robert remarque le beau Suédois qui démarre bruyamment dans une Alpine rouge. . . .

6. disparaître

La Vénus de Milo **a disparu!**

6. abside

Ils disparaissent derrière l'**abside.**

7. démarrer

Il **démarre** bruyamment dans son Alpine.

∩ Mise en œuvre

Ecoutez la mise en œuvre du texte et répondez aux questions suivantes.

1. Où Robert et Mireille viennent-ils d'arriver?
2. Est-ce que le train a du retard?
3. Comment sont les trains en France?
4. Que font Robert et Mireille en sortant de la gare?
5. Qu'est-ce que Mireille commande?
6. Et Robert, qu'est-ce qu'il prend?
7. Comment vont-ils à la cathédrale?
8. Est-ce que la cathédrale est loin de la gare?
9. Qu'est-ce qu'ils voient, sur la Promenade des Charbonniers?
10. Qu'est-ce qui a heurté la camionnette?
11. Qu'est-ce qui est arrivé au cycliste?
12. Est-ce que le cycliste a eu très mal?
13. Pourquoi le cycliste dit-il qu'il est bien tombé?
14. Qu'est-ce que Robert et Mireille admirent?
15. Est-ce qu'il y a beaucoup de monde dans la cathédrale?
16. Qu'est-ce qu'on joue à l'orgue?
17. A quelle heure Mireille doit-elle retrouver Robert?
18. Qu'est-ce qu'on vend, dans les magasins?
19. Qu'est-ce que Robert se demande en regardant les bibelots?
20. Pourquoi n'achète-t-il rien?
21. Que fait Mireille quand Robert croit la voir?
22. Est-ce qu'elle est seule?
23. Qu'est-ce qu'elle remarque?
24. Que porte ce jeune homme?
25. Que fait le jeune homme, quand Mireille lui sourit?
26. Est-ce que Mireille est nerveuse, tendue, inquiète, quand elle arrive au rendez-vous avec Robert?
27. Est-ce qu'elle est ponctuelle?
28. Que fait le Suédois à ce moment-là?

Mise en question

1. Quand Robert et Mireille sont à la Brasserie de la Gare, est-ce qu'on leur apporte de l'eau sans qu'ils la demandent? Et du pain?
2. Quand Robert est arrivé à l'aéroport (leçon 4), comment est-il allé à Paris? Comment propose-t-il d'aller à Chartres (leçon 27)? Maintenant, comment propose-t-il d'aller à la cathédrale et au musée? Qu'en pensez-vous?
3. Pourquoi la cathédrale de Chartres n'intéressait-elle pas Mireille? (Voyez leçons 16 et 27.) Qu'est-ce qui semble montrer que Mireille s'y intéresse un peu maintenant? Pourquoi s'y intéresse-t-elle?
4. Qu'est-ce que Mireille remarque et fait remarquer à Robert, sur le portail de la cathédrale? Qu'est-ce que Robert remarque?
5. Quand ils sont dans la cathédrale, Robert est très ému. De quel genre d'émotion s'agit-il? C'est une émotion religieuse, esthétique . . . ? Qu'est-ce qui contribue à cette émotion?
6. Qu'est-ce qui constitue le décor de la cathédrale? Est-ce que c'est surtout de la sculpture, de la peinture? Est-ce qu'il y a un élément de couleur? Où? Qu'est-ce qui est représenté dans la sculpture?
7. Si vous étiez Robert, est-ce que vous achèteriez un cadeau pour Mireille? Pour quelqu'un d'autre? Qu'est-ce que vous achèteriez?
8. A votre avis, est-ce que Mireille a rencontré un Suédois en sortant du musée, ou est-ce que ce Suédois n'existe que dans l'imagination de Robert?

Documents

Chartres

La cathédrale de Chartres a été construite au XIIème siècle. Chartres est, depuis le Moyen Age, un lieu de pèlerinage, comme Saint-Jacques-de-Compostelle ou, plus récemment, Lourdes. Chaque année, des milliers de gens vont à Chartres en pèlerinage, pour invoquer Notre-Dame de Chartres. Il y a, en particulier, tous les ans, au mois de mai, un grand pèlerinage d'étudiants qui partent de Paris et qui vont à Chartres à pied (90 km).

Charles Péguy (1873–1914) a célébré le pèlerinage de Chartres dans son poème:

Présentation de la Beauce à Notre-Dame de Chartres

Nous arrivons vers vous du lointain Parisis.
Nous avons pour trois jours quitté notre boutique,
Et l'archéologie avec la sémantique,
Et la maigre Sorbonne et ses pauvres petits.
Nous arrivons vers vous de l'autre Notre-Dame,
De celle qui s'élève au cœur de la cité,
Dans sa royale robe et dans sa majesté,
Dans sa magnificence et sa justesse d'âme.

Le pèlerinage annuel d'étudiants à Chartres.

La cathédrale de Chartres au milieu des champs de blé de la Beauce.

La cathédrale dominant les maisons de Chartres.

Le portail sud de la cathédrale.

Les statues-colonnes du portail ouest.

Les statues de Chartres sont célèbres pour l'expression des visages.

2

Ponctualité

Moi, j'ai une montre dans le ventre. Mon père était à la SNCF.

—*Un censeur de lycée, cité dans François George,*
Professeur à T.

3

L'Heure, c'est l'heure

C'est le patron qui voit sa secrétaire se barrer dix minutes avant la fin du travail:

—Dites donc, Marie-Louise. . . . Vous êtes déjà arrivée *en retard* ce matin, et là, maintenant, vous partez *en avance?*

—Oui, parce que j'ai un rendez-vous! Vous voudriez pas que je sois en retard deux fois dans la même journée, quand même?

—*Coluche*

4

Je ne sais pas dire

Je ne sais pas dire je t'aime
Je ne sais pas, je ne sais pas,
Je ne peux pas dire je t'aime,
Je ne peux pas, je ne peux pas,
Je l'ai dit tant de fois pour rire
On ne rit pas de ces mots-là.
Aujourd'hui que je veux le dire
Je n'ose pas, je n'ose pas
Alors j'ai fait cette musique
Qui mieux que moi te le dira.

—*Barbara*

5

La Ronde autour du monde

Si toutes les filles du monde voulaient se donner la main
Tout autour de la terre elles pourraient faire une ronde.
Si tous les gars du monde voulaient être marins
Ils feraient avec leurs barques un joli pont sur l'onde.
Alors on pourrait faire une ronde autour du monde,
Si tous les gens du monde voulaient se donner la main.

—*Paul Fort*
   Ballades françaises

6

Hypothèses

—Si, si . . . si t'avais six châteaux, tu me donnerais un château?

—Oui.

—Et si t'avais six villas, tu me donnerais une villa?

—Oui.

—Si t'avais six motos, tu me donnerais une moto?

—Oui.

—Si t'avais six millions, tu me donnerais un million?

—Oui.

—Si t'avais six chemises, tu me donnerais une chemise?

—Non.

—Ah ben . . . là. . . . Heu. . . . Là. . . . Ben, pourquoi?

—Parce que J'AI six chemises.

—*Coluche*

Leçon Transports en tous genres III

Texte

1

Dans le train de Chartres, au retour. Robert n'est pas de très bonne humeur.

Robert: Il y a beaucoup de monde dans ton train! Tous les compartiments sont bondés. Non mais, c'est pas vrai! Toutes les places sont prises. Regarde-moi ça! Les gens sont serrés comme des sardines! Si j'avais su, je serais resté chez moi . . . ou j'aurais loué une voiture!

Mireille: Ouais . . . ou tu serais venu à pied! . . . Ne t'en fais pas, on ne va pas rester debout dans le couloir. Allons voir plus loin, on trouvera bien une place. . . . Tiens, qu'est-ce que je te disais! Ce compartiment est vide . . . enfin, presque vide.

Il y a dans un coin un passager, caché derrière un journal: l'homme en noir. . . . Bizarre. . . .

2

Mireille et Robert s'installent et continuent leur conversation.

Robert: Je ne comprends vraiment pas comment tu peux préférer le train à la voiture.

Mireille: J'apprécie la SNCF. . . .

1. bondé

Aux heures de pointe, les couloirs du métro sont **bondés**.

1. vide

La boîte de chocolats est **vide** . . . enfin, presque **vide**.

1. compartiment, couloir, place

← compartiment →   ← couloir →

voyageur debout

Toutes les **places** sont prises.

voyageur assis sur sa valise

1. serré

Les gens sont **serrés** comme des sardines!

1. coin

Le lit de Marie-Laure est dans un **coin** de sa chambre.

2. décapotable

Une voiture **décapotable**. (En été, c'est agréable!)

Robert: La quoi?

Mireille: La SNCF: la Société Nationale des Chemins de fer Français. . . . Remarque que je n'ai rien contre la voiture! . . . Au contraire, j'aimerais bien avoir une petite voiture décapotable, ou au moins avec un toit ouvrant, et un grand coffre pour mettre mes valises avec toutes mes robes dedans, et un minivélo . . . une petite 205 Peugeot. . . .

Robert: Tu ne préfèrerais pas une petite Alpine Renault, par hasard?

3

Mireille: Ben, ça, bien sûr! Ça, c'est de la bagnole! La vraie voiture de sport, rapide, nerveuse, des reprises foudroyantes! Et comme tenue de route, c'est formidable! Ça

2. toit ouvrant, coffre

* Quand le moteur est à l'arrière, le **coffre** est à l'avant, et inversement. Un grand **coffre**, c'est commode quand on a beaucoup de bagages.

2. valise

Mireille a beaucoup de robes, de jupes, de pulls. Quand elle voyage, elle a beaucoup de **valises**.

2. Peugeot 205, Alpine Renault

Une **Peugeot 205**, ce n'est pas mal . . .

. . . mais une **Alpine Renault**, c'est encore mieux!

3. c'est de la bagnole

* L'Alpine Renault, **c'est de la bagnole!** C'est de la voiture! C'est une voiture formidable!

3. reprises

3. foudroyant

La **foudre**.

Un regard **foudroyant**.

3. tenue de route

Une voiture qui a une bonne **tenue de route**.

se conduit avec le petit doigt. Et ça marche! Tu peux faire du 140 à l'heure toute une journée sans chauffer. Et comme freinage, impeccable! Quatre freins à disques assistés. . . . Et ça ne consomme presque rien: 6 litres et demi aux cent!

Robert: Eh bien, dis donc, tu as l'air de t'y connaître!

Mireille: Ben, forcément! C'est de naissance! Mon père est chez Renault. . . . Mais de toute façon, tout ça, ce n'est pas pour moi. Remarque que, d'une certaine façon, j'aime autant faire de l'auto-stop. Tous les avantages de la voiture sans les inconvénients.

Robert: Tu fais de l'auto-stop?

Mireille: Oui, ça m'est arrivé. Une fois, je suis allée de Paris à Genève en stop. J'ai mis huit heures. Ce n'est pas mal!

Robert: Mais ce n'est pas dangereux? Tu n'as pas eu peur?

Mireille: Non . . . et puis, c'est ça, le charme!

On arrive à Paris. Mireille et Robert descendent du train et sortent de la gare Montparnasse.

Robert: Si on allait dîner sur un bateau-mouche? Ce serait bien! Je t'invite. Ça peut être bien, non? Avec tous les monuments illuminés. . . .

Mireille: Oh, penses-tu! C'est un truc pour les touristes américains, ça! Tu n'es pas un touriste américain, toi! De toute façon, ce soir, je ne suis pas libre. Je dois aller chez une amie, boulevard Saint-Germain. . . . Et l'autobus est par là.

Robert: Comment? Ton chauffeur ne t'attend pas avec son Alpine?

Mireille: Mon chauffeur? Ah, non, pas ce soir. Je lui ai donné congé, ce soir. . . . Tiens, voilà mon bus qui arrive. . . . Euh . . . à jeudi soir! N'oublie pas: tu dînes à la maison vers 7h et demie, 8h.

Robert: Est-ce que je ne pourrais pas te voir demain?

Mireille: Ah, impossible! Demain, je vais à Provins. Au revoir!

Et l'autobus démarre.

"Une amie . . . " se dit Robert. . . . "Ça ne m'étonnerait pas si cette amie avait un petit air suédois et de belles jambes musclées dans un petit short bleu ciel!"

Robert serait-il jaloux?

Il arrête un taxi: "Taxi! Boulevard Saint-Germain, s'il vous plaît!"

Le chauffeur: Où est-ce que je vous arrête?

Robert: Euh . . . je ne sais pas.

Le chauffeur: Ben, moi non plus! Au café de Flore?

Robert: Ouais, c'est ça.

Pas de Mireille ni de Suédois au Flore, ni aux Deux Magots, ni chez Lipp, ni au Drugstore, ni à la Rhumerie martiniquaise, ni chez Vagenende, ni au Procope, ni au Tabou, ni au Riverside, ni au Whisky à Gogo. . . .

"Où peut-elle bien être?"

3. 140 km/h; 6l/100

* 140 **kms** (kilomètres) à l'heure = 87 miles à l'heure.
* 6 litres = 1,32 gallons. 100 **kms** = 62 miles.

3. chauffer

C'est une bonne voiture, mais elle **chauffe** dans les côtes. . . .

3. frein

3. s'y connaître

* Mireille **s'y connaît**! C'est une experte en voitures!

3. de naissance

* C'est **de naissance**; c'est héréditaire. Elle est née comme ça.

3. auto-stop

Si on n'a pas de voiture, il y a toujours l'**auto-stop**.

3. Ça arrive

* Mireille a fait de l'auto-stop deux ou trois fois. **Ça** lui **est arrivé** (deux ou trois fois).
* Hubert va à la Sorbonne . . . de temps en temps. **Ça** lui **arrive** (mais pas très souvent)!

4. bateau-mouche

Les **bateaux-mouches** montent et descendent la Seine. C'est une très belle promenade. C'est surtout pour les touristes.

4. truc

* C'est un **truc** pour les touristes! C'est quelque chose pour les touristes!
* —Qu'est-ce que c'est que ça? Qu'est-ce que c'est que ce **truc-**là? C'est une fourchette ou un peigne?

4. congé

* Mireille (dit qu'elle) a donné **congé** à son chauffeur.
* Robert, lui, s'est mis en **congé**. Il a décidé de prendre un **congé** (il a quitté l'Université et il est allé en France).

4. autobus (bus)

Mireille va prendre l'**autobus** pour aller à Saint-Germain.

5. Saint-Germain(-des-Prés)

* Le café de Flore et le café des Deux Magots sont les deux cafés les plus connus de **Saint-Germain-des-Prés**. C'étaient des cafés pour intellectuels au temps de la mode existentialiste, vers 1945–1950.

Mise en œuvre

Ecoutez la mise en œuvre du texte et répondez aux questions suivantes.

1. Où se passe la scène?
2. Est-ce qu'il y a de la place dans le train?
3. Où Mireille et Robert trouvent-ils des places?
4. Qui est caché derrière un journal?
5. Qu'est-ce que la SNCF?
6. Quel genre de voiture Mireille aimerait-elle avoir?
7. Si elle avait une voiture, où mettrait-elle son minivélo?
8. Qu'est-ce qu'elle mettrait aussi dans le coffre?
9. Quelle sorte de voiture est l'Alpine?
10. Est-ce que l'Alpine accélère vite?
11. Est-ce que c'est une voiture qui va vite? Quelle vitesse peut-elle faire?
12. Si on va trop vite pendant longtemps, qu'est-ce qui arrive normalement à une voiture?
13. Combien l'Alpine consomme-t-elle?
14. Pourquoi Mireille s'y connaît-elle en voitures?
15. Pourquoi Mireille préfère-t-elle faire de l'auto-stop?
16. Combien de temps Mireille a-t-elle mis, une fois, pour aller de Paris à Genève en stop?
17. Est-ce que Mireille a peur quand elle fait du stop?
18. Où Robert voudrait-il aller dîner avec Mireille?
19. Pourquoi cette idée ne plaît-elle pas à Mireille?
20. Pourquoi Mireille n'est-elle pas libre?
21. Où son amie habite-t-elle?
22. Comment va-t-elle aller chez cette amie?
23. Où Mireille doit-elle aller le lendemain?
24. Quand Robert va-t-il dîner chez Mireille?
25. Qu'est-ce que Robert se demande, quand Mireille le quitte?
26. Qu'est-ce qu'il arrête, dans la rue?
27. Robert trouve-t-il Mireille et le Suédois dans les cafés de Saint-Germain-des-Prés?

Mise en question

1. Pourquoi Robert est-il de mauvaise humeur, quand ils quittent Chartres?

2. Comment Robert manifeste-t-il sa mauvaise humeur? Qu'est-ce qu'il critique? De quoi se plaint-il? Contre quoi rouspète-t-il? Qu'est-ce qu'il dit?

3. Pourquoi dit-il qu'il aurait loué une voiture s'il avait su? Pourquoi n'a-t-il pas loué une voiture? Comment Mireille se moque-t-elle de lui quand il dit qu'il aurait loué une voiture?

4. Qui est ce voyageur caché derrière son journal, dans le compartiment de Robert et Mireille? Où l'avez-vous déjà vu?

5. Pourquoi Robert revient-il sur la comparaison de la voiture et du train? De qui est-ce la faute s'ils ont pris le train plutôt qu'une voiture?

6. Est-ce que Mireille réagit à la mauvaise humeur de Robert? Est-ce qu'elle ne l'a pas remarquée? Ou bien est-ce qu'elle fait semblant de ne pas s'en apercevoir?

7. Quand Robert demande à Mireille si elle ne préfèrerait pas une Alpine à une petite 205 Peugeot, qu'est-ce qui montre sa mauvaise humeur? Quelle expression montre qu'il est sarcastique? (Mireille utilise la même expression ironiquement, dans la leçon 27, quand elle conseille à Robert d'acheter un billet de seconde.)

8. Quand Mireille vante les mérites de l'Alpine, est-ce qu'elle le fait de façon tout à fait innocente, ou est-ce qu'elle se moque de Robert? Est-ce qu'elle pense que Robert est jaloux à cause d'une Alpine? Est-ce qu'elle connaît quelqu'un qui a une Alpine? Est-ce qu'elle a remarqué que Robert remarquait une Alpine?

9. Quand Robert dit à Mireille qu'elle a l'air de s'y connaître en matière d'Alpine, est-ce qu'il est simplement admiratif, ou sarcastique?

10. Quand Mireille répond, en plaisantant, que c'est de naissance, puisque son père travaille chez Renault, est-ce que c'est une plaisanterie innocente, ou est-ce qu'elle dit ça pour cacher quelque chose? Par exemple, pour cacher qu'elle a un petit ami qui a une Alpine . . . et qui est peut-être suédois? Est-ce qu'elle cherche à changer de sujet quand elle parle de l'auto-stop?

11. Quand Robert invite Mireille à dîner, est-ce qu'il le fait en toute innocence, ou est-ce qu'il veut savoir si elle n'a pas rendez-vous avec un beau Suédois?

12. Quand Mireille dit qu'elle va prendre le bus, Robert lui demande si son chauffeur ne l'attend pas avec l'Alpine. Est-ce qu'il dit ça d'un ton surpris ou sarcastique?

13. Quand Mireille répond en plaisantant qu'elle a donné congé à son chauffeur, est-ce qu'elle n'a pas remarqué le ton de Robert, ou est-ce qu'elle fait semblant de ne l'avoir pas remarqué?

Documents

1

Le café de Flore.

Le café des Deux Magots.

LIPP *(brasseries),* 151, bd St-Germain (6e). 45.48.53.91. Tlj. Sce jsq 1h du matin. Célèbre brasserie parisienne, toujours très fréquentée par les stars de la politique et des affaires.

Le Drugstore.

La Rhumerie Martiniquaise.

VAGENENDE *(brasseries),* 142, bd St-Germain (6ᵉ). 43.26.68.18. Tlj. Sce jsq 1h du matin. Un superbe et authentique décor (classé) de la Belle Epoque, où l'on apprécie poissons, grillades et une grande carte de brasserie.

La plaque du café Procope.

2

Les Derniers Cafés où l'on cause

Il ne reste plus en France que 70 000 cafés, contre 107 000 en 1980, 200 000 en 1960 et plus de 500 000 en 1910. En un siècle, leur nombre aura été divisé par dix, alors que la population a augmenté d'un tiers. On peut distinguer trois causes à ces disparitions: le déplacement d'une partie de la population des centres-villes vers les banlieues où la densité de cafés est moins élevée, la crise économique qui a touché certaines régions, et surtout le changement d'attitude à l'égard des loisirs. Le temps passé au café est remplacé par celui consacré à la télévision ou à des activités spécifiques. Enfin, la multiplication des fast-food a porté un coup décisif aux cafés, le hamburger ayant remplacé le sandwich, en particulier pour les jeunes.

Avec le café, c'est un outil privilégié de la convivialité qui disparaît, en même temps qu'un mode de vie.

—Francoscopie 93

3

Promenades en bateau-mouche

Paris au fil de l'eau...   BATEAUX PARISIENS

Confortablement installé sur un bateau entièrement vitré, vous découvrirez les plus grands monuments parisiens. Pour les promenades, cette visite sera guidée par une hôtesse en français, anglais et allemand.
Lors du dîner-croisière, vous savourerez une cuisine raffinée au son d'un orchestre et vous pourrez même évoluer sur la piste de danse à moins que vous préfériez simplement profiter du spectacle de Paris illuminé.

Croisière commentée: Départ toutes les demi-heures, durée de la croisière: une heure.
Dîner-croisière: Embarquement à 20 h tous les soirs, retour à quai à 23 h

4

Ambulance et corbillard

5

On est monté à deux cents

C'est un bonhomme qui montre sa nouvelle voiture à un copain et qui lui dit:

—Elle est formidable, ma voiture! L'autre fois, on est monté à deux cents!

Et l'autre lui répond:

—Dis donc! Vous deviez être serrés, quand même!

—Coluche

6

Hiver rigoureux

C'est un bûcheron qui coupe du bois. Soudain, il aperçoit un Indien et il se dit: "Tiens! Je vais demander à l'Indien s'il va faire froid cet hiver. Parce que les Indiens, ils doivent bien s'y connaître en température!" Alors, il arrête l'Indien qui passait et lui demande:

—Dites donc! Est-ce que vous croyez qu'il va faire froid, cet hiver?

—Oh, oui! Hiver rigoureux!

Alors le bûcheron coupe encore du bois. Il coupe, il coupe, il en a un gros tas derrière lui et l'Indien repasse en disant:

—Oui, oui, très rigoureux, l'hiver!

Alors le bûcheron recoupe du bois, il a maintenant un énorme tas! L'Indien repasse et lui dit:

—Oh, là, là! Très très très rigoureux, l'hiver. . . .

—Mais comment tu le sais?

—Chez nous, il y a un dicton: "Quand l'homme blanc coupe du bois, c'est que l'hiver sera rigoureux!"

—Coluche

7

Il n'y a plus d'après

Maintenant que tu vis
A l'autre bout de Paris
Quand tu veux changer d'âge
Tu t'offres un long voyage

Tu viens me dire bonjour
Au coin de la rue du Four
Tu viens me visiter
A Saint-Germain-des-Prés

Il n'y a plus d'après
A Saint-Germain-des-Prés
Plus d'après-demain
Plus d'après-midi
Il n'y a qu'aujourd'hui

Quand je te reverrai
A Saint-Germain-des-Prés
Ce ne sera plus toi
Ce ne sera plus moi
Il n'y a plus d'autrefois

Tu me dis: comme tout change
Les rues te semblent étranges
Même les cafés crème
N'ont plus le goût que tu aimes
C'est que tu es une autre
C'est que je suis un autre
Nous sommes étrangers
A Saint-Germain-des-Prés.

—Guy Béart

Texte

1

Le lendemain matin, dans le hall de réception du Home Latin. Robert n'a pas l'air en forme; on dirait qu'il a mal dormi cette nuit.

Le patron de l'hôtel: Bonjour, Monsieur. Vous avez bien dormi?

Robert: Oui . . . enfin . . . pas trop. Dites-moi, Provins, vous connaissez?

Le patron: Mais bien sûr!

Robert: Vous pouvez me dire où c'est?

Le patron: Eh bien, c'est vers l'est . . . enfin, le sud. Oui, c'est ça, c'est le sud-est de Paris. Oh, ce n'est pas très loin.

Robert: C'est du côté de Chartres?

Le patron: Ah, non. Chartres, c'est vers le sud-ouest. Provins, c'est au-dessus de Fontainebleau. . . . Vous connaissez!

Robert: Ah, bon; merci. Vous savez où je pourrais louer une voiture?

Le patron: Ah, oui! . . . Voilà: chez Avis, Hertz, Europcar, Mattei. . . . Pourquoi? Vous voulez louer une voiture?

Robert: Oui.

Le patron: Allez au garage Shell, en bas du boulevard Raspail, si vous voulez. C'est un ami. Dites-lui que vous venez de ma part.

Robert: Merci.

2

Au garage Shell.

Robert: Bonjour, Monsieur.

Le garagiste: Bonjour!

Robert: Je viens de la part du propriétaire du Home Latin. Je voudrais louer une voiture pour la journée.

Le garagiste: Oui. . . . Qu'est-ce que vous voulez? Une grosse voiture? Une petite voiture? Changement de vitesse automatique ou manuel? Tenez, j'ai là une Renault 11 toute neuve, avec 5 vitesses synchronisées au plancher. J'ai aussi une CX . . .euh. . .suspension hydraulique, c'est très confortable. . . .

1. en forme

Il est **en forme**. Il n'est pas **en forme**.

1. patron

1. au-dessus, au-dessous

Provins est **au-dessus** de Fontainebleau et **au-dessous** de Meaux.

1. du côté de

* C'est **du côté de** Chartres? C'est dans la direction de Chartres?

2. changement de vitesses, plancher

Le levier de **changement de vitesses** est au **plancher**.

Robert: Oh, ça, ça m'est égal. Donnez-moi la moins chère. Cette R5, là-bas, par exemple. Il paraît que les R5, ce sont les moins chères. C'est vrai?

Le garagiste: Ah, je regrette, mais elle n'est pas à louer. Je ne peux pas vous la donner. Mais si vous voulez, je peux vous donner une Peugeot 205.

Robert: C'est ce que vous avez de moins cher?

Le garagiste: Oui.

Robert: Bon. C'est combien pour la journée?

Le garagiste: 450F.

Robert: D'accord, je la prends.

3

Le garagiste: Si vous voulez bien me donner votre permis de conduire. . . . Ah, c'est un permis américain! Quelques minutes plus tard, Robert est au volant de la Peugeot.

Robert: Pour aller à Fontainebleau, c'est par là?

Le garagiste: Oui. Remontez le boulevard Raspail, là, devant vous. . . . Vous connaissez bien Paris?

3. permis de conduire

Un **permis de conduire** français.

Robert: Non, pas trop.

Le garagiste (*sortant un plan*): Tenez, je vais vous montrer. Vous êtes ici. Vous remontez le boulevard Raspail jusqu'à Denfert-Rochereau, vous verrez, c'est une place avec un lion. Vous obliquez à droite pour prendre l'avenue du Général Leclerc. Vous la suivez jusqu'à la Porte d'Orléans, et là, vous prenez le boulevard périphérique sur la gauche. Vous n'aurez qu'à suivre les indications pour l'autoroute A6, direction Lyon. Il y a des panneaux partout. Il n'y a pas moyen de se tromper. Vous ne pouvez pas vous perdre.

Robert: Très bien. Merci! Au revoir.

Le garagiste: Au revoir! Bonne route!

3. volant

Le **volant**.

3. périphérique

Le **périphérique** est une autoroute qui fait le tour de Paris. Quand on quitte le **périphérique**, on peut entrer dans Paris par des "portes": porte d'Orléans, porte de Versailles, porte de Saint-Cloud, porte Maillot, porte de la Chapelle, porte des Lilas, porte de Vincennes, porte d'Italie. . . .

3. panneau

Regardez les **panneaux** et suivez les indications!

4

Pendant ce temps-là, Mireille téléphone à son oncle Guillaume pour lui emprunter une voiture.

Mireille: Allô, Tonton? C'est moi, Mireille. Dis-moi, je dois aller à Provins, voir mon amie Colette, tu sais, Colette Besson. Est-ce que tu pourrais me prêter une voiture?

Tonton Guillaume: Mais oui, ma petite Mireille. Bien sûr! Prends celle que tu voudras, ça m'est égal.

Mireille: La CX?

Tonton Guillaume: Entendu. Prends-la au garage quand tu voudras. Je vais téléphoner pour les prévenir.

Mireille: Je te remercie. Au revoir!

5

Pendant ce temps-là, Robert remonte le boulevard Raspail. Il arrive à la

place Denfert-Rochereau, la place avec le lion . . . obliquer à droite . . . prendre l'avenue du Général Leclerc . . . la suivre . . . jusqu'à la Porte d'Orléans. Ça doit être ici. . . . Maintenant, prendre le périphérique sur la gauche. . . . L'autoroute A6. En direction de Lyon. Il y a des panneaux partout. . . . Il n'y a pas moyen de se tromper.

Robert: Je ne peux pas me perdre.

Trois heures plus tard, Robert est complètement perdu à 300 km de Paris, en pleine Bourgogne. Il demande son chemin.

Robert: Excusez-moi, Monsieur. La route de Paris, c'est bien par là?

Le monsieur: Ah, vous vous trompez, jeune homme. La route de Paris, c'est à droite, là-bas. Là, par là, c'est Mâcon. Là, vous êtes perdu.

6

Voilà ce qui s'est passé:
A Fontainebleau, Robert a voulu sortir de l'autoroute pour remonter vers Provins. Juste au moment où il sortait de l'échangeur, il a vu une Alpine, avec une blonde dedans, qui s'engageait sur l'autoroute en

4. emprunter, prêter

* Mireille n'a pas de voiture, mais elle peut **emprunter** la voiture de son oncle. Elle peut lui **emprunter** une voiture. Guillaume a deux voitures; il peut **prêter** une voiture à Mireille. Il peut lui en **prêter** une.

4. prévenir

* Guillaume va **prévenir** le garagiste. Il va le **prévenir**. Il va lui dire que Mireille va prendre la voiture.

6. échangeur

Panneau de l'**échangeur** de Fontainebleau.

direction de Lyon. Robert a fait aussitôt demi-tour et s'est lancé à sa poursuite.

Robert fonce, le pied au plancher, mais l'Alpine refuse de se laisser dépasser.

Juste avant Beaune, l'Alpine s'arrête pour prendre de l'essence. La blonde

descend de voiture et se dirige vers les toilettes. Ce n'est pas Mireille. Ecœuré, Robert sort de l'autoroute, et

va se perdre dans les vignobles bourguignons: Aloxe-Corton, Nuits-Saint-Georges, Vosne-Romanée, Vougeot, Chambolle-Musigny, Gevrey-Chambertin, Fixin. . . .

6. faire demi-tour

Robert **fait demi-tour**.

6. lancer

Le joueur de boules **lance** sa boule.

Le discobole **lance** le disque.

6. foncer

Le taureau **fonce** (sur le matador).

6. dépasser

* Robert veut **dépasser** l'Alpine, mais il ne peut pas: elle va plus vite que lui.

6. le pied au plancher

Robert fonce, **le pied au plancher**. Il appuie sur l'accélérateur à fond. Son **pied** touche le **plancher**.

6. essence

L'Alpine va prendre de l'**essence**.

* Les voitures de tourisme marchent à l'**essence**. Les camions marchent au gasoil. Le métro et beaucoup de trains marchent à l'électricité.

6. écœuré

* Robert est extrêmement frustré, dégoûté, **écœuré** (. . . il aurait presque envie de vomir!).

🎧 Mise en œuvre

Ecoutez la mise en œuvre du texte et répondez aux questions suivantes.

1. Pourquoi Robert n'a-t-il pas l'air en forme?
2. Où se trouve Provins?
3. Est-ce que c'est du côté de Chartres?
4. Où est Provins par rapport à Fontainebleau?
5. Qu'est-ce que Robert veut faire?
6. Où peut-il louer une voiture?
7. Qui est le patron du garage Shell?
8. Pour combien de temps Robert veut-il louer une voiture?
9. Comment est la CX?
10. Quelle voiture Robert veut-il?
11. Pourquoi Robert veut-il une R5?
12. Pourquoi le garagiste ne peut-il pas donner la R5 à Robert?
13. Quelle autre voiture le patron du garage propose-t-il?
14. Combien coûte la location de la Peugeot 205 pour une journée?
15. Si on est en bas du boulevard Raspail, qu'est-ce qu'il faut faire pour aller à la Porte d'Orléans?
16. Qu'est-ce qu'il y a sur la place Denfert-Rochereau?
17. Qu'est-ce qu'il faut faire, à Denfert-Rochereau, pour prendre l'avenue du Général Leclerc?
18. Dans quelle direction faut-il prendre le boulevard périphérique?
19. Pourquoi est-ce que c'est facile de trouver l'autoroute A6?
20. Est-ce qu'on peut se tromper?
21. Qu'est-ce que Mireille fait pendant ce temps-là?
22. Pourquoi téléphone-t-elle à son oncle?
23. Comment s'appelle son amie de Provins?
24. Où est Robert trois heures plus tard?
25. Qu'est-ce que Robert a vu, quand il sortait de l'autoroute?
26. Qu'est-ce que Robert a fait?
27. Pourquoi est-ce que Robert a finalement réussi à rattraper l'Alpine?
28. Où va la jeune fille blonde en descendant de voiture?
29. Pourquoi Robert est-il écœuré?
30. Qu'est-ce qu'il fait en sortant de l'autoroute?

Mise en question

1. Pourquoi Robert n'a-t-il pas bien dormi?
2. Pourquoi Robert veut-il savoir où est Provins?
3. Quand Robert demande au patron de l'hôtel où il pourrait louer une voiture, pourquoi celui-ci lui demande-t-il s'il veut louer une voiture? Est-ce qu'il n'a pas compris que Robert voulait louer une voiture, ou est-ce que c'est un moyen d'amener sa suggestion d'aller au garage Shell? Pourquoi conseille-t-il à Robert d'aller au garage Shell?
4. Est-ce que Robert veut aller à Fontainebleau? Alors, pourquoi demande-t-il au garagiste où est Fontainebleau?
5. Pourquoi Mireille demande-t-elle à son oncle s'il peut lui prêter *une* voiture?
6. Est-ce que Tonton Guillaume connaît Colette? Est-ce qu'il la connaît très bien ou est-ce qu'il a seulement entendu parler d'elle?
7. A qui Tonton Guillaume va-t-il téléphoner? Pourquoi va-t-il téléphoner?
8. Où sont Mâcon et Beaune? A quelle distance de Paris est la Bourgogne?
9. Est-ce que Beaune est plus près de Paris que Mâcon, ou plus loin?
10. Pourquoi Aloxe-Corton, Nuits-Saint-Georges, Vougeot, etc., sont-ils des villages célèbres? Qu'est-ce qu'on y produit?

Documents

Location de voitures

Conditions Générales

Pour louer, il suffit...

— d'avoir au minimum 21 ans (23 ans révolus pour les catégories D, E, F, G, J, P et Z)

— de posséder le permis de conduire depuis plus d'un an

— de présenter une pièce d'identité (carte d'identité ou passeport)

— d'avoir un moyen de paiement agréé. Sont agréés :

• les cartes accréditives CITER et ATESA

• les cartes American Express, Carte Bleue, Visa, Eurocard, Mastercard ou Diners Club

• les billets de location CITER et bons d'échange ATESA.

Si vous ne disposez pas de ces moyens accréditifs, CITER demandera un dépôt correspondant à un prépaiement du montant de votre location (minimum 2 500 F) ainsi que les justificatifs de domicile et d'emploi.

Remarque : Tous les tarifs de cette brochure sont applicables au 13 avril 1992 et modifiables sans préavis.

L'assistance Citer et la garantie conducteur-passager

Vous pouvez bénéficier de notre assurance optionnelle conducteur et passagers pour une prime journalière de 26,98 F HT, soit 32,00 F TTC. Cette garantie (capital 75 000 FF) inclut également une assistance médicale et technique dans de nombreux pays. Une documentation complémentaire est à votre disposition.

Assurance complémentaire

Pendant toute la durée de la location, CITER a prévu une assurance au tiers illimité, vol, incendie, bris de pare-brise, lunette arrière et glaces latérales, dégâts à la voiture résultant d'un choc avec un corps fixe ou mobile, avec une franchise. Vous pouvez obtenir la suppression de cette franchise moyennant une prime journalière selon le barème suivant, sous réserve de la production, en cas d'accident, du constat amiable dûment complété, sans toutefois s'appliquer aux détériorations intérieures ni aux pneumatiques.

Catégories Groups	Franchise Minimun déductible	Suppression de franchise CDW HT	TTC
A,W	9 800 F TTC	56,49 F	67,00 F
B,O,X	11 000 F TTC	61,55 F	73,00 F
C,I,Y	12 500 F TTC	75,04 F	89,00 F
D,G	13 800 F TTC	80,10 F	95,00 F
E,J,K,Z	14 800 F TTC	83,47 F	99,00 F
F,P	15 400 F TTC	96,12 F	114,00 F

Tarif Général Jour + Km

TVA / VAT 18,60 %

CATEGORIES Groups		MODELES Models	PLACES SEATS	PORTES DOORS	RADIO RADIO	VITRES ELECTRIQUES POWER WINDOWS	DIRECTION ASSISTEE POWER STEERING	VERROUIL. CENTRAL CENTRAL LOCKING	AIR CONDITIONNE AIR CONDITIONING	SUSPENSION SUSPENSION	ABS	JOUR Day	Km
Economique	A ECMN	Citroën AX 10 E Peugeot 106 XN	4	2	♪							HT 223,44 TTC 265,00	3,33 3,95
Small	W ECMN	Citroën AX 14 D	4	2	♪							HT 236,09 TTC 280,00	3,41 4,04
Moyenne	B CDMN	Citroën ZX "Avantage" 1.3 Peugeot 309 GR 1.3	5	4	📼							HT 265,60 TTC 315,00	3,84 4,55
	X CDMN	Citroën ZX "Avantage" 1.9 D	5	4	📼		•					HT 298,48 TTC 354,00	3,96 4,70
Medium	C SDMN	Citroën BX 16 TZS Peugeot 405 GR 1.6	5	4	📼	AV	•	•				HT 333,05 TTC 395,00	4,68 5,55
	Y SDMN	Citroën BX Image Turbo D	5	4	📼	AV	•	•				HT 366,78 TTC 435,00	4,85 5,75
Supérieure	D FDMN	Citroën XM 2l. "PRESENCE" Peugeot 605	5	4	📼	AV	•	•				HT 383,64 TTC 455,00	5,19 6,16
	E PDMR	Citroën XM 2l. Injection "Ambiance"	5	4	📼	AV/AR	•	•	•	H	•	HT 438,45 TTC 520,00	5,40 6,40
Large	Z PDMR	Citroën XM 12 S. Turbo "Ambiance"	5	4	📼	AV/AR	•	•	•	H	•	HT 463,74 TTC 550,00	5,56 6,59
Automatique	O CDAN	Citroën ZX "Avantage" Peugeot 309	5	4	📼							HT 324,62 TTC 385,00	4,55 5,40
	P LDAR	Citroën XM V6 "Ambiance"	5	4	📼	AV/AR	•	•	•	H	•	HT 556,49 TTC 660,00	6,37 7,55
Luxe	F LDMR	Citroën XM V6 "Ambiance"	5	4	📼	AV/AR	•	•	•	H	•	HT 539,63 TTC 640,00	5,90 7,00
Sport	G XCMN	Citroën ZX "Volcane"	5	4	📼	AV	•	•				HT 392,07 TTC 465,00	5,31 6,30
Break	I SWMN	Citroën BX 19 TZS "Evasion" Peugeot 405 GR Break 1.9	5	4	📼	AV	•	•				HT 362,56 TTC 430,00	5,02 5,95
	J FWMR	Citroën XM "Evasion" Turbo D12	5	4	📼	AV/AR	•	•		H	•	HT 455,31 TTC 540,00	5,86 6,95
Minibus	K KVMN	Citroën C 25 COMBI CLUB	9	3	♪							HT 408,94 TTC 485,00	4,26 5,05

Radio FM. ♪   Radio-cassette FM stéréo. 📼

H : suspension hydractive   Les assurances optionnelles ne sont pas comprises dans le tarif, ni le carburant.

Tarif général jour + Km

Les Semaines Citer - KILOMETRAGE ILLIMITE

TVA / VAT 18,60 % INCLUSE / INCLUDED

	CATEGORIES & MODELES Groups & models	7 jours days	Jour suppl. Extra day	14 jours days	Jour suppl. Extra day	21 jours days	Jour suppl. Extra day
A	Citroën AX 10 E - Peugeot 106 XN	2515	244	4035	219	5375	184
W	Citroën AX 14 D	2685	256	4250	234	5675	190
B	Citroën ZX "Avantage" 1.3 - Peugeot 309 GR 1.3	3155	310	4950	265	6540	209
X	Citroën ZX "Avantage" 1.9 D	3325	335	5275	278	6990	221
C	Citroën BX 16 TZS - Peugeot 405 GR	4180	395	6195	335	7990	265
Y	Citroën BX Image Turbo D	4395	425	6680	360	8620	285
D	Citroën XM 2 I. "Présence" - Peugeot 605	5250	509	7990	395	10255	335
E	Citroën XM 2 I. Injection "Ambiance"	6500	590	10100	490	12850	424
Z	Citroën XM 12 S. Turbo "Ambiance"	6770	628	10440	518	13290	448
O	Citroën ZX "Avantage" AUTOM. - Peugeot 309 AUTOM.	4400	354	6420	310	8180	275
P	Citroën XM V6 "Ambiance" AUTOM.	8550	950	14100	770	17950	610
F	Citroën XM V6 "Ambiance"	7845	890	13000	742	17200	578
G	Citroën ZX "Volcane"	5990	430	10145	364	12050	310
I	Citroën BX 19 TZS "Evasion" - Peugeot 405 GR Break	5620	490	8200	395	10370	338
J	Citroën XM "Evasion" Turbo D12	7080	638	10800	562	13600	480
K	Citroën C 25 COMBI CLUB	5250	550	8300	448	11200	360

Forfait assurances optionnelles

Suppression de franchise (CDW)

CATEGORIES Groups	7 jours days	Jour suppl. Extra day	14 jours days	Jour suppl. Extra day	21 jours days	Jour suppl. Extra day	30 jours days	Jour suppl. extra day
A,W	398	50	650	41	855	35	1085	25
B,O,X	480	60	770	48	1000	39	1271	28
C,I,Y	518	64	846	54	1095	47	1399	32
D,G	578	72	940	60	1240	54	1550	35
E,J,K,Z	600	80	975	64	1275	56	1645	35
F,P	663	85	1086	67	1395	60	1780	35

Assistance conducteur et passagers - (PAI)

Toutes catégories	193	25	325	22	430	20	602	18

2

Publicité

Maman chérie, il y a trois jours, j'ai fait un cauchemar horrible. On avait une nouvelle 205 Junior, magnifique, avec des beaux sièges en jean comme mon jean à moi, mais tu l'avais vendue. Alors moi je pleurais. Tout le monde voulait te l'acheter et c'était terrible. Même le cousin Georges que je n'aime pas trop, trop, il voulait l'avoir, avec ses nouveaux gros pneus et un essuie-vitre à l'arrière aussi*. C'était insupportable, je ne voulais pas que le cousin Georges prenne notre belle 205 Junior toute neuve, alors je pleurais encore plus fort. Heureusement hier j'ai fait un rêve génial ; c'est que tu achetais une 205 Junior, parce que ça serait vraiment bien. Je te fais 205 bisous. Ta fille qui t'aime. *Léa.*

205 Junior, AM-93, équipée en série d'une lunette arrière chauffante, d'un essuie-vitre arrière, d'une montre électrique et de pneus 155 R13.

EUROCOM

PEUGEOT 205. QUEL SACRÉ NUMÉRO !

PEUGEOT

3

L'Automobile au XXème siècle

Je crois que l'automobile est aujourd'hui l'équivalent assez exact des grandes cathédrales gothiques: je veux dire une grande création d'époque, conçue passionnément par des artistes inconnus, consommée dans son image, sinon dans son usage, par un peuple entier qui s'approprie en elle un objet parfaitement magique.

—*Roland Barthes*
  Mythologies

4

Oh, qui dira les torts de la Rime?

Marie-Laure dit . . .

. . . à Robert, qui fonce sur l'autoroute:

—Fonce, Alphonse!

. . . à Robert, qui lui dit qu'il a toujours réussi à tous ses examens:

—Tu parles, Charles!

. . . à Mireille, qui dit que Marie-Laure a trop de devoirs à faire:

—Tu l'as dit, Bouffi!

. . . quand il pleut des cordes en Bretagne:

—Qu'est-ce qui dégringole, Anatole!

. . . quand elle est prête à partir:

—Allons-y, Alonzo!

. . . quand Tonton Guillaume lui offre un verre d'Orangina:

—A la tienne, Etienne!

. . . quand elle vient de battre Mireille au karaté, sans aucune difficulté:

—A l'aise, Blaise!

5

Apprentissage

Un moniteur d'auto-école débute dans le métier. Il le dit à la bonne femme qui prend sa leçon de conduite et celle-ci lui répond:

—Ecoutez, ça tombe bien, moi, c'est la première fois que je prends une leçon!

Ils y vont, ils reviennent, et le patron de l'auto-école dit au moniteur:

—Alors? Comment ça s'est passé? Ça n'a pas été trop dur? Qu'est-ce qui vous a paru le plus dur?

—Le pare-brise!

—*Coluche*

6

L'Accident assuré

1. Vous voyez! . . . aujourd'hui . . . je suis content! . . . j'ai eu un accident! . . . L'assurance va pouvoir me rembourser. Oui! Parce que ça fait dix ans que je paye une assurance pour ma voiture . . . et ils ne me remboursaient jamais. J'étais allé voir mon assureur . . . je lui avais dit:

—Vous allez me rembourser quand?

—Quand vous aurez un accident . . .

—Je n'arrive pas à en avoir! Je ne sais pas comment font les autres! . . . Vous en avez, vous?

—J'en ai régulièrement . . . deux fois par semaine!

—Comment faites-vous?

—Je ne réfléchis pas! Je fonce!

—Alors, si je fonce et ne réfléchis pas . . . ?

—C'est l'accident assuré!

2. —Vous pouvez me l'assurer?

—Ah non! Je vous assure déjà contre les accidents . . . je ne peux pas vous assurer pour un accident. . . .

—Alors . . . où puis-je en avoir un?

—Ecoutez! Je ne devrais pas vous le dire, parce que . . . ce n'est pas dans mon intérêt . . . mais si vous voulez un accident . . . voyez du côté de la place de la République . . . il y en a pas mal en ce moment!

—Bon! . . .

Je me dis: "Qu'est-ce que je risque?"

3. Je prends la voiture! . . . J'arrive place de la République . . . pan! pan! deux accidents . . . un à ma droite, l'autre à ma gauche. . . .

Je me dis: "Le coin est bon! Le troisième, il est pour moi."

Je vois arriver une voiture sur la gauche . . . je fonce dessus sans réfléchir. . . . Ah, dis donc! . . . Le gars se dérobe! Je le rattrape . . . j'arrive à sa hauteur, je lui dis:

—Qu'est-ce qui vous prend?

—Je croyais que vous alliez me rentrer dedans!

—C'est ce que je voulais faire, mais vous avez bifurqué!

—Si vous aviez roulé un peu plus vite, j'étais bon!

—Excusez-moi! La prochaine fois, je ferai attention!

4. J'appuie sur l'accélérateur et je fonce droit devant moi, sans regarder. . . . Vous ne pouvez pas savoir comme c'est reposant! Parce que, ce qui est fatigant dans la conduite d'une voiture, c'est d'être obligé de regarder à droite ou à gauche. . . . Mais quand on ne pense plus à rien . . .

qu'on roule à tombeau ouvert . . . les yeux fermés . . .
si vous saviez comme ça détend!

Au bout d'un moment, comme il ne se passait rien,
j'ouvre les yeux. . . . Ah! dis donc! Qu'est-ce que je vois?
Toutes les voitures qui m'évitaient! Je me suis dit: "Est-ce
que je leur fais peur?"

5. J'en étais là de mes réflexions lorsque boum! Un choc
terrible à l'arrière. . . . Je descends. . . . Qui je reconnais
dans celui qui m'était rentré dedans? Mon assureur! Je lui
dis:

—C'est gentil d'avoir pensé à moi!

—Je ne l'ai pas fait exprès!

—Exprès ou pas exprès . . . vous avez eu un beau
geste!

—C'est un accident!

—Justement . . . vous allez pouvoir me rembourser!

—Non! Parce que, comme vous êtes dans votre tort,
l'assurance ne marchera pas! *the face*

6. —Ecoutez! J'ai bien envie de vous casser la figure!

—Ça me rendrait bien service!

—Pourquoi?

—Parce que, depuis dix ans, je paye une assurance
contre coups et blessures et je n'arrive pas à en recevoir.

—S'il n'y a que ça pour vous faire plaisir!

Je l'ai bourré de coups . . . il avait une tête comme ça!

—Ça suffit! Je suis déjà largement remboursé!

—Oui! Mais moi, je ne le suis pas! Tant que vous
n'aurez pas dit que vous êtes dans votre tort, je
continuerai.

7. Il m'a regardé de son œil blanc . . . l'autre était déjà noir
. . . et il m'a dit:

—Je suis dans mon tort. . . .

—Vous pouvez me l'assurer?

—Noir sur blanc.

Si bien que je serai remboursé! Pas lui!

Comme il a reconnu être dans son tort, l'assurance
contre les coups et blessures ne marchera pas.

—*Raymond Devos*

7

Frère Jacques

Frère Jacques, Frère Jacques,
Dormez-vous? Dormez-vous?
Sonnez les matines! Sonnez les matines!
Ding, ding, dong. . . . Ding, ding, dong.

8

La Région bourguignonne

Vignes et château du Clos de Vougeot, un des grands crus de Bourgogne.

L'Hôtel-Dieu de Beaune, hôpital qui date du XVème siècle et qui possède des vignobles réputés (vignobles des Hospices de Beaune).

Un village bourguignon.

Les monts du Beaujolais.

Un vigneron au travail près du village de Chablis.

Une halte-dégustation à Volnay.

Vignoble dans le Beaujolais.

Le Vin

Même pour un vin nouveau, il me semble un peu jeune...

Leçon **31** Transports en tous genres V

Texte

1

Robert est perdu en pleine Bourgogne. Il fait une étude systématique des grands crus. . . .

Pendant ce temps, Mireille va chercher la voiture de Tonton Guillaume. Elle s'amène au garage, comme une fleur, met le contact; la voiture refuse de démarrer.

Mireille: Je crois qu'elle est morte. Elle ne veut pas démarrer.

Le garagiste: Ce n'est rien, ma petite demoiselle. Les accus sont à plat, mais ne vous en faites pas. *(Chantant)* Dans la vie faut pas s'en faire, moi je m'en fais pas. . . . Ouais, elle est morte . . . les accus sont à plat. Mais ne vous faites pas de bile, je vais arranger ça. Je vais vous prêter une autre voiture, une voiture de location qui vient de rentrer. Elle n'est pas très propre, mais ça vous dépannera.

2

Celle-là démarre au quart de tour.

Mireille: Bon, ça va. Merci! . . . La route est à nous!

---

1. grand cru

* Les **grands crus** sont les vins qui viennent des meilleurs vignobles d'une région.

1. s'amener

* Mireille **s'amène** au garage. Elle arrive au garage. (C'est du langage familier.)

1. mettre le contact

Mireille **met le contact.** Elle tourne la clé de contact.

---

1. à plat

Les accus sont à plat.　　Un pneu **à plat.**

1. se faire de la bile

* Ne **vous en faites** pas! Ne **vous faites** pas **de bile**! Ne soyez pas inquiète!

1. dépanner

* Je suis en panne. Vous pouvez me **dépanner**?
* Je n'ai plus d'argent du tout, et la banque est fermée. Est-ce que tu pourrais me prêter 100F jusqu'à demain? Ça me **dépannerait.**

2. au quart de tour

La voiture a démarré **au quart de tour**, tout de suite, instantanément.

Au premier feu rouge, elle appuie sur le frein: aucun effet. Elle brûle le feu rouge . . . et continue comme une fleur. Heureusement, il y avait un frein à main! Elle s'arrête dans un garage.

Mireille: Je n'ai plus de freins. J'ai été obligée de brûler un feu rouge!

Le garagiste: Voyons ça. Ouvrez votre capot. . . . C'est bien ce que je pensais, vous n'avez plus une goutte de fluide. Je vais arranger ça. . . . Voilà. Essayez votre frein, là, pour voir; pompez, pompez! . . .

Ça marche?

Mireille: Ça va, oui!

Le garagiste: Eh bien, voilà! C'est arrangé! Ce n'était pas bien grave!

Mireille: Je vous dois combien?

Le garagiste: Pour vous, Mademoiselle, ça ne sera rien! Je ne vais pas vous faire payer pour ça!

Mireille: Mais si, enfin . . . pour le fluide, au moins. . . .

Le garagiste: Pffuitt! Ce n'est rien! Allez, au revoir, Mademoiselle, et soyez prudente!

A la sortie de Paris, Porte des Lilas, au milieu d'un embouteillage, le moteur cale. Impossible de redémarrer.

Heureusement, deux jeunes gens, qui faisaient de l'auto-stop, la poussent jusqu'à une station-service.

Le pompiste: Vous êtes en panne?

Mireille: Oui, mais je ne sais pas ce que c'est . . . le moteur s'est arrêté.

Le pompiste: Vous avez de l'essence?

Mireille (*regardant la jauge*): Ah, non!

Le pompiste: Eh bien, ça doit être ça! Je vous fais le plein?

Mireille: Oui, s'il vous plaît.

Le pompiste: Essence, ou super?

Mireille: Ben, je ne sais pas. . . . Bon, allez, super!

Le pompiste: Je vérifie les niveaux?

Mireille: Oui, je crois qu'il vaut mieux. . . .

Le pompiste: . . . C'est bon!

Mireille: Merci!

Et Mireille repart, sans les deux

auto-stoppeurs qu'une Mercédès suisse vient de ramasser.

A quelques kilomètres de Provins, le pneu avant gauche crève, à la sortie d'un virage, et Mireille manque se retrouver dans le fossé. Elle se prépare à changer la roue, mais la roue de secours est à plat! Un cycliste arrive.

Le cycliste: Vous êtes en panne?

Mireille: J'ai crevé. . . .

Le cycliste: Mais je vais vous aider!

Mireille: Ce n'est pas la peine, la roue de secours est à plat. . . .

Le cycliste: Ne vous en faites pas, je vais vous envoyer un dépanneur.

Mireille: Oh, c'est gentil, merci!

5

Mireille attend, en effeuillant des marguerites, sur le bord de la route.

Mireille: Il m'aime, un peu, beaucoup, passionnément, à la folie, pas du tout. . . . Il va arriver dans une heure, dans une demi-heure, dans un quart d'heure, dans cinq minutes, tout de suite, pas du tout. . . .Tiens, le voilà! . . .

Le dépanneur remorque la voiture jusqu'au garage. On répare les deux pneus, et Mireille repart. Elle n'a pas

2. brûler, feu rouge

Mireille **brûle** le **feu rouge**!

2. fluide

Il n'y avait plus une goutte de **fluide** dans le système de freinage!

2. devoir (de l'argent)

*—Alors, un litre de fluide, c'est 38F. Vous me **devez** 38F. Je ne compte pas le travail.

3. embouteillage

Un bel **embouteillage**!

3. caler

* Mireille **a calé**; son moteur **a calé**: il s'est arrêté.

3. faire le plein

* Mireille **fait le plein** d'essence. Elle prend de l'essence. Elle met de l'essence dans le réservoir. Elle le remplit.

3. niveau

Le garagiste vérifie les **niveaux** (d'huile, d'eau, de fluide pour les freins. . . .)

4. crever

Le pneu **a crevé**.

4. virage, fossé

Ils n'ont pas vu le **virage**. Ils se sont retrouvés dans le **fossé**.

4. manquer

* La voiture est presque allée dans le fossé. Elle a failli aller dans le fossé. Elle **a manqué** aller dans le fossé.

4. roue de secours

La **roue de secours** (la cinquième roue de la voiture).

5. effeuiller des marguerites

Elle **effeuille des marguerites**.

5. remorquer

Dépanneuse **remorquant** une voiture.

fait cent mètres qu'il se met à pleuvoir. Evidemment, les essuie-glace ne marchent pas, et elle est obligée de conduire sous la pluie en

se penchant à la portière. Elle arrive trempée chez les Besson.

Colette: Qu'est-ce qui t'arrive? Tu es en retard! . . . Mais tu es toute trempée!

Mireille: Ne m'en parle pas!

Colette: Entre!

Mireille: Non, attends! Je vais d'abord essayer mes phares. . . . Ça marche?

Colette: Non! Essaie encore. . . . Non . . . non, non, rien!

Mireille: Zut! Ils ne marchent pas! Je m'en doutais! J'en étais sûre! Bon, écoute, je repars, pour être sûre d'arriver avant la nuit.

Juste comme elle arrive Porte des Lilas, un cycliste dérape devant elle. Elle donne un coup de volant pour l'éviter, puis elle met son clignotant . . . mais trop tard. Elle a accroché une autre voiture.

Mireille: Mais vous ne pouviez pas faire attention, non?

---

5. essuie-glace

Un **essuie-glace**.

* A table, on **s'essuie** la bouche avec une serviette. Quand on s'est lavé les mains, on les **essuie** avec un **essuie-mains**.

5. phare

Ici, les **phares** marchent; ils sont allumés.

5. se douter de

* Mireille **se doutait** que les phares ne marchaient pas. Elle **s'en doutait**. Elle le pressentait, elle le soupçonnait, elle savait que ça allait arriver, elle l'avait deviné.

Bilan: une aile enfoncée, et une éraflure sur la portière de droite. Ah, quelle journée! . . . Vive le train!

Vers 23 heures, Mireille téléphone au Home Latin.

Mireille: Allô, le Home Latin? Monsieur Taylor, s'il vous plaît.

La réception: Sa chambre ne répond pas, Madame.

Mireille: Vous êtes sûre? Sa clé est là?

La réception: Oui, Madame. Sa clé est là. Il n'est pas rentré.

Mireille: Bon, je vous remercie. Au revoir. . . . Onze heures passées! Mais où peut-il bien être?

Où est Robert? Il est en Bourgogne! Il continue, en chantant, son étude des grands vins de la région:

"Quand je vois rougir ma trogne, je suis fier d'être bourguignon, et je suis fier, et je suis fier, et je suis fier d'être bourguignon!"

6. *déraper*

Dérapage dans un virage.

6. *clignotant*

Si on veut tourner (à droite ou à gauche), il faut mettre son **clignotant** pour prévenir les autres véhicules.

6. *accrocher*

Accrochage entre une voiture et un triporteur. La voiture **a accroché** le triporteur.

6. *aile, enfoncé*

Une **aile** légèrement **enfoncée**.

6. *portière, éraflure*

Une **éraflure** sur la **portière**.

7. *clé*

La **clé** de la chambre 24 est là.

🎧 Mise en œuvre

Ecoutez la mise en œuvre du texte et répondez aux questions suivantes.

1. Robert est-il à Paris en ce moment?
2. A qui Mireille va-t-elle emprunter une voiture?
3. Pourquoi la voiture a-t-elle refusé de démarrer?
4. Pourquoi Mireille n'a-t-elle pas à se faire de bile?
5. Comment démarre la nouvelle voiture?
6. Pourquoi Mireille a-t-elle dû brûler le feu rouge?
7. Avec quoi est-ce qu'elle a pu freiner?
8. Pourquoi les freins ne marchaient-ils pas?
9. Qu'est-ce qui est arrivé à Mireille à la sortie de Paris?
10. Où a-t-elle calé?
11. Qui a poussé la voiture jusqu'à la station-service?
12. Pourquoi Mireille est-elle tombée en panne?
13. Qu'est-ce qu'elle fait?
14. Où Mireille a-t-elle crevé?
15. Où Mireille a-t-elle failli se retrouver?

16. Pourquoi le cycliste n'a-t-il pas pu l'aider à changer la roue?
17. Que fait Mireille pendant qu'elle attend le dépanneur?
18. Où remorque-t-on sa voiture?
19. Qu'est-ce qu'on fait, au garage?
20. Pourquoi Mireille doit-elle conduire en se penchant à la portière?
21. Comment Mireille arrive-t-elle chez les Besson?
22. Pourquoi Mireille a-t-elle préféré rentrer à Paris avant la nuit?
23. Qu'est-ce que le cycliste a fait?
24. Qu'est-ce que Mireille a fait pour l'éviter?
25. Quel a été le bilan de cet accrochage?
26. Pourquoi Robert n'est-il pas dans sa chambre? Où est-il?

Mise en question

1. Que sont Vosne-Romanée, Chambolle-Musigny, Gevrey-Chambertin?

2. A votre avis, pourquoi les accus de la voiture de Tonton Guillaume sont-ils à plat? Est-ce que c'est une vieille voiture? Est-ce qu'elle est mal entretenue? Est-ce que c'est la faute du garage ou de Tonton Guillaume? Est-ce que Tonton Guillaume est négligent? Qu'est-ce qu'il a peut-être oublié?

3. Pourquoi la voiture que le garagiste prête à Mireille n'est-elle pas très propre?

4. Pourquoi le garagiste qui a réparé les freins n'a-t-il rien fait payer à Mireille? Est-ce qu'il a fait une grosse réparation? Est-ce que vous pensez qu'il aurait fait payer Tonton Guillaume ou M. Belleau? Qu'est-ce que vous auriez fait si vous aviez été à la place du garagiste? Est-ce que vous auriez fait payer Robert? Mme Belleau? Jean-Pierre Bourdon?

5. Est-ce que Mireille sait si elle doit prendre de l'essence ou du super? Pourquoi décide-t-elle de prendre du super? Qu'est-ce qui est le plus cher, l'essence ou le super?

6. Pourquoi Mireille n'a-t-elle pas pris les deux auto-stoppeurs qui avaient eu la gentillesse de la pousser jusqu'à la station-service?

7. D'après la façon dont elle se comporte, est-ce que vous pensez que Mireille est capable de changer une roue? Pourquoi ne la change-t-elle pas?

8. Comment Mireille change-t-elle ce qu'on dit traditionnellement quand on effeuille une marguerite? Qu'est-ce qu'elle dit au lieu de "il m'aime"? A qui pense-t-on, en général, quand on effeuille une marguerite? A qui pense Mireille?

9. Quand on effeuille une marguerite, c'est, en principe, pour savoir la vérité. C'est un moyen de découvrir la vérité. Est-ce que ça marche à tous les coups? Montrez que ça ne marche pas dans le cas de Mireille.

10. Normalement, qu'est-ce qu'on fait? On met le clignotant, puis on tourne, ou on tourne et puis on met le clignotant? Qu'est-ce que Mireille a fait? Pourquoi?

11. Dans ce petit voyage à Provins, en quoi est-ce que Mireille n'a pas eu de chance? En quoi est-ce qu'elle a eu de la chance?

12. Vous vous rappelez que Mireille a dit (leçon 27) qu'avec une voiture de location elle aurait peur de tomber en panne. A votre avis, est-ce qu'on a plus de chances de tomber en panne avec une voiture de location qu'avec une autre? Pourquoi la voiture que Mireille a empruntée est-elle tombée si souvent en panne? Pourquoi n'avait-elle pas été vérifiée?

13. Au début de cette journée, qui est-ce qui se préoccupe le plus de l'autre, Mireille ou Robert? Que fait Robert? Dans quelle intention? Que fait Mireille? Dans quelle intention?

14. A la fin de cette journée, qui se préoccupe le plus de l'autre, Robert ou Mireille? Que fait Mireille ce soir-là? Et que fait Robert?

Documents

SERRE L'AUTOMOBILE

2

Embouteillages et crottes de chien

Ce qui énerve le plus les Parisiens:
▶ les embouteillages (62%);
▶ l'insécurité (61%);
▶ les graffitis sur les murs (61%);
▶ la pollution (58%);
▶ le bruit (50%);
▶ les crottes de chiens (49%).

—Francoscopie 93

3

Je n'arrive à rien! Ça n'arrive qu'à moi!

Les chanceux sont ceux qui arrivent à tout; les malchanceux, ceux à qui tout arrive.

—*Eugène Labiche*

4

Le Temps des cerises

Deux oiseaux passent au-dessus d'un cerisier. Il y en a un qui fait à l'autre:
    —Qu'est-ce qu'on fait? On s'arrête?
    —Attends! On va descendre voir.
Si c'est vert, on passe; si c'est rouge, on s'arrête!

—*Coluche*

5

Le Visage en feu

J'arrive à un carrefour, le feu était au rouge. Il n'y avait pas de voitures, je passe! Seulement, il y avait un agent qui faisait le guet. Il me siffle. Il me dit:
    —Vous êtes passé au rouge!
    —Oui! Il n'y avait pas de voitures!
    —Ce n'est pas une raison!
Je dis:
    —Ah si! Quelquefois, le feu est au vert. . . . Il y a des voitures et . . . je ne peux pas passer! Stupeur de l'agent! Il est devenu tout rouge. Je lui dis:
    —Vous avez le visage en feu!
Il est devenu tout vert!
Alors, je suis passé!

—*Raymond Devos*

6

Les gens sont très marqués par ce qu'ils font

Les gens sont très marqués par ce qu'ils font, vous savez! Je connais un monsieur, c'est un auto-stoppeur professionnel. Un auto-stoppeur professionnel! Il lui est arrivé un accident de travail . . . il a perdu le pouce! Il ne peut plus travailler! . . . (*Geste de la main, pouce caché*) Il peut encore aller par là! . . . (*Geste de l'autre main, dans l'autre sens, pouce levé*) Heureusement qu'il est à deux doigts de la retraite!

—*Raymond Devos*

7

L'Horoscope

Je ne sais pas si vous lisez l'horoscope . . . moi, je le consulte tous les matins.

Il y a huit jours . . . je vois dans mon horoscope: «Discussion et brouille dans votre ménage.» . . .

Je vais voir ma femme:

—Qu'est-ce que je t'ai fait?

—Rien!

—Alors . . . pourquoi discutes-tu?

Depuis, on est brouillé!

Ce matin, je lis dans mon horoscope: «Risques d'accidents.»

Alors, toute la journée, au volant de ma voiture, j'étais comme ça . . . à surveiller à droite . . . à gauche . . . rien! . . . rien! . . .

Je me dis: «Je me suis peut-être trompé» . . .

Le temps de vérifier dans le journal qui était sur la banquette de ma voiture. . . . Paf! . . . ça y était!

Le conducteur est descendu . . . il m'a dit:

—Vous auriez pu m'éviter!

—Pas du tout, c'était prévu!

—Comment ça?

—L'accident est déjà dans le journal!

—Notre accident est déjà dans le journal?

—Le vôtre, je ne sais pas! Mais le mien, il y est!

—Le vôtre, c'est le mien!

—Oh! . . . Eh! . . . une seconde! . . . vous êtes né sous quel signe, vous?

—Balance!

—Balance?

Je regarde Balance! Je dis:

—Ah, ben, non! Vous n'avez pas d'accident! . . . Vous êtes dans votre tort, mon vieux!

Il y a un agent qui est arrivé . . . il m'a dit:

—Vous n'avez pas vu mon signe?

—Prenez le journal! Regardez! . . . Je ne vais pas regarder le signe de tout le monde!

—*Raymond Devos*

8

Rengaine à pleurer

(*Résigné mais clairvoyant*)

J'ai beaucoup appris
et tout entendu
je n'ai rien compris
et rien retenu.

J'avais entrepris
j'avais entendu
je m'étais perdu
je m'étais repris
puis j'ai tout perdu.

Quand ils ont compris
que j'étais perdu
ils m'ont attendu
ils m'ont entendu
ils m'ont confondu
puis ils m'ont tout pris
puis ils m'ont pendu.
Puis m'ayant pendu
m'ont donné un prix
un prix de vertu.

Alors j'ai compris:
tout était perdu.

—*Jean Tardieu*
Monsieur Monsieur

Texte

1

Jeudi soir, Robert va dîner chez les Belleau. Il est un peu perdu. Il arrête un passant.

Robert: Pardon, Monsieur, excusez-moi. . . . Je suis un peu perdu. La rue de Vaugirard, s'il vous plaît? C'est par ici? C'est de quel côté? C'est par là?

Le passant: Non, c'est par là. C'est tout près. Vous y êtes presque.

Robert: Merci.

Le passant: Je vous en prie.

En effet, peu après, Robert débouche dans la rue de Vaugirard. " . . . 52, ça doit être par là. 54! Non, alors, c'est par ici. 46 . . . 28 . . . 12! Il n'y a pas de 18? Ça n'existe pas? Ça, alors! Est-ce que Mireille m'aurait donné un faux numéro?"

Mais non! Voilà, 18, c'est ici.

2

C'est un immeuble assez ancien, à cinq étages, avec un sixième étage sous le toit. Près de la porte d'entrée, il y a un bouton et un petit écriteau qui dit: "Sonnez et entrez."

Robert appuie sur le bouton, pousse la porte, et entre. La lumière s'éteint aussitôt! Le vestibule est sombre et sent le pipi de chat. Robert cherche une liste des locataires. Il n'y en a pas. Il se dit qu'il aurait dû demander à Mireille à quel étage elle habitait. Cela aurait été plus simple.

Sur la porte vitrée de la loge de la concierge, il y a un écriteau qui dit: "Frappez fort." Robert frappe: aucun effet. Il frappe plus fort. . . .

La concierge: Oui! Qu'est-ce que c'est? Entrez!

Robert: Belleau, s'il vous plaît!

La concierge: Georgette Belleau? Au cinquième, au fond de la cour.

Robert: Non, M. et Mme Belleau. . . .

La concierge: Ah, eux, ils habitent au quatrième droite. Prenez l'escalier, en face, l'ascenseur ne marche pas.

Robert: Merci.

3

L'ascenseur est petit et paraît fragile. Même s'il avait marché, Robert aurait sans doute préféré monter à pied. Au pied de l'escalier, au rez-de-chaussée, un petit écriteau ordonne: "Essuyez-vous les pieds." Robert obéit: il s'essuie les pieds.

Arrivé sur la palier du quatrième, il remarque près de la porte de droite une petite carte de visite qui dit: "M. François Belleau, Ingénieur ECAM." Il donne un coup de sonnette discret. Une jeune fille souriante ouvre. Ce n'est pas Mireille.

Robert: Ah, excusez-moi, j'ai dû me tromper. Je cherchais les Belleau. . . .

La jeune fille: C'est bien ici, vous ne vous êtes pas trompé. Vous devez être M. Taylor, sans doute? Je suis Colette Besson, une amie de Mireille. Entrez donc!

1. déboucher

Robert **débouche** dans la rue de Vaugirard. Il vient de la rue Servandoni (une rue latérale) et, tout à coup, il se trouve dans la rue de Vaugirard.

2. immeuble

Un **immeuble** assez ancien, rue de Vaugirard.

2. étage sous le toit

2. écriteau

Un **écriteau** qui indique que la concierge s'est absentée un instant.

2. éteindre

* Quand Robert entre dans le vestibule, la lumière **s'éteint** toute seule. C'est un hasard, une pure coïncidence.

2. sombre, clair

* Le vestibule, la loge de la concierge sont **sombres**. Il n'y a pas beaucoup de lumière. Mais l'appartement des Belleau est **clair**: il y a beaucoup de soleil et de lumière.

2. vitré

La porte de la loge est **vitrée**. Elle n'est pas complètement opaque. Il y a une **vitre**, ce qui permet à la concierge de voir ce qui se passe dans le vestibule.

2. cour

* Beaucoup d'immeubles parisiens ont une **cour** intérieure. Une partie de l'immeuble donne sur la rue, l'autre partie sur la **cour**.

2. escalier, ascenseur

* Robert prend l'**escalier**, il monte à pied, parce que l'**ascenseur** est en panne.

3. s'essuyer les pieds

Robert **s'essuie les pieds**.

3. palier

* A chaque étage, l'escalier débouche sur un **palier**. Les portes d'entrée des appartements s'ouvrent sur le **palier**.

3. coup de sonnette

Arrivé sur le palier du 4ème, Robert donne un **coup de sonnette**. (Il sonne pour annoncer son arrivée.)

4

Dans l'entrée, Robert remarque un grand vase avec une demi-douzaine de roses qui se reflètent dans un miroir, ce qui complète heureusement la douzaine.

Marie-Laure: C'est l'Américain!

Colette: Voyons, Marie-Laure, veux-tu être polie! Qu'est-ce que c'est que ces manières?

Marie-Laure: C'est mon cow-boy adoré! Salut, cow-boy! Où est-ce que tu as laissé ton cheval?

Robert: Je l'ai attaché dans le jardin, en bas.

Marie-Laure: Tu as bien fait, parce qu'ici, on n'a pas de place. Et tu sais, on n'a pas trop l'habitude de recevoir des cow-boys avec des chevaux.

Colette: Si vous voulez bien vous asseoir un instant au salon, je vais prévenir Mme Belleau.

5

La pièce dans laquelle se trouve Robert est une assez grande salle de séjour qui communique avec la salle à manger où la table est déjà mise pour sept couverts. Divan, quelques

4. attacher

Chien (méchant) **attaché.**

chaises, des fauteuils Louis XVI et Second Empire, un piano. Au mur, deux ou trois tableaux modernes. Mme Belleau entre, suivie de M. Belleau.

Mme Belleau: Monsieur Taylor! Je suis enchantée de faire votre connaissance. Les Courtois nous ont beaucoup parlé de vous!

M. Belleau: Monsieur Taylor, très heureux de vous connaître.

Enfin, c'est Mireille qui entre.

Mireille: Bonjour, Robert! Comment vas-tu? Je vois que tu as déjà fait la connaissance de mes parents! . . . Marie-Laure, éteins la télé, s'il te plaît!

4, 5. pièce, salon, salle de séjour

* La **salle de séjour** est une **pièce** commune, où on peut lire, parler, regarder la télévision. On l'appelle quelquefois un "living." Un **salon** est une **pièce** un peu plus élégante, où l'on reçoit les invités.

5. mettre la table, mettre le couvert

La **table est mise, le couvert est mis.** On a **mis** sept **couverts** sur la **table,** parce qu'il y aura sept personnes pour le dîner.

5. fauteuil

Un **fauteuil** (de salon).

Des **fauteuils** (de jardin).

6

C'est le bulletin météo du journal télévisé, et Robert, tout étonné, reconnaît le présentateur: c'est lui qui lui a indiqué la rue de Vaugirard, quand il était un peu perdu.

Robert: Mais je le connais, ce monsieur!

Mme Belleau: Vraiment?

M. Belleau: Pas possible!

Marie-Laure: Sans blague!

Mireille: Mais tu connais Alain Gillot-Pétré? Depuis quand?

Robert: Depuis tout à l'heure. Je l'ai rencontré dans la rue. J'étais un peu perdu. . . . Il m'a indiqué la rue de Vaugirard.

Mme Belleau: Et il y a longtemps que vous l'avez vu?

Robert: Non, tout à l'heure! Il y a . . . une demi-heure, peut-être.

M. Belleau: Eh bien, il a fait vite pour aller au studio!

Robert: Il avait l'air pressé. . . .

Marie-Laure: Et tu lui as parlé?

Robert: Oui.

Marie-Laure: Il va peut-être parler de toi: un cow-boy américain perdu dans les rues de Paris!

Mireille: Marie-Laure, tu es insupportable!

7

M. Belleau: Dites donc, il fait bien chaud, ici. Allons un moment sur le balcon. Je vous montrerai la vue

. . . une vue imprenable, comme vous voyez, avec les jardins du Luxembourg juste en face. Là, le Sénat, naturellement. Là-bas, à gauche, c'est le Panthéon, et sur la droite, là-bas, hélas, la tour Montparnasse. Cinquante-huit étages! Une horreur! Une catastrophe! On la voit de tout Paris!

Robert: Et la Tour Eiffel, on ne la voit pas?

M. Belleau: Non, pas d'ici, elle est plus à droite. On la voit des pièces qui donnent sur la cour. Venez, Monsieur Taylor. . . . Ici, c'est notre chambre; là, la salle de bains. . . . On ne peut pas voir la Tour Eiffel d'ici. Mais on peut en apercevoir le sommet des pièces qui sont de ce côté, sur la cour.

Robert: Vous avez vraiment un très bel appartement.

M. Belleau et Robert reviennent vers le salon, en passant devant la cuisine.

M. Belleau: Eh bien, on dirait que tout le monde est à la cuisine! . . . Nous aimons bien cet appartement. Nous habitions déjà ici quand Mireille est née. Il est très bien situé, en plein midi: il y a beaucoup de soleil. . . . Excusez-moi une minute, je vais préparer les apéritifs.

7. imprenable

* Les Belleau ont une vue **imprenable**. Personne ne peut leur prendre leur vue. Elle est **imprenable** (à cause du jardin du Luxembourg; personne ne pourra jamais construire d'immeuble dans le jardin qui appartient à l'Etat).

7. tour Montparnasse

La **tour Montparnasse** est un grand immeuble moderne. Beaucoup de Parisiens le critiquent parce que, pour des raisons d'esthétique, ils préfèrent des immeubles relativement bas (six ou sept étages au maximum).

7. salle de bains

Une **salle de bains**.

7. le midi

* L'appartement des Belleau a beaucoup de soleil parce qu'il est orienté au sud, au **midi**. Toute la façade de l'immeuble est directement au sud, en plein sud, en plein **midi**.

8

Robert et Mireille sont un instant seuls sur le balcon.

Robert: C'est vrai que vous avez une vue magnifique!

Mireille: Oui. . . . Dis donc, je voulais te dire, mes parents ont invité un copain à moi, Hubert de Pinot-Chambrun. C'est un ami d'enfance. Il vient d'une famille très aristocratique. Il est toujours en train de parler de sa famille, de ses ancêtres, de leurs chasses, de leurs chevaux, de leurs châteaux. . . . La famille possède une grosse entreprise de construction. . . . Il ne faut pas trop le prendre au sérieux, parce qu'en fait, il joue, et il joue remarquablement bien son rôle de grand aristocrate. C'est un drôle de type, tu verras. Il est très amusant. Enfin, moi, il m'amuse; il m'amuse énormément.

Un coup de sonnette impérieux. . . .

Mireille: Tiens! Ça doit être lui!

---

8. chasse

M. de Pinot-Chambrun va à la **chasse**. Les Pinot-Chambrun possèdent des **chasses**, des domaines où ils organisent des **chasses**.

8. posséder

Ils **possèdent** une grosse entreprise. L'entreprise est à eux. Elle leur appartient. C'est leur propriété; ils en sont propriétaires. C'est une de leurs **possessions**.

8. prendre au sérieux

* Il ne faut pas **prendre** Hubert **au sérieux** parce qu'il n'est pas sérieux. Toute son attitude est un jeu, ce qu'il dit n'est pas sérieux; il s'amuse, il plaisante.

Mise en œuvre

Ecoutez la mise en œuvre du texte et répondez aux questions suivantes.

1. Que fait Robert, le jeudi soir?
2. Où habitent les Belleau?
3. Comment est l'immeuble des Belleau?
4. Qu'est-ce que Robert cherche, dans le vestibule?
5. Pourquoi Robert ne sait-il pas à quel étage Mireille habite?
6. Qu'est-ce qu'il y a, sur la porte de la loge de la concierge?
7. Où habite Georgette Belleau?
8. A quel étage habitent les Belleau?
9. Pourquoi Robert doit-il prendre l'escalier?
10. Qu'est-ce que Robert remarque près de la porte de l'appartement?
11. Que fait Robert?
12. Qui est-ce qui ouvre la porte?
13. Qu'est-ce que Robert remarque dans l'entrée?
14. Comment Marie-Laure appelle-t-elle Robert?
15. Où Robert a-t-il laissé son cheval?
16. Où Colette invite-t-elle Robert à s'asseoir?

17. Quelle est la pièce qui communique avec la salle de séjour?
18. Comment sait-on qu'il y aura sept personnes à dîner?
19. Qu'est-ce qu'il y a pour s'asseoir dans la salle de séjour?
20. Qu'y a-t-il aux murs?
21. Qu'est-ce qu'on peut dire quand on rencontre quelqu'un pour la première fois?
22. Qui Robert reconnaît-il au journal télévisé?
23. Pourquoi M. Belleau veut-il aller sur le balcon?
24. Que voit-on du balcon?
25. Pourquoi voit-on la tour Montparnasse de tout Paris?
26. Où est la Tour Eiffel?
27. Pourquoi les Belleau aiment-ils leur appartement?
28. Qui est aussi invité à dîner?
29. Quel genre de personne est-ce?
30. De quoi Hubert parle-t-il toujours?
31. Qu'est-ce que la famille de Pinot-Chambrun possède?
32. Comment Mireille trouve-t-elle Hubert? Il l'ennuie?

Mise en question

1. Qu'est-ce que Robert se demande quand il ne trouve pas le numéro 18, dans la rue de Vaugirard? Pourquoi Mireille lui aurait-elle donné un faux numéro?

2. Pourquoi pensez-vous que la lumière s'éteint quand Robert entre dans le vestibule de l'immeuble? C'est un système français pour arrêter les voleurs? Ou bien est-ce que la lumière s'est éteinte à ce moment-là par pure coïncidence?

3. Pourquoi y a-t-il une confusion quand Robert demande à la concierge où habitent les Belleau? Qui est-ce qui habite dans cet immeuble?

4. Dans les grands romans balzaciens, le cadre, le logement reflètent le personnage qui y habite. C'est la même chose ici . . . . En effet, comment est l'ascenseur dans cet immeuble? Et comment est Mireille? (Voyez leçon 6.) Il y a pourtant une différence entre Mireille et l'ascenseur. Laquelle?

5. Pourquoi Robert croit-il qu'il s'est trompé de porte? Est-ce qu'il lui est déjà arrivé de se tromper de porte? Quand? (Voyez leçon 23.)

6. A votre avis, d'où viennent les roses qui sont dans l'entrée? C'est Mme Belleau qui les a achetées? C'est M. Belleau qui les a données à sa femme? C'est Mireille qui est allée les acheter? C'est Colette qui les a apportées?

7. Est-ce que Marie-Laure pense que tous les Américains sont des cow-boys? Ou est-ce qu'elle fait semblant de le croire pour s'amuser et se moquer gentiment de Robert?

8. Robert remarque que la table est mise pour sept couverts. Qui Robert pense-t-il qu'il va y avoir à ce dîner?

9. Comment s'appelle le présentateur de la météo à la télé? Qu'est-ce qui montre qu'il est très connu?

10. Pourquoi pensez-vous que Monsieur Belleau n'aime pas la tour Montparnasse?

11. Quand Robert et Mireille sont seuls sur le balcon, de quoi Robert essaie-t-il de parler pour engager la conversation? Est-ce que c'est un sujet qui intéresse Mireille? De quoi veut-elle parler?

12. Hubert est-il un vrai aristocrate? Quand il se comporte en aristocrate, est-ce que c'est naturel ou est-ce qu'il joue la comédie? C'est une façon de se moquer de lui-même et de sa condition d'aristocrate? Pourquoi veut-il se moquer de lui-même?

Documents

1

Plan de l'appartement des Belleau

2

Ameublement et décoration

Des meubles pour la vie.

La majorité des Français (57%) préfèrent de beaux meubles bien fabriqués qui durent longtemps et qu'on peut être fier de laisser derrière soi. On peut ranger dans la même catégorie les 14% qui disent aimer les meubles qui ont une histoire, qui ont déjà vécu. 13% sont au contraire attirés par les meubles très simples et gais, qu'on peut changer souvent pour suivre la mode et ses goûts personnels.

▶ 90% des ménages possèdent un canapé ou des fauteuils. 16% ont des éléments en cuir, 9% en imitation cuir, 64% en tissu.

▶ 36% des ménages possèdent une cheminée.

Près de la moitié des foyers sont meublés en style rustique, un quart en style ancien.

44% des ménages déclarent posséder des meubles de style rustique (enquête *Openers/Secodip* de novembre 1991). 27% sont principalement meublés en ancien, 2% ayant choisi le style anglais. Les meubles anciens sont des copies dans 60% des cas.

Le contemporain ne séduit que 24% des ménages, le plus souvent les jeunes. Ce sont eux aussi qui sont le plus attirés par l'exotisme (1,5% des ménages). Enfin, le style «créateur» (2,7%) attire surtout les ménages à revenus élevés et appartenant aux milieux sociaux qui se piquent de modernisme.

Si 25% des Français préfèrent meubler toutes les pièces de leur logement dans un même style, la grande majorité (75%) souhaitent mélanger les styles à leur convenance.

Les meubles de loisir (séjour, bureau, bibliothèque) représentent une part croissante des dépenses. Les meubles de salle à manger connaissent une évolution contrastée. Les meubles permettant des gains de place (lit d'enfant en mezzanine, véranda vitrée) sont de plus en plus recherchés.

Le moderne et le «design» commencent à trouver leur place.

Beaucoup de Français restent fidèles au mobilier ancien, de préférence authentique (avec une influence anglo-saxonne plus marquée) qui représente un peu moins du tiers des achats. D'autres se tournent vers des rééditions de meubles des années 40 et 50. Mais on constate que le moderne se vend mieux depuis quelques années; après avoir longtemps été ignoré, le contemporain commence à être reconnu. Les plus modernes s'intéressent aux créations «high-tech» et aux séries limitées des grands designers.

Les ensembles (salon, chambre à coucher, salle à manger) vendus comme un tout représentent une part importante des achats. Près de la moitié des meubles ont été acquis sous cette forme: trois lits sur quatre achetés avec une chambre à coucher; trois buffets sur quatre avec une salle à manger. Enfin, les meubles à monter soi-même ne représentent que 6% des achats de mobilier neuf au cours des cinq dernières années, les meubles d'occasion moins de 10%.

Le goût des Français pour les fleurs et les plantes d'intérieur se développe.

Neuf ménages sur dix possèdent au moins une plante; la moyenne est de 7 plantes par foyer. Mais ce chiffre reste encore largement inférieur à celui des Allemands (23 plantes en moyenne par ménage) ou des Autrichiens (16). Il faut dire que les fleurs sont également très présentes en France à l'extérieur des maisons; il existe 12 millions de jardins privatifs pour 20 millions de foyers.

Les plantes fleuries ont représenté 34% des achats en 1990, devant les fleurs coupées (32%), les compositions florales (19%), les coupes ou bacs de plantes (7%), les plantes vertes (6%), les bonsaïs (2%) et les fleurs séchées (1%). 54% des achats sont destinés à être offerts, 25% au cimetière. Enfin, 21% sont effectués pour soi-même.

—Francoscopie 93

3

Réflexions

Les miroirs feraient bien de réfléchir un peu plus avant de renvoyer les images.

—*Jean Cocteau*
   Le Sang d'un poète

4

Le psychiatre maladroit

C'est un mec qui va chez un psychiatre. Il dit:
—Ecoutez, je ne sais pas quoi faire! Personne ne me prend au sérieux!
—Vous plaisantez!

—*Coluche*

5

La quatrième dimension

Attention! Madame Close existe . . . Madame Close existe, je l'ai rencontrée . . . dans un univers parallèle . . . dans ce que l'on appelle la quatrième dimension!

Parce que cette quatrième dimension, tout le monde en parle et puis personne n'y est jamais entré, finalement! Parce que c'est un milieu très fermé.

Si vous n'avez pas de relations, vous n'entrez pas, là-dedans!

Moi, j'y suis entré par accident. . . . Figurez-vous qu'un jour, j'étais chez moi. . . . Tout à coup, j'entends: uitte! C'était une lettre que le postier venait de glisser sous la porte. Je l'ouvre. . . . C'était une invitation de madame Close à une réception qu'elle donnait le soir-même en sa maison.

Je n'avais rien d'autre à faire. Je me dis: «Je vais y aller!»

Je m'habille, je sors. . . . Je passe chez la fleuriste pour y acheter quelques fleurs . . . chez la crémière pour y acheter quelques petits-beurre et petits fours.

Et j'arrive devant la maison Close dont la porte était ouverte. . . .

Et là, j'entends la voix de la concierge qui me dit:
—Monsieur, la maison est fermée!
Je lui dis:
—Pourtant, la porte est ouverte, Madame!
—Oui, mais la maison est fermée. . . .
—Ecoutez . . . j'ai une invitation de madame Close.
. . .

—Quelle madame Close?
—C'est une proche parente à moi. Dans le temps, elle tenait une agence de voyages.
Elle me dit:
—C'est au 36ème étage!
Je lui dis:
—Merci, Madame! Je vais prendre l'ascenseur. . . .
(*Il mime la scène*) J'ouvre la grille de l'ascenseur.
. . . Je rentre dans l'ascenseur. . . . Je referme la grille, je vais pour appuyer sur le bouton. . . . Il n'y en avait pas! Pas de boutons dans un ascenseur? Je me dis: «Ça doit s'expliquer. Il y a une explication à tout! Tant pis, je vais prendre l'escalier.»

Je sors de l'ascenseur, je vais pour prendre l'escalier . . . et je m'aperçois que l'escalier ne dépassait pas le plafond! Je me dis: «Ça doit s'expliquer. Il y a une explication à tout!»

Je vais voir dehors . . . et je m'aperçois que l'immeuble n'avait pas d'étages. . . .

Eh bien, ça expliquait pourquoi, dans l'ascenseur, il n'y avait pas de boutons! Je dis à la concierge:
—Madame la concierge, il n'y a pas de 36ème dessus!
—Mais le 36ème, ce n'est pas au-dessus, c'est en-dessous!

—*Raymond Devos*

Texte

1

Jeudi soir, appartement des Belleau. Un coup de sonnette impérieux.

Marie-Laure: Ça, c'est Hubert! Je reconnais son coup de sonnette! Mme Belleau va ouvrir.

Hubert (*lui baisant la main*): Mes hommages, Madame.

Mme Belleau: Hubert, quel plaisir de vous voir! Merci pour votre magnifique bouquet!

Hubert: Mais je vous en prie, Madame. C'est la moindre des choses: je sais que vous aimez les roses. . . .

Mme Belleau: Mais vraiment, vous n'auriez pas dû!

Marie-Laure: Bonsoir, Hubert!

Hubert: Bonjour, toi! . . . Bonsoir, Colette. (*Il embrasse Mireille.*) Bonsoir! Ça va? Tu es fraîche comme une rose!

Mireille présente Robert à Hubert, et tout le monde se dirige vers la salle à manger.

2

Mme Belleau: Tout le monde à table! . . . Voyons. . . . Monsieur Taylor à ma droite, Hubert à ma gauche, Colette, et Mireille à côté d'Hubert. Toi, Marie-Laure, à côté de Papa.
Tout le monde s'installe, se sert.

Mme Belleau: Un peu plus de foie gras, Monsieur Taylor?

Robert: Ah, je veux bien. Il est délicieux.

Mme Belleau: C'est la maman de Mme Courtois qui les fait elle-même. . . . Marie-Laure, tiens-toi bien, s'il te plaît, ou tu vas aller dans ta chambre!

3

Pendant le repas, Robert est un peu surpris de la façon de parler d'Hubert.

Hubert (*à M. Belleau*): Soyez sûr que je partage entièrement votre opinion, cher Monsieur! (*A Mme Belleau*) Ayez la bonté de me croire, chère Madame. . . . (*A Colette*) Veuillez avoir l'obligeance de me passer le sel. . . . (*A Robert*) Cher Monsieur, sachez qu'il n'y a de bons vins qu'en France.

Robert: Est-ce qu'il y a de bons vins du côté de Provins?

Hubert: Oh, pour les grands vins, il faut aller un petit peu plus loin, jusqu'en Bourgogne. . . .

Robert: Ah, oui! Beaune, Aloxe-Corton, Nuits-Saint-Georges, Vosne-Romanée, Vougeot, Chambolle-Musigny, Gevrey-Chambertin, Fixin. . . . Oui, oui, je connais très bien! Excellent, excellent!

(*A Colette*) Si je comprends bien, Mademoiselle, vous habitez Provins?

4

Colette: Oui, mais je viens souvent à Paris; presque tous les jours, en fait.

Robert: Ah, je comprends, oui. . . . La province, ça doit être un peu ennuyeux. . . .

Colette: Oh, non! Pas du tout! Vous savez, entre Paris et la province, moi, je crois que je préfère la province. J'aime bien Provins. . . .

Hubert: Province pour province, moi, je préfère la Provence à Provins!

Marie-Laure: Ce qu'il est bête!

Mme Belleau: Marie-Laure, tais-toi, s'il te plaît! Tiens-toi bien!

2. se tenir bien, mal

Marie-Laure **se tient bien**.

Marie-Laure **se tient mal**.

3. partager

* Je **partage** votre opinion; je suis absolument d'accord.
* Hubert **partage** le repas des Belleau; il dîne avec eux.
* Jean-Pierre **partage** un petit appartement avec un autre étudiant; ils habitent le même appartement.

3. bonté

* Quelle **bonté**! Vous êtes vraiment trop bon, trop gentil, trop généreux!

3. sel

Il y a du **sel** sur la table parce que quelqu'un a renversé la salière.

4. province, Provence, Provins

La France est divisée en deux: d'un côté, **Paris**, de l'autre, la **province.**

Provins, ce n'est pas **Paris**: c'est la **province.** La **Provence** (Aix, Arles, Marseille, Orange) est une **province.** C'est, historiquement, la première **province**, celle qui a été occupée la première par les Romains (deuxième siècle avant Jésus-Christ).

Marie-Laure: Oh, si on ne peut même plus rire, maintenant! . . .

Colette: Notre villa n'est pas bien grande, mais nous avons un petit jardin avec quelques pommiers au bout. . . . C'est agréable. On se sent chez soi derrière les haies, les murs, la grille. . . . C'est la campagne, et pourtant je suis à Paris en une heure, au plus!

5

M. Belleau: Alors, comment ça va, la construction? Les affaires marchent?

Hubert: Ah, ne m'en parlez pas! Ce sont mes oncles qui s'en occupent; mais ils ne font rien de bien fascinant. On a fait pas mal de choses intéressantes! Regardez la Défense, Beaubourg, la Villette, le Palais Omnisport de Bercy, l'Opéra de la Bastille, le Grand Louvre, le Forum des Halles. . . . Mais eux, mes oncles, ils ne font que des cages à lapins, des HLM, des logements ouvriers . . . vous voyez le genre! Qu'est-ce que vous voulez, de nos jours, il n'y en a plus que pour la classe ouvrière! Les ouvriers veulent avoir le tout-à-l'égout, l'eau courante, le chauffage central, le gaz, l'électricité . . . tout le confort moderne! Il leur faut des lave-vaisselle, des réfrigérateurs, des aspirateurs, des téléviseurs, des vide-ordures. . . . Mais il y a seulement cent ans, tous ces gens-là habitaient à dix dans une pièce sans éclairage, avec l'eau à la pompe et les cabinets au fond de la cour! Ils se débrouillaient très bien sans baignoire ni bidet! Et ils n'étaient pas plus malheureux pour ça!

4. *villa*

Une **villa**.

4. *pommier*

Un **pommier**.

4. *se sentir chez soi*

une grille — un mur — une haie

On **se sent chez soi**. On a l'impression d'être chez soi. On se sent bien, on se sent en sécurité, protégé.

4. *campagne, ville*

La **campagne**.

La **ville**.

5. *pas mal de*

*—Vous travaillez beaucoup?
—Oui, j'ai **pas mal de** travail, en ce moment.

5. *cage à lapin*

Des **cages à lapins**.

Des "**cages à lapins**."

5. HLM

* Les **HLM** (**H**abitations à **L**oyer **M**odéré) ne sont pas toujours d'une architecture très originale.

5. logement

* La concierge est **logée** dans l'immeuble dont elle s'occupe. On appelle son **logement** une **loge**.

5. ouvrier

Un **ouvrier** chaudronnier.

5. n'y en avoir que pour

* Il **n'y en a plus que pour** la classe ouvrière; on ne s'occupe que des ouvriers. On fait tout pour eux, et rien pour les autres.

5. tout-à-l'égout

Le **tout-à-l'égout**.

5. eau courante

L'**eau courante**.

5. chauffage central

Le **chauffage central**.

5. lave-vaisselle

Un **lave-vaisselle**.

5. aspirateur

Un **aspirateur**.

5. vide-ordures

Un **vide-ordures**.

5. éclairage

* Aujourd'hui, on **s'éclaire** à l'électricité. Au Moyen Age, on **s'éclairait** avec des torches.

5. pompe

Si on n'a pas l'eau courante, il faut aller chercher l'eau à la **pompe**.

5. baignoire

Une **baignoire**.

5. bidet

Un **bidet**.

6

Robert ne peut s'empêcher d'intervenir.

Robert: Ils n'étaient pas plus malheureux pour ça? Ça, c'est vous qui le dites, cher Monsieur! Moi, je n'en suis pas si sûr! J'aimerais vous voir, vous, loger à dix dans un taudis infect, sans votre bain quotidien, ou votre douche, sans votre téléphone, vos ascenseurs, vos domestiques! Je ne suis pas sûr que vous seriez si heureux que ça! Sachez que la classe ouvrière a les mêmes droits au confort que les descendants des oppresseurs du Moyen Age!

Mme Belleau: A propos de Moyen Age, est-ce que vous êtes allés voir l'exposition des manuscrits carolingiens au Petit Palais?

6. (s')empêcher de

Robert ne peut pas **s'empêcher de** répondre à Hubert. Mireille veut **empêcher** Robert **de** casser la figure à Hubert.

6. taudis

Un **taudis**.

6. domestique

Un **domestique**.

6. droit

*—Je suis libre, j'ai tous les **droits**.
—Les autres aussi ont des **droits**. Tu n'as pas que des **droits**, tu as aussi des devoirs.

* Marie-Laure n'a pas le **droit** de regarder la télé tant qu'elle n'a pas fini ses devoirs.

🎧 **Mise en œuvre**

Ecoutez la mise en œuvre du texte et répondez aux questions suivantes.

1. Comment Hubert salue-t-il Mme Belleau? Qu'est-ce qu'il dit?
2. De quoi Mme Belleau le remercie-t-elle?
3. Qu'est-ce qu'Hubert lui a envoyé?
4. Comment Hubert salue-t-il Mireille?
5. Où se dirige tout le monde?
6. A table, où Robert s'assied-il?
7. Et Hubert?
8. Et Marie-Laure?
9. Qu'est-ce que Mme Belleau propose à Robert?
10. Qui a fait le foie gras?
11. Qu'est-ce que Robert pense de la façon de parler d'Hubert?
12. Que dit Hubert pour demander le sel?
13. Jusqu'où faut-il aller pour trouver de grands vins?
14. Où Colette habite-t-elle?
15. Quand Colette vient-elle à Paris?
16. Qu'est-ce que Robert pense de la province?
17. Comment est la villa de Colette?
18. Pourquoi est-ce qu'on se sent chez soi?
19. Combien de temps Colette met-elle pour aller à Paris?
20. Qui s'occupe de l'entreprise de construction Pinot-Chambrun?
21. Que sont la Défense, le Grand Louvre, et Beaubourg, d'après Hubert?
22. Quel type de construction font les oncles d'Hubert?
23. Pour qui ces logements sont-ils construits?
24. Qu'est-ce que les ouvriers veulent avoir pour avoir l'eau dans toute la maison?
25. Qu'est-ce qu'ils veulent pour chauffer leur maison?
26. Qu'est-ce qu'ils veulent pour faire leur vaisselle?
27. Et pour se débarrasser des ordures?
28. Comment vivaient les ouvriers, il y a cent ans?
29. Pourquoi n'était-il pas commode de se laver, il y a cent ans?
30. Comment Robert réagit-il au petit numéro réactionnaire d'Hubert?
31. D'après Robert, de quoi Hubert ne pourrait-il pas se passer?
32. De quoi Mme Belleau parle-t-elle pour détourner la conversation?

Mise en question

1. Comment Marie-Laure sait-elle que c'est Hubert quand elle entend sonner à la porte?

2. D'où viennent les roses qui sont dans l'entrée? Est-ce que quelqu'un les a apportées ou les a fait envoyer? Qui? D'après le code de politesse d'Hubert, qu'est-ce qui est le plus élégant, d'apporter des fleurs ou d'en faire livrer?

3. Pourquoi Hubert a-t-il fait envoyer des roses plutôt que d'autres fleurs?

4. Comparez la façon dont Hubert salue Mme Belleau et Mireille. Qu'est-ce qu'il fait et dit à l'une et à l'autre? Avec laquelle est-il le plus cérémonieux ou le plus familier? Quels sont les rapports de Mireille et d'Hubert? (Voyez leçon 8, aussi leçon 15.)

5. Robert a-t-il déjà vu Hubert? Que sait-il de lui?

6. Discutez le placement des convives à table. Où sont la maîtresse et le maître de maison? Au bout de la table, sur un des côtés? A côté l'un de l'autre? Quelle est la place d'honneur pour les invités? Qui l'occupe? Combien y a-t-il d'invités? Combien de femmes, combien d'hommes? Est-ce qu'il y a deux dames ou deux messieurs l'un à côté de l'autre? D'après vous, où devrait être Colette? Pourquoi? Si vous étiez Mme Belleau, comment auriez-vous placé tout le monde?

7. A votre avis, pourquoi ce foie gras est-il particulièrement bon? Est-ce que c'est un foie gras du commerce, un foie gras "industriel," artisanal, ou fait à la maison? De quelle région de France vient-il, sans doute? Du Nord, de Bretagne, de l'Est, du Sud-Est, du Sud-Ouest? (Voyez leçon 24.)

8. A votre avis, est-ce que Marie-Laure mange avec ses parents, d'habitude? (Voyez leçon 22.) Pourquoi est-ce que c'est un privilège pour elle de manger avec les grandes personnes, ce soir-là? Comment sera-t-elle punie si elle ne se tient pas bien?

9. A votre avis, pourquoi Robert amène-t-il Provins dans la conversation?

10. Quelle est son attitude quand il parle des vins de Bourgogne? Est-ce qu'il est à l'aise, parfaitement naturel, ou un peu gêné, mal à l'aise, embarrassé? Est-ce qu'il veut cacher sa mésaventure de l'autre jour ou donner l'impression qu'il s'y connaît en matière de vins?

11. Quand Mme Belleau réprimande Marie-Laure parce qu'elle s'est moquée du jeu de mots d'Hubert, comment Marie-Laure proteste-t-elle? Qu'est-ce qu'elle dit? Est-ce que vous avez déjà entendu une protestation semblable? (Voyez Jean-Pierre, leçon 13.)

12. Est-ce que vous pensez qu'il est vrai qu'aujourd'hui on s'occupe davantage des conditions de vie de la classe ouvrière qu'il y a cent ou deux cents ans? Est-ce qu'Hubert le regrette vraiment, ou est-ce qu'il joue le rôle de l'aristocrate réactionnaire? Est-ce qu'il s'amuse à tenir un discours choquant? Est-ce que les Belleau et Colette le prennent au sérieux? Comment réagissent-ils à son petit numéro?

13. Quelle est la réaction de Robert? Est-ce qu'il prend Hubert au sérieux? Est-ce qu'il prend ce qu'Hubert dit au pied de la lettre? Est-ce qu'il a compris qu'Hubert parlait "au second degré"? Quelle est la réaction des autres devant l'indignation et la violence du discours de Robert? De quoi Robert traite-t-il Hubert, dans son indignation?

14. Que doit faire une bonne maîtresse de maison, dans une situation pareille?

Documents

A. Provins et Provence

1.

Un petit village en Provence.

2.

Paysage de Provence.

3.

Le village de Roussillon.

4.

Agaves et lauriers-roses, végétation
provençale.

5.

Vue générale de Provins.

6.

La campagne autour de Provins.

B. Réalisations architecturales

La Défense.

Les "arènes Picasso," complexe
d'appartements dans la banlieue de
Paris.

L'institut du monde arabe.

Le palais omnisport de Bercy.

L'opéra de la Bastille.

Le ministère des finances.

2

91% des Français satisfaits de leur logement

La grande majorité des Français trouvent leurs conditions de logement très satisfaisantes, satisfaisantes ou acceptables. 9% les trouvent insuffisantes ou très insuffisantes. Les propriétaires sont plus satisfaits que les locataires, ceux qui habitent une maison individuelle le sont plus que ceux qui habitent un appartement. L'opinion dépend plus fortement du confort que de la notion de surpeuplement.

Si l'on compare les déclarations et les conditions objectives (confort, peuplement), on constate que 40,5% des ménages sont bien logés et satisfaits et 5,8% sont mal logés et mécontents. Mais 26,2% sont mal logés et ne se plaignent pas tandis que 32% sont bien logés mais mécontents. Ces différences entre réalité objective et perception s'expliquent par une forte sensibilité à l'environnement du logement (bruit, éloignement par rapport au centre, voisinage difficile, etc.).

—Francoscopie 93

3

Le logement des Français

En 1990,	54,4%	des Français étaient propriétaires
(contre	50,6%	en 1982),
	75,6%	avaient "tout le confort" (WC intérieurs, baignoire ou douche, chauffage central) (1990)
(contre	62,6%	en 1982),
En 1989,	75%	avaient une voiture
	87%	avaient une machine à laver le linge
	28,4%	avaient un lave-vaisselle
	84,2%	avaient un téléviseur couleur

Source: INSEE

4

Le Confort

76% des logements disposent d'un chauffage central, de WC intérieurs, et d'une douche ou baignoire, contre 34% en 1970.

Le confort des résidences principales s'est considérablement amélioré depuis une quinzaine d'années. Il n'existe aujourd'hui pratiquement plus de logements sans eau courante. La proportion de logements disposant de l'eau chaude ou de WC intérieurs a augmenté dans des proportions spectaculaires. En 1970, 24% des ménages seulement étaient pourvus d'une baignoire (hors modèle «sabot»); 75% des logements actuels comportent une baignoire, 18,5% n'ont qu'une douche, seuls 6% n'ont ni douche ni baignoire. Au total, trois quarts des appartements et deux tiers des maisons individuelles disposent de tout le confort.

On compte environ 6,5% de résidences non équipées de WC intérieurs, salle d'eau, et chauffage central, contre 49% en 1970. Ceux qui ne disposent pas du confort minimum sont principalement des agriculteurs et des personnes âgées habitant des logements anciens dans des communes rurales. 83% des fermes et 48% de celles des ménages dont la personne de référence a au moins 60 ans ont été construites avant 1949.

Seule l'existence d'un ascenseur n'est toujours pas généralisée dans les immeubles. Si la quasi-totalité de ceux de huit étages ou plus en possèdent, la proportion est inférieure à 20% pour ceux de trois étages, 30% pour quatre étages.

Electroménager

Quatre ménages sur cinq possèdent au moins trois gros appareils électroménagers.

La plupart des ménages sont aujourd'hui équipés d'un réfrigérateur (98% fin 1991), d'un aspirateur (90%), d'un lave-linge (88%), et d'une cuisinière (87%). Ceux qui n'en ont pas sont des célibataires qui ne sont pas encore «installés», des ménages marginaux, ou des personnes âgées qui n'en ont pas ou plus l'usage. Le sèche-linge indépendant est encore peu répandu (15%), du fait de la place qu'il nécessite et de sa consommation d'électricité.

Le lave-vaisselle n'est présent que dans un tiers des foyers (35% fin 1991) et il progresse relativement lentement depuis le début des années 70. Les disparités sont ici très marquées entre les catégories sociales. On le trouve beaucoup plus fréquemment chez les ménages aisés et les familles avec enfants, où il est évidemment plus nécessaire.

Chaque ménage possède en moyenne une douzaine de petits appareils ménagers.

Le couple congélateur–micro-ondes modifie les habitudes alimentaires des ménages.

Près de la moitié des ménages (45%) disposent d'un congélateur indépendant. Le taux est moins élevé dans les grandes villes, où les ménages sont moins nombreux et les logements plus exigus. L'appareil est alors souvent remplacé par un combiné réfrigérateur-congélateur, de sorte que plus des deux tiers des Français en sont équipés. Le four à micro-ondes, son complément naturel, équipait 34% des ménages début 1992.

Ces deux appareils connaissent un fort engouement chez les jeunes. Ils apprécient en particulier le gain de temps, tant en ce qui concerne la cuisson que la préparation des aliments. Le développement de la gamme des produits sur-gelés leur permet de préparer en un temps record et sans risque des repas élaborés, de type traditionnel, diététique, ou exotique.

—Francoscopie 93

5

Habitations à Loyer Modéré

3,2 millions de ménages sont logés en HLM.

En vingt ans, le parc de HLM (habitations à loyer modéré) est passé de 700 000 à plus de 3 millions. Il représente un peu plus de 14% des résidences principales et 41% des logements loués vides. La grande majorité (94%) des HLM ont été construites après 1948.

—Francoscopie 93

6

Les ingrédients du bonheur

Le bonheur, c'est . . .			
	Hommes	Femmes	Ensemble
▶ une bonne santé	77%	78%	78%
▶ un ménage réussi	37%	39%	38%
▶ avoir des enfants	20%	28%	25%
▶ ne pas manquer d'argent	24%	23%	23%
▶ un travail intéressant	22%	16%	19%
▶ un logement que j'aime	4%	6%	5%
▶ rien de cela	3%	1%	2%
▶ vivre dans le luxe	2%	0%	1%
Source: *Francoscopie 93*			

7

Les Français sont-ils heureux?

Les sondages montrent que les Français se disent pour la plupart heureux.

Malgré la morosité ambiante, la majorité des Français se disent heureux. L'ingrédient principal de ce bonheur est de loin la santé, devant la vie de famille, l'argent, et le travail (voir tableau). La santé est plus souvent citée par les personnes âgées que par les jeunes, les cadres supérieurs, et les Parisiens. Les enfants apparaissent plus nécessaires au bonheur des commerçants et artisans, des personnes mariées, et des femmes qu'aux hommes, aux inactifs, aux étudiants, et aux célibataires. Les plus attachés au travail sont les hommes, les moins de 25 ans, les Parisiens, et les célibataires, les moins convaincus sont les femmes et les personnes mariées. . . .

La France n'arrive qu'au 10ème rang du bonheur en Europe, alors qu'elle occupe la 3ème place du pouvoir d'achat.

Le bonheur est souvent approché et mesuré par le biais du bien-être économique, qui ne saurait pourtant être confondu avec lui. L'argent ne fait pas le bonheur, dit le proverbe, mais il semble bien qu'il y contribue largement. Ainsi, lorsqu'on compare l'indice de satisfaction des Européens avec leur degré de développement économique (qui conditionne le pouvoir d'achat), on observe une assez forte corrélation entre les deux indicateurs. Cependant, les Français sont (avec les Italiens) nettement moins satisfaits que leur "richesse" le laisserait supposer. C'est ainsi qu'ils se situent seulement au 10ème rang du bonheur dans la Communauté, alors qu'ils détiennent le quatrième en matière de PIB/habitant. Quatre peuples sont dans la situation inverse: les Belges, les Irlandais, les Espagnols, et surtout les Néerlandais.

On constate paradoxalement que le bonheur d'être Français est mieux apprécié à l'étranger qu'en France. Les Français ne sont pas toujours conscients de l'attirance qu'exercent leur pays et leurs modes de vie sur beaucoup d'étrangers, comme en témoigne ce dicton allemand qui dit d'un homme comblé qu'il est "heureux comme Dieu en France."

—Francoscopie 93

8

Le bonheur (opinions de lycéens)

Le bonheur, aujourd'hui, réside dans l'achat d'un réfrigérateur, d'une voiture, d'un lave-vaisselle. Est-ce vraiment pour cela que l'homme est sur la Terre?

Le bonheur est une sensation, on peut être heureux à n'importe quel instant. . . .

Dans le temps, le bonheur était d'avoir le plus de confort possible. Maintenant, les jeunes pensent trouver le confort, le bonheur, justement en rejetant le confort.

On n'est heureux que par comparaison avec le malheur.

Le bonheur n'a pas de sens. On dit que "les pages du bonheur dans l'histoire des peuples sont des pages blanches": donc le bonheur ne signifie rien.

—*François George*
Professeur à T.

9

Autres opinions sur le bonheur

1. L'argent ne fait pas le bonheur.
   —*Tante Georgette*

2. L'argent donne tout ce qui semble aux autres le bonheur.
   —*Henri de Régnier*
   "Donc . . . "

3. Le vrai bonheur coûte peu. S'il est cher il n'est pas de bonne espèce.
   —*Chateaubriand*
   Mémoires d'outre-tombe

4. A quelque chose malheur est bon.
   —*Tante Georgette*

5. A quelque chose, bonheur aussi est bon.
   —*Pierre Reverdy*
   En vrac

6. Il est difficile de ne pas s'exagérer le bonheur dont on ne jouit pas.
   —*Stendhal*
   Journal

7. Si on ne voulait être qu'heureux, ce serait bientôt fait. Mais on veut être plus heureux que les autres, et cela est presque toujours difficile parce que nous croyons les autres plus heureux qu'ils ne sont.
   —*Montesquieu*
   Mes pensées

8. Pour vivre heureux, vivons caché.
   —*Tante Georgette (et Florian)*

9. Celui qui veut être heureux . . . change peu de place et en tient peu.
   —*Fontenelle*
   Entretien sur la pluralité des mondes

10. Tout le monde n'est pas fait pour être heureux.
    —*Paul Claudel*
    L'Otage

11. Le bonheur, c'est tout de suite ou jamais.
    —*Marcel Jouhandeau*
    De la grandeur

12. La grande affaire et la seule qu'on doive avoir, c'est de vivre heureux.
    —*Voltaire*
    Correspondance

13. Le bonheur est une idée neuve en Europe.
    —*Saint-Just*
    Rapport à la Convention de 1794

14. Il n'y a pas de honte à préférer le bonheur.
    —*Albert Camus*
    La Peste

15. Le bonheur ne m'ennuie jamais.
    —*Henry de Montherlant*
    Carnets

16. Je n'ai aucune espèce de joie à faire le bonheur des gens qui ne me plaisent pas.
    —*Tristan Bernard*
    Jules, Juliette et Julien

17. Soyez heureux, c'est le vrai bonheur.
    —*Jean Commerson*

18. L'espèce de bonheur qu'il me faut, ce n'est pas tant de faire ce que je veux que de ne pas faire ce que je ne veux pas.
   —*Jean-Jacques Rousseau*
   Correspondance

19. Le bonheur a les yeux fermés.
   —*Paul Valéry*
   Mauvaises pensées et autres

20. L'héroïsme est peu de chose, le bonheur est plus difficile.
   —*Albert Camus*
   Lettre à un ami allemand

21. Le bonheur est une fleur qu'il ne faut pas cueillir.
   —*André Maurois*
   Mémoires

22. Tout bonheur est une innocence.
   —*Marguerite Yourcenar*
   Alexis ou le traité du vain combat

23. Le bonheur est toujours pour demain.
   —*Pierre Perret*

24. A force de plaisirs notre bonheur s'abîme.
   —*Jean Cocteau*
   Vocabulaire

25. Le bonheur, c'est de le chercher.
   —*Jules Renard*

26. Lorsqu'on souffre d'une vraie souffrance, comme on regrette même un faux bonheur!
   —*Armand Salacrou*
   Histoire de rire

Le Bonheur est dans le pré

Le bonheur est dans le pré
Vas-y vite, vas-y vite
Le bonheur est dans le pré
Vas-y vite, il va filer.

—*Paul Fort*
   Ballades françaises

Leçon 34 Résidences III

Texte

Jeudi soir. On est encore à table chez les Belleau.

Mme Belleau: Colette, vous reprendrez bien un peu de foie gras, vous aimez ça. . . . Colette n'a plus de pain. Marie-Laure, va chercher du pain, s'il te plaît.

Robert: Les loyers doivent être chers, dans ce quartier?

M. Belleau: Oui, assez. Mais nous, nous ne louons pas, nous sommes en copropriété. Nous avons acheté l'appartement il y a une vingtaine d'années. Chaque copropriétaire paie sa part pour le chauffage, le traitement des gardiens, l'entretien, les réparations, le nettoyage périodique de la façade . . . mais au total, même avec toutes les charges, c'est plus économique que de louer.

2

Hubert: Oui, bien sûr, la propriété, ça a ses avantages. Mais ça devient infernal! Ma famille possédait autrefois un domaine en Vendée, un petit château en Touraine, un autre en Bourgogne, avec quelques vignes, un manoir en Bretagne, un pavillon de chasse en Sologne, un mas en Provence, un chalet dans les Alpes, une gentilhommière dans le Périgord, et un cottage en Normandie. . . . Mais maintenant, c'est devenu impossible, avec les

---

1. loyer

* Quand on **loue**, l'ennui, c'est qu'il faut payer le **loyer** tous les trimestres. Dans les HLM (Habitations à **Loyer** Modéré), les **loyers** sont très raisonnables, mais en général, les **loyers** sont chers à Paris. Dans les immeubles de grand standing, les **loyers** sont exorbitants!

1. traitement

Tous les mois, chaque copropriétaire paie une partie du **traitement** (du salaire) de la concierge.

---

1. entretenir

* M. Courtois **entretient** bien sa voiture. Il vérifie les niveaux toutes les semaines, il fait changer l'huile tous les 3 000 kms, il la lave tous les dimanches.

1. nettoyage

A cause de la pollution, les façades des immeubles deviennent grises, elles se salissent. Il faut les **nettoyer** tous les dix ans.

1. charges

* Il faut payer les **charges**: le chauffage, l'électricité, l'entretien de l'escalier et du vestibule, l'enlèvement des ordures ménagères. . . .

2. infernal

* Ça devient un enfer! C'est **infernal**! C'est horrible!

impôts et surtout, surtout, le manque de domestiques. Car enfin, il faut bien le dire, on n'est plus servi!

Robert: Comme vous avez raison, cher ami! . . . Est-ce que vous voudriez bien me passer le sel, s'il vous plaît?

M. Belleau: Nous, nous n'avons pas de problèmes de domestiques. Il faut dire que nous n'avons pas de grands domaines. Mais nous avons tout de même une petite maison à la campagne, qui nous sert de résidence secondaire, près de Dreux. C'était une petite maison de paysans qui était en très mauvais état quand nous l'avons achetée. Les portes ne fermaient pas, il n'y avait plus de vitres aux fenêtres.

. . . Nous avons fait toutes les réparations nous-mêmes. Il a fallu changer presque toutes les tuiles du toit. Il a fallu tout repeindre, tout retapisser. On a fait les maçons, les menuisiers, les charpentiers, les plombiers, les peintres. Oui! Toute la famille y a travaillé. Ça nous a pris deux ans pour la rendre

2. impôts

* Chaque année, il faut payer des **impôts** au gouvernement, des taxes sur la propriété, le revenu. . . .

3. Dreux

Paris
Dreux

3. mauvais état

Une maison en **mauvais état**.

3. fermer

La porte ne **ferme** pas très bien.

3. paysan

Un **paysan** au travail.

habitable. On a fait amener l'eau, mettre l'électricité. On a transformé la grange en garage. . . .

4

Mireille: Ça, ce n'était pas le plus difficile: il suffisait de laisser tomber un *n* et d'ajouter un *a*. . . .

Colette: Oh, eh, arrête! Arrête tes jeux de mots absurdes!

Marie-Laure: Qu'est-ce que c'est, le jeu de mots absurde?

M. Belleau: Grange, garage: tu as grange, le mot *grange*, et tu veux faire *garage*. Tu enlèves un *n*, et tu ajoutes un *a*. Tu vois?

3. vitre

Une **vitre** (cassée).

3. tuile

Toits de **tuiles**.

3. repeindre

Il a fallu tout **repeindre**, parce que les **peintures** étaient en mauvais état. Les Belleau **ont repeint** eux-mêmes. Ils n'ont pas appelé les **peintres**.

3. retapisser

On peut repeindre les murs, ou les **retapisser** avec du papier-peint.

3. menuisier

M. Belleau a fait le **menuisier**: il a refait les portes, les cadres des fenêtres, les planchers. . . .

3. rendre, habitable

* Marie-Laure mange trop de chocolats. Ça va la **rendre** malade.

Cette maison n'est pas **habitable**. C'est une ruine. On ne peut pas y habiter.

3. faire amener

On **a fait amener** l'eau.

3. grange

Une **grange**.

4. laisser tomber, ajouter

Pour transformer la grange en garage, **laissez tomber** un *n* et **ajoutez** un *a*. C'est facile!

Marie-Laure: Non.

M. Belleau: Va chercher ton Scrabble, je vais te montrer.

Marie-Laure se lève. Mme Belleau, qui n'a pas suivi la conversation entre son mari et Marie-Laure, la réprimande.

Mme Belleau: Marie-Laure, qu'est-ce que tu fais? Veux-tu bien t'asseoir!

Marie-Laure: Mais c'est Papa qui m'a dit. . . .

Mme Belleau: Ah, bon. . . .

Marie-Laure revient avec son Scrabble.

M. Belleau: Tu as *grange,* tu enlèves un *n,* tu ajoutes un *a,* et tu as . . . *garage.* Voilà.

Marie-Laure: C'est ça? Ben, ce n'était pas difficile, hein!

Pendant ce temps, Mme Belleau continue sa conversation avec Robert.

Mme Belleau: Ça se fait beaucoup, depuis quelque temps. Les gens de la ville achètent de vieilles maisons de paysans, ils les modernisent, et ils s'en servent comme résidences secondaires . . . ils y viennent pour le week-end.

Robert: Je trouve ça triste de voir les paysans chassés de leurs vieilles maisons.

Mireille: Mais on ne chasse personne! Ce sont de vieilles maisons abandonnées, qui tombent en ruine la plupart du temps! En tout cas, nous, notre maison, on l'a bien gagnée! On y a drôlement travaillé! Elle est bien à nous!

A ce moment, on entend un coup de sonnette.

Mme Belleau: Il me semble qu'on a sonné. Marie-Laure, veux-tu bien aller voir, s'il te plaît?

Marie-Laure se lève et sort de la pièce. Un moment après, elle revient.

Mme Belleau: Qu'est-ce que c'était?

Marie-Laure: Une bonne sœur.

Mme Belleau: Qu'est-ce qu'elle voulait?

Marie-Laure: Elle voulait me vendre des billets de loterie, pour gagner un vieux prieuré du XVIème siècle.

M. Belleau: Qu'est-ce que c'est que cette histoire? . . . Et qu'est-ce que tu as fait?

Marie-Laure: Je lui ai dit que ça ne nous intéressait pas; qu'on avait déjà une résidence secondaire, et qu'avec les impôts, le manque de domestiques, ça suffisait comme ça!

Mme Belleau: Marie-Laure! . . .

Marie-Laure: Quoi? Ce n'est pas vrai?

Mme Belleau: Tu aurais dû m'appeler, voyons! Cette pauvre bonne sœur. . . .

Marie-Laure: Bah, ce n'était pas une vraie!

M. Belleau: Comment ça?

Marie-Laure: Ben non, c'était une fausse bonne sœur.

Mme Belleau: Comment le sais-tu?

Marie-Laure: Elle avait de la moustache!

Mme Belleau: Ah, ben, ce n'est pas une raison! Il y a sûrement des bonnes sœurs qui ont de la moustache. . . .

Marie-Laure: Peut-être, oui. Tante Amélie, elle, elle a de la moustache. Mais elle, la bonne sœur, elle avait une moustache . . . comme ça!

Tout le monde: Bizarre, bizarre!

6, 7. *(bonne) sœur, faux*

Une **bonne sœur** (une religieuse).

Une **fausse bonne sœur**.

6. *prieuré*

* Un **prieuré** est l'habitation d'un **prieur**, le supérieur d'un monastère.

🎧 Mise en œuvre

Ecoutez la mise en œuvre du texte et répondez aux questions suivantes.

1. Comment sont les loyers, dans le quartier des Belleau?
2. Quand les Belleau ont-ils acheté leur appartement?
3. Pourquoi n'ont-ils pas à payer de loyer?
4. Qu'est-ce qu'ils ont à payer?
5. Pourquoi M. Belleau préfère-t-il la copropriété?
6. D'après Hubert, pourquoi est-il devenu impossible d'être propriétaire?
7. Pourquoi les Belleau n'ont-ils pas de problèmes de domestiques?
8. Qu'est-ce que les Belleau ont, comme résidence secondaire?
9. Dans quel état était la maison quand les Belleau l'ont achetée?
10. Comment étaient les portes?
11. Et les fenêtres?
12. Qui a fait les réparations?
13. Qu'est-ce qu'il a fallu faire au toit?
14. Qu'est-ce qu'il a fallu faire à l'intérieur?
15. Qu'est-ce que les Belleau ont fait pour réparer les murs?
16. Qu'est-ce qu'ils ont fait pour installer la salle de bains?
17. Qu'est-ce qu'ils ont fait pour tout repeindre?
18. Combien de temps les Belleau ont-ils mis pour rendre leur maison habitable?
19. Qu'est-ce que les Belleau ont fait pour avoir l'eau?
20. Et pour avoir l'électricité?
21. Qu'est-ce que les Belleau ont fait pour avoir un garage?
22. Qu'est-ce qu'il faut faire pour transformer une grange en garage, d'après Mireille?
23. Que font beaucoup de gens de la ville, depuis quelques années?
24. Comment sont ces maisons, quand ils les achètent?
25. Pourquoi Mireille pense-t-elle qu'ils ont bien gagné leur maison?
26. Qui avait sonné à la porte?
27. Qu'est-ce que la bonne sœur proposait?
28. Pourquoi Marie-Laure a-t-elle refusé?
29. Pourquoi n'était-ce pas une vraie bonne sœur, d'après Marie-Laure?

Mise en question

1. Qu'est-ce que Mme Belleau remarque, quand elle propose un peu plus de foie gras à Colette? Est-ce que Mme Belleau a une bonne?

2. Où les Belleau habitent-ils? A votre avis, pourquoi les loyers doivent-ils être chers dans ce quartier?

3. Quand Hubert énumère toutes les propriétés de sa famille, pensez-vous que ce qu'il dit est entièrement vrai ou qu'il invente en partie? Pensez-vous qu'il parle de sa famille au sens très large ou au sens restreint? Est-ce qu'il parle de propriétés que sa famille possédait récemment, ou de propriétés que sa famille a possédées au cours des siècles?

4. Quand il termine en disant "car il faut bien le dire, on n'est plus servi," pensez-vous qu'il exprime sérieusement une opinion personnelle, ou qu'il s'amuse à citer une phrase qu'il a entendu répéter souvent dans son entourage, en faisant semblant de la prendre à son compte?

5. Quelle est la résidence principale des Belleau? Qu'est-ce que la maison de Dreux pour les Belleau? Comment M. Belleau parle-t-il de cette maison pour éviter d'avoir l'air prétentieux en disant qu'ils ont une résidence secondaire?

6. A votre avis, pourquoi M. Belleau insiste-t-il sur le mauvais état de la maison quand ils l'ont achetée? Pour suggérer qu'ils n'ont pu l'acheter que parce qu'elle n'était pas chère du tout, pour n'avoir pas l'air de se vanter d'être riche, ou pour se vanter de tout le travail qu'ils ont fait?

7. Pourquoi Mireille fait-elle cette plaisanterie au sujet de la transformation de la grange en garage? Est-ce qu'elle veut détourner la conversation? Pourquoi? Est-ce qu'elle est un peu gênée, parce que son père se vante trop des travaux qu'ils ont faits? Elle trouve que c'est un peu embarrassant, que son père devrait être un peu plus modeste?

8. Pourquoi Mme Belleau réprimande-t-elle Marie-Laure quand celle-ci va chercher son Scrabble? Est-ce que Marie-Laure peut se lever de table? Dans quelles conditions peut-elle se lever? Si on lui a demandé de faire quelque chose, comme d'aller chercher du pain pour Colette, par exemple, ou si on lui a donné la permission?

9. Pourquoi Mme Belleau ne savait-elle pas que M. Belleau avait demandé à Marie-Laure d'aller chercher son Scrabble? Où est-elle assise? Que faisait-elle? A qui parlait-elle?

10. Quels avantages y a-t-il à admettre les enfants à table avec les grandes personnes? En quoi est-ce que ça peut-être utile pour les grandes personnes . . . surtout quand on n'a pas de bonne? Quels avantages est-ce que ça présente pour les enfants? Qu'est-ce que Marie-Laure a appris pendant ce repas?

11. Pourquoi Mme Belleau reproche-t-elle à Marie-Laure de ne pas l'avoir appelée? Parce qu'elle a peur d'avoir manqué la possibilité de gagner une belle résidence secondaire du XVIème siècle? Ou parce qu'elle a de la considération, du respect pour les bonnes sœurs, et qu'elle a du remords de n'avoir pas reçu celle-ci poliment, de ne pas l'avoir aidée dans ses œuvres charitables?

Documents

1

Donnez-nous notre pain quotidien

Bien que les Français mangent aujourd'hui moins de pain qu'autrefois, ils en mangent encore 170g par jour. (Ils en mangeaient 630g en 1920.) Plus de 80% des Français en mangent tous les jours. 4% seulement n'en mangent jamais.

—Francoscopie 93

2

De l'importance du pain dans la culture française

Tante Georgette dit . . .

. . . de l'abbé Pierre, qu'elle aime bien: "Il est bon comme le pain!"

. . . du sermon de l'abbé Mignot, qui était ennuyeux et interminable: "Il a été long comme un jour sans pain!"

. . . du nouveau Canigou, aliment pour chiens, qui a beaucoup de succès: "Ça se vend comme des petits pains!"

. . . de Marie-Laure, cette enfant gâtée qui est toujours en train de lui demander quelque chose: "Mais, elle m'ôterait le pain de la bouche, cette gamine!"

. . . devant son modeste repas: "Du pain, du vin, du boudin: le roi peut venir!"

. . . quand elle a beaucoup à faire: "Eh bien, j'ai du pain sur la planche!"

. . . de la maison de campagne des Belleau, à Dreux, qu'ils n'ont pas payée cher du tout: "Ils ont eu ça pour une bouchée de pain!"

. . . quand Guillaume lui suggère de déclarer Fido comme enfant à charge, pour payer moins d'impôts (ce qui serait évidemment très malhonnête): "Ah, non, Monsieur! Je ne mange pas de ce pain-là, moi!"

. . . à Marie-Laure, qui est une enfant gâtée, qui a tout ce qu'elle veut (mais qui comprendra, quand elle aura l'âge de sa tante, que la vie n'est pas toujours rose): "Tu manges ton pain blanc en premier, ma petite!"

Tante Amélie chante:

Marie, trempe ton pain (*bis*)
Marie, trempe ton pain dans la sauce
Marie, trempe ton pain (*bis*)
Marie, trempe ton pain dans le vin.

Renan a écrit, pour insister sur l'importance du pain et des besoins matériels (opposés à ceux de l'âme ou de l'esprit):

"L'homme ne vit pas seulement de pain, mais il vit aussi de pain."

3

Le jardinage concerne 60% des Français

53% des Français habitent une maison individuelle, contre 48% en 1982. 60% disposent d'un jardin, dont 50% dans leur résidence principale, 6% dans une résidence secondaire, et 4% ailleurs. 10% cultivent leurs légumes, 13% possèdent des arbres fruitiers.

Comme le bricolage, le jardinage est une activité manuelle de compensation et de création, qui présente aussi des avantages économiques.

—Francoscopie 93

4

Résidences secondaires

La France détient le record du monde des résidences secondaires: 13% des ménages.

Le nombre des résidences secondaires est en augmentation constante: 1,7% en 1946; 3,3% en 1954; 6,7% en 1962; 7,8% en 1968; 9,4% en 1975; 11,5% en 1982; 13,1% en 1990. La plupart des ménages concernés sont propriétaires, à la suite d'un héritage ou d'une acquisition. D'autres bénéficient du prêt d'une résidence ou la partagent avec d'autres. Les cadres supérieurs et professions libérales sont les plus nombreux (26%) à en disposer, dont 8% à titre gracieux. Les moins nombreux sont les agriculteurs (6%), les ouvriers (7%), et les employés (10%). Il s'agit dans 80% des cas d'une maison, presque toujours pourvue d'un jardin. 56% de ces habitations sont situées à la campagne, 32% à la mer, et 16% à la montagne.

On constate depuis quelques années une désaffection vis-à-vis de la résidence secondaire traditionnelle, du fait des charges d'entretien et du temps nécessaire pour s'y rendre. Les Parisiens, qui étaient traditionnellement de grands amateurs de résidences de week-end, renoncent de plus en plus devant les embouteillages du dimanche soir. Les diverses formules de multipropriété constituent depuis quelques années une alternative permettant de disposer au moins à temps partiel d'une résidence secondaire.

—Francoscopie 93

5

Les paysans abandonnent les campagnes pour la ville

En 200 ans, les campagnes françaises ont perdu 10 millions d'habitants, tandis que la population urbaine en gagnait 35 millions.

Le nombre des fermes est passé de 906 000 en 1982 à 577 000 en 1992.

—Francoscopie 93

6

Abandon des campagnes

Ils quittent un à un le pays
Pour s'en aller gagner leur vie
Loin de la terre où ils sont nés.
Depuis longtemps ils en rêvaient
De la ville et de ses secrets . . .

—*Jean Ferrat*
  La Montagne

7

Domaines ayant appartenu, d'après Hubert, à la famille de Pinot-Chambrun

1.

Un château en Bretagne.

2.

Un petit manoir en Vendée.

4.

Un château en Bourgogne, avec des vignes.[2]

3.

Un cottage en Normandie.[1]

5.

Un chalet dans les Alpes.[3]

1. Notez que, bien que le toit soit en chaume, c'est loin d'être une "chaumière."

2. Ce château ressemble étrangement au château du Clos de Vougeot, qui appartient depuis 1944 à la Confrérie des Chevaliers du Tastevin, et qui est situé au milieu d'un des vignobles les plus prestigieux de Bourgogne. Nous ne sommes pas sûrs que le château, construit à l'époque de la Renaissance, ait jamais appartenu aux Pinot-Chambrun.

3. Ce chalet est de dimensions beaucoup plus importantes que la plupart des chalets de montagne.

6.

Un château en Touraine.[4]

8.

Un petit pavillon de chasse en Sologne.[5]

9.

7.

Une gentilhommière dans le
Périgord.

10.

Un mas en Provence.

4. Il s'agit du château de Chenonceaux,
qui n'est pas vraiment sur la Loire, mais
sur le Cher. Il a été construit au
XVIème siècle et a souvent changé de
propriétaire. Mais nous ne pouvons pas
être sûrs qu'il ait jamais appartenu à la
famille de Pinot-Chambrun.

5. En fait, il s'agit du château de
Cheverny, célèbre pour ses chasses,
mais certainement beaucoup plus
important qu'un "pavillon" de chasse.
Le château, de style classique, a été
construit au XVIIème siècle, et a
toujours appartenu à la famille du
Marquis de Vibraye. Nous pouvons
affirmer qu'il n'a jamais appartenu à la
famille de Pinot-Chambrun.

8

Qui a tort, qui a raison?

Les absents ont toujours tort.

—*Tante Georgette (et beaucoup d'autres)*

Le client a toujours raison.

—*Le père de Mme Courtois (et beaucoup d'autres
commerçants)*

9

A tort ou à raison

On ne sait jamais qui a raison ou qui a tort. C'est difficile de juger. Moi, j'ai longtemps donné raison à tout le monde. Jusqu'au jour où je me suis aperçu que la plupart des gens à qui je donnais raison avaient tort! Par conséquent, j'avais tort! Tort de donner raison à des gens qui avaient le tort de croire qu'ils avaient raison. C'est-à-dire que moi qui n'avais pas tort, je n'avais aucune raison de ne pas donner tort à des gens qui prétendaient avoir raison, alors qu'ils avaient tort. J'ai raison, non? Puisqu'ils avaient tort! Et sans raison, encore! Là j'insiste, parce que . . . moi aussi, il arrive que j'aie tort. Mais quand j'ai tort, j'ai mes raisons, que je ne donne pas. Ce serait reconnaître mes torts!!! J'ai raison, non? Remarquez . . . il m'arrive aussi de donner raison à des gens qui ont raison aussi. Mais là encore, c'est un tort. C'est comme si je donnais tort à des gens qui ont tort. Il n'y a pas de raison! En résumé, je crois qu'on a toujours tort d'essayer d'avoir raison devant des gens qui ont toutes les bonnes raisons de croire qu'ils n'ont pas tort!

—*Raymond Devos*

10

Question d'honnêteté

C'est un adjudant qui demande à une jeune recrue:
—Dites-moi, vous . . . là! Vous avez pris une douche?
—Non, pourquoi, il en manque une?

—*Coluche*

Leçon 35 Résidences IV

Texte

1

Jeudi soir. On est toujours à table chez les Belleau.

Mireille: Ah, ça, on peut dire qu'on y a travaillé, sur cette maison de Dreux! Ah, là, là! C'est sans doute pour ça que je m'y suis tellement attachée.

On sonne de nouveau. Tout le monde s'arrête de manger et de parler. Marie-Laure va ouvrir.

Mme Belleau: Je me demande ce que ça peut bien être.

Marie-Laure revient.

Mme Belleau: Alors, qu'est-ce que c'était?

Marie-Laure: Le frère de la bonne sœur de tout à l'heure.

Mme Belleau: Qu'est-ce que c'est que cette histoire?

Marie-Laure: Ben, oui! Il avait la même moustache qu'elle!

2

M. Belleau: Et qu'est-ce qu'il voulait?

Marie-Laure: Il m'a demandé si je n'avais pas une grande sœur qui avait l'air d'une actrice de cinéma.

Mireille: Et qu'est-ce que tu as dit?

1. s'attacher à (quelqu'un/quelque chose)

Mme Courtois est très **attachée** à Minouche. Elle l'adore. On **s'y attache**, à ces petites bêtes! . . .

Marie-Laure: Ben, cette question! Je lui ai dit que non, bien sûr!

Mireille: Mais quel culot! C'était peut-être la chance de ma vie de faire du cinéma! Maintenant, c'est raté. . . . Enfin. . . .

Mme Belleau: C'est vraiment bizarre.

Mireille: C'est vrai, j'ai longtemps voulu être actrice. Je rêvais d'aller à Hollywood, jouer l'inconnue de l'Orient-Express, voyager, descendre dans des palaces. . . .

Mais maintenant, je ne sais pas; c'est fou ce que je me suis attachée à notre maison de campagne. Quand j'étais petite, je trouvais ridicule ce désir de beaucoup de Français d'avoir une petite maison à eux, le genre "Mon rêve," "Mon repos." Eh bien, maintenant, en vieillissant, je commence à comprendre. . . . Avoir une petite maison bien à soi, même si elle est très modeste. . . .

3

Robert: Je vois! . . . "Une chaumière et un cœur."

Mireille: Notre maison n'est vraiment pas une chaumière! D'abord, le toit n'est pas en chaume, mais en tuiles.

Hubert: Oh, de la tuile? Vous ne préférez pas l'ardoise? Moi, je trouve ça tellement plus distingué! . . .

M. Belleau: Ah, l'ardoise, c'est très joli, mais c'est plus cher!

Robert: Et puis, ça doit être joliment lourd!

Hubert: Oh, c'est moins lourd que la tuile, mais évidemment ce serait trop lourd pour vos maisons en bois!

Robert: Pourquoi dites-vous "nos" maisons en bois? Vous n'avez pas de maisons en bois, en France?

M. Belleau: Non, très peu. Quelques chalets en montagne, mais à part ça, on construit en dur: en pierre, en brique, en blocs de ciment. En France, on aime ce qui dure.

2. culot

Cette petite fille a du **culot**! Elle est très impertinente!

2. Inconnue de l'Orient-Express

Mireille rêvait de jouer l'**Inconnue de l'Orient-Express**.

2. palace

L'hôtel Carlton à Cannes. (C'est un **palace**, un hôtel de très grand luxe.)

2. c'est fou

C'est fou! C'est dément! C'est incroyable!

2. "Mon repos"

3. chaumière

Une **chaumière**. (Le toit est en **chaume**.)

3. ardoise

Des **ardoises**.

3. joliment

* Ça doit être **joliment** lourd! Ça doit être extrêmement lourd!

3. bois

Du **bois**.

3. pierre, brique, bloc de ciment

Un mur de **pierres**.

Un mur de **briques**.

Des **blocs de ciment**.

3. durer

* L'amour, c'est bien joli, mais ça ne **dure** pas; ça passe, c'est éphémère.

4

Robert: Votre maison de campagne est en dur?

Mireille: Bien sûr! C'est de la belle pierre du pays! Les murs ont au moins deux ou trois cents ans, et j'espère qu'ils seront encore debout pour mes arrière-petits-enfants!

Marie-Laure: Tu ne peux pas avoir d'arrière-petits-enfants! *great grand children*

Mireille: Et pourquoi ça?

Marie-Laure: Tu es trop jeune, tu n'es même pas mariée!

5

Robert: J'ai lu dans *Le Monde* qu'il y avait plus de 300 000 étudiants à Paris. Où est-ce qu'ils habitent?

Mme Belleau: Eh bien, ça dépend. Ceux qui ont la chance d'avoir leurs parents à Paris, comme Mireille, habitent en général chez eux, bien sûr.

Robert: Et les étrangers?

Hubert: Certains habitent à la Cité Universitaire. La plupart des pays étrangers ont une maison à la Cité. . . . D'autres habitent à l'hôtel, ou bien louent une chambre chez des particuliers.

4. debout

L'abbaye est en ruine. Il ne reste qu'un mur **debout**.

5. Le Monde

M. Belleau lit *Le Monde* tous les jours.

5. étranger

* Mireille est française. Robert n'est pas français; il est **étranger**. (Il est américain.)

5. particulier

* Un **particulier**: un individu (par opposition à une organisation).

5. cabinet de toilette

Il a un petit **cabinet de toilette**; il n'a pas de baignoire.

5. pension

* Le prix de la **pension** complète comprend la chambre, le petit déjeuner, le déjeuner, et le dîner.

5. fermé

Les familles françaises sont très **fermées**.

Mireille: Il y en a qui habitent dans des familles. Ils ont leur chambre, leur cabinet de toilette; ils prennent leurs repas avec la famille, un seul repas ou pension complète.

Robert: Je croyais que les familles françaises étaient très fermées?

Mme Belleau: C'est assez vrai, dans un sens. Mais il y a des gens qui prennent des étrangers chez eux parce qu'ils ont un appartement trop grand pour eux, qu'ils ont besoin d'argent: des dames veuves, des retraités. . . . Il y a aussi des gens qui veulent donner des amis étrangers à leurs enfants.

6

Robert: La famille Belleau n'aurait pas l'intention de recevoir des étrangers, par hasard?

Mme Belleau (*riant*): Oh, vous savez, nous n'avons pas un grand appartement! Nous n'avons que sept pièces, en comptant la cuisine et la salle de bains. Je ne suis ni veuve, ni retraitée, et Mireille n'a pas besoin qu'on lui trouve des amis étrangers: elle les collectionne! En un an de fac, elle a réussi à connaître un Canadien, une Chilienne, une Algérienne, un Israélien, une Syrienne, un Tunisien, un Egyptien, une Italienne, une Japonaise, une Danoise, trois Anglais, une Allemande, deux Américains, un Roumain . . .

M. Belleau: . . . un Hongrois, un Turc, une Grecque, un Espagnol, une Russe, et un Suisse.

Mireille: Et tu oublies, un Suédois!

5. retraité

Général à la **retraite**.

6. avoir besoin de

Monsieur qui **a besoin d'**argent.

Monsieur qui **a besoin de** lunettes.

🎧 Mise en œuvre

Ecoutez la mise en œuvre du texte et répondez aux questions suivantes.

1. Pourquoi Mireille aime-t-elle tant leur maison de Dreux?
2. Qui a sonné à la porte?
3. Quelle question le type à moustache a-t-il posée à Marie-Laure?
4. Qu'est-ce que Marie-Laure lui a répondu?
5. Pourquoi Mireille regrette-t-elle la réponse de Marie-Laure?
6. A quoi Mireille rêvait-elle, quand elle était plus jeune?
7. Quel est le rêve de beaucoup de Français?
8. Qu'est-ce que Mireille en pensait, quand elle était plus jeune?
9. Pourquoi comprend-elle mieux ce désir, maintenant?
10. En quoi est le toit de la maison des Belleau?
11. Pourquoi le toit n'est-il pas en ardoises?
12. En quoi sont la plupart des maisons, en France?

13. Pourquoi est-ce qu'on construit en dur?
14. Qu'est-ce qu'on trouve comme constructions en bois, en France?
15. En quoi est la maison des Belleau?
16. Quel âge a la maison?
17. Combien y a-t-il d'étudiants à Paris, d'après Robert?
18. Comment Robert sait-il cela?
19. Où les étudiants étrangers peuvent-ils habiter?
20. Comment s'organise la vie des étudiants qui habitent dans des familles?
21. Qui sont les particuliers qui louent des chambres aux étrangers?
22. Pourquoi le font-ils?
23. Pourquoi les Belleau ne veulent-ils pas loger d'étrangers?
24. Combien de pièces ont-ils?

Mise en question

1. Comment Marie-Laure sait-elle que la personne qui vient de sonner est le frère de la bonne sœur qui a sonné la première fois?

2. Comment les Belleau prennent-ils cette histoire de bonne sœur et de frère de la bonne sœur? Est-ce qu'ils la prennent très au sérieux? Est-ce que ça les préoccupe beaucoup? Pourquoi n'y font-ils pas plus attention?

3. Comparez ce que dit Mireille au sujet de son attachement à la maison de Dreux avec ce que dit Colette sur sa maison de Provins (voyez leçon 33).

4. D'après ce que dit Mireille et d'après la citation de Robert ("Une chaumière et un cœur"), qu'est-ce qu'une chaumière? C'est une grande maison ou plutôt une petite maison? Une humble maison ou une maison luxueuse? Une maison habitée par des gens pauvres ou par des milliardaires? Une maison à la campagne ou dans une grande ville? Neuve ou vieille? Un logement peut-être commode mais qui laisse indifférent, auquel on ne s'attache pas, ou, au contraire, une habitation qui a une valeur sentimentale?

5. Quelle conception du bonheur suggère l'expression que cite Robert, "Une chaumière et un cœur"? Qu'est-ce qui est nécessaire, et suffisant, pour être heureux? Qu'est-ce qu'il faut avoir?

6. Est-ce que le chaume appartient au règne végétal, comme la paille, l'herbe, les feuilles, ou au règne minéral, comme l'ardoise, la pierre?

7. Qu'est-ce qui montre qu'Hubert continue à jouer son rôle d'aristocrate? Qu'est-ce qu'il dit au sujet des toitures? Est-ce que l'ardoise est bon marché? Pourquoi Hubert la préfère-t-il à la tuile?

8. D'après cette discussion sur les toits, quelles sont les toitures les plus romantiques? Les plus élégantes? Les plus populaires?

9. Qu'est-ce qui montre que Mireille aime ce qui dure et qu'elle a l'intention de fonder une famille?

10. D'après Marie-Laure, quelles sont les conditions nécessaires pour avoir des petits-enfants?

11. D'après vous, quand Robert demande si les Belleau n'ont pas l'intention de recevoir des étrangers, est-ce qu'il présente ça comme une question sérieuse, une simple plaisanterie, ou une demi-plaisanterie? Comment Mme Belleau le prend-elle?

Documents

Habitat

A.

Maisons à Béthune, dans le nord de la France.

B.

Immeuble à appartements moderne dans le 15ème arrondissement à Paris.

C.

Pavillon de banlieue, environs de Paris.

D.

Maison à toit de chaume dans les Charentes.

E.

Maison à Domme en Dordogne.

F.

Maison en Provence.

G.

Maison à vendre, à Moissac, dans le Midi.

2

Avoir son chez soi

53% des Français habitent dans une maison individuelle (contre 48% en 1982).

Plus d'un Français sur deux est propriétaire de sa maison ou de son appartement.

La maison est pour les Français le lieu privilégié de la vie de famille et un cocon protecteur contre les nuisances extérieures (bruit, voisins désagréables, etc.). C'est aussi un moyen d'exprimer sa personalité, par la peinture extérieure, la décoration intérieure, le choix des meubles.

—Francoscopie 93

3

Le chez soi

Naître, vivre et mourir dans la même maison.

—*Sainte-Beuve*
  Les Consolations

Sainte-Beuve (1804–1869), critique, poète, et romancier du groupe romantique; amoureux d'Adèle Hugo, la femme de Victor.

Tante Georgette dit: "On n'est jamais si bien que chez soi!"

Et quand Marie-Laure vient l'ennuyer en sonnant à sa porte quand elle veut faire la sieste: "On n'est plus chez soi!"

Et en parlant des Courtois, qui sont très accueillants, ont souvent des amis qui viennent passer plusieurs jours chez eux et qu'ils reçoivent toujours très bien: "C'est la maison du Bon Dieu!"

4

Le nombre d'occupants par logement diminue

Le nombre de personnes par ménage a pratiquement diminué d'une personne en trente ans, après avoir diminué d'une personne en un siècle. Le nombre de personnes par logement est passé de 4 à 3 en un siècle, puis récemment à 2,5.

Ce mouvement s'explique à la fois par la décohabitation des générations; les parents et leurs propres parents habitent plus rarement ensemble, surtout en milieu urbain, bien que cette tendance semble se ralentir. Il s'explique aussi par la baisse de la fécondité, qui fait que la taille moyenne des ménages avec enfants a beaucoup diminué depuis une vingtaine d'années. Il est lié, enfin, à l'accroissement du nombre des monoménages, composés d'un célibataire, d'une personne veuve, divorcée, ou séparée non remariée.

—Francoscopie 93

A la page des annonces dans le journal

LES ANNONCES CLASSEES

IMMOBILIER

Maisons - Vente

Province

nº 101
Dans joli village axe RN10
Belle maison charentaise Toiture
tuiles romanes, entrée, grande
pièce, chambre, grange, cellier
attenant, joli jardin clos.
76 000F - (1) 45 59 48 34

nº 102
Mas à restaurer près d'un joli
village face à Lourmarin en plein
cœur du Lubéron 380 m² dans bel
environnement de forêt et prairie.
Authenticité et charme.
Eau, électricité.
Prix 1 800 000F
Tél. (16) 90 25 32 61

nº 103
VILLA de style provençal,
beaucoup de charme, piscine
Jardin ombragé, 4 chambres, 2s.
de bains, grand séjour, garage,
barbecue
2 100 000F - Tél.(1) 45 76 39 20

nº 104
BELLE MAISON BOURGUIGNONNE
40 km sud Mâcon
Grande entrée, beau séjour 40 m²,
s. à manger, cuis. 30 m², 2 bains,
5 chambres. Cave, garage, puits.
Belle vue. Jardin 1500 m² clos
murs.
Prix 1 300 000 F
Tél. (16) 86 65 78 83

nº 105
45 mn de Paris région Chartres
MAISON DE PIERRE
3 chbres, cuis., s. à manger, salon,
garage, cave, cour, jardin, fruitiers.
Prix: 640 000F - Tél. (16) 37 42 36 28

nº 106
Sud Bourges. Belle maison de
village. Prix 86 000F (eau, EDF,
tout à l'égout) 5 pièces. W.C.
Garage. Tél. (16)55 87 23 62

nº 107
Particulier vend Yvonne Paris sud
1h 20 par A6 région vignobles
5 pièces, coin cuisine, cave, joli
terrain clos. Prix 68 000 F
Tél. (16) 23 78 51 27

nº 108
CAMBRAI Autoroute du Nord 1h 25
de Paris. Trains directs. Maison en
plein centre ville. 280 m², hall,
séjour, salon, bureau, cuisine, 5
chambres, s. de bains, s. d'eau, tt
confort, cave, jardin clos de murs,
grand garage.   Prix : 1 900 000 F
Tél. (16) 23 78 51 27

nº 109
PROVENCE en haut d'une colline
d'oliviers très BELLE MAISON
En parfait état, avec salons, salle à
manger, 5 chambres.
Vue imprenable. Prix 1 750 000 F
Tél. (16) 90 38 62 91

Banlieue

nº 110
CHATOU 5 min. RER, 17 min.
Etoile. Très résidentiel, calme. Très
belle demeure XVIIIème en
excellent état. Grande cuisine
équipée, 6 chambres, 4 bains,
bureau, beau jardin boisé et clos
1400 m². Tél. (1) 39 94 70 20

nº 111
VERSAILLES
Superbe demeure XIXème
260 m² habitables, sur 800 m² de
terrain bien arboré. Entrée, séjour
58 m² (cheminée), cuis. équipée
25 m², 5 chbres dont 4 de 16 m², 3
bains. Situation exceptionnelle.
Prix: 3 500 000 F
Tél. (1) 39 24 65 26

nº 112
LEVALLOIS - Centre ville
Mais. 4 pces. 85 m²
815 000 F
Tél. (1) 34 53 27 72

nº 113
LES JARDINS DES LILAS
Aux portes de Paris (à proximité du
métro Mairie des Lilas)
VILLAS ET APPARTEMENTS DE
STANDING
3 pièces à partir de 985 000 F
4 pièces à partir de 1 510 000 F
Villa 6 pièces.2 115 000F
Rapport qualité/prix exceptionnel
Tél. (1) 43 27 08 93

OFFRES D'EMPLOIS

Heureux qui, comme Ulysse . . .

Heureux qui, comme Ulysse, a fait un beau voyage,
Ou comme celui-là qui conquit la Toison,
Et puis est retourné, plein d'usage et raison,
Vivre entre ses parents le reste de son âge!
Quand reverrai-je, hélas, de mon petit village
Fumer la cheminée, et en quelle saison
Reverrai-je le clos de ma pauvre maison,
Qui m'est une province, et beaucoup davantage?
Plus me plaît le séjour qu'ont bâti mes aïeux,
Que des palais romains le front audacieux,
Plus que le marbre dur me plaît l'ardoise fine,
Plus mon Loire gaulois que le Tibre latin,
Plus mon petit Liré que le mont Palatin,
Et plus que l'air marin la douceur angevine.

—*Joachim du Bellay*
   Les Regrets

Dimanche à Orly

A l'escalier C, Bloc 21
J'habite un très chouette appartement
Que mon père, si tout marche bien,
Aura payé en moins de vingt ans.
On a le confort au maximum
Un ascenseur et une salle de bains
On a la télé, le téléphone
Et la vue sur Paris au lointain.
Le dimanche ma mère fait du rangement
Pendant que mon père à la télé
Regarde les sports religieusement
Et moi j'en profite pour m'en aller.

   Je m'en vais, dimanche à Orly
   Sur l'aéroport, on voit s'envoler
   Des avions pour tous les pays
   Tout l'après-midi
   'Y a de quoi rêver.

—*Gilbert Bécaud*

Leçon Divertissements I

Texte

1

Jeudi soir, chez les Belleau. Le repas se termine enfin.

Mme Belleau: Et si nous passions au salon? . . . Vous voulez une menthe, un tilleul? (*A son mari*) Et toi, tu prendras ton infusion?

M. Belleau: Oui, s'il te plaît. . . . Vous désirez peut-être un alcool, Monsieur Taylor? Oui? Je vais voir ce que j'ai. . . . J'ai du Grand Marnier et du cognac. Colette?

Colette: Un petit Grand Marnier.

M. Belleau: Mireille, tu prends quelque chose?

Mireille: Oui, moi aussi, un Grand Marnier.

M. Belleau: Monsieur Taylor?

Robert: Un Grand Marnier, s'il vous plaît.

Hubert: Non, je préfère du cognac, si vous permettez.

M. Belleau: Il est très bon, très, très bon. . . . Voilà. . . . A votre santé. Moi, je ne prends rien.

2

Il se fait tard.

Mme Belleau: Tu as vu l'heure qu'il est, Marie-Laure? Allez, au lit, tout de suite! Dis bonsoir.

Marie-Laure: Bonsoir!

M. Belleau: Bonsoir, ma grande. Dors bien.

Marie-Laure: Tu viendras me dire bonsoir?

Mme Belleau: Oui. Dépêche-toi! Après avoir embrassé ses parents, Marie-Laure est allée se coucher. Colette est partie vers 23 heures pour retourner à Provins.

Colette: Oh, là, là, onze heures! Il faut que je me sauve, je vais rater mon train!

M. et Mme Belleau se sont excusés peu après.

Mme Belleau: Je crois que nous ferions bien d'aller nous coucher.

M. Belleau: Oui, excusez-nous, nous avons pris l'habitude de nous coucher tôt!

Hubert: Bonsoir, Madame. Mes hommages; et merci. Dormez bien. J'espère que nous ne vous avons pas trop fatigués. . . . Quel délicieux repas! . . .

Mireille: Bonsoir. . . . Maman, tu me réveilles, demain matin, avant de partir?

Mme Belleau: Oui, ma chérie!

3

Enfin, Hubert prend congé. Il est plus de 23 heures.

Hubert: Bonsoir . . . parce que je vais partir, moi aussi.

Mireille: Toi aussi?

Hubert: Oui, oui, je vais prendre congé. (*Il embrasse Mireille.*) Au revoir, mon petit canard. Alors on se téléphone . . . d'accord? . . . Demain?

Robert et Mireille restent seuls.

Robert: Je suppose qu'il est trop tard pour aller au cinéma, maintenant!

Mireille: Oui, j'en ai peur. . . . Mais tu veux qu'on y aille demain, en matinée?

Robert: Demain matin?

Mireille: Non, en matinée . . . l'après-midi!

Robert: Oui, si tu veux. Qu'est-ce qu'on va voir?

Mireille: Je ne sais pas. . . . Tu vois un *Pariscope,* par là?

Robert: Qu'est-ce que c'est?

Mireille: C'est comme *L'Officiel des spectacles.* . . . Tiens, en voilà un. C'est un programme des spectacles: théâtre, danse, cinéma, expositions, concerts, enfin, tout, quoi! Ça donne tous les films qui passent à Paris, classés par quartiers et par genres.

Robert: Par genres? Parce qu'en France, même les films sont masculins ou féminins?

4

Mireille: Oh, mais ne fais pas l'idiot! Je veux dire qu'ils sont classés en films d'aventures, westerns, comédies dramatiques, drames psychologiques, comédies musicales, érotiques, dessins animés. . . . Il y a même un petit résumé de chaque film.

Robert: Ah, bon! Qu'est-ce que tu vois d'intéressant?

Mireille: Voyons, qu'est-ce qu'on donne, cette semaine? *La Cérémonie,* de Nagisa Oshima, version originale. Comment est ton japonais?

Robert: Un peu rouillé. Quoi d'autre?

Mireille: *Détachement féminin rouge,* version originale chinoise. *Le Grand silence,* yougoslave.

Robert: Non, sois sérieuse, il faut que je puisse comprendre!

Mireille: Oh, mais il y a toujours des sous-titres! . . . Tiens, *Trash,* américain. Tu crois que tu comprendrais? . . . Ah, mais ça ne va pas: c'est interdit aux moins de dix-huit ans!

Robert: Ecoute, arrête! Ça suffit comme ça!

5

Mireille (*vérifiant la date du* Pariscope): Oh, zut! De toute façon, c'est celui de la semaine dernière!

Robert: Et alors?

Mireille: Et alors, ce n'est plus bon! Les programmes changent toutes les semaines. . . . On va regarder sur le Minitel. . . . Tiens! On passe *L'Amour l'après-midi* au 14 Juillet-Parnasse.

Robert: Ah, ça, c'est un beau titre. Ça doit être très instructif.

Mireille: Oh, tu sais, j'ai peur que tu sois déçu! C'est un des six contes moraux d'Eric Rohmer.

Robert: Ça ne fait rien. Ça doit être très intéressant! Allons voir ça.

Mireille: Tu veux qu'on y aille?

Robert: Oui.

Mireille: D'accord. Alors, rendez-vous à 13h 30, à la terrasse de la Rotonde. C'est juste à côté. Tu n'auras qu'à prendre le métro et descendre à Vavin. C'est juste en face. Tu ne peux pas te tromper.

6

Robert: Bon, entendu. Alors, à demain, à . . . comment tu dis?

Mireille: A la Rotonde, boulevard Montparnasse, métro Vavin.

Robert: D'accord, à la Rotonde, à 13h 30.

Mireille: Je te raccompagne. . . . Bonsoir! Le bouton de la minuterie est là, à droite. Tu vois?

3. prendre congé

Robert **prend congé.** (Il va s'en aller.)

4. interdit

Il ne faut pas marcher sur le gazon; c'est **interdit,** c'est défendu!

6. minuterie

Il y a un système de **minuterie** dans les escaliers de tous les immeubles parisiens. La **minuterie** permet d'économiser l'électricité. Chaque fois qu'on allume la lumière, la **minuterie** l'éteint automatiquement au bout de deux ou trois minutes (le temps nécessaire pour monter ou descendre l'escalier).

3. l'Officiel des spectacles

5. déçu

J'AI PEUR QUE TU SOIS DÉÇU...

4. rouillé

C'EST L'ARMURE DE MON ARRIÈRE-GRAND-PÈRE...... C'EST UNE BELLE ARMURE MAIS ELLE EST UN PEU ROUILLÉE

5. la Rotonde

La Rotonde. C'est un grand café à Montparnasse.

Robert: Où ça?

Mireille: Là! La petite lumière!

Robert: Ah!

Mireille: Tu as deux minutes pour descendre.

Robert: Deux minutes? Pourquoi ça? Il faut que je descende en deux minutes? Qu'est-ce que c'est que cette histoire?

Mireille: Eh bien, oui! Quand tu appuies sur le bouton, la lumière reste allumée deux minutes, et puis elle s'éteint. On a l'habitude de

6. allumé, éteint

La lumière est **allumée**.

La lumière est **éteinte**.

l'économie, en France! Il faut que tu comprennes ça!

Robert: Ils sont fous, ces Français!

Mireille: Mais non, nous ne sommes pas fous! Nous économisons

l'énergie. Bon, allez, dépêche-toi, ça va s'éteindre!

Robert: Bonsoir! . . . (*La lumière s'éteint.*) Ah, zut!

🎧 **Mise en œuvre**

Ecoutez la mise en œuvre du texte et répondez aux questions suivantes.

1. Qu'est-ce que Mme Belleau offre à ses invités?
2. Qu'est-ce qu'elle propose à son mari?
3. Que fait Marie-Laure, peu après?
4. Pourquoi Colette est-elle partie à 23 heures?
5. Pourquoi devait-elle se dépêcher?
6. Qu'ont fait les Belleau, peu après le départ de Colette?
7. Pourquoi Robert et Mireille ne peuvent-ils pas aller au cinéma ce soir?
8. Quand décident-ils d'y aller?
9. Qu'est-ce qu'on trouve dans le *Pariscope* ou *L'Officiel des spectacles*?
10. Comment sont classés les films?
11. Comment peut-on savoir de quoi il s'agit dans un film?
12. Comment est le japonais de Robert?
13. Pourquoi Robert n'aurait-il pas de mal à comprendre un film étranger?
14. Pourquoi Mireille dit-elle que *Trash,* ça ne va pas?
15. Pourquoi le *Pariscope* n'est-il pas bon?
16. Quand les programmes changent-ils?
17. Qu'est-ce qu'on donne au 14 Juillet-Parnasse?
18. Quel genre de film est-ce?
19. De quoi Mireille a-t-elle peur?
20. Où Mireille donne-t-elle rendez-vous à Robert?
21. A quelle heure vont-ils se retrouver?
22. Comment Robert peut-il aller au 14 Juillet-Parnasse?
23. A quelle station devra-t-il descendre?
24. Qu'est-ce qu'il y a dans les escaliers des immeubles français, pour économiser l'électricité?
25. Combien de temps Robert a-t-il pour descendre?
26. Pourquoi les Français utilisent-ils ce système?
27. Pourquoi Mireille dit-elle à Robert de se dépêcher?
28. Pourquoi Robert dit-il "Ah, zut"?

Mise en question

1. Qu'est-ce qui montre que M. et Mme Belleau sont des gens raisonnables? Quel genre de boisson est-ce que Mme Belleau propose après le repas? Qu'est-ce que M. Belleau a l'habitude de boire? Mais est-ce que les Belleau imposent leurs goûts et leurs habitudes aux autres? Qu'est-ce que M. Belleau propose?

2. Qu'est-ce que Marie-Laure fait avant de quitter la pièce pour aller se coucher?

3. Pourquoi Robert n'est-il pas très content quand tout le monde est enfin parti? Quelle heure est-il? Qu'est-ce que Robert n'a pas oublié? (Voyez leçon 29.)

4. Pourquoi Robert est-il un peu surpris quand Mireille propose qu'ils aillent au cinéma le lendemain en matinée? Quand peut-on aller au cinéma, en général? Si je dis: "Je vais aller acheter des billets dans la matinée," est-ce que ça veut dire que je vais y aller avant ou après midi? Et si je dis, "Nous avons vu *Le Cid* à la Comédie-Française en matinée," ça veut dire avant ou après midi?

5. Qu'est-ce qu'on peut consulter pour savoir ce qui passe au cinéma?

6. Est-ce que la plupart des films étrangers qui passent à Paris sont en version originale (avec sous-titres) ou doublés?

7. Pendant qu'elle passe en revue les films de la semaine, Mireille plaisante. Qu'est-ce qu'elle dit qui montre qu'elle plaisante? Qu'est-ce que Robert dit sur le même ton de plaisanterie?

8. Qu'est-ce que c'est que la Rotonde? Pourquoi Mireille donne-t-elle rendez-vous à Robert à la Rotonde? Où est-ce que c'est? Dans quel quartier de Paris? Quelle est la station de métro la plus proche?

9. Jusqu'où Mireille raccompagne-t-elle Robert? A quoi sert la petite lumière qu'elle montre à Robert? Qu'est-ce que cette petite lumière indique?

Documents

1

Communications et informatique

Aujourd'hui, un ménage sur quatre est équipé d'un Minitel, un sur deux d'un magnétoscope, et un sur huit d'un micro-ordinateur.

—Francoscopie 93

2

Communications: Téléphone et Minitel

93% des foyers disposent du téléphone.

Chaque Français donne en moyenne 499 coups de téléphone par an, pour un prix de 3,42F par appel, soit un budget total de 1.700F. Le nombre d'appels des Français reste très inférieur à celui des Américains (1 963), des Canadiens (1 705), des Japonais (935), ou des Britanniques (702).

Fin 1991, 21% des ménages étaient équipés d'un Minitel.

Spécificité française, le Minitel fait aujourd'hui partie de l'équipement d'environ un ménage sur quatre, après seulement quelques années d'existence; les premiers essais datent de juillet 1980 et les premiers appareils ont été livrés en 1983.

70% des possesseurs l'utilisent au moins une fois par mois, 17% cinq à six fois par an, les autres plus rarement (4%) ou jamais (8%). Les 6 millions de minitélistes ont effectué 1,4 milliard d'appels en 1991, représentant environ 100 millions d'heures de connexion. La consultation de l'annuaire électronique représente le tiers des appels, ce qui en fait la base de données la plus consultée au monde.

Le reste des appels est destiné aux 17 000 services proposés aux usagers: messageries, jeux, informations pratiques, informations générales, kiosque, services bancaires et financiers, applications professionnelles spécialisées, etc. Les services mis en place par les banques connaissent un succès croissant: 2,5 millions de Français s'en servent pour connaître l'état de leurs comptes ou effectuer certaines opérations. 500 000 appareils sont loués par des entreprises.

—Francoscopie 93

Faites-le en Minitel

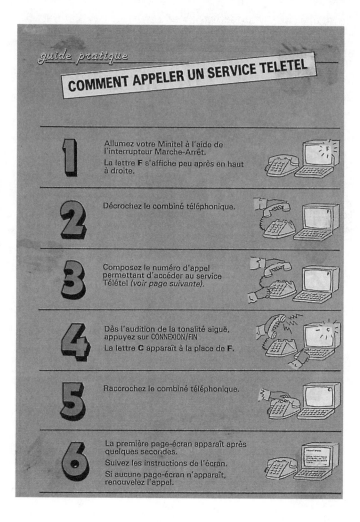

Le Minitel donne accès à plus de 17 000 services.
Voici comment en obtenir quelques-uns:

MINITEL UTILE

SERVICES	N°	SERVICES	N°
ANNUAIRE TELETEL		AUTOROUTE INFORMATIONS	36.15 + AUTOROUTE
recherche par codes et par thèmes	36.15 + MGS	INFORMATIONS METEO	36.15 + METEO
ANNUAIRE DES SERVICES TELETEL	36.15 + AST	ANNUAIRE DES HOTELS DE FRANCE	36.16 + AES
RENSEIGNEMENTS S.N.C.F.	36.15 + SNCF	TOUT SUR LA POSTE	36.14 + LA POSTE
AIR FRANCE	36.15 + AF	RENSEIGNEMENTS IMPOTS- PLACEMENT	36.15 + SERAFIN
AIR INTER	36.15 + AIRINTER	INFOS SALONS PROFESSIONNELS	36.16 + SALONS

3

Ponctualité

4

Retour de croisade

C'est un mec qui rentre des croisades. Il enlève son
armure et sa femme lui dit:
  —Ah! T'es tout bronzé!
  —Non, c'est la rouille!

—*Coluche*

5

Souvent j'oubliais

Souvent j'oubliais le sens des actes les plus simples. . . .

Un soir, rentrant chez moi, j'ai comme un vague souvenir qu'il me faut crier quelque chose dans l'allée de l'immeuble. Mais quoi? Misère, je ne le sais plus, je l'ai oublié.

Je murmure d'abord: "Bonne nuit!" puis, élevant peu à peu la voix: "L'addition! . . . Un hareng de la Baltique, un! . . . Les jeux sont faits! . . . Waterloo! . . . *Vade retro. . . .*" La concierge, furieuse, se lève en papillotes et m'insulte.

Je prends congé de mes amis Z . . . qui habitent au septième étage, *sans ascenseur.* On m'accompagne sur le seuil de l'appartement. Soudain, apercevant l'escalier, je suis pris de panique et pense, dans un éclair: "C'est quelque chose *qui sert à monter, non à descendre!*" Je ne vois plus les marches, mais l'espace vertical qu'elles découpent de haut en bas: une falaise abrupte, une faille, un précipice affreux!

Affolé, étourdi par le vertige, je crie: "Non! Non! Retenez-moi!" Je supplie mes amis de me garder chez eux pour la nuit. En vain. Pas de pitié: on me pousse, en plaisantant, vers l'abîme. Mais moi, hurlant comme un homme qu'on assassine, je résiste, je m'arc-boute—finalement je cède, perds l'équilibre, manque la première marche, tombe et me casse une jambe.

—*Jean Tardieu*
   La Part de l'ombre

6

Arrivées et départs

Les amis font toujours plaisir; si ce n'est pas quand ils arrivent, c'est quand ils partent.

—*Alphonse Karr*

Suspense

Je ne sais pas ce qui se passe en ce moment dans mon immeuble, c'est très mystérieux!

Déjà, quand je rentre chez moi le soir après dix heures . . . la porte d'entrée est fermée. Je tire le cordon. J'appuie sur le bouton . . . j'attends . . . clac! . . . . La porte s'ouvre . . . toute seule! . . . Je rentre . . . j'appuie sur la minuterie . . . je passe devant la loge . . . les rideaux sont tirés . . . je dis mon nom . . . on ne me répond pas . . . je vois un écriteau sur la porte où il y a marqué «La concierge est dans l'escalier.» . . . Je monte. . . . Arrivé au troisième . . . clic! . . . la minuterie s'arrête . . . j'appuie sur le bouton . . . dring! . . . j'entends sonner chez le voisin. Je me dis: «Tiens! Je le croyais en vacances . . . et puis . . . comment se fait-il que la minuterie ne marche pas? . . . » Je rappuie sur le bouton . . . dring! . . . Je dis: «Oh! Celui-là avec sa sonnerie! . . . il va réveiller tout le monde! . . . »

Je continue à monter dans l'obscurité . . . tout en tâtonnant . . . quatrième . . . cinquième . . . rien! . . . un silence! Et puis je me dis . . . «Comment se fait-il que je n'aie pas rencontré la concierge . . . puisqu'elle est dans l'escalier?» Je rentre chez moi. Clac! clac! clac! J'entends marcher au-dessus . . . c'est le voisin qui va et qui vient . . . je me dis . . . «Qu'est-ce qu'il peut faire?» . . . Je n'allume pas . . . j'écoute . . . . Clac! clac! clac! Au bout d'un moment . . . j'ouvre la radio. Je la monte . . . assez fort . . . tout se tait! . . . je la baisse . . . ça recommence . . . clac! clac! clac!

J'en ai parlé à ma voisine du dessous qui m'a dit:
—Moi aussi . . . quand vous êtes là! . . . j'entends marcher au-dessus.
—Tiens! . . . pourtant je suis tout seul!
—C'est peut-être vous! . . .
—Vous n'allez pas me soupçonner, non? . . .
—Non! . . . mais. . . .
Et puis elle m'a appris une chose qui m'a profondément troublé . . . elle m'a dit:
—Dans la journée, la concierge n'est jamais là!
—Où est-elle?
—Dans l'escalier. . . .

LEÇON 3 6   345

Je me dis: «Tiens! dans la journée aussi . . . » Et cette nuit . . . je ne me suis pas couché. . . . Jusqu'à minuit . . . clac! clac! clac! . . . et puis après . . . plus rien . . .

Puis tout à coup . . . tic! tac! tic! tac! tic! tac! Je me dis: «Qu'est-ce qui fait ce bruit-là?» C'est mon réveil. . . . Tiens! dans la journée il fait moins de bruit! . . . Deux heures . . . trois heures. . . . Tic! tac! tic! tac! Quatre heures . . . cinq heures . . . tic! tac! tic! tac! Et puis vers six heures . . . un bruit de poubelles . . . et puis . . . clac clac! . . . les pas ont recommencé. . . .

J'ai ouvert à nouveau ma radio . . . tout grand . . . alors là . . . j'ai nettement entendu: «Moins fort . . . vous me cassez les oreilles . . . arrêtez!!!» Je me dis: «Ça y est! . . . on se bat! . . . » J'ai baissé ma radio . . . Krn! krn! krn! . . . j'ai collé mon oreille à la cloison . . . et j'ai réussi à distinguer . . . la voix d'une femme qui disait: «Il va mourir . . . passe-moi le tisonnier.»

Je me suis dit: «Qu'est-ce que je fais? . . . j'appelle ou quoi?» Et puis, j'ai entendu quelqu'un descendre. . . . Alors j'ai ouvert ma porte . . . personne! . . . Je suis descendu . . . je suis passé devant la loge . . . l'écriteau «La concierge est dans l'escalier» était toujours là! . . . alors que j'en venais! La porte d'entrée que j'avais fermée la veille était ouverte! . . . J'ai jeté un coup d'œil dans la rue. . . .

Sur le trottoir d'en face . . . il y avait un agent qui faisait les cent pas. . . . Eh bien! . . . ça m'a rassuré!

—*Raymond Devos*

Leçon 37 Divertissements II

Texte

Vendredi après-midi, deux heures moins le quart. Mireille attend depuis un quart d'heure à la terrasse de la Rotonde. A la table à côté est assis un monsieur d'une quarantaine d'années.

Il a une moustache noire, les ongles noirs. Il est tout habillé de noir: chapeau noir, cravate noire, complet noir, imperméable noir, chaussures noires. Il a aussi une chaussette noire, mais l'autre est rouge. Il a posé une paire de lunettes noires à côté de sa tasse de café (noir, bien sûr). Il cligne d'un œil, puis de l'autre, puis des deux. Ce tic agace prodigieusement Mireille, qui va se lever et partir, quand elle aperçoit Robert, assis à la terrasse du café d'en face.

Il regarde nerveusement autour de lui, à droite, à gauche. Il regarde sa montre. Puis il lève les yeux, et, tout à coup, il semble découvrir qu'il y a un café en face. Il se lève comme un ressort, bondit, fait quelques pas en avant, s'arrête, revient en arrière, jette un billet sur la table, repart en courant, s'élance sur le boulevard,

sans regarder ni à droite, ni à gauche. Un coup de frein strident, un juron retentissant, mais incompréhensible.

Mireille a fermé les yeux; quand elle les rouvre, Robert est assis à côté d'elle.[1]

1. chapeau, cravate, complet, chaussure, chaussette

cravate noire — chapeau noir
moustache noire
complet noir
chaussette noire
chaussure noire

1. poser

La bonne va **poser** la soupière sur la table.

1. Robert a bien failli se faire écraser, mais nous avons encore besoin de lui: l'étude du subjonctif vient à peine de commencer. (Note des auteurs)

1. cligner des yeux

Il **cligne** d'un **œil**.

Il **cligne** de l'autre **œil**.

Il **cligne** des deux **yeux**.

2. ressort

Un **ressort**.

2. bondir, s'élancer

il **bondit**

il **s'élance**

2. pas

un **pas**

2. jeter

Dame **jetant** une vieille chaussette à la poubelle.

* "Que celui qui est sans péché **jette** la première pierre." (Jésus-Christ)

* "Il ne faut jamais rien **jeter**. Ça peut toujours servir!" (Tante Georgette)

* "Moi, je ne **jette** rien. Je garde tout." (Le grand-oncle Casimir)

2. juron

Un **juron**.

2. retentissant

* Le conducteur n'a pas murmuré ce juron. Il l'a crié d'une voix **retentissante**. Le juron **a retenti**; tout le monde l'a entendu.

2. se faire écraser

4612 MZ 92

Robert a réussi à **se faire écraser** (leçon 53 . . .).

Robert: Je ne suis pas en retard, non?
Mireille: Non, non. . . . De toute façon, ça ne commence pas avant deux heures. Tu veux qu'on y aille?
Robert: D'accord, on y va.
Mireille: Allons-y!
Et ils y vont.

4

13 heures 50, devant le cinéma.
Robert: Deux places, s'il vous plaît.
Mireille: Attends! J'ai ma carte d'étudiante, moi. Une place étudiant, s'il vous plaît.

La caissière: Voilà. Alors, ça fait 64 francs . . . mais il faut que vous attendiez un peu; ce n'est pas encore ouvert.
Mireille: C'est dommage que nous n'ayons pas pu venir lundi.
Robert: Pourquoi?

Mireille: Parce que c'est moins cher le lundi.
La caissière: Voilà, vous pouvez entrer.
Une ouvreuse prend leurs tickets et leur indique des places.

L'ouvreuse: Ici, ça ira?
Robert: Ce n'est pas un peu trop loin de l'écran?
L'ouvreuse: Ici, alors? . . . Merci!

5

Mireille: Tu as les tickets? Elle te les a rendus?
Robert: Oui . . . mais tu as entendu comme elle a dit "merci"? Son ton n'était pas très aimable. . . . D'ailleurs, pourquoi m'a-t-elle remercié? Je ne lui ai rien donné!
Mireille: Mais justement, c'est pour ça! Elle s'attendait à ce que nous lui donnions un pourboire!
Robert: Ah, bon? Il faut donner un pourboire aux ouvreuses?
Mireille: Ben, oui, c'est l'habitude.

Robert: Je ne savais pas! Tu aurais dû me le dire! Pourquoi ne me l'as-tu pas dit? Comment voulais-tu que je le sache? Je ne suis pas au courant, moi!
Mireille: Oh, ce n'est pas bien grave!

Robert: Quand est-ce que ça va commencer?
Mireille: Bientôt! Un peu de patience!

6

Justement, les lumières s'éteignent. On passe d'abord de la publicité. Réclame pour du café, une planche à voile, un dentifrice, un rasoir, du cognac, de l'eau minérale, une machine à écrire électronique, et finalement des bonbons. A ce moment précis, les lumières se rallument, et les ouvreuses deviennent

vendeuses: "Demandez dans la salle, bonbons, esquimaux. . . ."

Robert: Tout ça, c'est très bien, mais ce n'est pas pour ça que je suis venu, moi! Moi, je suis venu pour voir *L'Amour l'après-midi!*

Mireille: Mais oui! Ça va venir! Il faut que tu aies un peu de patience, voyons!

7

En effet, les lumières s'éteignent.

Robert: Ah, enfin! Je croyais que ça ne commencerait jamais. Dis, il faudra que tu m'expliques, si je ne comprends pas, hein? Promis?

Mireille: Oui, oui, je te ferai un petit dessin . . . mais tais-toi, maintenant!

Un voisin: Chut!!! Ils ne vont pas bientôt se taire, ces deux-là? Ce

6. réclame

* On fait de la **réclame** (de la publicité) pour différents produits dans les journaux, à la télévision, dans le métro (avec des affiches).

6. dentifrice

Du **dentifrice**.

7. mal élevé, bien élevé

Un petit garçon bien **mal élevé**!

* Il est très **mal élevé**; il se conduit mal, il parle mal, il est très désagréable. C'est un sauvage!
* Il est **très bien élevé**, très poli.
* Elle a été **élevée** en Suisse.
* Il a été **élevé** chez les Frères, dans une école religieuse.

7. cadre

De jeunes **cadres** dynamiques (des hommes—ou des femmes— d'affaires jeunes et ambitieux).

7. bohème

Une jeune fille un peu **bohème**. (Elle n'accepte pas le mode de vie bourgeois.)

7. séduire

* Marie-Laure veut **séduire** Robert; elle lui offre une boule de gomme!
* Jean-Pierre se prend pour un grand **séducteur**, un vrai Dom Juan. . . .
* M. et Mme Courtois ont trouvé Robert très sympathique. Ils ont été **séduits**.

qu'il y a des gens mal élevés, quand même!

Le film raconte l'histoire d'un monsieur d'une trentaine d'années, un jeune cadre dynamique, sympathique, marié. Il retrouve une jeune femme un peu bohème qu'il connaissait avant son mariage, et qui se met en tête de le séduire. Ils se rencontrent plusieurs fois, l'après-midi. Il est tenté, mais, au dernier moment, il s'échappe. Il retourne à l'amour de sa femme, l'après-midi, bien sûr.

Robert: Eh bien, tout cela est très moral. . . .

Mireille: Tout est bien qui finit bien, comme dit ma tante Georgette!

🎧 **Mise en œuvre**

Ecoutez la mise en œuvre du texte et répondez aux questions suivantes.

1. Depuis combien de temps Mireille attend-elle Robert?
2. Qui est assis à la table à côté?
3. Comment est-il habillé?
4. Comment sont ses chaussettes?
5. Quel tic a-t-il?
6. Pourquoi Mireille va-t-elle se lever et partir?
7. Où est Robert quand elle l'aperçoit?
8. Pourquoi Robert se lève-t-il comme un ressort?
9. Qu'est-ce que Robert fait quand il revient à sa table?
10. Pourquoi sait-on que Robert est imprudent?
11. Qu'est-ce que Mireille entend?
12. Où Robert est-il assis quand elle rouvre les yeux?
13. Pourquoi Mireille et Robert doivent-ils attendre un peu?
14. Combien coûtent leurs deux places?
15. Pourquoi est-il dommage qu'ils ne soient pas allés au cinéma un lundi?
16. Pourquoi le ton de l'ouvreuse n'était-il pas aimable?
17. Quelle est l'habitude, en France?
18. Pourquoi Robert n'est-il pas content? Qu'est-ce que Mireille aurait dû faire?
19. Qu'est-ce qu'on passe d'abord, avant le film?
20. Quelles sortes de réclames passe-t-on?
21. Que vendent les ouvreuses après les publicités?
22. Pourquoi Robert est-il si impatient?
23. Comment Mireille expliquera-t-elle le film à Robert, s'il ne comprend pas?
24. Qui est le héros du film?
25. Quel âge a-t-il?
26. Que fait la jeune femme bohème quand elle rencontre le monsieur?
27. Quand se rencontrent-ils?
28. Pourquoi la jeune femme ne réussit-elle pas?
29. Qu'est-ce que Tante Georgette aime bien dire?

Mise en question

1. A quelle heure Robert et Mireille avaient-ils rendez-vous à la Rotonde? (Voyez leçon 36.) Pourquoi Robert n'est-il pas là? Examinez toutes les explications possibles. Il a eu un accident? Il s'est couché trop tard et il ne s'est pas réveillé? Il a oublié le rendez-vous? Il a changé d'idée, il a loué une voiture et il est reparti en Bourgogne? Son père l'a rappelé aux Etats-Unis? Il est allé voir sa mère en Argentine? Pourquoi? Il s'est perdu dans le métro ou dans la rue? Il a rencontré une belle Suédoise dans la cour de la Sorbonne?

2. Pourquoi le monsieur qui est assis à la table à côté de celle de Mireille est-il tout habillé en noir? Est-ce qu'il est veuf, en deuil? Est-ce qu'il travaille pour une entreprise de pompes funèbres et il revient des funérailles d'un client? Il trouve que le noir fait plus distingué? Il est prêtre d'une religion qui exige que tous ses prêtres s'habillent en noir? Il vient d'un pays où tous les hommes s'habillent en noir?

3. Pourquoi ce monsieur a-t-il une chaussette rouge? Examinez toutes les explications possibles. Il s'est levé très tôt ce matin et il s'est habillé dans le noir? Il ne distingue pas les couleurs, il est daltonien? Il a déchiré l'autre chaussette noire en s'habillant? Il a perdu l'autre chaussette noire quand il était petit? L'autre chaussette noire est restée dans la machine à laver? Il appartient à une secte dont c'est le signe secret? C'est un code, un message? Pour qui? Qu'est-ce que ça veut dire? Il veut attirer l'attention, se faire remarquer?

4. Où avez-vous déjà vu cet homme en noir?

5. Pourquoi Robert n'était-il pas au rendez-vous? Que s'est-il passé? Est-ce qu'il s'est trompé de station de métro?

6. Quand Robert s'aperçoit de son erreur, il se précipite pour rejoindre Mireille. Pourquoi revient-il en arrière? Qu'est-ce qu'il a oublié de faire dans sa précipitation?

7. Robert arrive-t-il au rendez-vous à l'heure? Alors pourquoi Mireille dit-elle qu'il n'est pas en retard? De toute façon, pourquoi cela n'a-t-il pas d'importance s'il est un peu en retard?

8. Qu'est-ce qui montre que Mireille est une jeune fille économe?

9. Est-ce qu'il y a beaucoup de monde dans la salle quand Robert et Mireille entrent? Pourquoi? A quoi sert l'ouvreuse? Qu'est-ce qu'elle fait? Pourquoi Robert ne savait-il pas qu'il y avait des ouvreuses et qu'il fallait leur donner un petit pourboire?

10. Quand Mireille dit qu'elle fera un petit dessin pour expliquer le film à Robert s'il ne comprend pas, est-ce qu'elle parle sérieusement, ou est-ce qu'elle emploie une expression toute faite par plaisanterie?

11. Pourquoi un voisin proteste-t-il? Est-ce qu'il s'adresse directement à Robert et à Mireille, ou est-ce qu'il fait semblant de parler à sa femme?

Documents

Lettre à mes amis pour apprendre à faire du cinéma ensemble

Je joue
Tu joues
Nous jouons
Au cinéma
Tu crois qu'il y a
Une règle du jeu
Parce que tu es un enfant
Qui ne sait pas encore
Que c'est un jeu et qu'il est
Réservé aux grandes personnes

Dont tu fais déjà partie
Parce que tu as oublié
Que c'est un jeu d'enfants
En quoi consiste-t-il?
Il y a plusieurs définitions
En voici deux ou trois
Se regarder
Dans le miroir des autres
Oublier et savoir
Vite et lentement

Le monde
Et soi-même
Penser et parler
Drôle de jeu
C'est la vie.

—*Jean-Luc Godard*
   L'Avant-Scène du cinéma, *mai 1970*

JEAN LOUIS TRINTIGNANT
FRANÇOISE FABIAN

ma nuit chez maud
film d'ERIC ROHMER

Ma Nuit chez Maud est un des *Six contes moraux* d'Eric Rohmer qu'il a publiés sous forme de livre (en 1974) avant de les réaliser sous forme de films.

Le narrateur de *Ma Nuit chez Maud* vient d'arriver à Clermont-Ferrand, une ville de province importante dans le Massif Central. Il est ingénieur chez Michelin, la grande compagnie qui a lancé les pneumatiques pour les automobiles, et dont les usines sont installées à Clermont-Ferrand.

Ingénieur et catholique, il s'intéresse à Pascal qui, inventeur et mathématicien, était aussi catholique (surtout après la nuit du 23 novembre 1654 où il a une extase mystique et "se convertit").

La foi catholique du narrateur n'est pas aussi forte, mais il assiste à la messe tous les dimanches et, à défaut d'extase mystique, il a une révélation:

Je vois, depuis quelques semaines, chaque dimanche à la même place, une jeune fille blonde d'une vingtaine d'années. C'est Françoise. Je ne sais encore rien d'elle. Je ne suis pas sûr qu'elle m'ait remarqué, et pourtant s'est déjà installée en moi l'idée nette, précise, définitive, qu'elle serait ma femme.

Il se sent absolument sûr que Françoise sera sa femme, mais sa foi en son destin ne le rend pas fataliste. Il est décidé à faire tout ce qu'il faudra pour que Françoise devienne sa femme.

En essayant, par exemple, pour commencer, de suivre Françoise: mais ce n'était pas si simple. Elle venait à l'église à vélomoteur. Il fallait m'arranger pour sortir avant elle et dégager ma voiture. J'y réussis un jour, mais je perdis sa trace dans les petites rues du vieux Clermont. Habitait-elle dans le centre?

La rencontrer par hasard, en semaine, dans les rues de Clermont, était cependant tout à fait improbable. Un soir, pourtant, il l'aperçoit de loin; elle est sur son vélomoteur, lui en voiture, bloqué dans un embouteillage. Elle lui échappe.

Il continue à la chercher dans les grands magasins, les librairies, les cafés. En vain.

Le 23 décembre, dans un café où il était entré à tout hasard, il tombe sur Vidal, un ancien camarade de lycée qui est maintenant professeur de philosophie à l'université de Clermont. Ils s'étonnent de ne pas s'être rencontrés plus tôt.

L'idée de rencontre devait obséder Vidal non moins que moi, car la conversation dévia sur elle, presque sans transition.

—Tu viens souvent ici? lui demandai-je.

—Pour ainsi dire jamais. Et toi?

—C'est la première fois que j'y mets les pieds.

—Et c'est ici, précisément, que nous nous sommes rencontrés. C'est étrange!

—Non, au contraire, dis-je, c'est tout à fait normal. Nos trajectoires ordinaires ne se rencontrant pas, c'est dans l'extraordinaire que se situent nos points d'intersection: forcément! . . .

Et ils parlent des mathématiques, du calcul des probabilités, et du pari de Pascal. Le narrateur, catholique, dit que Pascal, qu'il est en train de relire, le déçoit. Vidal, qui est marxiste, le trouve, au contraire, très actuel.

—Tu es toujours marxiste?

—Oui, précisément: pour un communiste, ce texte du pari est extrêmement actuel. Au fond, moi, je doute profondément que l'histoire ait un sens. Pourtant, je parie pour le sens de l'histoire, et je me trouve dans la situation pascalienne. Hypothèse A: la vie sociale et toute action politique sont totalement dépourvues de sens. Hypothèse B: l'histoire a un sens. Je ne suis absolument pas sûr que l'hypothèse B ait plus de chances d'être vraie que l'hypothèse A. Je vais même dire qu'elle en a moins. Admettons que l'hypothèse B n'a que dix pour cent de chances et l'hypothèse A quatre-vingt-dix pour cent. Néanmoins, je ne peux pas ne pas parier pour l'hypothèse B, parce qu'elle est la seule qui me permette de vivre. Admettons que j'aie parié pour l'hypothèse A et que l'hypothèse B se vérifie, malgré ses dix pour cent de chances, seulement: alors j'ai absolument perdu ma vie. . . . Donc je dois choisir l'hypothèse B, parce qu'elle est la seule qui justifie ma vie et mon action. Naturellement, il y a quatre-vingt-dix chances pour cent que je me trompe, mais ça n'a aucune importance.

Vidal et le narrateur vont au concert, puis ils dînent ensemble dans une brasserie. Le lendemain, veille de Noël, Vidal accompagne le narrateur à la messe de minuit, puis il l'emmène chez une amie, Maud.

Maud habitait un immeuble moderne, au coin de la place de Jaude, juste au-dessus du café où j'avais rencontré Vidal. La bonne espagnole nous introduisit dans une vaste salle de séjour qui respirait la simplicité cossue. Face à la porte d'entrée, devant de hauts rayonnages bourrés de livres, sur une petite table ovale, le couvert était déjà mis. A l'autre extrémité, recouvert d'une ample fourrure blanche dont les pans traînaient

sur la moquette, un divan—qui se révéla être le lit même de la maîtresse de maison—faisait face à un demi-cercle de fauteuils bas et moelleux. . . .

Maud entra. C'était une femme d'environ trente ans, brune, élancée, assurément «très» belle. Vidal alla vers elle et l'embrassa avec fougue. Elle se laissa faire un moment, puis se dégagea:

—Ah! Quelle tendresse! Tu as l'air d'être en pleine forme.

—On ne s'est pas vus depuis une éternité!

—Oui, depuis une semaine, dit-elle en me regardant.

Maud est médecin, elle vient de divorcer. Vidal est très amoureux d'elle, elle l'est beaucoup moins de lui. Ils ont des rapports assez complexes. Vidal, un peu par dépit, s'en va. Le narrateur veut, lui aussi, prendre congé, mais Maud le retient: il habite en dehors de la ville, dans la montagne, il neige, les routes doivent être dangereuses, et elle a envie de parler. Il passe donc la nuit chez Maud. Ils parlent de la religion, de l'amour, de leurs passés, de leurs principes moraux, mais il ne se passe rien entre eux.

Le lendemain matin, il entre dans un café. Il rencontre un collègue. Ils parlent et tout à coup il aperçoit, dans la rue. . . .

Oui, c'est «elle», c'est Françoise, qui passe sur son solex devant la vitre du café. Elle descend vers la place. Je ne réfléchis pas.

—Excusez-moi, dis-je.

Et, laissant coi mon interlocuteur, je bondis au dehors, sans prendre le temps de remettre ma canadienne. Je dévale la rue en courant, traverse la place jusqu'au terre-plein où Françoise est en train de se garer. Arrivé à quelques mètres d'elle je ralentis et m'avance au pas. Elle se retourne. Je parle aussitôt:

—Je sais qu'il faudrait trouver un prétexte, mais un prétexte est toujours idiot. Comment faut-il s'y prendre pour faire votre connaissance?

Elle me regarde, l'air interrogateur, sans hostilité, mais sans rien faire pour faciliter ma tâche. Brusquement, elle sourit et répond.

—Vous avez l'air de le savoir mieux que moi!

—Non! Sinon je ne vous aurais pas suivie comme ça, en dépit de tous mes principes.

—C'est très mal de faire des entorses à ses principes!

—J'en fais quelquefois. Et vous?

—Oui, mais je le regrette.

Pour me donner contenance, je regarde le vélosolex:

—C'est dangereux cet engin, avec ce temps-là.

—J'ai l'habitude. De toute façon, je ne m'en sers qu'en ville. Je rentre chez moi par le car.

—Où habitez-vous?

—A Sauzet, au-dessus de Ceyrat.

—On se voit quand?

—Quand on se rencontrera.

—On ne se rencontre jamais.

—Si, tout de même, dit-elle en riant.

—Demain, voulez-vous. . . . Je ne vous ai pas vue à la messe de minuit.

—Je n'y suis pas allée. J'habite trop loin.

—Bon. Et ensuite nous déjeunerons ensemble. Vous voulez?

—Oui, peut-être, nous verrons. Au revoir! Dépêchez-vous, vous allez prendre froid!

Le narrateur va retrouver Maud, Vidal, et des amis pour faire une excursion dans la montagne. Il est très gai, il flirte un peu avec Maud. . . . Le soir, en rentrant chez lui, voilà qu'il tombe encore sur Françoise.

—Vous!

—Vous voyez! Ce matin nous parlions de hasard. . . .

—Vous m'avez reconnue de si loin?

—Même s'il n'y avait eu que dix chances sur cent que ce soit vous, je me serais arrêté!

Elle a un petit rire crispé:

—Eh bien vous voyez! C'est moi!

J'enchaîne aussitôt:

—Vous rentrez chez vous à bicyclette?

—Oui, j'ai raté mon car.

—Je vous raccompagne.

Ils parlent de l'amour, de la religion, de leurs passés, de leurs principes moraux. Ils se revoient. Il lui déclare son amour. Elle semble un peu réticente. Elle lui apprend qu'elle a eu une liaison, avec un homme marié. C'est fini, mais ça la gêne. Alors il dit que, lui aussi, il a eu des aventures. Ils se marient.

Cinq ans plus tard, ils sont en vacances en Bretagne, avec leur petit garçon . . . et, en descendant sur la plage, ils tombent sur Maud. Le narrateur veut lui présenter sa femme.

—Mais, nous nous connaissons, dit-elle. . . . Enfin, de vue.

Françoise a l'air mal à l'aise, elle va sur la plage avec son petit garçon.

Maud et le narrateur continuent la conversation et le narrateur devine, et nous aussi, que c'est avec le mari de Maud que Françoise a eu une liaison. Maud s'en va. Le narrateur va retrouver sa femme sur la plage et il lui dit:

—Tu sais, quand je t'ai rencontrée, c'est de chez elle que je sortais. . . .

—*D'après Eric Rohmer*
Six contes moraux

Au Cinéma

Une dame entre au cinoche avec un très joli chapeau plein de fleurs, de fruits et de légumes . . . mais des vrais, des oiseaux et tout le tremblement! Elle s'assied, se retourne et dit au monsieur qui se trouve derrière elle:

—Mon chapeau ne vous dérange pas?

—Non, vous pouvez le garder: il est beaucoup plus drôle que le film.

—*Coluche*

Texte

Robert et Mireille sont allés voir *L'Amour l'après-midi* au 14 Juillet-Parnasse. Ils sortent du cinéma.

Robert: Et si on marchait un peu?
Mireille: Ah, oui, je veux bien. J'adore me promener dans Paris. Tiens, allons du côté de Montparnasse. Il faut que tu fasses connaissance avec le quartier des artistes et des intellectuels.
Robert: Je croyais que c'était Saint-Germain-des-Prés?
Mireille: Oui. . . . Ça a d'abord été Montmartre, puis Montparnasse, puis Saint-Germain. . . . Tiens, Modigliani a habité ici. Tu vois, tout ça, ce sont des ateliers de peintres.

Tout à coup, devant une librairie, Robert s'arrête, l'air inquiet. Il

cherche dans ses poches.
Mireille: Qu'est-ce qu'il y a?
Robert: Mon passeport!

Mireille: Quoi? Tu l'as perdu?
Robert: Je ne sais pas! Je ne l'ai pas!
Mireille: Tu es sûr que tu l'avais? Tu ne l'as pas laissé dans ta chambre?
Robert: Tu crois? Je croyais que je l'avais pris. . . .
Mireille: Bon, écoute, va voir! Dépêche-toi! Je t'attends ici.

Robert part en courant. Il revient bientôt avec sa veste en seersucker et son passeport.

Mireille: Alors?
Robert: Je l'ai. Il était dans ma veste.
Mireille: Eh bien, tu vois! Tout va bien! Tout est bien qui finit bien, comme dit ma tante Georgette!

2

Et ils reprennent leur promenade dans Montparnasse.

Mireille: Et voilà les cafés littéraires: au début du siècle, on y rencontrait Trotski, Lénine, Foujita, Picasso. . . . Alors, qu'est-ce que tu as pensé du film? Ça t'a plu?
Robert: Oui, bien sûr . . . mais à

I. atelier

Un peintre au travail dans son **atelier**.

I. librairie

Une **librairie**.

2. Pascal

* Blaise **Pascal**: mathématicien, physicien, philosophe et écrivain (1623–62). Voir leçon 16, document 1.

choisir, je crois que je préfère *Ma Nuit chez Maud*.
Mireille: Ah, oui? Quelle idée! Ça, alors! Pas moi! *Ma Nuit chez Maud*, c'est un peu trop chaste. Il ne se passe rien, il n'y a pas d'action! Ce ne sont que des discussions sur la religion, le marxisme, le pari de Pascal. . . . Je suppose qu'il y a des gens à qui ça plaît. . . . C'est

intéressant, remarque, mais ce n'est pas du cinéma!

Robert: Pourquoi? Parce que pour toi, le cinéma, c'est la violence et l'érotisme? Kiss, kiss, pan, pan?

3

Mireille: Mais non, pas du tout, je n'ai jamais dit ça! Mais je me demande si le vrai cinéma, ce n'était pas le muet; tu vois, les films de Charlot.

Robert: Charlot? Quel Charlot? De Gaulle?

Mireille: Mais ne fais pas l'idiot! Tu n'as jamais entendu parler de *L'Emigrant*, de *La Ruée vers l'or*? Ça, c'est du cinéma! Il n'y a pas besoin de bande sonore. Regarde Griffith, les Russes . . . Eisenstein, Poudovkine. . . . Tout est dans les images, le montage, le jeu des gros plans et des plans généraux.

Les temps modernes

Robert: Ah, bon! Alors, tu es contre le cinéma parlant! Et contre la couleur aussi, je suppose?

Mireille: Pas forcément, mais il y a de merveilleux films en noir et blanc. . . .

4

Tout en parlant, ils sont passés devant la statue de Rodin qui représente Balzac.

Mireille: Un jour, quand Marie-Laure était petite, elle est passée là avec Maman, et elle a dit: "Maman, regarde la vache!"

3. *muet*

* Les premiers films étaient **muets**. Le cinéma est devenu sonore en 1927, et parlant un peu plus tard. Par exemple, *La Petite marchande d'allumettes* de Renoir est un film sonore, mais non parlant.

3. *Charlot, Charles de Gaulle*

La Ruée vers l'or est un film de **Charlot** (Charlie Chaplin).

Le Général **de Gaulle** (**Charles** de son prénom).

3. *montage*

* Quand un cinéaste fait un film, il tourne toutes les scènes plusieurs fois. Au **montage**, il choisit les meilleures prises et il **monte** la version finale du film.

3. *plan général, gros plan*

Un **plan général**.

Un **gros plan**.

Puis ils sont passés devant le garage où Robert a loué une voiture pour aller à Provins.

Robert: Oh, c'est là que j'ai loué une voiture, l'autre jour, quand je suis allé me promener en Bourgogne!
. . .

Mireille: Ah, bon!
Robert: Ouais, ouais. . . .
Puis ils ont suivi le boulevard Saint-Germain jusqu'à l'Assemblée nationale.

Mireille: C'est là que nos députés préparent les projets de lois. Ensuite, ils les envoient en face de chez nous, au Sénat.

5

Ils ont traversé la Seine sur le pont de la Concorde, où ils se sont arrêtés un instant.
Mireille: A droite, là-bas, c'est le musée d'Orsay. Autrefois, c'était une gare. Et maintenant, c'est un musée du XIXème siècle. Et au fond, là-bas, on aperçoit l'île de la Cité; à gauche, le Louvre et le jardin des Tuileries. . . . Et là-bas, en face, au fond de la rue Royale, c'est l'église de la Madeleine. C'est là que Maman veut que je me marie . . . à cause de l'escalier! . . . Et à gauche, la maison blanche derrière les arbres, c'est l'ambassade américaine. C'est là qu'il faudra que tu ailles la prochaine fois que tu perdras ton passeport! . . . Tu ne l'as pas encore perdu?
Robert: . . . . Ça va, je l'ai. . . . Au milieu de la place, c'est l'Obélisque, j'imagine. Allons voir de plus près. J'aimerais bien essayer de déchiffrer quelques hiéroglyphes.
Mireille: Mais non! Tu es fou! Tu ne vois pas cette circulation? On va se faire écraser![1] Allons plutôt du côté des Champs-Elysées.

1. Robert a déjà failli se faire écraser une fois. Ça suffit.

5. obélisque, hiéroglyphes

L'**Obélisque** (rapporté de Louxor, en Egypte, par Napoléon) se trouve au milieu de la place de la Concorde.

L'Obélisque est couvert de **hiéroglyphes**.

5. déchiffrer

C'est Champollion qui **a déchiffré** les premiers hiéroglyphes égyptiens en 1824.

6

Dans les allées derrière le Petit Palais, c'est le calme et le silence. Quelques moineaux se baignent dans la poussière. Deux militaires en permission arrivent en sens inverse. La veste en seersucker de Robert semble les amuser.

L'un des soldats (*à l'autre*): Eh, dis, tu as vu le garçon boucher qui promène sa nana?

Mireille se retourne et, sans un mot, en trois gestes précis, elle l'envoie rouler dans la poussière . . . à la grande surprise des moineaux qui s'envolent, et de Robert. . . .

Robert: Qu'est-ce qui te prend? Tu ne crois pas que tu y vas un peu fort, non?

Mireille: Je n'aime pas qu'on se moque des gens! Et puis, il fallait que je fasse un peu d'exercice: j'ai manqué ma leçon de karaté, samedi. Je commençais à me rouiller un petit peu. J'ai un peu

6. allée

Une **allée** dans la forêt de Fontainebleau.

6. moineau, se baigner

Moineaux se baignant dans la poussière.

* Il y a beaucoup de pigeons et de **moineaux** à Paris. On essaie de lutter contre les pigeons parce qu'ils salissent les façades des monuments, mais tout le monde aime les **moineaux**; ils sont plus petits, et si mignons! On dit que quand ils **se baignent** dans la poussière, c'est signe qu'il va pleuvoir.

6. poussière

6. soldat, en permission

Un **soldat en permission**, en congé.

6. veste de boucher

En France, les **bouchers** portent des **vestes** à fines rayures blanches et bleu-gris, qui ressemblent aux vestes en seersucker américaines.

"Elle a encore poussé la **poussière** sous le tapis!"

soif, tiens. . . . Si on allait boire
quelque chose?

Robert: Si tu veux. . . .

Et Robert, écœuré, jette sa veste en
seersucker.

Mireille: Mais qu'est-ce que tu fais?
Ça ne va pas, non? Ils sont fous, ces
Américains! En France, on a le sens
de l'économie!

Elle ramasse la veste, et ils vont
s'asseoir à la terrasse du Fouquet's.

6. s'envoler

L'oiseau **s'envole**, il s'échappe, il
part.

6. qu'est-ce qui te prend

* **Qu'est-ce qui te prend?** Tu
deviens fou?
* Je ne sais pas **ce qui lui a pris**:
il est parti en claquant la porte.

6. y aller fort

* Tu **y vas** un peu **fort!** Tu exagères!

6. avoir soif

* Mireille **a soif**. Elle a envie de boire
quelque chose.

🎧 Mise en œuvre

Ecoutez la mise en œuvre du texte et répondez aux questions suivantes.

1. Qu'est-ce que Mireille aime bien faire?
2. Pourquoi emmène-t-elle Robert du côté de Montparnasse?
3. Quel était le quartier des artistes et des intellectuels, avant Montparnasse et Saint-Germain-des-Prés?
4. Où les peintres travaillent-ils?
5. Pourquoi Robert est-il inquiet, tout à coup?
6. Où était son passeport?
7. Qui pouvait-on voir dans les cafés "littéraires," au début du siècle?
8. Quel film Robert a-t-il préféré à *L'Amour l'après-midi*?
9. Pourquoi Mireille n'a-t-elle pas tellement aimé *Ma Nuit chez Maud*?
10. De quoi parle-t-on, dans ce film?
11. D'après Mireille, qu'est-ce qui serait le vrai cinéma?
12. Qu'est-ce qui est important dans le cinéma muet?
13. Qu'est-ce que Mireille pense des films en noir et blanc?
14. Que représente la statue de Rodin qu'ils regardent?
15. Quel commentaire Marie-Laure avait-elle fait devant la statue?
16. Pourquoi Robert connaît-il le garage devant lequel ils passent?

17. Que font les députés à l'Assemblée nationale?
18. Qu'en font-ils ensuite?
19. Le musée d'Orsay, autrefois, qu'est-ce que c'était?
20. Et aujourd'hui?
21. Quel jardin se trouve à côté du Louvre?
22. Qu'est-ce qui plaît à Mme Belleau dans l'église de la Madeleine?
23. Comment est l'ambassade américaine?
24. A quelle occasion Robert devrait-il aller à l'ambassade?
25. Qu'y a-t-il au milieu de la place de la Concorde?
26. Pourquoi Robert aimerait-il le voir de plus près?
27. Pourquoi Mireille refuse-t-elle d'y aller?
28. Qui se moque de Robert?
29. D'après le soldat, à qui Robert ressemble-t-il, avec sa veste en seersucker?
30. Comment Mireille répond-elle au commentaire du soldat?
31. Pourquoi a-t-elle réagi ainsi?
32. Qu'est-ce que Mireille a manqué, samedi?
33. Pourquoi Mireille suggère-t-elle qu'ils aillent boire quelque chose?

Mise en question

1. Qui est Modigliani: un écrivain, un musicien, un peintre? Qu'est-ce qu'il était: français, italien, espagnol, américain? (Si vous ne savez pas, essayez de deviner.) Quand vivait-il, au XIXème siècle, au début du XXème, vers 1970? Où a-t-il habité?

2. Qui étaient Trotski et Lénine: des peintres, des romanciers, des hommes politiques révolutionnaires? Quelle était leur nationalité? Ils étaient polonais, russes, français, allemands? Est-ce qu'ils étaient fascistes, marxistes, monarchistes? Quand vivaient-ils, au XVIIIème siècle, au XIXème, au début du XXème?

3. Sur quel sujet Mireille amène-t-elle la conversation? En France, qu'est-ce qu'on fait quand on sort du cinéma, du théâtre, ou d'un concert avec quelqu'un? De quoi faut-il parler?

4. Qui est Pascal? Qu'est-ce qu'il a inventé, la machine à vapeur, le moteur à explosion, une machine à calculer, un logiciel pour ordinateur, le stéthoscope, la vaccination? Qu'est-ce qu'il était, anglais, allemand, français, arabe, russe, tchèque? A quel siècle vivait-il?

5. Qu'est-ce que le pari de Pascal? De quoi s'agit-il, d'un système pour parier dans les courses de chevaux? Ou bien est-ce qu'il s'agit de l'existence de Dieu? Puisqu'il est difficile de savoir si Dieu existe, il faut parier, mais qu'est-ce qu'il vaut mieux parier, que Dieu existe ou qu'il n'existe pas? Si on parie que Dieu existe mais si, en réalité, il n'existe pas, qu'est-ce qu'on perd? On perd beaucoup, ou peu de chose? Mais si on parie qu'il n'existe pas et si, en réalité, il existe, qu'est-ce qu'on perd, la vie éternelle, le salut? Alors, qu'est-ce qu'il vaut mieux parier?

6. Est-ce que vous connaissez *Le Penseur*? Est-ce que c'est un roman de Balzac, un essai philosophique de Pascal, une statue de Rodin, ou un film d'Eisenstein?

7. Que pensez-vous du *Balzac* de Rodin et du sens artistique de Marie-Laure?

8. En passant devant le garage Shell, comment Robert parle-t-il de son petit voyage en Bourgogne? D'après ce qu'il laisse supposer, pourquoi serait-il allé en Bourgogne? Est-ce qu'il y serait allé par hasard, involontairement, ou exprès, délibérément?

9. Qu'est-ce que c'est que l'île de la Cité? Où est-elle? Qu'est-ce qu'il y a dans l'île de la Cité? (Voyez les documents des leçons 4 et 15.)

10. Qu'est-ce que c'est que le Louvre? (Voyez les leçons 15 et 23.)

11. Comment Mireille taquine-t-elle Robert au sujet de son passeport? Qu'est-ce qu'elle a l'air de dire? Est-ce qu'il a déjà perdu son passeport?

12. A votre avis, l'obélisque de la place de la Concorde est un monument préhistorique, sumérien, assyrien, égyptien, grec, romain, aztèque, ou maya?

13. Quel contraste y a-t-il entre la place de la Concorde et les allées derrière le Petit Palais?

14. Pourquoi les militaires se moquent-ils de la veste de Robert?

15. A votre avis, qu'est-ce qui est insultant dans la remarque du militaire, qu'il dise "nana" en parlant de Mireille, ou qu'il dise que Robert a l'air d'un garçon boucher?

Documents

Promenade dans Paris

L'escalier de la Madeleine.

La colline de Montmartre.

Le Louvre.

A gauche, l'ambassade américaine et
à droite, l'hôtel Crillon.

Les allées entre le Petit Palais et les
Champs-Elysées.

La place de la Concorde et
l'Obélisque. A droite, le ministère
de la marine; au fond, l'église de la
Madeleine; à gauche, l'hôtel
Crillon.

L'Assemblée nationale et le pont de
la Concorde.

2

Au Cinéma

Après avoir dîné dans un restaurant chinois du boulevard Montparnasse, Mamadou et moi sommes allés au cinéma. J'aurais voulu voir un de ces films à la mode; les affiches, en effet, étalaient une Martine Carole géante à la poitrine généreuse, ou Gérard Philipe, mon idole. Mamadou ne me proposa pas de choisir. Un chef-d'œuvre du septième art japonais passait dans une petite salle du quartier et il devait absolument le voir. Je n'ai jamais compris de quoi il s'agissait dans ce film. La salle était comble, je n'arrivais pas à lire les sous-titres. Je m'ennuyais à dormir.

Par la suite, aux salles obscures des cinémas, je préférais déambuler sur le «Boul-Mich» ou m'arrêter dans un café pour discuter avec des amis. Nous allions aussi, quelquefois, passer la journée du dimanche chez un couple d'étudiants amis où nous rencontrions d'autres camarades.

—*Myriam Warner-Vieyra*
   Juletane

Myriam Warner-Vieyra est née à Pointe-à-Pitre à la Guadeloupe en 1939. Elle a fait des études en France, puis elle est devenue bibliothécaire à Dakar, au Sénégal. Elle a écrit deux romans, *Le quimboiseur l'avait dit . . .* (1980), *Juletane* (1982) et un recueil de nouvelles, *Femmes échouées* (1988).

3

Jean-Paul Sartre au cinéma

Les jours de pluie, Anne-Marie me demandait ce que je souhaitais faire, nous hésitions longuement entre le cirque, le Châtelet, la Maison Electrique et le Musée Grévin; au dernier moment, avec une négligence calculée, nous décidions d'entrer dans une salle de projection. Mon grand-père paraissait à la porte de son bureau quand nous ouvrions celle de l'appartement; il demandait: «Où allez-vous, les enfants?»—«Au cinéma», disait ma mère. Il fronçait les sourcils et elle ajoutait très vite: «Au cinéma du Panthéon, c'est tout à côté, il n'y a que la rue Soufflot à traverser.» Il nous laissait partir en haussant les épaules; il dirait le jeudi suivant à M. Simonnot: «Voyons, Simonnot, vous qui êtes un homme sérieux, comprenez-vous ça? Ma fille mène mon petit-fils au cinéma!» et M. Simonnot dirait d'une voix conciliante: «Je n'y ai jamais été mais ma femme y va quelquefois.»

Le spectacle était commencé. Nous suivions l'ouvreuse en trébuchant, je me sentais clandestin; au-dessus de nos têtes, un faisceau de lumière blanche traversait la salle, on y voyait danser des poussières, des fumées. . . . Le pianiste attaquait l'ouverture des *Grottes de Fingal* et tout le monde comprenait que le criminel allait paraître: la baronne était folle de peur. Mais son beau visage charbonneux cédait la place à une pancarte mauve: «Fin de la première partie.» C'était la désintoxication brusquée, la lumière. Où étais-je? Dans une école? Dans une administration? . . . L'ouvreuse vendait à la criée des bonbons anglais, ma mère m'en achetait. . . . Les gens se frottaient les yeux, chacun découvrait ses voisins. Des soldats, les bonnes du quartier. . . .

Je vis *Zigomar* et *Fantômas, Les Exploits de Maciste, Les Mystères de New-York*: les dorures me gâchaient le plaisir. Le Vaudeville, théâtre désaffecté, ne voulait pas abdiquer son ancienne grandeur: jusqu'à la dernière minute un rideau rouge à glands d'or masquait l'écran; on frappait trois coups pour annoncer le commencement de la représentation, l'orchestre jouait une ouverture, le rideau se levait, les lampes s'éteignaient. J'étais agacé par ce cérémonial incongru, par ces pompes poussiéreuses qui n'avaient d'autre résultat que d'éloigner les personnages. . . .

Moi, je voulais voir le film *au plus près*. Dans l'inconfort égalitaire des salles de quartier, j'avais appris que ce nouvel art était à moi, comme à tous. Nous étions du même âge mental: j'avais sept ans et je savais lire, il en avait douze et ne savait pas parler. On disait qu'il était à ses débuts, qu'il avait des progrès à faire; je pensais que nous grandirions ensemble. Je n'ai pas oublié notre enfance dans la géométrie plane. Du noir et du blanc, je faisais des couleurs éminentes qui résumaient en elles toutes les autres et ne les révélaient qu'à l'initié; je m'enchantais de voir l'invisible. Par-dessus tout, j'aimais l'incurable mutisme de mes héros. Ou plutôt non: ils n'étaient pas muets puisqu'ils savaient se faire comprendre. Nous communiquions par la musique, c'était le bruit de leur vie intérieure. L'innocence persécutée faisait mieux que dire ou montrer sa douleur, elle m'en imprégnait par cette mélodie qui sortait d'elle; je lisais les conversations mais j'entendais l'espoir et l'amertume, je surprenais par l'oreille la douleur fière qui ne se déclare pas. J'étais compromis; *ce n'était pas moi*, cette jeune veuve qui pleurait sur l'écran et pourtant, nous n'avions, elle et moi, qu'une seule âme: la marche funèbre de Chopin.

—*Jean-Paul Sartre*
   Les Mots

4

La Belle Saison

> A jeun perdue glacée
> Toute seule sans un sou
> Une fille de seize ans
> Immobile debout
> Place de la Concorde
> A midi le Quinze Août.

—*Jacques Prévert*
  Paroles

5

Les Paris stupides

Un certain Blaise Pascal
etc. . . . etc. . . .

—*Jacques Prévert*
  Paroles

6

Au Palais du Luxembourg

—Le Monde *du 22–23 novembre 1992*

7

Qu'est-ce que vous comptez faire?

Mon projet le plus important, c'est de continuer à vivre.
—*Coluche*

Leçon **39** Divertissements IV

Texte

1

La scène se passe sur les Champs-Elysées. Les deux jeunes premiers, Robert et Mireille, sont assis à la

terrasse d'un grand café, le Fouquet's.

Robert: Il va falloir que j'aille au théâtre, un de ces jours. Il faut que tu me dises ce que je devrais aller voir. J'ai acheté *L'Officiel des spectacles,* ce matin. C'est fou le nombre de théâtres qu'il y a à Paris!

Mireille: Il doit y en avoir une quarantaine, je pense, sans compter une vingtaine de théâtres en banlieue, plus tous les cafés-théâtres. Remarque que beaucoup sont minuscules. Au théâtre de Poche-Montparnasse, par exemple, ou au théâtre de la Huchette, je ne crois pas qu'il y ait cent places.

2

Robert: Alors, qu'est-ce que tu me conseilles?

Mireille: Je ne sais pas, moi. . . . Tu pourrais commencer par les salles subventionnées. . . .

Robert: Qu'est-ce que c'est que ça?

---

1. *jeune premier*

Robert et Mireille sont les **jeunes premiers.** Dans un film, les **jeunes premiers** sont toujours beaux et séduisants.

1. *café-théâtre*

Dans un **café-théâtre**, on peut dîner ou prendre un verre pendant le spectacle.

1. *théâtres*

L'entrée (minuscule) du **théâtre de Poche-Montparnasse.**

Le **théâtre de la Huchette,** rue de la Huchette dans le Quartier Latin.

2. *salle*

** Il y a des **salles** à manger, des **salles** de séjour, des **salles** de bains. Et puis, il y a aussi des **salles** de spectacle: des **salles** de cinéma, des **salles** de théâtre, des **salles** de concert.

2. *subventionné*

Les salles **subventionnées** sont des théâtres qui reçoivent des subventions de l'Etat.

worth it

Mireille: Eh bien, les théâtres nationaux, ceux qui reçoivent des subventions de l'Etat, comme la Comédie-Française, par exemple.

Robert: Ah, oui, la Comédie-Française, je connais, j'en ai beaucoup entendu parler. Est-ce que c'est bien? Ça vaut la peine d'y aller?

Mireille: Oh, oui, très bien! Evidemment, on ne peut pas dire que ce soit du théâtre d'avant-garde! Non, on y joue plutôt des pièces du répertoire classique: Molière, Racine, Labiche, Claudel. . . . Mais c'est toujours très bien joué, et la mise en scène est toujours très soignée. C'est un spectacle de qualité. Tu en as pour ton argent!

3

Robert: Et en dehors de ça, qu'est-ce que tu me conseilles?

Mireille: Eh bien, je ne sais pas, moi! Ça dépend de ce que tu aimes. . . . Il y a tous les genres: tu as du théâtre expérimental, du théâtre d'avant-garde, des pièces d'Arrabal, d'Obaldia, des mises en scène de Chéreau, Vitez, Mnouchkine. Et puis tu as les pièces traditionnelles, le théâtre bien fait, Anouilh, Françoise Dorin. . . . Et puis, il y a le théâtre de boulevard, les comédies ultra-légères, avec des histoires de ménage à trois . . . mais je ne pense pas que tu veuilles voir ça: ce n'est pas très profond. Ça ne doit pas faire beaucoup penser!

Robert: Mais qui est-ce qui t'a dit que j'avais envie de penser au théâtre?

2. ça vaut la peine

* Les spectacles de la Comédie-Française **valent la peine** d'être vus; on prend la peine d'y aller, on fait l'effort d'y aller, d'acheter un billet, mais on est bien récompensé de sa peine, parce que ce sont des spectacles de grande qualité. Le plaisir qu'on éprouve vaut la dépense.

2. Labiche, Claudel

* Eugène **Labiche** (1815–88), auteur de comédies et de vaudevilles. Paul **Claudel** (1868–1955), auteur de drames: *L'Otage, Le Soulier de satin.* . . .

2. soigné

Travail mal fait.

Travail **soigné**.

2. mise en scène

Le **metteur en scène** dirige la **mise en scène**.

2. en avoir pour son argent

Il **en a pour son argent**.

Il n'**en a** pas **pour son argent**.

Mireille: Eh bien, alors, va au Lido, ou aux Folies-Bergère! Là, tu n'auras pas besoin de beaucoup penser; ça ne te fatiguera pas trop les méninges! Mais je doute que ça vaille la peine.

4

Robert: Tu veux un autre Gini? Moi, je crois que je vais prendre une autre bière.

Mireille: Tiens! Mais voilà quelqu'un que nous connaissons! Mais oui, c'est bien lui, c'est Hubert lui-même! Comme c'est bizarre, comme c'est curieux, et quelle coïncidence!
Hubert: Mireille!
Mireille: Hubert!
Hubert: Comment? Toi au Fouquet's?
Mireille: Qu'est-ce que tu fais là?
Hubert: Je passais. . . . Mais je ne m'attendais pas à te voir! Quelle

3. Arrabal, Obaldia, Anouilh, Dorin

* Fernando **Arrabal**: Auteur franco-espagnol, né en 1932; "théâtre-panique" (*Le Cimetière des voitures*).
* René de **Obaldia**, né en Chine en 1918 d'un père panaméen et d'une mère française, auteur de romans et de pièces de théâtre: *Génousie* (1960), *Du vent dans les branches de Sassafras* (1965), *Les Bons Bourgeois* (1980).
* Jean **Anouilh** (1910–87): auteur de pièces "roses" (*Le Bal des voleurs*), "grinçantes" (*Pauvre Bitos*), "noires" (*Antigone*).
* Françoise **Dorin**, née en 1928, auteur de romans (*Virginie et Paul, Les Corbeaux et les renardes, Au nom du Père et de la fille*) et de pièces de théâtre (*Le Tout pour le tout, L'Intoxe, L'Etiquette, Les Cahiers tango,* etc.).

3. ménage

* Cécile et Jean-Denis forment un **ménage** très uni. Ils ne se disputent jamais (enfin, presque jamais . . .).
* Marc et Catherine se sont mis en **ménage**. Ils vivent ensemble.

3. profond

Ce n'est pas très **profond**.

C'est plus **profond**.

3. Folies-Bergère, Lido

Les spectacles des **Folies-Bergère** et du **Lido** sont assez somptueux par les décors et les costumes (ou l'absence de costumes) mais pas très cérébraux.

3. méninges

cerveau

méninges

3. douter

* Marie-Laure: J'espère que j'aurai une bonne note à mon devoir de maths!
Mireille: Alors là, j'en **doute**! Ça m'étonnerait vraiment beaucoup!

4. Gini, bière

Un **Gini** et une **bière**.

heureuse coïncidence! Je suis heureux de te voir!

Et Hubert s'installe, avec beaucoup de sans-gêne.

5

Une table est libre à côté d'eux. Un jeune homme vient s'y asseoir. Il regarde Mireille avec insistance.

Le jeune homme: Mais, Mademoiselle . . . mademoiselle, nous nous connaissons! Nous n'avons pas bavardé ensemble au Luxembourg, il y a quelques jours? Mais si, mais si! Vous portiez une ravissante jupe rouge.

Mireille: Ah, oui? C'est bien possible! Le hasard est si grand! . . . Je portais une jupe rouge? Comme c'est curieux, comme c'est bizarre, et quelle coïncidence!

Jean-Pierre: Mais oui! . . . Vous permettez?

Et il s'invite avec autant de sans-gêne qu'Hubert.

6

Hubert (*à Robert*): Mais vous ne vous quittez plus, tous les deux! Avec un guide comme Mireille, vous allez

4. sans-gêne

Robert n'est pas très content qu'Hubert s'installe à leur table. En effet, Hubert n'est pas très délicat. Il a pas mal de **sans-gêne.** La présence d'Hubert **gêne** Robert, ça l'ennuie. Mais Hubert, lui, n'est pas **gêné!** Il est même très à l'aise!

bientôt connaître la France à fond, cher ami!

Robert: Mais je l'espère bien!

Hubert: Et quelles sont vos impressions?

Robert: Excellentes, jusqu'à présent. Mais je ne connais pas encore grand-chose! Mireille vient de me faire découvrir *L'Amour l'après-midi.*

Hubert: Ah, bon?

Robert: Vous connaissez? Vous aimez? . . . Ce n'est pas mal. Je dois dire que, dans l'ensemble, la France me plaît assez. Je ne fais que de très légères réserves. Par exemple, je suis tout à fait contre le pourboire aux ouvreuses dans les cinémas.

Hubert: Oh, là, je suis on ne peut plus d'accord avec vous, cher Monsieur. Le pourboire, c'est la honte de notre pays!

Mireille: Oh, tu sais, c'est partout pareil. . . .

7

Jean-Pierre: Il a raison. Ces ouvreuses ne servent qu'à déranger les gens. Elles ont toujours le chic pour vous aveugler avec leur torche au moment le plus . . . le plus pathétique. . . .

Robert: Il faut bien que ces pauvres femmes gagnent leur vie! Ce n'est pas si grave que ça. . . .

Hubert: Pas si grave que ça? Mais il s'agit de la dignité humaine! Le pourboire dégrade l'homme . . . et la femme. Il crée une mentalité d'esclave. . . .

Robert: Seriez-vous contre l'esclavage? Je ne l'aurais pas cru! . . . Et que pensez-vous de la publicité dans les salles de cinéma?

Hubert: C'est une honte! Un scandale! On profite de la passivité du public! C'est un vol, un viol, pire: c'est un abus de confiance. La publicité ne sert qu'à créer des besoins artificiels, et c'est le triomphe du mensonge, la dégradation de l'esprit humain!

Mireille: Mais allons, Hubert! Toujours les grands mots! Tu exagères! Il y a d'excellentes publicités! D'ailleurs, personne ne s'en plaint que toi!

Hubert: Eh bien, ça prouve à quel point le public est abruti!

8

A ce moment-là, un couple d'amoureux se dirige vers la table que Jean-Pierre a laissée libre, et va s'y installer quand un homme tout en noir arrive, les bouscule, et s'y asseoit à leur place. Il

6. (se) quitter

* Ils ne **se quittent** plus! Ils sont toujours ensemble.
* Je **vous quitte**! Je vous laisse! Je m'en vais!

6. réserves

* Je suis tout à fait d'accord avec vous. Je vous approuve sans **réserves**.
* Je ne suis pas entièrement d'accord avec vous. Je fais quelques **réserves**.

7. avoir le chic pour . . .

* Marie-Laure: Mireille! Aide-moi!

. . .

Mireille: Ah! Tu **as le chic pour** m'embêter, toi! Tu ne vois pas que je suis occupée?

7. aveugler, torche

Les ouvreuses s'arrangent toujours pour vous **aveugler** avec leur **torche**.

* Si vous regardez le soleil en face, ça vous **aveugle**. Vous n'y voyez plus rien.

7. gagner sa vie

Il faut travailler pour **gagner sa vie**.

7. esclave, esclavage

Des **esclaves** au travail.

* L'**esclavage** a été aboli dans toutes les possessions françaises en 1848.

7. vol, voler, voleur

* Boris Vian a eu l'idée géniale de **voler** le camion des pompiers (voir leçon 17). Il a commis un **vol**. Ali Baba a eu l'idée géniale de cacher quarante **voleurs** dans des jarres d'huile.

7. viol

* Lucrèce a été **violée** par un fils de Tarquin (509 avant J.-C.). C'est un **viol**. Il a eu des relations sexuelles avec elle contre sa volonté.

7. abus de confiance

* C'est un **abus de confiance**: on abuse de la crédulité des gens.

7. se plaindre

Nurse **se plaignant** d'une autre nurse à un agent de police.

* Personne ne **se plaint**; tout le monde est content.
Ils ne sont jamais contents! Ils se **plaignent** toujours!
Il ne faut pas **se plaindre**! Il y a des gens plus malheureux!

7. abruti

* Le public est **abruti**, stupide.

8. bousculer

Monsieur **bousculant** un couple d'amoureux.

* A six heures dans le métro, il y a beaucoup de monde. On est **bousculé**. Les gens se **bousculent** pour monter. Ils vous marchent sur les pieds, ils vous poussent.

tire un numéro d'*A Suivre* de sa poche, et fait semblant de se plonger

dans la lecture de ce magazine. En fait, il écoute la conversation des jeunes gens avec une attention soutenue. Qui est-ce? Qui est ce mystérieux personnage? Le saurons-nous jamais? Peut-être pas. . . . La vie est pleine de ces mystères. Il n'y a que dans la fiction que les énigmes se résolvent. Mystère . . . et boule de gomme, comme dirait Marie-Laure!

8. *tirer*

Le cheval **tire** la voiture.

* Il **tire** un magazine de sa poche; il sort un magazine de sa poche.

8. *soutenir l'attention*

Monsieur écoutant avec une **attention soutenue**.
Il est difficile de **soutenir l'attention** très longtemps. Après un moment l'attention faiblit, elle baisse, elle diminue.

Mise en œuvre

Ecoutez la mise en œuvre du texte et répondez aux questions suivantes.

1. Où sont Robert et Mireille?
2. Où Robert aimerait-il aller?
3. Qu'est-ce qu'il veut que Mireille lui dise?
4. Qu'est-ce qu'il a acheté?
5. Combien de théâtres y a-t-il à Paris?
6. Comment sont beaucoup de ces théâtres?
7. Qu'est-ce que c'est qu'une salle subventionnée?
8. Qu'est-ce qu'on joue souvent à la Comédie-Française?
9. Comment sont les spectacles de la Comédie-Française?
10. Pourquoi Mireille ne conseille-t-elle pas le théâtre de boulevard à Robert?
11. Qu'est-ce que Robert devrait aller voir, s'il ne veut pas beaucoup penser?
12. Qui arrive au café?
13. Où Jean-Pierre avait-il rencontré Mireille?
14. Qu'est-ce que Mireille portait ce jour-là?
15. Que dit Mireille de cette coïncidence?
16. Quelles sont les impressions de Robert sur la France?
17. Qu'est-ce que Robert connaît de la France?
18. D'après Hubert, qu'est-ce que le pourboire?
19. D'après Mireille, est-ce qu'il n'y a qu'en France qu'on donne des pourboires?
20. Que font les ouvreuses, d'après Jean-Pierre?
21. Avec quoi est-ce qu'elles aveuglent le public?
22. Que fait l'institution du pourboire, d'après Hubert?
23. Qu'est-ce qu'Hubert pense de la publicité au cinéma?
24. A quoi sert la publicité, d'après lui?
25. Qui vient s'installer à la table voisine?
26. Comment est-il habillé?
27. Qu'a-t-il dans sa poche?
28. Qu'est-ce qu'il fait semblant de faire?
29. En fait, que fait-il?

Mise en question

1. D'après ce que dit Mireille, quels sont les mérites de la Comédie-Française? Quelle est la seule réserve qu'on puisse faire?

2. Etudiez de près ce que Mireille dit au sujet du théâtre de boulevard. D'après ce qu'elle dit, pensez-vous qu'elle a déjà vu de ces pièces? Pourquoi ne recommande-t-elle pas ce théâtre à Robert? Est-ce qu'elle sait de façon certaine que ces pièces ne font pas beaucoup penser ou est-ce qu'elle le suppose seulement?

3. De même, pour les Folies-Bergère et le Lido, est-ce que vous pensez que Mireille y est déjà allée ou qu'elle en parle d'après ce qu'elle en a entendu dire? Est-ce qu'elle sait de façon certaine que ça ne vaut pas la peine d'y aller ou est-ce qu'elle le suppose seulement?

4. Pourquoi pensez-vous qu'Hubert est surpris de voir Mireille au Fouquet's? Parce qu'elle n'a pas l'habitude d'y aller, parce que c'est loin de chez elle, parce que c'est un café trop chic et trop cher pour elle, parce qu'elle est une étudiante sérieuse qui ne passe pas son temps dans les cafés?

5. En quoi Hubert montre-t-il un grand sans-gêne (du moins dans l'opinion de Robert)? Qu'est-ce que vous auriez fait, vous, à la place d'Hubert?

6. Comment le jeune homme qui s'installe à la table à côté engage-t-il la conversation avec Mireille? Est-ce que c'est un exemple du truc "Comment? C'est vous!"? Est-ce que, cette fois-ci, il n'a pas déjà vraiment rencontré Mireille? Mais est-ce qu'on peut dire qu'ils ont "bavardé ensemble" lors de cette rencontre? Qu'est-ce que Jean-Pierre dit de la jupe de Mireille? Qu'est-ce qu'il en avait dit quand il a essayé de draguer Mireille au Luxembourg? (Voyez leçon 11.) Mais qu'est-ce qu'il en a dit quand il a aperçu Mireille dans la cour de la Sorbonne? (Voyez leçon 13.)

7. Est-ce que Mireille est sérieuse quand elle a l'air de dire que, si elle portait une jupe rouge, c'était un grand hasard? Est-ce qu'elle porte souvent cette jupe rouge ou est-ce qu'elle ne la porte que rarement?

8. Sur quel ton Hubert dit-il à Robert qu'il ne quitte plus Mireille? C'est un ton ironique? Il est jaloux? Il se moque de Robert? Combien de fois a-t-il vu Robert avec Mireille?

9. Est-ce que vous pensez qu'Hubert se laisse tromper par l'ambiguïté de la phrase de Robert sur *L'Amour l'après-midi,* ou qu'il a bien compris qu'il ne s'agit que du film de Rohmer et qu'il fait seulement semblant d'avoir compris autre chose?

10. Dans la discussion sur les pourboires, qui est-ce qui se montre le plus chauvin, Mireille ou Hubert? Qui est-ce qui critique la France et qui est-ce qui la défend?

11. Quel sarcasme cinglant Robert adresse-t-il à Hubert à propos de l'esclavage? Qu'est-ce que Robert fait semblant de croire au sujet d'Hubert?

12. Dans quoi est-ce que les énigmes finissent toujours par être résolues, dans les romans policiers ou dans la vie?

Documents

Consultez le *Pariscope* ou *L'Officiel des Spectacles*

COMEDIE FRANÇAISE, place du Th.-Français, Mº Palais Royal. Loc. : 11h à 18h (du 15e au 6e j. avant la date) 40 15 00 15. Rens. : 40 15 00 15, 24h sur 24. (H).

Mer. 25 déc., ven. 3 janv., dim. 5, ven. 10, lun. 13, mer. 15, sam. 18, dim. 19 et mer. 22 janv. à 20h30 ; ven. 27 déc. et mar. 31 déc., mer. 1er janv. et dim. 26 janv. (dernière) à 14h :

*De Molière, mise en scène de Dario Fo avec C. HIEGEL, G. GIROUDON, M. BOZONNET, L. BRABANT, C. BLANC, I. GARDIEN, P. TORRETON, I. TYCZKA, C. SAMIE, D. ROZAN :

**LE MEDECIN MALGRE LUI-
LE MEDECIN VOLANT**

HUCHETTE, 23, rue de la Huchette (place Saint-Michel), 43 26 38 99 (H), Mº Saint-Michel. Pl. : 100 F. Étud. : 70 F (sauf sam.). Tarif dégressif pour plusieurs spectacles. Loc. 17h à 21h30 sf dim. Le 31 déc. : 120 F. RELACHE du 5 au 12 janv. :

Soir 19h30 (sauf dim.), relâche les 24 et 25 déc. Exceptionnellement, dim. 29 déc. à 19h30 :

*Une pièce de Eugène Ionesco, mise en scène de N. Bataille, avec LES COMEDIENS DU TH. DE LA HUCHETTE :

LA CANTATRICE CHAUVE

Une autopsie de la société contemporaine par le truchement de propos ridicules par leur banalité que tiennent deux couples au coin du feu.

Soir 20h30 (sauf dim.). Relâche les 24 et 25 déc. ; exceptionnellement dim. 29 à 20h30 :

*Une pièce de Eugène Ionesco, mise en scène de M. Cuvelier, par LES COMEDIENS DU TH. DE LA HUCHETTE :

MICHEL, 38, rue des Mathurins, 42 65 35 02, Mº Havre-Caumartin. Pl. de 60 à 220 F. Loc. de 11h à 20h. Le 31 déc. : pl. de 80 à 300 F.

Du mar. au ven. à 21h15, sam. à 17h30 et 21h15, mat. dim. à 15h30. Attention : mar. 24 déc. à 21h15 ; mer. 25 déc. à 15h30 et 21h15, dim. 29 déc. à 15h30 et 21h15 ; lun. 30 : relâche ; mar. 31 déc. à 21h15, mer. 1er janv. à 15h30 :

*De Marc Camoletti, mise en scène de l'auteur avec H. GUYBET, F. LAPERSONNE, J. DEGENNE, M. PHILIPPOT, C. REVERHO, P. GUILLEMIN, B. ROY, F. CAPILLERY, N. VASSEL, M. BALADI :

DARLING CHERIE

Etre aimée de plusieurs hommes à la fois et vouloir rendre chacun aussi heureux que si il était seul. Drôle de journée !

Salles subventionnées

La Comédie-Française

L'Opéra-Comique

L'Opéra Garnier

L'Opéra de la Bastille

3

Insistance

Vous croyez que je plaisante? Je suis on ne peut plus tout à fait sérieux.

—*Jean Tardieu*

4

Mais vous ne vous quittez plus!

C'est un mec qui voit son pote arriver avec un pingouin et il lui dit:
—Qu'est-ce que tu fais avec ça?
—Ben . . . j'ai trouvé ça dans la rue, je ne sais pas quoi en faire!
—Ecoute! Emmène-le au zoo!
—Oui, c'est pas bête, je vais l'emmener au zoo!
Ils se quittent et le lendemain, l'autre revoit son pote, avec le même pingouin. Il s'étonne:
—Ben quoi? Tu l'as pas amené au zoo?
—Si! Il a beaucoup aimé, et maintenant je l'emmène au cinéma!

—*Coluche*

5

La Cantatrice chauve, scène IV (extraits)

Mme et M. Martin sont assis, l'un en face de l'autre, dans le salon des Smith, à Londres.

M. Martin: Depuis que je suis arrivé à Londres, j'habite rue Bromfield, chère Madame.

Mme Martin: Comme c'est curieux, comme c'est bizarre! Moi aussi, depuis mon arrivée à Londres, j'habite rue Bromfield, cher Monsieur.

M. Martin: Comme c'est curieux! Mais alors, mais alors, nous nous sommes peut-être rencontrés rue Bromfield, chère Madame.

Mme Martin: Comme c'est curieux, comme c'est bizarre! C'est bien possible, après tout! Mais je ne m'en souviens pas, cher Monsieur.

M. Martin: Je demeure au numéro 19, chère Madame.

Mme Martin: Comme c'est curieux, moi aussi j'habite au numéro 19, cher Monsieur.

M. Martin: Mais alors, mais alors, mais alors, mais alors, mais alors, nous nous sommes peut-être vus dans cette maison, chère Madame!

Mme Martin: C'est bien possible, mais je ne m'en souviens pas, cher Monsieur.

M. Martin: Mon appartement est au cinquième étage, c'est le numéro 8, chère Madame.

Mme Martin: Comme c'est curieux, mon Dieu, comme c'est bizarre! Et quelle coïncidence! Moi aussi j'habite au cinquième étage, dans l'appartement numéro 8, cher Monsieur! . . .

M. Martin: Comme c'est bizarre, curieux, étrange! . . . C'est peut-être là que nous nous sommes rencontrés!

Mme Martin: Comme c'est curieux et quelle coïncidence! C'est bien possible que nous nous y soyons rencontrés, et peut-être même la nuit dernière. Mais je ne m'en souviens pas, cher Monsieur.

M. Martin: J'ai une petite fille, ma petite fille, elle habite avec moi, chère Madame. Elle a deux ans, elle est blonde, elle a un œil blanc et un œil rouge, elle est très jolie, elle s'appelle Alice, chère Madame.

Mme Martin: Quelle bizarre coïncidence! Moi aussi j'ai une petite fille, elle a deux ans, un œil blanc et un œil rouge, elle est très jolie et s'appelle aussi Alice, cher Monsieur!

M. Martin (*même voix traînante et monotone*): Comme c'est curieux et quelle coïncidence! Et bizarre! C'est peut-être la même, chère Madame!

Mme Martin: Comme c'est curieux! C'est bien possible, cher Monsieur!

—*Eugène Ionesco*

Eugène Ionesco est né en Roumanie en 1912 d'un père roumain et d'une mère française. Il a passé la plus grande partie de sa vie en France. Il est membre de l'Académie française.

Texte

1

La terrasse du Fouquet's. On entend des fragments de conversation un peu snobs: "Vous avez vu le dernier film de Godard? C'est absolument génial." . . . "Vous trouvez?" . . . Quatre

jeunes gens sont assis à une table. A la table à côté, un homme tout en noir les regarde avec attention.

Jean-Pierre (*à voix basse*): Eh, vous avez vu les yeux du type, à côté?

Mireille: Eh bien, quoi? Qu'est-ce qu'ils ont, ses yeux? Il a un œil qui dit zut à l'autre, comme mon oncle Victor?

Jean-Pierre: Non, non, ce sont les deux! Ce sont ses deux yeux qui disent zut à je ne sais pas qui. . . .

Robert: Comment ça?

Jean-Pierre: En morse!

Hubert: Qu'est-ce que c'est que cette histoire?

Jean-Pierre: Si, si, regardez: il cligne d'un œil, c'est un point; il cligne des deux yeux, c'est un trait. Trait,

trait, point, point: *Z.* Point, point, trait: *U.* Un point: *T.* Je croyais qu'il faisait de l'œil à Mireille. . . . Non, non, non! Pas du toùt! C'est un message!

Hubert: Sûrement! Ça doit être un dangereux espion!

Mireille: Attention, il nous écoute. Reprenons la conversation comme si de rien n'était.

2

Robert: . . . Quel est l'avenir du théâtre?

Jean-Pierre: Nul! L'avenir est au cinéma et à la télévision.

Hubert: C'est faux! Rien ne pourra jamais remplacer la présence de l'acteur en chair et en os.

---

1. *un œil qui dit zut à l'autre*

L'oncle de Mireille, Victor, a un léger strabisme. Il louche. Il a **un œil qui dit zut à l'autre.**

---

1. *faire de l'œil*

Un homme qui **fait de l'œil** à une jeune femme. (C'est une technique plutôt élémentaire pour attirer l'attention de la jeune femme et engager la conversation.)

1. *espion*

TAISEZ-VOUS, MEFIEZ-VOUS, DES OREILLES ENNEMIES VOUS ECOUTENT!

Un **espion.**

2. *en chair et en os*

Un squelette. Une personne vivante est en **chair et en os**, mais dans un squelette il n'y a que des **os** sans **chair.**

Mireille: Hubert a raison. Le cinéma, c'est de la conserve. C'est mécanique. Tandis qu'au théâtre, l'acteur reste en contact avec le public. Au théâtre, un bon acteur modifie constamment son jeu d'après la réaction du public.

3

Jean-Pierre: Oui, mais au théâtre, le spectacle est éphémère, tandis qu'au cinéma, c'est fixé pour toujours. Avec les cinémathèques, à Chaillot, à Beaubourg, ou avec la vidéo, vous pouvez voir presque tous les bons films qui ont été tournés depuis que le cinéma existe. *Le Misanthrope,* mis en scène et joué par Molière, c'était sûrement génial, oui, mais personne ne pourra plus jamais le voir!

4

Robert: Et puis, le cinéma dispose de moyens tellement plus considérables que le théâtre! Au cinéma, on peut mettre deux mille figurants dans une plaine de Russie, avec des canons, des charges de cavalerie, et une armée perdue dans la neige. . . .

Mireille: L'armée perdue dans la neige, moi, j'ai vu ça au théâtre, dans *Ubu Roi,* sur une toute petite scène. Il y avait tout simplement un bonhomme avec une pancarte qui disait: "L'armée polonaise en marche dans l'Ukraine."

3. cinémathèque

CINEMATHEQUE

Cinémathèque française
Musée du cinéma Palais de Chaillot : angle des avenues A.-de-Mun et du Pdt-Wilson ; Palais de Tokyo : 13, avenue du Pdt-Wilson, 75116 Paris. M° Trocadéro. 47.04.24.24. Relâche Lundi. Pl. : 25 F. Tarif réduit : 15 F. Tarifs abonnements.

Mercredi 30 juin

PALAIS DE CHAILLOT. L'ESPIONNAGE, UN GENRE IMPUR. 20h : *L'affaire Cicéron. Five Fingers* 1952 1h48 de Joseph Leo Mankiewicz (USA). En présence de Pascale Mérigeau, auteur du livre « Mankiewicz » aux éditions Denoël.

3. tourner

Silence! On **tourne!**

4. figurant

* Les acteurs principaux, les vedettes, reçoivent des millions, et ont leur nom en grosses lettres dans le générique. Les **figurants** sont peu payés et ils ne figurent pas au générique.

4. pancarte

Un bonhomme avec une **pancarte** sur une toute petite scène.

5

Robert: Oui, mais au cinéma, il est plus facile de jouer avec le temps et l'espace. Tous les trucages sont possibles: on peut transformer un monstre en prince charmant, faire sauter la Tour Eiffel, incendier la tour Montparnasse. . . .

Jean-Pierre: Et puis, au cinéma, il y a la possibilité de doublage dans toutes les langues.

Mireille: Ah, eh bien, ça, je m'en passerais! Quelle horreur! Je déteste les films doublés. Il n'y a rien de plus faux!

Robert: Moi aussi, je préfère les V.O.[1] . . . avec des sous-titres pour les films japonais.

Mireille: Parce que son japonais est un peu rouillé!

6

Jean-Pierre: Moi, il n'y a que le cinéma, le music-hall, et le cirque qui m'intéressent.

Hubert: Le cirque? "Panem et circenses!"[2] Vous avez des goûts bien vulgaires. Parlez-moi plutôt du ballet, de la danse moderne ou classique. Mais le music-hall, c'est pour les voyeurs qui prennent leur pied à regarder des femmes nues en train de lever la jambe, c'est tout!

Jean-Pierre: Mais non, pas du tout! Le music-hall, c'est le conservatoire de la culture contemporaine. Je ne

parle pas des spectacles de music-hall comme ceux des Folies-Bergère ou du Concert Mayol, non! Je veux dire les grands récitals de Montand ou, autrefois, Brel, Brassens, à Bobino ou à l'Olympia. Et aussi les spectacles de cabaret et de café-théâtre avec Raymond Devos, Villeret, Coluche, Zouc. . . .

7

Mireille (*à voix basse*): Eh, le type nous écoute toujours?

Jean-Pierre: Ça alors, c'est bizarre!

Mireille: Quoi, qu'est-ce qu'il y a?

Jean-Pierre: Il n'est plus là. Mais

à sa place, il y a une bonne sœur, tout en noir, qui lit *La Croix*. On dirait qu'elle fait du morse avec sa cornette!

1. Version originale.

2. Ne cherchez pas; c'est du latin pour "du pain et des jeux." (Note de Marie-Laure)

5. *trucage*

Dans les films, les acteurs ne sont pas mangés par les crocodiles. On utilise des **trucages**.

5. *faire sauter*

Terroriste **faisant sauter** la Tour Eiffel.

* Pour **faire sauter** la Tour Eiffel, il faudrait beaucoup de dynamite . . . ou alors un bon trucage.

5. *incendie*

Incendie (truqué) de la Tour Eiffel.

5. *doublage, V.O., sous-titre*

* Dans un film américain en **V.O.** (version originale), les personnages parlent en général anglais. Quand le film passe en France, ou bien il est en **V.O.** avec des **sous-titres** français, ou bien il est **doublé** en français (les personnages parlent français).

6. cirque

Une affiche du **cirque** Pinder.

6. prendre son pied

Il **prend son pied**! Il adore ça, il se régale!

6. nu

Les reines de France sont représentées habillées.

Les dieux et demi-dieux greco-romains sont souvent représentés **nus**.

6. Bobino, Zouc

🎧 Mise en œuvre

Ecoutez la mise en œuvre du texte et répondez aux questions suivantes.

1. Que font les quatre jeunes gens?
2. Qui les regarde, à la table à côté?
3. Qu'est-ce que les yeux de l'oncle Victor ont de particulier?
4. Qu'est-ce que le type fait pour produire un point en morse?
5. Et pour produire un trait?
6. Qu'est-ce que Jean-Pierre a d'abord cru quand il a vu l'homme en noir cligner des yeux?
7. D'après Hubert, qu'est-ce que cet homme en noir doit être?
8. D'après Jean-Pierre, où est l'avenir?
9. D'après Hubert, qu'est-ce qui donne au théâtre un avantage sur le cinéma?
10. D'après Jean-Pierre, pourquoi est-ce qu'un film n'est pas un spectacle éphémère?
11. Qu'est-ce qu'on peut voir à la cinémathèque ou avec la vidéo?
12. Dans quelle pièce Mireille a-t-elle vu une armée perdue dans la neige?
13. Comment l'armée était-elle représentée?
14. Avec quoi peut-on jouer au cinéma, d'après Robert?
15. Qu'est-ce qu'on utilise, au cinéma, pour faire sauter la Tour Eiffel, par exemple?
16. Quels films Mireille déteste-t-elle?
17. Qu'est-ce qu'il faut pour comprendre un film japonais en version originale?
18. Quel genre de spectacle Jean-Pierre préfère-t-il?
19. Qu'est-ce qu'Hubert pense des goûts de Jean-Pierre?
20. D'après Jean-Pierre, qu'est-ce que le music-hall?
21. Qui pouvait-on entendre autrefois à Bobino et à l'Olympia?
22. Qui est maintenant assis à la place du type en noir?
23. Qu'est-ce qu'elle fait?
24. Que fait-elle avec sa cornette?

Mise en question

1. Pourquoi les quatre jeunes gens ont-ils interrompu leur conversation sur la publicité dans les salles de cinéma? Qu'est-ce qu'ils ont remarqué? Pourquoi ont-ils repris ostensiblement leur conversation? Quel nouveau sujet de conversation Robert a-t-il lancé?

2. Qu'est-ce que c'est qu'une cinémathèque? Qu'est-ce qu'on trouve dans un musée, dans une bibliothèque, dans une cinémathèque? Où y a-t-il une cinémathèque à Paris? Qu'est-ce que c'est que Beaubourg? (Voyez leçon 23.)

3. Qui est Molière? Un romancier, un acteur, un musicien, un metteur en scène, un auteur dramatique? Quand vivait-il, au XVIème siècle, au XVIIème, au XVIIIème, au XIXème, au Moyen Age?

4. Est-ce que vous pouvez penser à un film dans lequel il y a des milliers de figurants? Est-ce que vous pouvez citer un film où on voit une armée dans la neige? Est-ce que vous pouvez penser à des films dans lesquels il y a des charges de cavalerie?

5. Quelles sont les deux constructions les plus hautes au centre de Paris? Qu'est-ce que la tour Montparnasse? Où est-elle? Quelle est sa hauteur? (Voyez leçon 32.)

6. Pourquoi Mireille déteste-t-elle les films doublés?

7. Pourquoi Robert parle-t-il des sous-titres pour les films japonais? (Voyez leçon 36.)

8. Quels sont les goûts, réels ou affichés, d'Hubert? Qu'est-ce qu'il aime? Qu'est-ce qu'il n'aime pas?

9. Qui est-ce qui voulait "du pain et les jeux du cirque"? Les patriciens romains, le peuple romain, les empereurs romains, les premiers chrétiens? Est-ce que les jeux du cirque à Rome étaient très raffinés, artistiques, intellectuels, ou plutôt violents, brutaux, grossiers?

10. Si les music-halls sont les conservatoires de la culture populaire, quels pourraient être les conservatoires de la culture à un niveau plus élevé?

11. Qu'est-ce que c'est que *La Croix?* C'est un journal communiste, catholique, musulman, protestant? Satirique, économique, scientifique, religieux?

12. Quel genre de spectacle préférez-vous? Le cinéma, le théâtre, le cirque, le music-hall, la classe de français? Pourquoi? Est-ce que vous allez souvent au cinéma, au théâtre, au music-hall, au cirque, au cours de français? Combien de fois par an y allez-vous, en moyenne?

Documents

Loisirs

Chaque jour en France:

▶ Chaque Français[1] consacre 3h 19 à la télévision, dont 49 minutes aux séries-feuilletons, 24 minutes au journal télévisé, 20 minutes aux documentaires, 17 minutes aux films, 16 minutes aux jeux, 16 minutes aux variétés, 12 minutes à la publicité, 8 minutes au sport.

▶ Chaque Français consacre 1h 59 à la radio.

▶ Les chaînes de télévision diffusent 110 heures de programmes, 685 messages de publicité, 3,8 films.

▶ 330 000 Français vont au cinéma. 110 000 vont voir un film français, 200 000 un film américain.

▶ 9 300 personnes visitent le musée du Louvre, 6 900 le palais de Versailles, 5 500 le musée d'Orsay.

▶ 2 300 personnes visitent l'abbaye du Mont-Saint-Michel, 2 100 l'Arc de Triomphe de l'Etoile, 2 000 le château de Chambord, 1 900 la Sainte-Chapelle.

▶ 15 millions de Français prient.

—Francoscopie 93

1. Il s'agit, évidemment, de moyennes, calculées sur la population âgée de 15 ans et plus.

Les jeux télévisés remplacent les jeux du cirque

De la télé et des jeux

Comme les Romains de Juvénal, les Français s'intéressent au pain et aux jeux du cirque. Mais le cirque aujourd'hui est médiatique et son lieu d'élection est la télévision. On comptait avant la disparition de *La Cinq* 18 jeux sur les six chaînes, qui totalisaient environ 40 heures d'antenne hebdomadaires, soit 10% du temps de programmation. Contrairement aux jeux plus anciens, la plupart ont un niveau culturel peu élevé, le principe étant que le téléspectateur trouve avant le candidat. L'appât du gain, la perspective de "passer à la télévision" et d'être célèbre quelques minutes dans sa vie sont quelques-unes des explications probables du succès de *La Roue de la fortune*, *Le Juste Prix*, *Une Famille en or*, ou *Le Millionnaire*.

—Francoscopie 93

Télévision et cinéma

La télévision
Est un cinéma
Où on peut aller
En restant chez soi.

—*Tiré de* Tirez sur le pianiste,
  film de François Truffaut

Opéra et télé

Vous irez plus souvent à l'Opéra à la télévision qu'à l'Opéra.

Avec France Télévision, l'association des deux chaînes publiques, France 2 et France 3, vous êtes sûr d'être au cœur de la culture d'hier et d'aujourd'hui. Cette année notamment, France Télévision a diffusé La Tosca. Résultat : 1.849.000 "entrées" en un week-end. Quand on sait que l'Opéra de la Bastille, l'un des plus grands du monde, peut accueillir 1.460.000 spectateurs en une saison, force est de constater que la télévision multiplie le nombre des amoureux de l'opéra. Voilà pour les chiffres. Reste l'émotion partagée dont aucun chiffre ne peut rendre compte.

2
3

France Télévision

C'est fou ce que je vous aime!

Mesdames et Messieurs, je n'ai jamais osé vous le dire, par pudeur, mais c'est fou ce que je vous aime! Je n'ai vécu que pour vous! Et je suis prêt à mourir pour vous, là, tout de suite, SUR SCENE! . . . si vous le souhaitez. . . .

—*Raymond Devos*

6

Vous n'auriez pas un petit autographe?

Bonjour, Monsieur! Dites donc, s'il vous plaît, vous n'auriez pas un petit autographe, s'il vous plaît? Enfin, c'est pas pour moi, c'est pour une amie, enfin disons c'est pour elle sans être pour elle. . . . C'est pour son gamin. Alors, vous marquez n'importe quoi. . . . Vous savez comment sont les gamins, il ne lira même pas! . . . Ah, non, je n'ai pas de papier. Ben, écoutez, vous n'avez qu'à le marquer là, et puis je le recopierai! Allez, au revoir!

—*Jacques Villeret*

7

Les Gens

(*Il revient, souriant, prêt à parler, mais manifestement dérangé par quelqu'un qui attire son attention, en coulisse. Il s'approche et s'adresse d'abord à son partenaire invisible.*)

. . . Quoi? Qu'est-ce qu'il y a encore? Ecoutez, mon vieux. . . . (*Au public*) C'est le pompier de service. Il est fou de moi. Il veut un autographe. . . . Il me fait signe, comme ça, en me montrant ma photo dans le programme. C'est très perturbant. (*Au pompier*) C'est fini, oui? Voulez-vous ranger ça dans votre casque ou je vous dénonce à votre capitaine. . . . Tout à l'heure. Allez coucher! (*De nouveau au public*) Les gens deviennent hystériques avec les autographes. 'Y a huit jours, même topo. Une bonne femme qui me demande un autographe, comme ça. Mais elle, elle me dit:

—C'est pas pour moi. Moi, ça m'intéresse pas toutes ces bêtises. Non, c'est pour mon mari. Il aime bien vous regarder à la télé. Ça l'endort.

Ah! merci, Madame. (*Il fait mine de signer*) Avec ma sympathie. Bonne nuit.

. . . L'année dernière, j'avais invité un couple à venir me voir, un soir. Des vieux que je connaissais. Des amis de ma famille. Des pied-noirs. . . . 'Y en a des bien. Et alors, bon, je fais le spectacle, deux heures, sans entracte.

Ces deux-là, ils me bassinaient depuis des mois pour venir me voir. . . . Alors, je les invite. Je me défonce pendant toute la soirée. Et vous savez, quand on a des gens, comme ça, dans la salle, on se fait du souci, on se demande toujours: «Est-ce qu'on les a bien placés? Est-ce que ça va leur plaire?»

Bon.

Alors ils s'amènent, après, dans la loge.

Moi, bien sûr, j'attendais les compliments. Et lui, le pied-noir, il me dit:

—Merci, hein. On vous a bien regardé. On vous a pas quitté des yeux, hein. Vot'costume, UN CHEF-D'ŒUVRE!!!

J'ai jamais pu leur tirer autre chose.

—Qui c'est qui vous a coupé ce costume? UN CHEF-D'ŒUVRE! MAGNIFIQUE!!!

On entend des choses bizarres, quand même.

'Y a beaucoup de gens qui bloquent sur les détails physiques, vestimentaires. . . .

Dans une ville du Sud-Ouest, je sais plus où, j'ai été miné toute la soirée par un type qui, à voix haute, comme ça, quoi que je dise, quoi que je fasse, disait:

—Oh! les boots! Oh! les boots!

J'étais au bord de la crise de larmes.

Le fait est que, sur scène, je change de personnage, de voix, d'accent, de regard, je change même d'état d'âme, mais je change pas de godasses. . . . Et le mec, chaque fois que ça se rallumait:

—Oh! les boots! Oh, les boots!

J'ai cru que j'allais le frapper, lui.

—*Guy Bedos*
Petites Drôleries

8

Une Américaine à Paris

J'ai deux amours
Mon pays et Paris . . .

—*Joséphine Baker, artiste de music-hall américaine*

9

Papa a connu mon professeur de danse

La dernière fois que nous sommes allés au cours de danse, papa m'a dit:

—Catherine, c'est drôle. . . . J'ai connu dans le temps ton professeur, Madame Dismaïlova. . . . Elle ne me reconnaît pas car je ne suis plus le jeune homme que j'étais alors. . . . Elle aussi a bien changé. Je n'ai pas toujours travaillé dans le commerce. . . . En ce temps-là, Catherine, j'étais un jeune homme assez bien de sa personne, et, pour gagner un peu d'argent de poche, j'avais voulu faire de la figuration au Casino de Paris. . . . Un soir, on m'a demandé de remplacer l'un des porteurs. . . . Les porteurs, ma petite Catherine, sont ceux qui doivent porter les danseuses de la revue. . . .

Et la danseuse que je devais porter, c'était ta maman. . . . Nous ne nous connaissions pas encore. . . . Je l'ai prise dans mes bras de la façon que l'on m'a indiquée. . . . Je suis entré en scène avec elle en titubant, sans mes lunettes. . . . Et patatras! . . . Je me suis cassé la figure. . . . Nous sommes tombés tous les deux par terre. . . . Ta maman avait une crise de fou rire. . . . Il a fallu baisser le rideau. . . . Elle m'a trouvé très sympathique. . . . C'est au Casino de Paris que j'ai connu aussi ton professeur, Madame Dismaïlova. . . . Elle faisait partie de la revue. . . .

Et papa, comme s'il avait peur que quelqu'un nous suive, rue de Maubeuge, et entende notre conversation, a ralenti le pas et s'est penché vers moi.

—Eh bien, ma petite Catherine, a-t-il dit d'une voix très basse, presque un chuchotement, elle ne s'appelait pas Galina Dismaïlova à cette époque-là, mais tout simplement Odette Marchal. . . . Et elle n'était pas russe mais originaire de Saint-Mandé où ses parents, de très braves gens, tenaient un petit café-restaurant. . . . Elle nous y invitait souvent ta maman et moi, quand nous faisions relâche au Casino de Paris. . . . C'était une bonne

camarade. . . . Elle n'avait pas du tout l'accent russe, mais pas du tout. . . .

Papa s'est assis avec les mères des élèves sur la banquette de moleskine rouge et le cours a commencé.

J'écoutais Madame Dismaïlova, qui s'appelait Odette Marchal, dire avec l'accent russe:

—Fondou. . . . Tendou . . . pas de cheval. . . . Attitoude . . . ouvrrrez seconde. . . . Ferrrmez cinquième. . . .

Et j'aurais bien voulu connaître sa vraie voix.

Le cours de danse s'est achevé vers sept heures du soir. Madame Dismaïlova nous a dit:

—Au rrrevoir . . . et à jeudi prrrochain, les enfants. . . .

Dans l'escalier, j'ai chuchoté:

—Tu aurais dû lui parler et l'appeler par son vrai nom. . . .

Papa a éclaté de rire.

—Tu crois que j'aurais dû lui dire: bonjour, Odette . . . comment vont les amis de Saint-Mandé?

Il est resté un moment silencieux, et puis il a ajouté:

—Mais non. . . . Je ne pouvais pas lui faire ça. . . . Il faut la laisser rêver, elle et ses clients. . . .

—*Patrick Modiano et Jean-Jacques Sempé*
Catherine Certitude

10

J'suis snob

. . . .

J'vais au cinéma
Voir les films suédois
Et j'entre au bistro
Pour boire du whisky à gogo
J'ai pas mal au foie
Personne fait plus ça
J'ai un
Ulcère
C'est moins banal et plus cher.

Refrain 2

J'suis snob
J'suis snob
J'm'appelle Patrick mais on dit Bob
Je prends des places à l'Opéra
Pour chaque soir mais j'y vais pas
Je ne fréquente que des baronnes
Aux noms comme des trombones.
J'suis snob
J'suis snob

. . . .

Couplet 2

On se réunit
Avec les amis
Tous les mercredis
Pour faire des snobisme-parties
Il y a du coca
On déteste ça
Et du camembert
Qu'on mange à la petite cuiller.
Mon appartement
Est vraiment charmant
J'me chauffe au diamant
On n'peut rien rêver d'plus fumant
J'avais la télé
Mais ça m'ennuyait
Et j'l'ai
R'tournée
D'l'aut' côté c'est passionnant.

Refrain 3

J'suis snob
J'suis snob
J'ai une foudroyante garde-robe
J'ai des accidents en Jaguar
Je passe le mois d'août au plumard
C'est dans les p'tits détails comme ça
Que l'on est snob ou pas
J'suis snob
J'suis snob
Et quand je serai mort
J'veux un suaire de chez Dior.

—*Boris Vian*

11

Ubu Roi (extrait)

Suggestions d'Alfred Jarry pour la mise en scène d'*Ubu Roi* (extraits d'une lettre adressée à Lugné-Poë, directeur du Théâtre de l'Œuvre):

Adoption d'un seul décor, ou mieux, d'un fond uni, supprimant les levers et baissers de rideau pendant l'acte unique. Un personnage correctement vêtu viendrait, comme dans les Guignols, accrocher une pancarte signifiant le lieu de la scène. (Notez que je suis certain de la supériorité "suggestive" de la pancarte écrite sur le décor. Un décor, ni une figuration ne rendrait l'armée polonaise en marche dans l'Ukraine.)

Suppression des foules, lesquelles sont souvent mauvaises à la scène et gênent l'intelligence. Ainsi, un seul soldat dans la scène de la revue, un seul dans la bousculade où Ubu dit: "Quel tas de gens, quelle fuite, etc."

Ubu Roi, scène III. *L'armée polonaise en marche dans l'Ukraine.*

Père Ubu: Cornebleu. Jambedieu. Tête de vache! Nous allons périr, car nous mourons de soif et sommes fatigué. Sire Soldat, ayez l'obligeance de porter notre casque à finances, et vous, sire Lancier, chargez-vous du ciseau à merdre et du bâton à physique pour soulager notre personne, car, je le répète, nous sommes fatigué.

Les soldats obéissent.

Pile: Hon! Monsieuye! Il est étonnant que les Russes n'apparaissent point!

Père Ubu: Il est regrettable que l'état de nos finances ne nous permette pas d'avoir une voiture à notre taille; car, par crainte de démolir notre monture, nous avons fait tout le chemin à pied, traînant notre cheval par la bride. Mais quand nous serons de retour en Pologne, nous imaginerons, au moyen de notre science en physique et aidé des lumières de nos conseillers, une voiture à vent pour transporter toute l'armée.

Le général Lascy: Père Ubu, ne voyez-vous pas dans la plaine les Russes?

Père Ubu: C'est vrai, les Russes! Me voilà joli. Si encore il y avait moyen de s'en aller, mais pas du tout, nous sommes sur une hauteur et nous serons en butte à tous les coups.

L'armée: Les Russes! L'ennemi!

Père Ubu: Allons, Messieurs, prenons nos dispositions pour la bataille. Nous allons rester sur la colline et ne commettrons point la sottise de descendre en bas. Je me tiendrai au milieu comme une citadelle vivante et vous autres graviterez autour de moi. J'ai à vous recommander de mettre dans les fusils autant de balles qu'ils en pourront tenir, car 8 balles peuvent tuer 8 Russes et c'est autant que je n'aurai pas sur le dos. Nous mettrons les fantassins à pied au bas de la colline pour recevoir les Russes et les tuer un peu, les cavaliers derrière pour se jeter dans la confusion, et l'artillerie autour du moulin à vent ici présent pour tirer dans le tas. Quant à nous, nous nous tiendrons dans le moulin à vent et tirerons avec le pistolet à phynances par la fenêtre, en travers de la porte nous placerons le bâton à physique, et si quelqu'un essaye d'entrer, gare au croc à merdre!

Officiers: Vos ordres, Sire Ubu, seront exécutés.

Scène IV. *Les mêmes, un capitaine, puis l'armée russe.*

Un capitaine arrivant: Sire Ubu, les Russes attaquent.

Père Ubu: Eh bien, que veux-tu que j'y fasse? Ce n'est pas moi qui le leur ai dit. Cependant, Messieurs des Finances, préparons-nous au combat.

Le général Lascy: Un second boulet!

Père Ubu: Ah, je n'y tiens plus. Ici, il pleut du plomb et du fer, et nous pourrions endommager notre précieuse personne. Descendons.

Tous descendent au pas de course. La bataille vient de s'engager. Ils disparaissent dans des torrents de fumée au pied de la colline.

Un russe (*frappant*): Pour Dieu et pour le Czar!

Rensky: Ah! Je suis mort!

Père Ubu: En avant! Ah, toi, Monsieur, que je t'attrape! . . .

Le général Lascy: Père Ubu, nous avançons partout.

Père Ubu: Je le vois bien, je n'en peux plus, je suis criblé de coups de pied, je voudrais m'asseoir par terre. Oh, ma bouteille.

Le général Lascy: Allez prendre celle du Czar, Père Ubu.

Père Ubu: Eh! J'y vais de ce pas. Allons, sabre à merdre, fais ton office, et toi, croc à finances, ne reste pas en arrière. Que le bâton à physique travaille d'une généreuse émulation et partage avec le petit bout de bois l'honneur de massacrer, creuser et exploiter l'Empereur moscovite. En avant, Monsieur notre cheval à finances!

Il se rue sur le Czar.

Un officier russe: En garde, Majesté!

Père Ubu: Tiens, toi! Oh! Aïe! Ah! mais tout de même. Ah, Monsieur, pardon, laissez-moi tranquille! Oh, mais, je ne l'ai pas fait exprès!

Il se sauve, le Czar le poursuit.

Père Ubu: Sainte Vierge, cet enragé me poursuit! Qu'ai-je fait, grand Dieu! Ah! bon, il y a encore le fossé à repasser. Ah, je le sens derrière moi et le fossé devant! Courage, fermons les yeux.

Il saute le fossé. Le Czar y tombe.

Le Czar: Bon, je suis dedans!

Polonais: Hurrah! Le Czar est à bas!

Père Ubu: Ah! j'ose à peine me retourner! Il est dedans. Ah! C'est bien fait et on tape dessus. Allons, Polonais, allez-y à tour de bras, il a bon dos, le misérable! Moi, je n'ose pas le regarder! . . .

Les dragons russes font une charge et délivrent le Czar.

Le général Lascy: Cette fois, c'est la débandade!

Père Ubu: Ah! voici l'occasion de se tirer des pieds. Or donc, Messieurs les Polonais, en avant! Ou plutôt, en arrière!

Polonais: Sauve qui peut!

Père Ubu: Allons! En route. Quel tas de gens, quelle fuite, quelle multitude, comment me tirer de ce gâchis? (*Il est bousculé.*) Ah! mais toi! fais attention, ou tu vas expérimenter la bouillante valeur du Maître des Phynances. Ah! il est parti, sauvons-nous et vivement pendant que Lascy ne nous voit pas.

Il sort, ensuite on voit passer le Czar et l'armée russe poursuivant les Polonais.

—*Alfred Jarry*

Alfred Jarry (1873–1907) a imaginé le personnage d'Ubu avec ses camarades quand il était au lycée de Laval (en Bretagne) vers 1888. Le Père Ubu est la caricature de leurs professeurs.

Leçon **41** Question de chance I

Texte

1

A la terrasse du Fouquet's; Mireille, Hubert, Robert, Jean-Pierre.

Jean-Pierre: Garçon! . . . Garçon, l'addition!

Le garçon regarde ailleurs. Cinq minutes après, Hubert fait signe au garçon.

Hubert: Alors, elle vient, cette addition?

Aucun effet. Au bout de dix minutes, Mireille appelle le garçon.

Mireille: Vous nous apportez l'addition, s'il vous plaît?

Le garçon: Tout de suite, Mademoiselle. . . .

Et il se dirige vers une autre table. Dix minutes après, Robert tente sa chance.

Robert: Est-ce que nous pourrions avoir l'addition, s'il vous plaît?

Le garçon: Mais oui, Monsieur. Voilà, Monsieur. Ça fait 135F.

2

Robert tend un billet de 200F au garçon. Hubert, Jean-Pierre, et Mireille se détournent pudiquement. Le garçon pose son plateau plein de verres sur la table pour rendre la monnaie à Robert.

Le garçon: Alors, 135 et 5, 40, et 10. . . . Voilà. Oh! . . .

En rendant la monnaie, il laisse tomber une pièce. Tout le monde se précipite pour la ramasser. Le plateau

1. faire signe

Mireille **fait signe** au garçon.

1. tenter sa chance

* Je vais **tenter ma chance**; je vais essayer.
* "**Tentez votre chance**! Jouez au Loto!"
* Robert **tente sa chance** . . . mais il n'a pas de chance: c'est lui qui est obligé de payer l'addition! Ce n'est pas de chance!

2. tendre

* Quand un Français rencontre quelqu'un qu'il connaît, il lui **tend** la main.
* Quand on veut écouter attentivement, on **tend** l'oreille.
* "Si on te frappe la joue droite, **tends** la gauche." (Jésus-Christ)
* Mme Courtois est **tendue** (c'est de la **tension** nerveuse). Elle devrait se **détendre** un peu . . . se reposer, partir en vacances. . . .

2. se détourner

Pendant que Robert se livre à de vulgaires transactions financières, les autres **se détournent**, ils regardent ailleurs (par délicatesse).

2. se précipiter

A six heures du soir à Paris, tout le monde **se précipite** dans le métro.

2. par terre

Ils sont assis **par terre**.

tombe par terre: les verres se cassent en mille morceaux.

Jean-Pierre: Et merde![1]

Hubert: Ça, ce n'est pas de veine, alors!

Mireille: Mais non, au contraire, ça porte bonheur; c'est du verre blanc!

3

Hubert a pris congé. . . .

Hubert: Bon, eh bien, il ne me reste plus qu'à prendre congé, en vous remerciant. Au revoir tout le monde.

Jean-Pierre est parti. . . .

Jean-Pierre: Bon, ben, écoutez, ciao, hein!

Robert et Mireille se lèvent, eux aussi, et s'en vont. Ils descendent les Champs-Elysées. Robert note que plusieurs jeunes couples, et même des moins jeunes, se tiennent par la main.

Il se demande s'il devrait prendre la main de Mireille, lui aussi . . . mais il n'ose pas.

4

Sur le trottoir, à côté d'un kiosque à journaux, il remarque un petit stand qui porte une pancarte: LOTERIE NATIONALE. TIRAGE MERCREDI.

Robert: Dis-moi, est-ce qu'on gagne quelquefois à cette loterie?

Mireille: Oh, j'imagine que oui, mais moi, je n'ai jamais rien gagné. Il faut dire que je n'ai jamais acheté de billet. Ce n'est pas exactement contre mes principes, mais je n'aime pas beaucoup ça.

Robert: Ce n'est pas particulièrement dans mes principes non plus, mais j'aurais bien besoin d'un peu d'argent frais. . . . La vie a l'air d'être chère, en France! Et puis, il faut profiter de la chance! Avec tout ce verre blanc cassé. . . . Allez, achetons un billet. D'accord?

2. (se) casser

Un monsieur qui **s'est cassé** la jambe.

2. veine

* Ce n'est pas de **veine**! Ce n'est pas de chance!

Vous partez en vacances? Vous avez de la **veine**!

2. porter bonheur

Un trèfle à quatre feuilles, un fer à cheval, ça **porte bonheur**, ça porte chance.

---

1. Ce Jean-Pierre est extrêmement mal élevé! Malgré notre respect de l'authenticité, nous avons beaucoup hésité à reproduire son propos. (Note des auteurs)

5

Mireille: Si ça t'amuse. . . . De toute façon, une partie de l'argent va à une bonne œuvre: les tuberculeux, les maisons de retraite pour les vieux, les Ailes brisées, les Gueules cassées. . . .

Robert: Allez, vas-y, choisis!

Mireille: Non, choisis, toi!

Robert: Non, toi!

Mireille: Mais non, pas moi. Je n'ai jamais de chance!

Robert: Mais si, mais si! Tu dois avoir beaucoup de chance en ce moment, tu viens de casser au moins douze verres blancs!

Mireille: Ce n'est pas moi qui les ai cassés, c'est toi!

Robert: Non, ce n'est pas moi, c'est toi! . . . En fait, non, c'est Hubert. Je l'ai vu. Mais ça ne fait rien. Vas-y! Prends n'importe quel billet, pourvu que les deux derniers chiffres fassent 9: 18, 27, euh . . . 27, 36, 45, 54, 63, 72, 81, 90.

Mireille: Pourquoi ça?

Robert: C'est évident! Tu as dix-huit ans. . . .

Mireille: Presque dix-neuf!

Robert: Bon. . . . Tu habites au 18 (8 et 1, 9); les consommations ont coûté exactement 135F (3 et 1, 4, et 5, 9); et j'ai compté neuf couples, jeunes ou vieux, qui se tenaient par la main.

6

Mireille choisit un billet vendu au profit d'une organisation qui s'occupe de bébés abandonnés, parce que le billet lui a plu tout de suite; il porte,

---

4. kiosque

Un **kiosque** à journaux.

4. gagner

Voilà un monsieur qui **a gagné** beaucoup d'argent au casino. (Il a eu de la chance!)

5. bonne œuvre

* Autrefois, les dames de la bonne société ne travaillaient pas. Elles s'occupaient de leurs **bonnes œuvres**; elles appartenaient à des organisations charitables.

5. Ailes brisées, Gueules cassées

Les **Ailes brisées**: une association d'anciens combattants de l'Armée de l'Air qui ont été blessés pendant la guerre.

5. pourvu que

* Nous irons nous promener **pourvu qu'**il ne pleuve pas . . . à condition qu'il ne pleuve pas.

Les **Gueules cassées**: une association d'anciens combattants qui ont été blessés au visage pendant la guerre.

6. au profit de

* Le billet est vendu **au profit d'**une organisation. Une partie de l'argent va à l'organisation. L'organisation tire un certain **profit** de la vente des billets.

sur fond bleu pâle, un adorable poupon rose, et le numéro 63.728.127, série MR, ce qui fait beaucoup de 9, si on regarde bien, et des initiales reconnaissables. . . . Robert voudrait que Mireille garde le billet.

Robert: Tiens, garde-le.

Mireille: Oh, non, pas moi. J'aurais trop peur de le perdre!

Robert: Tu perds les choses, toi?

Mireille: Moi? Non! C'est toi qui perds les choses et qui te perds! Pas moi. . . . Mais quand même, je préfère que ce soit toi qui le gardes. Il ne faudra pas oublier d'acheter le journal, jeudi matin, pour voir la liste des gagnants.

Robert: Oui, pour voir combien on a gagné!

6. poupon

Un **poupon**.

Des **poupons** (des bébés en chair et en os) dans une pouponnière.

6. garder

* Ne me donne pas le billet! **Garde-le!**

* Je n'ai pas besoin de la voiture. Tu peux la **garder**.

* Dans les crèches, les pouponnières, on **garde** les bébés des femmes qui travaillent.

* Il y a des **gardiens** de nuit dans toutes les banques.

🎧 Mise en œuvre

Ecoutez la mise en œuvre du texte et répondez aux questions suivantes.

1. Qu'est-ce que Jean-Pierre demande au serveur?
2. De combien est l'addition?
3. Qui va payer?
4. Qu'est-ce que Robert donne au garçon?
5. Qu'est-ce que le garçon a dans les mains?
6. Pourquoi le pose-t-il sur la table?
7. En rendant la monnaie, que fait-il?
8. Que font Hubert, Jean-Pierre, et les autres?
9. Quel est le bilan?
10. D'après Mireille, pourquoi est-ce que ça porte bonheur?
11. Qu'est-ce que Robert remarque, sur les Champs-Elysées?
12. Pourquoi ne prend-il pas la main de Mireille?
13. Où se trouve le petit stand de la Loterie nationale?
14. Que dit la pancarte?
15. Pourquoi Mireille n'a-t-elle jamais acheté de billets de loterie?
16. Pourquoi Robert veut-il acheter un billet?
17. Comment lui paraît la vie, en France?
18. Où va une partie de l'argent, quand on achète un billet?
19. Qui va choisir le billet?
20. Combien doivent faire les deux derniers chiffres du billet?
21. Pourquoi?
22. A quelle organisation ira l'argent du billet?
23. Pourquoi Mireille aime-t-elle le billet qu'elle a acheté?
24. Quelles sont les initiales sur le billet?
25. Pourquoi Mireille ne veut-elle pas garder le billet?
26. Qu'est-ce que Mireille et Robert devront faire jeudi matin?
27. Qu'est-ce qui paraît dans le journal, ce jour-là?

Mise en question

1. Quand les quatre jeunes gens veulent payer, est-ce qu'ils obtiennent facilement l'addition? Qui demande l'addition? Que fait le garçon? Qui est-ce qui réussit à avoir l'addition?

2. Comparez les différentes façons dont les jeunes gens ont demandé l'addition. Classez-les par degré de politesse. Quelle est la moins polie? Quelle est la plus polie?

3. Calcul: A combien se monte l'addition? (Observez ce que dit le garçon en rendant la monnaie.) Combien Robert a-t-il donné au garçon? Combien le garçon doit-il lui rendre?

4. Que font les trois autres jeunes gens pendant que Robert paie l'addition?

5. D'après vous, est-ce que casser du verre porte bonheur, porte malheur? Ou bien pensez-vous que cette histoire de verre cassé n'est qu'une superstition ridicule? Est-ce que ça fait une différence si le verre est blanc (transparent) ou de couleur? Et qu'est-ce qui se passe si on casse un miroir?

6. Hubert et Jean-Pierre se conduisent de façon très différente. D'après vous, lequel des deux a les meilleures manières? Lequel est le plus poli, le plus courtois? Leurs styles différents sont reflétés dans la narration: On dit que "Jean-Pierre est parti." Qu'est-ce qu'on dit pour Hubert? Que dit Hubert, en partant? Et que dit Jean-Pierre? Lequel fait une phrase correcte, bien construite?

7. Est-ce que Jean-Pierre et Hubert proposent de payer leur part des consommations? Est-ce que, au moins, ils remercient Robert?

8. Robert remarque plusieurs couples qui se tiennent par la main. Est-ce que ça se fait chez vous? Est-ce qu'il y a des couples qui se tiennent par la main dans la rue?

9. Robert n'ose pas prendre la main de Mireille. Est-ce qu'il a raison, est-ce qu'il a tort? Que feriez-vous si vous étiez à sa place? Maintenant supposez que vous êtes à la place de Mireille et que Robert vous prenne la main: qu'est-ce que vous feriez?

10. Robert est-il un garçon timide ou audacieux? Qu'est-ce qu'il ose faire et qu'est-ce qu'il n'ose pas? Voyez comment il se comporte quand il voit Mireille dans la cour de la Sorbonne (leçons 12 et 14); quand Mireille parle d'aller à Chartres (leçon 16); quand il invite Mireille à la Closerie (leçon 18); quand il l'invite à déjeuner (leçon 21); quand il suggère qu'elle se fasse inviter chez les Courtois (leçon 23); quand il la raccompagne à sa porte (leçon 24); quand il lui téléphone avant d'aller à Chartres (leçon 27); quand Mireille propose qu'ils se tutoient (leçon 27); quand il se demande, à Chartres, s'il devrait acheter un cadeau pour Mireille (leçon 28), etc. Est-ce que vous approuvez la façon dont il se conduit dans ces occasions? Qu'est-ce que vous auriez fait à sa place?

11. A votre avis, pourquoi Robert propose-t-il d'acheter un billet de loterie? Est-ce que c'est une façon détournée de rappeler que c'est lui qui a payé les consommations au Fouquet's? Est-ce que c'est parce qu'il est joueur de nature? Est-ce qu'il espère vraiment gagner de l'argent? Est-ce que c'est un moyen de partager quelque chose avec Mireille (comme ils partagent le secret de leur première rencontre à la Sorbonne)?

12. Dans la discussion pour savoir qui a cassé les verres, au Fouquet's, est-ce que Mireille et Robert sont sérieux ou est-ce qu'ils s'amusent? Est-ce que Robert croit au verre blanc cassé? Est-ce qu'il croit que Mireille y croit vraiment? Ou est-ce qu'il fait semblant de croire qu'elle y croit?

13. Au fait, qui a cassé les verres, au Fouquet's?

14. D'après Robert, pourquoi faudra-t-il acheter le journal, pour voir s'ils ont gagné, ou pour voir *combien* ils ont gagné? Est-ce qu'il est sûr qu'ils vont gagner, ou est-ce qu'il plaisante? D'après vous, est-ce qu'ils vont gagner ou non? Pourquoi?

Documents

1

Loteries

Tentez votre chance!

2

Les Français et les jeux

1. "Je joue, donc je suis," telle est la devise de millions de Français qui investissent chaque année des milliards de francs au tiercé, Loto, Tac O Tac, Banco, et autres Millionnaire, ou qui suivent avec passion les jeux qui se sont multipliés depuis quelques années sur les chaînes.

2. **Les Français jouent, l'Etat gagne**
   Les jeux auront rapporté à l'Etat près de 20 milliards de francs en 1992. Ces recettes, pudiquement baptisées "recettes de poche" dans le budget, représentent l'équivalent de trois fois l'Impôt de Solidarité sur la fortune. . . .

3. Depuis Napoléon, les jeux d'argent sont interdits en France. Mais l'Etat s'en est arrogé le monopole et peut accorder des dérogations à des entreprises privées, comme c'est le cas pour les casinos. La situation actuelle satisfait à la fois les joueurs et les percepteurs. Seuls quelques esprits chagrins tentent de dénoncer "l'Etat bookmaker" et lancent des appels à la morale qui ne sont guère entendus. La "république des jeux" a sans doute encore de beaux jours devant elle.

—Francoscopie 93

3

La Loterie Nationale

1. La Loterie nationale est l'héritière lointaine de la "Blanque," venue d'Italie et introduite en France par François Ier. Instituée sous le nom de Loterie royale par Louis XVI en 1776, elle avait été supprimée définitivement en 1836 par Louis-Philippe.

   Au début des années trente, tombolas privées "de bienfaisance" et loteries clandestines se multiplient en France. Le gouvernement, soucieux de faire également profiter de cette manne les caisses de l'Etat, crée la Loterie nationale, par la loi de finances du 31 mai 1933. . . .

2. Chaque semaine, trois ou quatre millions de Français achèteront billet entier ou dixième vendus dans ces petites guérites de bois sur les trottoirs par des veuves de guerre au profit des "Gueules cassées."

   Aux tranches hebdomadaires, s'ajouteront les tranches spéciales, à périodicité variable: en référence à des périodes de l'année (Noël, Saint-Valentin ou Fête des Mères) ou à de grandes courses hippiques comme le Prix de l'Arc de Triomphe.

3. De 1950 à 1962, les recettes de la Loterie nationale ne cesseront d'augmenter. Puis, à partir de 1962, les recettes vont régulièrement baisser devant la concurrence de plus en plus vive des courses hippiques et du pari mutuel urbain (PMU).

4. En 1976, les dirigeants de la Loterie créent le Loto, tranche de la Loterie nationale. Après un départ timide, le Loto va devenir en quelques années un véritable fait de société puisque onze millions de Français jouent chaque semaine. En 1984, c'est la création du Tac O Tac, nouvelle tranche de la Loterie nationale, qui allie la possibilité du gain immédiat (au grattage) au gain dans les jours à venir (au tirage).

   La Loterie nationale devient la Société de la Loterie nationale et du Loto national (SLNLN) puis France Loto.

   —Le Journal français d'Amérique
   article de Pierre-Marie Giraud

4

Le Loto

A.

20 millions de Français jouent au Loto, pour environ 12 milliards de francs par an.

1. Plus d'un Français sur deux participe à des jeux proposés et gérés par l'Etat, par l'intermédiaire de la *Française des Jeux*. La Loterie nationale, créée en 1933, est morte discrètement en 1991. Elle est remplacée par des produits de conception plus moderne et plus ludique.

   Créé en 1976, le Loto arrive en seconde position derrière les courses de chevaux, mais concerne davantage de joueurs. Plus de 12 millions de bulletins sont déposés chaque semaine dans les 13 500 points de vente (bureaux de tabac, kiosques et boutiques). La mise moyenne est de 20 francs par bulletin. . . .

2. Une nouvelle génération est arrivée à partir de 1989: les "jeux instantanés," sortes de planches à gratter (Cash, Surf, Banco, etc.). Leur succès s'explique par le fait que les joueurs savent tout de suite s'ils ont gagné et peuvent être réglés immédiatement par le point de vente ou, pour les gros gains, par un centre de paiement agréé. Né en septembre 1991, le Millionnaire a connu un véritable triomphe populaire, du fait de la chance offerte aux gagnants de passer à la télévision et de gagner jusqu'à un million de francs.

   59% des joueurs de Loto jouent pour tenter la chance, 21% pour se détendre, par plaisir, 19% pour améliorer leur situation financière.

B.

► Il existe une chance sur 13 983 816 de choisir la combinaison gagnante du Loto (six numéros plus un numéro complémentaire). Il y a une chance sur 57 d'avoir trois bons numéros.

► Depuis la création du Loto, environ 3 000 personnes ont gagné au moins un million de francs. Le record de gain au Loto, pour un bulletin unique, est de 33.456.975 francs, gagnés le 24 décembre 1988 à Nancy.

—Francoscopie 93

5

Le Miraculé du Loto

1. *En 1980, Georges, chauffeur routier, avait gagné 2,8 millions de francs. Ruiné en quelques années, il était chômeur et érémiste . . . jusqu'à samedi. Il a gagné à nouveau: 17 millions de francs!*

TOULOUSE
Nicolas Fichot

En 1980, Georges, quarante ans, est chauffeur de poids lourd, près de Lyon. Joueur régulier, il gagne au Loto 2,8 millions de francs. Une fortune! Grisé par l'argent, il abandonne son métier. Georges régale sa famille, ses amis qu'il emmène en vacances.

2. Mais bientôt le revers de la fortune. Le compte en banque de Georges fond comme neige au soleil. Il quitte la région lyonnaise et, en 1986, épouse une jeune femme de vingt ans sa cadette. Tous deux s'installent près de Castelnaudary (Aude), dans un pavillon en location et ont un petit garçon. Mais les factures s'accumulent.

3. Il y a quelques semaines, faute de paiement, on coupe leur ligne de téléphone. Un huissier saisit leur voiture. «Vous allez bientôt être expulsés», prévient leur loueur. Georges est au chômage et touche le RMI. Sa femme fait quelques heures de ménage. Tous deux, pourtant, s'acharnent à jouer au Loto pour bousculer la chance. Il est 20 heures samedi dernier. Georges regarde la télévision. La veille, il a rempli un bulletin du Loto. Sur l'écran, les chiffres tombent et l'incroyable se produit. Cette fois-ci, il a gagné 17.126.715F.

4. Le lendemain, Georges contacte les organisateurs. Rendez-vous est pris dans un hôtel discret de la Ville rose. Cette fois, il veut rester anonyme. «Je m'en souviens très bien, dit le gérant des lieux. Ils étaient très sympathiques. Ils avaient emprunté la voiture d'un ami pour venir. J'ai donné un jus d'orange au gosse pendant qu'ils se faisaient remettre leur chèque. Mais ils devaient attendre mercredi pour aller le toucher, et ils n'avaient même pas deux cents francs pour aller faire la fête. Il a promis à sa femme de ne plus faire de bêtises, se souvient encore l'hôtelier. Il lui a dit que maintenant il allait être sérieux. Les gens du Loto étaient médusés.»

—Le Parisien, *15 juillet 1992*

6

Evénement . . . rencontre?

1. Ce soir-là, nous sommes demeurés plus tard que d'habitude sur la terrasse. Les clients, peu à peu, avaient tous quitté la salle et il ne restait plus que nous et le pianiste. C'était un moment de vide, avant l'apparition des premiers dîneurs. Les garçons achevaient de dresser les tables dans la partie "restaurant" de l'établissement. Et nous, nous ne savions pas très bien à quoi occuper cette soirée. Rentrer dans notre chambre de la pension Sainte-Anne? Aller à la séance du soir du cinéma Le Forum? Ou attendre, tout simplement? . . .

2. Ça s'est fait de la manière la plus banale et la plus naturelle. Je crois que Neal est venu me demander du feu, au bout d'un instant. A part eux et nous, il n'y avait personne sur la terrasse et ils ont compris que c'était l'heure de fermeture.

   —Alors, on ne peut même pas boire un verre? a dit Neal en souriant. Nous sommes complètement abandonnés?

3. Un garçon s'est dirigé vers leur table d'une démarche molle. Je me souviens que Neal a commandé un double café, ce qui m'a confirmé dans l'idée qu'il n'avait pas dormi depuis longtemps. Tout au fond, le pianiste tapait sur les mêmes touches, sans doute pour vérifier si son instrument était bien accordé. Aucun client ne se présentait pour le dîner. Dans la salle, les garçons attendaient, figés. Et ces notes de piano, toujours les mêmes. . . . Il pleuvait sur la Promenade des Anglais.

4. —On ne peut pas dire qu'il y ait beaucoup d'ambiance, a remarqué Neal.

   Elle fumait, en silence, à côté de lui. Elle nous souriait.
   Il y a eu entre Neal et nous l'amorce d'une conversation:
   —Vous habitez Nice?
   —Et vous?
   —Oui. Vous êtes en vacances ici?
   —A Nice, la pluie, ce n'est pas très drôle.
   —Il pourrait peut-être jouer autre chose, a dit Neal. Il me donne la migraine. . . .

5. Il s'est levé, il est entré dans la salle et a marché vers le pianiste. La femme nous souriait toujours. Au retour de Neal, nous entendions les premières mesures de *Strangers in the Night*.

   —Ça vous va, cette musique-là? nous a-t-il demandé.

   Le serveur a apporté les consommations et Neal nous a proposé de boire un verre avec eux. Et nous nous sommes retrouvés à leur table, Sylvia et moi. Pas plus que le mot "événement," le mot "rencontre" ne convient ici.

   —*Patrick Modiano*
   Dimanches d'août

Leçon 42 Question de chance II

Texte

Jeudi matin, à 7 heures 15, le téléphone sonne chez les Belleau. Mireille vient, à moitié endormie, à l'appareil.

"Nous avons gagné!" crie Robert.

Mireille: Nous avons gagné? Qui est-ce qui a gagné?

Robert: Nous! Toi et moi!

Mireille: Nous avons gagné quelque chose? Qu'est-ce que nous avons gagné?

Robert: 400.000 francs! Oui, c'est dans le journal! Tous les billets qui se terminent par 8127 gagnent 400.000 francs!

Mireille: 400.000 balles! Ce billet de loterie gagne 400.000 francs? . . . Oh, mais tu n'as acheté qu'un dixième! Ça, c'est malin, alors! Je prends la peine de choisir un billet gagnant, pour la première fois de ma vie, et toi, tu n'achètes qu'un dixième! Ça ne fait que 40.000 francs.

2

Robert: Qu'est-ce que c'est que cette histoire?

Mireille: Ben, oui! Ce que nous avons acheté l'autre jour, ce n'est pas le billet entier, ce n'est qu'un dixième. Le billet a gagné 400.000F; chaque dixième a gagné 400.000F divisé par 10: ça fait 40.000. C'est simple, non?

Robert: Tu veux dire qu'on n'a gagné que 40.000F?

Mireille: Ben, oui! . . . Remarque que 40.000F, ce n'est pas si mal que ça! C'est déjà pas mal! Te voilà riche! Qu'est-ce que tu vas faire de cet argent?

Robert: Je ne sais pas. . . . Qu'est-ce que tu suggères?

3

Mireille: Eh bien, tu pourrais entretenir une danseuse de l'Opéra, bien que ça ne se fasse plus beaucoup aujourd'hui (c'était plutôt pour les riches banquiers du siècle dernier) . . . ou tu pourrais acheter une île déserte dans le Pacifique, ou aller explorer les sources de l'Amazone; ça se fait beaucoup, ces temps-ci, les sources de l'Amazone. Mais avec 40.000F, tu n'iras pas loin: c'est cher, pour remonter l'Amazone!

Robert: Non. De toute façon, l'Amérique du Sud, je connais. Ça ne m'intéresse pas . . . à moins que tu viennes, bien sûr. Mais avec tous ces piranhas, ce n'est pas commode pour se baigner. Tu ne préférerais pas qu'on aille explorer la France? Ce serait moins dangereux.

---

1. à moitié endormi

Mireille est mal réveillée; elle est à **moitié endormie** (et à moitié réveillée).

3. entretien

Au siècle dernier, les messieurs qui avaient beaucoup d'argent **entretenaient** (quelquefois) des danseuses.

* Il faut beaucoup d'argent pour **entretenir** une famille de sept personnes!
* Il ne travaille pas. C'est sa sœur qui l'**entretient**.
* Les grosses voitures coûtent cher à **entretenir**.
* Quand on est en copropriété, il faut payer une part de l'**entretien** de l'immeuble.

4

Mireille: Oh, la France, tu sais, je connais un peu. J'avais d'autres projets pour cet été. . . . J'avais pensé à la Yougoslavie, ou la Suède . . . ou alors les chutes du Zambèze, ou les chutes d'Iguaçu, ou les chutes du Niagara. Tu vois, ce qui m'attirerait, ce serait plutôt la nature sauvage, la grande nature américaine.

Robert: Ecoute, il faut que nous en parlions . . . mais pas au téléphone. On ne pourrait pas se voir?

Mireille: Quand?

Robert: Maintenant!

Mireille: Ben non, écoute! Tu as vu l'heure qu'il est? Il n'est même pas 7 heures et demie. Je ne suis pas habillée, et il faut que je fasse déjeuner Marie-Laure.

Robert: Bon, alors à neuf heures.

Mireille: Disons dix heures, au Luxembourg, près de la fontaine Médicis.

Robert: Bon, d'accord.

5

Mireille téléphone aussitôt à Hubert.

Mireille: Allô, Hubert! Qu'est-ce que tu fais à midi? Tu es libre? On déjeune ensemble? Où ça? . . . Ah, rue de Rivoli chez Angélina? OK, si tu veux. . . . Ben, à midi et demie chez Angélina. Je t'embrasse. A tout à l'heure. Salut!

4. projet

*—Vous avez des plans pour les vacances?
—Non, nous n'avons pas fait de **projets**. Je ne sais pas ce que nous ferons.

4. attirer

* La grande nature américaine **attire** Mireille. Mireille a envie de voir la grande nature.

5. prêt

* Il a raté son examen. . . . Ce n'est pas étonnant! Il n'était pas **prêt**, il ne savait rien! Il ne s'était pas préparé sérieusement.
* Partez sans moi, je ne suis pas **prête**. Je dois finir de m'habiller. Je vous retrouverai là-bas.

Et Mireille va préparer le petit déjeuner.

Mireille: Alors, Marie-Laure, ça y est? Tu es prête?

Marie-Laure: Ouais, j'arrive. . . . Je ne trouve pas mon livre de français!

Mireille: Dépêche-toi!

Marie-Laure s'installe devant son bol de chocolat à la table de la cuisine, et se fait une tartine avec un fond de pot de confiture.

5. bol

Deux **bols** (en faïence de Quimper).

5. tartine

Marie-Laure se fait une **tartine**. Elle étale de la confiture sur une tranche de pain. Il ne reste qu'un tout petit peu de confiture dans le fond du pot.

5. étaler

Des gens **étalés** sur la plage.

Marie-Laure: La confiture, c'est comme la culture. Moins on en a, plus on l'étale . . . comme dit Tante Georgette.

6

Robert, lui, dès dix heures moins dix, fait les cent pas devant la fontaine Médicis. Il a déjà acheté une carte de l'ensemble du réseau routier français, la carte Michelin numéro 989. Enfin, à dix heures dix, Mireille arrive.

Robert: Te voilà! Tu as mis le temps. . . . Ecoute, voilà ce que je te propose: avec nos 40.000F, on loue une voiture, et on part sur les routes.

Mireille: Eh là, eh là, doucement! Ne t'excite pas! Minute papillon, je ne t'ai pas encore dit que je partais, moi!

Robert: Tu ne peux pas me laisser partir tout seul; je me perdrais! Tu sais bien que je suis venu en France pour me trouver. Tu verras, ce sera très amusant! . . . On ira où on voudra, on pourra s'arrêter dans les auberges de jeunesse (il paraît que c'est très bon marché), on pourra faire du camping. Et puis, de temps en temps, avec tout l'argent qu'on a, on pourra descendre dans les palaces, rien que pour voir la tête des clients quand ils nous verront arriver avec nos sacs à dos et nos sacs de couchage, et nos barbes de trois semaines!

6. faire les cent pas

Robert **fait les cent pas** devant la fontaine Médicis.

6. carte, l'ensemble

La **carte** Michelin 989 montre la totalité, **l'ensemble** du réseau routier. Il y a d'autres **cartes**, plus détaillées, qui montrent les routes d'une petite partie du pays.

6. minute, papillon!

* **Minute, papillon!** Pas si vite! (Les **papillons** sont des insectes aux ailes très colorées. Il y a des gens qui les collectionnent, mais il faut d'abord les attraper, et ce n'est pas facile!)

6. auberge de jeunesse

* En voyage, quand on est jeune (moins de 29 ans), on peut loger dans les **auberges de jeunesse**. Ce n'est pas toujours très propre, ce n'est jamais très luxueux, mais c'est très bon marché: ce n'est pas cher du tout.

6. faire une (drôle de) tête

Regarde **la tête qu'ils font!**

6. sac à dos

Un **sac à dos**.

6. sac de couchage

Un **sac de couchage**.

7

Mireille: Mais je n'ai aucune intention de me laisser pousser la barbe! Et puis, j'ai bien un sac de couchage, comme toutes les jeunes filles de bonne famille, mais je n'ai pas de sac à dos. Et puis, tu sais, je n'ai pas grand-chose comme matériel de camping.

Robert: Pas de problème. C'est simple; il n'y a qu'à en acheter.

Mireille: Si tu veux, mais rien ne presse. De toute façon, moi, je ne peux pas m'en aller avant quinze jours. J'ai un examen à passer de lundi en huit. Et puis, il faut que je dise au revoir à mes enfants!

Robert: Quels enfants?

Mireille: Un groupe de gosses dont je m'occupe. Mais si tu veux, on peut toujours aller faire un tour dans un magasin, si ça t'amuse. Ça n'engage à rien.

8

Robert: Eh, prenons un taxi! Maintenant qu'on roule sur l'or, on peut se payer ce luxe. On va rouler en taxi. Tiens, en voici justement un!

Mireille ouvre la portière et se baisse pour entrer dans le taxi. Soudain, elle recule avec un cri, "Ah!" Elle referme la portière du taxi qui démarre aussitôt.

Robert: Qu'est-ce qu'il y a?

7. matériel de camping

Du **matériel de camping** (un sac à dos, un réchaud, une tente . . .).

7. rien ne presse

* **Rien ne presse**, nous avons le temps! Nous ne sommes pas pressés, **rien ne** nous **presse!**

7. de . . . en huit

* L'examen n'est pas lundi prochain, mais **de** lundi **en huit.**

_____•_____•_____•_____•_____•_____ . . . _____•_____

vendredi	samedi	dimanche	lundi	mardi	. . .	lundi
aujourd'hui	demain	après-demain	lundi prochain	. . .		**de lundi en huit**

7. ça n'engage à rien

* **Ça n'engage à rien.** Ça ne nous oblige à rien.

8. se baisser

Mireille **se baisse** (pour monter dans le taxi).

8. rouler sur l'or

Monsieur qui **roule sur l'or.**

* Robert et Mireille **roulent sur l'or**; ils sont riches! Ils peuvent se payer le luxe de rouler en taxi puisqu'ils **roulent sur l'or!**

8. reculer

Mireille **recule.**

Mireille: Rien. . . . Il était pris. Il y avait quelqu'un dedans. Un drôle de type, tout en noir. Il me semble que je l'ai déjà vu quelque part. Il a fait comme s'il voulait m'attraper le bras et me faire monter dans le taxi.

Robert: Tu es folle!

Mireille: Mais non, je t'assure! Il a

avancé vers moi une main velue, horrible! . . . avec des ongles en deuil. . . .

Robert: Bizarre, bizarre!

8. velu

Une main toute **velue**.

8. en deuil

Dame **en deuil** (remarquez les vêtements noirs).

Monsieur **en deuil** (remarquez le brassard noir).

Ongles **en deuil** (remarquez le noir).

🎧 **Mise en œuvre**

Ecoutez la mise en œuvre du texte et répondez aux questions suivantes.

1. Comment est Mireille quand elle répond au téléphone, ce matin-là?
2. Combien le billet a-t-il gagné?
3. Pourquoi Robert n'a-t-il pas gagné 400.000F?
4. Pourquoi Robert n'a-t-il pas envie d'aller remonter l'Amazone?
5. Pourquoi est-ce qu'il n'est pas prudent de se baigner dans l'Amazone?
6. Qu'est-ce que Robert préférerait faire?
7. Pourquoi préférerait-il la France?
8. Quels projets Mireille avait-elle faits pour l'été?
9. Qu'est-ce qui l'attirerait plutôt?
10. Pourquoi Mireille ne peut-elle pas retrouver Robert tout de suite?
11. Où Mireille donne-t-elle rendez-vous à Robert?
12. A qui Mireille téléphone-t-elle après?
13. Qu'est-ce qu'elle demande à Hubert?
14. A quelle heure Robert est-il arrivé au rendez-vous?
15. Qu'est-ce qu'il a acheté?
16. A quelle heure Mireille arrive-t-elle?
17. Qu'est-ce que Robert veut faire de leurs 40.000F?
18. Pourquoi Mireille ne peut-elle pas laisser Robert partir seul?
19. Où dormiront-ils?
20. Pourquoi descendront-ils dans des palaces, de temps en temps?
21. Qu'est-ce que Mireille n'a pas?
22. C'est un gros problème de ne pas avoir de matériel de camping? Qu'est-ce qu'on peut faire?
23. Pourquoi Mireille ne peut-elle pas partir tout de suite?
24. Qui sont ces enfants dont Mireille parle?
25. En attendant, qu'est-ce que Mireille et Robert peuvent aller faire?
26. Est-ce qu'ils seront obligés d'acheter quelque chose?
27. Pourquoi Mireille et Robert peuvent-ils rouler en taxi?
28. Qu'est-ce que le type a fait?

1. Pourquoi Mireille n'a-t-elle pas l'air de très bien comprendre quand Robert téléphone, le jeudi matin?

2. Est-ce qu'elle achète souvent des billets de loterie? Quel effort spécial a-t-elle fait en achetant ce billet?

3. A votre avis, à qui appartient l'argent que ce billet a gagné? A Mireille? A Robert? Pourquoi? Qu'est-ce que Mireille a l'air de penser à ce sujet?

4. Est-ce que les suggestions que fait Mireille pour dépenser l'argent de la loterie sont sérieuses? Qu'est-ce qui le montre?

5. Qu'est-ce qui montre que Robert ne prend pas ces suggestions au sérieux? Comment y répond-il, sérieusement ou en plaisantant? Quelle raison donne-t-il pour écarter la suggestion de remonter l'Amazone?

6. Est-ce que Robert à l'esprit aventureux? Est-ce qu'il a un esprit réaliste? Pourquoi préférerait-il visiter la France? Est-ce qu'il pense qu'il a plus de chances de pouvoir visiter la France avec Mireille ou de remonter l'Amazone avec elle?

7. Pourquoi Mireille écarte-t-elle la suggestion de visiter la France en disant qu'elle la connaît? Comment Robert avait-il écarté la suggestion d'aller en Amérique du Sud?

8. Pourquoi Mireille téléphone-t-elle tout de suite à Hubert? Parce que c'est son meilleur ami? Parce qu'elle sent une certaine rivalité entre Hubert et Robert et que ça l'amuse d'entretenir cette rivalité en annonçant à Hubert qu'elle partage quelque chose avec Robert? Ou bien y a-t-il une autre raison?

9. Qu'est-ce que Marie-Laure boit pour son petit déjeuner? Dans quoi le boit-elle? Qu'est-ce qu'elle mange? (Vous vous rappelez ce qu'on sert à Robert pour le petit déjeuner, au Home Latin? Voyez leçon 25.) D'après Marie-Laure (et Tante Georgette) quel rapport y a-t-il entre la culture et la confiture? Qu'est-ce qu'il faut faire, quand on n'a pas beaucoup de confiture, pour faire une tartine? Et les gens qui ne sont pas très cultivés, qui n'ont pas beaucoup de culture, qu'est-ce qu'ils font? Ils cachent le peu de culture qu'ils ont, ou, au contraire, ils la montrent, ils l'étalent?

10. Montrez que Robert est très excité, exalté, impatient pendant tout cet épisode.

11. Comment Robert prouve-t-il à Mireille qu'il faut qu'elle parte avec lui? Pourquoi Robert est-il venu en France? Qu'est-ce qui va se passer s'il part à travers la France sans Mireille? Qu'est-ce qu'il faut donc que Mireille fasse?

12. Qu'est-ce qui semble montrer que Mireille n'est pas loin d'accepter l'idée de partir en voyage avec Robert? Quelles difficultés signale-t-elle? Est-ce que ce sont des obstacles insurmontables? Comment peut-on résoudre chacune de ces difficultés? Si elle n'accepte pas tout de suite de partir, qu'est-ce qu'elle accepte cependant de faire?

13. Quelle couleur portent les gens en deuil, en général? De quelle couleur sont des ongles "en deuil"? (Est-ce que des ongles "en deuil" sont sales ou propres?) Est-ce que nous avons déjà rencontré quelqu'un qui avait les ongles en deuil? (Voyez leçon 37.)

Documents

Tourisme

c'est beau
La France!

randonnées à pied

Des sentiers, des petites routes pour vous balader…

A PIED

Des sentiers, il y en a partout.
Certains sont balisés, d'autres pas.
A vous de choisir… Mais n'oubliez pas, sur votre chemin, les plantes, les choses, les gens… une fleur coupée, ça repousse, une fleur arrachée, ça ne repousse pas… c'est si facile de refermer une barrière que l'on a ouverte… de dire bonjour aux gens que l'on croise dans un pré, surtout que la plupart du temps, on est alors « chez eux ».

SENTIERS BALISES DE GRANDE RANDONNÉE

GR 4 : Méditerranée - Océan.
En Creuse, il passe par CROCQ, AUBUSSON, BANIZE, BOURGANEUF, SAINT-GOUSSAUD.
Gîtes d'étape : Beaume, Néoux, Banize, Masbaraud-Mérignat, Saint-Goussaud.
GR 46 : ROCAMADOUR - BANIZE - FRESSELINES.
En Creuse, le GR balisé passe par FAUX-LA-MONTAGNE, VAUVEIX, BANIZE.
Topo-guide balisage du deuxième tronçon en cours de réalisation.
Possibilité d'hébergement. Gîtes d'étape Banize.
GR 44 : MEYMAC - PEYRELEVADE - FAUX-LA-MONTAGNE.
Possibilité d'hébergement
GR 460 : TRIANGLE DES COMBRAILLES : Montfermy - Néoux - Evaux-les-Bains - Montfermy.
Liaison GR 4 - GR 41.
En Creuse, le GR passe à CROCQ, NEOUX, BELLEGARDE-EN-MARCHE, MAIN-SAT - EVAUX-LES-BAINS.
Gîtes d'étape à Beaume, Néoux, Mainsat, Croizet-Chevalier, Evaux-les-Bains.
Topo-guide

Gîtes d'étapes sommaires : PEYRAT-LA-NONIÈRE, MAINSAT, LE CROIZET-CHEVALIER.
Pour tous renseignements : Association de Développement Haute-Marche et Combraille, Mairie de MAINSAT, 23700 AUZANCES. Tél. (55) 67.07.21.
VASSIVIÈRE-EN-LIMOUSIN : Circuits balisés accompagnés de dépliants.
Peyrat-le-Château : 7 circuits.
Nedde : 10 circuits.
Faux-la-Montagne : 6 circuits.
Royère-de-Vassivière : 5 circuits.
Gentioux : 7 circuits.
Saint-Martin-Château : 6 circuits.
Beaumont-du-Lac : 6 circuits.
Circuit de week-end : « Les Monts de Vassivière ».
Gîtes d'étape sommaires : L'Epine, Quenouille, Beauvais.
Pour tous renseignements : SIMIVA, B.P. N° 1, 23460 ROYÈRE-DE-VASIVIÈRE.
VALLÉE DES DEUX CREUSE : Boucles balisées avec plaquettes descriptives.
La Celle-Dunoise : 3 circuits.
Clugnat - Jalesches : 1 circuit.
Crozant : 2 circuits.
Roches : 1 circuit.
Linard : 1 circuit.
Colondannes : 1 circuit.
Clugnat : 1 circuit.
Saint-Sébastien : 1 circuit.
Lourdoueix-Saint-Pierre : 1 circuit.
La Forêt du Temple : 1 circuit.
Boucle de week-end : CHENIERS - LINARD - LA RONGERE - MALVAL - CHENIERS.

relais du silence

RELAIS DU SILENCE

POUR VOS VACANCES WEEK-END, SEMINAIRES

CALME - TRANQUILLITE - REPOS

A partir de ces mots-clés, synonymes d'une nouvelle qualité de vie à laquelle tous aspirent, la chaîne des RELAIS du SILENCE a pu réaliser un guide afin que vous puissiez bientôt éprouver le sentiment de satisfaction d'avoir enfin trouvé ce que tout voyageur ou vacancier recherche lorsqu'il est en dehors de chez lui.

Vous pouvez obtenir des renseignements en écrivant à :

RELAIS du SILENCE
Hôtel Les Oiseaux
F38640 CLAIX
Tél. (76) 98.35.79 - Télex 980718 Oiseaux

2

La machine à sandwichs

C'est un mec complètement bourré qui sort du casino. Il a perdu toutes ses économies. Il lui reste seulement mille francs et le billet d'avion. Dépité, il arrive à l'aéroport et voit une machine où il y a écrit: "sandwich: 10 francs." Il met dix francs, il a un sandwich. Alors il court faire de la monnaie en pièces de dix francs, revient, met toutes les pièces et, à chaque fois, il a un sandwich. Au bout d'un moment, il y a soixante-quinze sandwichs par terre. Le chef de la station arrive et s'écrie:

—Dites donc, vous n'allez pas me laisser ça là! Qu'est-ce que vous faites, un commerce? Vous les revendez, ou quoi?

L'autre lui répond:

—Mais non! Taisez-vous, pour une fois que je gagne!

—*Coluche*

3

Bizarre! . . . Bizarre! . . .

Le texte suivant est une des scènes les plus connues d'un classique du cinéma français, *Drôle de drame*, de Marcel Carné (1937). Les dialogues sont de Jacques Prévert. Le succès de ce film est dû, en partie, à la participation de très grands acteurs, Louis Jouvet (l'évêque), Michel Simon (Molyneux), Françoise Rosay (Margaret Molyneux), Jean-Louis Barrault (William Kramps, le tueur de bouchers), et Jean-Pierre Aumont (le laitier).

La scène se passe à Londres. Molyneux est un botaniste un peu rêveur qui s'intéresse au mimétisme des mimosas et aux plantes carnivores. Pour gagner une peu d'argent, il écrit, en secret, sous le pseudonyme de Félix Chapel, des romans policiers pleins d'horreurs.

L'évêque de Bedford, qui est le cousin de Molyneux, et qui ignore que Molyneux est Félix Chapel, est venu à Londres pour faire un conférence dans laquelle il dénonce Félix Chapel et la mauvaise influence de ses romans policiers. Il doit dîner, le soir, chez les Molyneux et espère bien manger du canard à l'orange que la cuisinière des Molyneux fait admirablement bien. Mais les Molyneux sont très ennuyés parce que, à la suite d'une dispute, leur cuisinière les a quittés. Ils ne veulent pas que leur cousin l'évêque découvre qu'ils n'ont plus de cuisinière. Ils décident que Madame Molyneux fera la cuisine, et que Molyneux expliquera que sa femme est absente parce qu'elle a dû partir soudainement en voyage.

Pendant le dîner, l'évêque est très surpris de l'absence de Madame Molyneux. Il pose beaucoup de questions. Molyneux est très embarrassé. Il explique que sa femme a dû aller chez des amis qui sont malades. . . . L'évêque demande où habitent ces amis. Molyneux est de plus en plus embarrassé.

Molyneux: Ah! . . . oui . . . , où ils demeurent exactement? . . . Oui, bien sûr. . . . Vous me demandez, cher cousin, où ils demeurent exactement? . . . Ils demeurent exactement dans les environs de Brighton . . . , oui . . . , je crois. . . .

L'évêque: Vous croyez . . . , cher cousin. (*Il prend son couteau et le regarde avec insistance*) Bizarre . . . , bizarre.

Molyneux: Qu'est-ce qu'il a?

L'évêque (*surpris*): Qui?

Molyneux: Votre couteau. . . .

L'évêque: Comment?

Molyneux: Oui . . . , vous regardez votre couteau et vous dites . . . «bizarre, bizarre.» Alors, je croyais que . . .

L'évêque (*jouant la surprise*): Moi, j'ai dit: «bizarre . . . , bizarre»? Comme c'est étrange! Pourquoi aurais-je dit «bizarre, bizarre.»

Molyneux: Je vous assure, cousin, vous avez dit: «bizarre, bizarre.»

L'évêque: Moi, j'ai dit «bizarre»? . . . (*Il hoche la tête*) Comme c'est bizarre!

—L'Avant-Scène du cinéma, *mars 1969*

4

Une Enfance canadienne

Je suis né le 26 juin 1941 à Noranda, une ville minière située dans le nord-ouest du Québec. J'ai peu connu cette ville, mes parents l'ayant quittée alors que je n'avais que cinq ans. Mais mes grands-parents demeuraient là. Je me rappelle aussi notre maison sur la rue Chadburn. Nous avions des voisins polonais, et à trois ou quatre ans, je connaissais quelques mots de leur langue, car je jouais avec les enfants. Evidemment, j'ai bien vite oublié mes leçons de polonais! C'est dommage.

Mon père travaillait pour le gouvernement du Québec. Il était employé au Ministère des Terres et Forêts. Alors que j'avais cinq ans, mes parents ont déménagé à Clova où mon père avait été envoyé par la Compagnie internationale de papier. Clova était un tout petit village où vivaient une vingtaine de familles. C'était un lieu privilégié pour vivre sa jeunesse. C'était en pleine nature avec des lacs tout autour. J'y ai vécu de l'âge de cinq à douze ans. J'ai même fréquenté une véritable école de village; la maîtresse y enseignait de la première à la septième année. L'école était divisée par un mur: la section française et la section anglaise. Environ 40% de la population était francophone. Les francophones demeuraient au bas de la côte et les anglophones en haut. C'est la voie ferrée qui séparait le village en deux. Le village n'était accessible que par le train ou l'avion. Il n'y avait aucune route. Il y avait un seul prêtre. Et il n'y avait pas de maire. C'était le gérant de la banque qui exerçait ce rôle.

Le village était la propriété de la compagnie. Nous leur appartenions en quelque sorte; la compagnie louait ses maisons pas cher et vendait la nourriture à bon compte. Ces petites faveurs compensaient sans doute pour l'éloignement.

Seul le médecin du village avait un poste de télévision chez lui; mais il avait besoin d'une antenne de 200 pieds pour capter une émission de temps à autre!

A Clova, les enfants jouissaient de la plus grande liberté possible conciliable avec la sécurité. On pouvait faire à peu près n'importe quoi . . . à condition de ne tuer personne! J'ai vécu une enfance beaucoup moins encadrée que si j'avais vécu en ville ou dans un village agricole.

Notre village était forestier. J'y ai appris des choses qui ont coloré ma vision du monde.

Parfois, on apercevait un bûcheron ou un Indien. Les Indiens habitaient la réserve d'Okkélanéo, tout près de chez nous. Quant aux bûcherons, leurs camps se trouvaient à plusieurs milles de notre village. Les bûcherons partaient plusieurs mois par année loin de la civilisation, loin des femmes, loin de la boisson! C'était une vie dure. Néanmoins, leurs conditions s'étaient améliorées en comparaison des années 20 ou 30. Je me souviens qu'ils étaient bien nourris. Et pour y être allé avec mon père en tournée d'inspection, j'ai conservé de cette époque une idée d'abondance. Il y avait beaucoup de mouches, de beignes, de pâtisseries!

une mouche

Blancs et Indiens ne se mêlaient pas, même si l'entente était cordiale. Certains Indiens faisaient de la coupe avec les bûcherons, mais la plupart s'adonnaient plutôt à la chasse et à la pêche; ils faisaient la traite des fourrures. L'été, ils s'adonnaient à la cueillette des framboises et des bleuets.

des bleuets

Encore tout jeune, j'ai réalisé qu'il y avait différents niveaux sociaux. Dans notre village, il y avait une différence marquée entre le haut de la côte, habité par les anglophones cadres, et le bas de la côte où logeaient les francophones ouvriers.

Quelques personnes se situaient dans l'intermédiaire. Mon père était de ceux-là. Il travaillait au bureau; la majorité des gens y parlaient en français.

Beaucoup d'anglophones ne disaient pas un mot en

français. Par contre, la majorité des francophones parlaient anglais. J'ai appris l'anglais en jouant au cow-boy avec des voisins anglophones, les Morin, un nom bien français. Très tôt, j'ai réalisé qu'il y avait bien plus de francophones qui apprenaient l'anglais que l'inverse. C'était sans doute plus important de connaître l'anglais. Et, dans la vie, les gens font d'abord les choses importantes . . . ensuite les secondaires. Généralement, les gens apprennent une langue plus par nécessité que comme loisir culturel.

C'est aussi à cette époque de ma jeunesse que j'ai réalisé que je n'étais absolument pas sportif. A cause d'une faiblesse congénitale, ma vision de l'œil gauche n'est que de 10%; j'ai exclu les sports comme le base-ball et le tennis. Quand je m'essayais dans un sport, le résultat était plus que mauvais. J'ai compensé par la lecture. Et comme nous avions la chance de ne pas appartenir à cette population de victimes qui passent des heures devant le petit écran, j'ai pu lire à mon goût.

—*Yves Beauchemin (avec Mel B. Yoken)*
Entretiens québécois

5

A la claire fontaine

A la claire fontaine,
M'en allant promener,
J'ai trouvé l'eau si claire
Que je m'y suis baigné.

Il y a longtemps que je t'aime,
Jamais je ne t'oublierai.

Cette chanson date du XVIIème siècle. Elle était chantée par les soldats français du Marquis de Montcalm (1712–1759) qui défendaient le Canada français contre les attaques des Anglais.

Jacques Cartier, explorateur français, avait pris possession du Canada au nom du roi de France en 1534, mais depuis la fin du XVIIème siècle les Anglais, établis en Amérique du Nord, cherchaient à s'emparer du Canada. Le Marquis de Montcalm est mort en 1759 en défendant Québec.

Texte

1

Aux Grands Magasins de la Samaritaine. Robert et Mireille sont sur l'escalier roulant. Ils arrivent au quatrième étage, où se trouve le rayon du camping.

Robert: Quatrième . . . c'est ici. Pardon, Monsieur, nous avons l'intention de faire une grande randonnée. Nous voudrions voir ce que vous avez comme matériel de camping. Est-ce que vous pourriez nous conseiller?

Le vendeur: Excusez-moi, le camping, ce n'est pas mon rayon. Je n'y connais rien. Moi, je suis au rayon des poissons rouges. Adressez-vous à mon collègue, là-bas.

2

Robert (*au nouveau vendeur*): Ça vaut combien, une tente comme celle-là?

1. escalier roulant

Un **escalier roulant**.

1. randonnée

* Si on a le temps et si on aime marcher, on peut faire des **randonnées** à pied dans le Massif Central, les Alpes, les Pyrénées. Il y a des cartes spéciales et des itinéraires balisés, en particulier les sentiers de grandes **randonnées** (GR). On peut aussi faire des **randonnées** à cheval à travers toute la France.

1. rayon, poisson rouge

Le vendeur au **rayon** des **poissons rouges**.

2. occasion

Des cravates à 90F, c'est une **occasion!**

2. toile

* Les voiles des bateaux sont faites en **toile**. Les sacs à dos aussi.

2. tapis

Un **tapis** (persan?).

Le vendeur: Ce modèle fait 955F. C'est une excellente occasion à ce prix-là. C'est une petite tente très pratique. C'est de la toile de coton imperméabilisée; vous avez un double toit, un tapis de sol indépendant, une porte avec fermeture à glissière.

Robert: Oui, ça a l'air pas mal. . . .

Et comme sacs à dos, qu'est-ce que vous nous conseillez?

Le vendeur: Ça dépend de ce que vous voulez y mettre. . . .

Robert: Eh bien, nos affaires . . . des vêtements et quelques provisions. . . .

Le vendeur: Non, je veux dire: combien vous voulez y mettre en argent, combien vous voulez dépenser, parce que nous en avons à tous les prix. Tenez, voilà un très bel article pour 1.200F, solide, léger, trois poches, bretelles réglables. . . .

3

Mireille (*à Robert*): Tu dois avoir besoin d'un sac de couchage, non?

Robert: Oui, j'ai été idiot, je n'ai pas apporté le mien. (*Au vendeur*) Qu'est-ce que vous auriez comme sacs de couchage?

Le vendeur: Là aussi, ça dépend de ce que vous voulez y mettre. . . .

2. *fermeture à glissière*

Une **fermeture à glissière**.

2. *vêtements, provisions*

* Si on part pour faire une randonnée, il faut emporter des **vêtements** (un pull, un anorak, des chaussettes . . .) et des **provisions** (des biscuits, des fruits secs, des conserves, des œufs durs . . .).

2. *bretelles*

Des **bretelles**.

Tenez, ce modèle-ci est en solde. Il fait 174F. C'est du nylon, garni de fibres synthétiques. C'est ce qu'il y a de moins cher. Dans le haut de gamme, vous avez ça: c'est du duvet. C'est très chaud, très léger. C'est ce qu'on fait de mieux. Vous ne trouverez pas mieux. C'est le plus beau que nous ayons. En fait, celui-ci est le dernier que nous ayons dans ce modèle.

Mireille: Bon, merci. Nous allons réfléchir. Nous reviendrons. Au revoir!

4

Robert: Ce n'est pas de la blague! Il faudra qu'on revienne. Je ne suis pas équipé du tout; je n'ai rien! Tout ce que j'ai pour aller me promener dans la nature, c'est un maillot de bain. C'est un peu insuffisant! Est-ce qu'on ne pourrait pas s'arrêter au rayon d'habillement, en descendant? Justement, c'est là.

Mireille: Bon, écoute, tu achèteras tes caleçons tout seul. Tu sauras bien te débrouiller sans moi. Il n'y a pas de danger que tu te perdes! Il faut que je m'en aille. Je viens de me rappeler que j'ai rendez-vous avec Hubert. Je te laisse. Je suis curieuse de voir la tête qu'il fera quand je lui dirai que nous avons gagné à la loterie! Bon, au revoir! On se téléphone?

Robert: Quand?

Mireille: Ben, quand tu voudras!

5

Dans la rue, elle rencontre Jean-Pierre Bourdon, qu'elle ne reconnaît pas.

Jean-Pierre: Pardon, Mademoiselle, s'il vous plaît! Mademoiselle, vous auriez du feu?

Mireille (*sans trop le regarder*): Tenez, écoutez, voilà 10F: allez vous acheter une boîte d'allumettes. . . . Ah, c'est vous? Quelle coïncidence!

Jean-Pierre (*la pièce de 10F dans la main*): Ben, vous voilà bien généreuse!

Mireille: Je n'aime pas les dragueurs. . . .

Jean-Pierre: Ah, bon. . . .

Mireille: Et vous n'allez pas me croire, mais je viens de gagner à la Loterie nationale.

Jean-Pierre: Ah? Vous avez gagné à la Loterie nationale?

Mireille: Oui!

Jean-Pierre: Ah, mais ça ne m'étonne pas! Avec tout ce verre blanc cassé. . . .

Mireille: Ah, vous aussi, vous croyez au verre blanc cassé?

Jean-Pierre: Ah, non, non, moi, je ne suis pas superstitieux; mais le verre blanc cassé, alors là, ça marche à tous les coups. C'est vrai, hein! Ça ne rate jamais.

3. en solde

Ce sac de couchage est **en solde**: le prix a été réduit de 424F à 174F.

3. gamme

A la Samaritaine, on peut trouver une **gamme** complète de sacs de couchage, du moins cher (le bas de **gamme**) au plus luxueux (le haut de **gamme**).

3. duvet

Dans les sacs de couchage et les couettes, on utilise du **duvet** de canard ou d'oie.

4. maillot de bain

Un **maillot de bain** (pour homme).

4. caleçon

Un **caleçon**.

5. boîte d'allumettes

Des **boîtes d'allumettes**.

6

Mireille: Vous croyez au verre blanc cassé, mais vous n'êtes pas superstitieux. . . . Et vous passez sous les échelles, vous?

Jean-Pierre: Non, jamais, mais ça, ce n'est pas par superstition. C'est parce qu'une fois, il y en a une qui m'est tombée dessus . . . avec un pot de peinture.

Mireille: Et quand vous renversez une salière sur la table, qu'est-ce que vous faites?

Jean-Pierre: Alors là, je prends un peu de sel et je le jette par-dessus mon épaule gauche.

Mireille: Par-dessus votre épaule gauche? Et pourquoi?

Jean-Pierre: Eh bien, parce que je suis droitier, tiens!

Mireille: Et vous écrasez les araignées?

Jean-Pierre: Ah, les araignées, ça dépend. Le matin seulement: araignée du matin, chagrin; araignée du soir, espoir.

Mireille: Evidemment. . . . Et vous accepteriez d'être treize à table?

Jean-Pierre: Ah, oui, bien sûr! Le nombre treize m'a toujours porté bonheur!

6. sous, dessous, sur, dessus

Jean-Pierre ne passe pas **sous** les échelles. Il ne passe jamais **dessous**.

Une échelle lui est tombée **dessus**, et il a reçu le pot de peinture **sur** la tête.

6. salière

Une **salière** debout, une **salière** renversée.

6. par-dessus

Jean-Pierre jette du sel **par-dessus** son épaule gauche.

6. droitier, gaucher

JE SUIS DROITIER   JE SUIS GAUCHER

6. araignée

Une **araignée**.

6. chagrin

* Mme Courtois a eu beaucoup de **chagrin** quand la mère de Minouche est morte.

* "Plaisir d'amour ne dure qu'un moment,
Chagrin d'amour dure toute la vie."
(Chanson du début du siècle)

6. espoir

* L'**espoir** fait vivre. (Dicton)

* Tant qu'il y a de la vie, il y a de l'**espoir**. (Dicton)

* Il n'y a plus d'**espoir**. Tout est fini.

* Je n'espère rien. Je n'ai aucun **espoir**.

7

A ce moment-là, Jean-Pierre lève les yeux pour regarder le numéro treize sur l'immeuble devant lequel ils passent, et il se fait mal à la jambe en heurtant une borne sur le trottoir: "Ah, ah . . . ah, si, si, ah. . . ."

Mireille: Bon, allez, ce n'est pas la peine, ça ne marche pas, ce truc-là, avec moi! . . .
Jean-Pierre: Aïe, si, si, aïe, ouille!
Mireille: Bon, vous ne vous êtes pas fait mal?
Jean-Pierre: Ah, si, ben si!
Mireille: Bon, il faut que j'y aille. Salut!

7. borne

Une **borne**.

🎧 Mise en œuvre

Ecoutez la mise en œuvre du texte et répondez aux questions suivantes.

1. Où Robert et Mireille sont-ils?
2. A quel étage s'arrêtent-ils?
3. Qu'est-ce qu'ils ont l'intention de faire pendant l'été?
4. De quoi est-ce qu'ils ont besoin pour leur randonnée?
5. A quel rayon travaille le premier vendeur?
6. Combien coûte la première tente qu'ils regardent?
7. En quoi est la tente?
8. De quoi d'autre Robert a-t-il besoin?
9. Combien coûtent les sacs à dos?
10. Qu'est-ce que Robert n'a pas apporté des Etats-Unis?
11. Pourquoi le sac de couchage que lui montre le vendeur est-il peu cher?
12. Quels sont les avantages du sac de couchage haut de gamme?
13. Qu'est-ce que Robert a comme vêtements pour cette randonnée?
14. Où Robert veut-il s'arrêter?
15. Pourquoi Mireille pense-t-elle que Robert n'a pas besoin d'elle au rayon vêtements?
16. Pourquoi doit-elle quitter Robert?
17. Qu'est-ce que Mireille donne au type qui lui demande du feu?
18. Qu'est-ce qu'elle lui dit de faire de cet argent?
19. Quel type d'hommes Mireille n'aime-t-elle pas?
20. Pourquoi Jean-Pierre ne passe-t-il plus sous les échelles?
21. Que fait Jean-Pierre quand il a renversé une salière sur la table?
22. Pourquoi jette-t-il le sel par-dessus son épaule gauche?
23. Qu'est-ce qu'on dit en France au sujet des araignées?
24. Pourquoi Jean-Pierre aime-t-il le nombre treize?

Mise en question

1. Où se trouve le rayon des poissons rouges? A quel étage? Près de quel autre rayon?

2. Pourquoi le premier vendeur à qui Robert demande des renseignements sur le matériel de camping ne peut-il pas répondre? Est-ce qu'il s'y connaît, en matériel de camping?

3. Qu'est-ce qu'on met dans un sac à dos, normalement? De quelle autre façon peut-on dire "Combien voulez-vous dépenser pour ça?"? Qu'est-ce qui intéresse le vendeur, ce que Robert a l'intention de mettre dans son sac à dos, ou ce que Robert est prêt à payer?

4. Normalement, est-ce qu'un article qui est en solde est plus cher ou moins cher qu'un article qui n'est pas en solde? Normalement, est-ce qu'un article haut de gamme est plus cher ou moins cher qu'un article bas de gamme?

5. Si vous êtes dans un magasin et que vous voulez partir sans acheter aucun des articles que le vendeur vous a montrés, qu'est-ce que vous pouvez dire? Quand on dit ça, est-ce qu'on a vraiment l'intention de revenir, ou est-ce que c'est une formule toute faite? Est-ce que Robert, lui, a l'intention de revenir? Pourquoi?

6. Pourquoi Mireille dit-elle à Robert qu'elle a rendez-vous avec Hubert? Parce qu'il faut qu'elle explique à Robert pourquoi elle le quitte? Parce qu'elle dit toujours la vérité, toute la vérité, rien que la vérité? Parce qu'elle pense que ça va exciter la jalousie de Robert, et que ça l'amuse? Pourquoi tient-elle à dire à Hubert que Robert et elle ont gagné à la loterie? Quelle va être la réaction d'Hubert?

7. Quand Mireille donne 10 francs à Jean-Pierre et lui dit d'aller s'acheter une boîte d'allumettes, est-ce que c'est simplement un moyen de se débarrasser de lui? Ou bien, est-ce que c'est une façon de le remettre à sa place, d'insulter le dragueur?

8. Quand Jean-Pierre dit à Mireille qu'elle est bien généreuse, est-ce qu'il le pense vraiment ou est-ce que c'est un moyen d'ignorer l'insulte en plaisantant?

9. A votre avis, est-ce que 10 francs, c'est trop ou pas assez pour acheter des allumettes? Pour bien remettre le dragueur à sa place, il vaut mieux lui donner 2 francs ou 10 francs (ou plus)? Comment Mireille explique-t-elle sa générosité?

10. Est-ce que Jean-Pierre est superstitieux? Qu'est-ce qui le prouve? Est-ce que vous connaissez des gens qui sont superstitieux? Est-ce que vous connaissez des gens qui admettent qu'ils sont superstitieux? Et vous-même, vous êtes superstitieux ou superstitieuse?

11. Qu'est-ce que vous pensez de l'attitude de Mireille envers Jean-Pierre? Est-ce qu'elle l'ignore complètement, comme elle l'avait fait au jardin du Luxembourg? Pourquoi? Comment le traite-t-elle? Est-ce qu'elle lui dit des injures, est-ce qu'elle est insultante, ou est-ce qu'elle se moque simplement de lui? Est-ce qu'elle est grossière, vulgaire, malpolie, désagréable avec lui? Est-ce qu'elle se laisse draguer? Qui est-ce qui a le dessus, dans cette rencontre? Si vous aviez été à la place de Mireille, qu'est-ce que vous auriez fait? Qu'est-ce que vous auriez dit?

Documents

Camping sauvage.

Camping organisé: terrain de
camping dans les Pyrénées.

2

Que feriez-vous si vous gagniez à la Loterie?

1933: Premier tirage de la Loterie nationale

Le premier tirage, qui a lieu le 7 novembre au Trocadéro à Paris, est retransmis en direct à la radio.

Numéro 18 414, série H. A Tarascon, Paul Bonhoure, coiffeur, apprend qu'il vient de gagner le gros lot de cinq millions (équivalent de 12 millions de francs actuels soit environ $2,500,000). La petite histoire raconte que le figaro doit en fait sa fortune à son commis Albin Bin qu'il avait envoyé acheter le fameux billet. Devant le guichet du percepteur, Albin Bin, dit "Binbin," en galant homme s'efface devant une jeune femme. Il achète les deux billets suivants et laisse son patron en choisir un.

Riche mais pas oublieux

Paul Bonhoure se rend à Paris pour toucher son chèque, descend même les Champs-Elysées, comme un chef d'Etat. Devenu riche mais pas oublieux, il fit refaire de fond en comble son salon de coiffure avant de le donner à "Binbin." Et jusqu'à sa mort en 1965, Paul Bonhoure mena une vie confortable.

—*Extrait d'un article de Pierre-Marie Giraud*
Journal français d'Amérique, *25 janvier–7 février 1991*

VOIX EXPRESS: Que feriez-vous si vous gagniez au Loto?

▶ **Chantal Mairand**
▶ **45 ans**
▶ **Artisan**
▶ **Montreuil (93)**

«J'arrête de travailler tout de suite. Je change de vie tout de suite. Et puis je fonce sur une île au soleil, où il n'y a pas un chat! Rien faire, juste ce qui me plaît. Je vivrais de ma pêche et je ferais le tour des îles en bateau. Je ne mettrais surtout pas mon argent à la banque, mais plutôt dans l'immobilier.»

▶ **Donald Corinaldi**
▶ **70 ans**
▶ **Retraité**
▶ **Paris IXe**

«Tout de suite j'achète un bel appartement meublé, comme il faut. Le reste, je le place à la banque dans des Sicav. Un investissement sûr. Les vacances, les voyages, tout ça, je n'ai pas besoin. Je connais déjà tous les Etats-Unis. Je suis né à New-York à Long Island. Tout est pareil. Le soleil, c'est pas mon truc! La campagne non plus, c'est pas mon truc! Je resterais dans Paris: c'est une histoire d'amour.»

▶ **Raoul Ecepa**
▶ **44 ans**
▶ **Maçon**
▶ **Neuilly (92)**

«J'achèterais ou plutôt je rachèterais ma voiture. J'ai été obligé de la vendre: une belle turbo! Je penserais à mes enfants: une maison pour ma fille et une autre pour mon fils. Ensuite, je placerais l'argent pour bien vivre. Je voudrais trouver un travail moins dur que le mien dans le bâtiment. Après je partirais au Brésil un à deux mois parce que ma famille habite encore là-bas.»

▶ **Antonio Guerreiro**
▶ **53 ans**
▶ **Contrôleur**
▶ **Paris XVIe**

«Qu'est-ce que je ferais? J'en sais rien! Eh bien, j'achèterais une maison dans les Yvelines. Je partirais pour les Etats-Unis, au Texas, au pays des cow-boys. S'il me reste quelque chose, je me paierais une maison au bord de la mer. Mais en tout cas, je continuerais à jouer à la pétanque à Dauphine. Et puis, je jouerais toujours aux courses . . . mais un petit peu plus!»

▶ **Jacques Antoine**
▶ **49 ans**
▶ **Employé aux PTT**
▶ **Rosny (93)**

«Je placerais tout de suite mon argent dans l'immobilier. Pas question de tout dépenser d'un coup. Mais je n'oublierais pas de me faire plaisir, une villa, une BMW. Je ferais des cadeaux à ma fille et à ma femme. J'essaierais de faire des dons pour les enfants handicapés. Mais en aucun cas je ne changerais de ville. Je suis bien comme je suis.»

—Le Parisien, *15 juillet 1992*

Dépenser ou investir?

▶ 43% des Français préfèrent dépenser l'argent, 43% préfèrent l'encaisser.
▶ S'ils recevaient un million de francs «tombés du ciel» (héritage, Loto, indemnité de licenciement . . .), 23% des Français seraient prêts à les risquer dans une entreprise qu'ils créeraient, 17% en actions cotées en bourse, 7% en les avançant à quelqu'un dont ils seraient convaincus qu'il va réussir.

—Francoscopie 93

3

Il faut être raisonnable

Ce qui m'étonne, moi, c'est qu'à la maison on n'a pas encore parlé de vacances! Les autres années, Papa dit qu'il veut aller quelque part, Maman dit qu'elle veut aller ailleurs, ça fait des tas d'histoires. Papa et Maman disent que puisque c'est comme ça, ils préfèrent rester à la maison, moi je pleure, et puis on va où voulait aller Maman. Mais cette année, rien.

Pourtant, les copains de l'école se préparent tous à partir. Geoffroy, qui a un papa très riche, va passer ses vacances dans la grande maison que son papa a au bord de la mer. Geoffroy nous a dit qu'il a un morceau de plage pour lui tout seul, où personne d'autre n'a le droit de venir faire des pâtés. Ça, c'est peut-être des blagues, parce qu'il faut dire que Geoffroy est très menteur.

Agnan, qui est le premier de la classe et le chouchou de la maîtresse, s'en va en Angleterre passer ses vacances dans une école où on va lui apprendre à parler l'anglais. Il est fou, Agnan.

Alceste va manger des truffes en Périgord, où son papa a un ami qui a une charcuterie. Et c'est comme ça pour tous: ils vont à la mer, à la montagne ou chez leurs mémés à la campagne. Il n'y a que moi qui ne sais pas encore où je vais aller, et c'est très embêtant, parce qu'une des choses que j'aime le mieux dans les vacances, c'est d'en parler avant et après aux copains.

C'est pour ça qu'à la maison, aujourd'hui, j'ai demandé à Maman où on allait partir en vacances. Maman, elle a fait une drôle de figure, elle m'a embrassé sur la tête et elle m'a dit que nous allions en parler "quand Papa sera de retour, mon chéri," et que j'aille jouer dans le jardin, maintenant.

Alors, je suis allé dans le jardin et j'ai attendu Papa, et quand il est arrivé de son bureau, j'ai couru vers lui; il m'a pris dans ses bras, il m'a fait "Ouplà!" et je lui ai demandé où nous allions partir en vacances. Alors, Papa a

cessé de rigoler, il m'a posé par terre et il m'a dit qu'on allait en parler dans la maison, où nous avons trouvé Maman assise dans le salon.

—Je crois que le moment est venu, a dit Papa.

—Oui, a dit Maman, il m'en a parlé tout à l'heure.

—Alors, il faut le lui dire, a dit Papa.

—Eh bien, dis-lui, a dit Maman.

—Pourquoi moi? a demandé Papa; tu n'as qu'à lui dire, toi.

—Moi? c'est à toi de lui dire, a dit Maman; l'idée est de toi.

—Pardon, pardon, a dit Papa, tu étais d'accord avec moi, tu as même dit que ça lui ferait le plus grand bien, et à nous aussi. Tu as autant de raisons que moi de le lui dire.

—Ben alors, j'ai dit, on parle des vacances, ou on ne parle pas des vacances? Tous les copains partent et moi je vais avoir l'air d'un guignol si je ne peux pas leur dire où nous allons et ce que nous allons y faire.

Alors, Papa s'est assis dans le fauteuil, il m'a pris par les mains et il m'a tiré contre ses genoux.

—Mon Nicolas est un grand garçon raisonnable, n'est-ce pas? a demandé Papa.

—Oh! oui, a répondu Maman, c'est un homme maintenant!

Moi, j'aime pas trop quand on me dit que je suis un grand garçon, parce que d'habitude, quand on me dit ça, c'est qu'on va me faire faire des choses qui ne me plaisent pas.

—Et je suis sûr, a dit Papa, que mon grand garçon aimerait bien aller à la mer!

—Oh! oui, j'ai dit.

—Aller à la mer, nager, pêcher, jouer sur la plage, se promener dans les bois, a dit Papa.

—Il y a des bois, là où on va? j'ai demandé. Alors c'est pas là où on a été l'année dernière?

—Ecoute, a dit Maman à Papa. Je ne peux pas. Je me demande si c'est une si bonne idée que ça. Je préfère y renoncer. Peut-être, l'année prochaine. . . .

—Non! a dit Papa. Ce qui est décidé est décidé. Un peu de courage, que diable! Et Nicolas va être très raisonnable; n'est-ce pas, Nicolas?

Moi j'ai dit que oui, que j'allais être drôlement raisonnable. J'étais bien content, avec le coup de la mer et de la plage, j'aime beaucoup ça. La promenade dans les bois, c'est moins rigolo, sauf pour jouer à cache-cache; alors là, c'est terrible.

—Et on va aller à l'hôtel? j'ai demandé.

—Pas exactement, a dit Papa. Je . . . je crois que tu coucheras sous la tente. C'est très bien, tu sais. . . .

Alors là, j'étais content comme tout.

—Sous la tente, comme les Indiens dans le livre que m'a donné tante Dorothée? j'ai demandé.

—C'est ça, a dit Papa.

—Chic! j'ai crié. Tu me laisseras t'aider à monter la tente? Et à faire du feu pour cuire le manger? Et tu m'apprendras à faire de la pêche sous-marine pour apporter des gros poissons à Maman? Oh! ça va être chic, chic, chic!

Papa s'est essuyé la figure avec son mouchoir, comme s'il avait très chaud, et puis il m'a dit:

—Nicolas, nous devons parler d'homme à homme. Il faut que tu sois très raisonnable.

—Et si tu es bien sage et tu te conduis comme un grand garçon, a dit Maman, ce soir, pour le dessert, il y aura de la tarte.

—Et je ferai réparer ton vélo, comme tu me le demandes depuis si longtemps, a dit Papa. Alors, voilà. . . . Il faut que je t'explique quelque chose. . . .

—Je vais à la cuisine, a dit Maman.

—Non! reste! a dit Papa. Nous avions décidé de le lui dire ensemble. . . .

Alors Papa a toussé un peu dans sa gorge, il m'a mis ses mains sur les épaules et puis il m'a dit:

—Nicolas, mon petit, nous ne partirons pas avec toi en vacances. Tu iras seul, comme un grand.

—Comment, seul? j'ai demandé. Vous ne partez pas, vous?

—Nicolas, a dit Papa, je t'en prie, sois raisonnable. Maman et moi, nous irons faire un petit voyage, et comme nous avons pensé que ça ne t'amuserait pas, nous avons décidé que toi tu irais en colonie de vacances. Ça te fera le plus grand bien, tu seras avec des petits camarades de ton âge et tu t'amuseras beaucoup. . . .

—Bien sûr, c'est la première fois que tu seras séparé de nous, Nicolas, mais c'est pour ton bien, a dit Maman.

—Alors, Nicolas, mon grand . . . qu'est-ce que tu en dis? m'a demandé Papa.

—Chouette! j'ai crié, et je me suis mis à danser dans le salon. Parce que c'est vrai, il paraît que c'est terrible, les colonies de vacances: on se fait des tas de copains, on fait des promenades, des jeux, on chante autour d'un gros feu, et j'étais tellement content que j'ai embrassé Papa et Maman.

Pour le dessert, la tarte a été très bonne, et j'en ai eu plusieurs fois parce que ni Papa ni Maman n'en ont mangé. Ce qui est drôle, c'est que Papa et Maman me regardaient avec des gros yeux ronds. Ils avaient même l'air un peu fâché.

Pourtant, je ne sais pas, moi, mais je crois que j'ai été raisonnable, non?

—*René Goscinny*
Les Vacances du petit Nicolas

Leçon **44** Pensez vacances II

Texte

Avant d'aller retrouver Hubert, Mireille va faire un tour place Vendôme. . . . Elle arrive chez

Angélina, rue de Rivoli, où Hubert l'attend pour déjeuner.

Mireille: Hubert! Tu ne devineras jamais! Je te le donne en mille!

Hubert: Puisque je ne devinerai jamais, dis-le-moi tout de suite.

Mireille: Nous avons gagné à la loterie!

Hubert: Qui ça, "nous"?

Mireille: Eh bien, Robert et moi, pardi!

Hubert: C'est une honte! La loterie est une des institutions les plus immorales de notre triste époque. Il n'y a que le loto et le tiercé qui soient pires.

Mireille: Mais qu'est-ce que ça a de si honteux que ça, la loterie?

Hubert: D'abord, ça décourage les vertus capitales de notre société capitaliste: le travail, l'économie, l'épargne. Et puis, ça encourage la paresse; au lieu de compter sur leur travail, les gens ne comptent plus que sur leur chance. Ils vivent dans l'attente du jeudi matin.

Mireille: Mais je croyais que tu jouais aux courses à Longchamp, non?

Hubert: Ce n'est pas la même chose, parce que moi, je travaille pour l'amélioration de la race chevaline!

---

1. donner en mille

* Je te le **donne en mille**! Je parie un contre mille que tu ne devineras pas.

1. pardi!

* **Pardi!** Evidemment! Bien sûr!

1. tiercé

1. épargne

* Ne dépensez pas tout ce que vous gagnez. **Epargnez** pour vos vieux jours.
* L'**épargne** est à la base du système capitaliste.
* Les gens qui n'ont pas beaucoup d'argent peuvent placer leurs économies à la caisse d'**épargne**. Ça ne rapporte pas un gros intérêt, mais c'est un placement sûr. La caisse d'**épargne** est gérée par l'Etat.

1. paresse

* Marie-Laure est **paresseuse**; elle n'aime pas travailler.
* La **paresse** est la mère de tous les vices. (Tante Georgette)

2

Pendant ce temps, Robert essaie courageusement de faire quelques achats. Il est au rayon des chaussures à la Samaritaine.

Le vendeur: Vous cherchez des bottes?

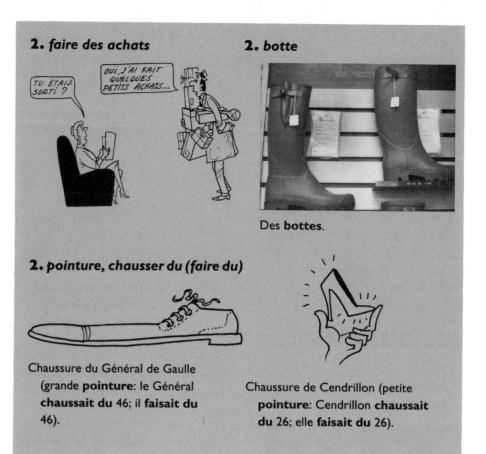

2. faire des achats

TU ÉTAIS SORTI?

OUI, J'AI FAIT QUELQUES PETITS ACHATS...

2. botte

Des **bottes.**

2. pointure, chausser du (faire du)

Chaussure du Général de Gaulle (grande **pointure**: le Général **chaussait du 46**; il **faisait du** 46).

Chaussure de Cendrillon (petite **pointure**: Cendrillon **chaussait du 26**; elle **faisait du** 26).

Robert: Non. Je voudrais des chaussures que je puisse mettre pour conduire et pour faire de la marche. Quelque chose qui soit solide, mais pas trop lourd.

Le vendeur: Quelle est votre pointure?

Robert: Comment?

Le vendeur: Du combien chaussez-vous?

Robert: Ah! Je chausse du onze et demi.

Le vendeur: Vous, du onze et demi? Vous plaisantez! Vous faites au moins du 43, je dirais même du 44!

3

Robert: Mais je vous assure! La dernière fois que j'ai acheté des chaussures (c'était à Boston, cet hiver), c'était du onze et demi. Tenez, ce sont justement celles que j'ai aux pieds.

Le vendeur: Eh bien, elles devaient être élastiques! Elles ont grandi depuis cet hiver. Du onze et demi! Ha, ha! Vous autres Américains, vous ne dévaluez pas le dollar, mais vous avez certainement dévalué vos pointures! Asseyez-vous, que je prenne vos mesures. . . . 44 juste!

C'est bien ce que je pensais. Oh, je ne me trompe pas souvent. J'ai le compas dans l'œil!

Robert: Un compas dans l'œil? Ça ne vous gêne pas pour prendre les mesures?

4

Mireille arrive chez Tante Georgette, toujours très excitée.

Georgette: Alors, qu'est-ce que ton père m'a dit? Tu as gagné à la loterie?

Mireille: Oui!

3. prendre les mesures

Robert enlève ses chaussures pour que le vendeur puisse **prendre ses mesures.**

Georgette: Gagner à la Loterie nationale, mon rêve! Mais aujourd'hui, il n'y en a plus que pour les jeunes. . . . Eh bien, les vieux n'ont plus qu'à crever dans leur coin, ou trier des lentilles. . . .

Mireille: Bon, attends, je vais t'aider.

Georgette: Mmm, celle-là, non! . . . Non, celle-là, non!

Mireille: Elle n'est pas bonne?

Georgette: Non! . . . Ah, c'est Georges qui les aimait, les lentilles. . . .

Mireille: Georges?

Georgette: Non, pas ton cousin, non. . . . Georges, Georges de Pignerol, il s'appelait. Tu ne l'as pas connu. Tes parents ne l'aimaient pas, ils ne voulaient pas le voir. Quel bel homme! Grand, brun, distingué. . . . Je l'avais rencontré, un soir, sur le boulevard des Italiens. On avait pris un café. On se comprenait. . . . On voulait monter ensemble un salon de coiffure pour chiens. On avait réuni nos économies pour acheter un très beau magasin. Ton père n'était pas d'accord. Il a été très désagréable avec Georges. Georges ne l'a pas supporté. Il est parti . . . et je ne l'ai jamais revu. . . . Alors, dis-moi, c'est combien que tu as gagné à la loterie?

3. avoir le compas dans l'œil

Un **compas.**

* Le vendeur **a le compas dans l'œil:** il n'a pas eu besoin de **compas** pour voir que Robert chaussait du 44; il l'a deviné en regardant les pieds de Robert.

3. gêner

* Marie-Laure, éteins la télé! Le bruit me **gêne** pour travailler!
* J'ai une petite pierre dans ma chaussure, ça me **gêne** pour marcher.

4. rêve

Le **rêve** de Tante Georgette.

4. il n'y en a que pour

* Il **n'y en a** plus **que pour** les jeunes. Tout est pour les jeunes, rien pour les vieux. On ne s'occupe que des jeunes.

4. crever

* Les vieux peuvent **crever** dans leur coin, ils peuvent mourir tout seuls.

4. trier

Georgette **trie** des lentilles. (Dans les paquets de lentilles, on trouve aussi de petites pierres, des cailloux. Il faut donc **trier** les lentilles pour enlever les cailloux et les lentilles qui ont noirci et qui risqueraient de donner mauvais goût.)

4. salon de coiffure

Un **salon de coiffure** pour chiens.

5

Georgette: 40.000F? Mais qu'est-ce que tu vas faire de tout cet argent?

Mireille: Ben, je ne sais pas. J'ai téléphoné à Cécile, tout à l'heure, pour lui annoncer la nouvelle; elle me conseille de garder l'argent pour quand je serai mariée. Son mari dit que je devrais acheter un terrain. Il dit que c'est le placement le plus sûr. Papa voudrait que j'achète des tableaux qui vaudront des millions dans dix ans. . . . Et toi, qu'est-ce que tu me conseilles?

Georgette: Eh bien, c'est bien égoïste, tout ça, hein! Moi, si j'étais toi, je ferais une donation à la SPA.

Mireille: La SPA? Qu'est-ce que c'est que ça?

Georgette: Mais la Société Protectrice des Animaux, voyons! Et puis, tu pourrais m'aider pour mon cimetière de chiens. Pas vrai, Fido?

6

Robert est toujours au rayon des chaussures. . . .

Le vendeur: Vous voulez des chaussures de montagne?

Robert: Non, j'ai peur que ce soit trop lourd. Tout de même, pour la marche, il vaudrait mieux des chaussures montantes, pas des souliers bas.

Le vendeur: Voilà ce qu'il vous faut: des Pataugas. Ce sont des chaussures montantes. Ça tient très bien la cheville, mais c'est très souple, très léger. Vous avez des semelles anti-

5. nouvelle

* Je ne lis plus les journaux: il n'y a que des **nouvelles** catastrophiques.
* —Tu as des **nouvelles** de Ghislaine?
  —Oui, je viens de recevoir une carte. Mais je n'ai aucune **nouvelle** de Tonton Guillaume: il n'écrit pas, il ne téléphone pas. . . .
* Pas de **nouvelles**, bonnes **nouvelles**! (Tante Georgette)

5. terrain

* Les Courtois ont acheté un petit **terrain** au Pays Basque. Ils vont faire construire une maison.
* On vend les **terrains** au mètre carré.
* La villa des Besson, à Provins, n'est pas très grande, mais il y a beaucoup de **terrain** autour.

5. valoir

* En 1905, les tableaux de Picasso ne **valaient** pas très cher. Ils **valent** des fortunes maintenant.
* Les tableaux d'Ambrogiani **vaudront** très cher dans quelques années.

5. cimetière

Un **cimetière** de chiens.

dérapantes. Avec ça, vous ne pouvez pas glisser. Essayez-les, vous verrez. . . . Comment vous vont-elles?

Robert: Pas mal, mais celle de gauche me serre un peu.

Le vendeur: Oh, ce n'est rien, vous vous y habituerez.

7

Robert: Combien valent-elles?

Le vendeur: 450 francs.

Robert: Celle de droite est vraiment très bien, mais celle de gauche me serre vraiment. . . . Et si je ne prenais que celle de droite, ce serait combien?

Le vendeur: 450 francs. Je regrette, Monsieur, mais nous ne les vendons pas séparément.

Robert: Vraiment? Bon, alors, tant pis, je prendrai la paire. Celle de droite est réellement très bien. Je m'y sens très bien!

Le vendeur: Vous n'avez pas besoin de sandales, d'espadrilles, de pantoufles?

Robert: Non, merci; pas aujourd'hui.

6. chaussure de montagne

Des **chaussures de montagne**.

6. chaussure montante, soulier bas

Une **chaussure montante**.

Un **soulier bas**.

6. semelle, antidérapant

Si vous avez des **semelles anti-dérapantes** Agrippine, vous ne glisserez pas.

S'il avait eu des **semelles anti-dérapantes**, il n'aurait pas glissé.

6. serrer

CELLE DE GAUCHE ME SERRE UN PEU. CELLE DE DROITE EST TROP GRANDE.

7. sandale, espadrille, pantoufle

Des **sandales**.

Des **espadrilles**.

Des **pantoufles**.

🎧 **Mise en œuvre**

Ecoutez la mise en œuvre du texte et répondez aux questions suivantes.

1. Où Hubert et Mireille se sont-ils donné rendez-vous?
2. Qu'est-ce qu'Hubert ne devinera jamais?
3. Qu'est-ce qu'Hubert pense de l'institution de la loterie?
4. Pour lui, qu'est-ce qui est encore pire que la loterie?
5. D'après Hubert, qu'est-ce que l'institution de la loterie décourage?
6. Qu'est-ce que ça encourage?
7. Que font les gens qui jouent à la loterie?
8. A quoi Hubert joue-t-il?
9. Pourquoi pense-t-il que ce n'est pas la même chose que de jouer à la loterie?
10. Où Robert va-t-il pendant ce temps-là?
11. Quel genre de chaussures Robert cherche-t-il?
12. Quelle est sa pointure?
13. Dans le système français, du combien chausse-t-il?
14. Où et quand Robert a-t-il acheté les chaussures qu'il porte maintenant?
15. Pourquoi le vendeur demande-t-il à Robert de s'asseoir?
16. Qui Mireille va-t-elle voir après le déjeuner avec Hubert?
17. De quoi Georgette a-t-elle toujours rêvé?
18. De qui Georgette parle-t-elle?
19. Comment était-il physiquement?
20. Qu'est-ce que Georgette et lui pensaient faire ensemble?
21. Pourquoi Georges a-t-il dû quitter Georgette?
22. Qu'est-ce que Cécile pense que Mireille devrait faire de son argent?
23. Selon le mari de Cécile, qu'est-ce qui est un excellent placement?
24. Qu'est-ce que M. Belleau conseille à Mireille de faire?
25. Que ferait Georgette si elle avait cet argent?
26. Quelles sont les chaussures qui sont bien pour la marche?
27. Pourquoi le vendeur recommande-t-il des Pataugas?
28. Pourquoi ne peut-on pas glisser avec des Pataugas?
29. Comment les chaussures qu'il essaie vont-elles à Robert?
30. Qu'est-ce que le vendeur essaie de vendre à Robert, en plus des Pataugas?

Mise en question

1. Pourquoi Mireille avait-elle tellement envie de voir Hubert? Est-ce qu'elle est amoureuse de lui? Est-ce qu'elle ne peut pas se passer de lui? Ou bien elle était simplement impatiente de lui annoncer la nouvelle? Pourquoi? Pour jouir de sa surprise? Quelle autre raison pouvait-elle avoir?

2. Pourquoi Hubert attaque-t-il si violemment la loterie? Est-ce qu'il pense vraiment que c'est si honteusement immoral? Quelle autre raison peut-il avoir?

3. Quel genre de courses y a-t-il à Longchamp? Des courses à pied, des courses de chevaux, des courses d'auto, des courses cyclistes?

4. Dans le système français, le onze et demi est une pointure d'enfant ou d'adulte? Et dans le système américain?

5. A quoi sert un compas? A mesurer, à peser, à mieux voir? Qu'est-ce qu'on dit de quelqu'un qui estime les mesures avec beaucoup d'exactitude?

6. Hubert disait (leçon 33) qu'il n'y en avait plus que pour la classe ouvrière. Et Tante Georgette, de quoi se plaint-elle? Qu'est-ce qu'elle dit? Pourquoi dit-elle ça? D'après cette remarque amère, pourquoi Mireille aurait-elle gagné à la loterie et pas elle?

7. Est-ce que Tante Georgette achète des lentilles toutes préparées, en conserve? Ou est-ce qu'elle les fait cuire elle-même? Est-ce que les lentilles sont un plat cher? Vous vous rappelez ce qu'on a servi au dîner chez les Belleau (leçon 33)? A votre avis, qu'est-ce qui coûte le moins cher, des lentilles ou du foie gras?

8. Voyez comme Mireille est gentille, compatissante! Qu'est-ce qu'elle fait pour sa pauvre Tante Georgette qui n'a jamais gagné à la loterie et n'a plus qu'à crever dans son coin en triant des lentilles?

9. Qui était ce Georges de Pignerol? Pourquoi est-ce que Mireille ne l'a jamais connu? A votre avis, est-ce qu'il aimait sincèrement Tante Georgette ou est-ce qu'il s'intéressait surtout à ses économies?

10. A votre avis, est-ce que ce Georges est parti parce que M. Belleau n'a pas été aimable avec lui ou pour une autre raison? Où pensez-vous que sont les économies de Tante Georgette maintenant? Qu'est-ce qu'elles sont devenues?

11. Est-ce que vous pensez que Mireille devrait suivre le conseil de son père et acheter des tableaux? Est-ce que c'est un bon conseil? Pourquoi?

12. Que pensez-vous des différentes suggestions faites à Mireille, sur le plan moral? Et sur le plan financier? Si vous étiez à la place de Mireille, qu'est-ce que vous feriez?

Documents

1

Evénements (extrait)

Avez-vous des nouvelles?
Des nouvelles de quoi?
Des nouvelles du monde
des nouvelles du monde . . . il paraît qu'il va changer
la vie va devenir très belle
tous les jours on pourra manger

il y aura beaucoup de soleil
tous les hommes seront grandeur naturelle
et personne ne sera humilié. . . .

—*Jacques Prévert*
  Paroles

2

Loteries et courses de chevaux

En 1991, les Français ont joué un peu plus de 70 milliards de francs, dont la moitié au PMU.

Le chiffre d'affaires des jeux dépasse sans doute 90 milliards de francs si l'on tient compte des jeux clandestins (cercles non autorisés, jeux de rue du type bonneteau . . .). Les paris sur les courses (PMU) ont attiré en 1991 près de 35 milliards de francs et concernent, au moins occasionnellement, 8 millions de personnes. Parmi elles, un million jouent régulièrement et 100 000 tous les jours (4 000 fréquentent quotidiennement les hippodromes parisiens). Le montant moyen des paris est d'environ 30 francs par ticket de PMU.

Au classique tiercé s'est ajouté en 1976 le quarté, avec une espérance de gain plus importante, puis le quarté en 1987. Fin 1989 arrivait le quinté, qui a permis à quelques joueurs chanceux de devenir millionnaires.

La clientèle du PMU est plus homogène que celle du Loto. Elle est essentiellement constituée d'hommes (plus de 80%) et les catégories sociales les plus représentées sont les ouvriers (35%) et les inactifs (26%).

Les joueurs cherchent autant à rêver qu'à s'enrichir.

Le plaisir de jouer est souvent aussi important que l'appât du gain. Pour les amateurs de tiercé, le plaisir consiste à retrouver chaque dimanche les copains au bistrot. Car le jeu n'est pas une activité solitaire; il est bien souvent un acte social, un prétexte à se réunir autour d'un thème.

Les jeux modernes fournissent de nouveaux supports aux rêves de fortune des Français. Avec le Loto ou le tiercé, chacun peut établir sa combinaison personnelle et livrer son propre combat contre le hasard. Si les courses de chevaux ne sont pas des jeux de hasard, elles sont cependant considérées comme telles par la plupart des Français qui, chaque dimanche, jouent leur date de naissance ou le numéro d'immatriculation de leur voiture.

▶ 41% des Français sont favorables aux jeux d'argent comme le Loto ou le tiercé, 32% opposés, 25% indifférents.
▶ 16% des Français jouent régulièrement au Loto, 24% occasionnellement, 60% jamais ou pratiquement jamais.

—Francoscopie 93

3

L'Ordre et le désordre ou le tiercé

Ça y est! . . . J'ai gagné le tiercé! (*Heureux et ému*): J'ai gagné! (*Les larmes aux yeux*): J'ai gagné! (*Avec conviction et repentir*): O mon Dieu! pourquoi m'avez-vous procuré une si grande joie? . . . Que vous ai-je fait? Oh! Je sais! Vous allez me dire:

—Tu n'avais pas à jouer au tiercé! Tu n'as que ce que tu mérites! C'est bien fait pour toi!

C'est vrai! . . . Pourtant, je l'ai fait sans malice. Oui, j'ai joué! J'ai joué! Le huit, le trois et le quatre dans l'ordre! Comme j'aurais pu jouer le quatre, le huit et le trois dans le désordre! Ce n'était pas prémédité!

Mon Dieu, je vous jure que je n'ai pas joué dans l'espoir de gagner! . . . Mes intentions étaient pures! Je n'ai fait que suivre l'exemple des autres. . . . Tout le monde joue au tiercé et personne ne gagne jamais. . . . Alors . . . pourquoi moi? . . . Peut-être vouliez-vous m'éprouver? . . . Si c'est cela, je déchire mon ticket!

(*Sur le point de le faire*): Mon Dieu, donnez-moi la force et le courage de renoncer aux biens de ce monde! (*Hésitant*): O mon Dieu! pourquoi retenir mon bras! . . . Non! Non! Laissez-moi faire. . . . Pourquoi m'empêchez-vous de déchirer ce ticket? N'avons-nous pas toujours vécu humblement, ma femme, mon fils, et moi, dans l'ordre? Dans un trois-pièces: chambre, cuisine, toilettes, dans le désordre? N'ai-je pas toujours gardé à mes côtés la sainte femme que vous m'avez choisie en pénitence de mes fautes? N'ai-je pas résisté cent fois à la tentation de la chair, lorsque celle-ci se présentait à moi en jupe courte et en pull collant? Ne souriez plus, laissez-moi déchirer mon ticket (*nouvelle tentative*), je n'en ai plus la force! Je sens que vous m'abandonnez!

Seigneur! Vous qui m'avez toujours maintenu dans une certaine pauvreté, ne permettez pas que votre serviteur sombre dans l'opulence! Avec la bénédiction, là-haut, du Père, du Fils et du Saint-Esprit, dans l'ordre! Je resterai humble, pauvre et fidèle dans le désordre . . . ici-bas! (*Levant son ticket vers le ciel*): Tenez! Déchirez-le vous-même! (*Soupirant*): Bon! Eh bien, je vais aller le toucher.

—*Raymond Devos*

4

La solitude s'accroît: 5,8 millions d'adultes vivent seuls

1. Entre 1968 et 1990, le nombre de personnes vivant seules a doublé; la moitié ont plus de 60 ans. Plus d'un ménage sur quatre (27%) est aujourd'hui constitué d'une seule personne; la proportion atteint 48% à Paris, contre 32% en 1954.

   Le nombre des solitaires a augmenté beaucoup plus vite que la population. De 6,3% en 1962, leur proportion est passée à 10% en 1986 et devrait atteindre 12% en l'an 2000. Les femmes sont les plus nombreuses; du fait de leur espérance de vie plus longue, elles sont plus souvent veuves. De plus, les femmes divorcées se remarient moins fréquemment que les hommes.

2. On compte en France plus de 6,5 millions de célibataires de moins de 35 ans habitant dans des villes (plus de 50 000 habitants) et ne vivant pas en union libre. Un sur trois habite Paris, un sur cinq est cadre supérieur, un sur cinq exerce une profession libérale. Beaucoup considèrent le célibat comme un mode de vie, une sorte d'assurance-liberté. Mais d'autres supportent très mal la solitude, les pressions de l'entourage familial et la crainte qu'il soit un jour trop tard pour trouver l'âme sœur.

   —Francoscopie 93

5

Jean-Paul Sartre au cimetière des chiens

Au cimetière des chiens, l'an dernier, dans le discours tremblant qui se poursuit de tombe en tombe, j'ai reconnu les maximes de mon grand-père: les chiens savent aimer; ils sont plus tendres que les hommes, plus fidèles; ils ont du tact, un instinct sans défaut qui leur permet de reconnaître le Bien, de distinguer les bons des méchants. "Polonius, disait une inconsolée, tu es meilleur que je ne suis: tu ne m'aurais pas survécu; je te survis." Un ami américain m'accompagnait: outré, il donna un coup de pied à un chien de ciment et lui cassa l'oreille. Il avait raison: quand on aime *trop* les enfants et les bêtes, on les aime contre les hommes.

—*Jean-Paul Sartre*
Les Mots

6

Ne me quitte pas

Ne me quitte pas
Je ne vais plus pleurer
Je ne vais plus parler
Je me cacherai là
A te regarder
Danser et sourire

Chanter et puis rire
Laisse-moi devenir
L'ombre de ton ombre
L'ombre de ta main
L'ombre de ton chien
Ne me quitte pas

Ne me quitte pas
Ne me quitte pas
Ne me quitte pas.

—*Jacques Brel*

7

Page du catalogue

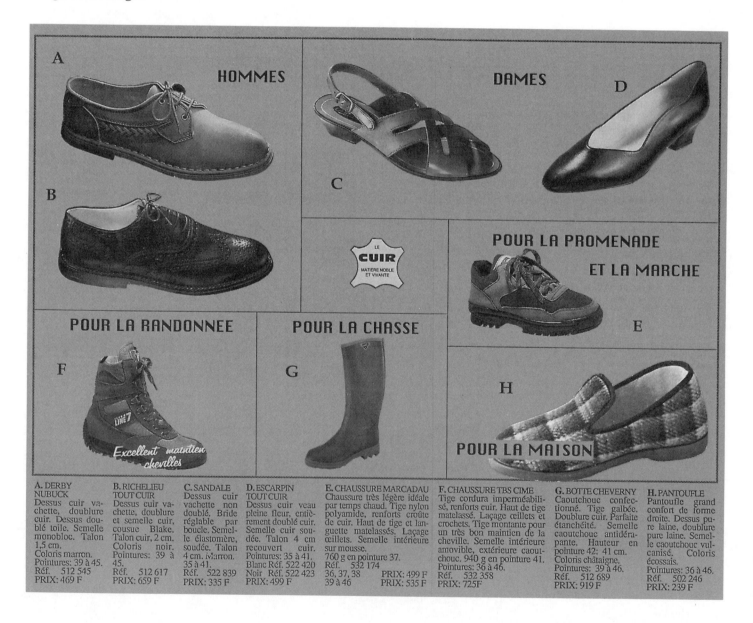

A. DERBY NUBUCK
Dessus cuir va-chette, doublure cuir. Dessus dou-blé toile. Semelle monobloc. Talon 1,5 cm.
Coloris marron.
Pointures: 39 à 45.
Réf. 512 545
PRIX: 469 F

B. RICHELIEU TOUT CUIR
Dessus cuir va-chette, doublure et semelle cuir, cousue Blake. Talon cuir, 2 cm.
Coloris noir.
Pointures: 39 à 45.
Réf. 512 617
PRIX: 659 F

C. SANDALE
Dessus cuir vachette non doublé. Bride réglable par boucle. Semel-le élastomère, soudée. Talon 4 cm. Marron.
35 à 41.
Réf. 522 839
PRIX: 335 F

D. ESCARPIN TOUT CUIR
Dessus cuir veau pleine fleur, entiè-rement doublé cuir. Semelle cuir sou-dée. Talon 4 cm recouvert cuir.
Pointures: 35 à 41.
Blanc Réf. 522 420
Noir Réf. 522 423
PRIX: 499 F

E. CHAUSSURE MARCADAU
Chaussure très légère idéale par temps chaud. Tige nylon polyamide, renforts croûte de cuir. Haut de tige et lan-guette matelassés. Laçage œillets. Semelle intérieure sur mousse.
760 g en pointure 37.
Réf. 532 174
36, 37, 38   PRIX: 499 F
39 à 46   PRIX: 535 F

F. CHAUSSURE TBS CIME
Tige cordura imperméabili-sé, renforts cuir. Haut de tige matelassé. Laçage œillets et crochets. Tige montante pour un très bon maintien de la cheville. Semelle intérieure amovible, extérieure caout-chouc. 940 g en pointure 41.
Pointures: 36 à 46.
Réf. 532 358
PRIX: 725F

G. BOTTE CHEVERNY
Caoutchouc confec-tionné. Tige galbée. Doublure cuir. Parfaite étanchéité. Semelle caoutchouc antidéra-pante. Hauteur en pointure 42: 41 cm.
Coloris châtaigne.
Pointures: 39 à 46.
Réf. 512 689
PRIX: 919 F

H. PANTOUFLE
Pantoufle grand confort de forme droite. Dessus pu-re laine, doublure pure laine. Semel-le caoutchouc vul-canisé. Coloris écossais.
Pointures: 36 à 46.
Réf. 502 246
PRIX: 239 F

8

Ça n'a pas de sens

Il y en a des choses qui n'ont pas de sens!

Tenez! Moi qui vous parle, j'ai le pied gauche qui est jaloux du pied droit, alors quand j'avance le pied droit, le pied gauche qui ne veut pas rester derrière . . . passe devant . . . le pied droit en fait autant . . . et moi . . . comme un imbécile . . . je marche! . . .

(*Il fait le tour de la scène, revient au milieu.*)

Ça n'a pas de sens! . . . (*Regardant ses chaussures*) Et puis, j'ai les pieds qui sont comme ça (*geste montrant que ses pieds sont trop serrés*) . . . dans mes chaussures!

. . .

Elles ne me vont pas! . . . Je l'avais dit au vendeur:

—Elles ne me vont pas!

—De l'extérieur, elles font bien.

—Oui, mais à l'intérieur, elles font mal.

—De l'extérieur ça ne se voit pas!

—Alors vous n'avez qu'à me les retourner.

—Si je vous les retourne, ça se verra.

—Ah! Je ne veux pas que ça se voie. Je les garde comme ça!

En partant, il me dit:

—Si ça ne va pas, vous n'aurez qu'à me les retourner! Ça n'a pas de sens!

Il y en a des choses qui n'ont pas de sens. . . . Un chapeau. . . . Un chapeau, ça n'a pas de sens. Quand je mets le mien, il y en a qui me disent: «Pour porter un pareil chapeau, il faut être malade.» Et d'autres qui me disent: «Avec ce chapeau tu as bonne mine!» Les avis sont partagés.

Remarquez, je mettrais bien un béret; mais un béret non plus ça n'a pas de sens. Vous pouvez le tourner de tous les côtés, il est toujours de face. Ou alors, il faut le mettre sur l'oreille à cause du soleil. Mais le soleil non plus, ça n'a pas de sens! Ça tourne! . . . Alors, quand le soleil est là (*il trace une courbe*) . . . le béret, il faut le changer d'oreille. Et quand le soleil se couche, le béret, il faut le mettre dans sa poche. Là aussi, les avis sont partagés; il y en a qui le mettent dans la poche droite, d'autres dans la poche gauche; il y en a qui le mettent dans la poche revolver, mais ça n'a pas de sens. On ne met jamais un revolver dans cette poche-là, on le met dans un tiroir. Là non plus, ça n'a pas de sens! Parce que si vous mettez votre revolver dans un tiroir et que vous êtes attaqué dans la rue, vous n'allez pas sortir votre béret de votre poche revolver pour vous couvrir? Faut mettre un casque. Un casque non plus ça n'a pas de sens, il vaut mieux garder son chapeau. Il y en a, des choses qui n'ont pas de sens!

L'autre jour, j'étais dans la rue, je vois tomber un pot de fleurs du cinquième étage. Il y avait un monsieur qui était juste au-dessous.

J'ai dit: «C'est pour lui!»

Paf! Il l'a pris sur la tête! . . . Parce qu'il ne regardait pas en l'air.

Moi, quand je traverse la rue, je regarde en l'air. Alors, l'automobiliste . . . qu'est-ce qu'il fait? . . . Il s'arrête, il regarde aussi . . . pendant ce temps-là, je passe! . . . Ben tiens! . . .

Il y en a un plus malin que les autres qui m'a dit:

—Oui mais alors, si, lorsque vous traversez, l'automobiliste regarde en l'air aussi, il ne vous voit pas . . . et il vous écrase!

—Comment voulez-vous qu'il m'écrase, s'il ne me voit pas! . . . Allons!

Ça n'a pas de sens!

—*Raymond Devos*

Leçon 45 Pensez vacances III

Texte

1

Mireille téléphone à son oncle Guillaume.

Mireille: Allô, Tonton Guillaume? Devine ce qui m'arrive!

Guillaume: Tu te maries?

Mireille: Mais non! C'est une bonne nouvelle! C'est bien mieux que ça!

Guillaume: Alors, je ne vois pas.

Mireille: Je viens de gagner 40.000F à la Loterie nationale!

Guillaume: Sans blague! Mais c'est formidable, ça, hein! Te voilà riche. . . . Ecoute, il faut fêter ça!

Et Tonton Guillaume invite Mireille à prendre le thé à la Grande Cascade.

Guillaume: Quatre heures, ça te va? Bon, alors, parfait. Je passe te prendre?

Mireille: Non, non, je me débrouillerai.

Guillaume: Tu es sûre? Bon; eh bien, alors, à quatre heures. D'accord; à tout à l'heure. Au revoir!

2

A quatre heures, Mireille arrive au salon de thé de la Grande Cascade.

Guillaume: Alors, comme ça, tu as gagné 40.000F? Qu'est-ce que tu vas en faire?

Mireille: Ben, je me le demande. . . . Tante Georgette voudrait que je lui

donne de l'argent pour son cimetière de chiens. . . .

Guillaume: Ah, ça, c'est bien elle! C'est Georgette tout craché! C'est vrai! Il y a des millions de gosses qui meurent de faim partout dans le monde, et tout ce qui l'intéresse, c'est d'assurer une sépulture décente aux toutous défunts! Quel vieux chameau, cette Georgette!

Mireille: Oh, tu n'es pas gentil, Tonton, là! . . . Tante Paulette a une autre idée: elle dit que je devrais lui acheter sa vieille bagnole.

Guillaume: Oh, là, méfie-toi! C'est une très belle voiture, mais, tu sais, elle n'a pas roulé depuis l'exode de 1940. Et puis, une voiture, moi, je peux toujours t'en prêter une! Tu n'as pas besoin de t'acheter une voiture! Avec l'assurance, l'essence, les réparations. . . . Il vaut mieux que tu te serves de celle de ton vieux tonton!

1. fêter

Le 3 janvier, on **fête** l'anniversaire de Mireille.

3

Mireille: Philippe me conseille d'acheter des actions à la Bourse.

Guillaume: Aïe! Attention! La Bourse baisse, en ce moment. Ce n'est peut-être pas un bon investissement. Moi, je te conseillerais plutôt de faire quelques bons gueuletons avec des copains. Hein? Tu pourrais essayer tous les restaurants à trois étoiles de Paris. Tu garderais les menus; ça te ferait des souvenirs pour tes vieux jours. Les bons souvenirs, c'est encore la valeur la plus sûre.

Mireille: Ouais . . . mais tu sais bien qu'il faut que je fasse attention à mon foie!

2. tout craché

* C'est elle **tout craché**! C'est exactement elle!

2. chameau

Un vieux **chameau**.

2. se méfier

* **Méfiez-vous**, c'est dangereux!
* Marie-Laure est naïve et imprudente. Elle ne **se méfie** pas.

Guillaume: Poh, poh, poh! Encore une invention de ta mère, ça! Tu n'as pas le foie plus malade que les cinquante-cinq millions d'autres Français. Et puis tu n'auras qu'à faire une cure d'eau de Vichy!

Mireille: Mais non! Tu sais très bien que depuis Pétain, Papa ne veut plus entendre parler de Vichy à la maison!

Guillaume: Eh bien, il te reste encore Vittel, Evian, Badoit, Vals, et Volvic.

Mireille: Non . . . de toute façon, je dois dire que l'idée de dépenser 300 ou 400F pour un repas, je trouve ça presque immoral. . . . Non, tu sais, je crois que je vais plutôt faire un voyage en France avec mon copain américain . . . tu sais, Robert. D'ailleurs, l'argent est un peu à lui; c'est lui qui a payé le billet.

2. exode

Une vieille bagnole qui a sans doute fait l'**exode** de 1940.

* En juin 1940, les troupes allemandes ont envahi la France. Les populations sont parties sur les routes, vers le sud, pour fuir les Allemands. Des centaines de milliers de personnes sont ainsi parties en **exode**, en voiture, à bicyclette, à pied.

3. actions, Bourse

* On achète et on vend les **actions** à la **Bourse**. Quand la conjoncture économique est favorable, la valeur des **actions** monte.

La **Bourse** a monté et puis elle a baissé.

3. gueuleton

* Tonton Guillaume et M. Courtois aiment bien manger, et beaucoup! Ils aiment faire de bons **gueuletons**.

3. foie

Aigle dévorant le **foie** de Prométhée.

* Les Français aussi ont mal au **foie** parce qu'ils font trop de gueuletons.

3. Vichy

L'eau de **Vichy** est une eau minérale qui favorise la digestion.

3. Pétain

* Pendant l'occupation allemande (1940–44), le gouvernement français était dirigé par le Maréchal **Pétain** et était installé à Vichy, petite ville du centre de la France, célèbre pour son eau minérale.

4

Robert, au rayon des vêtements pour hommes. . . .

Le vendeur: On s'occupe de vous?
Robert: Non. Je voudrais un blouson, ou une veste de sport, peut-être. Quelque chose que je puisse mettre en ville, et aussi pour faire du camping.
Le vendeur: Vous tenez à une couleur particulière?
Robert: Non, pas vraiment. Ça m'est un peu égal. Bleu foncé, peut-être? Et surtout quelque chose qui ne soit pas trop salissant.
Le vendeur: Vous faites quelle taille?
Robert: Ma foi, je ne sais pas.
Le vendeur: Voyons. Permettez, je vais prendre votre tour de poitrine

. . . 124. . . . Tenez, celui-ci devrait vous aller. C'est votre taille.

5

Robert: Ce n'est pas vraiment bleu foncé!

Le vendeur: C'est le seul que nous ayons dans votre taille. Nous n'avons plus de bleu. Celui-ci est jaune et blanc.
Robert: C'est ce qu'il me semblait, oui. . . .
Le vendeur: Tenez, essayez-le donc. (*Robert, en garçon obéissant, l'essaie.*) Il vous va comme un gant! C'est exactement ce qu'il vous faut.
Robert: Je n'aime toujours pas la couleur. . . . Enfin, avec ça, je ne passerai pas inaperçu; on me verra de loin! Si je me perds, on me retrouvera facilement. Je voudrais aussi un pantalon.
Le vendeur: Vous devez faire 88 comme tour de taille. . . . Ah, non, 83. . . . Tenez, voilà un très beau

pantalon en velours côtelé. La couleur irait très bien avec votre blouson . . . non? . . . Tenez, voilà un article en tergal; c'est très beau comme tissu, ça tient très bien le

pli, c'est . . . c'est à la fois, comment dirais-je? . . . Eh bien, je dirais tout simplement: sport et habillé. Vous voulez l'essayer?
Robert: Non, ça a l'air d'aller. Je le prends.

6

Le vendeur: Vous n'avez pas besoin de chemises? C'est très bien pour le voyage, ça se lave très facilement, ça sèche en quelques minutes.
Robert: Non, merci.

Le vendeur: Des slips?
Robert (*extrêmement étonné*): Mais je ne porte pas de slips!
Le vendeur: Des caleçons, alors?
Robert: Je ne porte plus de caleçons non plus.
Le vendeur (*lui aussi extrêmement étonné*): Mais alors, qu'est-ce que vous portez? Vous ne portez rien en-dessous?
Robert: Mais si, je porte ces espèces de petits caleçons très courts. . . .
Le vendeur: C'est bien ce que je disais, des slips!
Robert: Ah! Mais je croyais que les slips, c'était pour les dames!
Le vendeur: Ah, oui, nous en avons aussi pour les dames, mais alors avec de la dentelle . . . c'est plus féminin.
Robert: Non, merci. Avec ou sans dentelle, j'ai tout ce qu'il me faut.

4. blouson

Robert essaie un **blouson**.

4. foncé

Gris clair.   Gris **foncé**.

4. salissant

C'est **salissant**! Ça se salit, c'est vite sale! La saleté se voit!

4. taille

* Robert n'est pas très grand; il est de **taille** moyenne. Quand il achète des vêtements, il n'a pas besoin d'une grande **taille**.

5. aller comme un gant

Ça vous **va comme un gant**. Ça vous va très bien. C'est exactement votre taille. On dirait que ça a été fait pour vous, sur mesures.

5. passer inaperçu

* L'homme en noir essaie de **passer inaperçu**: il se cache, il se dissimule, il ne veut pas qu'on le remarque.

5. tour de taille

Le vendeur mesure le **tour de taille** de Robert.

5. sport, habillé

C'est à la fois **sport** et **habillé**. . . .

6. sécher

* Le nylon **sèche** vite. C'est **sec** en quelques minutes.

6. caleçon, slip

Un **caleçon**.

Des **slips**.

7

En sortant du magasin, Robert aperçoit un taxi qui semble l'attendre. Il y monte,

et donne l'adresse du Home Latin. Le taxi démarre aussitôt, et fonce à travers la circulation parisienne avec une rapidité et une maladresse inquiétantes. Il avance par bonds désordonnés. C'est une succession d'accélérations courtes et d'accélérations plus longues. Intrigué et vaguement inquiet, Robert cherche la cause de ce phénomène. Il remarque que c'est bien le pied du chauffeur qui imprime des secousses irrégulières à l'accélérateur. Ce pied est chaussé d'une chaussure noire au-dessus de laquelle apparaît une chaussette rouge. En regardant mieux, Robert s'aperçoit qu'il s'agit, en fait, de l'extrémité d'un caleçon long en laine rouge.

8

Intrigué et inquiet, Robert l'est encore plus quand il voit, dans le rétroviseur, que le chauffeur cligne d'un œil, puis de l'autre, en parfaite synchronisation avec les coups d'accélérateur. Tout à coup, Robert s'aperçoit qu'ils sont en train de passer devant la gare Saint-Lazare.

7. maladresse

* Marie-Laure est **maladroite**; elle a laissé tomber le plateau du goûter. Elle fait tout le temps ce genre de **maladresses**.

7. bond

* Le taxi avance par **bonds** . . . comme un kangourou.

7. imprimer, secousse

Un **imprimeur** au travail dans une **imprimerie**.

Un caractère d'**imprimerie**.

Le pied du chauffeur **imprime** des **secousses** à l'accélérateur.

On est très **secoué**, il y a beaucoup de **secousses**!

7. caleçon long

Un **caleçon long**.

7. laine

Robert: Mais où allez-vous comme ça? Je vous ai dit "rue du Sommerard"! C'est à l'opposé!

Le chauffeur ne répond pas, mais donne un formidable coup d'accélérateur. Robert, en garçon prudent, profite de l'intervalle entre deux accélérations

pour sauter en marche du taxi. Celui-ci s'éloigne en faisant du morse avec ses clignotants.

8. *rétroviseur*

des **rétroviseurs**

8. *en marche, s'éloigner*

Robert saute **en marche** hors du taxi. (Le taxi ne s'arrête pas pour le laisser descendre.) Le taxi **s'éloigne**; il s'en va.

Mise en œuvre

Ecoutez la mise en œuvre du texte et répondez aux questions suivantes.

1. A qui Mireille téléphone-t-elle?
2. Comment Mireille et son oncle vont-ils fêter la nouvelle?
3. Qu'est-ce que Tonton Guillaume pense de Tante Georgette?
4. Quelle est l'idée de Tante Paulette?
5. Comment est sa voiture?
6. Pourquoi Tonton Guillaume pense-t-il que Mireille n'a pas besoin d'acheter de voiture?
7. Qu'est-ce que Philippe conseille à Mireille de faire?
8. D'après Guillaume, pourquoi est-ce que ce n'est pas une bonne idée?
9. Qu'est-ce que Guillaume conseille à Mireille de faire de son argent?
10. Pourquoi Mireille devrait-elle garder les menus des restaurants?
11. Qu'est-ce que Mireille pense de l'idée de dépenser tant d'argent pour un repas?
12. Qu'est-ce que Mireille préférerait faire?
13. Pourquoi Mireille considère-t-elle que l'argent est un peu à Robert?
14. Où est Robert?
15. Quel genre de blouson veut-il?
16. Quelle couleur voudrait-il pour son blouson?
17. Comment le blouson jaune va-t-il à Robert?
18. Pourquoi l'achète-t-il, finalement?
19. Qu'est-ce que Robert veut aussi s'acheter?
20. Quel est l'avantage des articles en tergal?
21. Pourquoi Robert dit-il qu'il ne veut pas de slips?
22. Comment appelle-t-on un petit caleçon très court?
23. En quoi les slips pour dames sont-ils différents des slips pour hommes?
24. Comment le taxi que Robert a pris avance-t-il?
25. Qu'est-ce que le chauffeur du taxi porte?
26. Qu'est-ce que Robert remarque dans le rétroviseur?
27. Où Robert veut-il aller?
28. Pourquoi Robert saute-t-il en marche du taxi?

Mise en question

1. Comment Mireille avait-elle engagé la conversation pour annoncer à Hubert qu'elle avait gagné à la loterie? Qu'est-ce qu'elle avait dit? (Voyez leçon 44.) Et maintenant, comment commence-t-elle la conversation avec Tonton Guillaume? Qu'est-ce qu'elle lui dit? Qu'est-ce qu'elle cherche à faire, surtout? Les informer, les rendre jaloux, les étonner?

2. Quand elle dit "Devine ce qui m'arrive!" qu'est-ce qu'on comprend? Que ce qui lui arrive est sans importance, très important, heureux, malheureux?

3. Est-ce que Tonton Guillaume comprend qu'il s'agit d'une bonne nouvelle ou d'une mauvaise nouvelle? Quelle est la première idée qui lui vient à l'esprit? D'après ce que dit Mireille, est-ce qu'annoncer qu'on se marie est une bonne ou une mauvaise nouvelle? Toujours d'après ce qu'elle a l'air de dire, qu'est-ce qu'il vaut mieux, se marier ou gagner beaucoup d'argent à la loterie? Est-ce qu'elle suggère cela parce qu'elle le pense vraiment, ou pour plaisanter?

4. Tonton Guillaume traite sa sœur de vieux chameau. Ce n'est pas gentil du tout! Est-ce que vous pensez qu'il a raison? Croyez-vous qu'il pense vraiment ce qu'il dit, ou qu'il se moque un peu d'elle pour plaisanter? Que savons-nous sur Tante Georgette? Qu'est-ce que vous pensez d'elle? Que savons-nous de Tonton Guillaume? Que pensez-vous de lui? Est-ce qu'il y en a un qui vous paraît plus sympathique que l'autre? Lequel?

5. D'après Tonton Guillaume, quel serait le meilleur investissement que Mireille pourrait faire? Pensez-vous qu'il soit entièrement sérieux ou qu'il s'amuse à jouer son rôle de bon vivant? D'après vous, est-ce qu'il vaut mieux avoir de bons souvenirs ou des actions en Bourse?

6. En interprétant ce que disent Mireille et Tonton Guillaume, pensez-vous que les Français se préoccupent beaucoup de leur foie, en général? Est-ce que dans votre pays les gens parlent beaucoup de leur foie? Pensez-vous que Mireille se préoccupe vraiment de son foie ou qu'elle plaisante et se moque gentiment de sa mère? Comment pourrait-on expliquer que les Français boivent tant d'eau minérale?

7. Pensez-vous que les parents de M. Belleau étaient plutôt pétainistes et collaborateurs, ou gaullistes et résistants? Pensez-vous que M. Belleau ait vraiment une aversion pour l'eau de Vichy à cause du souvenir de Pétain, ou que c'est encore une plaisanterie de la part de Mireille?

8. Pourquoi peut-on penser qu'il est immoral de dépenser 300 ou 400 francs pour un repas?

9. Pourquoi le vendeur propose-t-il à Robert un blouson jaune alors qu'il préférerait du bleu?

10. Quelle raison Robert donne-t-il pour accepter le blouson jaune? Est-il sérieux ou plaisante-t-il?

11. Est-ce que les slips et les caleçons sont des sous-vêtements, des vêtements, ou des sur-vêtements? Dans le contexte américain, les "slips" sont des sous-vêtements pour hommes ou pour femmes?

12. En quoi le taxi que prend Robert est-il bizarre? Est-ce que ses bonds désordonnés pourraient constituer un message en code, en morse, par exemple? A quoi correspondraient les accélérations plus longues, et les accélérations plus courtes? Est-ce que ces accélérations irrégulières sont dues à un mauvais fonctionnement du moteur, de la transmission, des freins, ou bien est-ce qu'elles sont causées par le chauffeur? Est-ce qu'elles sont volontaires, ou est-ce qu'il s'agit de mouvements nerveux, involontaires?

13. Dernière question: Robert serait-il un peu paranoïaque? Comment interprétez-vous ce qui s'est passé à la fin de sa visite à Chartres (leçon 28)?

Documents

1

L'Occupation allemande et le régime de Vichy

1. En septembre 1939, Hitler envahit la Pologne, puis se dirige vers les Pays-Bas, la Belgique, et la France. La résistance française et alliée s'effondre, et les troupes se retirent vers le sud, dans un flot désorganisé de centaines de milliers de réfugiés: c'est "l'exode." Paris est occupé par la Wehrmacht nazie le 14 juin 1940; le gouvernement français se réfugie à Tours, puis à Bordeaux. Le président du Conseil de la Troisième République, Paul Reynaud, démissionne; il est remplacé par l'ancien ministre de la guerre, le maréchal Philippe Pétain, qui propose aussitôt un armistice, c'est-à-dire l'arrêt des combats:

2.

A l'appel de M. le Président de la République, j'assume à partir d'aujourd'hui la direction du gouvernement de la France. Sûr de l'affection de notre admirable armée, qui lutte avec un héroïsme digne de ses longues traditions militaires contre un ennemi supérieur en nombre et en armes, sûr que par sa magnifique résistance elle a rempli nos devoirs vis-à-vis de nos alliés . . . sûr de la confiance du peuple tout entier, je fais à la France le don de ma personne pour atténuer son malheur.

. . . C'est le cœur serré que je vous dis aujourd'hui qu'il faut cesser le combat.

Je me suis adressé cette nuit à l'adversaire pour lui demander s'il est prêt à rechercher avec nous, entre soldats, après la lutte et dans l'honneur, les moyens de mettre un terme aux hostilités.

(Discours du 17 juin 1940)

3. Devant cette acceptation de la défaite, le général Charles de Gaulle rassemble autour de lui des Français qui refusent l'armistice: leur mouvement s'appellera "France Libre." De Gaulle, ancien sous-secrétaire dans le gouvernement Reynaud, a quitté Bordeaux pour aller en Angleterre, et, parlant à la radio de Londres, il lance un appel à la résistance:

4.

Certes, nous avons été, nous sommes submergés par la force mécanique, terrestre et aérienne de l'ennemi. . . .

Mais le dernier mot est-il dit? L'espérance doit-elle disparaître? La défaite est-elle définitive? Non!

Croyez-moi, moi qui vous parle en connaissance de cause et vous dis que rien n'est perdu pour la France.

. . . Car la France n'est pas seule! Elle n'est pas seule! Elle n'est pas seule! Elle a un vaste empire derrière elle!

Elle peut faire bloc avec l'Empire britannique qui tient la mer et continue la lutte. Elle peut, comme l'Angleterre, utiliser sans limites l'immense industrie des Etats-Unis. . . .

5.

Moi, Général de Gaulle, actuellement à Londres, j'invite les officiers et les soldats français qui se trouvent en territoire britannique ou qui viendraient à s'y trouver . . . , j'invite les ingénieurs et les ouvriers spécialisés des industries d'armement qui se trouvent en territoire britannique . . . à se mettre en rapport avec moi.

Quoi qu'il arrive, la flamme de la résistance française ne doit pas s'éteindre et ne s'éteindra pas.

(Discours du 18 juin 1940)

6. Le maréchal Pétain établit son gouvernement à Vichy, où il exerce une dictature personnelle. Il cherche à régénérer la France en exaltant les valeurs chrétiennes et traditionnelles, à l'aide de vigoureuses campagnes de propagande. Le slogan de son gouvernement sera "Famille. Travail. Patrie." Mais le gouvernement réactionnaire de Vichy tourne le dos à la tolérance et aux valeurs libérales de la Troisième République: les étrangers sont internés dans des camps de concentration, les juifs sont d'abord exclus des fonctions d'autorité et d'influence, puis persécutés méthodiquement. L'occupation allemande et la collaboration de Vichy, humiliantes pour les Français, soumettent aussi la France à une exploitation économique systématique. Les gens souffrent de faim; pour faire face à leur mécontentement, Vichy adopte des pratiques de plus en plus répressives, jusqu'à devenir, vers la fin de 1941, un état policier.

7. La résistance intérieure organise une lutte clandestine en France, pratiquant le terrorisme contre l'ennemi, sabotant les voies de communication, aidant les réfugiés, mobilisant l'énergie du peuple français contre l'occupation. Ces activités coûtent extrêmement cher: des milliers de résistants sont arrêtés et torturés ou exécutés, ou déportés dans des camps de concentration.

Au printemps 1942, la Résistance reconnaît le général de Gaulle comme son chef. Celui-ci forme à Alger, en Afrique du Nord, un Comité Français de Libération Nationale qui deviendra en 1944 le gouvernement provisoire de la République française, prêt à prendre la France en main à la libération.

8. La Résistance déclenche une insurrection nationale qui aide les Alliés dans la Bataille de France. La libération des villes françaises par les troupes alliées progresse rapidement à partir de juillet 1944. Le 26 août 1944 Paris est libéré, et le général de Gaulle descend les Champs-Elysées au milieu d'une foule joyeuse. Au début de 1945 de Gaulle est reconnu, en France et à l'étranger, comme le chef du gouvernement légal de la France libérée. Il avait rangé le pays dans le camp des Alliés, et il va exiger d'eux qu'elle figure désormais au rang des grandes puissances victorieuses.

D'après Serge Bernstein et Pierre Milza, Histoire: Classe de première; De la fin du XIXème siècle au lendemain de la seconde guerre mondiale.

2

L'Exode de 1940

1. Le texte suivant est extrait du scénario de *Jeux interdits,* un film de René Clément qui a obtenu le Lion d'or à Venise en 1952, et dans lequel Brigitte Fossey à commencé sa carrière d'actrice. Elle avait alors six ou sept ans. Elle est devenue, par la suite, réalisatrice et productrice de films.

   L'action du film se passe pendant l'exode de 1940. Un jeune couple, leur petite fille, Paulette, âgée de cinq ou six ans (Brigitte Fossey) et le chien de la petite fille fuient sur les routes dans leur voiture.

2. *Route de campagne—jour*
   On peut distinguer un pont en pierres au-dessus d'une rivière . . . et une route départementale . . . sur laquelle défile, en se traînant le plus rapidement possible, une file de gens portant des valises, des sacs, des enfants en bas âge, poussant ou tirant des charrettes, ou guidant un cheval attelé à une charrette pleine. Il y a aussi quelques automobiles, des camionnettes, etc.

3. Nous sommes, en fait, sur une route de France, en juin 1940, en plein "exode." Le ciel est légèrement nuageux. De ce troupeau qui avance lentement, on entend des cris de toute sorte, ainsi que le bruit des charrettes ou des voitures (coups d'avertisseurs).

   Plusieurs plans de la route entièrement obstruée par ces automobiles, ces charrettes, ces cyclistes, ces piétons surchargés.

4. Tout à coup, bruit (*off*) d'avions et plan rapide sur le ciel d'un Messerschmidt qui pique. (*Bruit assourdissant*) Retour sur la foule en pleine panique qui abandonne voitures, paquets, vélos. . . . Tous se précipitent sur les bas-côtés de la route et se couchent à plat ventre. Nombreux plans de cette panique où se mélangent, au point de vue son, les cris des femmes, des enfants et le bruit des moteurs qui grandit . . . , devient effrayant. Gros plan d'un visage de femme: elle hurle, affolée.

5. Plan rapproché des avions dans le ciel: certains piquent, d'autres lâchent leurs bombes. Gros plan d'une bombe qui, dans sa chute, semble tomber sur nous. Cris, lamentations . . . et plans divers sur les bombes qui éclatent près du pont en faisant un nuage de poussière et de terre. . . .

   Les avions s'éloignent. La foule se relève et remonte vers la route.

6. Gros plan, en contreplongée, d'une vieille guimbarde dont le moteur tousse; plan sur la file des voitures abandonnées. . . .

   Plan de la prairie en pente qui longe la route. Maintenant, presque tous les gens se sont relevés et remontent vers la route, en se bousculant, pour récupérer leurs affaires. Plan, parmi d'autres gens, d'un jeune couple et d'une enfant. Ils grimpent vite, eux aussi, vers la route. Pour se dépêcher, la mère saisit l'enfant—une petite fille blonde d'environ cinq ans—qui, elle-même, tient serré dans ses bras un petit chien. Le couple et l'enfant remontent vers leur voiture (une 202 Peugeot décapotée) et s'y installent. Plan rapproché, face au pare-brise: la mère est assise, sa fille sur ses genoux, et le père, au volant, près d'elles. Il essaie le moteur qui crache et ne démarre pas. Il recommence deux ou trois fois. Même résultat.

7. Derrière eux, une voiture «corne» . . . , des gens commencent à crier. Le père se retourne, hausse les épaules, fataliste, et insiste à nouveau. Le moteur semble mort. . . .

   Le jeune couple et l'enfant abandonnent la voiture et continuent à pied.

   Nouveau plan de l'exode . . . Cris divers et, une fois encore, bruit des moteurs d'avions. Plan, dans le ciel, d'une escadrille au grand complet.

   Plan rapproché de l'escadrille allemande au moment où celle-ci lâche ses bombes. Plan sur l'affolement général des gens qui courent un peu partout, se couchent, crient. . . .

   Un avion se rapproche. On entend un série de coups de mitrailleuse.

8. Au bruit saccadé (*off*) des coups de mitrailleuse venant de l'avion, correspond la marque des balles frappant la route et une traînée de poussière. Cette traînée passe sur le corps du père et de la mère couchés près de Paulette. La mère, en un sursaut douloureux, se retourne sur elle-même. Son visage tombe mort près de celui de sa fille qui assiste, inconsciente, au drame. Gros plan des deux

visages: la mère a les yeux fermés, le visage face au ciel. Paulette, qui cachait sa tête vers la terre, lève un œil, contemple étonnée sa mère, soulève sa main, et lui caresse la joue . . . doucement, longuement.

9. Les avions se sont tus . . . , et, en fond sonore, on réentend les bruits provenant de «l'exode» qui va reprendre sa marche. Paulette relève un peu plus la tête et distingue, étonnée, le visage de son père identique à celui de sa mère. Puis à côté d'elle, elle aperçoit le petit chien, visiblement mort, lui aussi, mais encore secoué de tremblements aux pattes. Elle s'approche, le prend, se lève et le serre dans ses bras en le caressant et en murmurant son nom. Elle regarde autour d'elle. . . . Puis son regard se fixe une seconde sur ses parents qui ne bougent pas. Tout à coup, un bruit d'avion grandit suivi de l'éclatement très proche d'une bombe. Paulette a peur et serre son chien contre elle.

Elle s'en va, seule dans la foule, son chien mort dans les bras.

—L'Avant-Scène du cinéma, *mai 1962*

3

Achats

Chaque jour, les Français[1] achètent:
▶ 160 000 chemises
▶ 99 000 pantalons de ville ou de loisirs
▶ 55 000 jeans
▶ 38 000 shorts et bermudas
▶ 840 000 paires de chaussures, dont 180 000 paires de pantoufles
▶ 250 000 déodorants
▶ 410 000 boîtes de produits hypnotiques, neuroleptiques, tranquillisants, et antidépresseurs
▶ 5 600 voitures neuves, dont 2 200 étrangères, et 12 000 voitures d'occasion
▶ 315 motos neuves, 780 motos d'occasion
▶ 350 000 disques et cassettes, dont 3 500 disques 33 tours, 40 000 disques 45 tours, 119 000 cassettes, et 184 000 disques compacts
▶ Un million de livres, dont 320 000 romans, 140 000 livres pratiques, 50 000 encyclopédies ou dictionnaires, 23 000 bandes dessinées. 230 000 livres sont au format de poche
▶ 550 guitares, 80 pianos, 55 accordéons

—Francoscopie 93

4

La Consommation du vin en baisse

Les Français consomment 2,2 millions de litres de vin par jour et 5 millions de litres d'eau minérale.

Les Français boivent de moins en moins de vin.

D'après l'enquête réalisée en 1990 par l'Office national interprofessionnel des vins, la majorité des Français (50,7%) ne boivent jamais de vin, contre 38,7% en 1980 et 45,1% en 1985. Les consommateurs réguliers (tous les jours) sont aussi en régression: 18,5% contre 32,5% en 1980 et 25,9% en 1985. Seules 10,9% des femmes boivent du vin tous les jours, contre 28,1% des hommes. La désaffection pour le vin concerne toutes les classes d'âge. La principale raison évoquée est l'absence d'attrait pour le vin (73% des cas), loin devant les préoccupations de santé (25%) ou le prix (1,5%).

La consommation a diminué d'un quart en vingt ans. Le vin ordinaire dit «de table» est de plus en plus délaissé; sa consommation a presque diminué de moitié depuis 1970. Dans le même temps, celle des vins fins a presque triplé; elle a augmenté de 67% entre 1980 et 1990.

Malgré la forte baisse enregistrée, les Français restent parmi les plus gros consommateurs de vin du monde, mais ils sont dépassés par le Portugal et l'Italie.

—Francoscopie 93

5

Le Caleçon en baisse

Après l'engouement des années 80 pour le caleçon, 76% des hommes préfèrent aujourd'hui le slip. C'est dans l'est de la France qu'il est le plus porté (24%, contre seulement 19% des Parisiens), dans le Sud-Est qu'il est le plus délaissé (9%).

Les amateurs de caleçon se trouvent surtout parmi les jeunes de 18 à 24 ans: 45% contre 44% pour le slip, 12% portant l'un ou l'autre indifféremment. Les plus favorables au slip sont les 35–49 ans (87%). Le caleçon retrouve des adeptes à partir de 50 ans.

—Francoscopie 93

1. Moyenne des Français âgés de 15 ans ou plus.

6

A La chemise à partir de **249 F**

B La cravate **105 F**

A   LA CHEMISE BLANCHE

En popeline 100% coton. Col 2 pièces, 1 poche poitrine, 1 pli de chaque côté. Poignets 2 boutons. Boutons imitation corne. Lavage en machine. Précisez la taille lors de la commande:

Réf.	1073 716 T
37/38	Prix: 249 F
39/40, 41/42	Prix: 269 F
43/44, 45/46	Prix: 289 F

B   LA CRAVATE

Une cravate à fleurs bordeaux sur fond vert. 100% polyester. Nettoyage à sec conseillé.

Réf. 0850 783 T	Prix: 105 F

C La chemisette à partir de **189 F**

Jade   Cassis Noir

C   LA CHEMISETTE UNIE

En 80% viscose, 20% polyamide une chemisette que vous saurez apprécier l'été. Col 2 pièces pointes boutonnées, 1 poche poitrine. Lavage en machine. Précisez la taille lors de la commande:

Jade	0084 106D
Noir	0084 107N
Cassis	0084 108C
37/38	Prix: 189 F
39/40, 41/42	Prix: 199 F
43/44, 45/46	Prix: 209 F

Kaki

Marron

Marine

EXTENSIBLE

D   LE PANTALON VELOURS CÔTELÉ EXTENSIBLE PLAT

Une silhouette impeccable et un confort unique dans ce pantalon 79% coton, 17% polyamide, 4% élasthanne. Fermeture à glissière, 1 bouton, 2 poches biais, 1 poche dos, 1 bouton. Longueur entrejambes 88 cm env., bas non terminés largeur env. 22 cm. Lavage en machine. Précisez la taille lors de la commande:

Marron	2072 235 M
Marine	2072 237 B
Kaki	2072 238 K
76, 80, 84	Prix: 335 F
88, 92	Prix: 349 F
96, 100	Prix: 365 F
104	Prix: 379 F

Le lot de 2 caleçons : 1 uni + 1 rayé

F   LES LOTS DE 2 CALEÇONS

60% coton, 40% polyester. 4 tailles ceinture.

Ciel + rayé bleu	1070 068 G
Vert pâle + rayé vert	1070 069 B
72/76, 80/84	Prix: 199 F
88/92, 96/100	Prix: 209 F

G Marine

E   LES LOTS DE 2 SLIPS OUVERTS *AUSTRALIEN*

Côtes 1/1, 100% coton peigné. Taille haute. 4 tailles ceinture.

Noir + gris chiné	2070 915 J
Blanc + noir	0070 439 L
Gris + vert	0070 440 Q
80/84	Prix: 88 F
88/92, 96/100	Prix: 98 F
104/108	Prix: 108 F

I   LE CALEÇON LARGES RAYURES

80% coton, 105 polyester. Taille élastiquée. 4 tailles ceinture.

Noir/chiné gris	0070 456 W
Vert pâle + rayé vert	0070 457 P
72/76, 80/84	
88/92, 96/100	Prix: 135 F

G   LE BLOUSON

Panoplie en marine et en rouge dans ce blouson doublé uni 70% coton, 30% polyamide. 2 poches biais à rabat, 1 bouton, 1 poche intérieure, 1 patte, 1 bouton. Fermeture à glissière. Base élastiquée. Col montant 2 boutons. Poignets avec bouton. Long. 71 cm env. Lavage en machine. Précisez la taille lors de la commande:

Marine	0085 088 M
Rouge	0085 089 R
88/92	Prix: 389 F
96/100	Prix: 409 F
100/108	Prix: 429 F
112/116, 120/124	Prix: 449 F

H   LES LOTS DE 3 MINI-SLIPS *PIERRE CARDIN*

1 imprimé et 1 uni:100% coton. 1 rayé: 87% coton, 13% polyester. 4 tailles ceinture.

Vert	1070 392 H
Noir/blanc	1070 394 B
72/76, 80/84	Prix: 99 F
88/92, 96/100	Prix: 109 F

7

A. Le Roi Dagobert

Le bon roi Dagobert
A mis sa culotte à l'envers
Le bon saint Eloi
Lui dit: "O mon roi,
Votre Majesté est mal culottée."
"C'est vrai, lui dit le roi,
Je vais la remettre à l'endroit."

B. Pur coton

Comment appelait-on le roi Dagobert, quand il allait à l'école? Le roi Dagobert mettait ses vêtements à l'envers. Et tous les autres avaient leur nom sur leurs vêtements. Lui n'avait pas son nom puisqu'il les mettait à l'envers. On l'appelait "pur coton."

—*Coluche*

8

Le Tombeau de Monsieur Monsieur

Dans un silence épais
Monsieur et Monsieur parlent
c'est comme si Personne
avec Rien dialoguait.

L'un dit: Quand vient la mort
pour chacun d'entre nous
c'est comme si personne
n'avait jamais été.
Aussitôt disparu
qui vous dit que je fus?

—Monsieur, répond Monsieur,
plus loin que vous j'irai:
aujourd'hui ou jamais
je ne sais si j'étais.
Le temps marche si vite
qu'au moment où je parle
(indicatif présent)
je ne suis déjà plus
ce que j'étais avant.
Si je parle au passé
ce n'est pas même assez
il faudrait je le sens
l'indicatif néant.

—C'est vrai, répond Monsieur,
sur ce mode inconnu
je conterai ma vie
notre vie à tous deux:
A nous les souvenirs!
Nous ne sommes pas nés
nous n'avons pas grandi
nous n'avons pas rêvé
nous n'avons pas dormi
nous n'avons pas mangé
nous n'avons pas aimé.
Nous ne sommes personne
et rien n'est arrivé.

—*Jean Tardieu*
Monsieur Monsieur

Leçon 46 Invitations au voyage

Texte

1

Hubert et Mireille, à la terrasse d'un café.

Hubert: Mais enfin, ma petite Mireille, tu ne vas tout de même pas t'en aller toute seule sur les routes avec ce jeune Américain!

Mireille: Pourquoi pas?

Hubert: Mais, au bout de deux jours, tu vas t'ennuyer à mourir.

Mireille: Mais pourquoi? Robert est un garçon intelligent et intéressant. Je ne vois pas pourquoi je m'ennuierais avec lui! Non, au contraire, voyager en France avec un étranger, lui faire découvrir ce qu'on aime, ça doit être passionnant.

Hubert: Et comment comptez-vous parcourir l'Hexagone?

Mireille: Eh bien, avec une voiture que nous louerons! Nous passerons les nuits en plein champ, sous un arbre, au milieu des fleurs et des petits oiseaux, ou alors dans un bon hôtel, quand on sentira le besoin de prendre une douche.

2

Hubert: Mais une location de voiture, ça va vous coûter les yeux de la tête! Vous n'y pensez pas! . . .

Ecoute! J'ai une idée. Je viens justement de m'acheter une Méhari. . . .

Mireille: Un chameau?

Hubert: Non, pas un méhari; une Méhari, une voiture. Pour l'été, ce sera parfait! C'est exactement ce qu'il vous faut. Je l'amène demain. Tu verras. . . .

Mireille: C'est gentil, ça. . . . Mais je ne sais pas si nous devrions. . . .

Hubert: Mais si, mais si, tu verras! C'est une petite voiture formidable. Ça passe partout. On s'amusera comme des fous!

Mireille: Ah! . . . parce que tu viendrais avec nous?

Hubert: Ben, oui, bien sûr!

3

Un peu plus tard, Mireille téléphone à Colette.

Mireille: Allô, Colette? Tu viens à Paris, cet après-midi? . . . Il faut absolument que je te voie. C'est urgent. . . . Bon, à 4 heures, à la Passion du Fruit. C'est quai de la Tournelle. Je t'attendrai. Je te fais un bisou. Salut!

A 4 heures, Colette et Mireille se retrouvent à la Passion du Fruit.

Colette: Alors, qu'est-ce qui se passe?

Mireille: Eh bien, voilà. . . . Mais d'abord, dis-moi, est-ce que tu as des projets fermes pour l'été?

Colette: Ben, non, pas vraiment. . . .

Mireille: C'est épatant! Alors, voilà, écoute: j'ai quelque chose à te proposer; et si tu peux accepter, tu me rends un sacré service. . . .

4

Mireille raconte alors à Colette l'histoire du verre blanc cassé, du billet de loterie, le projet de voyage avec Robert, et l'intrusion d'Hubert.

Mireille: Tu imagines bien que je ne meurs pas d'envie de me trouver seule entre Hubert et mon Américain. Si tu pouvais venir avec nous, ça arrangerait tout, et on pourrait vraiment s'amuser!

Colette: Quand partiriez-vous? Et ça serait pour combien de temps?

Mireille: On partirait dans une quinzaine de jours, et on reviendrait, disons, fin août . . . à moins qu'on en ait assez avant.

Colette: Ça pourrait être amusant. . . . De toute façon, je n'ai aucune envie de rester à Provins entre Papa et Maman. Ecoute, euh . . . oui, en principe, j'accepte.

Mireille: Formidable! Tu me sauves la vie! Et à quatre, ce sera sûrement plus intéressant.

1. au bout de

* Ils voulaient partir pour quinze jours mais il a fait tellement mauvais qu'ils sont revenus **au bout de** deux jours.

JE SUIS AU BOUT DE LA CORDE!

1. passionnant

—C'est intéressant, ce que tu lis?
—Oui, c'est **passionnant**.

1. parcourir

* Quand Robert allait chez les Courtois, il a fait tout un **parcours** dans Paris. Il **a parcouru** tout Paris à la recherche du quai de Grenelle.

1. l'Hexagone

L'Hexagone (la France).

1. champ

Ils passent la nuit en plein **champ**.

2. coûter les yeux de la tête

MARCHAND D'ART

C'est horriblement cher! Ça **coûte les yeux de la tête**!

2. méhari

un **méhari**

une **Méhari**

2. passer partout

La Méhari est une petite voiture qui **passe partout**.

2. s'amuser comme un fou

Ils **s'amusent comme des fous**!

3. ferme

* Colette n'a pas encore décidé ce qu'elle allait faire cet été. Elle n'a pas de projets **fermes**.

3. épatant

* Super! C'est formidable! C'est magnifique! C'est **épatant**!

3. sacré

* "Le téléphone est une **sacrée** invention." (Louis Aragon)
* Marie-Laure a mis sa chambre en ordre. Ça a été un **sacré** travail!

3. rendre (un) service

* J'ai reçu un chèque de mes parents. Ça m'**a rendu un** sacré **service**! Je n'avais plus un sou!
* Si on est scout, on doit **rendre service**: porter les sacs des vieilles dames, aider sa mère. . . .

5

Le dimanche suivant, Mireille va voir "ses enfants." C'est un groupe de filles et de garçons dont elle s'est occupée, l'été dernier, comme monitrice, dans une colonie de vacances. Il y avait là, aussi, comme moniteur, Jean-Michel, un jeune homme très sympathique, à tendances gauchistes, que les enfants adoraient. A la fin de l'été, Mireille et Jean-Michel ont décidé de rester en contact avec le groupe et de les réunir tous les dimanches matin. C'est à cette réunion hebdomadaire que Mireille est allée aujourd'hui. Après la réunion:

Jean-Michel: Il faut que je te dise.

. . . Je ne crois pas que je puisse aller à la colo cet été. Je suis crevé. Je n'en peux plus. Il faut que je prenne de vraies vacances, tu vois, que je change un peu d'horizon.
Mireille: C'est vrai que tu as l'air fatigué. Mais est-ce que tu prends des vitamines?

5. colonie de vacances

Une **colonie de vacances** (une **colonie**, une **colo**, une **col' de vac'**).

Jean-Michel: Non, Docteur!
Mireille: Moi aussi, j'ai besoin de changer d'air. Justement, je voulais te dire, je ne pourrai plus venir après dimanche prochain.

6

Et Mireille raconte à Jean-Michel ses projets pour l'été. Elle ne mentionne pas le verre blanc cassé, ni la loterie, mais elle parle du voyage projeté avec Robert, de l'intrusion d'Hubert, et de l'appel à Colette. Et puis soudain:
Mireille: Mais, j'y pense! Pourquoi est-ce que tu ne viendrais pas avec nous? C'est ça qui te changerait les idées!
Jean-Michel: Non, mais dis donc! Tu te f——[1] de moi ou quoi? Tu me vois, moi, entre cet aristocrate dégénéré et ce sauvage américain? Qu'est-ce que j'irais f——[1] dans cette galère?
Mireille: D'abord, ce n'est pas une galère, c'est une Méhari! Et Hubert n'est pas dégénéré du tout, je

---

1. Là aussi, nous avons beaucoup hésité. Ce Jean-Michel parle encore plus mal que Jean-Pierre! Ah, la jeunesse d'aujourd'hui! (Note des auteurs)

5. moniteur

* Georges Belleau est très bon en ski. Pendant les vacances de Noël et de Pâques, il est **moniteur** dans un camp de l'UCPA (Union des Camps de Plein Air). Il donne des leçons de ski.

5. crevé, n'en plus pouvoir

5. changer d'air/d'horizon

* Il ne faut pas toujours rester au même endroit. Il faut **changer d'horizon**, voir du nouveau. Il faut **changer d'air**, aller respirer l'air de la mer, ou l'air des montagnes. Le **changement d'air** fait du bien.

* Mireille n'a jamais passé ses vacances en **colonie de vacances**. Elle est toujours partie avec ses parents, en Bretagne ou dans le Pays Basque; mais le fils de la concierge, lui, va passer trois semaines en **colonie de vacances** tous les étés, parce que ses parents ne vont pas en vacances.

t'assure! Et mon Américain n'a rien d'un sauvage! C'est un garçon très instruit, très cultivé. Tu pourras discuter avec lui, tu verras; ce sera très intéressant pour tous les deux. Allez! Viens avec nous! A cinq, on s'amusera comme des fous!
Et Mireille finit par convaincre Jean-Michel.

7

Maintenant, il s'agit d'expliquer à Robert qu'ils vont partir à cinq, et à Hubert qu'il y aura cinq personnes dans sa petite Méhari.

Mireille (*à Robert*): Eh bien, tu sais, nos projets prennent forme. En fait, même, tout est arrangé. J'ai un tas de bonnes nouvelles. D'abord, Hubert nous prête sa Méhari.
Robert: C'est gentil, ça. . . . Mais je ne sais pas si nous devrions. . . .
Mireille: Naturellement, il viendra avec nous!
Robert: Ah! Je me disais aussi que je devais me méfier de ce chameau-là. . . . Non, sérieusement, je ne crois pas que ça marche très bien à trois. . . .
Mireille: C'est ce que je me suis dit aussi; alors j'ai invité Colette à venir, et elle a accepté.
Robert: Mince! On sera quatre?
Mireille: Mais non, tu vas voir! On ne sera pas quatre, on sera cinq, parce que j'ai aussi invité un garçon formidable, super-sympa; Jean-Michel, il s'appelle. Je suis sûre qu'il te plaira. C'est un type très intéressant. Il est trotskiste ou

6. (se) changer les idées

* Ça fait cinq heures que je travaille. . . . Je vais aller au cinéma pour **me changer les idées.**

6. (se) f----- (vulgaire)

* Tu te **f----** de moi? Tu te moques de moi?
* Qu'est-ce que j'irais **f-----** dans cette galère! Qu'est-ce que j'irais faire dans cette galère!

6. galère

* Jean-Michel est désespérément littéraire. Il cite Molière: "Qu'allait-il faire dans cette **galère?**" (*Les Fourberies de Scapin*, acte II, scène xi)

* Les **galères** étaient des bateaux à rames et à voiles de l'Antiquité. Il y avait encore des **galères** au XVIIème siècle, à l'époque de Molière.

6. instruit, cultivé

* En France, l'**instruction** est obligatoire pour tous les enfants entre six et seize ans.
* Robert est **instruit** et **cultivé**: il a une vaste **culture.** Il sait beaucoup de choses.

6. convaincre

* Mireille est très persuasive: elle **a convaincu** Jean-Michel de partir avec eux.

7. étincelle

Les chocs violents produisent des **étincelles.**

guévariste, ou quelque chose comme ça. . . . Avec Hubert qui est plutôt à droite, ça va faire des étincelles! Ce sera très intéressant pour toi.
Robert: Ça, je n'en doute pas, mais j'aurais quand même préféré la solitude à deux. . . .

8

Mireille, Hubert, et la Méhari.

Hubert: Voilà le chameau des grandes randonnées d'été. Sobre, résistant, passe-partout. Tu veux l'essayer?

Mireille (*montant dans la Méhari*): Alors, j'ai parlé à Robert. C'est entendu, il accepte. Mais nous avons pensé que ça ne marcherait peut-être pas très bien à trois, si bien que j'ai demandé à Colette de nous accompagner. Et elle a été assez gentille pour accepter.

Hubert: Eh, mais la Méhari n'est pas extensible! A quatre, on va être serrés comme des sardines!

Mireille: Mais allons, Hubert, je te connais! Malgré tes airs d'enfant de chœur, ça m'étonnerait que tu sois fâché d'être serré contre Colette!

Hubert: Serré pour serré, ma chère Mireille, je préférerais que ce soit contre toi.

9

Mireille: Oh, et puis aussi, avant que j'oublie: j'ai vu mon copain, hier, tu sais, Jean-Michel. Il avait l'air vachement déprimé, si bien que je l'ai invité, lui aussi, à venir.

Hubert: Mais c'est un dangereux anarchiste, ce garçon-là!

Mireille: Lui? Il n'est pas anarchiste du tout, il est marxiste! Et j'ai pensé qu'il ferait équilibre à tes opinions d'un autre âge.

Hubert: Mais où veux-tu mettre tout ce monde-là? La Méhari n'a pas d'impériale, je te signale!

Mireille: Bah! On sera peut-être un peu à l'étroit, mais ça ne fait rien! Plus on est de fous, plus on rit, comme dit ma tante Georgette . . . qui, elle, ne rit pas beaucoup, la pauvre! . . . Tu me laisses chez moi?

Hubert: Oui.

8. enfant de chœur

Un **enfant de chœur**.

8. fâché

9. vachement

* Il est extrêmement déprimé. Il est **vachement** déprimé!

9. déprimé

* Il est **déprimé**. Il souffre de dépression.

9. faire équilibre

Les opinions politiques de Jean-Michel **font équilibre** à celles d'Hubert.

9. impériale

A Londres, les autobus ont des **impériales**.

9. à l'étroit

On est un peu **à l'étroit**! On est un peu serrés!

Mise en œuvre

Ecoutez la mise en œuvre du texte et répondez aux questions suivantes.

1. Pourquoi, d'après Hubert, Mireille ne devrait-elle pas partir seule avec Robert?
2. Pourquoi Mireille pense-t-elle qu'elle ne s'ennuiera pas avec lui?
3. Qu'est-ce qui semble passionnant à Mireille?
4. Comment Robert et Mireille comptent-ils voyager?
5. Où comptent-ils coucher?
6. Pourquoi Hubert désapprouve-t-il l'idée de louer une voiture?
7. Qu'est-ce qu'une Méhari?
8. Pourquoi Hubert dit-il que c'est une voiture formidable?
9. Pourquoi Mireille aimerait-elle tant que Colette accepte sa proposition?
10. Quand Robert et Mireille comptent-ils partir?
11. Quand reviendront-ils?
12. Pourquoi Colette accepte-t-elle la proposition de Mireille?
13. Où était Mireille l'été dernier?
14. Qu'est-ce qu'elle y faisait?
15. Qui est-ce qu'elle a rencontré?
16. Comment Mireille et Jean-Michel restent-ils en contact avec les enfants dont ils s'occupaient l'été d'avant?
17. Pourquoi Jean-Michel ne pense-t-il pas retourner à la colo cet été?
18. De quoi a-t-il besoin?
19. Qu'est-ce que Mireille lui propose?
20. Pourquoi Jean-Michel refuse-t-il d'abord?
21. Qu'est-ce que Mireille dit à Robert?
22. Quelle est la première grande nouvelle que Mireille annonce à Robert?
23. Pourquoi Robert pense-t-il que c'est une mauvaise idée qu'Hubert les accompagne?
24. Qui sera la quatrième personne du groupe?
25. Pourquoi Mireille pense-t-elle que ce sera intéressant pour Robert d'être en présence d'Hubert et de Jean-Michel?
26. Qu'est-ce que Robert aurait préféré?
27. Quelle objection Hubert fait-il quand Mireille lui dit qu'elle a invité Colette?
28. Qu'est-ce que Mireille pense?
29. Par quelle galanterie Hubert répond-il?
30. Pourquoi Mireille a-t-elle invité Jean-Michel?
31. Pourquoi Hubert n'a-t-il pas l'air enchanté que Mireille ait invité Jean-Michel?
32. Pourquoi Mireille pense-t-elle que ce sera très bien à cinq?

Mise en question

1. Hubert a l'air de penser que Mireille ne devrait pas partir seule avec Robert. Pourquoi? Robert est un personnage dangereux? Il va lui voler son argent? Ils vont se perdre? Il conduit mal et ils vont avoir un accident? Il va ennuyer Mireille parce que, étant américain, il n'a pas les mêmes intérêts, les mêmes valeurs? Hubert serait-il jaloux? Donnez votre opinion personnelle.

2. Qu'est-ce que c'est que l'Hexagone?

3. Comment Mireille décrit-elle ses projets de voyage avec Robert? Comparez avec la façon dont Robert voit ce voyage dans la leçon 42. En quoi la description que fait Mireille vous semble-t-elle inspirée de celle de Robert? En quoi diffère-t-elle? En quoi est-elle plus idyllique? Pensez-vous que Mireille évoque ainsi son voyage avec Robert pour exciter la jalousie d'Hubert? En quoi son évocation pourrait-elle susciter sa jalousie?

4. Comment Hubert réagit-il? Est-ce qu'il se montre jaloux? Est-ce qu'il continue à dénigrer Robert? Quel genre d'objection présente-t-il, morale ou économique?

5. Hubert offre sa Méhari. Pourquoi est-ce que ce n'est pas une offre entièrement désintéressée?

6. Comment Mireille comprend-elle qu'Hubert a l'intention de se joindre à elle et à Robert pour faire le voyage? Qu'est-ce qu'il dit qui révèle son intention?

7. Quel genre de voiture la Méhari doit-elle être? Est-ce que c'est une voiture qui est mieux adaptée à l'hiver ou à l'été? Est-ce que c'est une conduite intérieure, une décapotable, ou une voiture à toit ouvrant? Est-ce que c'est une voiture de grand luxe, très confortable, ou une voiture relativement bon marché? Pourquoi l'a-t-on appelée "Méhari"? Quel rapport a-t-elle avec

les chameaux? Est-ce que les chameaux boivent peu ou beaucoup, par rapport aux distances qu'ils parcourent? Est-ce que la Méhari doit consommer beaucoup ou peu d'essence?

8. Quand Mireille téléphone à Colette, est-ce qu'elle a l'air de penser qu'il y a de bonnes chances pour que Colette vienne à Paris ce jour-là? (Voyez leçon 33.)

9. Pourquoi Mireille s'occupe-t-elle encore des enfants de la colonie de vacances? Est-ce que c'est une obligation? Ça fait partie de son contrat de monitrice? Parce qu'elle s'est attachée à ces enfants? Parce qu'elle trouve Jean-Michel particulièrement sympathique?

10. Quand Mireille demande à Jean-Michel s'il prend ses vitamines, est-ce que vous croyez qu'elle est sérieuse ou qu'elle plaisante?

11. Pourquoi Mireille ne parle-t-elle pas à Jean-Michel du verre blanc cassé? Que savons-nous de lui? Est-ce que vous pensez qu'il doit être superstitieux ou rationaliste, positiviste? Pourquoi Mireille ne lui parle-t-elle pas de la loterie? Est-ce qu'elle pense qu'il n'approuve pas, que c'est contre ses principes moraux? Pourquoi? Parce qu'il a le culte du travail? Que disait Hubert à ce sujet (leçon 44)? Mais alors, est-ce que Jean-Michel et Hubert seraient d'accord sur la question de la loterie? Pourtant, est-ce qu'ils partagent les mêmes opinions politiques? Est-ce que vous pensez qu'Hubert est plutôt à droite ou à gauche? Et Jean-Michel? Comment pouvez-vous expliquer qu'Hubert dise, au sujet de la loterie, à peu près la même chose que ce que Jean-Michel doit probablement en penser?

12. Pourquoi Mireille annonce-t-elle tout de suite à Robert qu'elle a tout un tas de bonnes nouvelles? Est-ce qu'elle pense que Robert va trouver que ce sont de

bonnes nouvelles, où bien a-t-elle peur qu'il ne soit pas d'accord et veut-elle le persuader que ce sont de bonnes nouvelles?

13. Pourquoi Robert hésite-t-il à accepter l'offre d'Hubert de leur prêter sa Méhari? Parce qu'il se considère comme un rival d'Hubert et ne veut pas accepter de faveur d'un rival, ou parce qu'il a peur de la responsabilité, d'avoir un accident et d'abîmer la voiture, ou parce qu'il se doute que cette offre cache quelque piège? En fait, est-ce que cette offre cache un piège? Lequel? Est-ce que c'est un truc qu'utilise Hubert? Pour quoi faire?

14. Quand Mireille dit à Hubert qu'il a un air d'enfant de chœur, est-ce qu'elle veut dire qu'il a l'air angélique ou diabolique? Qu'est-ce que Mireille insinue? Qu'Hubert est pur et innocent ou qu'il a l'air pur et innocent mais qu'il ne l'est pas vraiment? Comment Hubert répond-il? En proclamant sa pureté ou par une galanterie qui suggère qu'il n'est pas aussi innocent que ça?

15. Mireille essaie de rassurer Hubert en disant que Jean-Michel n'est pas anarchiste mais marxiste. Pour Hubert, qui est-ce qui est le moins inquiétant, un marxiste ou un anarchiste? Ou bien pense-t-il qu'ils sont aussi dangereux l'un que l'autre?

16. Comment Hubert répond-il? Par des considérations politiques ou logistiques? Lesquelles?

Documents

1

Voyages

Les voyages forment la jeunesse.

—*Tante Georgette*

(Mais) les vrais voyageurs sont ceux-là seuls qui partent
Pour partir; cœurs légers, semblables aux ballons,
De leur fatalité jamais ils ne s'écartent,
Et, sans savoir pourquoi, disent toujours: Allons!

—*Charles Baudelaire, "Le voyage"*
    Les Fleurs du mal

Je hais les voyages et les explorateurs.

—*Claude Lévi-Strauss*
    Tristes Tropiques

Tout le malheur des hommes vient d'une seule chose, qui est de ne savoir pas demeurer en repos dans une chambre.

—*Blaise Pascal*

J'ai peine à croire à l'innocence des êtres qui voyagent seuls.

—*François Mauriac*
    Journal I

Le voyageur est encore ce qui importe le plus dans un voyage.

—*André Suarès*

Le chameau voyage sans boire
Et moi, je bois sans voyager.

—*Guillaume Apollinaire*

Partir, c'est mourir un peu.

—*Edmond Haraucourt*

On ne part pas.

—*Arthur Rimbaud*

2

Le Chameau

1. Perdu dans le désert immense
   L'infortuné Bédouin, douin, douin, douin, douin
   N'irait pas loin, loin, loin, loin,
   Si la divine Providence
   N'allégeait son fardeau, do, do, do, do,
   Par un cadeau, do, do, do, do,
   Ce cadeau précieux, ce précieux cadeau
   De la bonté des cieux, c'est le chameau,
   Ali, alo!

   Refrain
   Ali, alo! et vive le chameau!
   Voyez comme il trotte,
   Ali, alo! et vive le chameau!
   Voyez comme il est beau.
   Himalaya-Java-Calcutta-Sidiborina
   Ha, lea, lea, lea, ohé! (*quater*)

2. Il sait faire la révérence
   Et se mettre à genoux, nou, nou, nou, nou,
   Sur les cailloux, you, you, you, you,
   Et sur son dos quand on s'élance
   Aussi léger qu'un daim, din, din, din, din,
   Il part soudain, din, din, din, din,
   Les yeux fermés, le nez ouvert.
   Des sables du désert, il soulève les flots,
   De ses sabots, ali, alo!
   (*Refrain*)

3. Grâce à cet animal utile,
   Vrai chemin de fer vivant, van, van, van, van,
   De l'Hindoustan, tan, tan, tan, tan,
   On transporte d'un pas agile,
   Cachemire et rubis, bi, bi, bi, bi,
   Et des habits, bi, bi, bi, bi,
   De la gomme et du thé, du sucre et du café,
   Du riz, du cacao, de l'indigo, ali, alo!

3

La Galère

C'est des mecs qui sont sur une galère en train de ramer et il y en a un qui dit:
—Voilà! J'ai deux nouvelles à vous annoncer. Il y en a une bonne et une mauvaise.
—Commencez par la bonne. . . .
—Vous allez avoir une double ration de rhum!
—Ah!!! Et la mauvaise?
—Le capitaine veut faire du ski nautique!

—*Coluche*

4

Surpopulation

La Chine, c'est gai! Plus on est de fous, moins il y a de riz . . .

—*Coluche*

5

Le Message

La porte que quelqu'un a ouverte
La porte que quelqu'un a refermée
La chaise où quelqu'un s'est assis
Le chat que quelqu'un a caressé
Le fruit que quelqu'un a mordu
La lettre que quelqu'un a lue
La chaise que quelqu'un a renversée
La porte que quelqu'un a ouverte
La route où quelqu'un court encore
Le bois que quelqu'un traverse
La rivière où quelqu'un se jette
L'hôpital où quelqu'un est mort.

—*Jacques Prévert*
Paroles

Le Petit Nicolas part en colonie de vacances

1. Aujourd'hui, je pars en colonie de vacances et je suis bien content. La seule chose qui m'ennuie, c'est que Papa et Maman ont l'air un peu tristes; c'est sûrement parce qu'ils ne sont pas habitués à rester seuls pendant les vacances.

   Maman m'a aidé à faire la valise, avec les chemisettes, les shorts, les espadrilles, les petites autos, le maillot de bain, les serviettes, la locomotive du train électrique, les œufs durs, les bananes, les sandwiches au saucisson et au fromage, le filet pour les crevettes, le pull à manches longues, les chaussettes et les billes. Bien sûr, on a dû faire quelques paquets parce que la valise n'était pas assez grande, mais ça ira.

2. Moi, j'avais peur de rater le train, et après le déjeuner, j'ai demandé à Papa s'il ne valait pas mieux partir tout de suite pour la gare. Mais Papa m'a dit que c'était encore un peu tôt, que le train partait à 6 heures du soir et que j'avais l'air bien impatient de les quitter. Et Maman est partie dans la cuisine avec son mouchoir, en disant qu'elle avait quelque chose dans l'œil.

   Je ne sais pas ce qu'ils ont, Papa et Maman, ils ont l'air bien embêtés. Tellement embêtés que je n'ose pas leur dire que ça me fait une grosse boule dans la gorge quand je pense que je ne vais pas les voir pendant presque un mois. Si je le leur disais, je suis sûr qu'ils se moqueraient de moi et qu'ils me gronderaient.

3. Moi, je ne savais pas quoi faire en attendant l'heure de partir, et Maman n'a pas été contente quand j'ai vidé la valise pour prendre les billes qui étaient au fond.

   —Le petit ne tient plus en place, a dit Maman à Papa. Au fond, nous ferions peut-être mieux de partir tout de suite.

—Mais, a dit Papa, il manque encore une heure et demie jusqu'au départ du train.

   —Bah! a dit Maman, en arrivant en avance, nous trouverons le quai vide et nous éviterons les bousculades et la confusion.

   —Si tu veux, a dit Papa.

4. Nous sommes montés dans la voiture et nous sommes partis. Deux fois, parce que la première, nous avons oublié la valise à la maison.

   A la gare, tout le monde était arrivé en avance. Il y avait plein de gens partout, qui criaient et faisaient du bruit. On a eu du mal à trouver une place pour mettre la voiture, très loin de la gare, et on a attendu Papa, qui a dû revenir à la voiture pour chercher la valise qu'il croyait que c'était Maman qui l'avait prise. Dans la gare, Papa nous a dit de rester bien ensemble pour ne pas nous perdre. Et puis il a vu un monsieur en uniforme, qui était rigolo parce qu'il avait la figure toute rouge et la casquette de travers.

5. —Pardon, Monsieur, a demandé Papa, le quai numéro 11, s'il vous plaît?

   —Vous le trouverez entre le quai numéro 10 et le quai numéro 12, a répondu le monsieur. Du moins, il était là-bas la dernière fois que j'y suis passé.

—Dites donc, vous . . . a dit Papa; mais Maman a dit qu'il ne fallait pas s'énerver ni se disputer, qu'on trouverait bien le quai tout seuls. . . .

—Bon, a dit Papa, restons calmes. Nous devons aller devant la voiture Y.

6. Comme le wagon qui était le plus près de l'entrée du quai, c'était la voiture A, on a dû marcher longtemps, et ça n'a pas été facile, à cause des gens, des chouettes petites voitures pleines de valises et de paniers et du parapluie du gros monsieur qui s'est accroché au filet à crevettes, et le monsieur et Papa se sont disputés, mais Maman a tiré Papa par le bras, ce qui a fait tomber le parapluie du monsieur qui était toujours accroché au filet à crevettes. Mais ça s'est très bien arrangé, parce qu'avec le bruit de la gare, on n'a pas entendu ce que criait le monsieur.

—*René Goscinny*
Les Vacances du Petit Nicolas

Leçon Quelle variété!

Texte

Nos cinq amis sont réunis chez les Belleau pour parler de leur voyage.

Jean-Michel: Alors, où on va?

Hubert: Où va-t-on? Mais partout! On va aller partout! On va voir la France entière, telle que l'ont faite la nature, deux mille ans d'histoire, et nos quarante rois.

Jean-Michel: Tes quarante rois et la sueur du peuple, oui! Et les géants de 93!

Marie-Laure: C'est qui, les géants de 93?

Jean-Michel: Les grands hommes de la Révolution française! Tu sais, Danton, Robespierre . . . des grands, des purs, des durs. . . .

Hubert: Des monstres assoiffés de sang! (*A Robert*) Il faut absolument que vous voyiez nos campagnes françaises, soignées comme des jardins, nos magnifiques forêts, nos sites incomparables: les aiguilles de Chamonix, le cirque de Gavarnie, les gorges du Verdon et celles du Tarn, les calanques de Cassis, les Baux-de-Provence. . . .

2

Mireille: Mais il faut surtout qu'il voie nos cathédrales.

Robert: Mais j'ai déjà vu Notre-Dame!

Mireille: Et tu crois que quand tu en as vu une, tu les as toutes vues?

Robert: On a aussi vu Chartres. . . .

Mireille: Pfeuh! Mais deux cathédrales, mais ce n'est rien! Il y a des centaines d'églises à voir!

Hubert: Amiens et sa nef, Strasbourg et sa flèche, Reims où tous nos rois ont été sacrés, Bourges et ses vitraux, le Mont-Saint-Michel et sa merveille. . . .

1. *sueur*

"Tu gagneras ton pain à la **sueur** de ton front." (Dieu, dans le livre de la Genèse)

1. *assoiffé, sang*

* Les vampires sont **assoiffés** de **sang**; ils ont **soif** de **sang**.

1. *aiguille*

Une **aiguille** et du fil.

la petite **aiguille**   la grande **aiguille**

Les **aiguilles** de Chamonix.

2. *nef, flèche*

flèche

nef

abside

transept

Marie-Laure (*récitant un passage de son livre de géographie*): Et ses marées qui avancent à la vitesse d'un cheval au galop. . . .

Mireille: Et la cathédrale d'Albi avec ses énormes murailles de petites briques roses. . . .

Hubert: Toutes les merveilleuses églises romanes, Vézelay, Paray-le-Monial, Saint-Benoît-sur-Loire, Poitiers, Conques, Saint-Nectaire. . . .

Colette: Saint-Nectaire, là où on fait le fromage! . . .

Hubert: Toutes les églises fortifiées: Agde, les Saintes-Maries-de-la-Mer, Luz. . . .

Mireille: Et toutes les églises modernes! Yvetot, l'église du plateau d'Assy, celle de Cocteau, Royan, Ronchamp. . . .

3

Hubert: Et puis, il faut que vous voyiez nos châteaux: Champ, Chambord, Chaumont, Chantilly. . . .

Colette: Chantilly, hmmm . . . la crème chantilly. . . .

Hubert: Châteaudun, Chenonceaux, Chinon, Valençay. . . .

Colette: Là où on fait le fromage de chèvre. . . .

Hubert: Anet, Amboise, Angers, Azay-le-Rideau, Blois, Fontainebleau. . . .

Colette: Ah! Fontainebleau . . . le fromage à la crème. . . .

Hubert: Loches, Langeais, Pierrefonds, Saumur. . . .

Colette: Saumur, là où il y a le vin. . . .

Hubert: Et une des meilleures écoles de cavalerie du monde!

4

Robert: Tout ça m'a l'air fort intéressant, passionnant, admirable, mais il me semble que ça fait beaucoup! On ne va pas pouvoir aller partout.

Mireille: Oh, mais tu sais, la France n'est pas bien grande!

Marie-Laure: Juste un millième des terres des bergers.

Mireille: E-mer-gées! Au-dessus de la mer!

Marie-Laure (*vexée*): Evidemment! Si ce n'est pas au-dessus de la mer, ce n'est pas une terre!

Mireille: La France est un peu plus petite que le Texas.

Hubert: Mais quelle variété! Quelle richesse! Il y a de tout en France!

5

Robert: Ouais, mais j'étais en train de penser . . . on va être plutôt serrés à cinq dans votre Méhari. On va avoir les articulations rouillées! Je me demande si ce ne serait pas mieux

2. marée

Au Mont-Saint-Michel, en Normandie, les **marées** avancent à la vitesse d'un cheval au galop.

2. muraille

La Grande **Muraille** de Chine.

de faire ça à vélo, histoire de faire un peu d'exercice.

Mireille: Oh. oui, la France à vélo, ce ne serait pas mal! Cécile et son mari ont fait les châteaux de la Loire à vélo quand ils étaient fiancés, et ils ont trouvé ça formidable. . . . Il faut dire que la vallée de la Loire, ça va tout seul, surtout en descendant! Mais grimper le col du Tourmalet ou de l'Iseran. . . .

Marie-Laure (*imbattable en géographie*): 2 770 mètres!

Mireille: . . . ça, c'est une autre histoire!

6

Jean-Michel: C'est qu'on en a, des montagnes, en France!

Marie-Laure: Les Alpes, les Pyrénées, le Jura, les Ardennes, le massif des Vosges, le Massif Central. . . .

Mireille: Et tu en oublies un . . . en Bretagne. . . .

Marie-Laure: Ah, oui! Le Massif Américain!

Mireille: Armoricain!

Marie-Laure: Armoricain? Qu'est-ce que c'est que ça?

Mireille: Euh, ça veut dire breton. L'Armorique, c'est la Bretagne. On ne t'a pas appris ça, en géographie?

Marie-Laure (*détournant la question*): Oh, mais ce n'est pas très haut, alors, ça ne compte pas!

Colette: Oui, ce ne sont pas les montagnes qui manquent; et moi, je tiens absolument à aller en montagne. Je commence à en avoir assez de la plaine de l'Ile-de-France.

Marie-Laure: C'est où, l'Ile-de-France?

Mireille: Eh bien, ici! Paris, Provins, c'est dans l'Ile-de-France.

Marie-Laure: Mais ce n'est pas une île!

Mireille: Mais ça ne fait rien, ça s'appelle comme ça.

Jean-Michel: Moi aussi, j'en ai marre de la plaine; j'en ai ras le bol. Je veux aller faire de la montagne.

5. articulation

Une **articulation**.

5. grimper

Il **grimpe**.

Ça **grimpe**!

6. montagnes

6. en avoir marre, en avoir ras le bol

Bol plein à **ras**.

J'EN AI ASSEZ!
J'EN AI JUSQUE LÀ!
J'EN AI RAS LE BOL!

Il **en a marre**.

7

Hubert: Eh bien, c'est entendu! Pas de problème! On ira dans le Massif Central; mes parents ont une propriété dans le Cantal.

Colette: Là où on fait le fromage!

Jean-Michel: Bien sûr! Le Massif Central, c'est de la montagne à vaches. . . . (*A Hubert*) C'est ce que tu appelles de la montagne, toi? Il faut aller au moins dans les Pyrénées!

Hubert: Les Pyrénées? Mais il n'y a plus de Pyrénées, mon cher ami!

Jean-Michel: Il n'y a plus de Pyrénées! . . . Ah! Encore une stupidité de ton Louis XIV!

Marie-Laure les regarde d'un air étonné; elle ne comprend plus.

Mireille (*à Marie-Laure*): Mais oui, tu as étudié ça en histoire, non? Tu sais bien, la paix des Pyrénées, en 1659. . . . Louis XIV avait signé un traité avec l'Espagne, et il a dit: "Voilà, maintenant on est amis, copains, copains, il n'y a plus de problème. Rien ne sépare plus la France de l'Espagne . . . c'est comme s'il n'y avait plus de Pyrénées!"

8

Jean-Michel: Il n'y a plus de Pyrénées! Ah, elle est bien bonne, celle-là! Ah, c'est la meilleure de l'année! Il n'y a plus de Pyrénées! Allez donc demander aux coureurs du Tour de France quand ils se tapent[1] le col d'Aubisque et le col

1. Pourquoi ne pas dire *font le col d'Aubisque,* comme tout le monde? On peut se demander si Jean-Michel n'utilise pas le mot d'argot *se taper* pour le seul plaisir de faire un très mauvais jeu de mots (*se tapent* . . . dans la même *étape*). Ce jeune homme, pourtant bien sympathique, nous déçoit un peu! (Note des auteurs)

du Tourmalet dans la même étape! . . . Remarquez que moi, à choisir, je crois que je préfère les Alpes, c'est plus haut: la Meije (3 983 mètres), le Mont-Blanc (4 807 mètres). . . .

Hubert: 4 810!

Mireille: Mais allons, Hubert, où es-tu allé chercher ça? Tout le monde sait que le Mont-Blanc n'a que 4 807 mètres! N'est-ce pas, Marie-Laure? Le Mont-Blanc, altitude?

Marie-Laure: 4 807 mètres!

Mireille: Tu vois!

Hubert: Moi, on m'a toujours appris 4 810. Je sais que de mauvais Français, qui n'avaient pas le sens de la grandeur, ont essayé de le rabaisser à 4 807; mais ça, moi, je ne l'accepterai jamais.

Jean-Michel: Cocorico!

9

Mireille (*ouvrant une carte*): Bon, parlons peu, parlons bien. Où va-t-on?

Jean-Michel: Je propose de faire le tour de la France dans le sens inverse des aiguilles d'une montre.

Première étape: Lille, Roubaix, Tourcoing.

Colette: Le Nord? Oh, non, encore de la plaine, des champs, des mines, des usines. . . . Qu'est-ce qu'il y a à voir?

Jean-Michel: Mais le peuple, Mademoiselle! La vraie France, la France qui travaille!

Colette: Oui, mais pour la gastronomie, le Nord, ce n'est pas formidable. Si on commençait par la Normandie, plutôt? Là, au moins, on mange bien. . . . Le camembert, la crème fraîche, le beurre d'Isigny, la sole normande, le canard rouennais, les tripes à la mode de Caen. . . .

Tous: Hmm. . . . Va pour la Normandie!

10

Pendant que les jeunes gens discutent de leur voyage, derrière la fenêtre apparaît l'homme en noir. Il lave les carreaux. Bizarre, bizarre. Personne ne le remarque, sauf Marie-Laure qui l'observe, un peu intriguée.

Hubert: Départ lundi matin à l'aube. Première étape, Rouen!

Jean-Michel: Non, Tourcoing!

Tous: Rouen! Rouen!

Jean-Michel: Tourcoing!

Tous: Rouen!

7. montagne à vaches

haute montagne

montagne à vaches

8. étape

Les coureurs du Tour de France font le tour de la France en vingt **étapes**.

9. usine

Dans le Nord, il n'y a que des champs, des mines et des **usines**.

8. cocorico

COCORICO

Le coq français (emblème de la France) fait "**cocorico**."

10. carreau

Elle lave les **carreaux**, les vitres.

7. paix

* La France et l'Espagne étaient en guerre. Elles ont signé un traité de **paix** pour mettre fin à la guerre.

8. col

COL DU TOURMALET
4 KIM ➡

La route passe au **col**.

9. sens

Le **sens** inverse des aiguilles d'une montre.

10. aube

On entend le chant du coq à l'**aube**, très tôt le matin.

Mise en œuvre

Ecoutez la mise en œuvre du texte et répondez aux questions suivantes.

1. Pourquoi les cinq amis se sont-ils réunis?
2. D'après Hubert, qui a fait la France?
3. Qui sont les géants de 93?
4. D'après Hubert, comment sont les campagnes françaises?
5. Pourquoi, d'après Mireille, la visite de deux cathédrales n'est-elle rien?
6. Qu'est-ce qu'il y a d'intéressant à voir à Saint-Nectaire?
7. Qu'est-ce qu'on y fait aussi?
8. Qu'est-ce qu'il y a à voir à Chambord, Chaumont, Chantilly?
9. Qu'est-ce qu'on fait à Valençay?
10. A Saumur, qu'est-ce qu'on fait?
11. Comment est la France par rapport au Texas?
12. Pourquoi Hubert dit-il que la France est riche et variée?
13. Pourquoi Robert préférerait-il faire le voyage à vélo?
14. Quel voyage Cécile et son mari ont-ils fait à vélo?

15. Qu'est-ce que les Alpes, les Pyrénées, le Jura, etc.?
16. Pourquoi Colette tient-elle à aller en montagne?
17. Où sont Paris et Provins?
18. Où Hubert propose-t-il d'aller?
19. Pourquoi?
20. Qu'est-ce qu'on fait dans le Cantal?
21. Quel type de montagne est le Massif Central, d'après Jean-Michel?
22. Qu'est-ce que Louis XIV a fait en 1659?
23. Qui est-ce qui fait les cols des Pyrénées à vélo, tous les étés?
24. Pourquoi Jean-Michel préfère-t-il les Alpes aux Pyrénées?
25. Quelle est l'altitude du Mont-Blanc?
26. Qu'est-ce que Jean-Michel propose de faire?
27. Pourquoi Colette ne veut-elle pas aller dans le Nord?
28. Qu'est-ce qu'on peut manger de bon en Normandie?
29. Quand les amis partiront-ils?
30. Quelle sera leur première étape?

Mise en question

1. Comment Jean-Michel demande-t-il où ils vont aller? Qu'est-ce qu'il dit? Que dit Hubert pour poser la même question? Comparez les deux phrases. Est-ce que l'une de ces phrases vous paraît plus correcte, plus élégante, plus recherchée que l'autre? Laquelle? Pourquoi Hubert répète-t-il, sous une forme différente, la question de Jean-Michel? Est-ce qu'il n'est pas sûr d'avoir bien entendu ou est-ce qu'il veut faire remarquer, en passant, que Jean-Michel ne parle pas d'une façon très distinguée?

2. En quoi Hubert et Jean-Michel montrent-ils des opinions opposées? D'après Jean-Michel, qui a fait la France? Et d'après Hubert? Qui est à droite, et qui est à gauche?

3. Pourquoi la cathédrale de Reims paraît-elle particulièrement intéressante à Hubert?

4. D'après le livre de géographie de Marie-Laure, quelles sont les deux choses qu'il faut savoir sur le Mont-Saint-Michel?

5. D'après vous, que doit être la "merveille" du Mont-Saint-Michel? Une pâtisserie, une église, une plage?

6. D'après vous, de quand datent les églises fortifiées? De l'époque gallo-romaine, du Moyen Age, du XIXème siècle, du XXème siècle?

7. Qu'est-ce que Mireille et Hubert considèrent comme intéressant en France? Et Colette?

8. Quelle objection Robert soulève-t-il?

9. Quand Robert propose de partir à bicyclette plutôt que dans la Méhari d'Hubert, est-ce que c'est vraiment parce qu'il veut faire de l'exercice? Quelle autre raison pourrait-il avoir?

10. Quelle excuse Marie-Laure trouve-t-elle pour avoir oublié le Massif Armoricain, dans sa liste des montagnes de France?

11. Quel est l'ancien nom de la Bretagne?

12. Observez comment Colette dit que la plaine de l'Ile-de-France commence à l'ennuyer. Quelle expression emploie-t-elle? Comment Jean-Michel exprime-t-il la même idée? Lequel des deux s'exprime le plus familièrement?

13. Comment les alpinistes, qui aiment escalader des pics vertigineux, appellent-ils les petites montagnes sans intérêt?

14. Quand Hubert dit qu'il n'y a plus de Pyrénées, est-ce qu'il est sérieux, ou est-ce qu'il joue sur les mots pour taquiner Jean-Michel? Où sont les Pyrénées?

15. Quel est le plus haut sommet d'Europe? Quand Hubert fait preuve d'un chauvinisme excessif en refusant d'admettre que le Mont-Blanc ne fait que 4 807 mètres, est-ce qu'il est sérieux ou est-ce qu'il plaisante?

16. Qu'est-ce qu'on dit pour se moquer d'une manifestation du chauvinisme français?

Documents

A. **Variété du paysage français**

La volonté de grandeur de Dieu le Père ne dépasse pas 4 810 mètres en France, altitude prise au-dessus du niveau de la mer.

—*André Breton et Philippe Soupault*
   Les Champs magnétiques

Une forêt de sapins dans les Pyrénées.

Des campagnes soignées comme des jardins.

Le cirque de Gavarnie, dans les Pyrénées.

Le village des Baux, en Provence.

Les gorges du Verdon.

Une calanque sur la Méditerranée.

Le Mont Blanc.

Une des aiguilles de Chamonix, l'Aiguille Verte.

B. Eglises

Une église fortifiée.

Une église romane.

Une église gothique.

Une église moderne.

2

Enfance heureuse

C'était le Paradis. Chaque matin, je m'éveillais dans une stupeur de joie, admirant la chance folle qui m'avait fait naître dans la famille la plus unie, dans le plus beau pays du monde. Les mécontents me scandalisaient: de quoi pouvaient-ils se plaindre?

—*Jean-Paul Sartre*
Les Mots

3

Ce que Marie-Laure sait des "quarante rois qui ont fait la France"

Mireille: Alors, Marie-Laure, tu connais tous tes rois de France?

Marie-Laure: Oh, ben, dis, hé! . . . Je les connais pas tous, hein! Il y en a trop! Mais j'en connais quelques-uns!

Mireille: Voyons! Lesquels?

Marie-Laure: Eh ben . . . Vercingétorix.

Mireille: Mais non! Ce n'est pas un roi de France! C'était le chef des Gaulois! Il n'y avait pas encore de roi de France! C'était au temps des Romains et des Gaulois! C'était au moins cinquante ans avant Jésus-Christ!

Marie-Laure: Bon, eh bien, alors, il y a Clovis, en 481 . . . après Jésus-Christ, que ses soldats ont porté sur un bouclier et qu'ils ont élu roi, et après, il s'est converti au christianisme pour que le Dieu des chrétiens l'aide à gagner la bataille de Tolbiac contre les Alamans.

Puis après, il y avait le bon roi Dagobert qui s'occupait tellement des affaires, qui travaillait tant, qu'il était un peu surmené; alors il était distrait et il mettait sa culotte à l'envers. Mais il avait un très bon conseiller, saint Eloi, qui arrangeait tout ce qui n'allait pas.

Après, il y a eu les rois fainéants, des paresseux qui ne faisaient rien que parcourir leur royaume, pas à cheval parce que c'était trop fatigant pour eux, mais couchés sur un lit, sur un chariot tiré par des bœufs.

Puis après, c'est Charles Martel qui avait un gros marteau pour taper sur ses ennemis. C'est comme ça qu'il a arrêté les Arabes, qui avaient envahi l'Espagne et le sud de la France, à Poitiers, 732.

Mireille: Oui, mais il n'était pas roi, il était seulement maire du palais.

Marie-Laure: Tu es sûre? En tout cas son fils Pépin le Bref, lui, a été roi. C'était un petit costaud, qui s'amusait à se battre avec des taureaux et des lions pour montrer comme il était fort.

Après, il y a Charlemagne, avec une grande barbe. Il était très riche, il avait beaucoup de plats en argent, de bijoux en or. Il voyageait beaucoup pour inspecter ses domaines et vérifier les comptes. Et en plus il envoyait des messagers partout pour tout surveiller. Et il allait dans les écoles pour voir si on travaillait bien. Et puis il est allé en Espagne pour battre un peu les Arabes, avec son neveu Roland. Et en revenant, quand ils passaient les Pyrénées, les Basques les ont attaqués, mais ça c'est une autre histoire . . . c'est la *Chanson de Roland,* c'est trop long; je ne raconte pas!

Ensuite, il y a Charles le Simple qui était très ennuyé parce qu'il y avait les Normands qui arrivaient du nord, sur leurs bateaux, qui remontaient la Seine, et qui pillaient tout, volaient tout, brûlaient, tuaient, et Charles le Simple ne savait pas comment faire pour les arrêter. Alors il leur a dit: "Ecoutez, je vous donne la Normandie, prenez-la, et fichez-nous la paix." Et c'est comme ça que les Normands sont devenus français et après ils ont conquis l'Angleterre . . . mais ça aussi c'est une autre histoire; je ne raconte pas.

Après, il y a eu Hugues Capet qui a été élu roi par les seigneurs de l'Ile-de-France, et son arrière-petit-fils, Louis VI, le Gros, qui aimait bien manger et puis son petit-fils Philippe-Auguste qui a fait beaucoup de constructions à Paris, comme le Louvre, qui était un château-fort dans les fortifications de Paris.

Après ça, tu as Saint Louis, Louis IX. Il habitait au château de Vincennes, mais il passait son temps assis sous un chêne, dans le parc, à rendre la justice. Il allait faire des visites aux pauvres. Il était très religieux, alors il est parti faire une croisade pour convertir à la religion chrétienne les Turcs et les Arabes, qui étaient musulmans, et pour reprendre le tombeau du Christ, à Jérusalem, qui était entre leurs mains. Mais ça n'a pas bien marché. Il est mort de la peste, à Tunis, avant même d'être arrivé en Terre sainte.

Je connais aussi Louis X, le Hutin, qui aimait bien la bagarre et les sports. Un jour il faisait un match de jeu de paume (c'était le tennis de l'époque) au château de Vincennes, il faisait très chaud, alors il est descendu à la cave pour boire du vin bien frais, et hop, il est mort. Ce qui prouve qu'il ne faut pas jouer au tennis . . .

Mireille: . . . ou boire du vin . . .

Marie-Laure: . . . trop froid, quand on a chaud. . . .

Après, il y a Charles V qui se battait contre les Anglais qui n'arrêtaient pas d'envahir la France; et Charles VI qui est devenu fou; et Charles VII que Jeanne d'Arc a fait couronner à Reims et qui a fini par réussir à chasser les Anglais. Et puis, Louis XI qui enfermait ses ennemis dans des cages en fer tellement petites qu'ils ne pouvaient pas se tenir debout.

Ensuite, il y a Charles IX qui, avec sa mère Catherine de Médicis, a fait massacrer tous les protestants le jour de la Saint-Barthélemy, en 1572. Et son frère, Henri III, qui a fait assassiner le duc de Guise qu'il n'aimait pas, et qui a été assassiné lui aussi peu après.

Là, on arrive à Henri IV. Il était béarnais; il était né au château de Pau, dans le Béarn, dans le sud-ouest de la France. Quand il est né, son père lui a fait boire une goutte de vin blanc de Jurançon et il lui a frotté les lèvres avec une gousse d'ail, pour qu'il devienne très fort. Il était roi de Navarre. Il était protestant et, à cause de ça, il a dû beaucoup se battre pour se faire accepter comme roi de France. Il avait des plumes blanches sur son casque et, dans les batailles, il disait à ses soldats, "Ralliez-vous à mon panache blanc!" Il avait peut-être, aussi, un cheval blanc; mais ça, on n'a jamais bien su, parce qu'on demande toujours: "Quelle était la couleur du cheval blanc d'Henri IV?" Ah, ah, ah! Mystère et boule de gomme! Il a réussi à se faire accepter comme roi de France en disant: "Paris vaut bien une messe!" Il est devenu catholique, ou il a fait semblant. Pour protéger les protestants, il a signé l'édit de Nantes qui interdisait de les persécuter. C'était un bon roi, on l'appelait le "bon roi Henri." Il voulait que les sujets de son royaume puissent avoir une poule au pot tous les dimanches. Ça ne l'a pas empêché d'être assassiné par un fou qui s'appelait Ravaillac (1610).

Après, on arrive à Louis XIII qui avait des mousquetaires, avec d'Artagnan. Ensuite Louis XIV qui a fait beaucoup de guerres, qui habitait au palais de Versailles, qui avait une cour très brillante, alors on l'appelait "le roi soleil." C'était un monarque absolu. Il disait "L'Etat, c'est moi." Quand on ne faisait pas tout de suite ce qu'il voulait, il disait "J'ai failli attendre!" En fait, il se croyait tellement important, que, en parlant de lui, en général, il ne disait pas "je" mais "nous."

Après Louis XIV il y a eu Louis XV, on l'appelait le Bien-Aimé, mais ce n'était pas vrai, on ne l'aimait pas du tout. Il aimait beaucoup s'amuser et il a eu tout un tas de favorites, la marquise de Pompadour, Mme du Barry, et beaucoup d'autres. Il n'était pas très sérieux. Il disait: "Après moi, le déluge!" Enfin, on arrive à Louis XVI qui était marié à Marie-Antoinette qui était autrichienne. Ils habitaient à Versailles. Lui aimait bien bricoler, il s'amusait à faire des clés, et elle, elle s'amusait à jouer à la bergère dans une ferme-modèle qu'elle avait fait construire dans le parc de Versailles. On a dit aussi qu'elle s'amusait à flirter avec un ambassadeur suédois qui s'appelait Fersen, mais je ne sais pas si c'est vrai. Pendant ce temps-là, la Révolution française commençait et ils ont fini par être guillotinés tous les deux. Fin!

Mireille: Eh, eh! Mais c'est pas fini! Après la Révolution et l'Empire, il y a encore eu Louis XVIII, et Charles X, et Louis-Philippe!

Marie-Laure: Oh, arrête! Ça suffit comme ça! Je ne veux pas en entendre parler! Après la Révolution, vive la République!

4

Ceux qui . . .

(Extraits de "Tentative de description d'un dîner de têtes à Paris-France")
.   .   .
ceux qui croient
ceux qui croient croire
.   .   .
ceux qui ont du ventre
ceux qui baissent les yeux
ceux qui savent découper le poulet
ceux qui sont chauves à l'intérieur de la tête
.   .   .   .   .   .
ceux qui ont quatre mille huit cent dix mètres de Mont-Blanc, trois cents de Tour Eiffel, vingt-cinq centimètres de tour de poitrine et qui en sont fiers
. . .
Le soleil brille pour tout le monde, il ne brille pas dans les prisons, il ne brille pas pour ceux qui travaillent dans la mine,
ceux qui écaillent le poisson
ceux qui mangent la mauvaise viande
ceux qui fabriquent les épingles à cheveux
ceux qui soufflent vides les bouteilles que d'autres boiront pleines
ceux qui coupent le pain avec leur couteau
ceux qui passent leurs vacances dans les usines
ceux qui ne savent pas ce qu'il faut dire
ceux qui traient les vaches et ne boivent pas le lait
ceux qu'on n'endort pas chez le dentiste
ceux qui crachent leurs poumons dans le métro
ceux qui fabriquent dans les caves les stylos avec lesquels d'autres écriront en plein air que tout va pour le mieux
ceux qui en ont trop à dire pour pouvoir le dire
ceux qui ont du travail
ceux qui n'en ont pas
ceux qui en cherchent
ceux qui n'en cherchent pas
ceux qui donnent à boire aux chevaux

ceux qui regardent leur chien mourir
ceux qui ont le pain quotidien relativement
　hebdomadaire
ceux qui l'hiver se chauffent dans les églises
ceux que le suisse envoie se chauffer dehors
ceux qui voudraient manger pour vivre
ceux qui voyagent sous les roues

. 　　 . 　　 . 　　 .

ceux qui regardent la Seine couler

. 　　 . 　　 . 　　 .

ceux qui n'ont jamais vu la mer

. 　　 . 　　 . 　　 .

ceux qui n'ont pas l'eau courante

. 　　 . 　　 . 　　 .

ceux qui vieillissent plus vite que les autres

. 　　 . 　　 . 　　 .

ceux qui crèvent d'ennui le dimanche après-midi
parce qu'ils voient venir le lundi
et le mardi, et le mercredi, et le jeudi, et le vendredi
et le samedi
et le dimanche après-midi

—*Jacques Prévert*
　Paroles

5

Le Col du Tourmalet

TOURMALET (Col du)—Carte Michelin no ⑧⑤—pli ⑱

　Alt. 2 115m. Son nom signifie «mauvais détour.»
Jusqu'au 17e s., il ne pouvait être franchi qu'en chaise à
porteurs; les premières voitures s'y engagèrent en 1788
alors que la route de la gorge de Luz était coupée par une
crue du gave de Pau.

　Du col, le **panorama** est remarquable par l'âpreté des
sommets qu'il fait découvrir.

—Michelin Guide Vert, Pyrénées-Aquitaine

6

Comment Louis XIV a supprimé les Pyrénées

1. **La paix des Pyrénées.** Un traité de paix entre la France et
l'Espagne est signé le 9 novembre 1659 dans l'île des Faisans,
au milieu de la Bidassoa, petite rivière basque qui marque la
frontière entre la France et l'Espagne. La paix des Pyrénées
met fin à une guerre qui durait depuis une dizaine d'années.
Elle prévoit que Louis XIV épousera Marie-Thérèse, fille de
Philippe IV, roi d'Espagne.

2. **Le mariage de Louis XIV.** Prévu par le traité des Pyrénées,
le mariage du roi avec l'infante d'Espagne est retardé par la
passion que le roi éprouve pour Marie Mancini, nièce de
Mazarin. Mais le cardinal exile la jeune fille et le roi cède à la
raison d'Etat. Accompagné de sa suite, il arrive à Saint-Jean-
de-Luz le 8 mai 1660.

3. Le 9 juin au matin, le roi, logé à la maison Lohobiague,
rejoint la maison de l'infante. Entre les Suisses qui font la
haie, le cortège s'ébranle en direction de l'église. Derrière
deux compagnies de gentilshommes, le cardinal Mazarin, en
costume somptueux, ouvre la marche, suivi par Louis XIV,
en habit noir orné de dentelles. A quelques pas derrière,
Marie-Thérèse, en robe tissée d'argent et manteau de velours
violet, la couronne d'or sur la tête, précède Monsieur, frère
du roi, et l'imposante Anne d'Autriche. Toute la cour vient
derrière.

　Le service, célébré par Mgr d'Olce, évêque de Bayonne,
dure jusqu'à 3h. La porte par laquelle sort le couple royal est
murée après la cérémonie.

　Le cortège regagne la maison de l'infante. Du balcon, le roi
et Mazarin jettent à la foule des médailles commémoratives.
Puis, les jeunes époux soupent à la maison Lohobiague en
présence de la cour. Une étiquette rigoureuse les conduit
jusqu'au lit nuptial dont la reine-mère ferme les rideaux en
donnant la bénédiction traditionnelle.

4. **Corbeille de noce.** La jeune reine a reçu des présents dignes
des Mille et une nuits. Le roi a offert six parures complètes de
diamants et de pierre précieuses; Monsieur, douze garnitures
de robes en pierreries. Le cadeau du richissime Mazarin est
princier: douze cent mille livres de diamants et de perles,
un grand service de table en or massif, et deux calèches
d'apparat tirées l'une par six chevaux de Russie, l'autre par
six chevaux des Indes, dont les robes sont assorties aux
couleurs des voitures.

　Marie-Thérèse sera, pour Louis XIV, une épouse douce et
digne. Quand elle mourra, le roi dira: «C'est le premier
chagrin qu'elle me cause».

—Michelin Guide Vert, Pyrénées-Aquitaine

Leçon **48** Quelle richesse!

Texte

1

Le lendemain, chez les Belleau. Mireille, Robert, et Marie-Laure attendent leurs amis. Ils ont quelques difficultés à arrêter un itinéraire. On sonne.

Marie-Laure: Je vais ouvrir. . . . C'est Hubert!

Hubert: Ça va depuis hier? Tenez, regardez, j'apporte *Les Châteaux de France.* Les autres ne sont pas là?

Mireille: Tiens, les voilà.

Colette (*les bras chargés de petits paquets*): Bonjour, les enfants!

Mireille: Mais tu es bien chargée! Qu'est-ce que tu apportes?

Colette: Le *Gault et Millau,* le *Guide de l'Auto-Journal,* le *Guide Michelin* avec la carte des trois étoiles, des madeleines de Commercy, des berlingots de Carpentras, du nougat de Montélimar, et des bêtises de Cambrai pour Marie-Laure.

Mireille: Oh, je pense que tu la gâtes un peu trop!

Colette: J'espère qu'elle nous en laissera goûter un peu.

2

Marie-Laure: Je ne sais pas, il faut voir. . . . Si vous m'emmenez avec vous, d'accord. Sinon, je garde tout.

Mireille: Mais allons, Marie-Laure, tu

1. *chargé*

Colette est **chargée.** Elle a les bras **chargés** de cadeaux et de livres.

sais très bien qu'on ne peut pas t'emmener! Tu iras à Saint-Jean-de-Luz avec Papa et Maman.

Marie-Laure: Non, non! Moi, je ne veux pas aller à Saint-Jean-de-Luz avec Papa et Maman, je veux aller avec vous! . . . Je m'en fiche,[1] si vous ne voulez pas m'emmener, je partirai toute seule. Et je ne dirai pas où je vais. Et tu seras bien embêtée!

Mireille: Mais allons, Marie-Laure, arrête de dire des bêtises et offre des bonbons à tout le monde.

Marie-Laure: Pas à toi! (*A Robert*) Qu'est-ce qu'il veut, mon cow-boy adoré? Des bêtises de Cambrai, des berlingots de Carpentras, du nougat de Montélimar, ou des madeleines de Commercy?

Robert: Une bêtise!

1. Allons, Marie-Laure! On dit: "Ça m'est égal." On voit bien que tes parents ne sont pas là! (Note des auteurs)

1. *madeleine, berlingot, nougat, bêtise*

Les **madeleines** sont de petits gâteaux qu'on sert avec le thé.

* Les **berlingots** sont des bonbons à rayures rouges et blanches. Le **nougat** est une confiserie à base de miel, d'amandes et de blanc d'œuf.

Les **bêtises** sont des bonbons à la menthe.

1. *gâter*

* Tonton Guillaume **gâte** Marie-Laure: il lui apporte toujours des cadeaux, des gâteaux, des bonbons (ça finira par lui **gâter** les dents . . .).

2. *bêtise*

*—Que tu es **bête!** Arrête de dire des **bêtises!**

3

Hubert: Alors, on est bien tous d'accord, on va d'abord à Rouen?

Jean-Michel: A Tourcoing!

Mireille: Bon, alors, j'ai bien réfléchi: on ne va ni à Rouen, ni à Tourcoing, mais à Ouessant.

Robert: Ouessant? Où est-ce, ça, Ouessant?

Mireille: En mer. A vingt kilomètres des côtes de Bretagne. . . . Bon, j'ai une idée. On met la table de côté et on met la carte par terre. Ce sera mieux! . . .

Hubert: C'est une idée. Faisons la France en bateau.

Robert: La France en bateau? C'est moi que vous voulez mener en bateau. . . .

Hubert: Mais non, cher ami, personne ne veut vous mener en bateau! Je ne me permettrais pas de me moquer de vous. Non, non, c'est tout à fait sérieux, je ne plaisante pas. On peut très bien faire la France en bateau! Pensez, cinq mille kilomètres de côtes!

Mireille: Ça en fait, des plages! On va pouvoir se baigner tous les jours.

Jean-Michel: Oh, eh, là, minute! Ça dépend où! Moi, je ne me baigne pas dans la Manche ni dans la Mer du Nord. Pas question! C'est trop froid.

Hubert: Monsieur est frileux! Mais, cher Monsieur, en Russie, il y a des gens qui se baignent en janvier, au milieu des glaçons et des ours blancs!

Marie-Laure: C'est vrai?

Mireille: Je n'en suis pas sûre.

Marie-Laure: Ils ont sûrement des combinaisons thermiques!

4

Robert: Je vois très bien comment on pourrait longer la côte depuis la Belgique jusqu'au Pays Basque, mais comment passer de là à la Méditerranée, ça, je vois moins bien . . . même si Louis XIV a supprimé les Pyrénées! . . .

Marie-Laure: Mais il ne les a pas supprimées pour de vrai!

Hubert: Aucun problème! On remonte la Garonne, et puis on prend le canal du Midi (encore une grande réalisation de Louis XIV, entre parenthèses), et on arrive à la Méditerranée.

Jean-Michel: Oh, là, là! Il y en a qui commencent à m'embêter avec leur Louis XIV! Cela dit, je reconnais qu'on peut aller presque partout en bateau, avec tous ces fleuves, toutes ces rivières, tous ces canaux. . . .

Hubert: Oui, bien sûr! De la Manche, on pourrait remonter la Seine, puis la Marne; de la Marne, passer dans la Saône par le canal; de la Saône, on passe dans le Rhône, et on descend tranquillement jusqu'à la Méditerranée. . . .

Colette: . . . Et on va manger une bouillabaisse à Marseille! . . . Voilà: la vraie bouillabaisse de Marseille. Vous voulez la recette?

5

Hubert: Mais j'y pense! Ma famille a un petit voilier à Villequier. On pourrait peut-être l'emprunter!

Mireille: Eh, minute! Je n'ai pas envie d'aller me noyer à la fleur de l'âge!

Marie-Laure: Pourquoi tu te noierais? Tu sais nager!

Mireille: Oui, mais faire de la voile à Villequier, c'est dangereux.

Marie-Laure: Pourquoi?

Mireille: Tu sais, Victor Hugo. . . .

Marie-Laure: Oui. . . .

Mireille: Eh bien, il avait une fille. . . .

Marie-Laure: Oui. . . .

Mireille: Et cette fille, elle s'est mariée. . . .

Marie-Laure: Ouais. . . .

Mireille: Et un jour, elle est allée avec son mari à Villequier, sur la Seine, dans une propriété de la famille. . . .

Marie-Laure: Ouais. . . .

Mireille: Et là, il y avait un bateau, un voilier; alors elle est allée faire du bateau sur la Seine, avec son mari. . . .

Marie-Laure: Ouais?

3. Ouessant

3. côte

La **côte**.

3. frileux

Les Russes ne sont pas **frileux**:
ils se baignent en janvier au milieu
des pingouins et des ours blancs.

4. longer

* La route **longe** la côte, elle suit la côte.
* Les quais **longent** la Seine.

4. fleuve, rivière, canal

Un **fleuve**, la Seine. (Un **fleuve**
se jette dans la mer.)

Une **rivière**. (Une **rivière** se jette
dans une autre **rivière** ou dans un
fleuve.)

Un **canal**.

4. bouillabaisse

* La **bouillabaisse** est une spécialité
marseillaise. C'est une sorte de
soupe de poissons.

5. voilier

Un **voilier**.

5. se noyer

Un monsieur qui est en train de **se
noyer**.

5. la fleur de l'âge

Mireille est à **la fleur de l'âge**;
elle a dix-huit ans! Tante Amélie,
elle, n'est plus à **la fleur de l'âge**;
c'est une vieille dame.

Mireille: Et le bateau s'est retourné, et elle s'est noyée.

Marie-Laure: Et alors?

Mireille: Et alors, Victor Hugo a écrit un poème.

Marie-Laure: Et toi, tu ne veux pas aller te noyer à Villequier, parce que Papa n'écrirait pas de poème.

Mireille: Voilà, tu as tout compris.

Jean-Michel: Eh bien, moi, je n'ai pas non plus envie d'aller me noyer à la fleur de l'âge. . . . Et puis moi, je ne vais pas passer l'été à faire du tourisme sur un yacht de fils à papa! J'aurais mauvaise conscience. Et puis, de toute façon, ce n'est pas à bord d'un yacht qu'on peut découvrir la vraie France. Non, il faut aller voir la France qui travaille, il faut aller voir les ouvriers des aciéries de Lorraine, les mineurs de fond. Il faut aller voir fabriquer les pneus Michelin, l'Airbus, les voitures Renault et les pointes Bic. C'est ça, la France! La vraie France, ce sont les travailleurs.

Hubert: Les travailleurs! Ce ne sont pas eux qui fabriquent les Renault!

7

Jean-Michel: Ah, non? Et c'est qui, d'après toi?

Hubert: Les robots! Et puis, vous me faites rire avec vos pointes Bic. La France est peut-être à la pointe du progrès avec les pointes Bic; la pointe Bic est une magnifique réussite technique et commerciale, d'accord. Mais il y a des choses

---

5. se retourner

* Le bateau où était la fille de Victor Hugo **s'est retourné**; il s'est renversé.

---

encore plus remarquables. Tenez, prenez l'usine marémotrice de la Rance, par exemple, hein? Ce n'est pas partout qu'on fait de l'énergie électrique avec la force des marées!

Jean-Michel: Tu me fais rigoler avec ta marémotrice. La marémotrice de la Rance, oui, ce n'est pas mal, mais les Russes aussi en ont une, de marémotrice!

Hubert: Qu'ils ont copiée sur la nôtre!

Jean-Michel: Ça, c'est à voir!

Hubert: C'est tout vu! D'ailleurs, il n'y a pas que les Russes! Le monde entier nous copie, parce que toutes les grandes découvertes ont eu leur origine en France: la pasteurisation, la radioactivité, la boîte de conserve, le stéthoscope, euh . . . le champagne, l'aviation, le télégraphe, le cinéma, le principe de Carnot, le foie gras, l'amour, la liberté. . . .

Jean-Michel: Ce n'est pas possible d'être chauvin à ce point-là! . . .

8

Jean-Michel: Tenez, un truc qui est vachement bien, c'est les installations d'énergie solaire dans les Pyrénées Orientales. Vous connaissez? Ça, c'est quelque chose! Je me rappelle avoir vu, quand j'étais petit, un four solaire qui liquéfiait les métaux en un clin d'œil. Vous vous rendez compte? Du métal qui fond au soleil! Ça m'avait sidéré.

Colette: Tu nous embêtes avec ta sidérurgie. Ça n'intéresse personne.

Jean-Michel: Ah, ben! La sidérurgie

---

solaire, je t'assure que c'est quelque chose. C'est impressionnant!

Mireille: Tiens, Marie-Laure, on a sonné. Tu vas voir?

9

Marie-Laure va ouvrir la porte d'entrée; c'est l'homme en noir. . . . Elle revient dans le salon. Personne n'a fait très attention à ce qui s'était passé.

Mireille (*plus occupée de son projet de voyage que de l'incident de la porte*): Qu'est-ce que c'était?

Marie-Laure: Le frère de la sœur.

Mireille: Qui?

Marie-Laure: Tu sais bien, le frère de la bonne sœur qui était venue l'autre jour.

Mireille: Et qu'est-ce qu'il voulait?

Marie-Laure: Il me rapportait mes boules de gomme.

Mireille: Tu les avais perdues?

Marie-Laure: Non.

10

Mireille: Mais qu'est-ce que c'était, ces boules de gomme qu'il te rapportait?

Marie-Laure: Ce n'étaient pas les miennes. C'étaient d'autres boules de gomme.

Mireille: Je n'y comprends rien.

Marie-Laure: C'est pourtant simple! Il m'a dit: "Je vous rapporte vos boules de gomme." Mais j'ai vu que ce n'étaient pas les miennes, alors je lui ai dit: "Non, ce ne sont pas les miennes." Je les lui ai rendues, alors il est parti.

Mireille: Ce n'est pas très clair! C'est bien mystérieux, cette histoire de boules de gomme.

Marie-Laure: Ben, toi, on peut dire que tu n'es pas douée, hein!

Tout le monde se lève pour partir.

Colette: Oh, mais il est cinq heures. Il faut que je parte.

Hubert: Je vous accompagne.

Jean-Michel: Oui, moi aussi, il faut que je parte.

Hubert: Au revoir! On se téléphone.

Robert aussi s'en va.

Marie-Laure: Moi aussi, je descends.

Mireille: Tu vas où?

Marie-Laure: Au jardin.

Mireille: Bon, d'accord, mais tu reviens à six heures, tu entends? Six heures pile! . . . Papa et Maman ne sont pas là, ce soir. Alors, on mangera tôt, et si tu es sage, on ira au cinéma.

Marie-Laure: Chouette!

Mireille: Six heures, pile! Pas une minute de plus!

Marie-Laure: Oui!!!

7. rigoler

*—Marie-Laure, arrête de rire comme une idiote!

—Oh, si on ne peut plus **rigoler**, maintenant!

7. découverte

Trois grandes **découvertes** françaises:

le cinéma . . .

l'amour . . .

. . . et la liberté.

7. chauvin

* Hubert est **chauvin**; il est français et fier de l'être.

8. four solaire

Le **four solaire** d'Odeillo, dans les Pyrénées.

8. fondre

* La neige **fond** au soleil. Le beurre aussi. Les métaux **fondent** à de très hautes températures.

8. sidéré

Dame **sidérée** par ce qu'elle lit dans le journal.

* C'est extrèmement surprenant. C'est **sidérant**.

🎧 Mise en œuvre

Ecoutez la mise en œuvre du texte et répondez aux questions suivantes.

1. Où les amis se retrouvent-ils?
2. Quels guides Colette a-t-elle apportés?
3. Quelles sortes de bonbons a-t-elle apportées pour Marie-Laure?
4. A quelle condition Marie-Laure leur fera-t-elle goûter des bêtises de Cambrai?
5. Où Marie-Laure doit-elle aller cet été?
6. Qu'est-ce qu'elle menace de faire s'ils ne l'emmènent pas?
7. Où Mireille propose-t-elle d'aller?
8. Où est Ouessant? Qu'est-ce que c'est?
9. Quand Hubert dit qu'il veut faire la France en bateau, est-ce qu'il est sérieux ou est-ce qu'il veut "mener Robert en bateau"?
10. Pourquoi y a-t-il tant de plages en France?
11. Pourquoi Jean-Michel refuse-t-il de se baigner dans la Manche ou la Mer du Nord?
12. Comment peut-on passer du Pays Basque à la Méditerranée?
13. Pourquoi peut-on aller presque partout en bateau en France?
14. Comment peut-on passer de la Marne dans la Saône?
15. Pourquoi Colette aimerait-elle aller à Marseille?
16. Qu'est-ce que la famille d'Hubert possède à Villequier?
17. Pourquoi Mireille ne veut-elle pas aller faire de la voile à Villequier?
18. Comment est morte la fille de Victor Hugo?
19. Pourquoi Jean-Michel ne veut-il pas emprunter le voilier de la famille d'Hubert?
20. Quelle est la France que Jean-Michel veut voir?
21. D'après Hubert, qui fabrique les Renault?
22. A quoi sert l'usine marémotrice de la Rance?
23. Quelles découvertes ont été faites en France?
24. Qu'est-ce que Jean-Michel reproche à Hubert?
25. Qu'est-ce qu'il y a dans les Pyrénées Orientales?
26. Qu'est-ce que Jean-Michel avait vu quand il était petit?
27. Qui sonne à la porte des Belleau?
28. Pourquoi l'homme en noir est-il venu?
29. Pourquoi Marie-Laure n'a-t-elle pas accepté les boules de gomme de l'homme en noir?
30. Qu'est-ce que Mireille et Marie-Laure feront ce soir, si Marie-Laure est sage?

Mise en question

1. Qu'est-ce que Colette apporte? Qu'est-ce que cela nous dit sur ses goûts? Qu'est-ce qui l'intéresse? (Voyez aussi leçon 47.) Pour qui a-t-elle apporté tous ces bonbons? Uniquement pour Marie-Laure?

2. Quand Marie-Laure dit qu'elle va partir toute seule, qu'elle ne dira pas où elle va, est-ce que Mireille considère ça comme des menaces sérieuses? Qu'est-ce qu'elle dit que c'est? Quand Marie-Laure offre des bonbons à Robert, qu'est-ce qu'il prend?

3. Vous vous rappelez quand Marie-Laure a fait croire à Mireille que Mme Belleau l'attendait à la maison et que ce n'était pas vrai (leçon 15)? Qu'est-ce qu'on peut dire que Marie-Laure a fait?

4. Quand Hubert dit qu'il y a, en Russie, des gens qui se baignent au milieu des glaçons, est-ce que vous pensez que c'est vrai, qu'Hubert le sait, ou bien qu'il invente ça pour plaisanter et se moquer un peu de Jean-Michel? Pensez-vous qu'il y ait des ours blancs en Russie?

5. Savez-vous où est Marseille? C'est dans les montagnes, au bord de la mer? Pouvez-vous deviner ce que c'est que la bouillabaisse? C'est un plat de poisson, de viande, une pâtisserie, un fromage?

6. Est-ce que Marie-Laure considère son père comme un grand poète?

7. Qu'est-ce que c'est que l'Airbus? Un appareil-photo, un magnétoscope, une voiture, un bateau, un avion, un train?

8. Bic est une marque de lave-vaisselle, de stylos, de planches à voile, de rasoirs, de couteaux?

9. Qui pensez-vous qu'on considère, en France, comme le premier aviateur, le premier homme à avoir réussi à voler avec un appareil à moteur, Clément Ader ou les frères Wright? Qui considère-t-on comme l'inventeur du cinéma, Edison ou les frères Lumière?

10. Que faisait ce four solaire que Jean-Michel a vu, dans les Pyrénées Orientales, et qui l'a beaucoup impressionné, qui l'a sidéré? Comment appelle-t-on l'industrie métallurgique, dans laquelle on fait fondre les métaux?

11. Pourquoi Marie-Laure dit-elle que Mireille n'est pas douée? Est-ce que cette histoire de boules de gomme vous paraît claire, simple, normale, mystérieuse, inquiétante?

12. Pourquoi Mireille insiste-t-elle pour que Marie-Laure revienne à six heures pile?

Documents

Tour de France en bateau

Le port de La Rochelle, sur
l'Atlantique.

MER DU NORD

Dunkerque

Boulogne

MANCHE

Cambrai

Villequier • Rouen

Ouessant
Brest •

Paris

MARNE

Commercy

RHIN

RANCE

SEINE

CANAL DE LA MARNE
AU RHIN

Belle-Ile

LOIRE

CANAL DE LA MARNE
A LA SAONE

Saumur

Beaune

SAONE

La Rochelle

OCEAN ATLANTIQUE

Périgueux •

Lyon

Bordeaux

RHONE

GARONNE

Montélimar

Carpentras

Bayonne

Toulouse

CANAL DU MIDI

Sète

St-Tropez

Marseille

MER MEDITERRANEE

La plage de Royan.

Villefranche-de-Lauragais, où on peut
louer des bateaux pour descendre
le canal du Midi jusqu'à la
Méditerranée.

Le canal du Midi.

La plage et le port de Collioure, sur
la Méditerranée, près de la
frontière espagnole.

Le château d'If (prison du comte de
Monte-Cristo) à l'entrée du port
de Marseille.

Le vieux port de Marseille.

Port-Grimaud, sur la Méditerranée,
près de Saint-Tropez.

Le port et la vieille ville de Menton,
près de la frontière italienne.

Petits problèmes et travaux pratiques

La géographie
Où la Seine se jetterait-elle si elle prenait sa source dans
les Pyrénées?
—*Jean Tardieu*
  Le Professeur Froeppel

Boomerang

En Australie, un jeune homme est devenu fou: sa mère lui
a offert un nouveau boomerang, et il a essayé de jeter le
vieux!

—*Coluche*

1. **Demain, dès l'aube . . .**

Demain, dès l'aube, à l'heure où blanchit la campagne,
Je partirai. Vois-tu, je sais que tu m'attends.
J'irai par la forêt, j'irai par la montagne.
Je ne puis demeurer loin de toi plus longtemps.

Je marcherai les yeux fixés sur mes pensées,
Sans rien voir au dehors, sans entendre aucun bruit,
Seul, inconnu, le dos courbé, les mains croisées,
Triste, et le jour pour moi sera comme la nuit.

Je ne regarderai ni l'or du soir qui tombe,
Ni les voiles au loin descendant vers Harfleur,
Et quand j'arriverai, je mettrai sur ta tombe
Un bouquet de houx vert et de bruyère en fleur.

—*Victor Hugo*
  Les Contemplations

2. **Victor Hugo** (Victor-Marie Hugo) est né en 1802. Son
   père était général dans les armées de Napoléon.
     Hugo est sans doute l'écrivain français le plus
   populaire. Il a énormément écrit; des poèmes, des
   romans, des pièces de théâtre. Ses poèmes les plus connus
   sont *Les Contemplations, La Légende des siècles, Les
   Orientales, L'Art d'être grand-père.* Il est généralement
   reconnu comme un très grand poète, bien qu'on fasse
   parfois quelques réserves. André Gide, à qui on avait
   demandé quel était, à son avis, le plus grand poète
   français, a répondu: "Victor Hugo, hélas!"

3. Avec sa pièce de théâtre *Hernani,* Hugo est devenu le champion du romantisme contre la tradition classique. La pièce, jouée en 1830 à la Comédie-Française, a provoqué une véritable bataille entre les défenseurs du classicisme et les jeunes romantiques. Il y a eu une "bataille d'*Hernani*," comme il y avait eu une "dispute du *Cid*" au temps de Corneille.

4. Dans son œuvre poétique, comme dans son œuvre en prose, Hugo a toujours défendu les humbles, les pauvres, les opprimés. Il s'est opposé au coup d'état de Louis-Napoléon Bonaparte, le neveu de Napoléon, et a passé, à cause de cela, près de vingt ans en exil dans les îles anglaises de Jersey et Guernesey, entre la France et l'Angleterre.

5. Dans sa jeunesse, il avait publié le *Dernier jour d'un condamné à mort,* qui demandait la suppression de la peine de mort. Et, son premier roman, *Bug Jargal,* publié bien avant *Notre-Dame de Paris* et *Les Misérables,* avait pour sujet une révolte des noirs dans l'île de Saint-Domingue, aux Antilles.

A sa mort, en 1885, le gouvernement lui a fait des funérailles nationales et il a été enterré au Panthéon, avec les "Grands Hommes" de la nation.

5

De l'amour

AMOUR. Les Français ont en quelque sorte stylisé l'amour, créé un certain style, une certaine forme de l'amour; et après cela ils y ont cru, ils se sont obligés à le vivre d'une certaine manière. . . .

[En France] tout le monde est exposé à cette notion littéraire de l'amour, émotion, sensualité, jalousie, ambition, c'est-à-dire désir de réussir auprès d'une femme; enfin l'amour à la française, qui va d'*Andromaque* à *L'Education sentimentale.* Il y a là beaucoup de convention.

—*Marguerite Yourcenar et Matthieu Galey*
Les Yeux ouverts

6

L'Amour, invention française

L'idée que l'amour est apparu en France au milieu du XIIème siècle est illustrée par des extraits tirés des manuels scolaires les plus traditionnels et les plus courants: *Les Classiques Larousse,* et *l'Histoire de la littérature* de Lagarde et Michard, par exemple.

A. Classiques Larousse: Les Romans courtois.
[Au cours du XIIème siècle,] la chevalerie se transforme en une classe héréditaire qui tend à se clore et à codifier ses règles de conduite. A la suite de cette évolution, une vie mondaine se crée dans les cours royales et seigneuriales où les dames donnent le ton et imposent une politesse raffinée, et même non dénuée de formalisme; «la chambre des dames»—expression employée par le comte de Soissons à la bataille de Mansourah—annonce ainsi, dès le XIIème et le XIIIème siècles, les ruelles et les salons des Précieuses. Dans le domaine de la vie sentimentale apparaît la notion de l'**amour courtois** caractérisé par la soumission absolue du chevalier à l'égard de la dame. Cette attitude est calquée sur celle du vassal à l'égard de son suzerain; la dame (**domina**) est traitée comme une souveraine. C'est du Midi de la France que cette conception de l'amour courtois s'est répandue dans le Nord, surtout sous l'influence de très grandes dames comme la reine Aliénor d'Aquitaine et ses deux filles, Marie de Champagne et Aélis de Blois. . . .

Les deux grands thèmes du roman courtois sont l'aventure et l'amour, tantôt opposés, tantôt associés, l'amour surtout, avec tout ce que le mot comporte de nuances psychologiques. Or, la chanson de geste ignorait presque ce sentiment et il arrivait aux héros épiques de traiter la femme avec une grossièreté qui persistera longtemps dans les fabliaux. Les chevaliers des romans courtois sont exaltés ou emportés par l'amour comme par la plus noble ou la plus tragique des passions et ils rendent à la femme aimée un culte où l'élégance du ton et des manières s'ajoute à la profondeur et à la délicatesse du sentiment. L'amour courtois s'oppose à l'amour gaulois.

B. Lagarde et Michard: Le Moyen Age

La Littérature courtoise

Dans la **deuxième moitié du XIIème siècle,** les chansons de geste trouvent des auditoires enthousiastes sur les places et sur les routes des pèlerinages. Mais l'aristocratie, qui a évolué dans sa structure et dans ses mœurs, se tourne vers des œuvres moins rudes.

1. L'ADOUCISSEMENT DES MŒURS: La noblesse devient une classe héréditaire de plus en plus fermée. Sous l'influence de l'Eglise (Paix de Dieu et Trêve de Dieu), des sentiments de **générosité** et de **politesse** viennent adoucir les mœurs. Une **vie mondaine** se crée: les dames imposent des habitudes plus raffinées et les beaux usages se codifient.

2. LES ŒUVRES COURTOISES: . . . Ces œuvres, écrites spécialement pour une élite plus civilisée, content des

aventures **sentimentales** et présentent des tableaux de la **vie élégante** et **luxueuse**. ...

Elles font déjà une grande place au **merveilleux**, aux aventures **romanesques**: Alexandre descend au fond de la mer dans un tonneau de verre .... Déjà **l'amour** occupe le centre du roman et parfois commande l'intrigue: les filles d'Œdipe sont amoureuses, mais leurs amants sont tués; tel poète conte les amours d'Enée et de Didon, d'après Virgile, et, très longuement, les amours d'Enée et de Lavinie (1 600 vers); Achille refuse de combattre les Troyens parce qu'il aime Polyxène, fille de Priam.

Ces intrigues amoureuses invitent les auteurs à pénétrer dans les âmes, à tracer des portraits, à présenter même, dans des monologues, des **analyses de sentiments**. ...

L'Influence provençale

Le Midi de la France a connu avant le Nord les douceurs d'une civilisation plus aimable. Jouissant d'un climat moins rude et d'une vie moins belliqueuse, initiés par la croisade aux splendeurs orientales, les seigneurs du Midi s'habituèrent à une **vie plus douce**, dans un cadre plus luxueux où la femme occupait une place importante. Ils attiraient à eux les artistes et eux-mêmes furent poètes ou «**troubadours**».

Les principaux de ces poètes sont **Jaufré Rudel, Bertran de Born, Raimbaut de Vaqueyras, Bernard de Ventadour** et **Giraut de Borneil**. Leurs œuvres, surtout **lyriques**, chantent le printemps, les fleurs, l'amour heureux, l'amour lointain, l'amour perdu.

Dans la **deuxième moitié du XIIème siècle**, ces mœurs plus polies ont gagné lentement le Nord de la France. C'est **Aliénor d'Aquitaine** qui paraît avoir le plus contribué à y acclimater la courtoisie du Midi, d'abord comme reine de France (épouse de Louis VII), puis comme reine d'Angleterre, deux ans après son second mariage avec Henri Plantagenet, comte d'Anjou et duc de Normandie, devenu roi d'Angleterre en 1154. Aliénor aimait les artistes et s'entourait d'une **cour** cultivée et raffinée. Cette influence fut encore élargie par ses deux filles, **Aélis de Blois** et surtout **Marie, comtesse de Champagne**. Cette dernière, protectrice de Chrétien de Troyes, lui imposait même certains thèmes courtois; elle organisait, dit-on, des «**tribunaux**» ou «**cours d'amour**» où l'on discutait de subtils problèmes de sentiment, prélude aux salons de nos précieuses du XVIIème siècle.

La Courtoisie

Elle apparaît dans les romans à la rencontre de ces trois influences, et place **la préoccupation amoureuse** au centre de toute activité humaine.

1. LE SERVICE D'AMOUR: Les chevaliers sont aussi vaillants, aussi aventureux que dans les chansons de geste. Mais leurs exploits ne sont plus dictés par leur fidélité à Dieu ou à leur suzerain: ils sont désormais dictés par le «**service d'amour**», soumission absolue du chevalier à sa «dame», souveraine maîtresse (le mot vient du latin **domina**, maîtresse).

2. LE CODE DE L'AMOUR COURTOIS: Ce service d'amour se codifie en un certain nombre de **règles charmantes** et artificielles qui honorent l'amour terrestre de tous les rites de l'amour divin. C'est pour plaire à sa dame que le chevalier recherche **la perfection**: en lui, la vaillance et la hardiesse s'allient à l'élégance de l'homme de cour. La dame ennoblit son héros en le soumettant à des **épreuves**, pour lui permettre de manifester sa valeur; l'amour qui peut faire agir contre la raison et même contre l'honneur est aussi la **source de toute vertu** et de toute prouesse.

Mais les exploits ne suffisent pas à fléchir une dame altière et inaccessible; il faut encore **savoir aimer** et souffrir en silence, avec discrétion et patience, être ingénieux pour exprimer sa passion, s'humilier pour traduire son adoration. C'est seulement quand le chevalier a souscrit aux caprices despotiques de son idole qu'il est récompensé de sa constance et payé de retour. ...

Les Lais de Marie de France

LA PEINTURE NUANCÉE DE L'AMOUR est vraiment la grande originalité de cet auteur. Ce n'est pas encore l'amour «courtois» codifié par les amoureux transis de la poésie provençale, ni l'aveuglement des chevaliers soumis aux caprices d'une dame impassible, comme dans Chrétien de Troyes. Ce n'est pas non plus la passion fatale, violente, et tragique de Tristan et Iseut. C'est la peinture très délicate, **très féminine,** de sentiments tendres, d'une émotion voilée et doucement mélancolique. Dans ces lais, la femme est une créature aimante et fidèle, prête à se sacrifier pour le bonheur de l'être aimé. Le **rêve** tient dans cet amour plus de place que les réalités.

Leçon **49** Quelle horreur!

Texte

1

Chez les Belleau. Il est plus de six heures, et Marie-Laure n'est pas rentrée. Mireille attend, et elle s'inquiète.

Mireille: Mais qu'est-ce qu'elle fait? . . . Mais ce n'est pas possible! Qu'est-ce qu'elle peut bien faire? . . . Mon Dieu, il lui est sûrement arrivé quelque chose!

Vers 19 heures, elle se décide à téléphoner à Robert.

Mireille: Allô, Monsieur Taylor, s'il vous plaît. . . . Allô, Robert, c'est toi? Est-ce que Marie-Laure est avec toi?

Robert: Marie-Laure? Mais non, pourquoi?

Mireille: Je ne sais que faire: elle a disparu. Mais qu'est-ce qui a bien pu lui arriver? Elle devait être ici à six heures. Il est sept heures et quart, et elle n'est toujours pas rentrée. Mon Dieu! Je me disais qu'elle était peut-être partie avec toi?

Robert: Non, je crois qu'elle est allée au Luxembourg.

Mireille: Mais alors, elle devrait être là! . . . Ah, je ne sais pas que faire!

Robert: Ecoute, tu veux que je vienne? J'arrive tout de suite.

Mireille: Bon, je t'attends. Fais vite. Au revoir!

2

Un quart d'heure plus tard, Robert est là.[1]

Mireille: Il est 7h 40! Ça fait une heure et demie qu'elle devrait être là! Je ne comprends pas.

Robert: Tu as regardé dans sa chambre?

Mireille: Son bateau n'est pas là.

Robert: Il me semble bien qu'elle est partie avec, tout à l'heure. . . . Allons voir au Luxembourg.

1. Il a fait vite! Il ne s'est pas perdu!

3

Au Luxembourg. Robert et Mireille cherchent, cherchent. Mais il n'y a plus personne. Tout à coup, Mireille aperçoit le bateau de Marie-Laure, à moitié caché derrière un palmier.

Mireille: Regarde, son bateau! Ah, mon Dieu, le bassin! Mais c'est affreux!

Robert et Mireille courent vers le bassin. Ils aperçoivent des cheveux blonds dans l'eau . . . mais ce sont ceux d'une poupée!

Robert: C'est une poupée. Elle n'est pas à elle?

Mireille: Mon Dieu, où peut-elle bien être passée? Mais qu'est-ce qui a bien pu lui arriver? Je n'aurais jamais dû la laisser partir. . . . Il paraît qu'il y a un drôle de type qui se promène dans le quartier. La concierge l'a vu. Tu crois. . . .

Robert: Mais non, qu'est-ce que tu vas imaginer! Ecoute, on va revenir chez toi et téléphoner à la police.

Mireille: Huit heures! Ça fait trois heures qu'elle est partie! Il lui est sûrement arrivé quelque chose.

4

Mais, chez les Belleau, Marie-Laure est assise sur son lit, en train de jouer tranquillement avec son bateau.

Mireille: Marie-Laure, mais qu'est-ce que tu fais?

Marie-Laure: J'arrange mon bateau. Les ficelles sont tout emmêlées. . . .

Mireille: Mais où étais-tu?

Marie-Laure (*pas bavarde*): Je viens de rentrer. . . .

Mireille n'en peut plus. Elle se met à pleurer. Robert essaie de la calmer.

Robert: Allons, allons, calme-toi! Tu vois: tout va bien. Tout est bien qui finit bien, non? Il ne lui est rien arrivé du tout!

Mireille (*à Marie-Laure*): Tu veux manger?

Marie-Laure: J'ai déjà mangé. Je vais me coucher.

Mireille: Bon, c'est ça. Couche-toi. Je viendrai te dire bonsoir.

3. poupée

Ce n'est pas Marie-Laure, mais une **poupée** que Robert sort du bassin.

5

Mireille raccompagne Robert jusqu'à la porte.

Mireille: Qu'est-ce qu'elle a bien pu faire?

Robert: L'essentiel, c'est qu'elle soit là! Ça va aller?

Mireille: Oui. . . . C'est gentil d'être venu. J'ai eu tellement peur!

Robert: C'est fini! Je peux te laisser? Ça va aller, tu es sûre? A demain; tâche de dormir. Tu ne vas pas être trop en forme pour ton examen. . . . C'est quand, le matin ou l'après-midi?

Mireille: L'après-midi. Je devrais avoir fini à six heures. Et on a rendez-vous avec les autres à six heures et demie.

Robert: Où ça?

Mireille: A Saint-Germain-des-Prés, au petit square près de l'église, tu sais, juste en face des Deux Magots.

Robert: Des deux gâteaux?

Mireille: Des Deux Magots, idiot! Espèce d'idiot! Aux Deux Magots, le café.

Robert: Je crois que je vois où c'est. . . . Bon, allez, à demain!

4. ficelle

* Les voiles du bateau de Marie-Laure sont attachées avec des **ficelles**.

5. tâcher de

* **Tâche de** dormir! Essaie de dormir!

5. square

Un **square**.

5. magot

Les **deux magots** qui ont donné son nom au café.

6

Un peu plus tard, dans la chambre de Marie-Laure.

Mireille: Tu es couchée? Ça va? Alors, dis-moi, maintenant. Qu'est-ce qui t'est arrivé?

Marie-Laure: C'est un secret. Alors, je ne peux pas te le dire. De toute façon, ça ne servirait à rien que je te le dise, parce que si je te le dis, tu ne me croiras pas.

Mireille: Mais si!

Marie-Laure: Mais non!

Mireille: Mais si!

Marie-Laure: Eh bien, voilà. . . . Je suis allée jouer au Luxembourg, et là, j'ai vu le frère de la sœur qui se promenait avec un air bizarre. Il avait l'air d'observer la maison. Alors je me suis dit: "Qu'est-ce qu'il veut, celui-là? Il n'a pas l'air net! C'est un voleur, un espion, ou quoi? . . ." Alors, à ce moment-là, je crois qu'il m'a vue. Il m'a reconnue. Alors il a eu peur et il est parti. Alors j'ai vite caché mon bateau et j'ai commencé à le suivre, mais en me cachant, pour qu'il ne sache pas que je le suivais. Et lui, il se retournait tout le temps pour voir si je le suivais. Tu me suis? . . . Il avait vachement peur, parce qu'il se doutait bien que je le suivais.

7

Marie-Laure: Il est sorti du jardin. Il a traversé, et il est entré dans le métro. Moi, je l'ai suivi, bien sûr. Il

---

est monté dans le RER. Moi aussi, mais pas dans le même wagon. A Denfert, j'ai vu qu'il descendait. Alors je suis descendue aussi. Il est sorti, et il a commencé à marcher. Il croyait que je l'avais perdu. Mais il m'a vue. Alors, là, il a eu vachement peur! Et il est parti à toute vitesse . . . et il s'est précipité dans la première porte ouverte qu'il a vue. Devant la porte, il y avait un type en uniforme qui criait: "Dépêchons-nous pour la dernière visite!" Je suis vite entrée. . . . C'était tout noir. On ne voyait rien. Puis le type en uniforme est entré. Il a fermé la porte. Il a dit: "Par ici, messieurs-dames," ce qui était bête, parce qu'il n'y avait que l'homme en noir, il n'y avait pas de dame. (Il y avait bien moi, mais il ne m'avait pas vue: je m'étais cachée derrière; alors il ne savait pas que j'étais là.) Il a commencé à faire visiter (parce que c'était une sorte de guide, tu vois). Il y avait tout un tas de trucs bizarres, des têtes de mort, des os, des vrais! Et l'homme en noir, il avait vachement peur, parce qu'il savait que je le suivais.

8

Marie-Laure: Puis, on est revenus à l'escalier. . . .

Le guide: Voilà, Mesdames et Messieurs, la visite est terminée.

Par ici la sortie. N'oubliez pas le guide, svp. . . . Merci!

Marie-Laure (enfermée à l'intérieur, tapant à la porte): Eh! Ouvrez! Eh!

Le guide (ouvrant la porte): Qu'est-ce que vous faites là, vous?

Marie-Laure: Ben, j'attendais que vous m'ouvriez! Je ne vais pas passer la nuit ici! . . .

L'homme en noir en avait profité pour disparaître. Alors je suis rentrée . . . à pied, parce que je n'avais pas assez d'argent pour prendre le métro. Et puis, j'avais envie de prendre l'air! . . . Et voilà! Tu es contente?

Mireille: Je me demande où tu vas chercher toutes ces histoires à dormir debout!

Marie-Laure: Parce que tu ne me crois pas? . . . Je savais bien que tu ne me croirais pas. C'est toujours pareil. Tu ne veux jamais me croire! . . . Bon, je suis fatiguée, moi; je dors.

Mireille: C'est ça, dors, et ne rêve pas trop à l'homme en noir. . . . Et dis-moi, je crois qu'il vaudrait mieux ne rien dire à Papa et Maman. D'accord?

Marie-Laure: D'accord . . . mystère et boule de gomme! Tiens, passe-m'en une pour m'endormir.

7. RER

* Le **RER** (**R**éseau **E**xpress **R**égional): des lignes de métro qui sont plus rapides et qui vont plus loin en banlieue.

7. tête de mort

Des **têtes de mort**.

8. enfermé, taper

Marie-Laure **tape** sur la porte parce qu'elle est **enfermée** dans les catacombes! Elle ne peut pas sortir!

8. prendre l'air

* Quand elle a fait tous ses devoirs, Marie-Laure va se promener au Luxembourg pour **prendre l'air**.

8. histoire à dormir debout

* C'est une **histoire à dormir debout**, une histoire incroyable!

8. passer

* Mireille **passe** une boule de gomme à Marie-Laure. Elle la lui donne, elle la lui tend.

🎧 Mise en œuvre

Ecoutez la mise en œuvre du texte et répondez aux questions suivantes.

1. Pourquoi Mireille s'inquiète-t-elle?
2. A qui téléphone-t-elle?
3. A quelle heure Marie-Laure devait-elle rentrer?
4. Qu'est-ce que Mireille avait pensé?
5. Qu'est-ce que Robert et Mireille ne voient pas dans la chambre de Marie-Laure?
6. Où vont-ils chercher Marie-Laure?
7. Où Mireille voit-elle le bateau de Marie-Laure?
8. Qu'est-ce que Robert voit dans le bassin?
9. A qui sont les cheveux blonds?
10. Qu'est-ce que Mireille pense qu'elle n'aurait pas dû faire?
11. Qui la concierge a-t-elle vu dans le quartier?
12. Où est Marie-Laure?
13. Qu'est-ce qu'elle fait?
14. Pourquoi Robert essaie-t-il de calmer Mireille?
15. Qu'est-ce que Mireille a, le lendemain?
16. Où Robert et Mireille ont-ils rendez-vous, le lendemain, à 6h et demie?

17. Pourquoi Marie-Laure ne veut-elle pas dire son secret?
18. Qui Marie-Laure a-t-elle vu au Luxembourg?
19. Qu'est-ce que Marie-Laure a décidé de faire?
20. Pourquoi le type se retournait-il tout le temps?
21. Pourquoi avait-il peur?
22. Où le type, suivi de Marie-Laure, est-il entré?
23. Qui était le type en uniforme?
24. Qu'est-ce qu'il y avait de bizarre dans cet endroit?
25. Pourquoi Marie-Laure a-t-elle dû taper à la porte?
26. Qu'est-ce que le type en noir avait fait pendant que Marie-Laure était enfermée?
27. Pourquoi Marie-Laure est-elle rentrée à la maison à pied?
28. Pourquoi Marie-Laure n'est-elle pas surprise que Mireille ne la croie pas?
29. Qu'est-ce que Marie-Laure veut manger pour s'endormir?

Mise en question

1. Mettez-vous à la place de Mireille. Marie-Laure devait être revenue à 6 heures; il est 7 heures et elle n'est pas encore là. Qu'est-ce que vous feriez si vous étiez Mireille?

2. Pourquoi Mireille pensait-elle qu'il y avait une chance pour que Marie-Laure soit avec Robert?

3. A votre avis, pourquoi Robert propose-t-il de venir tout de suite? Est-ce qu'il pense qu'il a plus de chances que Mireille de retrouver Marie-Laure? Pourquoi? Est-ce qu'il veut simplement apporter à Mireille un réconfort moral? Est-ce qu'il veut profiter de cette occasion pour retrouver Mireille?

4. Pourquoi Robert demande-t-il à Mireille si elle a regardé dans la chambre de Marie-Laure? Est-ce qu'il pense qu'elle est assez stupide pour n'avoir pas pensé à vérifier si Marie-Laure n'était pas dans sa chambre? Ou bien est-ce qu'il pense qu'on peut trouver quelqu'indice dans sa chambre? Quoi par exemple?

5. Que croyez-vous qu'il est arrivé à Marie-Laure? Pensez-vous qu'elle a mis sa menace à exécution et qu'elle est partie sans dire où elle allait parce que les autres ne voulaient pas l'emmener en voyage avec eux? Dans ce cas pensez-vous qu'elle aurait laissé un mot dans sa chambre?

6. Le bateau de Marie-Laure n'est pas dans sa chambre. Qu'est-ce que ça suggère à Robert?

7. Qu'est-ce que Mireille pense qu'il est arrivé à Marie-Laure quand elle voit des cheveux blonds flotter à la surface du bassin? Qu'est-ce qui pourrait conduire à cette hypothèse? (Voyez leçon 17.)

8. Pourquoi est-il important de savoir si la poupée que Robert ramasse dans le bassin appartient à Marie-Laure?

9. Qui peut bien être ce drôle de type que la concierge a vu se promener dans le quartier? Est-ce que ça pourrait être l'homme en noir que Robert et Marie-Laure ont vu dans le jardin du Luxembourg (leçon 22) et qui a sonné chez les Belleau deux fois déjà (leçons 35 et 48)?

10. Comment se fait-il que Marie-Laure soit dans sa chambre? Elle n'est jamais partie? Elle s'est cachée pendant que Mireille et Robert la cherchaient? Elle est partie mais elle est revenue? Quand aurait-elle pu revenir? Comment se fait-il que Mireille et Robert aient vu son bateau au Luxembourg? Ils n'ont pas ramené le bateau à la maison? Pourquoi ne l'auraient-ils pas ramené? Pourquoi auraient-ils oublié de le prendre?

11. Qu'est-ce que Mireille propose à Marie-Laure, après la crise, pour retrouver le calme? Qui est-ce qui a besoin d'être calmée, Marie-Laure ou Mireille? Quand Marie-Laure aurait-elle pu manger?

12. Quand Robert demande s'ils ont rendez-vous aux Deux Gâteaux, c'est parce qu'il a mal entendu? Ou bien il essaie de faire un jeu de mots idiot pour faire rire Mireille et la détendre après la crise?

13. Qu'est-ce que vous pensez de l'histoire de Marie-Laure? Est-ce qu'elle est vraie ou est-ce que Marie-Laure l'invente? Pourquoi le pensez-vous?

14. Est-ce que Mireille la croit? Pourquoi demande-t-elle à Marie-Laure de ne rien dire aux parents?

Documents

1

Les Catacombes

Il existe, sous les rues et les maisons de Paris, des centaines de kilomètres de galeries souterraines, celles du métro, bien sûr, celles des égouts, et celles des catacombes. Les galeries des catacombes ont été creusées au cours des siècles pour extraire la pierre dont on s'est servi pour construire les maisons de Paris. Certaines galeries, celles qui se trouvent sous l'hôpital Sainte-Anne, correspondent à une ancienne mine de charbon.

Les catacombes ont servi à de nombreux usages, et surtout de cachette, évidemment. Au moment de la Libération de Paris, le 20 août 1944, le colonel qui commandait les Forces Françaises de l'Intérieur (FFI) avait installé son P.C. (Poste de Commandement) dans les catacombes. A la fin du XVIIIème siècle, les grands cimetières de Paris, comme celui des Saints Innocents qui se trouvait à l'emplacement actuel du Forum des Halles, étaient pleins. On les a alors vidés, et on a transporté les ossements dans les catacombes. Il y a ainsi, le long des galeries, de cinq à six millions de squelettes (dont celui de la marquise de Pompadour), méthodiquement rangés par cimetière d'origine et par catégorie anatomique: il y a des piles de crânes, des piles de tibias, des piles de fémurs, etc.

On peut visiter une partie des catacombes. L'entrée officielle se trouve 2 bis, place Denfert-Rochereau, mais il y a beaucoup d'autres entrées plus mystérieuses.

2

Extraits du *Guide du routard*

Le *Guide du routard* est un guide touristique, relativement bon marché, destiné principalement aux jeunes qui prennent la route sac au dos. Le but du *Guide de routard* est de leur permettre de voyager «pas cher». Le guide indique où dormir, où manger, mais aussi ce qu'il y a à voir.

Voici ce qu'il dit des catacombes et du quartier de Paris parcouru par Marie-Laure à la poursuite de l'homme en noir.

14e arrondissement

Les catacombes: 2 bis, place Denfert-Rochereau. M.: Denfert. Visite tous les jours sauf le lundi et jours fériés. Du mardi au vendredi de 14 à 16h. Samedi et dimanche de 9 à 11h et de 14 à 16h. Entrée: 9F. Visite guidée le mercredi à 14h 45. Ces catacombes ne remontent pas aux premiers chrétiens, mais à la fin du XVIIIème siècle. On y déversa par tombereaux entiers les dépouilles et ossements des grands cimetières parisiens, saturés après dix siècles de bons et loyaux services. Le sous-sol de Paris à cet endroit, vrai gruyère du fait de l'exploitation de nombreuses carrières de pierre et de gypse (il y eut même, à l'emplacement de l'hôpital Sainte-Anne, une mine de charbon), se révélait le lieu idéal. On évalue à cinq ou six millions le nombre de squelettes entreposés là. Parmi eux, celui de Mme de Pompadour (guettez l'orbite séductrice) et probablement celui de La Fontaine. Le 20 août 1944, les catacombes servirent de P.C. au chef des FFI, le colonel Rol-Tanguy. On y accède par un escalier en colimaçon amenant à une vingtaine de mètres sous terre. Sur le linteau de la porte de l'ossuaire, une inscription: «Arrête, c'est ici l'empire de la mort». Bien, on vous laisse frissonner! A propos, si un jour, marchant benoîtement dans la rue, vous apercevez une plaque d'égout se soulever et, tels des diables hors de leur boîte, quelques dizaines de jeunes gens jaillir du néant, ne vous étonnez pas. C'est la fin d'une «carrière-party». On ne peut imaginer le nombre de carrières (reliées entre elles par des galeries, des égouts) existant sous une grande partie du sud de Paris. C'était le truc branché il y a quelque temps: concerts, expos de peinture, parties réunissant des centaines de cataphiles.

Place Denfert-Rochereau: Le lion de Belfort, œuvre de Bartholdi (oui, celui de la statue de la Liberté), contemple d'un œil désabusé les embouteillages quotidiens d'un des carrefours les plus importants de Paris. Les deux pavillons à frises sculptées sont les survivants de la «Barrière d'Enfer» percée dans le mur des fermiers généraux à la fin du XVIIème siècle. Ils abritaient les bureaux de l'octroi.

3

Emotivité

51% des Français déclarent ne pas pleurer souvent. 30% pleurent surtout en regardant un film, 19% à l'occasion d'une séparation (même temporaire) avec une personne chère, 18% en cas de dispute avec le conjoint, 14% seuls, sans raison particulière, 6% en écoutant de la musique.

—Francoscopie 93

4

Affabulation

Il y a quelque temps, mon voisin me dit:

—Il vient de m'arriver une étrange aventure. . . . Figurez-vous que j'étais dans mon jardin . . . et qui je vois, sur un arbre perché? Un corbeau!

Je lui dis:

—Qu'y a-t-il d'étrange à cela?

—C'est que, me dit-il, il tenait dans son bec un fromage!

—Vous vous croyez malin? lui dis-je.

—Je me croyais malin! Mais attendez la suite! Alléché par l'odeur, je lui tins à peu près ce langage. . . . "Eh, bonjour, Monsieur du Corbeau, que vous êtes joli, que vous me semblez beau! Sans mentir, si votre ramage se rapporte à votre plumage, vous êtes le phénix des hôtes de ces bois!" A ces mots, le corbeau ne se sent plus de joie et, pour montrer sa belle voix, il ouvre un large bec et laisse tomber sa proie! Je m'en saisis et dis: "Mon bon Monsieur, apprenez que tout flatteur vit aux dépens de celui qui l'écoute!"

Je lui dis:

—Et vous avez conclu en disant: "Cette leçon vaut bien un fromage, sans doute."

—Eh bien, détrompez-vous! Elle ne le valait pas! Son fromage était immangeable! Il m'a eu! Un corbeau, c'est parfois plus rusé qu'un renard!

Je le regarde. Il avait une tête de fouine. Je me dis: "Encore un qui affabule! Il se prend pour ce qu'il n'est pas, l'animal!"

—*Raymond Devos*

Leçon **50** Encore de la variété, encore de la richesse

Texte

1

Dans le petit square derrière l'église Saint-Germain.

Jean-Michel (*à Hubert*): Salut, l'aristo!
Hubert: Bonjour, crapule! Ça va?
Jean-Michel: On est les premiers?
Hubert: Ah! . . . Tiens, voilà l'Amerloque qui arrive, en roulant ses mécaniques . . . et Colette. . . .
Colette: Bonjour! Ça va?
Hubert: Mmm . . . bien, Colette. Mireille n'est pas avec vous?
Robert: Vous savez bien qu'elle passait son examen! . . .
Hubert: Ah, la voilà! . . . Alors, comment ça va? Ça s'est bien passé?
Mireille: C'est fini, on n'en parle plus. Parlons plutôt d'autre chose, si ça ne vous fait rien. Du voyage, par exemple. Moi, ce que je préfère, dans les voyages, c'est la préparation . . . faire des plans.

2

Jean-Michel: Oui, à mon avis, il faudrait s'organiser. On ne peut pas partir comme ça, au hasard. Il faut avoir un fil conducteur, un thème.

---

1. crapule, Amerloque

* C'est une **crapule**! C'est un bandit, un gangster!
* C'est un Américain, un **Amerloque**.

Hubert: Ça pourrait être les châteaux. . . .

Mireille: Ou les églises romanes. . . .
Colette: Moi, j'ai une meilleure idée. Je vous propose un tour de France culturel et éducatif. Par exemple, une étude systématique des charcuteries et des fromages de France. La France et ses trois cents fromages! Ah! Quelle richesse, quelle variété! On pourrait commencer par la Normandie, comme prévu, avec le camembert et le pont-l'évêque pour les fromages, les rillettes du Mans et l'andouille de Vire pour les charcuteries.
Hubert: L'andouille de Vire? Ah, non, quelle horreur! Comme c'est vulgaire! C'est fait avec des tripes de porc. . . .
Colette: Et alors? C'est très bon, les tripes! Les tripes à la mode de Caen . . . oh, c'est fameux!

---

1. rouler les mécaniques

* Il **roule les mécaniques**: il roule les épaules pour montrer qu'il est sportif et musclé.

1. si ça ne te fait rien

* Dis donc, c'est toi qui as pris mes boules de gommes? Eh bien, rends-les moi, **si ça ne te fait rien**! . . . Quel culot, quand même!

2. fil

Une bobine de **fil**.

2. rillettes, andouille

* Les **rillettes** sont faites avec de la viande de porc cuite dans la graisse. On en fait des tartines.

Une **andouille** (c'est une sorte de saucisse).

3

Mireille: Arrête, tu nous embêtes avec ta bouffe! Tu ne penses qu'à ça! Il n'y a pas que ça dans la vie! D'abord, la Normandie, c'est trop riche, trop gras . . . trop de crème, trop de beurre. . . . C'est un pays enfoncé dans la matière . . .

Jean-Michel: . . . grasse!

Mireille: Voilà! . . . Parlez-moi plutôt de la Bretagne! Voilà un pays qui a de l'âme! C'est mystique, austère! Et tous ces calvaires bretons sculptés dans le granit, Saint-Thégonnec, Guimilliau, Plougastel. . . . Et les pardons bretons, avec toutes ces femmes en coiffe qui suivent la procession. . . .

Colette: Oui, la Bretagne, c'est intéressant. Il y a les crêpes, les huîtres de Cancale, le homard à l'armoricaine. . . .

Robert: A l'américaine!

Hubert: A l'armoricaine! C'est une vieille recette bretonne, évidemment!

Jean-Michel: Mais non, mais non, pas du tout! Où est-ce que vous êtes allés chercher ça? Tu es tombé sur la tête? C'est le homard à l'américaine!

Mireille: A l'armoricaine, tout le monde sait ça!

3. bouffe

* Colette ne pense qu'à la **bouffe**, la nourriture. Elle ne pense qu'à manger, à **bouffer**.

3. gras, matière grasse

* Le beurre, l'huile sont des corps **gras**, des **matières grasses**.

3. âme

* Dans beaucoup de religions, l'être humain a un corps (c'est son aspect matériel) et une **âme** (c'est son aspect spirituel).

4

Colette: Bon, de toute façon, c'est très bon. . . . On pourrait organiser notre voyage autour des spécialités régionales: le cassoulet toulousain, la choucroute alsacienne, la fondue savoyarde, les calissons d'Aix. . . .

Hubert: Mais oui, ma petite Colette, il est vrai que la cuisine, la confiserie, la pâtisserie sont parmi les plus hautes expressions de la culture française. Mais il n'y a pas que ça! Il y a aussi les porcelaines de Limoges, la poterie de Vallauris, les tapisseries d'Aubusson. . . .

Mireille: La dentelle du Puy, la toile basque. . . .

Colette: Oh, vous m'embêtez, vous deux, avec votre artisanat! Ce qu'il y a de mieux, dans le Pays Basque, c'est la pelote et le poulet basquaise.

Hubert: Poulet pour poulet, moi, je préfère le poulet Mireille!

Mireille: Oh, tu nous embêtes avec tes galanteries de basse cuisine!

Colette: La pelote, le poulet basquaise, et le jambon de Bayonne.

3. calvaire

Le **calvaire** de Tronoën, en Bretagne.

3. coiffe

Les vieilles femmes bretonnes portent encore parfois la **coiffe** traditionnelle de dentelle.

3. homard

Un **homard**.

3. tombé sur la tête

* Il est **tombé sur la tête**! Il est fou!

5

Mireille: Bof! Mon oncle Guillaume, qui est un fin gourmet, prétend que le jambon de montagne qu'on trouve en Auvergne est meilleur.

Hubert: Ce qu'il y a d'intéressant en Auvergne, ce sont les eaux.

Colette: Les os de jambon?

Hubert: Ha, ha, ha, elle est bien bonne! . . . Les eaux thermales! Vichy, la Bourboule, le Mont-Dore. . . . Les eaux thermales, et les volcans.

Jean-Michel: Pfeuh . . . tous éteints, ces volcans!

Colette: Et depuis longtemps!

Mireille: Mais heureusement! Que ferions-nous de volcans en éruption dans notre douce France? La France est le pays de la raison, un pays civilisé. Les fureurs de la nature, les cataclysmes, ce n'est pas notre genre. Nous préférons le calme d'une palme qui se balance sur la mer. . . .

4. fondue

* La **fondue**, une spécialité de Savoie (la province des Alpes françaises), se prépare avec du vin blanc dans lequel on fait **fondre** trois sortes de fromages: du gruyère, de l'emmenthal, et du beaufort. On met la **fondue** au centre de la table, et chacun y trempe des morceaux de pain.

4. calisson

Les **calissons** sont une spécialité d'Aix-en-Provence à base de pâte d'amandes.

4. confiserie

* Le nougat, les berlingots, les fruits confits, les bonbons sont de la **confiserie**.

4. poterie

4. tapisserie

Une **tapisserie**.

4, 5, 6, 7

Robert: Une palme? La France est peut-être le paradis terrestre, mais je doute que vous ayez beaucoup de palmes en France!

Mireille: Mais si, il y a des palmiers sur la Côte d'Azur . . . comme en Afrique, ou en Floride.

Hubert: Il y a de tout en France, mon cher!

Robert: Sans blague? Vous avez des séquoias, par exemple?

Mireille: Des séquoias? Non, bien sûr, c'est trop grand! Je viens de te dire que la France est le pays de la raison et de la mesure. Il n'y a pas de séquoias, mais dans tous les jardins publics, il y a des cèdres du Liban, ramenés par Jussieu dans son chapeau.

Hubert: Il y a aussi des séquoias; pas aussi grands que ceux de Californie, mais il y en a. Et puis, nous avons de magnifiques forêts de sapins dans les Vosges et dans les Alpes . . .

Mireille: . . . comme au Canada ou en Norvège . . .

Hubert: . . . de grandes forêts de pins dans les Landes . . .

Jean-Michel: . . . pour la résine et le papier.

Hubert: Et même des chênes-liège, comme au Portugal . . .

Jean-Michel: . . . pour faire des bouchons!

Colette: Très important, les bouchons, pour le vin!

Hubert: Il y a de tout, absolument de tout! Du blé, comme en Ukraine ou dans le Kansas; du maïs, comme en Hongrie ou dans l'Iowa; du riz, comme en Chine ou au Cambodge. . . .

Robert: Du riz? Ha, ha, je ris! Du riz? Vous voulez rire! Ça m'étonnerait que vous ayez beaucoup de riz en France!

Jean-Michel: Mais si! Pour une fois, je dois reconnaître qu'Hubert a raison. On produit pas mal de riz dans le sud de la France, en Camargue. Tu as entendu parler de la Camargue? C'est génial. Il faudra y aller, je suis sûr que ça te plaira: il y a des chevaux sauvages, des taureaux sauvages, des cow-boys . . .

Mireille: . . . comme au Texas!

Jean-Michel: Seulement, en Camargue, on les appelle des gardians. Mais c'est la même chose. Il y a même des flamants roses.

Mireille: Comme en Egypte!

Robert: Et de la canne à sucre, vous en avez, en France?

Mireille: Mais oui! Bien sûr que nous en avons! A la Martinique!

8

Robert: Bon, admettons que vous ayez du sucre . . . mais est-ce que vous avez du café?

Mireille: Le café au lait au lit? Tous les matins . . . avec des croissants!

Jean-Michel: Evidemment, le café vient du Brésil, de Colombie, ou de Côte d'Ivoire.

6. cèdre

Jussieu ramenant dans son chapeau un **cèdre** du Liban.

6. sapin

Des **sapins**.

6. pin

Des **pins**.

6. bouchon

Un **bouchon**.

Robert: Et des oliviers, vous en avez?

Mireille: Mais oui, évidemment qu'on en a, dans le Midi! Heureusement! Avec quoi est-ce qu'on ferait l'huile d'olive, l'aïoli, ou la mayonnaise?

Colette: L'huile d'olive, je n'aime pas trop ça. Ça a un goût trop fort. Chez moi, on fait toute la cuisine au beurre.

Mireille: A la maison, on fait toute la cuisine à l'huile.

Jean-Michel: Dans ma famille, qui est du Sud-Ouest, on fait la cuisine à la graisse.

Hubert: Ah, tiens, ça me rappelle une version que j'ai faite en cinquième. C'était du César, si je ne me trompe: "Gallia omnia divisa est in partes tres,"[1] que j'avais traduit: la France est divisée en trois parties: la France du beurre dans le Nord, la France de l'huile dans le Midi, et la France de la graisse dans le Centre et le Sud-Ouest.

9

Jean-Michel: Eh bien, dis donc, tu ne devais pas être très fort en version latine, hein! . . . Ben, oui! Quand César dit que la Gaule est

1. Il n'est vraiment pas fort en latin, cet Hubert! César a écrit: "Gallia est omnis divisa in partes tres."

7. *blé, maïs*

Un épi de **blé**.

Un épi de **maïs**.

7. *taureau*

Taureaux sauvages, en Camargue.

7. *flamant rose*

Un **flamant rose**.

8. *café au lait au lit*

Le **café au lait au lit** . . . avec des croissants.

8. *aïoli*

* L'**aïoli** est une mayonnaise fortement parfumée d'ail.

8. *version*

* Quand il était en classe de cinquième, Hubert apprenait le latin. Pour apprendre le latin, il faut faire beaucoup de traductions: des **versions** (du latin en français), et des thèmes (du français au latin).

divisée en trois parties, ça n'a rien à voir avec les matières grasses!

Hubert: Vraiment?

Jean-Michel: En fait, je vais vous dire. . . . La vérité, c'est qu'il y a la France du vin dans le Midi, la France de la bière dans l'Est et dans le Nord, et la France du cidre dans l'Ouest: en Bretagne et en Normandie.

Colette: Ah, le cidre! Ce que j'aime ça! J'en boirais bien une bouteille, tiens!

Hubert: Qu'à cela ne tienne! Allons prendre un pot aux Deux Magots!

Mireille: Bonne idée!
Tous: On y va!

9. rien à voir

* Ça n'a **rien à voir**! Ça n'a aucun rapport!

9. qu'à cela ne tienne!

* Tu veux boire du cidre? **Qu'à cela ne tienne**! Pas de problème! C'est facile!

9. prendre un pot

*—Allons boire un verre!
—D'accord, allons **prendre un pot**.

Mise en œuvre

Ecoutez la mise en œuvre du texte et répondez aux questions suivantes.

1. Comment Jean-Michel appelle-t-il Hubert?
2. Comment Hubert appelle-t-il Robert?
3. Pourquoi Mireille n'est-elle pas encore arrivée?
4. Qu'est-ce que Mireille aime dans les voyages?
5. D'après Jean-Michel, qu'est-ce qu'il faut avoir quand on organise un voyage?
6. Quelle sorte de voyage Colette propose-t-elle?
7. Combien de fromages y a-t-il en France?
8. De quoi est faite l'andouille?
9. Pourquoi Mireille ne veut-elle pas aller en Normandie?
10. D'après Mireille, comment est la Bretagne?
11. Qu'est-ce qu'il y a d'intéressant à voir en Bretagne?
12. Que portent les femmes bretonnes?
13. Quelles sont les spécialités gastronomiques de la Bretagne?
14. Autour de quoi Colette pense-t-elle qu'ils devraient organiser leur voyage?
15. Quelle est la spécialité de Limoges?
16. Et d'Aubusson?
17. Qu'est-ce que Mireille dit à Hubert quand il parle du poulet Mireille?
18. Qu'est-ce qu'il y a dans le Pays Basque?
19. Quel jambon Guillaume préfère-t-il au jambon de Bayonne?
20. Qu'est-ce qu'il y a à Vichy, à la Bourboule, au Mont-Dore?
21. Comment sont les volcans en France?
22. D'après Mireille, qu'est-ce que la France?
23. Où y a-t-il des palmiers en France?
24. Quels arbres trouve-t-on dans les jardins publics?
25. Quels arbres donnent la résine et la pâte à papier?
26. Qu'est-ce qu'on fait avec les chênes-liège?
27. Qu'est-ce qu'on cultive en Camargue?
28. Dans quel département français trouve-t-on de la canne à sucre?
29. Comment Mireille aime-t-elle le café?
30. Avec quoi est-ce qu'on fait la mayonnaise et l'aïoli?
31. Chez Colette, comment fait-on la cuisine?
32. Quelles sont les trois matières grasses qu'on utilise le plus en France pour faire la cuisine?
33. Quelles sont les trois boissons principales?
34. De quoi est-ce que Colette a envie?
35. Qu'est-ce que les amis décident de faire?

Mise en question

1. De quoi "aristo" est-il l'abréviation? Pensez-vous que traiter quelqu'un de "crapule," c'est lui faire un compliment ou l'insulter? Vous pensez qu'une crapule est quelqu'un d'honnête ou de malhonnête, en haut ou en bas de l'échelle sociale? Est-ce que ce serait plutôt un équivalent ou l'opposé d'"aristo"?

2. Est-ce que la façon dont Hubert et Jean-Michel se saluent est cordiale? Ou hostile, insultante?

3. "Amerloque" doit être de l'argot pour quel mot?

4. Quand Hubert se moque de Robert en disant qu'il arrive en roulant les mécaniques, vous croyez qu'il veut dire que Robert roule les yeux? Ou roule les épaules parce qu'il est très costaud? Ou qu'il essaie d'avoir l'air sportif? Ou qu'il a l'air arrogant?

5. Pourquoi Mireille ne veut-elle pas parler de son examen? Parce que tous les examens sont désagréables? Parce qu'elle a peur de n'avoir pas très bien fait?

6. Pont-l'évêque est le nom d'un fromage; c'est aussi le nom d'une petite ville. Où sont Pont-l'Evêque, Vire, Caen?

7. D'après ce que dit Mireille, quelle serait la région la plus matérialiste, la Normandie ou la Bretagne? La plus riche? La plus religieuse?

8. Dans quels produits y a-t-il des matières grasses?

9. Vous vous rappelez ce que c'est que l'Armorique? (Voyez leçon 47.)

10. Les calissons d'Aix, les bêtises de Cambrai, le nougat de Montélimar, les berlingots de Carpentras (voyez leçon 48), ce sont des plats cuisinés ou de la confiserie?

11. La dentelle du Puy, les tapisseries d'Aubusson, les poteries, ce sont des produits industriels ou artisanaux? C'est fait à la main ou à la machine, en grande série?

12. Pourquoi Mireille dit-elle que la galanterie d'Hubert est une galanterie "de basse cuisine"? A quoi Hubert fait-il allusion dans le compliment galant qu'il adresse à Mireille?

13. Où trouve-t-on des sources d'eaux thermales, en général?

14. Où y a-t-il des palmiers? Des séquoias? Du blé? Du riz? Des flamants roses? Des chênes-liège? Des cèdres? Des cow-boys?

15. A quoi servent les pins des Landes? Que fait-on avec le liège? Et avec les olives?

16. Il y a de tout en France . . . , enfin presque de tout. Mais est-ce qu'il y a des caféiers, est-ce qu'on produit du café?

17. Quand Hubert dit que, d'après César, la Gaulle est divisée en trois régions, celle de l'huile, celle du beurre, et celle de la graisse, est-ce qu'il est sérieux ou est-ce qu'il plaisante? Mais qu'est-ce qui montre qu'il n'est pas très fort en latin?

Documents

1

Matières grasses

Les habitudes alimentaires restent imprégnées des traditions nationales et régionales.

Ainsi, les corps gras solides (beurre, margarine, saindoux) sont utilisés pour la cuisson dans les pays du nord. C'est la margarine qui est la plus employée au Danemark (12 kg par personne et par an) et en Belgique (11 kg). La cuisine au beurre est majoritaire en Irlande (10 kg) et en France (8 kg).

Les Français appartiennent cependant aux deux cultures gastronomiques: ils utilisent le beurre au nord de la Loire et l'huile au sud. Les pays méditerranéens sont utilisateurs d'huile d'olive: 23 litres par an en Italie, 22 litres en Espagne et en Grèce, 19 au Portugal.

—Francoscopie 93

2

Matières grasses et crise cardiaque

Les Français consomment 30% de graisse de plus que les Américains, mais leur taux de crise cardiaque est de 145 pour 100 000, contre 315 aux Etats-Unis.

—Francoscopie 93

3

Vin, bière, et cidre

Quantités de boissons consommées (à la maison) par an et par personne (chiffres de 1989):

Vin:	31,7 litres
Bière:	11,8 l
Cidre:	2,6 l
Apéritifs et liqueurs:	3,6 l
Boissons non-alcoolisées (dont eaux minérales):	99,7 l

La bière n'est consommée à table que par 3,2% des plus de 14 ans, contre 4,3% en 1980. 13,2% consomment des boissons sans alcool (jus de fruits, colas), contre 10,7% en 1980. Les autres boivent de l'eau.

Avec 85 litres d'eau minérale par personne et par an, les Français sont, comme pour le vin, parmi les tout premiers consommateurs du monde. 75% des foyers sont acheteurs d'eau minérale plate. 44% des Français en boivent tous les jours, 9% plusieurs fois par semaine. 53% sont acheteurs d'eau minérale gazeuse; 7% en boivent tous les jours, 10% plusieurs fois par semaine.

75% des foyers sont acheteurs de bière. 17% des Français en boivent au moins une fois par jour en été, 3% en hiver. 13% en boivent plusieurs fois par semaine en été, 7% en hiver.

Convergence européenne

La consommation de vin augmente dans les pays du nord de l'Europe où elle était faible (inférieure à 30 litres par personne et par an); c'est le cas en Allemagne, Belgique, Pays-Bas, Royaume-Uni, Irlande. Elle diminue dans les pays du Sud, où elle était supérieure à 70 litres (France, Italie, Espagne), à l'exception du Portugal, où elle est stable à environ 90 litres.

On observe le même phénomène avec la bière. Boisson typique des pays du nord, sa consommation tend à y diminuer, alors qu'elle augmente dans les pays méditerranéens. Elle stagne en France aux alentours de 40 litres par personne et par an (à domicile et à l'extérieur).

—Francoscopie 93

4

Politesse volcanique

C'est un volcan qui est à côté d'une montagne et qui lui dit:

—Ça ne vous dérange pas que je fume?

—*Coluche*

5

Palme

—Calme, calme, reste calme!
Connais le poids d'une palme
Portant sa profusion

—*Paul Valéry*
Charmes

6

Le Petit Nicolas part en colonie de vacances

(suite du document 6, Leçon 46)

Devant le wagon Y, il y avait des tas de types de mon âge, des papas, des mamans, et un monsieur qui tenait une pancarte où c'était écrit "Camp Bleu": c'est le nom de la colonie de vacances où je vais. Tout le monde criait. Le monsieur à la pancarte avait des papiers dans la main, Papa lui a dit mon nom, le monsieur a cherché dans ses papiers et il a crié: "Lestouffe! Encore un pour votre équipe!"

Et on a vu arriver un grand, il devait avoir au moins dix-sept ans, comme le frère de mon copain Eudes, celui qui lui apprend à boxer.

—Bonjour, Nicolas, a dit le grand. Je m'appelle Gérard Lestouffe et je suis ton chef d'équipe. Notre équipe, c'est l'équipe Œil-de-Lynx.

Et il m'a donné la main. Très chouette.

—Nous vous le confions, a dit Papa en rigolant.

—Ne craignez rien, a dit mon chef; quand il reviendra, vous ne le reconnaîtrez plus.

Et puis Maman a encore eu quelque chose dans l'œil et elle a dû sortir son mouchoir. Une dame, qui tenait par la main un petit garçon qui ressemblait à Agnan, surtout à cause des lunettes, s'est approchée de mon chef et elle lui a dit:

—Vous n'êtes pas un peu jeune pour prendre la responsabilité de surveiller des enfants?

—Mais non, Madame, a répondu mon chef. Je suis moniteur diplômé; vous n'avez rien à craindre.

—Ouais, a dit la dame, enfin. . . . Et comment faites-vous la cuisine?

—Pardon? a demandé mon chef.

—Oui, a dit la dame, vous cuisinez au beurre, à l'huile, à la graisse? Parce que je vous préviens tout de suite, le petit ne supporte pas la graisse. C'est bien simple: si vous voulez qu'il soit malade, donnez-lui de la graisse!

—Mais Madame . . . a dit mon chef.

—Et puis, a dit la dame, faites-lui prendre son médicament avant chaque repas, mais surtout pas de graisse; ce n'est pas la peine de leur donner des médicaments si c'est pour les rendre malades. Et faites bien attention qu'il ne tombe pas pendant les escalades.

—Les escalades? a demandé mon chef, quelles escalades?

—Eh bien, celles que vous ferez en montagne! a répondu la dame.

—En montagne? a dit mon chef. Mais il n'y a pas de montagnes où nous allons, à Plage-les-Trous.

—Comment! Plage-les-Trous? a crié la dame. On m'a dit que les enfants allaient à Sapins-les-Sommets. Quelle organisation! Bravo! Je disais bien que vous étiez trop jeune pour. . . .

—Le train pour Sapins-les-Sommets, c'est à la voie 4, Madame, a dit un monsieur en uniforme, qui passait. Et vous feriez bien de vous dépêcher, il part dans trois minutes.

—*René Goscinny*
   Les Vacances du petit Nicolas

7

La Camargue

La Camargue est située à l'endroit où le Rhône se jette dans la Méditerranée en formant un vaste delta. C'est un pays d'étangs et de marécages. Beaucoup d'oiseaux, en particulier des flamants roses, s'y arrêtent. On y trouve des taureaux—généralement noirs—et des chevaux—généralement blancs—à demi sauvages.

Les Saintes-Maries-de-la-Mer est un village pittoresque construit au bord de la mer autour d'une église fortifiée du XIIème siècle. D'après une légende locale, vers 40 après

J.C. quelques amis et parents du Christ ont été abandonnés en mer, au large de Jérusalem, sur un petit bateau sans voile. Il y avait, dans ce groupe, Marie-Jacobé, qui était la sœur de la Vierge, c'est-à-dire la tante de Jésus, et une autre Marie, Marie-Salomé, la mère des apôtres Jacques et Jean; il y avait aussi Lazare, le ressuscité, et ses sœurs Marthe et Marie-Madeleine. Par miracle, le petit bateau serait arrivé sur la plage des Saintes-Maries, où les deux Maries seraient restées jusqu'à la fin de leur vie. Leurs os

Panneau sur l'autoroute du soleil.

Etangs et marécages.

Flamants roses sur un étang.

Maison camargaise.

Chevaux sauvages.

sont conservés dans un reliquaire dans l'église fortifiée. Cette légende est à l'origine de deux pélerinages qui attirent beaucoup de monde, au mois de mai et au mois d'octobre. On sort les statues des Maries, on les promène dans les rues et jusque dans la mer, accompagnées par des gardians à cheval, des Arlésiennes en costume, et des gitans, ce qui fait un spectacle très pittoresque.

Autre détail intéressant: il y a, aux Saintes-Maries-de-la-Mer, une statue de Mireille sur la place Mireille.

L'église fortifiée des Saintes-Maries-de-la-Mer.

Les statues des deux Maries, pendant la procession.

Rue aux Saintes-Maries-de-la-Mer.

Arlésiennes et gardians pendant la procession.

Gardians à cheval dans la mer, à la fin de la procession.

Leçon **51** Revue et défilé

Texte

1

Mireille, Robert, Colette, Hubert, et Jean-Michel s'installent à la terrasse des Deux Magots. Jean-Michel trouve que c'est une drôle d'idée.

Jean-Michel: Vous ne trouvez pas que ça fait un peu snob, non?

Hubert: Pas du tout! Moi, je trouve ça tout à fait naturel! . . . Regardez,

> aux deux magots
> BOISSONS
> le Rendez-Vous de l'élite intellectuelle
> Saint-Germain-des-Prés

c'est le rendez-vous de l'élite intellectuelle! Et puis ça fait partie de l'éducation de Robert. C'est un café historique. (*A Robert*) Ça ne vous fait pas quelque chose de penser que vous êtes peut-être assis sur la chaise de Jean-Paul Sartre?

Robert: Si, si, si! Je me suis déjà assis sur la chaise d'Hemingway à la Closerie des Lilas. . . . Mon postérieur est très honoré. Je vais avoir un postérieur bien frotté de littérature.

2

Hubert (*au garçon*): Garçon, une bouteille de cidre bouché, s'il vous plaît!

Le garçon: Je suis désolé, nous n'en avons pas, Monsieur.

Hubert: Mademoiselle veut une bouteille de cidre.

Le garçon: Mais puisque je vous dis que nous n'en avons pas, Monsieur. . . .

Hubert: Débrouillez-vous! Trouvez-nous du cidre . . . de Normandie!

3

A ce moment-là, Mireille, qui fait face au boulevard, s'écrie, avec le plus grand étonnement: "Tiens, comme c'est curieux!" Jean-Pierre Bourdon passe sur le trottoir.

Mireille: Mais oui, c'est Jean-Pierre, lui-même! Qu'est-ce que vous faites là? Vous venez prendre un pot avec nous?

1. *faire partie de*

* Ça **fait partie de** l'éducation de Robert. Ça constitue une part de son éducation.
* Hubert a l'impression qu'il **fait partie de** l'élite intellectuelle parisienne.

1. *faire quelque chose à*

* Quand Robert a vu la lumière des vitraux sur les cheveux de Mireille, à Chartres, ça lui **a fait quelque chose**; il a été ému.
* Quand Robert pense qu'il est assis sur la chaise de Sartre, ça lui **fait quelque chose**; il est impressionné.

1. *postérieur*

Un coup de pied dans le **postérieur**.

2. *cidre bouché*

Du **cidre bouché** (c'est du jus de pomme fermenté et champagnisé).

490

Jean-Pierre: Non, merci. Je regrette, mais je ne peux pas. Je suis pressé: j'ai un rendez-vous avec une fille superbe à la Martinique, au Club Med. Je me dépêche, sinon je vais rater mon avion. Ciao!

Et il s'en va.

Colette: Eh bien, il n'a pas changé, celui-là! Toujours aussi puant!

4

Une dame passe sur le trottoir avec un chat dans les bras.

Robert (*à Mireille*): Tiens, dis, regarde, ce n'est pas ta marraine, ça, la dame avec le chat?

Mme Courtois (*apercevant Mireille*): Ah, ma petite Minouche! Qu'est-ce que tu fais là? Tu as passé tes examens? Tu es reçue? Tu vois, moi, j'emmène Minouche en pension. Nous partons ce soir pour la Bulgarie. Il paraît que c'est formidable. Je vais faire une cure de yaourt! Malheureusement, ils n'ont pas voulu donner son visa à Minouche. Elle va s'ennuyer, la pauvre chérie, toute seule à Paris. Tu ne voudrais pas aller la voir, de temps en temps?

Mireille: Ah, non, je suis désolée, je ne pourrai pas. Nous partons tous demain matin à l'aube.

5

Hubert (*au garçon*): Alors, cette bouteille de cidre?

Le garçon: Oui, Monsieur, je m'en occupe.

Hubert: Du cidre normand, hein?

Et le garçon se dirige vers une autre table.

Mireille: Eh, pas possible, mais c'est Ghislaine! Ghislaine, où vas-tu comme ça?

Ghislaine: Je pars en Angleterre, à Brighton, Bruce m'attend. Bye, je t'enverrai des cartes postales!

Hubert (*au garçon*): Notre cidre?

Le garçon: Tout de suite, Monsieur, je vous l'apporte.

Et le garçon se dirige vers une autre table. . . .

6

Deux jeunes gens passent à vélo.

Colette (*à Mireille*): Dis donc, ce n'est pas ta sœur, là-bas, sur ce magnifique vélo de course à dix vitesses?

Mireille: Mais si! C'est Cécile et son mari! Quelle surprise et quelle coïncidence! . . . Cécile! . . . C'est à vous, ces vélos?

Cécile: Oui, on vient de les acheter au B.H.V. On part demain au Portugal.

Mireille: A vélo?

Cécile: A vélo.

Colette: Rapportez-moi une bouteille de porto. Je vous rembourserai.

4. en pension

* Mme Courtois doit partir en voyage, alors elle va mettre sa chatte **en pension**; elle va la mettre (temporairement) dans un chenil, une sorte d'hôtel pour chiens et chats.

4. cure de yaourt

Elle va faire une **cure de yaourt**: elle ne va manger que du **yaourt** (c'est bon pour la santé).

6. vélo de course

Deux **vélos de course** à dix vitesses.

Course de vélos.

(*Aux autres*) Il paraît qu'il est pour rien, là-bas.

Hubert (*au garçon*): Ce cidre? On commence à avoir soif!

Le garçon: Une minute, Monsieur!

7

Mireille: Mais ça, c'est formidable! Oncle Victor!

Hubert: Un de tes oncles? Où ça?

Mireille: Mais oui, là-bas, dans la petite 2CV qui vient de s'arrêter au feu rouge, avec les cannes à pêche et les valises sur la galerie. . . . Eh, Tonton Victor, tu vas à Brest?

Oncle Victor: Non, je vais à Bordeaux.

Hubert: C'est dommage qu'il n'aille pas en Bretagne! On aurait pu lui demander de nous la rapporter, cette bouteille de cidre!

Colette: Ah, non! Moi, je tiens à mon cidre de Normandie.

Hubert: Dites donc, garçon, ce cidre, ça vient?

Le garçon: Mais certainement, Monsieur.

7. *canne à pêche*

Pêcheur qui **pêche** avec une **canne à pêche.**

7. *galerie*

La vieille 2CV de l'oncle Victor a une **galerie** sur le toit, pour mettre les cannes à pêche et les valises.

8

Un peu plus tard. . . .

Mireille: Comme c'est curieux, comme c'est bizarre! . . . Mais oui, c'est Tonton Guillaume dans ce vieux tacot! . . . Eh, Tonton Guillaume, qu'est-ce que tu as fait de ta 604?

Guillaume: Je l'ai vendue! Oui, je suis ruiné, ma pauvre petite Mireille! J'ai tout perdu à la roulette, au casino à Monte-Carlo. Il ne me reste rien. J'ai besoin de changer d'horizon. Je vais refaire ma vie. Je pars pour Katmandou. . . . Ben oui, il paraît qu'on peut y vivre pour trois fois rien. . . .

Mireille: Pauvre Tonton Guillaume! Tu veux que je te prête mon sac de couchage?

Guillaume: Non, merci, tu es gentille . . . ce n'est pas la peine. Je file!

9

Robert: Tiens, il me semble que je reconnais ces belles jambes musclées!

Colette (*intéressée*): Où? Où? Où ca?

Robert: Là, le type sur le Vélosolex! Qu'est-ce qu'il a fait de son Alpine 310, celui-là?

Mireille: Lui? Mais il n'a jamais eu d'Alpine! Il est fauché comme les blés. Il n'a pas un rond. Hé, Fersen, où est-ce que tu vas comme ça?

Fersen: Je pars pour la Grèce: Delphes, le théâtre d'Epidaure, le Parthénon. . . . Et vous, vous partez, non?

Mireille: Oui, demain, à l'aube.

Colette: Dès qu'on aura bu notre cidre.

Fersen: A votre santé! Skoal!

Hubert (*au garçon*): Alors, ce cidre?

Le garçon: Oui, oui, il arrive.

8. tacot

Un vieux **tacot**.

8. refaire sa vie

* Guillaume va **refaire sa vie**. Il va recommencer à zéro. Il va vivre une autre vie.

Arrive un magnifique cabriolet décapotable. . . .

Mireille: Eh, mais pincez-moi, dites-moi que je rêve! Ce n'est pas possible! . . . Mais non, il n'y a pas d'erreur! C'est bien elle!

Hubert: Qui?

Mireille: Mais si, c'est elle!

Colette: Mais qui?

Mireille: Mais là-bas, dans le cabriolet bleu pâle, avec les lunettes de soleil et la grande écharpe Balenciaga. . . .

Robert: Mais qui, enfin?

Mireille: Mais là, vous ne voyez pas? Dans la décapotable, à côté du beau type brun tout bronzé, avec la chemise en soie de chez Bronzini, et le collier de barbe noire et les lunettes noires!

Colette: Ah, il n'est pas mal, le beau ténébreux, mais qui est la nana?

Mireille: Mais la nana, la nana! Mais tu ne la reconnais pas? C'est ma tante Georgette, voyons!

Colette: Non, pas possible!

Mireille: Mais si, je t'assure! C'est ma tante Georgette!

8. trois fois rien

* **Trois fois rien** (rien x 3), c'est moins que rien! Mireille a payé sa jupe rouge **trois fois rien** (à Prisunic).

9. vélosolex

Un **vélosolex**: un vélo avec un petit moteur sur la roue avant.

10. pincer

Crabe qui a **pincé** le doigt de pied de Marie-Laure.

10. écharpe

Une **écharpe**.

9. pas un rond, fauché

Il n'a **pas un rond** . . . il n'a pas un sou, pas un centime. Il est **fauché**.

Des blés **fauchés**.

Une **pince** à linge.

10. soie

* La **soie** est un textile de luxe. On fait des foulards, des chemisiers en **soie**. Les kimonos japonais sont en **soie**. Aujourd'hui la **soie** naturelle est souvent remplacée par du nylon ou d'autres textiles artificiels.

10. collier de barbe

Beau ténébreux avec un **collier de barbe**.

11

Mireille se lève et s'approche de la décapotable.

Georgette (*apercevant Mireille*): Houhou, Mireille! Tu ne devineras jamais ce qui m'arrive. Je te le donne en mille!

Mireille: Puisque je ne devinerai jamais, dis-le-moi tout de suite!

Georgette: Tu n'as pas lu, dans les journaux? J'ai gagné le gros lot à la loterie!

Mireille: Ce n'est pas vrai! Mais comment ça? Tu achètes des billets, maintenant?

Georgette: Penses-tu! Il y a longtemps que je n'en achète plus. Je ne gagnais jamais! Non, c'est un billet que Fido a trouvé pendant que je le promenais le long de la grille du Luxembourg. Oh, un drôle de numéro: rien que des 9: 99 999 999 GG. Cinq cent mille balles qu'il a gagnées, ce numéro! . . . Et le lendemain, j'ai retrouvé Georges! Alors, nous partons vivre notre vie en Orient: nous allons en Inde, nous allons nous fiancer au Taj-Mahal, puis nous irons en Iran respirer les roses d'Ispahan. Ah, ce n'est pas enivrant, tout ça?

12

Mireille (*qui a rejoint les autres*): Elle va se fiancer au Taj-Mahal!

Hubert: A son âge? C'est délirant! . . . Alors, garçon, ce cidre normand?

Le garçon: Le voilà, Monsieur.

Colette: Enfin!

Jean-Michel: Pas trop tôt!

Hubert: Nous avons failli attendre, comme dirait Louis XIV!

Mireille: Mieux vaut tard que jamais, comme dirait ma tante Georgette!

Robert: Tout vient à point à qui sait attendre, comme dirait ma mère.

Hubert (*au garçon*): Donnez-nous vite cette bouteille. Nous allons la déboucher nous-mêmes.

Le garçon: Méfiez-vous, Monsieur, c'est du mousseux.

Hubert: Tenez, Robert. A vous l'honneur. Attention de ne pas faire sauter le bouchon. Allez-y doucement!

13

Robert sollicite le bouchon avec des précautions infinies mais pourtant insuffisantes. Le bouchon saute. Une gerbe de cidre mousseux inonde la veste en seersucker de Robert et la jupe rouge de Mireille. Le bouchon vient frapper en plein visage le garçon, qui laisse tomber son plateau. Les verres se cassent en mille morceaux. Le bouchon continue sa trajectoire au-dessus de deux groupes de consommateurs et vient frapper en plein front un monsieur qui se lève et s'enfuit précipitamment en renversant deux ou trois chaises, et en

abandonnant sur sa table une tasse de café noir, des lunettes noires, et un carnet d'où s'échappent plusieurs photos . . . et dont les pages sont noircies de notes. En haut de la première page, on peut lire: *Mireille Belleau, 18, rue de Vaugirard, Paris, 6ème. Etudiante en histoire de l'art. Attention, elle fait du karaté. Il faut absolument la surprendre seule le plus vite possible. Malheureusement, elle est presque toujours accompagnée d'un grand jeune homme brun. Plan d'attaque:* [illisible, illisible]. Malheureusement, le reste des notes est absolument indéchiffrable.

11. respirer, enivrant

Georgette **respirant** une rose, à Ispahan. Le parfum des roses est **enivrant**, comme l'alcool.

12. à point

*—Ah, tu arrives **à point**! Justement, j'ai besoin de toi.
—Eh oui, j'arrive toujours au bon moment. . . .

12. déboucher

Il **débouche** la bouteille.

12. mousseux

Quand le garçon de café vous apporte un verre de bière, il y a deux ou trois centimètres de **mousse** blanche sur le dessus.
* Le champagne est un vin blanc **mousseux**.
* Il y a du cidre **mousseux** (comme le champagne), et du cidre non-mousseux.

13. gerbe

Le bouchon saute et libère une **gerbe** de cidre.

Une **gerbe** de blé.

13. inonder

* La veste de Robert est **inondée** de cidre, elle est trempée.
* Si vous oubliez de fermer le robinet de votre baignoire, vous allez **inonder** votre salle de bains.
* Quand il pleut beaucoup, il y a quelquefois des **inondations**.

13. consommateur

Consommateurs à la terrasse d'un café. Ils **consomment**. Ils prennent des **consommations**: de la bière, du café, etc.

13. front

Le bouchon l'a frappé en plein **front**.

13. s'enfuir

Il **s'enfuit**. Il se sauve.

🎧 **Mise en œuvre**

Ecoutez la mise en œuvre du texte et répondez aux questions suivantes.

1. Où les amis vont-ils boire un verre?
2. Pourquoi Jean-Michel trouve-t-il que c'est une drôle d'idée d'aller aux Deux Magots?
3. Quel genre de café est le café des Deux Magots?
4. Quel écrivain célèbre venait régulièrement aux Deux Magots?
5. Qui allait souvent à la Closerie des Lilas?
6. Quelle boisson Hubert commande-t-il?
7. Qui passe sur le trottoir?
8. Pourquoi Jean-Pierre n'accepte-t-il pas la proposition de Mireille?
9. Où va-t-il?
10. Qu'est-ce que Colette pense de Jean-Pierre?
11. Où Mme Courtois emmène-t-elle Minouche?
12. Pourquoi?
13. Pourquoi Minouche ne peut-elle pas aller en Bulgarie?
14. Pourquoi Mireille ne pourra-t-elle pas aller voir Minouche?
15. Que va faire Ghislaine?
16. Qui Colette aperçoit-elle à vélo?
17. Comment est le vélo?
18. Où Cécile et son mari vont-ils?
19. Qu'est-ce que Colette aimerait qu'ils lui rapportent du Portugal?
20. Qui Mireille aperçoit-elle dans la petite 2CV?
21. Qu'est-ce qu'il y a sur la galerie de la voiture?
22. Où Oncle Victor va-t-il?
23. Pourquoi Oncle Guillaume conduit-il un vieux tacot?
24. Pourquoi est-il ruiné?
25. Qu'est-ce qu'il va faire à Katmandou?
26. Pourquoi a-t-il choisi Katmandou?
27. Où le beau Suédois part-il?
28. Qu'est-ce qu'il a l'intention de visiter?
29. Comment est le type brun que Mireille aperçoit dans la voiture décapotable?
30. Qui est à côté de lui dans la voiture?
31. Qu'est-ce que Mireille ne devinera jamais à propos de Tante Georgette?
32. Pourquoi Tante Georgette n'achetait-elle plus de billets?
33. Qui a trouvé ce billet gagnant?
34. Qu'est-ce que ce billet avait de spécial?
35. Combien Tante Georgette a-t-elle gagné?
36. Avec qui part-elle en Inde?
37. Que vont-ils y faire?
38. Qu'est-ce qu'ils feront en Iran?
39. Pourquoi Robert doit-il se méfier en débouchant la bouteille?
40. Qu'est-ce que le cidre va inonder?
41. Pourquoi le garçon laisse-t-il tomber son plateau?
42. Qui le bouchon frappe-t-il ensuite?
43. Que fait le monsieur?
44. Qu'est-ce qu'il abandonne sur la table?
45. Qu'est-ce qu'il y a dans le carnet?
46. De qui s'agit-il dans le carnet?
47. Pourquoi est-ce difficile de surprendre Mireille seule?
48. Pourquoi ne peut-on pas lire le plan d'attaque?

Mise en question

1. Pourquoi Hubert dit-il que les Deux Magots est un café historique?
2. Quelle est l'attitude d'Hubert quand le garçon lui dit qu'il n'y a pas de cidre? Il est insistant, autoritaire, entêté, déplaisant, accommodant, compréhensif? Est-ce que c'est un client de bonne composition, difficile, embêtant, ou exigeant?
3. Quelle est l'attitude de Mireille quand elle aperçoit Jean-Pierre Bourdon? Est-ce qu'elle est rancunière, froide, distante, désagréable, sociable, bien disposée, magnanime, ou tout simplement amusée?
4. Pourquoi Colette dit-elle que Jean-Pierre n'a pas changé, qu'il est toujours aussi puant? Comparez ce que disait Jean-Pierre en quittant le couloir de la Sorbonne (leçon 13) et ce qu'il dit maintenant.
5. Pourquoi Mme Courtois va-t-elle en Bulgarie? Pourquoi la Bulgarie semble-t-elle réputée, en France? Mme Courtois va profiter de son séjour en Bulgarie pour faire quoi?
6. Pourquoi Mireille devrait-elle aller voir Minouche?
7. Qui est ce Bruce qui attend Ghislaine à Brighton? Qu'est-ce que Ghislaine avait envoyé à Mireille la dernière fois qu'elle était en Angleterre? (Voyez leçon 12.)
8. Comparez l'attitude du garçon avec celle du garçon du Fouquet's. (Voyez leçon 41.) Est-ce qu'il faut en conclure que tous les garçons de café font pareil? (Voyez leçon 22.)
9. Qu'est-ce que l'oncle Victor va faire? Qu'est-ce qu'il y a sur le toit de sa voiture? Vers où se dirige-t-il? Pourquoi Mireille se trompe-t-elle sur sa direction? (Voyez leçon 10.)
10. Qu'est-ce que c'est qu'un tacot? Une belle voiture toute neuve ou une vieille voiture en mauvais état? Pourquoi Tonton Guillaume a-t-il changé de voiture?
11. Comment Mireille fait-elle preuve de générosité envers Tonton Guillaume? Qu'est-ce qu'elle lui propose? Au fait, est-ce qu'elle en a un? (Voyez leçon 42.)
12. Est-ce que "il est fauché comme les blés" veut dire qu'il roule sur l'or ou qu'il n'a pas d'argent du tout?
13. Est-ce que tous les Suédois s'appellent Fersen? Connaissez-vous un Suédois qui s'appelait Fersen? (Voyez la rencontre d'Astérix et de Marie-Antoinette, leçon 14.)
14. Où est le jeu de mots dans la phrase par laquelle le Suédois demande si Mireille et ses amis partent en vacances? Qu'est-ce qu'il dit? Qu'est-ce qu'il va voir à Athènes?
15. Qu'est-ce qu'on peut faire pour réveiller quelqu'un qui rêve?
16. Qu'est-ce que Tante Georgette dit, avant d'annoncer qu'elle a gagné à la loterie? Et qu'est-ce que Mireille avait dit à Hubert avant de lui dire qu'elle avait gagné à la loterie? (Voyez leçon 44.)
17. Qui est ce Georges que Tante Georgette a retrouvé? (Voyez leçon 44.)
18. La jupe rouge de Mireille n'a pas de chance! Vous vous rappelez ce qui lui était arrivé à la Closerie des Lilas? (Voyez leçon 20.)
19. Encore des verres cassés! Est-ce que ça porte bonheur ou malheur? (Voyez leçon 41.)

Documents

1

Le Progrès, c'est formidable!

Moi, j'ai un copain, il est pilote d'essai . . . enfin, il ne l'est pas encore; pour l'instant, il essaie d'être pilote! Il me dit:

—Tu n'as jamais franchi le mur du son?

—Jamais!

—Viens, tu vas prendre le baptême de l'air.

—Il n'y a pas de danger?

—Aucun! Tu mets simplement une ceinture de sauvetage, un parachute ventral . . . un parachute dorsal! . . . au cas où . . . parce que si le parachute que tu as sur le ventre ne s'ouvre pas, l'autre . . . tu l'as dans le dos!

—J'aime mieux prendre le train.

—Il n'y a pas de danger!

—Aucun?

—Aucun! Tu mets ton masque à oxygène, parce que sans cela, tu étouffes. . . . Un casque pour que la tête n'éclate pas!

—J'aime mieux prendre le train.

—Il n'y a pas de danger!

—Aucun?

—Aucun!

—Bon!

Je monte dans un avion supersonique . . . double réacteur! . . . Uuouh! . . . (*Il imite le sifflement des réacteurs.*) Le pilote me dit:

—Attention, on décolle!

—Tiens! mes oreilles aussi!

Il me dit:

—C'est normal!

Arrivé à deux mille mètres, il me dit:

—Eteins ta cigarette!

—Je n'ai pas de cigarette!

—Tu ne fumes pas?

—Non!

—Alors, c'est l'avion!

Effectivement . . . une fumée! . . . Alors là, il me dit:

—Ça, ce n'est pas normal!

Je jette un coup d'œil sur le côté; je lui dis:

—Dis donc, il y a le feu à ton réacteur.

—Alors c'est normal, il n'y a pas de fumée sans feu!

Tout à coup . . . j'entends . . . Bang! . . . je lui dis:

—Tiens! On a franchi le mur du son?

—Non! C'est le réacteur qui vient de sauter.

—Ah! Le progrès, c'est formidable! Un réacteur saute, on ne s'en aperçoit pas!

Bang! Bang!

—Double bang! Alors là, on a franchi le mur du son?

—Non! C'est l'autre réacteur qui vient de sauter.

—Ah! ah! . . . le progrès, c'est formidable! . . . Les réacteurs sautent . . . on continue . . . on irait même plus vite que tout à l'heure! . . .

—C'est aussi qu'on descend!

—Le progrès, c'est . . .

—Tu n'as pas peur?

—Oh! Maintenant, je suis baptisé!

—Alors fais ta prière, et fais-la courte, parce qu'on sera arrivé en bas avant que tu l'aies finie.

—Le progrès, tout de même! Ça va plus vite qu'une prière! On sera en bas avant d'avoir fini sa prière?

—Non, on sera là-haut!

—Ah! Le progrès, c'est. . . .

Tout à coup il me dit:

—Saute!

—Comment?

—Saute!

—Où?

—A terre!

—Comment! Je peux sauter . . . d'ici?

—Oui!

—Et toi?

—Je saute aussi!

—Et l'avion?

—Il saute aussi!

—Tout le monde saute, alors! . . . Le progrès, c'est. . . .

—D'ailleurs, on n'a plus le temps de sauter . . . je vais éjecter les sièges.

Il a appuyé sur un bouton. J'ai été projeté avec mon fauteuil dans l'espace . . . (uitte) lui dans son fauteuil! Je lui dis:

—Qu'est-ce que tu fais?

—Je sauve les meubles.

Alors, dans un fauteuil . . . assis, au grand air, avec un parasol qui s'est ouvert au-dessus de moi . . . lui la même chose . . . je lui dis:

—Ça, au bord de la mer, ce serait idéal!

—On y arrive!

Effectivement . . . Plouf! . . . Plouf! . . . double plouf! . . . Dans l'eau jusque-là! Pas besoin de nager . . . la ceinture de sauvetage s'est gonflée d'elle-même! . . . On s'est laissé emporter par les flots. . . . Deux jours plus tard, on s'est retrouvés sur la Côte d'Azur . . . allongés sur la plage . . . sans connaissance!

Mon copain me dit:

—Qu'en penses-tu?

—Ce n'est pas mal . . . mais si on avait pris le train, on serait venus deux jours plus tôt! Alors le progrès, hein?

. . .

—*Raymond Devos*

2

Composition française

Tout jeune Napoléon était très maigre
et officier d'artillerie
plus tard il devint empereur
alors il prit du ventre et beaucoup de pays
et le jour où il mourut il avait encore
du ventre
mais il était devenu plus petit.

—*Jacques Prévert*
   Paroles

3

Ces Petits Riens

Mieux vaut n'penser à rien
Que n'pas penser du tout
Rien c'est déjà
Rien c'est déjà beaucoup
On se souvient de rien
Et puisqu'on oublie tout
Rien c'est bien mieux
Rien c'est bien mieux que tout
Mieux vaut n'penser à rien
Que de penser à vous
Ça n'me vaut rien
Ça n'me vaut rien du tout
Mais comme si de rien
N'était je pense à tous
Ces petits riens
Qui me venaient de vous
Si, c'était trois fois rien
Trois fois rien entre nous
Evidemment
Ça ne fait pas beaucoup
Ce sont ces petits riens
Que j'ai mis bout à bout
Ces petits riens
Qui me venaient de vous
Mieux vaut pleurer de rien
Que de rire de tout
Pleurer pour un rien
Rien c'est déjà beaucoup
Mais vous vous n'avez rien
Dans le cœur et j'avoue
Je vous envie
Je vous en veux beaucoup
Ce sont ces petits riens
Qui me venaient de vous
Les voulez-vous?
Tenez! Que voulez-vous
Moi je ne veux pour rien
Au monde plus rien de vous
Pour être à vous
Faut être à moitié fou.

—*Serge Gainsbourg*

4

Saint-Germain-des-Prés

Extraits du *Guide du routard*
Cafés—5e et 6e arrondissements

—*Les Deux Magots:* pl. Saint-Germain-des-Prés, 75006. Tél.: 45.48.55.25. M.: Saint-Germain-des-Prés. Ouvert de 8h à 2h du matin tous les jours. Fermé en août. Une institution à Paris. Impossible de mettre ici tous ceux qui honorèrent ces lieux de leur présence. "Les Deux Magots" était le nom d'un magasin qui vendait de la soie chinoise et des tissus à cet emplacement au XIXème siècle. Lorsqu'en 1875, un café-liquoriste lui succéda, il garda l'enseigne. Le décor actuel date de 1914. Vers 1885, Verlaine, Rimbaud, et Mallarmé aimaient s'y retrouver. En 1925, ce furent les surréalistes: Breton, Desnos, Bataille, Artaud, etc. Picasso, Saint-Exupéry, et Giacometti y avaient aussi leurs habitudes. Jean Giraudoux y prenait son petit déjeuner à 10h pile chaque matin. En 1933 fut créé le prix des Deux Magots qui se trompa rarement dans le choix des lauréats, puisque fut couronnée la première œuvre de Raymond Queneau, puis Bataille, Antoine Blondin, Henri-François Rey, etc. Vers 1950, Sartre et Simone de Beauvoir venaient y écrire deux heures sans relâche chaque jour, remplissant trois cendriers.

La qualité du service a toujours été la fierté de l'établissement, à telle enseigne que le fameux chocolat fait maison fut longtemps servi dans des pots en argent. Jusqu'à ce qu'au 42ème volé par les clients, la direction craque et se résigne, il y a à peine 8 ans, à les remplacer par des pots en porcelaine (idem pour les centaines de cuillères en argent qui disparurent). Un détail curieux: on calcula très sérieusement combien de kilomètres un serveur parcourait dans une journée. Le résultat: une moyenne de 12km! Beaucoup de clients fidèles. Le record appartient à un client qui vient depuis 50 ans et, depuis sa retraite, tous les après-midi, à la même table. L'été, la terrasse est prise d'assaut. Venez le matin de bonne heure, vous prendrez sur cette place un mémorable petit déjeuner.

—*Le Flore:* 172, bd Saint-Germain, 75006. Tél.: 45.48.55.26. M.: Saint-Germain-des-Prés. Ouvert tous les jours de 8h à 1h 30 du matin. Fermé en juillet. Un autre grand café chargé d'histoire. Né en 1890. D'abord fréquenté par les fondateurs de l'Action française, puis il eut une clientèle plus à gauche: Sartre, Camus, et Jacques Prévert, son frère, Pierre, ainsi que Marcel Carné. **Le Flore** fut vendu, en 1982, pour une somme faramineuse (on parle d'un milliard 400 millions de francs anciens). Pourquoi vous livre-t-on ce chiffre? Comme ça, pour montrer qu'au moins la limonade, ça marche! . . .

—*Lipp:* 151, bd Saint-Germain, 75006. Tél.: 45.48.53.91. M.: Saint-Germain-des-Prés. Ouvert tous les jours jusqu'à 0h 30 du matin, sauf le lundi. Fermé en juillet. La brasserie parisienne la plus célèbre. Presqu'une légende. Ce fut pour nous une première en tout cas. Un peu inquiet quand même à l'idée de ne pas plaire au patron, M. Cazes, et de rater l'examen de passage. François Mitterrand était un client assidu. Car chez **Lipp,** pas de réservation, sauf pour Bernard Pivot qui traditionnellement y dîne après "Apostrophes." Il vaut mieux venir de bonne heure ou savoir attendre. Finalement, enfin assis, force est de constater que l'épreuve n'est pas si terrible que ça. Et puis le vieux décor un peu suranné (grands miroirs, jolis panneaux en céramiques, fresques qui s'estompent), l'atmosphère plutôt relax, dissipent les dernières craintes.

Lipp est un endroit chaleureux, pas du tout prétentieux. Quand le courant passe, les garçons possèdent même un humour assez subtil et traitent parfois les clients avec une familiarité discrète. Ils sont d'une efficacité légendaire. Les acteurs, auteurs, vedettes de la chanson font partie naturellement du paysage et ne distrairont même pas votre lecture du menu. Classique, sans surprise. L'honnête choucroute n'a jamais été la meilleure de Paris et ça n'a pas d'importance. Les plats sont ici d'une bonne qualité constante, c'est l'essentiel. . . .

—*La Rhumerie:* 166, bd Saint-Germain, 75006. Tél.: 43.54.28.94. M.: Mabillon ou Saint-Germain-des-Prés. Un classique devenu complètement institutionnalisé. Toutes les variétés de punchs (daïquiri, coco, planteur, etc.). Si vous trouvez d'emblée une place, jouez tout de suite après au loto. Les artistes et poètes ont depuis longtemps cédé la leur aux bourgeois de tout poil.

A voir

—*Saint-Germain-des-Prés:* la plus ancienne des églises parisiennes. C'est pratiquement tout ce qui reste (avec le palais abbatial) de la grande abbaye, véritable ville dans la ville, qui prospéra jusqu'à la Révolution. . . .

—*Place Furstenberg:* l'une des plus jolies places de Paris dont les grands arbres donnent au printemps de belles fleurs bleues ou mauves. Les réverbères confèrent à l'ensemble une atmosphère gentiment romantique.

Quelques rues pittoresques autour: rue Cardinale (en coude et bordée de vieilles maisons), de l'Echaudé, de Bourbon-le-Château. Rue de Seine, beaux hôtels particuliers, parfois sur petite cour avec façades couvertes de lierre. Rue Jacob, il suffit de regarder les plaques pour connaître tous les gens illustres qui y habitèrent. Marguerite Duras habite rue Saint-Benoît. . . .

—*Musée Delacroix:* 6, rue de Furstenberg, 75006. Tél.: 43.54.04.87. M.: Mabillon ou Saint-Germain-des-Prés. L'appartement et l'atelier de Delacroix. C'est dans cet endroit serein, à côté d'un petit jardin, que le grand artiste trouvait son inspiration. . . .

—*Rue des Saints-Pères:* au coin de la rue Jacob, un chef-d'œuvre mussolinien mâtiné de stalinisme: la fac de médecine. On reste sidéré qu'ils (qui «ils»?) aient pu laisser construire ça. Seule chose remarquable: la belle porte en bronze du sculpteur Paul Landowski, celui-là même qui sculpta le christ de Corcovado, à Rio de Janeiro. L'une des rues les plus oxydecarbonées de Paris. Un flic de carrefour ne tient pas plus de deux heures sans tente à oxygène. Vers la Seine, Belmondo se repose entre deux films.

Au-delà, c'est le 7e arrondissement. Même si la frontière n'est pas marquée par une guérite et une barrière rouge et blanche, on sent que, de l'autre côté, c'est un autre monde, un vide dans les rues, pas de vibrations, une atmosphère feutrée, que dis-je cataleptique. André

Bercoff a dit: "Le 7e arrondissement n'existe pas: je le sais, j'y vis, et j'aime." Nous n'irons pas plus loin! Un petit verre à **l'Escorailles,** au coin des rues des Saints-Pères et Jacob, pour reprendre des forces. . . .

—*Vers les quais:* au débouché de la rue Dauphine, prendre à gauche. On trouve l'impasse de Nevers, percée au XIIIème siècle, toujours bordée de maisons anciennes. Elle bute sur un vestige de l'enceinte de Philippe Auguste. Au coin de la rue de Nesle, splendide maison toute ventrue. Au 13, rue de Nesle, adorable petite cour pavée et moussue. . . .

—En continuant, on rencontre **l'Institut de France,** splendide ensemble architectural couronné de sa fameuse coupole (1663). Il abrite la bibliothèque Mazarine et les 40 "Immortels" de l'Académie française dont les Français connaissent à peine la moitié des noms. Créée en 1635 par Richelieu, la noble institution, dont la tâche principale est de défendre la langue française, vient d'accepter, après quatre siècles de réflexion, une femme dans ses rangs: Marguerite Yourcenar. Cha-

que jeudi, les académiciens se réunissent pour élaborer le dictionnaire. Aux dernières nouvelles, ils en seraient à la lettre D et envisagent de le terminer dans une petite cinquantaine d'années.

Devant l'Institut, la passerelle du Pont-des-Arts, refuge des romantiques, des peintres, et des amoureux, mène au Louvre. Elle remplace, depuis juin 1984, l'ancienne passerelle qui succomba aux coups répétés de péniches en folie. Un peu plus loin, l'Ecole des beaux-arts avec une entrée rue Bonaparte et une quai Malaquais.

—*La rue Visconti:* entre la rue de Seine et la rue Bonaparte. On a un coup de cœur pour cette rue étroite bordée presqu'entièrement de maisons et d'hôtels du XVIème. Percée en 1540, y vivait une majorité de protestants (dont Bernard Palissy), ce qui lui avait valu son surnom de Petite Genève. Du fait de la discrétion et de l'isolement de cette voie, beaucoup échappèrent d'ailleurs au massacre de la Saint-Barthélemy. Racine mourut au N° 24. Balzac avait créé, au 17, une imprimerie.

5

La Martinique

La Martinique et la Guadeloupe sont deux îles des Antilles où l'on parle français. En fait, elles sont devenues des départements français en 1946.

Christophe Colomb a découvert la Martinique en 1493, mais, peut-être parce qu'il avait entendu dire que les Indiens Caraïbes qui y habitaient étaient un peu cannibales, il a regardé l'île de loin, sans mettre pied à terre. Il y a abordé brièvement en 1502, mais ne s'y est pas arrêté.

Les Français sont arrivés à la Martinique en 1635 et s'y sont installés. Ils y ont introduit les plantations de bananes et de canne à sucre. L'île, devenue riche, a été disputée aux Français par les Hollandais et les Anglais et,

au cours d'un siècle et demi de guerres, elle a souvent changé de mains.

En 1902, Saint-Pierre, qui était alors la ville principale, a été entièrement détruite par une éruption du volcan

Une plage.

La plage et le rocher du Diamant où l'armée anglaise avait installé ses canons pour bombarder l'île.

La plage du Carbet où Christophe Colomb a débarqué en 1502 et où le peintre Gauguin a passé quelque temps avant d'aller à Tahiti.

local, la montagne Pelée. Les 30 000 habitants ont été tous tués, sauf un, un homme qui avait été mis en prison la veille et qui a été protégé par les murs épais de sa prison.

Avec ses montagnes volcaniques, ses belles plages, sa végétation tropicale, sa forêt de la pluie, et ses fleurs multicolores, l'île est très pittoresque. Aujourd'hui, sa ressource principale est le tourisme. On y trouve plusieurs grands hôtels et un Club Méditerranée.

On y cultive des ananas, des bananes, et surtout de la canne à sucre avec laquelle on fait un rhum dont les Martiniquais sont très fiers. Ils sont aussi très fiers de Joséphine de Beauharnais, qui est née à la Martinique, a épousé Napoléon, et est ainsi devenue impératrice des Français.

Le village des Anses d'Arlet.

Un gommier, bateau creusé dans un tronc d'arbre sur le modèle des bateaux des Indiens Caraïbes.

Filets séchant sur la plage, tendus entre deux cocotiers.

Plantation de canne à sucre.

Plantation de bananiers.

Jeune femme démontrant le port du foulard traditionnel.

Marchande de fleurs sur le marché de Fort-de-France, qui est devenu la ville principale après la destruction de Saint-Pierre.

Gravure représentant l'éruption de
la Montagne Pelée.

Ruines de l'église de Saint-Pierre.

Panneau indicateur à l'entrée de
Saint-Pierre.

Statue de Joséphine de Beauharnais
sur la place principale de Fort-de-
France.

 6

Yaourt et santé

Un sexagénaire est toujours robuste
Un septuagénaire est toujours robuste
Un octogénaire est toujours robuste
Un nonagénaire est toujours robuste
Un centenaire est toujours bulgare.[1]

—*Gustave Flaubert*

1. A cause du yaourt! (Note des auteurs)

Leçon Tout est bien qui finit bien
. . . ou mal

Texte

Le lendemain matin, Jean-Michel et Robert se retrouvent place Vavin.

Jean-Michel: Il y a longtemps que tu es là?

Robert: Non, je viens d'arriver.

Jean-Michel (*montrant le sac de Robert*): C'est tout ce que tu emportes?

Robert: Oui, j'aime voyager léger. Tu es bien chargé, toi! Qu'est-ce que c'est que ça?

Jean-Michel: Une tente. Hubert en apporte une aussi, comme ça on pourra camper si on trouve un endroit sympa. . . . Tiens, les voilà!

2

En effet, la Méhari arrive avec Hubert, Colette, et Mireille.

Tous: Salut! Ça va?

Mireille: Ça fait longtemps que vous êtes là?

Jean-Michel: Non, on vient d'arriver. . . . Où est-ce que je mets tout ça?

Hubert: Par là. . . . On va prendre un petit café avant de partir?

Mireille jette un coup d'œil au petit café sur la place et aperçoit l'homme en noir, caché derrière son journal.

Mireille: Oh . . . non, non, on n'a pas le temps. . . . Tout à l'heure, sur la route, plus tard. . . . Allez, hop, en voiture! On part!

3

Jean-Michel: Comment est-ce qu'on se met?

Colette: Eh bien, les garçons devant et Mireille et moi derrière.

Hubert: Ah, non! Non, non, non, il n'y a pas assez de place devant; ça va me gêner pour conduire. . . . Mireille, qui est petite, devant, et les autres derrière.

Colette: Non, on va être serrés comme des sardines! Non, Jean-Michel devant, et Robert avec nous derrière.

Mireille (*secrètement inquiète, cherchant à accélérer le départ*): Allez, tout le monde en voiture, dépêchez-vous!

Hubert: Bon, alors, ça y est, tout le monde y est? On n'a rien oublié?

Mireille: Non, non!

Colette: Allons-y!

Et ils y vont; la Méhari Azur démarre bruyamment.

---

1. endroit

* Ils passent toujours leurs vacances au même **endroit**, un petit village dans le Pays Basque.
* Aujourd'hui, il est difficile de trouver un **endroit** pour camper. On est obligé d'aller dans un camping organisé. Mais dans les montagnes, on peut encore trouver des **endroits** pour camper. Le bord d'une rivière peut être un **endroit** agréable pour camper ou pique-niquer.
* Les deux amis se retrouvent toujours au même **endroit** (au Luxembourg).

2. jeter un coup d'œil

* Je me demande où Mireille peut bien être. Tiens, je vais **jeter un coup d'œil** au Flore et aux Deux Magots.
* Attends-moi. Je **jette un coup d'œil** à Prisunic et j'arrive.

4

Jean-Michel a pris le volant. Au premier croisement, il oblique vers la gauche.

Hubert: A droite, voyons!

Jean-Michel: Mais non, c'est à gauche!

Hubert: Je vous dis que c'était à droite qu'il fallait aller!

Jean-Michel: Mais non, mais non, mais non, à gauche!

Mireille: Bon, passe-moi la carte. . . . Eh bien, à droite ou à gauche, ça revient au même!

5

A l'arrière de la voiture, Mireille étudie dans le guide la description des musées et des églises de Rouen. Colette est plongée dans le Gault et Millau pour découvrir les meilleurs restaurants de la région. Devant, Hubert et Jean-Michel discutent politique avec de grands gestes.

Hubert: Marx! Marx! Mais Marx vivait au siècle dernier, mon cher ami!

Colette: Ah, là, j'ai un restaurant qui a l'air très intéressant . . . spécialité de sole normande. . . .

Jean-Michel (*poursuivant sa discussion avec Hubert*): On croit rêver!

Colette: Canard rouennais. . . .

Hubert: Mais c'est faux, faux, archifaux!

Colette : Poulet Vallée d'Auge. . . .

Jean-Michel: Tu raisonnes comme une casserole. . . .

Hubert: Mais c'est vous qui raisonnez comme une casserole, mon cher ami! . . . Ah, voilà Rouen!

6

Ils entrent dans la ville par des rues étroites et pittoresques, passent sous le Gros Horloge, et arrivent sur la place du Vieux Marché. Hubert, debout à l'avant de la voiture, fait le guide.

4. croisement

Attention: **croisement**.

4. revenir au même

* **Ça revient au même**; c'est la même chose. Ça ne fait pas de différence.

5. sole normande, canard rouennais

* La **sole normande** se prépare avec du vin blanc, de la crème, du beurre, et quelques huîtres.
* Le **canard rouennais** est un canard élevé dans la région de Rouen. Il est souvent servi à **la rouennaise**, c'est-à-dire, avec une sauce au vin rouge, échalotes, et foie de canard.

5. archi-

* C'est **archifaux**! C'est complètement faux! C'est connu, c'est **archiconnu**; c'est plein, c'est **archiplein**.

5. poulet Vallée d'Auge

* C'est une spécialité normande; le poulet est préparé avec de la crème et du Calvados, de l'alcool de pomme.

5. casserole

Une **casserole**.

5. raisonner/résonner

* Les casseroles peuvent **résonner**, faire du bruit, si on les frappe avec une cuillère, par exemple. Mais elles ne **raisonnent** pas; elles ne pensent pas logiquement.

Hubert: C'est sur cette place qu'on a brûlé Jeanne d'Arc sur un bûcher.

Robert: J'aurais aimé vivre à cette époque.

Jean-Michel: Tu te sens une vocation pour le bûcher?

Robert: Non, au contraire. J'ai une vocation de pompier. J'ai toujours rêvé d'être pompier. Je me vois très bien arrivant sur mon cheval (les pompiers étaient à cheval à l'époque, je suppose) avec un magnifique casque d'argent, plongeant dans la fumée et sauvant Jeanne d'Arc des flammes.

Hubert: Vous auriez saboté la formation de la nation française!

Jean-Michel: Quelle bêtise! La formation d'une nation est due à des raisons purement économiques!

Hubert: Matérialisme débile! . . . Où va-t-on pouvoir se garer?

7

Une fois la Méhari garée près de l'église Saint-Maclou, pas très loin de la cathédrale, Hubert commence à s'intéresser sérieusement à la question du déjeuner.

Hubert: Bon! Alors, Colette, où est-il, ce fameux restaurant?

Colette: Il ne doit pas être loin d'ici. . . . Attends, je vais voir. . . . (*Elle regarde le guide*) Euh . . . quel jour on est, au fait? Mardi? Ah, zut! Ça, alors!

Tous: Quoi?

Colette: Ben, il est fermé le mardi! Qu'est-ce qu'on va faire?

Hubert: Oh, ben, ce n'est pas grave! On n'a qu'à aller ailleurs.

6. brûler, bûcher

Jeanne d'Arc **a été brûlée** sur un **bûcher**, comme sorcière, à Rouen en 1431.

Une **bûche**.

6. argent

* L'**argent** est un métal précieux (moins précieux que l'or). On en fait des cuillères, des fourchettes, des bijoux.

6. saboter

* Les mauvais ouvriers **sabotent** le travail.
* Les combattants clandestins **sabotent** les lignes de chemin de fer, les usines de l'ennemi.

6. débile

* Il est complètement idiot! Il est complètement **débile**!

6. (se) garer

* M. Belleau n'a pas de garage. Il **gare** sa voiture dans la rue.
* On ne peut pas **se garer** ici: le stationnement est interdit.

Colette: Dommage, quand même!

Mireille: Oh, écoutez, j'ai une idée: on va acheter des provisions, et on va aller pique-niquer sur les bords de la Seine!

Jean-Michel: Bonne idée!

Mireille: Bon, alors, allez visiter la cathédrale; il est midi et demie . . . je m'occupe des provisions. Il faut que je me dépêche avant que tous les magasins soient fermés! Rendez-vous à une heure devant la cathédrale.

Hubert: Parfait. Nous, allons visiter.

Robert (*à Mireille*): Je viens avec toi.

8

Robert et Mireille, seuls dans une rue de Rouen.

Robert: Tu t'amuses, toi?

Mireille: Ben, oui!

Robert: Pas moi. J'en ai assez d'entendre Hubert et Jean-Michel discuter, et Colette lire des menus. Ecoute, laissons-les et partons tous les deux, seuls!

Mireille: Mais, Robert, on ne va pas faire ça, voyons!

Robert: Pourquoi?

Mireille: Parce que!

Ils font quelques pas en silence.
Ils passent devant un café, et, à la
terrasse de ce café, Mireille aperçoit
. . . qui? L'homme en noir, caché
derrière un journal. . . .

Mireille: Tu vois le café, à gauche?
Ne te retourne pas.

Robert: Eh bien, qu'est-ce qu'il a de
spécial, ce café?

Mireille: Rien, mais je viens de voir
un type que j'ai déjà vu ailleurs.

Robert: Quelqu'un que tu connais?

Mireille: Non. . . . Tu te souviens,
le jour où on est allés au cinéma?
Je t'ai attendu dans un café. . . .
Eh bien, ce type était assis à côté de
moi. C'est le même.

Robert: Sans blague! Tu es sûre?

Mireille: Oui, mais le plus inquiétant,
c'est que je l'ai vu ce matin, place
Vavin, avant qu'on parte, au café où
Hubert voulait aller.

Robert: Tu as rêvé!

Mireille: Mais non, je suis sûre que
c'est lui! Et je suis sûre de l'avoir vu

ailleurs aussi. Tu te souviens, le
jour où on est allés à la Samaritaine
. . . on a voulu prendre un taxi, et il
y avait quelqu'un dedans. . . . Eh
bien, c'était lui, j'en suis sûre!

Robert: Tu crois? Tu l'as reconnu?

Mireille: Oui!

Robert: Comment est-il?

Mireille: Il est habillé tout en noir;
il a un tic dans les yeux: il cligne
constamment des yeux.

Robert: Ça, alors!

Mireille: Quoi?

Robert: Un type tout en noir, et qui
cligne des yeux. . . . Tu sais, le jour
où on est allés faire des courses à la
Samaritaine? En revenant, j'ai pris
un taxi avec un chauffeur tellement
dingue que j'ai été obligé de sauter
en marche. . . . Eh bien, maintenant
que j'y pense, ce chauffeur était
habillé tout en noir, et clignait des
yeux comme un fou!

11

Mireille: Tu es sûr?

Robert: Oui. . . . Et le jour où on
est allés à la Closerie des Lilas . . .
quand je suis allé téléphoner, il y a
un type tout en noir qui m'a suivi;
je suis sûr que c'est le même. Et
plus tard, je l'ai revu quand j'étais
au Luxembourg avec Marie-Laure.

Mireille: Et Marie-Laure qui parle
toujours d'un homme en noir quand
elle raconte ses histoires à dormir
debout! . . . C'est peut-être vrai. . . .
Elle n'inventait pas! . . . Mais qui
c'est? Qu'est-ce qu'il veut? Pourquoi
il nous suit? Mais qui est-ce qu'il
suit, d'abord? Toi ou moi? Il est de
la police? C'est un terroriste? . . .
Pourquoi tu es venu en France? Tu
as tué quelqu'un? Tu es un terroriste?
Tu fais du trafic de drogue?

Robert: Mais non. . . . C'est peut-être
toi qu'il suit.

12

Mireille: Robert, je crois que j'ai
peur. J'ai peur parce que je ne
comprends pas. Qu'est-ce qu'on
va faire?

Robert: Il faut partir tout de suite.

Mireille: Oui, c'est ça, allons rejoindre
les autres!

Robert (*qui a de la suite dans les idées*):
Non, il faut partir sans les autres!

Mireille: Mais pourquoi?

Robert: Réfléchis! Si le type nous
a suivis jusqu'ici, c'est qu'il nous a
vus partir ce matin dans la Méhari.
Il faut laisser partir les autres avec la
Méhari, et partir de notre côté.
Allez, viens vite!

13

Robert et Mireille courent jusqu'à
la Méhari. Ils prennent leurs sacs et
laissent un mot sur le pare-brise:

10. dingue

* Il est **dingue**! Il est fou!

* C'est **dingue**, ce truc-là! C'est
incroyable!

* —Il y a beaucoup de monde sur les
plages?
—Oh, il y a un monde **dingue**!
C'est **dingue**, le monde qu'il y a!

13. pare-brise

Ils ont laissé un mot sur le **pare-
brise** de la Méhari.

"Des circonstances imprévues et impératives nous obligent à vous quitter. Continuez sans nous. Bises. M. et R."

Robert: Tu as ton sac?
Mireille: Oui. Tu as le fric?
Robert: Quoi?
Mireille: Le fric, l'argent . . . l'argent de la loterie.
Robert: Oui. . . . Prends-en la moitié.
Mireille: Oh, non, j'aurais peur de le perdre.
Robert: On ne sait jamais ce qui peut arriver! Prends-en la moitié, tiens. . . . Filons!
Mireille: Mais où on va?
Robert: Je ne sais pas. L'important, c'est de partir d'ici le plus vite possible. Allez, viens!

Et ils partent en courant à travers les vieilles rues de Rouen.

14

Mireille (*essoufflée*): Faisons du stop!

Le premier camion qui passe s'arrête.

Le chauffeur: Bonjour, vous allez où?
Mireille: Et vous?
Le chauffeur: En Turquie.
Mireille: Ah, ben, nous aussi!
Le chauffeur: Eh bien, ça, c'est une coïncidence! Eh bien, montez! Allez-y!
Mireille: Merci!

Dix minutes après, le camion passe devant un aéroport. Robert aperçoit un petit avion qui semble prêt à partir. Il demande aussitôt au chauffeur d'arrêter.

Robert: Vous pouvez nous arrêter?
Le chauffeur: On n'est pas arrivés!
Robert: Je sais, mais j'ai oublié ma brosse à dents!
Le chauffeur: Ah, dans ce cas. . . .

Le camion s'arrête. Robert et Mireille descendent et courent vers l'aéroport. Robert s'approche du petit avion, discute avec le pilote, essaie d'être persuasif. Il sort un paquet de billets qu'il met dans les mains du pilote ahuri (car Robert est un garçon honnête, même quand il est pressé).

Robert: Ça, c'est pour l'essence . . . et ça, c'est pour l'assurance. . . . Merci. Salut!

Et les voilà tous les deux dans l'avion, avant que le pilote ait bien compris ce qui se passait. Robert essaie tous les boutons, pousse, tire . . . par miracle, le moteur commence à tourner, l'avion démarre et, après quelques hésitations bien compréhensibles, accepte de décoller.

Mireille: Tu sais piloter?
Robert: Un peu. . . . Il nous suit?

Mireille regarde derrière eux et ne voit pas trace de l'homme en noir.

---

13. imprévu

* Ça, c'est **imprévu!** C'est inattendu! Je n'avais pas prévu ça; je ne m'y attendais pas!

14. essoufflé

* Mireille est **essoufflée** parce qu'elle a couru. Elle respire difficilement.

15. ahuri

Il est **ahuri**, stupéfait.

15. décoller, atterrir

* L'avion **décolle**. Il quitte le sol; il part.
* L'avion **atterrit**. Il se pose sur le sol. Il arrive.

16

Robert fonce, droit devant lui.

Mireille: Tu sais où tu es?

Robert: Non, je suis complètement perdu! . . . Regarde! Qu'est-ce que tu vois?

Mireille: Je crois que je vois le Mont-Saint-Michel. Oui, oui, c'est le Mont-Saint-Michel!

Robert: Qu'est-ce que je fais?

Mireille: Je ne sais pas. . . . Va vers la droite!

Robert: Bon, regarde. Qu'est-ce que tu vois maintenant?

Mireille: Un château. . . . On doit être au-dessus des châteaux de la Loire. Oui, c'est ça. Ça, ça doit être Chinon . . . Azay-le-Rideau. Ça, c'est Cheverny. . . . Oh, Chambord! Ça, je crois que c'est Valençay.

Robert: Là où on fait le fromage de chèvre?

Mireille: Oui, c'est ça.

17

Robert: Qu'est-ce que tu vois maintenant?

Mireille: Attends. . . . Je vois des volcans.

Robert: Eteints?

Mireille: Oui, bien sûr. On doit être au-dessus du Massif Central.

Robert: Et maintenant?

Mireille: Je vois une ville fortifiée. C'est Carcassonne! On est dans le Midi! Mais oui, on est dans le Midi, je vois des arènes gallo-romaines. Ça, ça doit être Nîmes . . . ou Arles. . . .

Robert: Bon, qu'est-ce que je fais?

Mireille: Ben, tourne vers la droite! . . . On est au-dessus de la Côte d'Azur! Mais oui, oui, c'est la Méditerranée. . . . Maintenant je vois des montagnes. Ce sont les Alpes . . . oui, sûrement. Ça doit être le Mont-Blanc. . . . Ça, ça doit être les gorges du Verdon. . . . Mais qu'est-ce que tu fais? On redescend vers le sud! Voilà la mer

de nouveau. Les calanques de Cassis. . . . Oh, des chevaux . . . c'est la Camargue! . . . Mais où vas-tu? On est sur les Pyrénées, maintenant!

18

Robert: Qu'est-ce qu'on fait? On passe en Espagne?

Mireille: Mais non, non, remonte vers le nord! . . . On est sur l'Atlantique, maintenant. Je vois La Rochelle. . . . On est au-dessus de la Bretagne. . . . Une cathédrale. . . . Mais c'est Notre-Dame! On est au-dessus de Paris. Une autre cathédrale. Je crois que c'est Amiens . . . Reims. . . . Tiens, Strasbourg! On est en Alsace! Attention, on va passer en Allemagne! Tourne, tourne, reviens en arrière. . . . Des vignes! On est en Bourgogne!

Robert: Eh bien, dis donc, on peut dire qu'on a parcouru l'Hexagone . . . dans tous les sens!

Mireille: Avec tous les zigzags qu'on a faits, l'homme en noir ne risque pas de nous retrouver.

Robert: Ah, ça, non!

Le petit avion descend dangereusement.

Mireille: Eh, remonte, remonte! Attention! Attention, remonte, remonte!

19

Robert réussit à remonter, mais juste à ce moment-là, un avion à réaction traverse le ciel. Robert, qui a l'esprit vif, a tout de suite compris que c'est l'homme en noir.

Robert: Zut, c'est lui, il nous a rattrapés!

Mireille: Qu'est-ce qu'on fait?

Robert: On descend. . . . De toute façon, il n'y a plus d'essence.

Mireille: Attention, il paraît que c'est l'atterrissage qui est le plus dangereux!

Robert: Ne t'inquiète pas! On va se poser comme un papillon!

17. *arènes*

Les **arènes** gallo-romaines de Nîmes.

19. *avion à réaction*

* Lindbergh a traversé l'Atlantique dans un avion à hélice. Robert, beaucoup plus tard, l'a traversé dans un **avion à réaction**.

20

Robert arrive à poser l'avion au milieu d'un champ. Robert et Mireille sautent de l'avion et se dirigent vers une route qu'ils aperçoivent pas très loin.

Robert: Enfin seuls! Ça repose. . . . Ils arrivent à la route et voient un panneau indicateur. Robert lit "Lyon," et ajoute (car il commence à avoir une grande culture): "Lyon . . . la capitale gastronomique de la France. . . ." On y va?

Mireille: Allons-y!

Il n'y a qu'à faire de l'auto-stop! Une dame, qui conduit une toute petite voiture, s'arrête.

La dame: Vous allez où?
Mireille: A Lyon.
La dame: Et où, à Lyon?
Mireille: A la gare.
La dame: C'est justement mon chemin.
Mireille: Oh, merci.

Et la dame emmène Robert et Mireille dans sa toute petite voiture, et les laisse devant la gare de Lyon.

21

Robert: Cette fois, je crois que ça y est, on l'a semé! Qu'est-ce qu'on fait?
Mireille: On prend le premier TGV pour Marseille; on va quelque part sur la Côte; tranquilles, au soleil . . . on va se reposer de nos émotions!
Robert: Chouette! J'ai toujours voulu prendre le TGV!

Dans le TGV, ils se laissent aller à une douce béatitude.

Mireille (posant sa main sur celle de Robert): J'ai vraiment eu peur. Je suis bien contente que tu aies été là.

Le haut-parleur annonce: "Mesdames et Messieurs, nous venons d'atteindre notre vitesse de pointe de 270km/h."
Robert: A la vitesse où on va, ça m'étonnerait qu'il puisse nous rattraper!

21. semer

* On a **semé** l'homme en noir! Il est loin derrière, il ne pourra pas nous rattraper!

21. se laisser aller

Voilà un monsieur qui **se laisse aller** à une douce béatitude; il se sent bien, il se détend.

Mais Robert et Mireille ne voient pas que l'homme en noir, caché par son journal, est là, juste derrière eux.

22

Le Carlton, à Cannes, l'après-midi. Robert et Mireille ont pu avoir deux belles chambres avec balcon donnant sur la mer: vue imprenable sur la plage, les palmiers, et la Méditerranée.

Mireille s'installe dans sa chambre et commence à peigner ses cheveux, qui sont longs et fins, devant la fenêtre ouverte. Robert s'avance vers son balcon, perdu dans la contemplation du ciel, qui est bleu comme les yeux bleus de Mireille.
Robert (se parlant à lui-même): Quel beau temps!

21. haut-parleur

Un **haut-parleur**.

22. (se) peigner/peindre

Mireille **se peigne**. Elle **se peigne** les cheveux. Elle **peigne** ses longs cheveux blonds. (Mais elle **peint** des tableaux, les murs de sa chambre.)

Mireille (continuant à peigner ses cheveux blonds): Robert!
Mais Robert ne l'entend pas. Toujours perdu dans la contemplation du bleu de la mer et du ciel, il continue à avancer. . . .
Robert: Quelle mer! Quel ciel! Pas un nuage!
Mireille, un peu étonnée de ne pas avoir de réponse, arrête de se peigner un instant.
Mireille: Robert?

23

Toujours pas de réponse. Sérieusement inquiète, cette fois, elle se lève, se précipite sur le balcon, se penche . . . et voit Robert étendu par terre.[1]

Un infirmier et une infirmière le mettent dans une ambulance qui démarre dans un grand bruit de sirène.

"Ce n'était pas l'hélicoptère de la gendarmerie, mais ils l'emmènent sûrement à l'hôpital," pense Mireille, car elle a toujours l'esprit aussi vif. "Pourvu qu'il n'ait que des contusions légères," pense-t-elle encore, car elle manie aisément le subjonctif.

24

A l'hôpital, Robert est dans son lit, bandé des pieds à la tête. Mireille a mis une blouse blanche. Elle joue les infirmières avec beaucoup de talent. Elle fait boire un peu de thé à Robert.

Mireille: Allez, ce n'est rien. Ce n'est pas aussi grave que ça aurait pu l'être. . . . Ça va aller mieux! (*Elle regarde sa montre.*) Quelle heure il est? Huit heures, déjà! Il faut que je rentre à l'hôtel. Tu n'as besoin de rien? Surtout sois sage, hein! Et sois prudent, et ne fais pas de bêtises, hein!

Et elle s'en va, sa blouse d'infirmière sous le bras.

25

Au moment où elle arrive au Carlton, elle voit l'homme en noir qui en sort et qui se dirige vers elle.

Elle s'arrête, terrifiée. L'homme en noir aussi s'est arrêté. Il la regarde. Lentement, il met sa main droite dans la poche intérieure de sa veste. Mireille a fermé les yeux. Quand elle

23. étendu

Robert est **étendu** par terre.

23. manier, aisément

* Elle **manie aisément** le subjonctif; elle le manipule avec facilité.

24. blouse

Les infirmiers et infirmières portent des **blouses** blanches.

les rouvre, elle voit que l'homme en noir lui tend . . . une carte de visite.

L'homme en noir: Mademoiselle . . . permettez-moi. . . . Ça fait un mois. . . . Excusez-moi, je ne me suis pas présenté. . . . Oui, ça fait un mois . . . que dis-je? Permettez-moi de . . . Fred Barzyk, cinéaste. . . . Je dois tourner un film pour enseigner le français. Voilà, je vous observe depuis . . . ça fait un mois

1. Vous l'aviez deviné: il est encore tombé du balcon! On ne peut pas le laisser seul deux minutes! (Note des auteurs)

que je cherche à vous aborder . . . parce que je cherche . . . voyez-vous . . . une jeune fille . . . bien française, jolie . . . fine, distinguée . . . pour le rôle principal, n'est-ce pas . . . et vous êtes exactement ce qu'il faut! J'espère que vous voudrez bien accepter le rôle!

Mireille: Mais c'est le plus beau jour de ma vie! J'ai enfin réalisé le rêve de mon enfance: être infirmière et actrice! Quel bonheur!

 26

Dans sa chambre d'hôpital, le pauvre Robert s'ennuie. Il écoute la radio pour passer le temps. Il dort à moitié . . . mais tout à coup, il se réveille: "Nous apprenons à l'instant qu'une bombe vient d'éclater à l'hôtel Carlton. L'immeuble est en flammes. On ignore s'il. . . . "

Robert se lève comme un ressort. Il bondit vers la porte, s'arrête, arrache ses bandages, met son pantalon, et se précipite dans la rue. Juste à ce moment, un camion de pompiers, qui roule à toute vitesse, passe devant l'hôpital.

Robert court et, se prenant pour Tarzan, saute sur le camion qui va évidemment au Carlton.

Robert cherche des yeux la grande échelle et une fenêtre qui crache des flammes et de la fumée pour y plonger, mais il ne voit que de la fumée. Il s'élance alors, sans regarder ni à droite ni à gauche, pour se précipiter dans la fumée, mais un pompier l'arrête: "Arrêtez, le port du casque est obligatoire!"

Qu'à cela ne tienne! Robert prend le casque du pompier et plonge héroïquement dans la fumée. . . .

Quelques minutes plus tard, il réapparaît, traîné par Mireille, à moitié évanoui.

 27

Ça doit être une erreur: ils ont dû se tromper de scénario! Est-ce que ce ne serait pas plutôt Robert qui devrait sortir de la fumée en portant Mireille évanouie dans ses bras? Mais oui, mais oui, c'est ça! . . . Allez, on recommence!

Ils disparaissent de nouveau dans la fumée, et réapparaissent quelques minutes plus tard, Robert portant triomphalement Mireille, évanouie ou souriante, dans ses bras.

C'est le soir. La fumée a disparu. Le soleil se couche sur la mer. Des lumières s'allument tout le long de la côte. C'est vraiment une très belle soirée de printemps. Un couple qui se tient par la main s'éloigne sur la plage. C'est sûrement Mireille et Robert, qui s'en vont vers de nouvelles aventures.

25. *aborder*

* Les pirates **abordent** les bateaux
  pour les piller.
* Jean-Pierre a tout un tas de trucs
  pour **aborder** les jeunes filles.

26. *éclater*

Une bombe qui **éclate**.

26. *arracher*

Dent **arrachée**. (On **arrache**
les dents, les carottes, les
mauvaises herbes . . .).

26. *évanoui*

Robert s'est **évanoui**; il a perdu
connaissance, il est inconscient.

🎧 Mise en œuvre

Ecoutez la mise en œuvre du texte et répondez aux questions suivantes.

1. Où les amis se sont-ils donné rendez-vous?
2. Qu'est-ce qu'Hubert aimerait faire avant de partir?
3. Pourquoi Mireille dit-elle qu'ils n'ont pas le temps?
4. Où Jean-Michel va-t-il s'asseoir?
5. Qui sera à l'arrière de la voiture?
6. Que fait Colette à l'arrière de la voiture?
7. Qu'est-ce que le Gault et Millau?
8. Que font Hubert et Jean-Michel à l'avant?
9. Où Jeanne d'Arc est-elle morte?
10. Quelle est la vocation de Robert?
11. Qu'est-ce que Robert se verrait bien faire?
12. D'après Jean-Michel, à quoi est due la formation d'une nation?
13. Pourquoi les amis ne peuvent-ils pas aller déjeuner au restaurant que Colette avait choisi?
14. Qu'est-ce que Mireille propose de faire?
15. Pourquoi Mireille doit-elle se dépêcher pour faire les courses?
16. Pourquoi Robert ne s'amuse-t-il pas?
17. Qu'est-ce qu'il veut faire?
18. Qui est-ce que Mireille aperçoit, à la terrasse du café?
19. Où Mireille a-t-elle déjà vu l'homme en noir?
20. Où était-il ce matin?
21. Dans quel autre endroit Mireille avait-elle vu le type?
22. Comment est-il?
23. Quel jour Robert a-t-il déjà vu ce type?
24. Que faisait-il alors?
25. Qu'est-ce qui s'est passé à la Closerie des Lilas?
26. Quelle est la question que Mireille se pose au sujet de ce type?
27. Et qu'est-ce qu'elle se demande au sujet de Robert?
28. Pourquoi Mireille a-t-elle peur?
29. Pourquoi Robert veut-il partir sans les autres?
30. Où Robert et Mireille laissent-ils un mot pour les autres?
31. Qu'est-ce que leur mot dit?

32. Pourquoi Mireille ne veut-elle pas prendre l'argent?
33. Comment Mireille et Robert vont-ils continuer leur voyage?
34. Où va le chauffeur du camion?
35. Où Mireille et Robert veulent-ils descendre?
36. Qu'est-ce que Robert dit au chauffeur du camion pour expliquer qu'il veut s'arrêter là?
37. Où Robert et Mireille courent-ils?
38. A qui Robert donne-t-il de l'argent?
39. Qu'est-ce que cela paiera?
40. Dans quoi Mireille et Robert montent-ils maintenant?
41. Qui pilote?
42. Qu'est-ce que le type en noir a fait?
43. Pourquoi Robert et Mireille doivent-ils descendre de toute façon?
44. En avion, qu'est-ce qui est le plus dangereux?
45. Où Mireille et Robert décident-ils d'aller?
46. Comment Robert et Mireille arrivent-ils à Lyon?
47. Pourquoi Robert est-il si content de prendre le TGV?
48. Où est Robert quand il admire la mer et le ciel qui sont si bleus?
49. Qu'est-ce qui arrive à Robert?
50. Où Mireille va-t-elle voir Robert?
51. Quand Mireille rentre à l'hôtel, qui voit-elle?
52. Que sort-il de sa poche?
53. Depuis combien de temps le type suit-il Mireille?
54. Quel genre de film doit-il tourner?
55. Pourquoi observait-il Mireille depuis un mois?
56. Pourquoi Mireille dit-elle que c'est le plus beau jour de sa vie?
57. Quel était son rêve d'enfant?
58. Quelle annonce Robert entend-il à la radio?
59. Comment Robert va-t-il au Carlton?
60. Pourquoi un pompier veut-il arrêter Robert quand il se précipite vers le Carlton en feu?
61. Qu'est-ce que Robert fait?

Mise en question

1. Qui est-ce qui finit par régler le petit ballet pour attribuer à chacun une place dans la voiture? Quelle était l'idée d'Hubert? Qui voulait-il avoir à côté de lui? Quelle est l'idée de Colette? Pourquoi?

2. Qu'est-ce que l'Alpine et la Méhari ont en commun? Comment démarrent-elles?

3. Tiens! Ce n'est plus Hubert qui conduit? Pourquoi? Qui est-ce qui penche pour la gauche et qui pour la droite? Qu'est-ce que Mireille pense de cette dispute entre la droite et la gauche? Est-ce que Mireille paraît être très politisée? Qu'est-ce qu'Hubert a l'air de penser du marxisme? Que c'est une doctrine sans aucune valeur ou qu'elle est simplement dépassée?

4. Est-ce qu'une casserole est douée de raison? Si on frappe sur une casserole, est-ce qu'elle émet un son, un bruit? Est-ce qu'une casserole raisonne ou résonne?

5. Pourquoi est-ce que Robert aurait aimé vivre à l'époque de Jeanne d'Arc?

6. D'après Hubert, est-ce que le martyre de Jeanne d'Arc a servi à quelque chose? A quoi est-ce qu'il a contribué? Pourquoi Jean-Michel n'est-il pas d'accord?

7. A quoi Robert s'intéresse-t-il? Aux discussions politiques, au déjeuner? Quelle semble être son idée fixe?

8. Comment se fait-il que l'homme en noir soit là? Que savez-vous sur l'homme en noir? En savez-vous plus que Mireille et Robert? Quand l'avez-vous remarqué? Où? Dans quelles circonstances?

9. Comment Robert profite-t-il de la présence de cet homme en noir et de l'inquiétude de Mireille?

10. Pourquoi Mireille et Robert ont-ils de la chance quand ils font de l'auto-stop? A votre avis, combien de temps faut-il pour aller de France en Turquie par la route? Plusieurs heures ou plusieurs jours?

11. Pourquoi le chauffeur du camion comprend-il que Robert veuille descendre? Quelle notion d'hygiène a-t-il?

12. Pourquoi l'avion hésite-t-il à décoller?

13. Qu'est-ce qui arrive à Robert après qu'il a réussi à faire décoller l'avion? Est-ce qu'il arrive à piloter, plus ou moins bien? Mais est-ce qu'il est très fort en navigation?

14. Comment l'homme en noir poursuit-il Mireille et Robert? Comment lui échappent-ils? Quel avion peut le plus facilement atterrir dans un champ, un petit avion à hélice ou un avion à réaction ultra-rapide?

15. Quand Mireille et Robert sont dans le TGV, pourquoi Robert pense-t-il que l'homme en noir ne pourra jamais les rattraper? Oui, mais . . . où est l'homme en noir?

16. Où est le Carlton? Quels arbres y a-t-il devant? Sur quoi donnent les chambres? Comment est la vue? (Comment est la vue de l'appartement de Mireille à Paris? Voyez leçon 32.) Pourquoi Robert tombe-t-il du balcon? Parce que c'est une habitude chez lui, ou bien y a-t-il d'autres raisons? Dans quoi est-il perdu? Comment est le bleu du ciel? (Voyez leçon 11.)

17. Pourquoi Mireille comprend-elle tout de suite que l'ambulance emmène Robert à l'hôpital? (Voyez leçon 27.)

18. Est-ce que Mireille est infirmière, maintenant? Est-ce qu'elle a son diplôme d'infirmière? Alors, qu'est-ce qu'elle fait à l'hôpital?

19. Mireille est terrifiée quand elle voit l'homme en noir mettre sa main droite dans la poche de sa veste. Qu'est-ce qu'elle pense qu'il va tirer de sa poche?

20. Qu'est-ce que Mireille voulait être, quand elle était petite? (Voyez leçon 17.) Qu'est-ce qui est arrivé maintenant? Est-elle vraiment infirmière? Va-t-elle vraiment être actrice? Est-ce que vous pensez que la proposition de l'homme en noir est sérieuse? Pourquoi a-t-il sonné plusieurs fois chez les Belleau? (Voyez leçon 35.) Que pensez-vous de cet homme en noir? Pourquoi n'a-t-il pas abordé Mireille plus tôt? Par discrétion? Par indécision, parce qu'il n'était pas sûr qu'elle soit la personne qui convenait pour le

rôle? C'est un grand timide? Un imbécile? Un dangereux espion qui cache bien son jeu? Au fait, existe-t-il vraiment? Est-ce qu'il n'existe que dans l'imagination de Mireille qui rêve d'être actrice? D'ailleurs . . . Mireille existe-t-elle vraiment, ou n'est-ce qu'une invention . . . pour apprendre le français?

21. Pendant ce temps-là, Robert somnole sur son lit de douleur à l'hôpital. Qu'est-ce qui le réveille tout à coup? Qu'est-ce qu'il fait? Comparez son comportement avec celui qu'il a, dans la leçon 37, sur le boulevard Montparnasse. Toujours aussi impulsif et imprudent!

22. Pourquoi le camion sur lequel Robert saute en marche va-t-il justement au Carlton?

23. Pourquoi Robert cherche-t-il une fenêtre qui crache des flammes? Que doit faire un pompier? (Voyez leçon 17.)

24. Pensez-vous qu'il y ait eu une erreur dans le scénario? A votre avis, comment cela devrait-il finir?

Documents

Histoire de diamant

Moi aussi, j'avais pensé à Bruxelles pour m'y réfugier avec Sylvia, mais nous avions préféré ne pas quitter la France. Il fallait choisir une ville importante où nous passerions inaperçus. Nice comptait plus de cinq cent mille habitants parmi lesquels nous pourrions disparaître. Ce n'était pas une ville comme les autres. Et puis, il y avait la Méditerranée. . . .

Je croyais que ma vie prendrait un cours nouveau et qu'il suffirait de rester quelque temps à Nice pour effacer tout ce qui avait précédé. . . .

"Tout droit," m'avait dit un passant auquel j'avais demandé le chemin de la gare. Tout droit. J'avais confiance dans l'avenir. Ces rues étaient nouvelles pour moi. Aucune importance si je me guidais un peu au hasard. Le train de Sylvia n'arrivait en gare de Nice qu'à dix heures et demie du soir.

Elle avait un grand sac en cuir grenat pour tout bagage et, à son cou, la Croix du Sud. J'étais intimidé de la voir s'avancer vers moi. Je l'avais laissée une semaine auparavant dans un hôtel d'Annecy car j'avais voulu partir tout seul à Nice et m'assurer que nous pouvions bien nous fixer dans cette ville.

La Croix du Sud brillait sur le jersey noir dans l'encolure du manteau. Elle a croisé mon regard, elle a souri et elle a rabattu son col. Ce n'était pas prudent de porter ce bijou d'une façon ostentatoire. Et si, dans le train, elle s'était trouvée assise en face d'un diamantaire et avait attiré son attention? Mais à cette pensée saugrenue, j'ai fini par sourire moi aussi. Je lui ai pris son sac de voyage.

—Il n'y avait pas de diamantaire dans ton compartiment?

Je dévisageais les rares voyageurs qui venaient de descendre du train en gare de Nice, et marchaient sur le quai autour de nous.

—*Patrick Modiano*
Dimanches d'août

2

Jeanne d'Arc et la guerre de cent ans

La guerre de cent ans, qui a duré de 1337 à 1453, a été une période particulièrement troublée et difficile de l'histoire de France. C'est, pendant plus d'un siècle, une succession de guerres, essentiellement entre Anglais, qui voulaient s'installer en France, et Français, qui voulaient chasser les Anglais.

Sous prétexte qu'il est le petit-fils d'un roi de France (sa mère Isabelle était en effet la fille du roi de France Philippe IV), le roi d'Angleterre, Edouard III, revendique le trône de France. En 1346, il envahit la France. Il bat les troupes françaises à la bataille de Crécy. Il continue la guerre contre le roi de France, Jean le Bon, puis contre son fils Charles VI. Celui-ci, grâce à un général en chef exceptionnel, Du Guesclin, réussit à battre les Anglais. Mais il devient fou. Les Anglais en profitent pour envahir la France une seconde fois. Ils battent les Français à Azincourt. La résistance française continue, mais tout le pays est à feu et à sang. Les Anglais contrôlent une grande partie de la France. Le royaume entier est plongé dans une grande misère et il semble que seul un miracle puisse le sauver.

C'est alors qu'à Domrémy, un petit village entre la Champagne et la Lorraine, au nord-est de la France, une petite bergère, Jeanne d'Arc, déclare qu'elle a entendu des voix célestes qui lui ont dit qu'elle devait aider le dauphin (le fils du roi de France) à chasser les Anglais. Elle demande au seigneur local une petite escorte de soldats et elle va voir le dauphin Charles au château de Chinon. Elle ne le connaît pas, elle ne l'a jamais vu, mais elle le reconnaît tout de suite et va lui parler. Elle le persuade qu'elle est envoyée par Dieu pour chasser les Anglais et lui rendre son royaume. Il finit par la laisser partir avec toute son armée, et elle va libérer la ville d'Orléans qui était depuis longtemps assiégée par les Anglais. (C'est à cause de cette victoire qu'on appelle souvent Jeanne d'Arc "la Pucelle d'Orléans.") A partir de là, les choses vont mieux pour les Français et Jeanne d'Arc fait couronner le dauphin roi de France à Reims qui vient d'être libéré (1429). Les combats continuent. Jeanne est faite prisonnière. Elle est condamnée par un tribunal ecclésiastique, présidé par l'évêque Cauchon, comme hérétique et sorcière, et elle est brûlée par les Anglais sur un bûcher à Rouen.

Mais vingt ans plus tard les Anglais étaient à peu près complètement chassés de France. L'Eglise, qui avait condamné Jeanne d'Arc à être brûlée en 1430, l'a canonisée en 1920 et la vénère maintenant comme une sainte qui a sauvé la France.

Tous les Français ne considèrent pas Jeanne d'Arc comme une sainte, mais elle est généralement perçue comme une héroïne nationale de premier plan (souvent associée, dans une vue extrêmement simpliste de l'histoire, à Napoléon, autre chef de guerre). On estime que la victoire sur les Anglais a été possible parce que l'intervention de Jeanne d'Arc a aidé à la formation de la notion même d'unité et de nation françaises.

C'est l'opinion de Jules Michelet, un grand historien du XIXème siècle, qui a écrit un livre sur Jeanne d'Arc: «Pour la première fois, on le sent, la France est aimée comme une personne. Et elle devient telle du jour qu'elle est aimée.

«C'était jusque-là une réunion de provinces, un vaste chaos de fiefs, grand pays d'idée vague. Mais, dès ce jour, par la force du cœur, elle est une Patrie. . . . «Souvenons-nous toujours, Français, que la Patrie, chez nous, est née du cœur d'une femme, de sa tendresse et de ses larmes, du sang qu'elle a donné pour nous» (Michelet, *Jeanne d'Arc* [1856]).

«L'histoire moderne part de la mort de la Pucelle d'Orléans» (*Michelet,* Cours au Collège de France [1836]).

3

Jehanne d'Arc

Jadis on se permettait des choses qu'on n'oserait plus faire maintenant. . . .

Jehanne d'Arc entendait des voix; tout le monde trouvait ça normal.

Allez dire maintenant: «J'entends des voix!» On va dire: «Il est fou!»

Eh bien moi, j'ai reçu un coup de téléphone curieux.

. . .

Déjà la sonnerie . . . n'était pas comme d'habitude. . . .
Je décroche:
—Allô! . . . Qui est à l'appareil?
J'entends une voix de femme qui répond:
—C'est Jehanne!
—Qui?
—La Pucelle!
Je ne connaissais pas de pucelle. . . .
—Je vous demanderai de préciser!
—Jehanne d'Arc!
—C'est une plaisanterie?
—Pas du tout! Je suis une femme sérieuse. . . . Je voudrais vous parler.
—Je vous écoute, Jehanne.
—Pas au téléphone, on pourrait nous entendre!
—Où?
—Dans le jardin. . . .

Je raccroche . . . je vais dans le jardin . . . j'entends:

—Raymond! Raymond!

Je lui dis:

—Où êtes-vous?

Elle me dit:

—Là-haut!

Je ne voyais pas bien, je n'avais pas mes lunettes. . . .

—Ah oui! Je vois comme une petite flamme. . . .

—C'est tout ce qui me reste. . . .

—!!!

—Raymond! Vous allez aller à l'Elysée. . . .

—Oui, Jehanne!

—Vous allez voir le président de la République. . . .
Et vous direz au président de la République que son
histoire de tunnel sous la Manche, moi, Jehanne d'Arc, je
considère ça comme une offense personnelle! Ce n'est pas
la peine de les avoir rejetés par au-dessus, pour les faire
rentrer par en dessous!

Moi: *C'est tout?*

Jehanne: *C'est tout!*

Pfuitt! . . . disparue!!!

Ça n'a l'air de rien! . . . Mais allez frapper à la porte
de l'Elysée . . . allez dire au président de la République:
«Je viens de la part de Jehanne d'Arc!» Il va dire:

—Il est dérangé!

Eh bien, j'y suis allé. Pas du tout. . . . Il m'a dit:

—Comment va-t-elle?

—Elle va bien, monsieur le Président, je vous remercie.
Elle est un peu éteinte . . . mais. . . .

—Toujours jalouse?

—De qui?

—De moi!

—Elle ne m'en a pas parlé, monsieur le Président! Elle
m'a chargé de vous dire . . .

—Je sais! Le tunnel sous la Manche. . . .

—Vous êtes au courant?

—Oui! . . . Et vous répondrez à Jehanne d'Arc que les
ordres . . . je les reçois directement d'en haut!

—Raymond Devos

4

Jeanne d'Arc avec nous!!

Abréviations

a.	adjective	excl.	exclamative	p.	proper
abbr.	abbreviation	f.	feminine	p. part.	past participle
adv.	adverb	indef. art.	indefinite article	part. art.	partitive article
adv. phr.	adverbial phrase	indef. pron.	indefinite pronoun	pl.	plural
angl.	anglicism	inf.	infinitive	prep.	preposition
aux.	auxiliary	int.	interjection	prep. phr.	prepositional phrase
coll.	colloquial	inv.	invariable	pron.	pronoun
conj.	conjunction	m.	masculine	sl.	slang
def. art.	definite article	n.	noun	v.	verb

Lexique

Using this *Lexique*

Each word or expression listed in the Lexique is followed by one or a series of number-letter references to its first several occurrences: *e.g.*, 14A, 28ABD. The numbers refer to lesson numbers; the letters refer to specific sections of the lesson, as follows:

A   Texte
B   Captions and explanations in the screened illustration sections
C   Mise en œuvre
D   Documents
E   Mise en question

Each verb is listed in the infinitive form. Most are followed by a number in parentheses, which refers to the verb charts at the end of each of the *French in Action* workbooks. The conjugation of the verb listed in the Lexique follows the conjugation of the numbered model in the workbook verb charts. Verbs that follow none of these models are identified in the Lexique by an asterisk (*); specifics of their conjugation may be found listed alphabetically at the end of the verb charts.

A (section A; section Lettres) 19A letter that designates a liberal arts concentration in secondary school

à *prep.* in, to, at; **à moi, à toi** 9A it's my turn, it's your turn; **ils sont à moi autant qu'à toi** 18A they are mine as much as yours; **à onze heures** at eleven o'clock; **à Paris** in Paris; **aux Etats-Unis** in the United States

abandonner (4) *v.* 20D, 34AD, 41AD to abandon, to leave

abattoir *m.n.* 18AB slaughterhouse

abbatial *a.* 51D of or belonging to an abbot; **palais abbatial** 51D abbot's residence

abbaye *f.n.* 40D, 51D abbey; **Abbaye du Mont-Saint-Michel** 40D twelfth-century Gothic abbey in Normandy

abbé *m.n.* 8D, 17D, 34D abbot, curate

abdiquer (4) *v.* 38D to abdicate, to renounce

abîme *f.n.* 36D abyss

abîmer (4) *v.* 18D, 46A to damage; **s'abîmer** 33D to get spoiled

abolir (5) *v.* 39B to abolish

abondance *f.n.* 42D abundance

abondant *a.* 12D abundant, plentiful

abord (d') *adv. phr.* 5A, 8D, 9AC, 11D, 13A (at) first

aborder (4) *v.* 52AE to accost, to approach

abréviation *f.n.* 50E abbreviation

abricot *m.n.* 26AB apricot

abriter (4) *v.* 49D, 51D to house, to shelter

abrupt *a.* 36D steep, sheer

abruti *a.* 39AB moronic, stupid

absence *f.n.* 19D, 20D, 39B, 42D, 45D absence, lack

absent *a.* 13D, 20D, 22A, 23A, 26D absent

abside *f.n.* 28AB, 47B apse

absolu *a.* 47D, 48D absolute, total

absolument *adv.* 10D, 16D, 21D, 24E absolutely, really

absorber (4) *v.* 23D, 24D to drink, to absorb

abstrait *a.* 19AB abstract

absurde *a.* 13D, 34A absurd, silly, nonsensical

abus *m.n.* misuse, abuse; **abus de confiance** 39AB breach of trust

académicien *m.n.* 51D member of the Académie française

académie *f.n.* academy; **Académie française** 5D, 8D, 23D French learned society that studies and defends the French language; **Académie de Paris** 13D educational district; **Académie**

Goncourt 15D association of writers

accéder (10) *v.* 36D, 49D to accede to, to gain access to

accélérateur *m.n.* 30BD, 45AB accelerator (pedal)

accélération *f.n.* 45AE acceleration

accélérer (4) *v.* 29C, 44B, 52A to accelerate, to speed up

accent *m.n.* 14CD, 22A, 23ACE, 40D accent

acceptable *a.* 33D fair

acceptation *f.n.* 45D acceptance, admission

accepter (4) *v.* 13D, 24C, 37B, 40D, 42E to accept, to agree

accès *m.n.* 18D admittance, access

accessible *a.* 42D accessible

accident *m.n.* 15D, 18B, 19B accident; **simple accident** 20E fortuitous event; **par accident** 32D by chance

acclimater (4) *v.* 48D to adapt, to acclimate

accommoder (4) *v.* 51E to comply

accompagner (4) *v.* 14ABC, 22A, 36D, 44D, 50D to accompany, to escort

accordéon *m.n.* 45D accordion

accorder (4) *v.* 41D, 45D to tune

accrochage *m.n.* 31C collision

accrocher (4) *v.* 25D, 31AB, 39B, 46D to run into, to hit, to scrape

accroissement *m.n.* 20D, 35D increase, growth

accroître (*) *v.* 13D, 20D, 44D to increase; **s'accroître** to grow

accueil *m.n.* 15D reception, welcome

accueillir (*) *v.* 35D to receive, to welcome

accumuler (4) *v.* 41D to accumulate, to pile up

accus (*abbr. for* **accumulateurs**) *m.pl.n.* 31ABE battery

accuser (4) *v.* 52B to charge with

acharner (s') (7) *v.* 41B to persist in

achat *m.n.* 20D, 32D, 44A, 45D purchase; **pouvoir d'achat** 33D purchasing power

acheter (8) *v.* 2D, 18BD, 20D, 25ABC, 27A to buy, to purchase

acheteur *m.n.* 50D buyer, purchaser

achever (4) *v.* 40D, 41D to end, to finish

Achille *m.p.n.* 48D Achilles, Greek hero of the Trojan War

acide *m.n.* 21A acid

aciérie *f.n.* 48A steel works

acquérir (*) *v.* 32D to buy, to get

acquisition *f.n.* 34D acquisition

acrylique *a.* 45D acrylic

acte *m.n.* 23D, 39D act (theater); 36D action, deed; **acte social** 44D behavior

acteur, actrice *n.* 15D, 16A, 20E, 40ABE, 42D actor; 5D, 13B, 17ABE, 35A, 45D actress

actif *a.* 13D, 22D active; **les actifs** *m.pl.n.* 18D workforce

action *f.n.* 15D, 37BD, 38A, 45D involvement, action, act; 43D shares (Stock Exchange); **Action française** 51D far-right political organization

activité *f.n.* 15E, 20D, 34D, 45D, 48D (leisure) activity

actualité *f.n.* 20D news

actuel *a.* 21D, 34D, 37D, 41D, 49D current, present

adaptation *f.n.* 24D adaptation

adapter (4) *v.* 20ACD, 21D, 46E to suit, to adapt

addition *f.n.* 26A, 36D, 42ABCDE restaurant check; 21A addition

Adèle *f.p.n.* 35D feminine first name

adepte *m.n.* 45D follower, fan

Ader, Clément (1841–1925) 48E French engineer

Adjani, Isabelle (1955–) 40D French actress

adjudant *m.n.* 34D warrant officer

admettre (24) *v.* 20C, 21E, 25D, 34E, 37D to confess, to admit, to allow

administration *f.n.* 13B, 38D administration

admirable *a.* 19AB, 23D, 45D, 47A wonderful, excellent

admirablement *adv.* 11D, 42D wonderfully

admirateur *m.n.* 15D admirer

admiratif *a.* 29E admiring

admiration *f.n.* 13D, 19AB admiration, wonder; **transporté d'admiration** 19A carried away

admirer (4) *v.* 15D, 19D, 20E, 26A, 28AC to admire

adolescent *m.n.* 13D adolescent

Adolphe *m.p.n.* 8A masculine first name

adonner (s') (7) *v.* 42D to indulge in

adopter (4) *v.* 21A, 24D, 45D to take up; 38D to pass (a law)

adoption *f.n.* 18D, 39D adoption

adorable *a.* 41A, 51D adorable, delightful

adoration *f.n.* 48D adoration

adorer (4) *v.* 4AC, 5A, 8A, 9A, 19A to adore, to dote on

adoucir (5) *v.* 48D to refine, to become gentler

adoucissement *m.n.* 48D softening, easing

adresse *f.n.* 14A, 15A, 22A, 45A address

adressé *a.* 39D, 45D addressed

adresser (4) *v.* 22D, 37E, 39E, 40D to address; **s'adresser à** 28D to speak to, to inquire of, to ask

adulte *a. & n.* 20D, 22D, 25E, 44DE adult

adversaire *m.n.* 45D rival, opponent, adversary

aérien *a.* 42B, 45D aerial

aéroglisseur *m.n.* 27AB hovercraft

aéroport *m.n.* 4ABCD, 28E, 35D, 42D, 52A airport

affabulation *f.n.* 49D fictitious story, fable

affabuler (4) *v.* 49D to make up a story

affaire *f.n.* 33D business; **occupe-toi de tes affaires!** 12A mind your own business!; **les affaires** 15D, 18ABC, 22A, 23A business; 43A belongings; **chiffre d'affaires** 22D turnover; **les affaires culturelles** 49D cultural affairs

affection *f.n.* 45D affection; **terme d'affection** 24E term of endearment

affichage (tableau d') *m.n.* 12AB bulletin board

affiche *f.n.* 16B, 37B, 38D poster

affiché *a.* 40E assumed, feigned, pretended

afficher (s') (7) *v.* 36D to put up, to display

affichette *f.n.* 22D public notice, small poster

affirmation *f.n.* 21D statement, affirmation

affirmer (4) *v.* 13D, 34D to affirm, to state positively

affliction *f.n.* 10D pain, distress

affolé *a.* 36D, 45D scared, distracted

affolement *m.n.* 45D panic, distraction

affreux *a.* 10D, 12AB, 36D, 49A dreadful, horrible, hideous

africain *a. & n.* 3D, 6D African

Afrique *f.p.n.* 2A, 3BD, 45D, 50A Africa

agaçant *a.* 8AB, 9A, 16A, 19B annoying, irritating

agacé *a.* 24A, 38D annoyed, irritated

agacer (4) *v.* 8B, 18E, 23E, 24C, 37A to irritate, to get on someone's nerves

agave *m.n.* 33D agave flower

Agde *p.n.* 47A picturesque port in the south of France

âge *m.n.* 6DE, 8A, 9E, 10D, 11D age; **quel âge as-tu?** 5C how old are you?

âgé *a.* 7D, 13D, 20D old, aged, elderly

agence *m.n.* 32D agency; **agence de voyages** 32D travel agency

agent *m.n.* 10B, 31D, 36D agent; **agent de police** 10B policeman; **agent d'assurance** 15D insurance agent; **agent du cadre** 18D business agent; **agent immobilier** 19D real estate agent; **agent de service de la fonction publique** 18D social service agent

agile *a.* 46D agile, nimble

agir (5) *v.* 48D to act; **s'agir de** 18D, 28E, 34D to be a question of, to concern; **de quoi s'agit-il?**

14A what's going on?; **de quoi s'agit-il dans X?** 22E what is X about?

Agnan *m.p.n.* 43D, 50D masculine first name

agneau *m.n.* 25E lamb; **côtelette d'agneau** 25A lamb chop

agréable *a.* 8B, 12AB, 27E, 28A, 29B pleasant

agréé *a.* 22D, 41D approved, accepted

agrégé *n.* 13D person who has passed the highest qualifying exam for teachers

agressivement *adv.* 19D aggressively

agricole *a.* 17E, 42D agricultural

agriculteur *m.n.* 18ABD, 20D, 33D, 34D farmer

agriculture *f.n.* 18ABC agriculture

agronomique *a.* 15D agronomic

ahuri *a.* 52A flabbergasted

Aicha *f.p.n.* 20D feminine first name

aide *f.n.* 36D, 45D help

aider (4) *v.* 8D, 12ABC, 23D, 44B, 45D to help

aide-soignante *f.n.* 18D nurse's aide

aïe *int.* 39D, 43A, 45A ouch!

aïeux *m.pl.n.* 35D ancestors

aigle *m.n.* 7D, 45B eagle

aigu, aiguë *a.* 36D sharp, high-pitched, shrill

aiguille *f.n.* 47ABD needle; **aiguille d'une montre** 47A hands (of watch, clock); **dans le sens inverse des aiguilles d'une montre** counterclockwise; **Aiguilles de Chamonix** 47A peaks in the Alps

aiguillette (de canard) *f.n.* 26A duck fillet

ail *m.n.* 25E, 26D, 47D, 50B garlic

aile *f.n.* 23B, 26D, 42B wing; 31AB fender; **Ailes brisées** 41A association of former air force pilots injured during the war

ailleurs *adv.* 12D, 14D, 20E, 41AB, 52A elsewhere; **d'ailleurs** 8A besides, otherwise

aimable *a.* 12A, 27A, 37AC, 44E, 48D likeable, pleasant, kind; **vous êtes bien aimable** 12A it's very kind of you

aimant *a.* 48D loving

aimé *a.* 39D, 48D, 52D loved, beloved; **les aimés** *n.pl.* 6D loved ones

aimer (4) *v.* 4AC, 5B, 6D, 8ACE, 9AD to like, to be fond of, to love; **aimer bien** 5D to like; **j'aime autant faire de l'auto-stop** 29A I would just as soon hitchhike; **aimer mieux** 51D to prefer

aîné *a.* 8D, 13D oldest, first-born

ainsi *adv.* 33D, 38C, 39D, 40D, 45B thus; **pour ainsi dire** 13D so to speak; **ainsi que** 13D as well as

aïoli *m.n.* 50ABC garlic mayonnaise

air *m.n.* 16E, 35D, 44D, 46BDE, 47D air; **avoir l'air** 6A to appear, to look; **avoir l'air de** 11C to look as if, to look like

Airbus *m.p.n.* 48AE type of wide-bodied airplane

aise *f.n.* 30D, 33E, 37D, 39B ease; **à l'aise** 30D at ease; **mal à l'aise** 33E uncomfortable, uneasy

aisé *a.* 5ACE, 23D, 33D well-off, well-to-do

aisément *adv.* 21D, 52A easily, comfortably

Aix-en-Provence *p.n.* 5D, 12D, 33B, 50B town in the south of France

ajouter (4) *v.* 15DE, 21D, 22D, 38D, 44D to add

Alain (Emile-Auguste Chartier, 1868–1951) 15D French philosopher

Alamans *m.p.n.pl.* 47D Germanic tribes

Albi *p.n.* 47A southern French city known for its pink brick cathedral

album *m.n.* 8AE album

Alceste *m.p.n.* 43D masculine first name

alcool *m.n.* 4B, 18B, 21B, 22AE, 36A alcohol

alcoolisé *a.* 10D, 50D alcoholic, containing alcohol

alentours *m.n.pl.* 50D surroundings

Alexandre *m.p.n.* 5D masculine first name

algèbre *f.n.* 19B, 21D algebra

Alger *m.p.n.* 45D Algiers

Algérie *f.p.n.* 13D Algeria

algérien *a. & n.* 18D, 25D, 35A Algerian

Aliénor d'Aquitaine (c. 1122–1204) 48D queen of France, subsequently queen of England

aligoté *m.n.* 19B white wine produced in Burgundy

aliment *m.n.* 33D, 34D food, nourishment

alimentaire *a.* 26D, 33D, 50D dietary

alimentation *f.n.* 18D food trade

alimenter (4) *v.* 51D to feed, to nourish

Allais, Alphonse (1835–1905) 13D French humorist

alléché *a.* 19D, 49D attracted by, enticed by

allée *f.n.* 14D, 36D, 38ADE avenue, path, passageway

alléger (10, 4) *v.* 21D, 46D to lighten, to ease up

Allemagne *f.p.n.* 27B, 50D, 52A Germany

allemand *a. & n.* 19AD, 21ACD, 29D, 33D, 38E German

aller (3) *v.* 2D, 3D, 4DE, 5D, 8A to go, to be going (well or badly); **ça va bien/mal** 2D things are going well/badly; **ça va?** how are you?; **ça va aller mieux** 2A things are going to get better; **aller bien/mal** 2A to feel well/sick; **je vais y aller** 28A I'm going to go now; **aller + inf. (aux. use)** 2D to be going to, to be about to; **aller à** to fit, to suit someone; **aller comme un gant** 45A to fit like a glove; **s'en aller** 16C to leave, to go away; **allons, les enfants** 9A all right kids; **allons!** 39A come on!; 39D all right now; **allons!, allons-y!** 4A, 9A let's go; **allez!** 9A all right, come on now; **où es-tu allé chercher ça?** 47A where did you get that idea?

aller-retour *m.n.* 27A round-trip ticket

aller-simple *m.n.* 27AB one-way ticket

allié *a.* 45D allied

allier (4) *v.* 41D, 48D to connect, to combine, to ally

alliés *m.pl.n.* 45D countries allied against Germany in World Wars I and II

allô *int.* 4D, 12A, 16D, 20B, 22A hello (on the telephone)

allongé *a.* 6B, 6D, 7D, 51D long, elongated

allumer (4) *v.* 25D, 36BD, 52A to light, to switch on; **allumé** *a.* 10D lit, on

allumette *f.n.* 10D, 38B, 43ABE match; **boîte d'allumettes** 43A matchbox

allusion *f.n.* 16A, 50E allusion, hint; **faire allusion à** 16A to allude to

alors *adv.* 2D, 3AD, 5AC, 7A, 40A then (at that time), then (in that case), therefore, so; **ça alors!** 32A you don't say; **et nous alors?** 3A what about us?; **mais alors** 10D well then

Aloxe-Corton *p.n.* 30AE, 33A town in Burgundy famous for its red and white wines

Alpes *f.pl.p.n.* 6D, 10D, 12D, 13BE, 34A Alps (highest mountains in France)

alphabet *m.n.* 22D alphabet

Alpine *f.p.n.* 20B, 28AB, 29ABCE, 30AB, 51A Renault sports car

alpinisme *m.n.* 6A mountain climbing

alpiniste *m.n.* 47E mountain climber

Alsace *f.p.n.* 2A, 52A province in eastern France

alsacien *a. & n.* 19B, 50A Alsatian

alternant *a.* 12D alternating

alternative *f.n.* 34D alternative

altière *a.* 48D proud, haughty

altitude *f.n.* 47ACD altitude

amande *f.n.* 48B, 50B almond

amant *m.n.* 11D, 48D lover

amateur *m.n.* 34D, 44D, 45D fan, lover

Amazone *f.p.n.* 42ACE Amazon river

ambassade *f.n.* 38AC, 38D embassy

ambassadeur *m.n.* 18A, 47D ambassador; *p.n.* **Ambassadeur** 19A brand of apéritif wine

ambiance *f.n.* 41D atmosphere, ambiance

ambiant *a.* 33D surrounding

ambiguité *f.n.* 39A ambiguity

ambitieux *a.* 37B ambitious

ambition *f.n.* 48D ambition

Amboise *p.n.* 47A town on the Loire river famous for its Renaissance castle

ambulance *f.n.* 52ABE ambulance

âme *f.n.* 15D, 21D, 23D, 28D, 34D soul

Amélie *f.p.n.* 8AC, 10A, 24B, 34AD, 48B feminine first name

amélioration *f.n.* 44A improvement, betterment

amélioré *a.* 33D, 42D improved

améliorer (4) *v.* 41D to improve

amendement *m.n.* 12D improvement, amendment

amener (8) *v.* 10D, 14B, 22AD, 23BE, 31A to bring, to lead, to take someone somewhere; **s'amener** 31D to turn up

amer *a.* 44E bitter, sharp

américain *a. & n.* 3A, 4ACD, 5AC, 7A, 13A, American

Amérique du Nord *f.p.n.* 16D North America

Amérique du Sud *f.p.n.* 14AB, 16D South America

Amérique Latine *f.p.n.* 14AE Latin America

amerloque *m. & f.n.* (*sl.*) 50ABE Yank, Yankee

amertume *f.n.* 38B bitterness

ami, amie *m. & f.n.* 2A, 3B, 8A, 15B, 18A friend; **petit ami** 12A boyfriend; **petite amie** 26A girlfriend

Amiens *p.n.* 12D, 47A, 52A city north of Paris famous for its Gothic cathedral

amorce *f.n.* 41D beginning

amour *m.n.* 4ABC, 13D, 14D, 15D, 16D love; **l'amour courtois** 48D chivalrous, courtly love; **l'amour gaulois** 48D realistic, bourgeois love; **c'est un amour** 19A (s)he's an angel

amoureux *a.* 10D, 18D, 24ABD, 25D, 35D in love

amphithéâtre *m.n.* 13D lecture hall

ample *a.* 14D, 37D large, abundant

amusant *a.* 3ABD, 4D, 5A, 9BD, 10D amusing

amuser (4) *v.* 41A, 42A, 43DE to entertain, to divert; **s'amuser** 15D, 32B, 33E, 46A to have fun; **s'amuser comme des fous** 46A to have lots of fun

amusement *m.n.* 12AB amusement

an *m.n.* 9A, 11A, 13A, 15E, 16A year

anagramme *f.n.* 5D anagram

analyse *f.n.* 48D analysis

anarchiste *a. & n.* 46AE anarchist

Anatole *m.p.n.* 8AC, 30D masculine first name

anatomique *a.* 49D anatomical

ancêtre *m. & f.n.* 8E, 7D, 32AB ancestor

anchois *m.n.* 26AB anchovy

ancien, ancienne *a.* 4D, 12D, 17E, 18D, 19A old, ancient, former; **Ancien Régime** 49D the monarchy before the French Revolution of 1789; **Ancien Testament** 20E Old Testament

andalou *a.* 4D Andalusian

andouille *f.n.* 50ABC chitterling sausage

Andrée *f.p.n.* 5D feminine first name

Andromaque *f.p.n.* 15D, 39B, 48D tragedy by Racine

anecdote *f.n.* 15D anecdote

Anet *p.n.* 47A town near Dreux with sixteenth-century castle

Angélina (Chez) *p.n.* 42A, 44AB fashionable tearoom near the Louvre

angélique *a.* 46 angelic

Angers *p.n.* 47A town on the Loire river

ange *m.n.* 14D angel

angevin *a.* 35D Angevin (the region of the town of Angers)

anglais *a. & n.* 3A, 4ABC, 5B, 12ABE, 15A English

Angleterre *f.p.n.* 12ACE, 19A, 27B, 43D, 45D England

anglophone *a.* 42D English-speaking

anglo-saxon, anglo-saxonne *a. & n.* 32D Anglo-Saxon

animal *m.n.* 3B, 18D, 25E, 26D, 46D, animal

animateur, animatrice *n.* 18D leader

animer (4) *v.* 28D to animate, to enliven; **animé** *a.* 16BD animated, lively

anis *m.n.* 24B anise

Anne d'Autriche (1601–1666) 47D queen of France

Annecy *p.n.* 10D, 52D city located in the Alps

année *f.n.* 11B, 13ABD, 18AD, 20D, 26AC year

Annick *f.p.n.* 13ACE feminine first name

anniversaire *m.n.* 15AB, 20B birthday

annonce *f.n.* 8A, 16D announcement

annoncer (4) *v.* 8A, 24BE, 32B, 44B, 46C to announce

annuaire *m.n.* 24AB, 36D telephone directory

annuel *a.* 20B yearly

anonyme *a.* 41D anonymous

Anouilh, Jean (1910–1987) 39A French dramatist

antenne *f.n.* 40D, 42D broadcast, antenna

antibiotique *m.n.* 5D antibiotic

anticipation *f.n.* 4AC anticipation; **roman d'anticipation** 4AC science-fiction novel

anticonformiste *m.n.* 5D, 13D nonconformist

antidépresseur *m.n.* 45D antidepressant, tranquilizer

anti-dérapant *a.* 44AB nonskid

anti-raciste *a.* 15D anti-racist

anti-tabac *a.* 27D anti-smoking

anti-tache *a.* 45D spotproof

Antillais *a.* 3B West Indian

Antilles *f.pl.n.* 2A, 48AD West Indies

antiquité *f.n.* 46B antiquity

Antoine *m.p.n.* 5D masculine first name

anxieux *a.* 19E, 20E anxious, troubled

août *m.n.* 6D, 38D, 40D, 41D, 45D August

apercevoir (33) *v.* 22AC, 28A, 29D, 37ACD to catch sight of, to catch a glimpse of; **s'apercevoir** 19D to realize, to become aware of

apéritif *m.n.* 19A, 22D, 24BCE, 25A, 26B apéritif, before-dinner drink

Apollinaire, Guillaume (1880–1918) French poet

Apollon (Bassin d') *p.n.* 27D fountain at Versailles

apologie *f.n.* 16D justification

Apostrophes *p.n.* 51D popular French television program

apôtre *m.n.* 28A, 50D apostle

apparaître (14) *v.* 13D, 19D, 23D, 33D, 36D to appear

appareil *m.n.* 22AB, 27AB, 33D, 36D, 42A appliance, fixture; **appareil electro-ménager** 33D electric household appliance; **appareil-photo** 48E camera

apparence *f.n.* 17D, 19D appearance, aspect

apparition *f.n.* 41D appearance, arrival

appartement *m.n.* 21B, 22E, 23CD, 24A, 31B apartment; **appartement de standing** 35D luxury apartment

appartenir (à) (37) *v.* 18A, 25E, 32B, 34D, 41B to belong (to)

appât *m.n.* 40D, 44D lure

appel *m.n.* 36D, 45D, 46A call

appeler (9) *v.* 8DE, 12B, 13A, 14A, 18A to call, to hail (a taxi), to send for; **s'appeler** 5D to be called, to be named; **comment vous appelez-vous?** 16A what is your name?

appellation *f.n.* 18D term, name, appellation

appétit *m.n.* 24D appetite; **bon appétit** 2A enjoy your meal

application *f.n.* 36D application

apporter (4) *v.* 9A, 24A, 25AE, 26A, 28AE to bring

apprécier (4) *v.* 17E, 19ABC, 29A, 33D, 48D to appreciate

apprendre (32) *v.* 2ACD, 3ADE, 4A, 5A, 8D to learn

apprentissage *m.n.* 30D apprenticeship

approcher (4) *v.* 13D to come close to, to bring near; **s'approcher de** 11ABC to come up to

approfondi *a.* 21D detailed, full

approprier (s') (7) *v.* 30D to adopt

approuver (4) *v.* 22E, 41E, 46E to agree, to approve

appuyer (11) *v.* 24AB, 30D, 31AB, 32AB, 36D to press; **appuyer sur le bouton** 24AB press the button

après *prep.* 4CD, 5D, 6D, 9B, 13D, 14D after; **après avoir éclipsé** 15D after having surpassed; **d'après** 5D according to

après-demain *m.n.* 12D day after tomorrow

après-midi *m.n.* 9D afternoon

Aquitain *a.* 12D pertaining to Aquitaine

Aquitaine *f.p.n.* 12D region in southwestern France

arabe *a. & n.* 3D, 38E, 47D Arab

arachide *f.n.* 36D peanut

Aragon, Louis (1897–1982) 46B French writer

araignée *f.n.* 43ABC spider

arbitre *m.n.* 8D umpire

arboré *a.* 35D wooded

arbre *m.n.* 19D, 22A, 24D, 26D, 32B tree; **arbre généalogique** 8A family tree

Arc de Triomphe de l'Etoile *m.p.n.* 15B, 40D, 41D triumphal arch on the place de l'Etoile

arcade *f.n.* 12AB, 15D arcade, archway

arc-bouter (s') (7) *v.* 36D to brace oneself

archaïque *a.* 39D archaic

arche *f.n.* 51B ark

archéologie *f.n.* 11ABE, 19A, 28D archeology

archifaux *a.* (coll.) 52AB completely wrong

archiplein *a.* (coll.) 52B completely full

architectural *a.* 51D architectural

architecture *f.n.* 28D, 33B architecture

Ardennes *f.pl.p.n.* 47A wooded region in northeastern France

ardoise *f.n.* 35ABDF slate

arène *f.n.* 15D, 22D, 25AE, 52AB arena, amphitheater; **les Arènes de Lutèce** 15D Roman amphitheater ruins in Paris; **les**

arènes Picasso 33D apartment complex outside of Paris

argent *m.n.* 5AB, 13B, 14B, 15ABCE silver, money; **avoir de l'argent** 8A to be rich, to have money; **argent de poche** 40D pocket money; **en avoir pour son argent** 39AB to get one's money's worth

Argenteuil *p.n.* 20D town near Paris

argentin *a. & n.* 14AB Argentinian

Argentine *f.p.n.* 14A, 15AC, 22A, 37E Argentina

argot *m.n.* 22D, 46D, 47A, 50E slang

arguer (4) *v.* 12D to state as a reason, to assert

argument *m.n.* 21E, 24E argument

aristo (*abbr. for* **aristocrate**) *m. & f.n.* 18D, 32AE, 35E, 46A, 50AE aristocrat

aristocratie *f.n.* 48D aristocracy

aristocratique *a.* 15D, 32A aristocratic

Aristote *m.p.n.* 15D Aristotle

arithmétique *f.n.* 19B, 21D arithmetic

Arles *p.n.* 5D, 33B, 52A city in southern France known for its Roman monuments

arlésien, arlésienne *m. & f.n.* 50D inhabitant of Arles

Arlette *f.p.n.* 8A feminine first name

armagnac *m.n.* 24AE armagnac brandy

Armand *m.p.n.* 8AC masculine first name

arme *f.n.* 23D weapon

armée *f.n.* 7D, 18ABC, 27DE, 30B, 39D army; **l'Armée de l'Air** 41B air force; **l'Armée du Salut** 27A Salvation Army

armement *m.n.* 45D equipping (an army), arming

armistice *m.n.* 45D armistice

armoricain *a. & n.* 47AE, 50A Armorican

Armorique *f.p.n.* 47A, 50E Armorica, Brittany

armure *f.n.* 36D armor

Arp, Jean (1887–1966) 13D French sculptor

Arrabal, Fernando (1932–) 39A Spanish playwright and film director

arracher (4) *v.* 26D, 52A to tear off

arranger (4) *v.* 16A, 21AB, 27E, 47D, 47A to arrange, to put in order, to straighten out, to repair; **s'arranger** 33B to get better; **tout s'arrangera** 23A things will turn out all right

arrêt *m.n.* 45D stop, stopping

arrêté *a.* 19D, 45D stopped, at a standstill

arrêter (4) *v.* 10B, 12BE, 16B, 18D, 27D to stop; **arrêter un itinéraire** 48A settle on an itinerary; **où est-ce que je vous arrête?** 29A where shall I drop you off?; **s'arrêter** 12A to stop

arrière *adv.* 29B, 30D, 44D, 52AC back, behind; **en arrière** 30B behind, in back

arrière-grand-mère *f.n.* 8A, 16B great-grandmother

arrière-grand-père *m.n.* 8A great-grandfather; **arrière-arrière-grand-père** 8A great-great-grandfather

arrière-petite-fille *f.n.* 8A great-granddaughter

arrière-petit-fils *m.n.* 8A great-grandson

arrière-petits-enfants *m.pl.n.* 35A great-grandchildren

arrivée *f.n.* 24B, 26D, 32B, 40D arrival

arriver (4) *v.* 4ACE, 8ABE, 12AB, 13ACE, 14A to arrive, to come; **j'arrive** 4D I'll be right there; **arriver à quelqu'un** 17C to happen to someone; **ça m'est arrivé** 29A it happened to me; **il lui est arrivé quelque chose** 31D something has happened to her/him

arrogant *a.* 50E arrogant

arroger (s') (7) *v.* 41D to claim

arrondissement *m.n.* 5D, 35D, 49D, 51D administrative division of Paris

arrosage *m.n.* 24B watering; **tuyau d'arrosage** 24B hose

arroser (4) *v.* 26D to water, to sprinkle

art *m.n.* 6D, 10D, 11ABDE, 13A, 14A art

Artaud, Antonin (1896–1948) 51D French writer

artériel *a.* 26D arterial

Arthaud, Florence (1957–) 17D French navigator

artichaut *m.n.* 27D artichoke

article *m.n.* 20D, 21D, 41D, 43D article; 43AE, 45AC piece of merchandise

articulation *f.n.* 47AB articulation, joint

artificiel *a.* 21A, 24D, 39A, 48D, 51B artificial

artillerie *f.n.* 39D, 51D artillery

artisan *m.n.* 18D, 33D, 43D artisan, craftsperson

artisanal *a.* 33E, 50E handcrafted, locally made

artisanat *m.n.* 50A handicrafts

artiste *a. & n.* 18D, 19AC, 20D, 22D, 30D artist

artistique *a.* 6D, 10D, 18E, 38E, 40E artistic

ascenseur *m.n.* 32ABDE, 33A, 35D, 36D elevator

aseptique *a.* 14B aseptic

aspirateur *m.n.* 33ABD vacuum cleaner

aspirine *f.n.* 12AB aspirin

assassin *m.n.* 13D assassin, murderer

assassiner (4) *v.* 36D, 47D to assassinate, to murder

assaut *m.n.* 51D assault, attack

Assemblée nationale *f.p.n.* 14D, 38ACD the French National Assembly

assener (8) *v.* 18D to fling back

asseoir (s') (*) *v.* 14A, 24AE, 32AC, 34A, 38A to sit down

assez *adv.* 5A, 7A, 10B, 14AD, 16A, 20A rather, enough; **en avoir assez** 46B to be fed up

assidu *a.* 51D regular

assiégé *a.* 49D, 52D besieged

assiette *f.n.* 24B, 25ABCE, 26A, 27D, 28A plate, dish

assimiler (4) *v.* 7D to assimilate

assimilé *m.n.* 18D comparable category

assis *a.* 14A, 15AE, 16A, 19AC, 23A seated

assistant *f.n.* 18D assistant; **assistant social** 18D social worker

assisté *a.* assisted, helped; **freins à disques assistés** 29A power disk brakes

assister à (4) *v.* 16D, 26E, 28AB, 37D, 45D to be present at, to attend, to witness

association *f.n.* 41B association

associé *a.* 48D, 52D associated

assoiffé *a.* 47AB thirsty

assorti *a.* 47D matched

assourdissant *a.* 45D deafening

assumer (4) *v.* 45D to assume, to take on

assurance *f.n.* 15D, 18ABC, 30D, 44D, 45A insurance; **assurance contre coups et blessures** 30D accident insurance; **assurances sur la vie** 18B life insurance

assurer (4) *v.* 13A, 18D, 26D, 30D to assure; 27B, 30D, 42AD, 44A, 45D to insure

assurément *adv.* 37D assuredly

assureur *m.n.* 30D insurer

Assy *p.n.* 47A Alpine site of church decorated by Chagall, Matisse, Rouault, and others

Astérix *m.p.n.* 3A, 7B, 14D, 51E French cartoon character representing a shrewd Gaul

astrophysique *f.n.* 13A astrophysics

astuce *f.n.* 13B, 24D astuteness, cleverness

astucieux *a.* 42B shrewd, astute

atelier *m.n.* 38AB, 52DE studio

Athènes *f.p.n.* 51E Athens

athlète *m. & f.n.* 9A, 18A athlete

athlétisme *m.n.* 6AB athletics

Atlantique *m.p.n.* 48BD the Atlantic Ocean

atmosphère *f.n.* 51D atmosphere, air

atmosphérique *a.* 16D atmospheric

ATOSS (Personnel Administratif, Technique, Ouvrier, et de Service) *p.n.* 12D a union of academic employees

attachement *m.n.* 13D, 35E attachment

attacher (4) *v.* 32B to attach, tie up, tether; **s'attacher** 35E to become attached to, to become fond of

attaque *f.n.* 7D, 21E, 51AC attack

attaquer (4) *v.* 14B, 24A, 38D, 39D, 47D to attack

atteindre (20) *v.* 13D, 23D, 44BD, 52A to attain, to reach

attelé *a.* 45D harnessed

attenant *a.* 35D adjoining, adjacent to

attendre (6) *v.* 10A, 13ABC, 15A, 22A, 27A to wait for; **en attendant** 24A in the meantime, meanwhile; **s'attendre à** 37AB to expect, to be prepared for

attente *f.n.* 44A waiting, expectation, anticipation

attention *f.n.* 9A, 13BD, 18E, 20AB, 21ABC attention, care; **faire attention à** 11D to take care to; **fais attention!** 39D look out!

attentivement *adv.* 41B attentively

atténuer (4) *v.* 45D to alleviate

atterrir (5) *v.* 52B to land

atterrissage *m.n.* 52A landing, touchdown

attirance *f.n.* 33D attraction

attirer (4) *v.* 18D, 19, 20E, 25A, 32D to attract, to appeal to

attitude *f.n.* 20DE, 21E, 29D, 32B, 33E attitude; 40D pose (ballet)

attrait *m.n.* 45D liking for

attraper (4) *v.* 12ABC, 16A, 17A, 19D, 39D to catch

attribuer (4) *v.* 52E to attribute

au *prep. contraction of* **à** *and* **le**

aube *f.n.* 29D, 47AB, 48D, 51A dawn

auberge *f.n.* 42AB inn; **auberge de jeunesse** 42AB youth hostel

aubergine *f.n.* 26AB eggplant

Aubisque (col d') *p.n.* 46D, 47A mountain pass in the Pyrénées

Aubusson *p.n.* 50ACE town in central France famous for its tapestry production

Aucassin et Nicolette *p.n.* 6D, 7D, 10D thirteenth-century love story

aucun *a.* 5D, 13ACDE, 16A, 19D, 20A any, no; *pron.* anyone, no one

audacieux *a.* 7D, 35D, 41E brave

Aude *f.p.n.* 41D department in southwestern France

au-delà *adv.* 24D, 51D beyond, past

au-dessous *adv.* 30B, 44D below

au-dessus *adv.* 7E, 16D, 30AB, 31D, 32D above, over

audiovisuel *a.* 20D audiovisual

audition *f.n.* 36D hearing

auditoire *m.n.* 24D, 48D audience

Auge (vallée d') *p.n.* 52A valley in Normandy; **poulet vallée d'Auge** 52B chicken dish prepared with cream and calvados

augmentation *f.n.* 34D increase

augmenter (4) *v.* 8D, 29D, 33D, 44D, 45D to increase, to raise

aujourd'hui *adv.* 5AC, 6ABC, 7D, 8D, 10A today

auparavant *adv.* 52D before, beforehand

auprès *adv.* 13D, 21D, 48D close to, close by

Aurélie *f.p.n.* 5D feminine first name

aussi *adv.* 2D, 4ABCD, 5AD, 6A, 7A as, so, also, too; *conj.* after all, therefore

aussitôt *adv.* 13D, 27A, 30A, 32A, 37D immediately, at once

austère *a.* 50A austere, stern

Austerlitz (gare d') *p.n.* 27B Paris train station

Australie *f.p.n.* 48D Australia

autant *adv.* 16A, 18A, 20D, 22D, 39A as much, so much, as many, as well; **j'aime autant faire du stop** 29A I'd just as soon hitchhike

auteur *m.n.* 4B, 5D, 11E, 15D, 39B author

authenticité *f.n.* 35D, 41A authenticity

authentique *a.* 32D authentic

auto (*abbr. for* **automobile**) *f.n.* 5B, 17B, 18ABC, 27ABC car; **auto-école** 30D driving school; **en auto** 27A by car; **Guide de l'Auto-Journal** 48A restaurant travel guide

autobiographie *f.n.* 21E autobiography

autobus *m.n.* 4D, 29AB, 46B bus

autocar *m.n.* 27ABC motor coach

autodidacte *a. & n.* 24B self-taught, self-educated

autographe *m.n.* 40D autograph

automatique *a.* 30A automatic

automatiquement *adv.* 36B automatically

automne *m.n.* 10D, 11ABD fall, autumn

autopsie *f.n.* 39D autopsy, examination

autorisé *a.* 27D, 49D authorized

autoritaire *a.* 20A, 51E authoritarian

autorité *f.n.* 13D, 22D, 45D authority

autoroute *f.n.* 30ABCD, 35D highway

auto-stop *m.n.* 29AB, 31A, 52A hitchhiking; **faire de l'auto-stop** 29A to hitchhike

auto-stoppeur *m.n.* 31ABD, 31E hitchhiker

autour *adv.* 13B, 14D, 18D, 21E, 26D around, round, about

autre *a. & pron.* 4D, 5A, 6A, 8D, 10D, 18D other, another; **autre chose** 20A something else

autrefois *adv.* 8D, 9D, 16AD, 17AE, 19B formerly, in the past, at one time

Autriche *f.n.* 22D, 47D Austria

autrichien *a. & n.* 14D Austrian

Auvergne *f.p.n.* 15D, 50AB region in central France

aux *prep. contraction of* **à** and **les**

avance *f.n.* 18D, 28AD, 40D, 46D advance; **en avance** 18D in advance, early

avancer (4) *v.* 37D, 42A, 44D, 45ABD, 52A to advance, to move forward

avant *prep. & adv.* 5D, 8E, 9B, 14D, 15E before; **en avant** 39D forward; **en avant!** 26E let's go!

avantage *m.n.* 23D, 29A, 34ADE, 35D, 40C advantage

avant-garde *f.n.* 19A, 39A avant-garde

avant-hier *adv.* 22A, 24A day before yesterday

avare *a.* 15D stingy; **L'Avare** 26D comedy by Molière

avec *prep.* 2D, 3A, 4ACD, 5D, 6A with

avenir *m.n.* 9B, 18D, 23D, 40AC, 52D future

aventure *f.n.* 3A, 4ABC, 11D, 19D, 21D adventure

aventureux *a.* 16D, 42E, 48D adventurous

avenue *f.n.* 11D, 30AC, 39B avenue

averse *f.n.* 12D downpour, shower

aversion *f.n.* 45E aversion, dislike

avertisseur *m.n.* 45D warning signal

aveu *m.n.* 13D admission, confession

aveugle *a. & n.* 22D, 23D blind, blind person

aveuglement *m.n.* 48D blindness

aveugler (4) *v.* 39ABC to blind

aviateur, aviatrice *n.* 17A, 48E aviator

aviation *f.n.* 48A aviation

Avignon *p.n.* 5D city in southern France, former residence of the popes, known for its bridge on the Rhône

avion *m.n.* 27AB, 42D, 45D, 48E, 51A airplane; **avion à hélice** 52E propeller plane; **avion à réaction** 52E jet plane; **en avion** 27AB by air; **par avion** 15A airmail

aviron *m.n.* oar **l'aviron** 6D rowing, crew

avis *m.n.* 7E, 21ABD, 44D, 48D, 50A opinion, judgment; **à votre avis** 6E in your opinion

avocat, avocate *n.* 12B, 13B, 18ABCD lawyer

avoir (1) *v. & aux.* 3ACD, 4AC, 5AE, 6AE, 8D to have, to possess, to get; **qu'est-ce que tu as?** 46B what's the matter?, what's wrong?; **avoir l'air** 14E to seem; **avoir . . . ans** 8A to be . . . years old; **avoir besoin de** 35AB to need; **avoir chaud/froid** 43D to be hot/cold; **avoir de la chance** 41A to be lucky; **avoir envie de** 18A to want to; **avoir faim/soif** 21A, 51A to be hungry/thirsty; **avoir l'habitude de** 14AB to be in the habit of; **avoir mal à** 17A to have a pain in; **avoir peur de** 26E to be afraid; **avoir raison/tort** 34D to be right/wrong; **il y a** 9A there is, there are; **il n'y a qu'à acheter** 42A all we have to do is buy one/some; **il n'y a pas de quoi** 27A don't mention it, it's my pleasure; **il n'y a pas que ça dans la vie** 50A that's not all there is in life; **il y a longtemps que vous êtes en France?** 14A have you been in France long?; **il y a deux ans** 9A two years ago

avertement *m.n.* 13D abortion

avouer (s') (7) *v.* 19D, 51D to admit, acknowledge

axe *m.n.* 35D axis

Aymé, Marcel (1902–1967) 15D French writer

Azay-le-Rideau *p.n.* 47A, 52A town in the Loire valley famous for its Renaissance castle

Azincourt *p.n.* 52D location of English victory during the Hundred Years' War

Aznavour, Charles (1924–) 38E French singer and songwriter

aztèque *a. & n.* 38E Aztec

azur *m.n.* 18D azure, blue; **Côte d'Azur** 23D the Riviera

Babar *m.p.n.* 3A main character and title of a children's storybook

babysitting *m.n.* (*angl.*) 8D babysitting

bac *m.n.* (*abbr. for* **baccalauréat**) 13B, 19A, 20D general certificate of high school education; **rater son bac** 19E to fail one's baccalauréat exam

bac *m.n.* 32D tub

Bach, Johann Sebastian (1685–1750) 28B German composer

Bachelard, Gaston (1884–1962) 24D French philosopher

Badoit *f.p.n.* 26A, 45A brand of mineral water

bagages *m.pl.n.* 4B, 29B, 52D baggage, luggage

bagarre *f.n.* 47D fight

bagnole *f.n.* (*sl.*) 29A, 45AB car; **ça c'est de la bagnole** 29A now there's a real car

bah *int.* 22A, 34A, 46A bah!

Bahcira *f.p.n.* 20D feminine first name

baigner (se) (7) *v.* 38AB, 42ACD, 48ABC to take a swim, to bathe

baignoire *f.n.* 33ABD, 35B, 51B bathtub

bailler (4) *v.* 25B to yawn

bain *m.n.* 33AB bath; **salle de bains** 33AB bathroom; **maillot de bain** 43A bathing suit

bain-marie *m.n.* 24D double-boiler

baïonnette *f.n.* 16D bayonet

baiser (4) *v.* 33AB to kiss

baiser *m.n.* 26D kiss; **bons baisers** 14A love and kisses

baisse *f.n.* 35D, 45D fall; **températures en baisse** 12D falling temperatures

baisser *m.n.* 39D lowering

baisser (4) *v.* 11B, 20D, 36D, 39B, 45AB to drop, to lower; **se baisser** 42AB to stoop, to bend down

Baker, Joséphine (1906–1975) 40D American singer who lived in Paris during the 1920s

balai *m.n.* 22D broom

Balance *f.n.* 31D constellation Libra

balancer (se) (7) *v.* 50A to swing, to rock

balcon *m.n.* 21ABC, 25A, 31B, 32ABCDE balcony

baleine *f.n.* 16D, 17D whale

Balenciaga, Cristobal (1895–1972) 51A Spanish fashion designer

balisé *a.* 43B marked out, planned

ballade *f.n.* 17D, 28D, 33D ballad

balle *f.n.* 9D, 39D, 45D bullet; *(sl.)* 42A franc

ballet *m.n.* 40A, 52E ballet

ballon *m.n.* 46D ball, balloon

Baltique *f.p.n.* 36D Baltic Sea

Balzac, Honoré de (1799–1850) 23D, 24D, 29B, 38ABE, 51D French novelist

balzacien *a.* 32E Balzacian

banal *a.* 40D, 41D banal

banalité *f.n.* 39D banality, triteness

banane *f.n.* 44B, 46D banana

banc *m.n.* 15AC, 16A, 17A, 18ACDE, 19E bench

bancaire *a.* 36D bank, banking

Banco *m.p.n.* 41D lottery game

bandage *m.n.* 52A bandage

bandé *a.* 52AB bandaged

bande *f.n.* 13D band; **bande sonore** 38A soundtrack; **bande dessinée** (**BD**) 20D cartoon, comic strip

bandit *m.n.* 50B bandit

banlieue *f.n.* 15DE, 20D, 27A, 33D, 35D suburb

banque *f.n.* 14ABCE, 15D, 18AD, 31B, 41D bank

banquette *f.n.* 31D, 40D bench, seat

banquier *m.n.* 15A, 42A banker

Banville, Théodore de (1823–1891) 23D French poet

banyuls *m.n.* 24AC apéritif wine from the south of France

baptême *m.n.* baptism; **baptême de l'air** 51D first flight

baptisé *a.* 41D, 51D baptized

bar *m.n.* 22D bar

Barbara (1930–) 28D French singer

barbe *f.n.* 7ABCD, 10ACD, 14D, 42A, 47D beard

Barbey d'Aurevilly (1808–1889) 33D French writer

barbecue *m.n.* 35D barbecue

barbouiller (4) *v.* 19AB to smear

barde *f.n.* 25D piece of fat or bacon for larding meat

bardé *a.* 25 covered with strips of fat or bacon

baron *n.m.* 15D, 48D baron

baronne *f.n.* 38D, 40D baroness

barque *f.n.* 28D small boat

Barrault, Jean-Louis (1910–) 42D French actor

barre *f.n.* 9D bar, candy bar

barreau *m.n.* 26D bar (of cage)

barrer (se) (7) *v.* *(coll.)* 28D to leave, to split

barrière *f.n.* 51D barrier

Barry, Mme du (1743–1793) 47D favorite of Louis XV

Barthes, Roland (1915–1980) 24D, 26D, 30D French writer and essayist

Bartholdi, Frédéric Auguste (1834–1904) 49D French sculptor

bas *m.n.* 18D, 42D, 50E bottom; **en bas** 16D downstairs

bas, basse *a.* 9D, 32B, 37D, 43E, 44AB low; **à bas** *adv. phr.* 39D down with

base *f.n.* 24D, 26E, 36D, 44B, 48B basis, foundation, chief ingredient

base-ball *m.n.* 42D baseball

basket *m.n.* 7D basketball

Basque *a. & n.* 9AC, 16ABCD, 47D, 50A Basque; **le Pays Basque** 9B the Basque region of southwestern France; **poulet basquaise** 50A Basque-style chicken

bassin *m.n.* 16ACE, 17ABCDE, 18A, 27A, 49ABCE basin, pool

bassiner (4) *v.* 40D to pester

Bastille *f.p.n.* 33A French prison

bataille *f.n.* 27D, 39D, 45D, 47D, 48D battle

Bataille, Georges (1897–1962) 51D French writer

bataillon *m.n.* 18D battalion

bateau *m.n.* 15ABE, 16ABCE, 17A, 18AB, 20B boat; **mener en bateau** 48A to pull someone's leg

bateau-mouche *m.n.* 29AB Paris sight-seeing boat

bâtiment *m.n.* 43D building

bâtir (5) *v.* 35D to build

bâton *m.n.* 24D, 39D stick

batteur *m.n.* 24D beater

battre (se) (7) *v.* 19B, 24D, 30D, 36D, 47D to beat, to fight

Baudelaire, Charles (1821–1867) 24D, 46D French poet

Baux-de-Provence (les) *m.pl.p.n.* 47AD town with medieval ruins in the south of France

bavard *a.* 11ABCE, 23AE, 49A talkative, chatty

bavardage *m.n.* 21D chattering

bavarder (4) *v.* 39AE to chatter, to chat

bavarois *a.* 26A Bavarian cream dessert

Bayonne *p.n.* 16ACD, 48B, 50AC town in the basque region

Béarn *m.p.n.* 47D former province in southwestern France that includes the Basque region

béarnais *a.* 47D from the Béarn region

Béart, Guy (1930–) 12D, 29D French singer and songwriter

béatitude *f.n.* 52AB beatitude, bliss

beau, bel, belle, beaux, belles *a.* 5D, 7D, 9C, 10AD, 11D beautiful, handsome, lovely; **beau-frère** *m.n.* 8D brother-in-law; **beau-père** 8D father-in-law; **beaux-parents** 8D parents-in-law; **belle-mère** *f.n.* 8A mother-in-law; **belle-sœur** 8D sister-in-law

Beaubourg *p.n.* 15AB, 23AD, 33 ACD, 40AE Georges Pompidou Cultural Center in Paris

Beaucaire *p.n.* 6D, 7D town in Provence

Beauce *f.p.n.* 28D fertile plain between Chartres and Orléans where much of France's wheat is grown

Beauchemin, Yves (1941–) 42D Canadian writer

beaucoup *adv.* 3A, 5ABD, 6ABDE, 7AC, 8ADE much, a great deal, a lot

beaufort *m.n.* 50B type of cheese

beaujolais *m.n.* 22AB, 26B, 30D wine from the Beaujolais region

Beaumarchais, Pierre Augustin Caron de (1732–1799) 29B French dramatist

Beaune *p.n.* 30ADE, 33A city in Burgundy

Beauvoir, Simone de (1908–1986) 13D, 20B, 51D French writer

bébé *m.n.* 17AE, 18D, 41AB baby

bec *m.n.* 19D, 49D beak

bécasse *f.n.* woodcock; *(sl.)* 9A, 19D numbskull, idiot

Bécaud, Gilbert (1927–) 35D French singer and songwriter

bécoter (se) (7) *v.* *(coll.)* 18D to kiss, to smooch

Bedos, Guy (1934–) 13D French humorist and performer

bédouin *a. & n.* 46D Bedouin

Begag, Azouz (1957–) 18D, 22D, 26D Algerian writer

beigne *f.n.* *(Canadian)* 42D doughnut

Belfort *p.n.* 49D city in eastern France, site of victory in 1870 that inspired Bartholdi's statue the Lion of Belfort

belge *a. & n.* 5D, 33D Belgian

Belgique *f.p.n.* 2AC, 27B, 45D, 48A, 50D Belgium

Bellay, Joachim du (1522–1560) 35D French poet

Belle-Ile-en-Mer *f.p.n.* 9A, 16ADE small island off the coast of Brittany

belliqueux *a.* 48D quarrelsome, combative

Belmondo, Jean-Paul (1933–) 17D, 51D French film actor

belote *f.n.* 9ABE belote, pinochle

ben *(sl. for* **bien**) *int.* 9A, 10A, 12A, 13A, 15A well, why; **ben oui!** 2A why yes!; **ben quoi?** 39D so what?

Bénédictine *f.p.n.* 24E liqueur named for the Benedictine monks who formulated it

bénédiction *f.n.* 44D, 47D benediction, blessing

bénéficier (4) *v.* 34D to benefit from, to make a profit from

benoîtement *adv.* 49D sanctimoniously

béret *m.n.* 44D beret, typically worn by Basque men

berge *f.n.* 24D bank, edge of river, canal

berger, bergère *n.* 16D, 17ABC, 27D, 47BD, 52D shepherd, shepherdess

berlingot *m.n.* 48AB, 50E candy from Carpentras in southern France

bermudas *m.pl.n.* 45D Bermuda shorts

Bermudes (les) *f.pl.n.* 14AB, 20B Bermuda

Bernard, Claude (1813–1878) 23D French physiologist

Bernard de Ventadour (*c.* 1150–1200) 33D French troubadour

Bertran de Born (*c.* 1140–1215) 48D French troubadour

besoin *m.n.* 20D, 21D, 34D, 39D, 46A need, want; **avoir besoin de** 35A to need

best-seller *m.n.* *(angl.)* 13D successful book

bête *a.* 9A, 10B, 11AE, 12A, 15D stupid; **il est bête comme ses pieds** 10A he's too stupid for words!

Béthune *p.n.* 35D town in northeast France

bêtise *m.n.* 21D, 23D, 40D, 41D, 42B, stupidity, nonsense; **dire des bêtises** 48A to talk nonsense; **bêtises de Cambrai** 48A candy from Cambrai

beuh *int.* 18A um . . . , er . . .

beurre *m.n.* 25AB, 47A, 50ADE, 52B butter; **faire son beurre** *(coll.)* 13AB to make a fortune, to rake it in

biais *m.n.* 33D angle

Biarritz *p.n.* 16D fashionable seaside resort in southwest France

bibelot *m.n.* 28AC trinket

Bibiche *f.p.n.* *(coll.)* 24A affectionate name for a woman

bibli (*abbr. for* **bibliothèque**) *f.n.* 2AD, 13D, 15D, 20D, 32D library

Bic *p.n.* **pointe Bic** *f.n.* 48A ballpoint pen

bicyclette *f.n.* 17B, 27AB, 37D, 47E bicycle

Bidassoa *f.p.n.* 47D river in the Basque region

bidet *m.n.* 33AB bidet

bien *adv.* 2AB, 4A, 5AD, 6AD, 7DE well, right, really, quite; **bien entendu** 23D of course, naturally; **bien français** 4D typically French; **c'est bien notre chance** 10A that's just our luck; **bien sûr** 3A of course; **faire bien de** 36A to be well advised to

bien-aimé *m.n.* 47D beloved

bien-être *m.n.* 18D, 33D wellbeing

bienfaisance *f.n.* 52D charity, beneficence

bienheureux *a.* 41D blessed

bien que *conj.* 13D, 20D, 33D, 34D although, though

bientôt *adv.* 21A, 33D, 37A, 38A soon; **à bientôt** 12A see you soon!

bière *f.n.* 39A, 50AD, 51B beer

bifteck (biftèque) *m.n.* 10D, 24D, 26D steak

bifurquer (4) *v.* 30D to branch off, to fork

Bigorre *f.p.n.* 47D region in southwestern France, location of the Pic du Midi

bijou, -oux *m.n.* 18ABE, 20D, 47D, 52D jewel

bijoutier *m.n.* 18ABE jeweller

bilan *m.n.* 31AC, 41C evaluation, sum, assessment

bile *f.n.* bile; **se faire de la bile** 31ABC to worry, to fret

bille *f.n.* 46D marble

billet *m.n.* 25AC, 37AB, 41A banknote; 27ABC, 29E ticket; **billet de loterie** 34A lottery ticket

biographie *f.n.* 13D, 21E biography

biologie *f.n.* 13A biology

bis *adv.* 15D, 27D, 34D repeat (musical refrain); **2 bis** (house number) 49D 2½ or 2A

biscuit *m.n.* 9D, 26B cracker

bise *f.n.* (*coll.*) 46B, 52A kiss

bisou *m.n.* (*coll.*) 12AB, 46AB kiss

bistre *a.* 22D dark brown color

bistro, bistrot *m.n.* (*coll.*) 19A, 22D, 26D, 40D, 44D bar, tavern

bizarre *a.* 15A, 22A, 23AE, 29A, 34A odd, weird

blague *f.n.* (*coll.*) 16A, 43ABD joke, hoax; **ce n'est pas de la blague** 43D I'm not kidding; **sans blague** 13A no kidding!

blanc, blanche *a.* 7AC, 12A, 13A, 14AE, 15D white; **blanc d'œuf** *m.n.* 48B egg white; **film en noir et blanc** 38A black-and-white movie

blanchir (5) *v.* 48D to lighten

Blanque *f.n.* 41D Italian game of chance

blé *m.n.* 28D, 50AB, 51B wheat; **être fauché comme les blés** 51A to be flat broke

blesser (4) *v.* 10D to injure, to wound; **blessé** *n.* 27B, 41B injured or wounded person

blessure *f.n.* 30D injury, wound

bleu *a.* 6ACD, 7ACD, 9A, 11A, 12AC blue; **bleu foncé** 45A dark blue; **bleu pâle** 41A pale blue; **steak bleu** 26A blood-rare steak

bleuet *m.n.* 42D cornflower

bloc *m.n.* 35AB, 45D block

Blois *p.n.* 47A, 48D town on the Loire river famous for its castle

blond *a.* 6ABCDE, 7ACD, 9A, 10D, 13A blond

bloquer (4) *v.* 16D, 37D, 40D to block

blouse *f.n.* 52A smock

blouson *m.n.* 45CDE jacket, windbreaker

bobine *f.n.* 50B spool, bobbin

Bobino *m.p.n.* 40AC music hall in Paris

bobonne *f.n.* (*coll.*) 23A term of endearment for one's wife

bœuf *m.n.* 17AB, 23E ox, steer, beef

bof *int.* (*coll.*) 13A, 18, 50A bah

bohème *a.* 47ABC bohemian, unconventional

boire (12) *v.* 16B, 20A, 21A, 24E, 26CE to drink

bois *m.n.* 22D, 25D, 29D, 34B wood; 26D, 43D woods, forest

boisé *a.* 35D wooded

boisson *f.n.* 19B, 24D, 36E, 42D, 50CD beverage

boîte *f.n.* 15AE, 22D, 25A, 49A box; **boîte d'allumettes** 43A matchbox; **boîte de conserve** 48A can; **boîte aux lettres** 15A mailbox; **boîte de nuit** 16E nightclub

bol *m.n.* 42A, 47AB bowl

boléro *f.n.* 16D bolero (dance)

bombe *f.n.* 4D, 45D, 52AB bomb

bon, bonne *a.* 3AD, 4AB, 5A, 6A, 7A good, fine, kind, fit; **bon, alors** 10A all right then; **bon appétit** 2A enjoy your meal; **bon marché** 14B inexpensive; **bonne sœur** 34A nun; **bon vivant** 46E easy-going person; **bon voyage** 22A goodbye, have a good trip; **bonne nuit** 24A good night; **il fait bon** 11B it's pleasant

Bonaparte, Louis-Napoléon (1808–1873) 48D nephew of Napoléon Bonaparte

bonbon *m.n.* 37A, 38D, 48ABCE candy

bond *m.n.* 45ABE leap, jump

bondé *a.* 29AB crammed, full, jam-packed

bondir (5) *v.* 37AB, 52A to leap, to jump

bonheur *m.n.* 15D, 18D, 33DE, 48D, 52A happiness; **ça porte bonheur** 41D it brings good luck

bonhomme *m.n.* (*coll.*) 8D, 10A, 29A, 40A fellow, guy

bonjour *m.n.* 2A, 3A, 4D, 8A 19D good day, hello

bonne *f.n.* 9A, 22A, 23C, 24A maid, servant

Bonne Espérance (Cap de) *f.p.n.* 3B Cape of Good Hope

bonsaï *m.n.* 32D bonsai

bonsoir *m.n.* 24A, 33A, 36A, 49A good evening, good night

bonté *f.n.* 46D kindness, goodness; **avoir la bonté de** 33A to be kind enough to

bookmaker *m.n.* (*angl.*) 41D bookmaker

boomerang *m.n.* 48D boomerang

boots *m.pl.n.* (*angl.*) 40D, 44D boots

bord *m.n.* 16BC, 31A, 40D, 43D, 48E edge, border; **à bord de** 48A on board, abord

bordé *a.* 18D, 26D, 51D edged

Bordeaux *p.n.* 10AB, 15D, 21B, 44D, 48B major seaport on the Atlantic Ocean; **bordeaux** *m.n.* 24A bordeaux wine

borne *f.n.* 43A post

botanique *f.n.* 19ACE botany

botaniste *m.n.* 42D botanist

botte *f.n.* 44ABD boot

bouche *f.n.* 10ABD, 17D, 19D, 25E, 39D mouth

bouché *a.* 51AB corked

bouchée *f.n.* 34D mouthful

boucher *m.n.* 17AC, 24A, 38A butcher

Boucher, François (1703–1770) 17A French painter

Boucher, Hélène (1908–1934) 17A French aviator

boucherie *f.n.* 17A butcher shop

bouchon *m.n.* 50A, 51ABC cork

boucle *f.n.* 44D buckle

bouclé *a.* 7D curly

bouclier *m.n.* 47D shield

boudin *m.n.* 34D blood sausage

bouée (de sauvetage) *f.n.* 46B life buoy

bouffe *f.n.* (*coll.*) 50AB food, grub

bouffer (4) *v.* (*coll.*) 50B to eat, to wolf down

bouffi *a.* 30D bloated, puffy

bouger (4) *v.* 14BD, 26D, 45D to move, to budge

bouillabaisse *f.n.* 48ABE Provençal seafood stew

bouillant *a.* 24D, 36BD boiling

bouillir (*) *v.* 24D to boil

bouillon *m.n.* 24B broth

boulanger, boulangère *m.& f.n.* 17ABCE, 18D baker

boulangerie *f.n.* 25AC bakery

boule *f.n.* 46D ball; **boule de gomme** 15B gumdrop; **mystère et boule de gomme** 15A it's a secret, that's for me to know and you to find out

boulet *m.n.* 39D cannonball

boulevard *m.n.* 2A, 4D, 12A, 13D, 15D boulevard

bouleverser (4) *v.* 18D to overturn, to turn upside down

Boulez, Pierre (1925–) 17E French composer and conductor

Boulogne *p.n.* 27AB French port on the English Channel

boulot *m.n.* (*coll.*) 18AB work, job

boum *int.* 30D, 52D bang!

bouquet *m.n.* 33A, 48D bouquet

bouquin *m.n.* (*coll.*) 18D book

Bourboule (la) *f.p.n.* 50ABC spa in central France

bourgeois *a.* 13D, 18D, 19D, 37B, 39B bourgeois, middle-class; *Le Bourgeois Gentilhomme* 15D play by Molière

Bourges *p.n.* 35D, 47A town in central France famous for its Gothic cathedral

Bourgogne *f.p.n.* 24A, 30ADE, 31A, 33A, 34A Burgundy; **bourgogne** *m.n.* 19B burgundy wine

bourguignon *a. & n.* 30D, 31A, 35D Burgundian

bourré *a.* (*coll.*) 37D, 42D drunk

bourrelet *m.n.* 44D piping, decorative strip

bourrer (4) *v.* 30D to hit, to slug

Bourse *f.p.n.* 43D, 45ABE Paris stock exchange

bousculade *f.n.* 39D, 46D scuffle, jostling

bousculer (4) *v.* 39AB, 41D to jostle, to knock into

bout *m.n.* 13D, 18D, 23D, 26D, 29D end, extremity; **bout de bois** 39D piece of wood

bouteille *f.n.* 9A, 19D, 26AB, 39D, 50D bottle

boutique *f.n.* 29D, 41D boutique, specialty shop

bouton *m.n.* 11AB, 4A button; **bouton de sonnette** 24B doorbell

boutonné *a.* 45D buttoned

bouvier *m.n.* 10D, 17ABC, 18D cowherd, cattle driver

boxe *f.n.* 8A, 19E boxing

boxer *v.* 50D to box

boxeur *m.n.* 18A, 19B boxer

bracelet *m.n.* 7D bracelet

branche *f.n.* 26D branch, bough

brancher (4) *v.* 36D to connect, to plug in; **branché** *a.* 49D connected

Braque, Georges (1882–1963) 20D French painter

bras *m.n.* 7D, 10D, 13ABD, 14E, 15B arm

Brassens, Georges (1921–1981) 18D, 40A French poet, singer, and songwriter

brasserie *f.n.* 28E, 29BD, 37D, 51D tavern/restaurant

brave *a.* 40D worthy, brave

brebis *f.n.* 26E ewe

bref, brève *a.* 18D, 47D brief, short

bref *adv.* 21D in short, in a word

Brel, Jacques (1929–1978) 40A, 44D Belgian poet, singer, and songwriter

Brésil *m.p.n.* 4B, 43D, 50A Brazil

brésilien *a. & n.* 4ABC, 40B Brazilian

Brest *p.n.* 10AB, 12D, 51A French seaport at the western tip of Brittany

Bretagne *f.p.n.* 9ABCD, 10ABC, 12AD, 16ABCD, 27B Brittany

bretelle *f.n.* 43AB strap, suspender

breton *a. & n.* 9ACD, 47A, 50ABC Breton

Breton, André (1896–1966) 13D, 47D French poet

bricolage *m.n.* 34D tinkering, puttering about, doing odd jobs

bricoler (4) *v.* 47D to putter, to tinker

bridge *m.n.* 3B, 9A, 21A bridge (card game)

brie *m.n.* 19A, 25ACE cheese from the Brie region east of Paris

Brighton *p.n.* 12AB, 42D, 51AE seaside resort in southern England

Brigitte *f.p.n.* 5D feminine first name

brillant *a.* 26AD, 47D brilliant

Brillat-Savarin, Anthelme (1755–1826) 26AD French writer on gastronomy

briller (4) *v.* 14D, 25D, 47D, 52D to shine

brioche *f.n.* 25ABC brioche, cake

brique *f.n.* 35AB, 47B brick

briquet *m.n.* 13AB lighter

brisé *a.* 23D broken, crushed

britannique *a. & n.* 45D British

broderie *f.n.* 22E embroidery

Brontë, Charlotte (1816–1855) 5B English writer

Brontë, Emily (1818–1848) 5B English writer

bronze *m.n.* 49D, 51AD bronze

bronzé *a.* 9AE, 36D tanned

Bronzini *p.n.* 51A brand of high-fashion clothing

brosse *f.n.* brush; **brosse à dents** 52A toothbrush

brosser (4) *v.* 25AB to brush; **se brosser** 25AB to brush

brouillard *m.n.* 12AB fog

brouille *f.n.* 31D disagreement, falling-out

brouillé *a.* 24A scrambled

brouiller (4) *v.* 31D to confuse, to muddle

bruine *f.n.* 12D fine rain, drizzle

bruit *m.n.* 10D, 11D, 12B, 14D, 16E noise, sound

brûlant *a.* 11D, 25D, 26D burning hot

brûler (4) *v.* 17D, 25D, 51D, 52ABD to burn; **brûler un feu rouge** 31A to go through a red light; **brûlé** *a.* 19D, 21D burned

brumeux *a.* 12D foggy, hazy

brun *a.* 6BCD, 7ADE, 10D, 13ACD, 16AC brown, dark

Bruno *m.p.n.* 5D masculine first name

brusqué *a.* 38D sudden

brusquement *adv.* 20A, 37D suddenly, abruptly

brutal *a.* 3B, 40E brutal

bruyamment *adv.* 28AB, 52A loudly, noisily

bruyère *f.n.* 48D heather

bûche *f.n.* 52B log

bûcher *m.n.* 52ABD stake

bûcheron *m.n.* 29D, 42D woodcutter, lumberjack

budget *m.n.* 27D, 36D, 41D budget

buffet *m.n.* 32D buffet

Bulgarie *f.p.n.* 51ACE Bulgaria

bulle *f.n.* bubble; **bulle de savon** 19D soap bubble

bulletin *m.n.* 32A report; 41D form, blank

buraliste *m. & f.n.* 15AB tobacconist

bureau *m.n.* 13ABE, 15A, 18AD, 21B, 32D office; **bureau de poste** 14A post office; **bureau de tabac** 14A tobacco shop

burlesque *a.* 27D burlesque

bus (*abbr. for* **autobus**) *m.n.* 4AED, 20B, 22E, 27D, 29AE bus

but *m.n.* 49D objective

buter (4) *v.* 51D to but up against

Butor, Michel (1926–) 12D French writer

butte *f.n.* 39D hill, mound; **en butte à** 39D exposed to; **(la) Butte Montmartre** 39D the steep hill of Montmartre (Paris)

bye *int.* (*angl.*) 51A good-bye

Byrrh *m.p.n.* 19A brand of apéritif wine

ça *pron.* (*coll. for* **cela**) 2A, 3D, 8A, 11A it, that; **c'est ça** 15A that's it; **ça alors** 32A you don't say?; **qu'est-ce-que c'est que ça?** what's that?

cabaret *m.n.* 40A nightclub, cabaret

cabine téléphonique *f.n.* 22ACDE, 35AB phone booth

cabriolet *m.n.* 51A convertible

cacao *m.n.* 46D cocoa

caché *a.* 31D, 49B, 52A hidden

cache-cache *m.n.* 43D hide-and-seek

cacher (4) *v.* to hide; **se cacher** to hide, to be hiding

cachette *f.n.* 49D hiding place

cadeau *m.n.* 9A, 28E, 43D, 47D gift

cadence *f.n.* 44B cadence

cadette *f.n.* 41D younger

cadre *m.n.* 6D, 18D, 20D, 33D, 37A executive, manager; 29D, 32E frame, setting

Caen *p.n.* 12D, 47A, 50A city in Normandy

café *m.n.* 4D, 14A, 15AE, 39A, 40D coffee, coffee shop; **café au lait** coffee with milk; **café en grains** coffee beans; **café-restaurant** café that also serves meals; **café-théâtre** cabaret

caféier *m.n.* 50E coffee plant

cage *f.n.* 26D, 33AB, 47D cage, coop, hutch

Cagnes (Cagnes-sur-mer) *p.n.* 44B town on the French Riviera known for its racecourse

cahier *m.n.* 11A notebook

caillou *m.n.* 44B, 46D pebble

Caïn *m.n.* 5B Cain, brother of Abel in the Bible

caisse *f.n.* 14B, 22AB cash drawer, cashier's window; **La Caisse d'Epargne** 44B savings bank; **les caisses de l'état** 41D government coffers; **les fusains en caisse** 22D potted shrubs

caissier, caissière *n.* 14AB, 22, 33D, 37A cashier

calanque *f.n.* 33D, 52 deep, narrow inlet in the Mediterranean, surrounded by rocky slopes

calcul *m.n.* 14E, 15E, 16D, 22E, 37D calculation; **calcul différentiel/intégral** 19B, 21A differential/integral calculus

calculatrice *f.n.* 21AC calculator

calculé *a.* 38D, 40D calculated

calculer (4) *v.* 51D to calculate; **machine à calculer** 16D adding machine

calèche *f.n.* 47D caleche (two-wheeled carriage)

caleçon *m.n.* 43A, 45ABD boxer shorts

caler (4) *v.* 31AB to stall

Californie *f.p.n.* 2D, 50A California

calisson *m.n.* 50BE almond specialty from Aix-en-Provence

calme *m.n.* 16E, 18E, 35D, 49E, 50AD calm, stillness; *a.* 7A, 23C quiet, composed

calmement *adv.* 12B calmly

calmer (se) (7) *v.* 46D, 49A to calm down, to be quiet

calomniateur, calomniatrice *n.* 24D slanderer

calorie *f.n.* 26A calorie

calorique *a.* 26D caloric

calqué (sur) *a.* 48D modeled (on)

calumet *m.n.* 13B peace pipe

Calvados *m.n.* 52B apple brandy

calvaire *m.n.* 9D calvary, roadside cross

calvitie *f.n.* 10B baldness

camarade *m. & f.n.* 37D, 39D, 40D comrade, friend, classmate

camarguais *a.* 50D from the Camargue region

Camargue *f.p.n.* 50ABCD region of the Rhône delta

Cambodge *m.p.n.* 50A Cambodia

cambodgien *a. & n.* 4AC Cambodian

Cambrai *p.n.* 36D, 48A town in the north of France famous for its candy (bêtises)

camélia *f.n.* 15D, 24D camelia

camembert *m.n.* 25CE, 26A, 40D, 50A variety of cheese from Normandy

caméra vidéo *f.n.* 27D video camera

camion *m.n.* 18AE, 30B, 39B, 52CE truck

camionnette *f.n.* 18A, 45D van

camomile *f.n.* 36B chamomile

camoufler (4) *v.* 19D to camouflage

camp *m.n.* 6D, 45D, 46B, 50D camp

campagnard *a. & n.* 18D rustic, country person

campagne *f.n.* 33D, 34D, 35AE, 43D, 47B country, countryside; **à la campagne** 34D in the country

campagne *f.n.* 27D, 45D campaign

Campari *m.p.n.* 24A brand of apéritif wine

camper (4) *v.* 52AB to camp

camping *m.n.* 42ABC, 43ADE camping; **faire du camping** 45A to go camping

Camus, Albert (1913–1960) 33D Nobel prize winning writer, 1957

canadien *a. & n.* 4A, 36D, 37B Canadian

canal, -aux *m.n.* 48ABD canal; **Canal du Midi** 48A canal in the south of France connecting the Atlantic Ocean to the Mediterranean Sea

canapé *m.n.* 32D sofa

canard *m.n.* 26AE, 36A, 47A, 52B duck

Cancale *p.n.* 50A fishing port in Brittany

cancer *m.n.* 8A cancer

candidat *m.n.* 13D candidate

canne *f.n.* cane; **canne à pêche** 51B fishing rod; **canne à sucre** 50A sugar cane

Cannes *p.n.* 35D fashionable resort on the French Riviera

canoë *m.n.* 6AD canoe, canoeing

canon *m.n.* 17B, 27D, 40A cannon

canonisé *a.* 52D canonized

Cantal *m.p.n.* 26ACE, 47A region in central France known for its cheese

cantatrice *f.n.* 39D, 40D professional singer; *La Cantatrice chauve* 39D play by Eugène Ionesco

cantine *f.n.* 22D canteen, school lunchroom

caoutchouc *m.n.* 44D rubber

Cap de Bonne Espérance *m.p.n.* 3B Cape of Good Hope

capable *a.* 8D, 31E, 44B able, capable

capacité *f.n.* 21D capacity

Capet, Hugues (c. 938–996) 47D king of France, founder of the Capetian dynasty

capitaine *m.n.* 23D, 39D, 40D captain

capital *m.n.* 8D riches; *a.* 21D, 44A essential, dominant

capitale *f.n.* 13D, 24A, 52A capital

capitaliste *a. & n.* 44A capitalist

capot *m.n.* 31AB hood

câpre *f.n.* 26A caper

caprice *m.n.* 48D caprice, whim

capté *a.* 16D captured

capter (4) *v.* 42D to pick up (a radio signal)

capturer (4) *v.* 20D to seize, to capture

car *conj.* 9D, 14D, 34E, 39D, 40D for, since, because; **car enfin** 34A because after all

caractère *m.n.* 6A, 8A, 15DE, 21D character, nature, disposition; **avoir bon/mauvais caractère** 9AC to be good-/bad-tempered

caractérisé *a.* 48D characterized

caractérisque *f.n.* 19C characteristic

carafe *f.n.* 28A carafe, decanter

caramel *m.n.* 24D caramel

caramélisé *a.* 24D caramelized

carbonisé *a.* 26D burned, charred

Carcassonne *p.n.* 52AB fortified town in southern France

cardiaque *a.* cardiac **crise cardiaque** 22E, 50D heart attack

Cardin, Pierre (1922–) 11A French fashion designer

cardinal *m.n.* 23D, 47, 51D cardinal

caresser (4) *v.* 45D to caress

caricatural *a.* 39D ridiculous, grotesque

caricature *f.n.* 39D caricature

Carlton *m.p.n.* 52AC luxury hotel in Cannes

Carné, Marcel (1909–) 6D, 42D, 51D French film director

carnet *m.n.* 51ABC notebook; **carnet de tickets** 27E book of tickets

carnivore *a.* 42D carnivorous, meat-eating

Carnot, Sadi (1796–1832) 48A French physicist who discovered the second law of thermodynamics

carolingien *a.* 33A pertaining to the Carolingian period (eighth to tenth centuries)

carotte *f.n.* 28B carrot

Carpentras *p.n.* 48AB, 50E town in Provence known for its candy (berlingot)

carré *a. & m.n.* 6C, 7AB square; **mètre carré** 27D, 44B square meter

carreau *m.n.* 47AB small square, window pane

carrefour *m.n.* 31D, 49D, 51D intersection, crossroad

carrelage *m.n.* 22D tiling, tiled floor

carrière *f.n.* 45D, 49D career

carte *f.n.* 12AC, 14C, 48AB, 52A card, map; **carte d'étudiant** 32A student ID card; **carte postale** 8E postcard; **carte routière** 42A road map; **carte des vins** 26A wine list; **carte de visite** 32A calling card; **jeu de cartes** 3B card game

Cartier *p.n.* 18BE luxury jewelry store

carton *m.n.* 19D cardboard

cas *m.n.* 20D, 32D, 34, 41D, 49D case;

en tout cas 7D in any case, at any rate; **dans ce cas** 5D in this case

caserne *f.n.* barracks; **caserne des pompiers** 27AE firehouse

Cash *p.n.* 41 popular game of chance

Casimir *m.p.n.* 8A masculine first name

casino *m.n.* 40D, 42D casino

casque *m.n.* 27AB, 39D, 44D, 47D, 52A helmet

casquette *f.n.* 46D cap

cassé *a.* 41AE, 43A, 46A broken; **Les Gueules cassées** 41A association of veterans whose faces were disfigured during the war

casser (4) *v.* 33B, 36D, 41AE, 51A to break; **se casser** *v.* 36D to break

casserole *f.n.* 24D saucepan; **raisonner comme une casserole** 52A to sound like an idiot

cassette *f.n.* 45D cassette

Cassis *p.n.* 47A 52A small picturesque harbor on the Mediterranean; *m.n.* 19B black-currant liqueur

cassoulet *m.n.* 26ABC, 50A stew of beans, pork, goose, etc., made in the Toulouse area

Castelnaudary *p.n.* 41D town in southwestern France

Castor *m.p.n.* 3B character in Greek and Roman legends, twin brother of Pollux

cataclysme *m.n.* 50A disaster

catacombes *f.pl.n.* 49BD catacombs

cataleptique *a.* 51D cataleptic

catalogue *m.n.* 20D catalog

cataphile *m. & f.n.* 49D fan of the catacombs

catastrophe *f.n.* 17D, 20D, 32A, 49B catastrophe

catégorie *f.n.* 18D, 20D, 32D, 44D, 49D category

cathédrale *f.n.* 4D, 16ACD, 27ABE, 28ABE cathedral

catholique *a.* 16D, 19B, 20D, 21B, 26B Roman Catholic

cause *f.n.* 29D, 45A cause; **à cause de** 14D, 19AE, 22D, 29E because of, on account of, owing to; **en connaissance de cause** 45D with full knowledge of the facts

causé *a.* 45E caused

causer (4) *v.* 13D to talk, to converse

caustique *a.* 15D caustic

cavalerie *f.n.* 40AE, 47A cavalry

cavalier *m.n.* 39D cavalier, gentleman

cave *f.n.* 19D, 29B, 35D, 47D cellar

caverne *f.n.* 8E cavern, cave

ce *pron.* 4A, 6D, 8A, 9C, 11E it, that; **ce, cet, cette, ces** *a.* this, that, these, those; **ce qui, ce que** *pron.* what, which; **ce que . . . !** how . . . !; **ce que tu peux être bête!** how dumb can you get!

ceci *pron.* 15D this

Cécile *f.p.n.* 5AD, 8AC, 9AE, 10AB feminine first name

céder (10) *v.* 36D, 38D, 47D, 51D to yield, to give up

cèdre *m.n.* 50ABE cedar tree

CEE (Communauté Européenne Economique) *f.p.n.* 22D European Economic Community

ceinture *f.n.* 45D belt; **ceinture de sauvage** 51D life preserver

cela *pron.* 14E, 15D, 22D, 23E, 27D that

célèbre *a.* 13D, 15D, 23D, 28D, 34D famous

célébrer (10) *v.* 28D, 46D to celebrate, to observe

célébrité *f.n.* 17E celebrity

céleri *m.n.* 23B celery

céleste *a.* 52D heavenly

célibat *m.n.* 44D celibacy

célibataire *a. & n.* 8AD, 23D, 33D, 35D, 44D unmarried, single

Céline *f.p.n.* 5D, 18 feminine first name

celle, celui, celles, ceux *pron.* 12D, 13A, 15AD, 20D the one, those (things); he, she, those (people)

cellier *m.n.* 35D storeroom

cellule *f.n.* 23D cell

cendre *f.n.* 25D ash

cendrier *m.n.* 25D, 51D ashtray

Cendrillon *f.p.n.* 44D Cinderella

censé *a.* 26D supposed, presumed

censeur *m.n.* 28D censor

cent *a.* 8AE, 15D, 20D, 24D, 29A one hundred; **faire les cent pas** 42AB to pace back and forth

centaine *f.n.* 15AB, 45B, 46D, 51D approximately a hundred

centaure *m.n.* 5B, 21AB centaur

centime *m.n.* 22ABD centime

central *a.* 12D, 33ABD central

centre *m.n.* 4D, 15B, 20D, 21B, 35D center

cèpe *m.n.* 50D boletus mushroom

cependant *adv.* 13D, 17D, 20D, 37D, 42E meanwhile; *conj.* however, nevertheless

céramique *f.n.* 51D ceramics

céramiste *n.* 51D ceramist

cercle *m.n.* 44D circle, club

céréale *f.n.* 9D cereal

cérébral, -aux *a.* 39B cerebral

cérémonial *m.n.* 38D ceremonial

cérémonie *f.n.* 47D ceremony

cérémonieusement *adv.* 24D ceremoniously

cérémonieux *a.* 14AB formal, ceremonious

cerise *f.n.* 26ABC, 31D cherry

cerisier *m.n.* 31D cherry tree

certain *a.* 7E, 8D, 18, 29D, 39D certain, sure

certainement *adv.* 34D, 51A certainly, surely

certes *adv.* 44D most certainly, surely

certitude *f.n.* 40D certainty

cerveau *m.n.* 13AB, 19D, 21D brain; **c'est un cerveau** (s)he's a real brain

cervelle *f.n.* 39D brain tissue

ces. *See* **ce**

César, Jules (101–44 B.C.) 50E Roman emperor

cesser (4) *v.* 23D, 41D, 43D, 45D to cease, to stop

cet. *See* **ce**

cette. *See* **ce**

Ceyrat *p.n.* 37D city in the Auvergne region

chablis *m.n.* 24BC, 30D white wine from the region near the town of Chablis in Burgundy

chacun *pron.* 13D, 24A, 26D, 38D, 39D, 44D each (one), everyone, everybody

chagrin *m.n.* 43AB, 41D, 47D grief, sorrow, trouble

chahuter (4) *v.* 13D to be rowdy

Chaillot (Palais de) *p.n.* 40AB a national theater in Paris

chaîne *f.n.* 5B, 40D, 41D radio or television station

chair *f.n.* 44D flesh; **en chair et en os** 40AB in the flesh, in person

chaise *f.n.* 11A, 32AB, 46D, 51A chair, **chaise à porteurs** 47D sedan chair

chalet *m.n.* 34AD, 35A chalet

chaleur *f.n.* 26D heat, warmth

chaleureux *a.* 18A, 24E, 51D warm, hearty, cordial

Chambertin Clos de Bèze *m.n.* 24A famous red burgundy wine

Chambolle-Musigny *p.n.* 31E town in Burgundy famous for its red wines

Chambord *p.n.* 40D, 47C village in the Loire valley renowned for its Renaissance castle

chambre *f.n.* 13ABD, 16D, 18D, 19AB room, bedroom; **Chambre des Députés** 14D the French Chamber of Deputies

chameau *m.n.* 46ADE camel; *(sl.)* 45ABE peevish, quarrelsome person

Chamfort (Sébastien Roch Nicolas, 1741–1794) 15D French moralist and satirist

Chamonix *p.n.* 47AD resort in the Alps

champ *m.n.* 46AB, 47A 52AE field; **champ de blé** 28D wheat field; **Champs-Elysées** 14D famous avenue in Paris

champagne *m.n.* 48AD, 51B, 52D champagne

champagnisé *a.* 51B made sparkling by the champagne method

champignon *m.n.* 24BD, 26D mushroom

champion, championne *n.* 17AE, 19ABDE, 24D, 48D champion

Champollion, Jean François (1790–1832) 38B French Egyptologist who first deciphered hieroglyphics

chance *f.n.* 10A, 22D, 28A, 31E luck; **c'est bien notre chance!** 9A that's just our luck!; **je n'ai jamais de chance** 41A I'm unlucky

chanceux *m.pl.n.* 31D, 44D lucky
ones

chandelle *f.n.* 39D candle

changement *m.n.* 27A, 29D, 46B
transfer, change; **changement
de vitesses automatique ou
manuel** 30AB automatic or manual
gear-shift

changer (4) *v.* 8D, 13D, 18D, 23A,
25E to change; **c'est ça qui te
changerait les idées** 46A that
would take your mind off things;
se changer 18A to change clothes

chanoine *m.n.* 19B canon (of church)

chanson *f.n.* 5D, 11D, 14D, 47D
song; **chanson de geste** 48D
medieval epic poem

chansonnier *m.n.* 15D singer-
songwriter

chant *m.n.* 10D, 19D, 47D singing,
song

chantage *m.n.* 12D blackmail, threat

Chantal *f.p.n.* 5D feminine first name

chanter (4) *v.* 14D, 18D, 22A, 26D,
34D to sing

chanteur *m.n.* 14D singer, vocalist

chanteuse *f.n.* 5D, 40D singer,
vocalist

Chantilly *p.n.* 47AB town north of
Paris famous for its medieval and
Renaissance castle; **crème
Chantilly** 47A whipped cream

chaos *m.n.* 52D chaos

chapeau *m.n.* 13AB, 25D, 37ABD,
44D hat

chapelle *f.n.* 13D, 15D, 19B, 22ABE
chapel

chaperon *m.n.* 47D hood; **Le Petit
Chaperon rouge** 3A Little Red
Riding Hood

Chaplin, Charlie (1889–1977)
38B American comic actor and film
director

chaque *a.* 13D, 17D, 20D, 21D, 22D
each, every

charbon *m.n.* 10D, 17AB, 25A, 49D
coal

charbonneux *a.* 38D sooty

charbonnier *m.n.* 17B coal merchant,
coalman

charcuterie *f.n.* 25AB, 43D, 50A pork
butcher's shop, pork cold cuts;

assiette de charcuterie assorted
cold cuts

charentais *a.* 35D pertaining to the
region of Charentes

Charentes *f.pl.p.n.* 35D southwestern
region of France

charge *f.n.* 34ABD expense,
maintenance fee; **enfant à charge**
34D dependent; 39D charge;
charge de cavalerie 40AE cavalry
charge

chargé *a.* 13D, 48AB, 51D, 52A
loaded, laden

charger (4) *v.* 39D, 52D to entrust
with, to direct

chariot *m.n.* 47D wagon

charitable *a.* 34E, 41B charitable

charité *f.n.* 3B charity

Charlemagne (742–814) 47D, 48D
emperor of France who established
the Holy Roman Empire

Charlot *p.n.* (*coll.*) 38A Charlie
Chaplin

charlotte *f.n.* 26A variety of cake

charmant *a.* 24A, 49AD charming

charme *n.* 6D, 22D, 29AB, 35D
charm

charpente *f.n.* 17A, 34B framework

charpentier *m.n.* 17A, 34AB
carpenter, builder

Charpentier, Gustave (1860–1956)
17A French composer

charrette *f.n.* 45D cart

Chartres *p.n.* 13D, 16E, 27ABCE city
southwest of Paris, in the Beauce
region, renowned for its Gothic
cathedral

chasse *f.n.* 32B, 34AD hunting

chasser (4) *v.* 11D, 34A, 47D, 52D to
drive away

chaste *adj.* 38A chaste

chat *m.n.* 15D, 22D, 23E, 32A, 43D
cat

châtain *adj.* 6A, 7C chestnut brown,
brownhaired

château, -eaux *m.n.* 15D, 27AD,
34AD, 47D, 52A castle

**Chateaubriand, François René
(1768–1848)** 13D, 33D French
writer

Châteaudun *p.n.* 47A city southeast

of Paris famous for its Renaissance
castle

Châtelet *m.p.n.* 38D medieval fortress
built to protect the center of Paris

Châtenay-Malabry *p.n.* 20D suburb
of Paris

Chatou *p.n.* 35D suburb of Paris

chaud *a.* 11ABC, 18B, 25D, 32A,
43D hot, warm

chauffage *m.n.* 17B, 33ABD heating
system; **chauffage central** 33ABD
central heating

chauffer (4) *v.* 29AB, 26D to heat
(up)

chauffeur *m.n.* 27B, 29ABE, 41D
chauffeur, driver

chaume *f.n.* 31E, 34D, 35BDE thatch

chaumière *f.n.* 34D, 35ABE thatched
cottage

Chaumont *p.n.* 47AC village in the
Loire valley famous for its
Renaissance castle

chausser (4) *v.* 44AB to put shoes on;
du combien chaussez-vous?
44A what size shoe do you wear?

chaussette *f.n.* 37ACE, 43B sock

chaussure *f.n.* 37A, 44ABD, 45AD
shoe; **chaussure montante** 44AB
boot; **chaussure de montagne**
44AB hiking boot

chauve *a.* 10B, 39D, 40D bald

chauvin *a.* 39E, 48AB chauvinist

chauvinisme *m.n.* 47E chauvinism

chavignol *m.n.* 26AE variety of goat
cheese

chef *n.m.* 42D, 43D head, chief;
26AC chef; **chef de service** 5A,
15A head of department

chef d'œuvre *n.m.* 38D, 40D, 51D
masterpiece

chemin *m.n.* 13B, 18A, 30A, 39D,
52AD way, path, road; **chemin
de fer** 42B railroad

cheminée *f.n.* 32D, 35D fireplace

chemise *f.n.* 13B, 21D, 45BD, 51B
shirt

chemisette *f.n.* 46D short-sleeved
shirt

chemisier *m.n.* 13AB, 51B blouse

chêne *m.n.* 47D oak; **chêne-liège**
50A cork oak

chenil *m.n.* 51B kennel

Chenonceaux *p.n.* 34D, 47A village in the Loire valley famous for its Renaissance castle

chèque *m.n.* 41D, 43D, 46B check

cher *a.* 13A, 22A, 33A, dear; 14ABC, 15E expensive

chercher (4) *v.* 6D, 9A, 15AE, 17E, 22A to look for, to fetch; **va chercher mon album** 8A go get my album; **où es-tu allé chercher ça?** 47A where on earth did you get that idea?; **chercher à** 52A to try to

Chéreau, Patrice (1944–) 39A French actor and director

cheval, -aux *m.n.* 5B, 9D, 13A, 27A horse; 6ABD horseback riding; **à cheval** 27A on horseback

chevalerie *f.n.* 48D knightly class

chevalier *m.n.* 34D, 48D knight

chevalin *a.* 44A horsy, equine

chevelure *f.n.* 14D hair

Cheverny *p.n.* 34D, 52A village in the Loire valley famous for its seventeenth-century castle

cheveux *pl.m.n.* 6ABCD, 7AE, 9AD, 10A, 18D hair

cheville *f.n.* 7D, 10AB, 44A ankle

chèvre *f.n.* 17AB, 26AB, 47A, 52A goat; *m.n.* 26A goat cheese

chevrier *m.n.* 17ABC goatherd

chez *prep.* 5AB, 9B, 11ABCE, 12AB, 13D at the home of; **il travaille chez Renault** 11B he works for Renault; **ça vient de chez Dior** 11A it's a Dior; **chez quelqu'un** at someone's house; **chez soi** 18A at home; **chez Racine tout est sentiment** 15D with Racine everything is feeling

chic *a.* 11D, 16D, 17D, 19A, 27A smart, stylish; **elles ont le chic pour** 39A they have a knack for

chien *m.n.* 4D, 5B, 8D, 11D, 23E dog

chiffre *m.n.* 22E, 32D, 41AC, 51D figure

chilien *a. & n.* 35A Chilean

chimie *f.n.* 15D, 19AB, 21ABCE chemistry

chimiste *m.n.* 21D chemist

Chine *f.p.n.* 46D, 47B, 50A China

chinois *a.* 36A, 38D, 51D Chinese

Chinon *p.n.* 47A, 52A town in the Loire valley famous for its ruined castle and its wine

chirurgien *m.n.* 15ACD surgeon

choc *m.n.* 30D impact, crash

chocolat *m.n.* 3B, 8A, 9D, 26AB chocolate; 25A, 42A hot chocolate

chœur *m.n.* 14D, 46ABE choir; **enfant de chœur** 46A choirboy

choisir (5) *v.* 3AB, 4E, 5E, 6E, 8D to choose; **à choisir** 18D given the choice

choix *m.n.* 18D, 19A, 35D, 51D choice

chômage *m.n.* 41D unemployment

chômeur *m.n.* 41D unemployed person

Chopin, Frédéric François (1810– 1849) 38D Polish piano virtuoso and composer

choquer (4) *v.* 24E, 33E to shock

chorégraphie *f.n.* 40D choreography

chose *f.n.* 9D, 12E, 15AE, 16B thing; **la même chose** 12E the same thing

chou *m.n.* 26E cabbage; **chou à la crème** 26A cream puff

chouchou *m.n.* 43D darling, pet

choucroute *f.n.* 26ABCE, 50A, 51A sauerkraut

chouette *int.* (*coll.*) 19D, 35D, 43D, 48A, 50D great!, terrific!

Chrétien de Troyes (c. 1135–1183) 48D French poet

chrétien *a.* 3B, 16D, 25E 40E, 45D Christian

chrétienté *f.n.* 20D Christianity

Christ (le) *m.n.* 28D, 47D, 50D, 51D Jesus Christ

Christianisme *m.n.* 47D Christianity

chuchotement *m.n.* 40D whispering

chuchoter (4) *v.* 40D to whisper

chut *int.* 37A shh!, quiet!

chute *f.n.* 12D, 21AB, 42AB fall, waterfall; **les chutes du Niagara** 42A Niagara Falls

ciboulette *f.n.* 26B chives

cidre *m.n.* 50AD cider; **cidre bouché** 51A, **cidre mousseux** 51B sparkling cider

ciel, cieux *m.n.* 11AC, 12ABCD, 14AC, 43D sky; **le Ciel** 23D heaven, Providence

cigare *m.n.* 4D cigar

cigarette *f.n.* 4BD, 13D, 18D, 25D, 51D cigarette

ciment *m.n.* 35AB, 44D cement

cimetière *m.n.* 32D, 44ABD, 45A, 49D cemetery

cinéaste *m. & f.n.* 18AB, 20E, 38B, 51D, 52A filmmaker

cinéma *m.n.* 2D, 4A, 5D, 6D, 10A cinema, movies

cinémascope *m.n.* 37B cinemascope

cinémathèque *f.n.* 40ABCE film library

ciné-club *m.n.* 10AC film club

cinglant *a.* 39E scathing, cutting

cinoche *m.n.* (*coll.*) 37D movies

cinq *inv. a.* 8AB, 9A, 16A, 17D, 20B five

cinquantaine *f.n.* 51D about fifty

cinquante *inv. a.* 24A, 32A, 45A, 47D fifty

cinquième *a. & m.n.* 20D, 31B, 32A, 40D, 44D fifth

cintre *m.n.* 45D coathanger

circonstance *f.n.* 18D, 52AE circumstance

circulable *a.* 24D easy to get around in

circulation *f.n.* 16D, 24ABD, 38A, 45A traffic

circuler (4) *v.* 25D to circulate

ciré *m.n.* 10A slicker, oilskin

cirque *m.n.* 38BD, 40ABDE circus; **cirque de Gavarnie** 47A natural amphitheater in the Pyrénées

cirrus *m.n.* 11A cirrus cloud

ciseau *m.n.* 39D chisel

citadelle *f.n.* 39D citadel

citadin *m.n.* 22D city dweller

citation *f.n.* 35E quotation

cité *f.n.* 4ABCD, 9D, 14A, 17D, city; **Cité-U, Cité Universitaire** students' residence hall(s)

citer (4) *v.* 21E, 27E, 34E, 35E, 40D to quote

citron *m.n.* 26AC lemon

civilisation *f.n.* 26D, 38D, 42D civilization

civilisé *a.* 26D, 48D, 50A civilized

ci-dessus *adv.* 12D, 13E above

clac! *int.* 36D click!, slam!, bam!

clair *a.* 12D, 25D, 32B, 42D, 48AE clear

clairement *adv.* 12D clearly

clairvoyant *a.* 31D clairvoyant

clandestin *a.* 38D, 41D, 44D, 45D, 52B clandestine

classe *f.n.* 5D, 6E, 9D, 19ABC, 20D class, grade; **classe ouvrière** 33AB working class

classé *a.* 36AC classified

classicisme *m.n.* 48D classicism

classique *a.* 15D, 18D, 21A, 34D, 39A classical, classic; **c'est classique** 13AB it's the same old story

Claudel, Paul (1886–1955) 33D, 39AB French poet, playwright, and diplomat

clavier *m.n.* 18E keyboard

clé *f.n.* 31AB, 47D key

Clément, René (1913–) 45D French film director

clergé *m.n.* 18D clergy

Clermont-Ferrand *p.n.* 37D industrial city in central France

clic! *int.* 36D click!

cliché *m.n.* 23D snapshot

client *m.n.* 18A, 22D, 25C, 34E, 37E customer, client

clientèle *f.n.* 22D, 44D, 51D clientele

cligner (4) *v.* 37AB, 40AC, 45A, 52A to wink, to blink

clignotant *m.n.* 31ABE, 45A directional signal

climat *m.n.* 12E, 48D climate

clin (d'œil) *m.n.* 44A wink; **en un clin d'œil** 48A in the twinkling of an eye

cloison *f.n.* 36D partition, wall

cloître *m.n.* 16D cloister

clore (se) (*) *v.* 48D close up, turn inward

Clos de Vougeot *m.p.n.* 30D, 34D castle and celebrated vineyard in Burgundy

clos *m.n.* 35D enclosure

Closerie des Lilas *f.p.n.* 18ABE, 19ACE, 20ABCD, 21E, 22A restaurant and bar in Paris

Clovis (c. 466–511) 47D Frankish king

club *m.n.* 9A club

Club Med (abbr. for **Club Méditerranée**) *m.p.n.* 51A holiday resort

coca (*coll.*) 16B, 40D a Coke

coco *m.n.* 51D kind of punch; **noix de coco** *f.n.* 26D coconut

cocon *m.n.* 35D cocoon

cocorico *m.n.* 47AB cock-a-doodle-doo!; expression of French chauvinism

Cocteau, Jean (1889–1963) 32D, 33D, 47A French artist, poet, novelist, dramatist, and filmmaker

code *m.n.* 33E, 37E, 45E, 48D code

codifier (se) (7) *v.* 48D to become codified

cœur *m.n.* 10D, 15D, 18AB, 19D, 21B heart; **avoir le cœur sur la main** 23AB to have one's heart on one's sleeve

coffre *m.n.* 29BC trunk

cognac *m.n.* 21B, 24E, 36AB, 37A Cognac brandy

coi *a.* 37D speechless

coiffé *a.* capped, covered; **coiffé d'un feutre noir** 13D wearing a black hat

coiffe *f.n.* 50AB headdress

coiffure *f.n.* 14D, 18D, 20E, 43ABD hairstyle; **salon de coiffure** 44AB hairdresser's

coin *m.n.* 26D, 29AD, 30D, 39D corner, place; **coin cuisine** 35D breakfast nook

coïncidence *f.n.* 4D, 15A, 22AE, 24BE, 27B coincidence

Cointreau *p.n.* 24E orange liqueur

col *m.n.* 46D, 47AD, 52D mountain pass

cola *m.n.* 50D cola

colère *f.n.* 17D anger

colimaçon *m.n.* snail; **escalier en colimaçon** 49D spiral staircase

collaborateur *m.n.* 45E collaborator

collaboration *f.n.* 4A, 45D collaboration

collant *a.* 12AB, 44D close-fitting

colle *f.n.* 25D glue

coller (4) *v.* 36D to glue, to stick

collectif *a.* 4A, 22D collective

collection *f.n.* 32D, 39D collection

collectionner (4) *v.* 35A, 42B to collect

collège *m.n.* 18D, 20D secondary school; **Collège de France** 13D institute for research and teaching founded in 1530 by François Ier

collègue *m.n.* 25A, 37D, 43A colleague

collier *m.n.* 14D, 47D necklace, collar; **collier de barbe** 51AB narrow beard

colline *f.n.* 35D, 39D hill

Collioure *p.n.* 48D picturesque harbor on the Mediterranean, near the Spanish border

colo (*abbr. for* **colonie de vacances**) *f.n.* 43D, 46ABDE, 50D youth camp, summer camp

Colombie *f.p.n.* 50A Colombia

colonel *m.n.* 49D colonel

colorer (4) *v.* 42B to color; **coloré** *a.* colored

Coluche (Michel Colucci, 1944–1986) 8D, 11D, 15D, 17D, 25D French actor and entertainer

combat *m.n.* 7D, 33D, 39D, 44D, 45D combat

combattant *m.n.* 52B combatant; **ancien combattant** 41B veteran

combattre (6) *v.* 48D, 49D to combat

combien *adv.* 5C, 7CE, 8CDE, 12E, 13E how much; **combien je vous dois?** 31A how much do I owe you?; **ça fait combien?** 14E how much is it?

combinaison *f.n.* 41D, 44D combination; **combinaison thermique** 48A wet suit

combiné *m.n.* 33D, 36D receiver

comblé *a.* 33D fulfilled, gratified

comble *a.* 38D, 43D full

combler (4) *v.* 44B to fill in, to compensate for

comédie *f.n.* 2D, 4AC, 5B, 15D, 24D comedy; **Comédie-Française** 39A the oldest theater in Paris; **comédie musicale** musical comedy

comédien *m.n.* 15D, 18D, 39D actor

comique *a.* 5D comic

comité *m.n.* 45D committee

commande *f.n.* 28A order

commandement *m.n.* 49D
commandment

commander (4) *v.* 18D, 49D
command; 22C, 25ACE order

comme *adv.* 3A, 5DE, 6D, 7AC, 8A
as, like; **comme ça** 2A like that;
comme c'est bizarre! *excl.* 22A
how strange!; **comme d'habitude**
24A as usual

commémoratif *a.* 47D
commemorative

commémorer (4) *v.* 49D to
commemorate

commencement *m.n.* 3D, 13D, 38D
beginning

commencer (4) *v.* 9A, 14AE, 15D,
16D, 18D to begin

comment *adv.* 2AC, 3C, 4D, 8AE,
9AC how, what; **comment ça va?**
13A how are you? **comment est-
elle?** 6C what sort of person is she?

commentaire *m.n.* 7D, 38C
commentary

commenter (4) *v.* 18D to comment
(on)

commerçant *m.n.* 16A, 18ABD, 23D,
33D, 34D shopkeeper, dealer,
tradesman

commerce *m.n.* 18ABCD, 21D, 23D,
33E, 40D trade, business

commercial *a.* 13B, 22D, 48A
commercial, trading

Commercy *p.n.* 48A small town
northeast of Paris, known for its
madeleines

commettre (24) *v.* 39D to commit

commis *m.n.* 43D salesperson

commission *f.n.* 13D, 21D
commission

commode *a.* 18E, 20AB, 27AB, 29B,
33C practical, convenient

commun *a.* 19A, 23D, 28A common;
en commun 9A in common;
transports en commun 20D mass
transit; **hors du commun** 23D out
of the ordinary

communauté *f.n.* 33D community

commune *f.n.* 22D, 33D district

communément *adv.* 26D commonly

communication *f.n.* 12D, 20D, 36D,
45D communication

communiquer (4) *v.* 32AC, 38D to
communicate

communisme *m.n.* 19D communism

communiste *a.* 13D, 37D, 38D, 40D
communist

compagnie *f.n.* 8D, 18AB, 23DE,
37D, 42D company; **compagnie
d'assurances** 18A insurance
company

comparaison *f.n.* 20E, 29E, 46E
comparison

comparer (4) *v.* 7E, 18E, 24E, 33E,
35E to compare

compartiment *m.n.* 29ABE, 52D
compartment

compas *m.n.* 44B drawing compass;
avoir le compas dans l'œil 44A to
have a sharp eye

compatissant *a.* 44E compassionate,
sympathetic

compensation *f.n.* 34D compensation

compenser (4) *v.* 42D to compensate
(for)

complément *m.n.* 26D, 33D
complement

complémentaire *a.* 41D
supplementary

complet *a.* 25ABE, 35AB, 43B
complete, full; *m.n.* 37A suit; **au
grand complet** 45D with
everybody present

complètement 9D, 25AB, 27A, 30AB,
32B completely

compléter (10) *v.* 32A to complete

complexe *m.n.* 5ADCE hang-up,
complex; 33D apartment complex;
a. 37D complex, complicated

compliment *m.n.* 40D, 50E
compliment

compliqué *a.* 9A, 24A complicated

comportement *m.n.* 52E behavior

comporter (4) *v.* 33D, 48D to
include; **se comporter** 31E, 32E to
behave

composé *a.* 8D, 22D, 35D composed;
bien composé 24A balanced

composer (4) *v.* 5D, 16D, 27D to
compose; 36D to dial

compositeur *m.n.* 17AB composer

composition *f.n.* 32D, 51DE
composition

compostage *m.n.* 27D punching

Compostelle (Saint Jacques de)
28D pilgrimage church in Spain

composter (4) *v.* 27AB to punch
(ticket)

comprendre (32) *v.* 3A, 3D, 7D, 9E,
11D to understand; 8D, 25E to
include

compréhensible *a.* 52A
comprehensible, understandable

compréhensif *a.* 51E understanding

compris *a.* 22A included

compromettre (24) *v.* 20D, 38D to
compromise

compte *m.n.* 18D, 26D, 34D, 41D,
42D account; **en fin de compte**
18A all told; **se rendre compte** 8D,
48A to realize

compter (4) *v.* 8D, 12D, 13D, 19A,
21AC to count; 27A, 46A to plan;
ça ne compte pas 47A that doesn't
count; **compter sur** 44A to depend
on, to rely on; **sans compter**
19A not to mention

comptoir *m.n.* 22D bar, counter

comte *m.n.* 6D, 7D, 8A, 24D, 48D
count

Comte, Auguste (1798–1857)
15D French philosopher

comtesse *f.n.* 9A, 48D countess

concentration (camp de) *m.n.* 45D
concentration camp

Concepcion *f.p.n.* 23AC, 24A
feminine first name

conception *f.n.* 35E, 41D, 48D
concept

concerné *a.* 20D, 34D concerned

concerner (4) *v.* 34D, 41D, 44D,
45D to concern, to apply to; **en
ce qui concerne X** 20D, 33D as far
as X is concerned

concert *m.n.* 18AB, 36A, 37D, 38E,
49D concert

concevoir (33) *v.* 21D to conceive

concierge *f. & m.n.* 32ABCDE, 33B,
34B, 36D concierge

Conciergerie (la) *f.p.n.* 14D, 23A
fourteenth-century tower and
dungeon on the île de la Cité in
Paris

conciliable *a.* 42D compatible

conciliant *a.* 38D conciliatory

concilier (4) *v.* 20D, 21D to reconcile

concis *a.* 15D concise

conclure (*) *v.* 49D, 51E to conclude; **conclu** *a.* 18D concluded

conclusion *f.n.* 18C, 21E conclusion

concombre *m.n.* 28B cucumber

Concorde (place de la) *f.p.n.* 38ABCDE one of the largest public plazas in Paris, between the Tuileries Gardens and the Champs-Elysées

concours *m.n.* 13D competition

conçu *a.* 30D devised, invented

concurrence *f.n.* 41D competition

concurrent *m.n.* 44B rival

condamné *m.n.* 48D condemned person

condamner (4) *v.* 52D to condemn

condiment *m.n.* 25E condiment

condition *f.n.* 32E, 48C, 49B condition; **sans condition** 12D unconditional; **à condition que/de** *conj.* 41B as long as, provided that

conditionner (4) *v.* 33D to influence

conducteur *m.n.* 17AB, 18DE, 31D, 50A driver

conduire (13) *v.* 18AD, 29A, 31A, 37B to drive; **permis de conduire** 30A driver's license; **se conduire** 37B, 41E to behave

conduite *f.n.* 30D, 46E driving; 13D, 48D conduct

confection *f.n.* 45D fabrication

conférence *f.n.* 42D lecture

conférer (10) *v.* 51D to confer

confiance *f.n.* 39AB, 45D, 46B, 49B, 52D confidence

confiant *a.* 46B confident

confier (4) *v.* 50D to confide

confirmer (4) *v.* 13D, 41D to confirm

confiserie *f.n.* 48B, 50AE confectionery, sweets, candy store

confit *m.n.* 24AB, 26BE preserves of goose or duck in fat

confiture *f.n.* 17D, 25AB, 26B, 42ABE jam

conflit *m.n.* 21D conflict

confondre (6) *v.* 31D, 33D to confuse, to mix up

conforme *a.* 10B conforming

confort *m.n.* 33AD, 35D, 44D, 45D comfort

confortable *a.* 14B, 21B, 27B, 30A, 31B comfortable

Confrérie des Chevaliers du Tastevin *f.p.n.* 34D wine-tasting association

confusion *f.n.* 32E mistake; 39D, 46D confusion

congé *m.n.* 20B, 38B leave; **se mettre en congé** 20A to take a leave or vacation; **donner congé à** 29A to dismiss (someone); **prendre congé** 29B to leave

congélateur *m.n.* 33D freezer

congénital *a.* 42D congenital, genetic

conglomérat *m.n.* 18D conglomeration

conjoint *m.n.* 8D, 49D spouse

conjonctivite *f.n.* 24B conjunctivitis

conjoncture *f.n.* 45B circumstances

conjugaison *f.n.* 21A conjugation

connaissance *f.n.* 15B, 20D, 21D knowledge; 22A, 24AC, 27A, 32A, acquaintance; **je suis ravi de faire votre connaissance** 24B I am delighted to meet you; **en connaissance de cause** 45D with full knowledge of the facts; **sans connaissance** 51D unconscious

connaître (14) *v.* 13AB, 15A, 16AD, 19AB to know, to be acquainted with, to be familiar with; **s'y connaître** 29AE to know all about, to be an expert in; *Andromaque* **connaît un grand succès** *Andromaque* is a great success

connexion *f.n.* 36D connection

conquérant *m.n.* 13D conqueror

conquérir (*) *v.* 35D, 47D to conquer

Conques *p.n.* 47A town in central France famous for its Romanesque church

conquête *f.n.* 7D conquest

consacré *a.* 22D, 29D devoted

consacrer (4) *v.* 13D, 17D, 40D to devote

conscience *f.n.* 21D conscience; **avoir mauvaise conscience** 48A to have a guilty conscience

consciencieux *a.* 18E conscientious

conscient *a.* 33D conscious

conscrit *m.n.* 7D draftee

consécutif *a.* 44B consecutive

conseil *m.n.* 24B, 44DE counsel, advice; **Conseil d'Etat** 18A Council of State

conseiller (4) *v.* 24C, 27C, 29E, 30E, 39AC to advise

conseiller *m.n.* 39D, 47D, 51D adviser; 15D councillor

consentir (28) *v.* 21D to consent

conséquent *a.* consequent; **par conséquent** 34D consequently

conservateur *m.n.* 23D, 27ABC curator

conservatoire *m.n.* 5D, 40AE conservatory

conserve *f.n.* 25ABE, 26E, 44E, 48A canned goods; **c'est de la conserve** 40A it's canned

conserver (4) *v.* 16D, 42D to keep, to preserve

considérable *a.* 8D, 15D, 40A considerable, enormous

considérablement *adv.* 33D considerably

considération *f.n.* 18D, 34E, 46E, 47D consideration

considérer (10) *v.* 7D, 16E, 19E, 20D, 28D to consider

consister (4) *v.* 37D, 44D to consist

constituer (4) *v.* 28E to constitute

consolation *f.n.* 35D consolation

consoler (4) *v.* 21D to console

consommateur *m.n.* 45D, 50D, 51AB consumer

consommation *f.n.* 29D, 41AED, 51B drink (in a café); 33D, 45D consumption

consommé *m.n.* 24B consommé

consommer (4) *v.* 9D, 29C, 46AE, 50D, 51B to consume; **ça ne consomme presque rien** 29A it gets very good mileage

constamment *adv.* 40A, 52A constantly

constance *f.n.* 48D constancy

constant *a.* 34D, 51D constant

constater (4) *v.* 20D, 32D, 33D, 34D, 51D to note

constituer (4) *v.* 20D, 28D, 34D, 38B, 44D to constitute

constitution *f.n.* 15D, 28D constitution

construction *f.n.* 28D, 32AD, 33AC, 35CD, 40E building, construction

construire (13) *v.* 16D, 21B, 32B, 34BC to build; **construire en dur** 35AC to build in concrete or stone

consultation *f.n.* 13D, 36D consultation

consulter (4) *v.* 13E, 25A, 26AC, 28A, 31D to consult

contact *m.n.* 40A, 46AC contact; **mettre le contact** 31AB to turn on the ignition

contacter (4) *v.* 41D to contact

conte *m.n.* 5D, 15D, 36A, 37D story, tale

contemplation *f.n.* 11A, 52A contemplation

contempler (4) *v.* 19D, 45D, 49D to gaze at, to contemplate

contemporain *a.* 8D, 19ABD, 24D, 32D, 39D contemporary

contemporanéiste *a.* 12D advocate of the contemporary as opposed to the traditional

contenance *f.n.* bearing; **donner contenance** 37D to give an impression of composure

content *a.* 6E, 15E, 16B, 17D, 21D happy, content

contenter (se) (7) *v.* 13D, 47D to content oneself

contenu *m.n.* 40D content

conter (4) *v.* 45D, 48D to tell

contexte *m.n.* 45E context

continu *a.* 12D continuous

continuer (4) *v.* 10AB, 12A, 13AE, 19AC, 21E to go on, to continue

contradiction *f.n.* 15D, 18B contradiction

contrainte *f.n.* 8D constraint

contraire *a. & m.n.* 18D, 24D opposite; **c'est le contraire** 23A it's the other way around; **au contraire** 13D on the contrary

contrairement *adv.* 40D contrary to, unlike

contraste *m.n.* 38E contrast

contrasté *a.* 32D contrasted

contrat *m.n.* 46E contract

contre 8D, 12D, 15A, 18B, 20E against; **contre 30% en 1973** 20D as opposed to 30% in 1973;

être contre 21A to be against, to be opposed

contre-attaque *f.n.* 21E, 26D counterattack

contrebandier *m.n.* 16D smuggler

contremaître *m.n.* 18D foreman

contre-nature *a.* 26D unnatural

contreplongée *f.n.* 45D low-angle shot (cinema)

contribuer (4) *v.* 18D, 28E, 33D, 52E to contribute

contribution *f.n.* 47D contribution

contrôler (4) *v.* 19A, 52D to control, to check

contrôleur *m.n.* 43D conductor

contusion *f.n.* 52A contusion

convaincre (*) *v.* 46AB to convince

convalescence *f.n.* 15D convalescence

convenable *a.* 15A suitable

convenance *f.n.* 32D convenience

convenir (39) *v.* 21D, 41D, 52E to be appropriate, to be acceptable

convention *f.n.* 10B, 33D, 48D convention

conventionnel *a.* 5D conventional

convergence *f.n.* 50D convergence

conversation *f.n.* 4D, 16DE, 21AE, 24AE, 29A conversation; **engager la conversation** 11E to strike up a conversation

convertir (5) *v.* 37D, 47D to convert

conviction *f.n.* 44D conviction

convive *m.n.* 33D guest

convivialité *f.n.* 29D conviviality

copain *m.n.* 13A, 19ABC, 20D, 27A, 29D friend, pal, buddy

copie *f.n.* 19D, 32D copy

copier (4) *v.* 48A to copy

copine *f.n.* 13A, 20D, 27AB (girl) friend

coq *m.n.* 7D, 47B cock, rooster

corbeau *m.n.* 19D, 49D crow

corbeille *f.n.* 47D basket; **corbeille de noce** 47D wedding presents

corde *f.n.* 17D, 30D rope, cord; **corde à sauter** 17D jump rope

cordial *a.* 18B, 24E, 42D, 50E cordial

cordon *m.n.* 36D cord, pull

cornebleu, cornefinance, cornegidouille *int.* 39D invented epithets

Corneille, Pierre (1606–1684) 15D, 23D, 38D French dramatist

corner (4) *v.* 45D to blow the horn

cornette *f.n.* 40AC nun's wimple

corps *m.n.* 7D, 21AB, 45D, 50D body; **le corps humain** 7D the human body

correct *a.* 41E, 47E correct

correctement *adv.* 25D, 39D correctly, properly

corrélation *f.n.* 33D correlation

correspondance *f.n.* 33D correspondence

correspondre (6) *v.* 20D, 45DE, 49D to correspond

cortège *m.n.* 47D procession

cossu *a.* 37D well-off, rich

costaud *a.* 6ABD, 7A, 47D, 50E sturdy, tough

costume *m.n.* 17B, 39B, 40D, 47D, 50D suit, costume, dress

côte *f.n.* 16D, 24D, 42D, 48AB, 52A coast; 42D hill, slope; **elle chauffe dans les côtes** 29B it overheats on the hills

côté *m.n.* 25D, 28A, 32A, 51D side; **à côté (de)** 8A next to, near; **du côté de** 8A toward, in the direction of; **de l'autre côté (de)** 14A on the other side (of); **d'un côté . . . de l'autre côté** 21D on the one hand . . . on the other hand; **d'un autre côté** 21D in another respect; **côté banlieue** 27A on the commuter side; **de quel côté?** 12A which way?; **mettre de côté** 48A put aside; **à mes côtés** 44D by my side

Côte d'Azur *f.p.n.* 23D, 50AB, 51D, 52A the French Riviera

Côte d'Ivoire *f.p.n.* 2A, 3D, 50A the Ivory Coast

côtelé *a.* ribbed; **velours côtelé** 45A corduroy

côtelette *f.n.* 24D, 25ABC chop, cutlet

coter *v.* quote, rate; **coté en Bourse** 43D listed on the stock exchange

coterie *f.n.* 9D coterie, clique

coton *m.n.* 43A, 45D cotton

côtoyer (11) *v.* 18D to mix with, to rub shoulders with

cottage *m.n. (angl.)* 34AD cottage

cou *m.n.* 6ABC, 13BD, 14D, 17D, 52D neck

couchage (sac de) *m.n.* 42AB, 43ABC, 51A sleeping bag

couche *f.n.* 18D layer

coucher (4) *v.* 40D, 46C to put to bed; **se coucher** 14AB to go to bed; **chambre à coucher** 32BD bedroom

coude *m.n.* 7D, 51D elbow

coudre (*) *v.* to sew; **elle cousant, lui fumant** 18D she sewing, he smoking

couler (4) *v.* 23D, 26D, 47D to run, to flow

couleur *f.n.* 14D, 19A, 22D, 24D, 26B color

coulisse *f.n.* 40D wing (theater); **en coulisse** 40D side-glance

couloir *m.n.* 12A, 15A, 27A, 29AB, 32D corridor, hall

coup *m.n.* 25D, 29D, 43D, 45A, 51D attempt, blow; **ça marche à tous les coups** 31E it works every time; **coup d'état** 48D coup; **coup de fil** 24A phone call; **donner un coup de frein** 37A to hit the brake(s); **coup d'œil** 36D glance; **coup de pied** 44D kick; **coup de soleil** 12B sunburn; **coup de sonnette** 24E ring; **coup de volant** 31A a turn of the wheel; **tout à coup** 22D suddenly; **d'un seul coup** 25D at one go

coupe *f.n.* 20D, 32D, 42D cup, dish, bowl

couper (4) *v.* 25AE, 26D, 29D, 40D, 41D to cut; **se couper** 25A to cut oneself

couple *m.n.* 8D, 39AB, 40D, 41A, 45D couple

couplet *m.n.* 40D couplet

coupole *f.n.* 51D dome

cour *f.n.* 12ABE, 13AE, 14ACDE courtyard; **cour d'honneur** 27D main courtyard; 15D (royal) court; 18B court (of law)

courage *m.n.* 23D, 39D, 43D, 44D courage

courageusement *adv.* 44A courageously

courageux *a.* 7D, 16D courageous

couramment *adv.* 21D currently

courant *a.* 21D, 48D current; **eau courante** 23D running water; *m.n.* 51D current; **être au courant** 37A to know about, to be informed of; **tenir au courant** 37B to keep informed

courbe *f.n.* 44D bend

Courchevel *p.n.* 13ABE ski resort in the Alps

coureur *m.n.* 47AB runner, racer

courir (15) *v.* 15D, 42D, 49A, 52AB to run

couronne *f.n.* 47D crown

couronner (4) *v.* 47D, 51D, 52D to crown

Courrèges, André (1923–) 11A French fashion designer

courrier *m.n.* 12A mail

cours *m.n.* 2AD, 3A, 4A, 5A, 6A class, course; **cours de danse** 14A dance class; 14D avenue, walk; **au cours de** 20D in the course of

course *f.n.* 6B, 9A,17D, 19E, 39D race, running, errand; **faire des courses** 52A to go shopping

court *a.* 6AC, 9A, 12A, 14D, 28A short

courtois *a.* 48D courteous

courtoisie *f.n.* 48D gallantry, courtesy

cousin, cousine *n.* 8ADE, 9AC, 10A, 42D cousin

Cousteau, Jacques (1910–) 17AD French oceanographer and filmmaker

couteau *m.n.* 13B, 25ACD, 42D, 47D, 48E knife

coûter (4) *v.* 4E, 14B, 15E, 22CE, 24B to cost; **ça coûte les yeux de la tête** 46B it costs an arm and a leg

couturier *m.n.* 11DE, 17A, 18BD dressmaker; **grand couturier** 11D fashion designer

couvert *a.* 12ABD, 17D, 25D covered; **ciel couvert** 12B overcast sky

couvert *m.n.* 26B, 32ABE, 37D place setting, cutlery; **un couvert** 26A table for one

couverture *f.n.* 18D cover, blanket

couvrir (27) *v.* 19AB, 44D to cover

cow-boy *m.n. (angl.)* 32AE, 42D, 43D, 48A, 50AE cowboy

co-propriétaire *m.n.* 34AB co-owner

co-propriété *f.n.* 34AC co-ownership

crabe *m.n.* 16A, 51B crab

craché *a.* spat **c'est elle tout craché** 45AB that's her all over

cracher (4) *v.* 17AB, 18D, 45D, 47D, 52AE to spit

craie *f.n.* 25AB chalk

craindre (20) *v.* 23D, 50D to fear

crainte *f.n.* 23D, 39D, 44D, 51D fear

crâne *m.n.* 7D, 23D, 49D skull

crapule *m.n.* 50ABE riffraff

craquer (4) *v.* 51D to crack

cravate *f.n.* 37AB tie

créateur *m.n.* 18E, 32D creator

création *f.n.* 26A, 32D, 34D, 41D creation

créature *f.n.* 48D creature

crèche *f.n.* 41B day-care center

Crécy *p.n.* 52D town in northwestern France where the French were defeated by the English in 1346

crédulité *f.n.* 39B credulity

créer (4) *v.* 11B, 16D, 23D, 39A, 41D to create

crème *f.n.* 24D, 29D, 47B, 52B cream; **crème de cassis** 19B black currant liqueur; **crème Chantilly** 47A whipped cream; **chou à la crème** 26A cream puff; **crème fraîche** 26B thick cream; **crème renversée** 24A custard

crémière *f.n.* 32D dairywoman

crêpe *f.n.* 50A crêpe, pancake; **crêperie** *f.n.* 29D restaurant specializing in crêpes

creuser (4) *v.* 39D, 49D to dig, to undermine

creux *a.* 26D hollow

crevé *a. (coll.)* 46A exhausted, beat; **je suis vraiment crevé** 46A I'm dead tired; **pneu crevé** 31B flat tire

crève-la-faim *m.n.* 26D starving person

crever (8) *v.* 18D, 31ABC to burst; **j'ai crevé** 31A I blew a tire; 44AE *(sl.)* to die; **les vieux peuvent crever dans leur coin** 44B who cares if the old folks die

crevette *f.n.* 16AB, 26AB, 46D shrimp

cri *m.n.* 42A yell; **cri de guerre** 21D war-cry, slogan

criblé *a.* 39D riddled

crier (4) *v.* 12B, 14A, 17D, 18A, 27D to scream, to shout

crime *m.n.* 4AC, 13BD, 21D crime, murder

criminel *a.* 38D criminal

crise *f.n.* 21D, 22E, 29D, 40D, 49E crisis

crispé *a.* 37D clenched

critique *m.n.* 15D, 24D, 35D critic; *f.n.* 20D, 21DE criticism

critiquer (4) *v.* 20E, 24E, 29E, 32B, 33E to criticize

croc *m.n.* hook; **croc à merdre, croc à finances, croc à phynance** 39D invented instruments of torture

croire (16) *v.* 7A, 8AE, 12D, 13AE, 14D to believe; **croire à** 27E to believe in

croisade *f.n.* 36D, 47D, 48D crusade

croisé *a.* crossed; **mots croisés** 21AB, 38D crossword puzzle

croisement *m.n.* 52AB intersection, crossroads

croisière *f.n.* 29D cruise

croissance *f.n.* 20D growth

croissant *m.n.* 25ABC, 50AB croissant; *a.* 32D, 36D growing

croix *f.n.* 16D, 17D, 52D cross; *Croix (La)* 40AE Catholic newspaper

croque-monsieur *m.n.* 25ABCE grilled ham and cheese sandwich

croquis *m.n.* 18D sketch

crotte *f.n.* 31D dung

croûte *f.n.* 26D, 44D crust

cru *a.* 25AB, 26AD, 28B raw; 26D crude; **le cru** *m.n.* 26D things raw

cru *m.n.* growth **grand cru** 30D, 31AB great growth, first-rate vineyard; **crue** *f.n.* 47D rising (of a river)

crudités *f.pl.n.* 28AB raw vegetables

Crusoë, Robinson *m.p.n.* 9B Robinson Crusoe, hero of Daniel Defoe's novel

Cuba *p.n.* 4B, 13D Cuba

cubain *a.&n.* 4ACD Cuban

cubique *a.* 26D cubic

cubisme *m.n.* 10D, 20D cubism

cueillette *f.n.* 42D harvesting

cueillir (*) *v.* 33D to pick, to harvest

cuicui *m.n.* 19D chirping, twittering

cuiller, cuillère *f.n.* 25AD, 40D, 52B spoon

cuillerée *f.n.* 24D, 26D, 51D spoonful

cuir *m.n.* 32D, 44D, 52D leather

cuire (13) *v.* 24D to cook

cuisine *f.n.* 16D, 21A, 22D, 23A, 24A cuisine, cooking; **cuisine à l'ancienne** 29D home cooking, old-fashioned cooking; 24ACE kitchen

cuisiner (4) *v.* 50D to cook

cuisinier, -ière *n.* 22D, 23A, 33D, 42D cook

cuisse *f.n.* 7D, 26D thigh

cuisson *f.n.* 25D, 26ABD, 33D, 50D cooking, cooking time, degree of doneness

cuit *a.* 25AB, 26D cooked; **bien cuit** 24A well done; **le cuit** *m.n.* 26D things cooked

cuivre *m.n.* copper; **cuivres** 28A copperware

culinaire *a.* 26AD culinary

culot *m.n.(sl)* 35B nerve; **quel culot!** 35A what nerve!

culotte *f.n.* 47D trousers, pants

culte *f.n.* 21B, 26E, 46E, 48D Protestant religious service

cultivé *a.* 6D, 21E, 42E, 46AB, 48D cultivated, educated, well-read

cultiver (4) *v.* 34D, 50C to cultivate

culture *f.n.* 6D, 12D, 13D, 20D, 21A culture, education; 24D cultivation

culturel *a.* 15B, 20D, 40D, 42D, 49D cultural

cumulus *m.n.* 11A cumulus cloud

cure *f.n.* 45A treatment, therapy; **faire une cure de yaourt** 51A to go on a yogurt diet

curé *m.n.* 21A priest

Curie, Pierre (1859–1906) et Marie (1867–1934) *p.n.* 15D French scientists, discoverers of radioactivity

curieux *a.* 39A, 40D, 51AD, 52D curious, odd

CV *(abbr. for* **chevaux**) *m.p.n.* 2cv 51ABC inexpensive, low-horsepower car made by Citroën

cx *f.p.n.* 30AC luxury car made by Citroën

cycle *m.n.* 18D cycle

cycliste *m.n.* 28ABC, 31ABC, 45D cyclist

cycliste *a.* **course cycliste** 21D, 44E, 47B bicycle race

czar *m.n.* 39D czar

d'accord *adv. phr.* 3ABC, 6AE, 14A, 27E, 43D agreed, o.k., all right

dactylo *f.n.* 18AB typist

Dagobert *p.n.* 47D seventh-century Frankish king

daim *m.n.* 46D deer

daïquiri *m.n.* 51D cocktail made with rum

dalle *f.n.* 28AB slab, flagstone

daltonien *a.* 37E color-blind

dame *f.n.* 3A, 6AB, 9B, 21B, 23A woman, lady; **Notre Dame de Paris** 15D Cathedral of Our Lady in Paris; **jeu de dames** 9AB checkers

Danemark *m.n.* 59D Denmark

danger *m.n.* 17E, 18E, 43A, 51D danger

dangereusement *adv.* 52A dangerously

dangereux *a.* 13A, 16D, 17E, 18B, 27A dangerous

danois *a. & n.* 4AC, 13D, 35A Danish, Dane

dans *prep.* 3B, 4ACD, 5BD, 6AD, 7A in, within, into, during, within; **dans deux heures** 14D two hours from now; **dans le vent** 16B up to date

dansant *a.* 29D lively

danse *f.n.* 7D, 14B, 15A, 16D, 29D dance

danser (4) *v.* 39D, 43D, 44D to dance

danseur, -euse *n.* 40D, 42AB dancer

Dante (Dante Alighieri, 1265–1321) 51D Italian poet

Danton, Georges (1759–1794) 47A hero of the French Revolution

d'Artagnan *p.n.* 47D one of the Three Musketeers in Alexandre Dumas père's novel

date *f.n.* 11C, 16D, 20D, 36A, 39D date

dater (4) *v.* 14D, 25E, 30D, 36D, 47E to date (from)

dauphin *m.n.* 52D heir apparent

davantage *adv.* 21D, 33E, 41D more

déambuler (4) *v.* 38D to stroll about, to saunter

débandade *f.n.* 39D military rout

débarasser (4) *v.* 15D to relieve of; 25D to rid; **se débarasser** 33C to get rid of

débile *a.* (*coll.*) 52A moronic

débouché *m.n.* 51D end

déboucher (4) *v.* 32B to open on; 32AB to emerge; 51AC to uncork

debout *adv.* 18A, 19D, 24A, 29AB, 35AB upright, standing up

débrayage *m.n.* 12D strike, stoppage

débrouiller (se) (7) *v.* 33B, 43AB, 45B, 51A to manage, to sort things out, to extricate oneself; **débrouille-toi** 16A manage by yourself, figure it out on your own; **ils se débrouillaient très bien** 33A they did just fine

début *m.n.* 11D, 12D, 13D, 20D, 22D beginning

débuter (4) *v.* 10D, 30D to begin

deçà *adv.* **deçà, delà** 11D this way and that

décalage *m.n.* interval; **décalage horaire** 22A, 24A time lag

décapotable *a.* 29AB, 46E, 51ABC convertible

décapoté *a.* 45D with the top down

décembre *m.n.* 11B, 37D, 41D December

décent *a.* 45A decent

décevant *a.* 44B disappointing

décevoir (33) *v.* 37D, 46AD to disappoint

déchiffrer (4) *v.* 38AB to decipher

déchirer (4) *v.* 37E, 44D to tear, to rip; **c'est tout déchiré** it's full of holes

décibel *m.n.* 17B decibel

décider (4) *v.* 6E, 7E, 12B, 20A, 24D to decide, to settle; **se décider** 26AD to make up one's mind; **c'est décidé** 5A it's all set

décisif *a.* 29D decisive

décision *f.n.* 21D decision

déclaration *f.n.* 33D declaration

déclarer (4) *v.* 4A, 20D, 32D, 37D, 38D to declare

déclencher (4) *v.* 45D to launch, to set off

déclinaison *f.n.* 21A declension

décohabitation *f.n.* 35D not living together

décollation *f.n.* 39D decapitation

décollé *a.* 10AB sticking out

décoller (4) *v.* 51D, 52ABE to take off

décontenancé *a.* 13D disconcerted

décor *m.n.* 26D, 28E, 39D, 51D setting, set

décoration *f.n.* 18D, 32D, 35D (interior) decoration

décorer (4) *v.* 26D to decorate

découper (4) *v.* 36D, 47D to cut up

décourager (4) *v.* 7D, 44AC, 26D to discourage

découverte *f.n.* 26D, 48ABC discovery

découvrir (27) *v.* 12A, 16D, 20A, 21BE, 24D to discover, to find

décrire (19) *v.* 9AB, 15D, 18D, 46E to describe

déçu *a.* 36A disappointed

décrocher (4) *v.* 27AB, 36D, 52D to pick up (the receiver), to answer

dedans *adv.* 20D, 29A, 30AD, 39B, 42A inside, within; **rentrer dedans** 30D smash into; **boire dedans** 20D to drink from (a glass)

dédier (4) *v.* 26A to dedicate; **dédié** *a.* 28D dedicated

défaire (21) *v.* 32D to undo

défaite *f.n.* 27D, 45D defeat

défaut *m.n.* defect; **sans défaut** 44D flawless; **à defaut de** 37D in the absence of

défavorisé *m.n.* 12D underprivileged

défendre (6) *v.* 13A, 18A, 21D, 39E, 51D to defend; **se défendre** 13D to defend oneself; **c'est défendu** 36B it's forbidden

Défense (la) *f.p.n.* 23ABD, 33ACD massive urban renewal project on the outskirts of Paris

défenseur *m.n.* 48D defender

défilé *m.n.* 51ABC parade

défiler (4) *v.* 12D, 45D to parade

défini *a.* 18D definite

définitif *a.* 37D, 45D definitive, final

définition *f.n.* 13D, 21CE, 37D definition

définitivement *adv.* 41D finally, completely

défoncer (se) (7) *v.* (*sl.*) 40D to get high

défunt *a.* 10AB, 45A deceased

dégager (4) *v.* 37D to free

dégénéré *a. & n.* 46A degenerate

dégradation *f.n.* 39D degradation, debasement

dégrader (4) *v.* 39D to degrade, to debase

dégraffité *a.* 27D cleaned of graffiti

degré *m.n.* 12D, 26BD, 33DE, 41E degree

dégressif *a.* 39D decreasing

dégringoler (4) *v.* 30D to come crashing down

dehors *adv.* 24D, 32D, 37AD, 47D, 48D outside; **dehors le chat!** 24D outside with the cat!; **en dehors de ça** 15E aside from that

déjà *adv.* 2A, 4D, 14A, 16D, 18D already; 17A, 25E ever

déjeuner *m.n.* 22C, 35B, 44C, 46D lunch; **petit déjeuner** 25ABCE breakfast

déjeuner (4) *v.* 21C, 22ADE, 26A, 42A, 44B to have lunch or breakfast

Delacroix, Eugène (1798–1863) 51D French painter

délaissé *a.* 23D, 45D deserted, abandoned

délibérément *adv.* 38E deliberately

délicat *a.* 15E, 39B, 48D delicate, refined; 20B tricky; 24B tactful

délicatesse *f.n.* 41B, 48D refinement

délice *m.n.* 14D, 19A delight

délicieux *a.* 24A, 33A, 36A delightful, delicious

délirant *a.* 51A mind boggling

délivrer (4) *v.* 39D to rescue

Delon, Alain (1935–) 5D French movie actor

Delphes *p.n.* 51A Delphi

delta *m.n.* 50D delta

deltaplane *m.n.* 6A hang glider

déluge *m.n.* 47D deluge, flood

demain *adv. & n.* 4D, 6B, 11B, 12D, 15A tomorrow; **à demain** 36A see you tomorrow

demander (4) *v.* 6D, 9C, 13ACDE, 14CE, 16CE to ask (for); **se demander** 4D to wonder

démarche *f.n.* 41D gait, walk

démarrer (4) *v.* 28AB, 29A, 31AC, 42A, 45A to start, to drive away

déménager (4) *v.* 42D to move

dément *a.* 35B insane

demeure *f.n.* 35D residence

demeurer (4) *v.* 21D, 23D, 35D, 40D, 42D to reside, to stay, to remain

demi *a.* 17D, 22A, 23D, 29A, 44A half; **demi-bouteille** 26AB half bottle; **demi-heure** 13A half hour; **faire demi-tour** 30A to turn around

démissionner (4) *v.* 45D to resign

demoiselle *f.n.* 25A, 31A young woman

démolir (5) *v.* 39D to demolish

démouler (4) *v.* 24D to unmold

Deneuve, Catherine (1943–) French movie actress

Denfert-Rochereau (place) *p.n.* 30ABC square in the south of Paris

dénigrer (4) *v.* 20E, 46E to denigrate

dénoncer (4) *v.* 12D, 40D, 41D, 42D to denounce

dense *a.* 42B dense, thick

densité *f.n.* 29B density

dent *f.n.* 6D, 9AD, 10D, 22D, 25A tooth

dentelle *f.n.* 17D, 22ABE, 28A, 45A, 50ABE lace

dentifrice *m.n.* 37A toothpaste

dentiste *m.n.* 47D dentist

dénué *a.* 48D devoid

déodorant *m.n.* 45D deodorant

dépanner (4) *v.* 31AB to get going, to fix (on the spot)

dépanneur *m.n.* 31ABC emergency repairperson

dépanneuse *f.n.* 31B emergency repair truck

départ *m.n.* 19B, 29D, 36C, 41D, 47A departure

département *m.n.* 12D, 20D, 22, 50C department, one of the 95 administrative districts of France

départemental *a.* 45D pertaining to a department

dépassé *a.* 21D outmoded; 52E outmatched

dépasser (4) *v.* 13D, 32D, 47D to go beyond, to extend beyond; 30AB to pass (a car)

dépêcher (se) (7) *v.* 22AB, 36AC, 37D, 38A, 45D to hurry

dépeindre (20) *v.* 13D to depict

dépendre (6) *v.* 18D, 23E, 26D, 33D to depend; **ça dépend** 4A that depends; **ça ne dépend pas de moi** 23A it's not up to me

dépens *m.pl.n.* costs; **aux dépens de** 19D, 49D at the expense of

dépense *f.n.* 32D, 39B expense, expenditure

dépenser (4) *v.* 15AB, 20D, 24D, 27B, 42E to spend (money)

dépit *m.n.* spite; **en dépit de** 37D in spite of

dépité *a.* 15E, 42D greatly vexed

déplacement *m.n.* 18D, 29D displacement, movement

déplacer (4) *v.* 32D to move; **se déplacer** 13D to move about

déplaisant *a.* 51E disagreeable

déporté *a.* 45D deported

déposé *a.* 41D deposited, left

dépouille *f.n.* 49D remains

dépourvu *a.* 37D devoid, lacking

dépression *f.n.* 46B depression

déprimé *a.* 46AB depressed

depuis *prep.* 11A, 12D, 13AD, 14ABDE, 15B since, for; **depuis un an** 11A for a year; **depuis combien de temps** 37C for how long; **depuis quand** 11C since when; **depuis quelque temps** 34D for some time

député *m.n.* 14D, 38AC representative to the Assemblée nationale

déranger (4) *v.* 18AB, 20B, 24C, 37D, 39A to disturb; **se déranger** 20A to put oneself out

dérangé *a.* 52D disturbed

dérapage *m.n.* 31B skid

déraper (4) *v.* 31AB to skid

dernier *a. & n.* 10D, 13AB, 15D, 16A, 18A last

dérober (se) (7) *v.* 30D to slip away

dérogation *f.n.* 41D special exception

derrière *prep.* 14A, 20D, 22AD, 26D, 28A behind; *adv.* 44D in back, at the back

désabusé *a.* 49B disenchanted

désaffecté *a.* 38D closed down

désaffection *f.n.* 34D, 45D loss of fondness for

désagréable *a.* 35D, 37B, 43E, 44A, 50E unpleasant, disagreeable

désapprobation *f.n.* 37B disapproval

désapprouver (4) *v.* 20D, 46C to disapprove

Descartes, René (1596–1650) 16D French philosopher and mathematician

descendant *m.n.* 14D, 33A descendant

descendre (6) *v.* 14D, 15D, 22ABC, 27A, 29AB to go down, to come down; **descendre à l'hôtel** 15A to stay in a hotel

description *f.n.* 9B, 24D, 46E, 47D, 52A description

déséquilibré *a.* 24B unbalanced

désert *m.n.* 46D desert; *a.* 42A deserted

désespérément *adv.* 46B desperately

design *m.n.* (*angl.*) 32D design

designer *m.n.* (*angl.*) 32D designer

désir *m.n.* 21D, 27E, 35AC, 48D desire, wish

désirable *a.* 21D desirable

désirer (4) *v.* 6D, 13D, 22D, 26A, 36A to desire

désireux *a.* 20E desirous

Desnos, Robert (1900–1945) 20D, 51D French poet

désolé *a.* 23A, 25A, 51A sorry

désordonné *a.* 45AE uncoordinated

désordre *m.n.* 44D disorder

désorganisé *a.* 45D disorganized

désormais *adv.* 45D, 48D henceforth

despotique *a.* 48D despotic

dessein *m.n.* 13D intention

desserrer (4) *v.* 25D loosen

dessert *m.n.* 17D, 24A, 26ABDE, 43D dessert

dessin *m.n.* 19AB, 33D, 37AE, 41B drawing, sketch; **dessin animé** 36A cartoon

dessiné *a.* 19D illustrated; 27A designed; **bande dessinée** 20D cartoon strip

dessiner (4) *v.* 8A, 18A, 19B to draw

dessous *m.n.* **ma voisine du dessous** 36D my downstairs neighbor

dessus *adv.* 30D, 32D, 39D, 43AB on, on top of; **par dessus** 43C above, over

dessus *m.n.* 26AD, 44D, 51B top; **qui a le dessus?** 43E who has the upper hand?

destin *m.n.* 37D destiny, fate

destination *f.n.* 15D destination

destiné *a.* 20D, 32D, 36D, 49D intended

destinée *f.n.* 26D destiny

destiner (4) *v.* 12D to aim, to intend

désuni *a.* 11D disunited, separated

détachement *m.n.* 36A detachment

détacher (se) (7) *v.* 18D, 41B to separate; 41B to stand out

détail *m.n.* 18B, 40D, 50D, 51D detail

détaillant *m.n.* 18D retailer

détective *m.n.* 16D detective

détendre (6) *v.* 30D to relax; **se détendre** 41BD, 49E, 52B to relax

détendu *a.* 23BC relaxed

déterminer (4) *v.* 20B to determine

détester (4) *v.* 4AC, 8A, 13A, 21AB, 40ACDE to detest, to hate

détenir (37) *v.* 33D, 34D to hold

détour *m.n.* 47D detour

détourner (4) *v.* 16E, 33C, 34E, 47A to deflect, to divert; **se détourner** 41AB to turn away, to turn aside; **une façon détournée** 41E roundabout way

détraqué *a.* 22D unhinged, cracked

détromper (4) *v.* to disabuse; **détrompez-vous!** 49D think again!

dette *f.n.* 24D debt

DEUG (Diplôme d'études universitaires générales) *p.n.* 12D university diploma in general studies

deuil *m.n.* 37E, 42ABE mourning

deux *a. & n.* 2AC, 3ABC, 4ABC, 5AD, 6ABD two

deuxième *a.* 4A, 9A, 10A, 13ABCD, 17D second

Deux Magots (les) *m.p.n.* 29ABD, 49A, 51CDE literary café in Saint-Germain-des-Prés

dévaler (4) *v.* 37D to rush down, to tear down

dévaluer (4) *v.* 44A to devalue

devancé *a.* 44B preceded

devant *prep.* 8E, 10D, 18E, 19B, 22D in front of; *adv.* 22D in front; **partez devant** 52B go on ahead

développement *m.n.* 22D, 33D development

développer (4) *v.* 21D to develop; **se développer** 32D to develop

devenir (39) *v.* 15D, 17A, 18ACE, 23D, 34AB to become

déverser (4) *v.* 22D, 49D to pour out, to unload

dévier (4) *v.* 37D to veer, to turn

deviner (4) *v.* 9B, 15C, 17A, 31B, 37D to guess

devinette *f.n.* 13D, 14D riddle

dévisager (4) *v.* 52D to stare at

devise *f.n.* 41D motto

devoir *m.n.* 18ABCD, 19A, 20D, 30D exercise, homework; 45D duty, obligation

devoir (17) *v.* 14A, 15AB, 18A, 21AD, 23AE should, ought, must, have to

Devos, Raymond (1922–) 22D, 24D, 30D, 31D, 32D French entertainer

diable *m.n.* 21A, 22D, 43D, 46E, 49D devil

diabolique *a.* 33D, 46E diabolical

dialogue *m.n.* 40D, 42D dialogue

dialoguer (4) *v.* 45D to have a dialogue

diamant *m.n.* 40D, 47D, 52D diamond

diamantaire *m.n.* 52D diamond merchant

dictature *f.n.* 45D dictatorship

dicté *f.n.* 48D dictated

dictionnaire *m.n.* 20D, 45D, 51D dictionary

dicton *f.n.* 29D, 33D, 43B saying

Diderot, Denis (1713–1784) 29B French writer

Didier *m.p.n.* 5D, 20D masculine first name

Didon *f.p.n.* 48D Dido, mythological queen of Carthage and lover of Aenaeus

diététique *a.* 33D dietary

dieu *m.n.* 5D, 6D, 14D, 18A, 19A god

différemment *adv.* 20D differently

différence *f.n.* 12E, 16D, 17E, 19C, 20D difference

différent *a.* 7D, 16D, 22E, 24C, 44B, 47E different

différer (10) *v.* 46E to be different

difficile *a.* 9A, 10A, 14E, 15D, 19BD difficult

difficulté *f.n.* 16D. 20C, 27A, 30D, 42E difficulty

difforme *a.* 12D deformed, twisted

diffuser (4) *v.* 40D to broadcast, to distribute

diffusion *f.n.* 18D spread, distribution

digérer (10) *v.* 26AB to digest

digestion *f.n.* 45B digestion

digne *a.* 45D, 47D worthy

dignement *adv.* 47D worthily

dignité *f.n.* 16D, 39A, 47D dignity

Dijon *p.n.* 19B, 24AC city in Burgundy

dilution *f.n.* 12D dilution

dimanche *m.n.* 15D, 22D, 23D, 26ACDE, 29D Sunday

dimension *f.n.* 32D, 34D dimension

diminuer (4) *v.* 8D, 17D, 20D, 35D, 39B to decrease, to diminish

diminution *f.n.* 20D decrease

din, din, din *interj.* 46D nonsense syllable

dîner *m.n.* 22A, 23AC, 27C, 32BE, 35B dinner

dîner (4) *v.* 22C, 23C, 24ABE, 29ACE, 32A to dine, to have dinner

dîner-croisière *m.n.* 29D dinner cruise

ding-dong 30D sound of a bell

dingue *a. (coll.)* 52AB crazy, nuts

Dior, Christian (1905–1957) 11ABC, 40D French fashion designer

diplomate *m.n.* 10D diplomat

diplôme *m.n.* 52E diploma, degree

diplômé *a.* **moniteur diplômé** 50D certified counselor

dire (18) *v.* 2E, 3D, 4D, 5D, 15D, 20A, 22D to say, to tell; **ça ne se dit plus** 17A people don't say that anymore; **c'est-à-dire** 15E that is to say; **dis donc** 26A say, look here; **dis bonjour** 8A say hello; **dis, Papa** 22A tell me, Dad; **on dirait que** 13A it looks as if; **pour ainsi dire** 21D so to speak; **vouloir dire** 7A to mean

direct *a.* 13D, 18D, 27A direct; **train direct** 35D express train; **en direct** 36D directly; 43D live (broadcast)

directement *adv.* 22D, 25E, 32B, 37E, 52D directly

directeur *m.n.* 15D, 23D, 39D director

direction *f.n.* 10A, 12D, 27AB, 30ABC direction; 18D, 45D management, supervision

diriger (4) *v.* 33B, 39B, 45B, to direct; **se diriger** 13AE, 14A to head for, to make one's way toward

dirigeant *m.n.* 9D, 41D director

dirigiste *a.* 20A interventionist, controlling

discipline *f.n.* 21A discipline

discothèque *f.n.* 16E, 29D discotheque

discours *m.n.* 16D, 19D, 24D, 33E, 45D speech; 44D chatter, talk; *Discours de la Méthode* 16D *Discourse on Method* by René Descartes

discret *a.* 32A, 41D, 51D discreet

discrètement *adv.* 41D discreetly

discrétion *f.n.* 48D, 51D, 52E discretion

discussion *f.n.* 3B, 5A, 21D, 31D, 35E discussion

discuter (4) *v.* 3ABC, 6A, 12B, 17A, 19D to discuss

disparaître (14) *v.* 28AB, 29B, 39D, 45D, 49A to disappear

disparité *f.n.* 33D disparity

disparition *f.n.* 29D, 40D disappearance

dispensaire *m.n.* 13D dispensary

disponible *a.* 20D available

disposer (de) (4) *v.* 20D, 33D, 34D, 36D to have at one's disposal, to have at hand; 22D to leave, to go; 25D, 26D to arrange

disposition *f.n.* 39D arrangement, preparation

dispute *f.n.* 42D, 49D, 52E argument; 48D debate

disputé *a.* 44B contested

disputer (se) (7) *v.* 9D, 46D to quarrel, to fight

disque *m.n.* record; **disque 33 t/45 t** 45D 33 1/3/45 RPM record; **disque compact** 45D compact disc; **freins à disques** 29A disc brakes

dissection *f.n.* 13B, 15B dissection

dissimuler (4) *v.* 10B to conceal, to hide; **à moitié dissimulé** 49B half hidden

dissiper (4) *v.* 51D to dispel; **dissipé** *a.* 23D wasted, squandered

distance *f.n.* 30E, 46E distance

distancer (4) *v.* 18D to outdistance, to leave behind

distant *a.* 51E distant

distillateur *m.n.* 21AB distiller

distiller (4) *v.* 21B to distill

distinction *f.n.* 13D distinction

distingué *a.* 7AB, 9A, 10A, 35A, 37E distinguished, refined

distinguer (4) *v.* 8D, 14D, 37E, 44D 45D to distinguish, to perceive; **se distinguer** 18D to distinguish oneself

distraire (*) *v.* 51D to distract

distrait *a.* 47D absent-minded

distribuer (4) *v.* 24D to distribute

distribution *f.n.* 18D distribution

dit *a.* 8D, 43D known as, called

divan *m.n.* 13D, 32AB, 37D sofa, couch

divers *a.* 15D, 18D, 21DE, 34D, 45D various

divertissement *m.n.* 36ABC, 37ABC, 38ABC, 39ABC entertainment

divin *a.* 46D, 48D divine; *La Divine Comédie* 2D the *Divine Comedy* of Dante

diviser (4) *v.* 29D to divide

division *f.n.* 21A division

divorce *m.n.* 8D divorce

divorcé *a.* 5A, 6D, 8D, 10D, 14E divorced

divorcer (4) *v.* 8D, 37D to divorce

dix *a. & n.* 5AD, 8DE, 11A, 14D, 17AD ten

dix-huit *m.n.* 8D, 16D, 20D, 24D, 36A eighteen

dixième *a.* 41D, 42A tenth

dix-neuf *m.n.* 41A nineteen

dix-sept *m.n.* 8A, 20D, 21B, 50D seventeen

dizaine *f.n.* 13AB, 47D, 49D ten or so

docteur *m.n.* 5D, 17D, 18D, 22A, 23E doctor

doctorat *m.n.* 13B doctorate

doctrine *f.n.* 52E doctrine

document *m.n.* 2D, 3D, 4D, 5D, 6D document

documentaire *m.n.* 40D documentary

documentation *f.n.* 6D documentation

doigt *m.n.* 6ABC, 7D, 19AB, 25D finger; **un doigt de porto** 24A a drop of port; **ça se conduit avec le petit doigt** 29A it's a breeze to drive; **doigt de pied** 51B toe; **à deux doigts de la retraite** 51D on the verge of retirement

dollar *m.n.* 15ABC, 44A dollar

domaine *m.n.* 17D, 20D, 34AD, 47D, 48D estate, property

domestique *a.* 33AB, 34ABC servant

domicile *m.n.* **à domicile** 13D, 22D, 50D at home

dominer (4) *v.* 11E, 23D, to control, to dominate; 28D to loom over

dommage *m.n.* damage; **dommage!, quel dommage!, c'est dommage!** 6A, 7A, 26A, 27A, 37AB that's too bad!, what a pity!, what a shame!

Domme *p.n.* 35D fortified town overlooking the Dordogne river

Domrémy-la-Pucelle *p.n.* 52D village in the Vosges mountains, birthplace of Joan of Arc

don *m.n.* 43D, 45D gift

donation *f.n.* 5B, 44A donation, gift

donc *conj.* 5D, 8D, 12D, 13A, 14E

therefore, then, hence, so; **dites donc!** 13A hey!, say!

donner (4) *v.* 5D, 10A, 15ABCDE, 17D, 22D to give; **donner sur** 32B to overlook; **donner raison/tort** 34D to think someone is right/wrong; **je te le donne en mille** 44A you'll never guess

dont *pron. rel.* 7D, 10D, 12D, 13D, 15D of which, with which, of whom, whose

Dordogne *p.n.* 24ACDE, 35D river and region in southwest France

Dorin, Françoise (1928–) 39A French actress, novelist, and playwright

dormir (28) *v.* 23AC, 24B, 30ADE, 36A, 41D to sleep

Dorothée *f.p.n.* 43B feminine first name

dorsal *a.* 51D dorsal

dorure *f.n.* 38D gilt

dos *m.n.* 18A, 26E, 36D, 39D, 45D back; **sac à dos** 42ABC backpack; **de dos** 39D from the back

dossier *m.n.* 18E back (of a bench)

douane *f.n.* 4ABD customs

douanier *m.n.* 4AB, 16D customs officer

doublage *m.n.* 40A dubbing

double *a. & n.* 41D, 43A, 44D, 46D, 51D double

doublé *a.* 36E, 40AE dubbed; 45D lined

doubler (4) *v.* 20D, 44D to double

doublure *f.n.* 44D lining

doucement *adv.* 11D, 12B, 18D, 26D, 42A gently, softly, carefully

douceur *f.n.* 35D mildness; 48D pleasure

douche *f.n.* 25A, 33ABD, 34D, 46A shower

doué *a.* 20A, 48E, 52E gifted; **tu n'es pas douée!** 48A you're not very bright!

douleur *f.n.* 13D, 38D, 52E pain

douloureux *a.* 45D painful

doute *m.n.* 10A, 14E, 16D, 19ADE, 23D doubt; **sans doute** 10A no doubt

douter (4) *v.* 37D, 39A, 46A, 50A to doubt; **se douter** 17D to suspect,

to have an idea; **je m'en doutais!** 31A I thought as much!

Douvres *p.n.* 27AB Dover

doux, -ce *a.* 6D, 9C, 10D, 14A, 24D sweet, mild; **températures douces** 12D mild temperatures

douzaine *f.n.* 26A, 32A, 33D dozen

douze *a. & m.n.* 8A, 17AC, 21D, 38D, 41A twelve

dragon *m.n.* 39D dragoon

draguer (4) *v.* 13ABC, 39E, 43E to try and pick up

dragueur *m.n.* 13A, 43AE pick-up artist

dramatique *a.* 15D, 36A, 40E dramatic

drame *m.n.* 4A, 5B, 24D, 36A, 39B drama

dresser (4) *v.* 41D to put up, to lay out

Dreux *p.n.* 34ADE, 35ACE town south of Paris, near Orléans

dring *int.* 36D rring!, sound of a bell or telephone

drivé *a.* (*angl.*) 44B driven, ridden

drogue *f.n.* 4BD, 21B, 52A narcotic, drug(s)

droit *a. & adv.* 7D, 10AB right-hand; 10AB, 30D straight; **c'est tout droit** 52D it's straight ahead; **ça sort tout droit de la boîte** 25A it comes straight out of a can

droit *m.n.* 12D, 13ABC law; 20D right; **faire du droit** 13A to study law; **être en droit** 14D to have a right

droite *f.n.* 16D, 24E, 30D, 31A, 32A right-hand side; 38B the (political) right; **à droite** 13A go right; **au quatrième droite** 32A fourth floor on the right

droitier *m.n.* 43A right-handed person

drôle *a.* 10A, 17A, 37D, 39D, 41D funny, amusing, odd, strange; **un drôle de type** 13AB a strange-looking guy

drôlement *adv.* 35B, 43D awfully, an awful lot; **on y a drôlement travaillé** 34AB we've worked on it a lot

drôlerie *f.n.* 23D, 40D funny thing

Drugstore *p.n.* 29ABD fancy store and restaurant in Paris

Dubonnet *p.n.* 19A brand of apéritif wine

duc *m.n.* 47D, 48D duke

dû, due *a.* 45E, 52AC due (to)

Duguesclin, Bertrand (1320–1380) 52D French military leader who defeated the English in the Hundred Years' War

Dumas, Alexandre, fils (1824–1895) 15D, 24D French writer

Dumas, Alexandre, père (1802–1870) 9D, 15D, 24D French writer

dur *a.* 20B, 22A, 26A, 30D, 35ACD hard; **dur comme de la pierre** 25A hard as a rock

durable *a.* 6D, 18E durable

Duras, Marguerite (1914–) 51D French writer

durée *f.n.* 22D, 29D duration

durer (4) *v.* 11D, 20D, 22D, 32D, 35AE to last

duvet *m.n.* 34AB down

dynamique *a.* 6D, 37AB dynamic

dynamite *f.n.* 40B dynamite

eau, eaux *f.n.* 17E, 18AD, 19D, 20A, 24A water; **eau de vie** 21B brandy; **eau courante** 23D running water; **eau à la pompe** 33A water from a pump; **eaux thermales** 50A hot springs

ébranler (s') (7) *v.* 47D to move off, to set off

écailler (4) *v.* 47D to scale (fish)

ECAM (Ecole catholique d'arts et métiers) *p.n.* 32A leading French engineering school

écarté *a.* 9A écarté (card game)

écarter (4) *v.* 42E brush aside, dismiss; **s'écarter** 46D to draw aside, to withdraw

ecclésiastique *a. & m.n.* 17D ecclesiastic; 52D ecclesiastical

échalote *f.n.* 26D, 52B shallot

échangeur *m.n.* 30A ramp

échapper (4) *v.* 37D 51A to slip out; 52E to escape; **s'échapper** 24ABC to escape, to get away

écharpe *f.n.* 51A scarf

échecs *m.pl.n.* 3B, 9AB chess

échelle *f.n.* 17AB, 18D, 43ABC, 50E, 52A ladder

éclair *m.n.* 26BC éclair (dessert); *m.n.* 36D flash

éclairage *m.n.* 33A lighting

éclaircie *f.n.* 12D bright interval (of weather)

éclairer (4) *v.* 33B, 49D to light, to enlighten

éclatement *m.n.* 39D, 45D bursting, explosion

éclater (4) *v.* 45D, 51D, 52AB to explode, to burst; **éclater de rire** 40D to burst out laughing

éclipser (4) *v.* 15D to eclipse

écœuré *a.* 30C, 38A disheartened, disgusted

école *f.n.* 5D, 8D, 12ACD, 15ACD, 16A school; **école maternelle** 19A nursery school; **école primaire** 19A primary school, grade school; **école secondaire** 19A secondary school, high school; **école de cavalerie** 47A cavalry school

écolier *m.n.* 13D schoolchild

économe *a.* 37E thrifty

économie *f.n.* 18D, 37B economics; 36A, 38A, 44A thrift, economy; **les économies** 42D savings

économique *a.* 5B, 8D, 21D, 29D economic, economical; *f.n.* 15D economics

économiser (4) *v.* 15B, 36ABC to save, to economize

ecossais *a. & n.* Scotch; **les Ecossais** 13B the Scots

écouter (4) *v.* 10A, 11D, 19D, 22A, 39A to listen (to); **écoutez bien** 3A listen carefully

écran *m.n.* 36D, 27AB, 38D, 41D, 42D screen

écraser (4) *v.* 37AB, 43A, 44D to crush, to squash, to run over; **se faire écraser** 37AB, 38AB to get run over

écrier (s') (7) *v.* 42D, 51A to exclaim, to cry out

écrire (19) *v.* 4B, 5D, 10D, 13D, 26D to write; **s'écrire** 17A to be written; **machine à écrire** 37A typewriter

écrit *m.n.* 20D what is written, writing

écriteau *m.n.* 32A, 36D sign

écrivain *m.n.* 15D, 17D, 20ABD, 38BE, 48D writer

Edison, Thomas Alva (1847–1931) 48E American inventor

Edit de Nantes (1598) *p.n.* 47D proclamation giving freedom of religion to Protestants in France

édition *f.n.* 20D publishing, edition

Edouard *m.p.n.* 8C masculine first name

éducatif *a.* 18D, 50A educational

éducation *f.n.* 5D, 12D, 15D, 18D, 20D education

effacer (4) *v.* 11D, 26D, 52D to erase; **s'effacer** 43D to step back, to keep in the background

effectivement *adv.* 51D as a matter of fact

effectuer (4) *v.* 32D, 36D to carry out, to complete

effet *m.n.* 23D, 31A, 32A, 41A effect; **en effet** 15D in fact, indeed; **aucun effet** 31A, 32A nothing happens

effeuiller (4) *v.* 31AE to pluck the petals of

efficacité *f.n.* 18D, 51D efficiency, effectiveness

effondre (s') (6) *v.* 45D to collapse

effort *m.n.* 20D, 39B, 42E effort

effrayant *a.* 45D frightening, frightful

égal *a.* equal; **ça m'est égal** 25A, 30A, 45A, 48A it's all the same to me, I don't care

également *adv.* 18D, 24D, 26A, 32D, 41D equally

égalitaire *a.* 38D egalitarian

égalité *f.n.* 14D, 18D equality

égard *m.n.* consideration; **à l'égard de** 29D, 48D toward, with regard to

église *f.n.* 16D, 22E, 26ABE, 29D, 37D church

égoïste *a.* 44A selfish, self-centered

égorgé *a.* 26D slaughtered

égout *m.n.* 33AB, 35D, 49D sewer

Egypte *f.p.n.* 19B, 38B Egypt

égyptien *a. & n.* 33A, 38BE Egyptian

eh *int.* 9A, 12A, 13A, 14D, 16D hey; **eh bien** 2A well

Eiffel (la Tour) *f.p.n.* 15A, 21B, 21AC, 40ABC, 47D the Eiffel Tower

Eisenstein, Serguei (1898–1948) 38AE Russian filmmaker

éjecter (4) *v.* 51D to eject

élaborer (4) *v.* 51D to work out; **élaboré** *a.* 33D carefully planned

élancer (s') (4) *v.* 46D, 52A to rush forward, to spring forward

élargi *a.* 48D extended

élastique *a.* 44A, 45D elastic, flexible

élastomère *a.* 44D a polymer with rubber-like qualities

élection *f.n.* election; **lieu d'élection** 40D ideal locus

électricité *f.n.* 33ABD, 34ABC, 35D, 36BC electricity

électrique *a.* 24D, 38D, 46D, 48A electric

électroménager *m.n.* 33D household appliances

électronique *a.* 21A, 36D, 37A electronic

élégance *f.n.* 48D elegance

élégant *a.* 6D, 7D, 12A, 18D, 33E elegant, smart

élément *m.n.* 26D, 28E, 32D element

élémentaire *a.* 5A, 7D, elementary; 13A, 40B rudimentary

éléphant *m.n.* 3ABD, 19D elephant

élève *f. & m.n.* 9D, 15D, 20ABCD, 22D, 40D pupil

élevé *a.* 15D, 37B, 51B raised; 32D, 40DE high, increased; **bien/mal élevé** 37B well/badly brought up;

élever (s') (8) *v.* 28D to rise

éliminer (4) *v.* 27B to eliminate

Elisabeth *f.p.n.* 5D feminine first name

élite *f.n.* 48D, 51AB elite

elle, elles *f.pron.* she, it, they; her, them

elle-même *f.pron.* 19D, 22D, 33A, 45DE, 51D herself, itself

éloignement *m.n.* 33D, 42D distance

éloigner (s') (7) *v.* 38D, 45AD, 52A to move away, to withdraw

élu *a.* 23D, 47D elected

Eluard, Paul (Eugène Grindel, 1895–1952) 13D French poet

Elysée (Palais de l') *m.n.* 52D residence of the president of France

élyséen *a.* 43D Elysian

émail *m.n.* 51D enamel

embarquement *m.n.* 29D embarcation

embarrassant *a.* 34E embarrassing

embarrassé *a.* 33E, 42D embarrassed

embêtant *a.* 9AE, 18A, 43D, 51E annoying

embêter (4) *v.* 8AE, 10A, 16A, 48A, 50A to bother, to get on one's nerves; **embêté** *a.* 46D, 48A irritated

emblée (d') *adv.* 51D at once, right away

emblème *m.n.* 7D, 47B emblem

embouteillage *m.n.* 31ABD, 34D, 37D, 49D traffic jam

embrassade *f.n.* 24AB embrace, hug

embrasser (4) *v.* 12AB, 15A, 24AB, 33A, 36A to kiss, to embrace

embrouillé *a.* 43B mixed up

émettre (24) *v.* 52E to emit

émigrant *m.n.* 38A emigrant

Emilie *f.p.n.* 5D feminine first name

éminent *a.* 38D eminent

émission *f.n.* 5D, 42D radio or television program

emmêlé *a.* 16AB tangled up

emmener (8) *v.* 37D, 38C, 39D, 41D, 48AC to take, to take away, to take with

emmenthal *m.n.* 50B emmenthal, Swiss cheese

émotion *f.n.* 28BE, 48D emotion; **on va se reposer de nos émotions** 52A we're going to recover from all this excitement

emparer (s') (7) *v.* 18D to seize

empêcher (4) *v.* 18E, 33B, 44D, 47D to prevent; **ça ne m'empêche pas de** 18A that doesn't prevent me from; **s'empêcher de** 33A to refrain from

empeigne *f.n.* 44D upper (of shoe)

empereur *m.n.* 15D, 30D, 40E, 51D emperor

emphatique *a.* 39D bombastic, pompous

empire *m.n.* 21B, 32A, 45D, 47D empire

emplacement *m.n.* 49D, 51D location, site

employé, employée *m. & f.n.* 15D, 18D, 20D, 34D, 43D employee

employer (11) *v.* 18D, 37E, 39D, 47E to use, to employ

emporter (4) *v.* 11D, 26AC, 48D, 51D, 52A to carry away, to take away; **c'est pour emporter?** 26A is that to go?

emprunter (4) *v.* 30AB, 31CE, 41D, 48AC to borrow

ému *a.* 28ABE, 44D moved

émulation *f.n.* 39D emulation

en *prep.* 2ABCDE, 3E, 4C, 5D, 6A in, to, into, while, on; *pron.* 9AC, 13D, 14A, 15DE, 16A some, any, from there, of, from; **en attendant** 24A meanwhile; **en quinze ans** 20D in the space of fifteen years; **marronniers en fleurs** 11A chestnut trees in bloom

encadré *a.* 42D surrounded, supervised

encaisser (4) *v.* 43D to deposit

enceinte *f.n.* 51D enclosure

enchaîner (4) *v.* 27D to go on, to continue

enchanter (s') (7) *v.* 38D to rejoice; **enchanté** *a.* 24AB, 32A delighted

encolure *f.n.* 45D, 52D neck

encore *adv.* 2A, 8AD, 9D, 10C, still, more, again, yet; **pas encore** 13A, 15AB not yet; **c'est encore toi** 18A are you back again?; **quoi encore?** 19A what else?; **encore une fois** 25CD one more time

encourager (4) *v.* 44AC to encourage

encyclopédie *f.n.* 18D, 20D, 45D encyclopedia

encyclopédique *a.* 18D encyclopedic

en-dessous 52D underneath

endommager (4) *v.* 39D to damage, to injure

endormi *a.* 17AE, 42AB asleep

endormir (28) *v.* 40D, 47D, 49A to put to sleep; **s'endormir** 20B to fall asleep

endroit *m.n.* 16E, 29B, 46B, 49CD, 50D place, spot

enduire (13) *v.* 25D to coat; **enduit** *a.* 22D coated

endurant *a.* 7D hardy, tough

Enée *m.p.n.* 48D mythological hero of the Trojan War, lover of Dido

énergie *f.n.* 36A, 38A, 45D energy

énerver (4) *v.* 31D to irritate, to get on one's nerves; **s'énerver** 46D to become irritable, to get all worked up, to get excited

enfance *f.n.* 12D, 15ABC, 16D, 32A, 38D childhood

enfant *m.n.* 5D, 7D, 8AB, 14AC, 15BD child; **enfant de chœur** 46ABE choir boy

enfantin *a.* childlike, infantile; **chanson enfantine** 22A children's song

enfer *m.n.* 2D, 28AB, 34B, 49D, 51D hell

enfermer (4) *v.* 18D, 47D to shut up, to lock up; **enfermé** *a.* 49ABC locked, trapped

enfin *adv.* 7A, 8A, 11AD, 13A well, finally, at last; **oui . . . enfin** 4A yes . . . well; **mais enfin** *int.* 21A but then, oh well!; **qui enfin?** 51A who then?

enfoncé *a.* 31AB, 50A dented, plunged

enfoncement *m.n.* 39D driving in

enfuir (s') (*) *v.* 51AB to flee, to run away

engagement *m.n.* 13D engagement

engager (4) *v.* to engage; **engager la conversation** 11E, 13AC, 14C, 24A, 32E to strike up a conversation; **ça n'engage à rien** 42AB there's no obligation; **poète engagé** 13D politically active poet; **s'engager** 30A to start; 39D to turn into (a street)

Engels, Friedrich (1820–1895) 13D German socialist theorist and writer, collaborator of Marx

engin *m.n.* *(coll.)* 37D machine

engouement *m.n.* 33D, 45D infatuation

énigmatique *a.* 26D enigmatic

enigme *f.n.* 9B, 39AE riddle

enivrant *a.* 51AB intoxicating, exhilarating

enlaidir (s') (5) *v.* 22D to grow ugly

enlèvement *m.n.* 34B taking away, collection

enlever (8) *v.* 18D, 34A, 36D, 44B to take off, to take away

ennemi *m.n.* 13D, 39D, 40B, 45D, 47D enemy

ennoblir (5) *v.* 48D to ennoble

ennui *m.n.* 47D boredom; **l'ennui, c'est que . . .** 18AC, 34B the trouble is. . .

ennuyer (11) *v.* 5D, 11A, 14AC, 21E, 32C to annoy, to bore; **ça ne vous ennuie pas?** 8A you don't mind?; **s'ennuyer** 10D, 11B to be bored, to get bored

ennuyeux *a.* 21B, 33A, 34D annoying, boring

énorme *a.* 10AB, 18A, 19AD, 21D, 24D enormous

énormément *adv.* 19D, 32A, 48D enormously

enquête *f.n.* 8D, 20D, 21D, 32D, 45D survey

enragé *a.* 39D fanatic

enregistré *a.* 45D recorded

enrichir (s') (5) *v.* 20D, 39D, 44D to grow rich

enseignant *m.n.* 18DBE, 20D teacher

enseignement *m.n.* 18BCD, 20ACE, 21D teaching

enseigner (4) *v.* 5D, 13D, 19A, 20ACD, 21D to teach

ensemble *adv.* 3ABC, 6A, 10D, 11D, 12D together

ensemble *m.n.* 13D, 18D, 22D, 35D, 42A whole; **dans l'ensemble** 22D on the whole, by and large; **l'ensemble de la population** 18D the population as a whole; **un ensemble immobilier** 35D a group of buildings

ensuite *adv.* 12C, 15C, 17D, 18D, 24D then, next, afterward, later

entendre (6) *v.* 17D, 23D, 24B, 32D, 33E to hear; **entendre parler de** 45A to hear about; **c'est entendu** 5A agreed

entente *f.n.* 42D understanding, alliance

enterrement *m.n.* 26B burial

enterrer (4) *v.* 32B to bury; **enterré** 27D buried

entêté *a.* 51E stubborn

enthousiasme *m.n.* 13D enthusiasm

enthousiasmé *a.* 19B enthused

enthousiaste *a.* 48D enthusiastic

entier *a.* 10D, 30D, 41D, 42A, 48A whole, entire

entièrement *adv.* 15E, 23A, 29A, 33AE, 34E entirely, totally

entorse *f.n.* sprain; **faire des entorses à ses principes** 37D to bend one's principles

entourage *m.n.* 34E, 44D entourage, family circle

entourer (4) *v.* 6D, 25D to surround; **entouré** 23D surrounded; **s'entourer** 49D to surround oneself

entracte *m.n.* 40D intermission

entre *prep.* 8D, 10D, 12D, 13D, 15D between

entrecôte *f.n.* 26A sirloin

entrée *f.n.* 13D, 14A, 21ABCE, 29D, 35D entryway, entry hall

entreposé *a.* 49D stored

entreprendre (32) *v.* 19AB, 31D to undertake

entreprise *f.n.* 18D, 22D, 32AB, 33BC, 37E business, firm; **entreprise de construction** 32A construction company

entrer (4) *v.* 10A, 12AB, 14AD, 15A, 22A to enter, to come in, to go in

entretenir (37) *v.* 42ABE to keep, to maintain

entretien *m.n.* 33D, 34ABD, 40D maintenance

énumérer (10) *v.* 11E, 18D, 34E to enumerate

env. *abbr. for* environ

envahir (5) *v.* 45B, 47D, 52D to invade

envers *prep.* 43E, 51E toward

envers *m.n.* wrong side; **à l'envers** 47D backward

envie *f.n.* 46A desire; **avoir envie de** 13A, 16ABC, 18AE, 20B, 21E to want to

envier (4) *v.* 51D to envy

environ *adv.* 12D, 13D, 22D, 24D, 33D about

environnement *m.n.* 33D, 35D surroundings

environs *m.pl.n.* 35D environs, outskirts

envisager (4) *v.* 51D to envisage, to contemplate

envoler (s') (7) *v.* 35D, 38A to fly away, to take off

envoyer (*) *v.* 17D, 21D, 33C, 38AB, 47D to send; **s'envoyer entre les gencives** 26D to gobble down

épais *a.* 6ABC, 7ABE, 9B, 26D, 45D thick, dense

épargne *f.n.* 44AB saving, economy, thrift

épatant *a.* 46A great, wonderful

épaule *f.n.* 7AD, 18D, 38D, 43ABCD shoulder; **rouler les épaules** 50B swagger

éphémère *a.* 40AC ephemeral, passing, fleeting

épi *m.n.* 50B stalk

épicier *m.n.* 19D grocer

Epidaure *p.n.* 51A site of Greek ruins on the Aegean Sea

épidémie *f.n.* 17D epidemic

épingle *f.n.* 47D pin; **épingle à cheveux** 47D hairpin

épique *a.* 5D, 48D epic

épisode *m.n.* 42E episode

époque *f.n.* 5D, 8D, 19AB, 24D, 25E era, age, time

épouse *f.n.* 41D, 47D, 48D spouse, wife

épouser (4) *v.* 8AB, 15D, 16D, 47D to marry

époux *m.n.* 47D spouse, husband; **les époux** 47D the couple

épreuve *f.n.* 48D, 51D ordeal, trial

éprouver (4) *v.* 39B, 47D to feel, to experience; 44D to test

épuisé *a.* 49B exhausted

équilibre *m.n.* 28D, 36D, 46AB equilibrium, balance

équilibré *a.* 24A balanced

équipe *f.n.* 17A, 50D team

équipé *a.* 22D, 28B, 33D, 35D, 36D equipped, furnished

équipement *m.n.* 20D, 36D resources, equipment

équiper (4) *v.* 33D to equip, to furnish

équitablement *adv.* 26B equitably

équité *f.n.* 28D impartiality, fairness

équivalent *m.n.* 30D, 41D, 43D, 50E equivalent

équivoque *f.n.* ambiguity; **sans équivoque** 13D unequivocal

éraflure *f.n.* 31A scratch

érémiste *f. & m.n.* 41D person on welfare, recipient of le RMI

ermite *m.n.* 9B hermit

Ernst, Max (1891–1976) 13D German-born artist, a founder of Dada and surrealism

érotique *a.* 36A erotic

érotisme *m.n.* 38A eroticism

erreur *f.n.* 21B, 37E, 51A, 52AE mistake, error

éruption *f.n.* 50A eruption

escadrille *f.n.* 45D squadron

escalade *f.n.* 50D climbing

escalader (4) *v.* 47E to climb

escalier *m.n.* 13AB, 21ABCD, 34B, 35D, 36BD staircase; **escalier roulant** 43AB escalator

escargot *m.n.* 26AB snail

Escholier (l') 13A café in the Latin Quarter

esclavage *m.n.* 39ABE slavery

esclave *a. & n.* 39AB slave

escorte *f.n.* 52D escort

escrime *f.n.* 6AB fencing

escrimeur *m.n.* 42B fencer

espace *m.n.* 36D, 40A, 51D space

espadrille *f.n.* 44AB, 47D rope-soled sandal

Espagne *f.p.n.* 8D, 16D, 27B, 47AD, 50D Spain

espagnol *a. & n.* 2AD, 16D, 24B Spanish; 3A, 15A Spaniard

espèce *f.n.* 24D, 33D, 45A kind, sort; **espèce d'idiot** 49A you idiot!

espérance *f.n.* 3B, 23D, 44D, 45D hope, expectation; **espérance de vie** 44D life expectancy

espérer (10) *v.* 3AB, 24A, 25A, 35A, 41E to hope; **j'espère bien** 39A I certainly hope so

espion *m.n.* 40AB, 49A, 52E spy

espoir *m.n.* 38D, 43AB, 44D hope

esprit *m.n.* 6A, 7AD, 9D, 15D, 21D spirit, mind, wit

esquimau *m.n.* Eskimo; 37A chocolate-covered popsicle

essai *m.n.* 13D, 20D, 24D, 38E essay; 36D trial; **pilote d'essai** 51D test pilot

essayer (11) *v.* 5A, 13BC, 17E, 20DE, 24A, 43D to try, to attempt, to try on

essence *f.n.* 30B, 31ABE, 34A, 46E, 52A gasoline

essentiel *a. & m.n.* 5D, 20D, 49A, 51D essential, necessary

essentiellement *adv.* 15D, 28B, 44D, 52D essentially

Essonne *p.n.* 20D administrative department near Paris

essoufflé *a.* 52AB out of breath, winded

essouffler (s') (7) *v.* 15D to get winded

essuie-glace *m.n.* 31B windshield wiper

essuie-mains *m.n.* 31B hand towel

essuyer (s') (11) *v.* 25E, 31B, 32AB, 43D to wipe; **essuyez-vous les pieds** 32A wipe your feet

esthétique *a.* 26E, 28E esthetic; *f.n.* 32B esthetics

estimation *f.n.* 5D, 14E estimate

estimer (4) *v.* 20D, 21D, 24D, 44E, 52D to estimate

estomac *m.n.* 26D stomach

estomper (s') (7) *v.* 51D to fade, to become blurred

estragon *m.n.* 26B tarragon

et *conj.* and

établir (5) *v.* 13E, 44D, 45D to establish

établissement *m.n.* 22D, 41D, 51D establishment

étage *m.n.* 13ABCE, 32ABCD story, floor (of building)

étain *m.n.* 22D pewter

étaler (4) *v.* 38D, 42ABE to display, to spread (out); **étalé** *a.* 42B spread out, sprawled

étang *m.n.* 50D pond

étape *f.n.* 46D, 47ABC stopping place, stage (of race)

état *m.n.* 18AB, 22D, 24D, 26D, 34CE state; **en excellent état** 35D in excellent condition; **en mauvais état** 34AB in poor condition

Etats-Unis *m.pl.p.n.* 5D, 13D, 14A, 15D, 22D United States

été *m.n.* 6D, 9AB, 11BD, 13ABE, 16AD summer

été *p.part. of* **être** 5D, 8D, 12D, 13D, 14D

éteindre (20) *v.* 32AB, 36B, 51D to turn off, to switch off; **s'éteindre** 32ABE to go out

éteint *a.* 36B, 50A, 52D extinguished, out

étendu *a.* 52AB stretched out

éternel *a. & m.n.* 14D, 38E eternal

éternellement *adv.* 14D eternally

éternité *f.n.* 16D, 24ABE, 25D, 37D eternity

étinceler (9) *v.* 13D to sparkle

étincelle *f.n.* 46B spark; **ça va faire des étincelles** 46A the sparks will fly

étiquette *f.n.* 14D, 18D, 47D etiquette; 19D label

étirer (s') (7) *v.* 25A to stretch

étoile *f.n.* 26D, 45A, 48A star; **Etoile (place de l')** *p.n.* 23D, 35D, 40D site of the Arc de Triomphe in Paris

étonnamment *adv.* 20D astonishingly

étonnant *a.* 21D, 39D astonishing, amazing

étonné *a.* 13ABC, 32A, 40D, 45AD, 52A astonished, surprised

étonnement *m.n.* 51A astonishment, surprise, wonder

étonner (4) *v.* 43D, 45E, 49D to astonish, to amaze, to surprise; **ça ne m'étonne pas** 13A that doesn't surprise me; **ça ne m'étonnerait pas** 29A I wouldn't be surprised; **s'étonner** 37D to be surprised, amazed

étouffer (4) *v.* 51D to suffocate

étrange *a.* 22AE, 29D, 37D, 40D, 49D strange

étrangement *adv.* 34D strangely

étranger *a. & n.* 4D, 17E, 19A, 35AC, 36C foreign; 14E, 21D, 29D, 33D, 35A foreigner; **à l'étranger** 21D, 33D abroad

étrangeté *f.n.* 40D strangeness

être (2) *v. & aux.* 2AC, 3AB, 5D, 9D, 11D to be; **il fait vraiment beau, n'est-ce-pas?** 12A it's a beautiful day, isn't it?; **l'entreprise est à eux** 32B the company belongs to them; **ça y est!** 13A there he goes, there you are!

être *m.n.* being; 33D, 46D people

étroit *a.* 51D, 52A narrow; **être à l'étroit** 46AB to be cramped

étude *f.n.* 13BC, 18D, 20A, 21DE, 24D study; **faire des études** 11A to study, to be a student

étudiant *m.n.* 2ACDE, 4C, 6AE, 11B, 13E student

étudier (4) *v.* 8A, 11AC, 12D, 13ABC, 15D, 20A to study

eu *p.part. of* **avoir** 5D, 8D, 13A, 15D, 16D

Eudes 50D *m.p.n.* masculine first name

euh *int.* 5A, 9A, 11A, 16D, 17A um, er . . .

euphémisme *m.n.* 26D euphemism

Europcar *p.n.* 30A car rental company

européen *a. & n.* 8D, 19AC European

eut *passé simple of* **avoir** 49D, 51D had

eux *pron.* 4A, 9CD, 14AD, 16D, 22D they, them

évaluer (4) *v.* 49D to estimate

évanoui *a.* 52A unconscious

éveiller (s') (7) *v.* 47D to wake up

Evelyne *f.p.n.* 5D feminine first name

événement *m.n.* 9AB, 21AB, 41D, 44D, 47D event

évêque *m.n.* 42D, 52D bishop

Evian *p.n.* 45A city on Lake Geneva known for its mineral water; brand of bottled water

évidemment *adv.* 4D, 5A, 6A, 9A, 11A obviously

évident *a.* 21D, 40D, 41A obvious, clear

éviter (4) *v.* 30D, 31ACD to keep clear of, to get out of the way of; 34E, 46D to avoid

évocation *f.n.* 46E evocation, recall

évoluer (4) *v.* 8D, 48D to evolve; 29D to move about

évolution *f.n.* 8D, 32D, 48D evolution

évoquer (4) *v.* 46E to evoke, to recall

exact *a.* 21D, 30D, 44B exact

exactement *adv.* 7A, 8A, 10A, 19D, 24A exactly

exactitude *f.n.* 44E exactness

exagération *f.n.* 14D exaggeration

exagérer (10) *v.* 21AE, 24B, 38B, 39A to exaggerate; **s'exagérer** 33D to have an exaggerated idea of

exalté *a.* 42E, 48D elated

exalter *v.* 45D to glorify

examen *m.n.* 19C. 20AC, 30D, 42AB, 50AE exam

examiner (4) *v.* 8A, 13A, 37E, 40D to examine, to study

excellent *a.* 4D, 6A, 21B, 23A, 33A excellent

exception *f.n.* 21E exception; **à l'exception de** 7D except for

exceptionnel *a.* 27A, 35D, 52D exceptional

exceptionnellement *adv.* 39D contrary to previous practice

excessif *a.* 47E, 48D excessive

excitation *f.n.* 22D excitement

excité *a.* 22D, 42E, 44A excited

exciter (4) *v.* 43E, 46E to stimulate, to provoke; **s'exciter** 42A to get excited, to get carried away

exclamer (s') (7) *v.* 20E to exclaim

exclu *a.* 45D excluded

exclure (*) *v.* 42D to exclude

excursion *f.n.* 10D, 37D, 47D excursion

excuse *f.n.* 15E, 20E, 24E, 47E excuse

excuser (4) *v.* 2A, 14AD, 24A to excuse; **s'excuser** 36A to apologize

exécuté *a.* 39D, 45D executed

exécutif *a.* 15D executive

exécution *f.n.* **mettre à exécution** 49E to execute, to carry out

exemplaire *m.n.* 13D, 20D copy

exemple *m.n.* 9A, 18D, 21E, 39E, 44D example; **par exemple** 2A for example

exercer (4) *v.* 17CE, 33D, 42D, 44D, 45D to exercise, to practice; **exercé** 14D exercised; **s'exercer** 14D to practice

exercice *m.n.* 18E, 21ABC, 38A, 47AE exercise

exigeant *a.* 51E demanding

exigence *f.n.* 21D requirement

exiger (4) *v.* 12D, 31B, 37E, 45D to require, to demand

exigu, -uë *a.* 33D cramped

exil *m.n.* 48D exile

exiler (4) *v.* 6D, 47D to exile

existence *f.n.* 33D, 36D, 38E existence

existentialiste *a.* 29B existentialist

exister (4) *v.* 9AC, 14D, 19D, 21AB, 28E to exist, to be

exode *m.n.* 45ABD exodus

exorbitant *a.* 34B exorbitant

exotique *a.* 33D exotic

exotisme *m.n.* 32D exoticism

expérience *f.n.* 20E experience

expérimental *a.* 39A experimental

expérimenter (4) *v.* 39D to experience

expert, experte *m. & f.n.* 29B expert; **expert-comptable** 18D certified public accountant

explication *f.n.* 32D, 37E, 40D explanation

expliquer (4) *v.* 20DE, 22D, 23E, 37AC, 42D to explain; **s'expliquer** 32D, 33D, 41D to be explainable; **ça s'explique par** 35D that can be explained by

exploit *m.n.* 38D, 48D exploit

exploitation *f.n.* 27D, 45D, 49D development, operation

exploiter (4) *v.* 39D to exploit, to take advantage of

explorateur *m.n.* 46D explorer

exploration *f.n.* 12A, 17ADE exploration

explorer (4) *v.* 10D, 11AE, 12A, 17D, 18D to explore

exploser (4) *v.* 8D, 18D to explode

explosif *a.* 21AB explosive

explosion *f.n.* 17B, 18D, 38E explosion

expo *abbr. for* **exposition** *f.n.* 16A, 33A, 36A, 49D exhibition

exposé *a.* 39D, 48D exposed

exposer (s') (7) *v.* 16E to be exposed

exprès *adv.* 30D, 38E on purpose; **faire exprès** 20E to do deliberately

express *m.n.* 14A, 26A espresso coffee

expression *f.n.* 15DE, 16D, 23E, 28D, 29E expression

exprimer (4) *v.* 21E, 28D, 34E, 35D, 37B to express, to convey; **s'exprimer** 26D to express oneself

expulsé *a.* 41D evicted

exquis *a.* 24A exquisite, delicious

extase *f.n.* 37D ecstasy

extensible *a.* 46A extendable, stretchable

extérieur *a. & m.n.* 22D, 32D, 35D, 50D exterior, outside; **à l'extérieur** 22D outside; **de l'extérieur** 44D from the outside

extérieurement *adv.* 28D externally, on the outside

extra *a.* 9B, 44D extra, super

extraction *f.n.* 39D extraction, extracting

extraire (*) *v.* 39D, 49D to extract, to quarry

extrait *m.n.* 4D, 38D, 39D, 40D, 43D excerpt (of a work); **extrait de vanille** 24D vanilla extract

extrait *a.* 45D excerpted

extraordinaire *a.* 8AE, 10D, 24A, 37D extraordinary

extraordinairement *adv.* 7D extraordinarily

extrêmement *adv.* 10D, 28A, 37D, 41D, 45AD extremely

Extrême-Orient *m.p.n.* 20D Far East

extrémité *f.n.* 37D, 45A end

Eyzies *pl.p.n.* 24AD site of famous prehistoric caves in the Dordogne region

fable *f.n.* 19D fable

fabliau, -x *m.n.* 48D medieval comic tale

fabrication *f.n.* 44D manufacture

fabriquer (4) *v.* 18ABC, 32D, 47D, 48AC to make, to manufacture

fac (*abbr. for* **faculté**) *f.n.* 2ACD, 3D, 12AD, 13B, 14E university

façade *f.n.* 27D, 32B, 34AB, 38B, 51D front, facade

face *f.n.* 26E, 45D face; **face à** *prep. phr.* 21D in front of; **en face de** 16A in front of, facing; **faire face à** 37D to face up to; **de face** 26E full face

fâché *a.* 43D, 46AB annoyed, unhappy

facile *a.* 5AB, 8A, 10A, 21D, 25C easy

facilement *adv.* 7D, 22E, 27AE, 41E, 45A easily

facilité *f.n.* 27A facility, ease

faciliter (4) *v.* 37D to facilitate, to ease

façon *f.n.* 20E, 21B, 29E, 31E, 32E way, fashion, manner; **de toute façon** 18A anyhow, in any case; **d'une certaine façon** 29A in a way; **la façon de parler d'Hubert** 33AC Hubert's way of speaking

façonner (4) *v.* 20D to shape

facturation *f.n.* 22D billing

facture *f.n.* 41D bill, invoice

facultatif *a.* 21D optional

faculté *f.n.* 12D, 19D university

faible *a.* 12D, 16D, 50D weak; *m.n.* weakness; **avoir un faible pour** 24AB to be partial to, to have a soft spot for

faiblesse *f.n.* 42D weakness

faiblir (5) *v.* 39B to weaken, to grow weaker

faille *f.n.* 36D geological fault

faillir (*) *v.* 19AB, 27A, 31C, 37B, 47D to fail; **j'ai failli rater mon examen** 19A I almost failed my exam; **il a failli se faire écraser** 37A he almost got run over

faim *f.n.* 24AB, 26AD, 45D hunger; **avoir faim** 16B to be hungry

fainéant *a.* 47D idle, lazy

faire (21) *v.* 2CD, 5BD, 8A, 9A, 15B to make, to do, to practice, to study, to matter; **il fait beau** 9C the weather is beautiful; **il fait chaud/froid/frais/bon** 11B it's hot/cold/cool/nice; **il fait doux** 14A it's nice out; **elle fait 1 mètre 63** 7A she is 5 feet 4; **ça fait trois jours** 9A it's been three days; **ça fait longtemps** 9C it's been a long time; **ça fait une éternité qu'on ne t'a pas vu** 16D we haven't seen you for ages; **ça ne fait rien** 11B it doesn't matter; **ça fait snob** 51A it's snobbish; **ça ne fera pas un pli** 23A it's no problem; **ça fait 64 francs** 37A that comes to 64 francs; **faire attention** 11D, 13A to pay

attention, 22A to watch out; **faire du 140 à l'heure** 29A to go 90 miles an hour; **faire son beurre** 13B to make lots of money, to rake it in; **faire du cinéma** 18A to work in movies; **faire faire** 34A to have something done; **faire de l'histoire** 19B to study history; **faire du karaté** 6A to practice karate; **faire la sieste** 10A take a nap; **faire un bisou** 12B give a kiss; **faire quelques pas** 37A to take a few steps; **je fis** (*passé simple*) **quelques pas** 13D I took a few steps; **faire la queue** 13B to stand in line; **faire rire** 21B to make someone laugh; **faire semblant** 11ABC to pretend; **faire votre connaissance** 22A to make your acquaintance; **on a fait les maçons** 34A we did the masonry ourselves; **nous ferions bien d'aller nous coucher** 36A we had better go to bed; **ça se fait beaucoup** 16C that's often done; **se faire mal** 43AB to get hurt, to hurt oneself; **il se fait tard** 36AB it's getting late; **se faire écraser** 37A to get run over; **s'en faire** 23A, 31A to worry; **ne t'en fais pas!** 29A don't worry!

faire-part *m.n.* 8A announcement

fait *m.n.* 21D, 26E, 33D, 40D, 41D fact

falaise *f.n.* 34D, 36D cliff

falloir (22) *v.* 5ABCD, 7AE, 21D, 34C to be necessary, to be required, to have to; **il faut donner un prénom aux jeunes gens** 5A the young people have to have first names; **il faut aller travailler** 18A you have to go to work; **il faut que j'y aille** 43A I have to get going; **il faut que je rentre à la maison** 24A I've got to go home; **c'est tout ce qu'il faut** 21A it's all you need

fameux *a.* 15D, 43D, 50A, 51D famous; 24A delicious

familial *a.* 8D, 44D familial

familiarité *f.n.* 51D casualness, offhandedness

familier *a.* 31B, 33E, 39D casual, colloquial

familièrement *adv.* 47E casually, offhandedly

famille *f.n.* 5ABCDE, 6D, 8ACD, 9A, 10AD family; **en famille** 22E with the family; **nom de famille** 17A last name

famine *f.n.* 17D famine

fandango *m.n.* 16D fandango (dance)

fanfare *f.n.* 29D brass band

fantassin *m.n.* 39D infantryman

fantastique *a.* 4A, 29D fantastic; **roman fantastique** 4A science fiction novel

faramineux *a. (coll.)* 51D fantastic, extraordinary

farci *a.* 26A stuffed

fardeau *m.n.* 46D burden, load

farine *f.n.* 26D flour

fascinant *a.* 11AE, 16D, 21E, 33A fascinating

fasciné *a.* 10D fascinated

fasciste *a. & n.* 38E fascist

fast-food *m.n. (angl.)* 20D, 24A, 29D fast food

fatal *a.* 48D fateful, fated

fataliste *a. & n.* 37D, 45D fatalist

fatalité *f.n.* 46D fate

Fath, Jacques (1912–1954) *p.n.* 11A French fashion designer

fatigant *a.* 8B, 18A, 22A, 30D, 47D tiring; 8A tiresome, tedious, annoying

fatigué *a.* 2ABCD, 7DE, 8B, 20D, 24A tired

fatigue *f.n.* 18BE fatigue

fatiguer (4) *v.* 39A to tire, to fatigue, to strain; **se fatiguer** 22A to get tired

fauché *a. (coll.)* broke; **fauché comme les blés** 51ABE flat broke

Faulkner, William (1897–1962) 4B American novelist, Nobel Prize winner, 1949

faute *f.n.* 29E, 31E, 44D fault, mistake; **ce n'est pas de ma faute** 9A, it's not my fault; **faute de paiment** 41D for nonpayment

fauteuil *m.n.* 23D, 32ABD, 43D, 51D armchair

faux, fausse *a.* 33D, 40A, 52AB false;

faux numéro 27A wrong number; **fausse bonne sœur** 34AB phony nun

faveur *f.n.* 15D, 42D, 46E favor

favorable *a.* 45B favorable; 44D, 45D well-disposed

favori, favorite *a. & n.* 47D, 49D favorite

favoriser (4) *v.* 45B to help along

fécondité *f.n.* 35D fertility

Fellini, Federico (1920–1993) Italian filmmaker

féminin *a.* 5D, 13D, 20D, 36A, 45A feminine

féministe *a. & n.* 13D feminist

femme *f.n.* 3A, 5BD, 6AB, 9D, 12A woman; 8AD wife; **bonne femme** *(coll.)* 30D woman; **femme d'affaires** 18A businesswoman; **femme de chambre** 25A chambermaid, hotel maid

fémur *m.n.* 49D femur, thighbone

FEN (Fédération de l'éducation nationale) *f.n.* 12D educators' union

Fénélon (1651–1715) 19D French prelate and author

fenêtre *f.n.* 13A, 17AB, 23AE, 25A, 34B window

fente *f.n.* 22AB slit, slot

féodal *a.* 48D feudal

fer *m.n.* 39D, 47D iron; **fer à cheval** 41B horseshoe; **chemin de fer** 29A railroad

férié *a.* **jour férié** 22D, 44D holiday

ferme *f.n.* 33D, 34D, 47D farm; *a.* 46A firm, solid

fermé *a.* 14A, 30D, 31B, 33D closed; 32D, 35B closed in

fermentation *f.n.* 10D fermentation

fermenté *a.* 51B fermented

fermer (4) *v.* 18D, 34AB, 36D, 37A, 47D to close, to shut

fermeture *f.n.* 41D closing; **fermeture à glissière** 43AB zipper

fermier *m.n.* 49D farmer; **fermiers généraux** 49D class of financiers in pre-revolutionary France

Ferrat, Jean (1930–) *m.p.n.* 34D French singer and songwriter

ferré *a.* **la voie ferrée** 42D railway track

fessée *f.n.* 17D spanking

fête *f.n.* party, celebration, feast day; **la Fête des Mères** 41D Mother's Day; **faire la fête** 41D have a good time

fêter (4) *v.* 45AC to celebrate

feu *m.n.* 13ABC light; **est-ce que vous avez du feu?** 13A have you got a light?; **feu rouge** 31A red light; 13B fire; **à feu doux** 24D over a gentle fire (for cooking); **au feu!** 17D Help, fire!

feuillage *m.n.* 26D foliage

feuille *f.n.* 11ABCD, 35E, 36B, 41B leaf

feutre *m.n.* 13D felt hat

feutré *a.* 51D muffled

février *m.n.* 12D, 43D February

fiancé *a.* 47A fiancé

fiancer (se) (7) *v.* 51A to become engaged

fibre *f.n.* 43A fiber

ficelle *f.n.* 49A string

ficher (4) *v. (coll.)* **fichez-nous la paix!** 47D leave us alone!; **je m'en fiche** 48A I don't give a damn, I couldn't care less

fiction *f.n.* 21A, 39A fiction

fidèle *a.* 32D, 44D, 48D, 51D faithful

fidelité *f.n.* 38D fidelity

fief *m.n.* 52D fiefdom, stronghold

fier *a.* 9A, 16D, 17D, 31A, 32D proud

fierté *f.n.* 51D pride

figaro *m.n.* 43D barber; *Figaro (le)* 8A daily newspaper

figé *a.* 41D rigid, stiff

figurant *m.n.* 40E walk-on, extra

figuration *f.n.* 39D, 40D extras (on stage or screen)

figure *f.n.* 30D, 33B, 40D, 43D, 46D face; **casser la figure** 30D to punch in the mouth; **se casser la figure** 40D to hurt oneself

figurer (4) *v.* 26D, 32D, 40B, 45D to appear; **figure-toi** 16D just imagine

fil *m.n.* 50B thread; **coup de fil** 24A telephone call; **au fil de l'eau** 29D as the current flows; **fil conducteur** 50A theme

file *f.n.* 13ACE, 45D line

filer (4) *v.* 18AB, 33D, 51A to run off; **je file** 21A I have to run

filet *m.n.* 46D net; 26AD fillet

fille *f.n.* 3ABC, 4D, 5ACDE, 6ABE, 7ABE girl; 8AC daughter

filleule *f.n.* 24AB goddaughter

film *m.n.* 6D, 10ACD, 13B, 16B, 36AC film, movie; **film doublé** 40A dubbed film; **film en noir et blanc** 38A black-and-white film; **film muet** 38B silent film; **film de la Nouvelle Vague** 40B New Wave film

fils *m.n.* 6D, 8AB, 15D, 18A, 24D son; **fils unique** 5A only child; **fils à papa** 13AB daddy's boy; **Alexandre Dumas fils** 15D Alexandre Dumas the younger

fin *a.* 6ABD, 9A, 10A, 35D, 52A fine, delicate, slender, subtle; **un fin gourmet** 50A a real gourmet; **fines herbes** 26D herbs for seasoning

fin *f.n.* 6D, 8D, 20D, 33D, 38D end; **à la fin** 9A in the end, at long last; **en fin de compte** 18A in the last analysis

final *a.* 38B final

finalement *adv.* 11E, 18C, 19C, 22D, 23E finally, at last

finance *f.n.* 39D, 41D finance

financer (4) *v.* 19A, 20D to finance

financier *a.* 14E, 36D, 41BD, 44E financial; *m.n.* 49D financier

finir (5) *v.* 15D, 18AC, 19A, 20D, 22B to finish, to end; **ça finira mal** 22AB it's going to come to a bad end; **en finir avec** 19AE to be done with; **fini** *a.* 19D finished

finition *f.n.* 45D detailing, fit and finish

finnois *a. & n.* 16D Finnish, Finn

Fitzgerald, F. Scott (1896–1940) 19A American novelist

fixe *a.* fixed; **idée fixe** *f.n.* 52E obsession

fixé *a.* 40A, 48D set, fastened, fixed; **tu n'as pas l'air très fixé** 13A you don't seem to have much of a plan

fixer (se) (7) *v.* 45D to fasten on; 52D to settle in

Fixin *p.n.* 30A, 33A town in Burgundy famous for its wine

flamant *m.n.* 50ABE flamingo

flamme *f.n.* 17ABE, 45D, 52ADE flame; **en flammes** 52A on fire

flanqué *a.* 26D to flank

flatter (4) *v.* 19D flatter

flatterie *f.n.* 19D flattery

flatteur *m.n.* 19D, 49D flatterer

flèche *f.n.* 12B arrow; 47AB spire

fléchir (5) *v.* 48D to sway, to weaken

fleur *f.n.* 11D, 16A, 17A, 19D, 23A flower; **en fleurs** 48D in bloom; **à la fleur de l'âge** 48AB in the prime of life

fleuri *a.* 32D, 44D in bloom

fleuriste *n.* 32D florist

fleuve *m.n.* 48AB river

flic *m.n.* (*coll.*) 51D policeman, cop

flirter (4) *v.* 37D, 47D to flirt

floral *a.* 32D floral

Flore (Café de) *m.p.n.* 29ABD, 51D literary café in Saint-Germain-des-Prés

Floride *f.p.n.* 50A Florida

flot *m.n.* 26D, 45D, 46D flood, stream; **les flots** *m.pl.n.* 15D waves

flotter (4) *v.* 49E to float

fluide *m.n.* 31AB fluid

Fo, Dario (1926–) 39D Italian actor, playwright, and stage director

foi *f.n.* 3B, 17D, 24D, 37D faith; **ma foi!** *int.* 45A to tell the truth, frankly

foie *m.n.* 40D, 45ABE liver; **foie gras** 24BD foie gras, goose liver; **foie gras de canard** 26A duck liver

fois *f.n.* 9A, 13D, 14A, 16A, 17AD time, occasion; **à la fois** 5A both, at one and the same time; **une autre fois** 5A another time

folie *f.n.* 51D folly, madness; **à la folie** 31A madly

Folies-Bergère *f.pl.p.n.* 39ABE, 40A famous music hall in Paris

foncé *a.* 45A dark

foncer (4) *v.* 30ABD, 43D, 45A, 52A to rush, to speed

fonction *f.n.* 21D, 24D, 45D function; **fonction publique** 18D civil service

fonctionnel *a.* 32D functional

fonctionnement *adv.* 45E functioning

fond *m.n.* 24D, 39D, 41AB, 42A bottom, back, far end, background; **à fond** 19A thoroughly; **au fond** 8A basically

fondateur, -trice *n.* 5D, 17D, 51D founder

fonder (4) *v.* 6D, 15D, 20D, 35E to found

fondre (6) *v.* 24D, 48AE, 50B to melt; 41D to dissolve

fondue *f.n.* 50AB fondue

fontaine *f.n.* 24D, 42D fountain; **Fontaine Médicis** *f.p.n.* 11AB, 15D, 42AB fountain in the Luxembourg Gardens

Fontainebleau *p.n.* 30ABCE, 38B, 47A town south of Paris

Fontenelle (1657–1757) 33D French philosopher and poet

football *m.n.* 9D, 18A, 21D soccer; **football américain** 7A football

footballeur *m.n.* 17D soccer player

force *f.n.* 18E, 23D, 24D, 44D force; **à force de** 33D by dint of; **force (nous) est de constater** 51D we have no choice but to note; **Forces Françaises de l'Intérieur** *f.pl.p.n.* 49D French Forces of the Interior (World War II)

forcé *a.* 16E, 20AC, 23E forced; **travaux forcés** 20A hard labor

forcément *adv.* 18A, 22D, 29A, 37D, 38A inevitably, of course

forestier *m.n.* 17A, 42D forester

forêt *f.n.* 10D, 19D, 26D, 35D, 38B forest

formalisme *m.n.* 48D formalism

format *m.n.* 45D format

formation *f.n.* 17D, 52ACD formation, development, making

forme *f.n.* 12D, 32D, 37D, 44BD shape; **en forme** 30AC in shape, in condition

former (4) *v.* 45D, 46D, 50D to form

formidable *a.* 4D, 10D, 13AD, 15A, 16D great, wonderful, tremendous

formule *f.n.* 21A, 34D, 43E formula

fort *a.* 8D, 11E, 12D, 19A strong; 6ABC stout; **il n'est pas très fort en latin** 50A he's not too good at Latin; *adv.* 12B strongly; **frappez fort** 32A knock loudly; **ça ne va pas fort** 2A I'm not feeling too well

Fort, Paul (1872–1960) 28D, 33D French poet

fortement adv. 33D, 50B strongly

fortification f.n. 47D, 51D fortification

fortifié a. 47ABE, 50D, 52AB fortified

fortuit a. 12D fortuitous, accidental

fortune f.n. 8A, 40D, 41D, 43D, 44BD fortune, money

Forum des Halles m.p.n. 15B, 23AD, 33AD, 49D modern mall built on the site of the former Halles (central market) in Paris

Fos (-sur-mer) p.n. 21B port city on the Mediterranean

fossé m.n. 31AB, 39D ditch

fou, folle a. 42A, 47D crazy, mad, incredible; **c'est fou le nombre de théâtres qu'il y a à Paris** 39A it's incredible how many theaters there are in Paris; n. **on s'amusera comme des fous** 46A we'll have lots of fun; **plus on est de fous, plus on rit** 46A the more the merrier

foudre m.n. 29B lightning, thunderbolt

foudroyant a. 29B, 40D stunning, striking; **un regard foudroyant** 29B a withering look; **reprises foudroyantes** 29A terrific pick-up (of an automobile)

fouet m.n. 24D whip

fouetté a. 47B whipped

fougue f.n. 37D fire, passion

fouine f.n. 49D weasel

Foujita (1886–1968) 38A French painter of Japanese origin

foulard m.n. 13AB, 25D, 51B scarf

foule f.n. 13D, 26D, 39D, 40D, 45D, 47D crowd

Fouquet's m.p.n. 38A, 39AE, 40A, 41AE, 51E restaurant and café on the Champs-Elysées

four m.n. 24D, 25D oven; **petit four** 32D petit four (small cake); **four à micro-ondes** 33D microwave oven; **four solaire** 48ABE solar furnace

fourchette f.n. 24D, 25ABC fork

fournir (5) v. 44D to furnish

fourrure f.n. 37D, 42D fur

foutre (*) v.(sl) 8D, 18D to do; **je m'en fous des poulets** 18D I don't give a damn about the chickens; **tu te fous de moi?** 46AB are you putting me on?

foutu a.(sl) 8D able

fox-trot m.n. (angl.) 16B fox-trot

foyer m.n. 20D, 32D, 33D, 36D, 50D household

fragile a. 6ABC, 7C, 32A fragile, delicate, frail

fragment m.n. 51D; **fragments de conversation** 40A snatches of conversation

fraîcheur f.n. 26D coolness

frais, fraîche a. 25ADE, 26AB, 33A fresh; 11AB, 12D cool; **votre brie est trop frais** 25A your brie is too young; **argent frais** 41A fresh funds

frais m.p.n. 12D costs

framboise f.n. 26AB, 42D raspberry

franc m.n. 14A, 15AD, 18D, 22A, 25A franc

franc, franche a. 13AB frank

français a. 3A, 4AD, 5ABCE, 6D, 14D French; n. 2ADE French (language); **Français, Française** 7D French person

France f.p.n. 2AC, 3B, 4ADE, 5D, 7D France

franchement a. 26D frankly

franchir (5) v. 47D, 51D to clear, to cross

franchise f.n. 14B frankness

Franck, César (1822–1890) 17E French composer

franco-allemand a. 49D French-German

franco-anglais a. 40D French-English

François m.p.n. 5D, 8A, 9D, 11D, 13D masculine first name

François Ier (1494–1597) 41D French king

Françoise f.p.n. 5D, 13D, 37D, 39A, 40D feminine first name

francophone a. & n. 42D French-speaking, French speaker

frapper (4) v. 25A, 32AB, 38D, 41B, 45D to strike, to hit, to knock

Frédéric m.p.n. 5D masculine first name

frein m.n. 29A, 31ABCE, 37A brake, 45E; **frein à main** 31A handbrake, emergency brake; **freins à disques** 29A disc brakes

freinage m.n. 29A, 31B braking

freiner (4) v. 31A to brake

fréquemment adv. 33D, 44D frequently

fréquent a. 12D, 34B frequent

fréquenter (4) v. 15D, 40D, 42D, 44D to frequent

frère m.n. 5ABC, 8ADE, 13A, 30D, 35AE brother; **Frères Lumière** 48E inventors of cinematography

fresque f.n. 19ABC, 51D fresco

fric m.n. (coll.) 52A money

frileux a. 48A sensitive to cold

frise f.n. 49D frieze

frisé a. 6D curly

frissonner (4) v. 49D shiver

frit a. 26A fried

frite f.n. 26D French fry; **les frites** 26D French fries

froid a. & m.n. 11A, 12AC, 14C, 18ABCE, 25E cold; **il fait froid** 11B it's cold; **un froid de loup** 11B bitter cold

fromage m.n. 19D, 24A, 25E, 26ADE, 46D cheese

froncer (4) v. to gather; **froncer les sourcils** 38D to frown

front m.n. 23D, 47D forehead; 35D façade; **en plein front** 51A right in the forehead

frontière f.n. 47D, 48D, 51D frontier

fronton m.n. 16D fronton

frotter (4) v. 24A, 25D, 38D, 47D, 51A to rub

fruit m.n. 4B, 25E, 37D, 46D, 47B; **fruit de la passion** 26A passion fruit; **La Passion du Fruit** 46A Parisian restaurant

fruitier a. 34D, 35D fruit-bearing

fuir (*) v. 38D, 45BD to flee

fuite f.n. 39D flight

fumé a. 26D smoked

fumée f.n. 17AB, 18D, 25D, 39D, 51D smoke

fumer (4) v. 13ABE, 18BD, 21A, 27D, 50D to smoke

funèbre a. 38D funerary; **pompes funèbres** f.n. 37E undertaker

funérailles *f.pl.n.* 37E, 48D funeral

furent *passé simple of* **être** 48D, 51D were

fureur *f.n.* 16E, 50A fury, rage

furieux *a.* 18B, 36D furious

fus *passé simple of* **être** 45D was

fusain *m.n.* 22D shrub, spindle-tree

fusil *m.n.* 39D rifle

fut *passé simple of* **être** 13D, 23D, 48D, 51D was

futurisme *m.n.* 10D futurism

Gabin, Jean (1904–1976) 5D, 6D French actor

gâchis *m.n.* 12D, 39D waste, mess

gâcher (4) *v.* 38D to spoil

gagnant *m.n.* 41AD, 42A, 51C winner

gagner (4) *v.* 9B, 24D, 34BCD, 41ABDE, 42ACDE to win, to earn; **gagner sa vie** 39B to earn one's living; **on l'a bien gagné** 34A we've really earned it; **combinaison gagnante** 41D winning combination

gai *a.* 15E, 32D, 37D, 46D cheerful, happy; 6D gay

gaieté *f.n.* 23D cheerfulness

gain *m.n.* 32D, 33D, 40D, 41D, 44D winning, winnings; **gain de temps** 33D time saved

Gainsbourg, Serge (1928–) 51D French singer and songwriter

galant *a.* 9AB, 43D, 50E gallant, courteous

galanterie *f.n.* 46CE, 50AE politeness, compliment

galère *f.n.* 46ABD galley; **qu'est-ce que j'irais faire dans cette galère?** 46B why would I want to get mixed up in that?

galerie *f.n.* 13D, 16D, 23E, 49D gallery, long room; 51ABC roof rack

Galerie des Glaces *f.p.n.* 27AD Hall of Mirrors in the palace of Versailles

galette *f.n.* 9A cookie; 25D tortilla

Gallia est omnis divisa in partes tres (*Latin*) 50A "All Gaul is divided into three parts" (first sentence of Caesar's *Gallic Wars*)

gallo-romain *a.* 25E, 47E, 52AB Gallo-Roman

galop *m.n.* 47AB gallop; **cheval au galop** 47AB galloping horse

gamin, gamine *m. & f.n.* 9A, 16AB, 17A, 33B, 34D kid

gamme *f.n.* 33D, 43B, 43E scale, range; **haut de gamme** 43A top of the line

gammée *a.* **croix gammée** 16D swastika

gangster *m.n.* (*angl.*) 13B, 14B, 50B gangster

gant *m.n.* 45A glove; **ça vous va comme un gant** 45B it fits you like a glove

garage *m.n.* 22D, 24A, 30ACE, 31ABCE, 34ABCE garage

garagiste *m.n.* 18D, 30ABC, 31AE mechanic

garanti *a.* 18D guaranteed

garantie *f.n.* 44D guarantee

Garbo, Greta (1905–1993) 13ACE, 16B Swedish film star

garçon *m.n.* 3B, 5D, 7ABCD, 12A, 13B boy, guy, fellow; 14A, 19A, 20ABCDE, 22AE waiter; **garçon boucher** 38A butcher's boy, butcher's apprentice; **garçon bouvier** 18D cowherd's helper; **garçon coiffeur** 18D hairdresser's assistant

garde *f.n.* guard; **en garde!** 39D on guard!; **garde-robe** 41B wardrobe closet; **garde-malade** *m.n.* 41B visiting nurse

garder (4) *v.* 15D, 19AE, 41AB, 44D to keep; 8D, 41B to watch; **garder un secret** 24A to keep a secret

gardian *m.n.* 50AD cowherd, cowboy in the Camargue region

gardien *m.n.* 14ABE, 34AB, 41B keeper, caretaker, janitor; **gardien de nuit** 14A night watchman

gare *f.n.* 27ABC, 28ACE, 29AB, 38A, 45A station; *int.* 39D beware!

garer (se) (7) *v.* 37D, 52A to park; **garé** *a.* 52A parked

Gargantua *m.p.n.* 24D gigantic folk hero of books by Rabelais

garni *a.* 26A garnished; 43A trimmed;

choucroute garnie 26B sauerkraut with sausages

garnir (5) *v.* 26AC to garnish

garniture *f.n.* 44D, 47D trimming, set

Garonne *f.p.n.* 48AB one of the four main rivers of France

gars *m.n.* (*coll.*) 28D, 30D guy

gasoil *m.n.* 18ABD, 30B diesel fuel

gastronomie *f.n.* 47A gastronomy

gastronomique *a.* 24A, 50CD, 52A gastronomical

gâteau *m.n.* 17D, 22E, 26ADE, 47B, 48B cake, pastry

gâter (4) *v.* 48A to spoil; **gâté** *a.* 34D spoiled

gauche *a.* 7D, 10AB, 15D, 31A, 43ABC left-hand, left; *f.n.* 16D left side; **à gauche** 15A on the left; **de gauche** 13D, 27B leftist

gaucher *a.* 43B left-handed

gauchiste *a. & n.* 46A leftist

Gaule *f.p.n.* 7D, 24A, 50A Gaul

Gaulle, Charles de (1890–1975) 4BDE, 38AB, 44B, 45D French general and statesman

gaulliste *a. & n.* 45E member of the Gaullist political party

Gaulois *n.* 7D, 14D, 47D Gaul; *a.* 4D, 14D, 27B, 35D Gallic; **le coq gaulois** 7D national emblem of France

Gault et Millau *m.p.n.* 26E, 48A, 52ABC restaurant guide

Gavarnie *p.n.* 47AD site of a famous natural amphitheater in the Pyrénées

gave *m.n.* 47D mountain stream

gaz *m.n.* 33A gas

gazeux *a.* 50D sparkling

gazon *m.n.* 12ABC, 36B grass, lawn

gazouillis *m.n.* 19D chirping, warbling

gazpacho *m.n.* 24AB gazpacho soup

géant *a.* 38D gigantic; *m.n.* 47AC giant; **les géants de '93** 47A the heroes of the Revolution of 1793

gencive *f.n.* 26D gum

gendarme *m.n.* 27B state policeman

gendarmerie *f.n.* 27ABC, 52A state police force

gendre *m.n.* 15D son-in-law

gêné *a.* 33E, 34E, 39B self-conscious, inhibited

gêner (4) *v.* 37D, 39BD, 52A to bother, to hamper; **ça ne vous gêne pas?** 44A that doesn't get in your way?

général *a.* 12D, 18D, 19D, 20D, 21D general; **en général** 4C in general; *m.n.* **général** 30A military general

généralement *adv.* 42D, 47D, 48D, 50D, 52D generally

généraliser (4) *v.* 33D to generalize

génération *f.n.* 35D, 41D generation

généreusement *adv.* 24A generously

généreux *a.* 9ABE, 10C, 23BE, 26D, 38D generous

générique *m.n.* 40B credits

générosité *f.n.* 43E, 48D, 51E

Gènese *f.p.n.* 2A, 3A, 4A Genesis

Gèneve *p.n.* 29AC Geneva

Geneviève *f.p.n.* 5D feminine first name

génial *a.* 39B, 40A, 50A inspired, full of genius, brilliant

génie *m.n.* 10A, 15D, 18E, 20A, 24D genius

genou *m.n.* 7D, 10ABD, 23D, 24E, 45D knee

genre *m.n.* 4E, 13D, 14A, 18D, 19E kind, sort; 36A, 39A genre; **ce n'est pas mon genre** 13B it's not my style; **du genre Nathalie** 18D such as Nathalie; **genre humain** 24D human race; **vous voyez le genre** 33A you know the kind I mean

gens *m.n.* 9AD, 15ACE, 16D, 17A, 18AB people; **jeunes gens** 3A young people; **ces gens-là** 8D these people

gentil, -ille *a.* 2AD, 8AE, 10C, 13B, 16A nice, kind, good

gentilhomme *m.n.* 15D, 47D nobleman

gentilhommière *f.n.* 34AD manor house

gentillesse *f.n.* 31E kindness

gentiment *adv.* 17A, 21E, 26E, 32E, 45E nicely, pleasantly, quietly

Geoffroy *m.p.n.* 43D masculine first name

géographie *f.n.* 19A, 21D, 47AE, 48D geography

géologie *f.n.* 19A geology

géométrie *f.n.* 16D, 21AD, 38D geometry

Georges *m.p.n.* 5D masculine first name

gérant *m.n.* 18D, 41D, 42D manager

Gérard *m.p.n.* 5D masculine first name

gerbe *f.n.* 51AB spray, splash; **gerbe de blé** 51B sheaf of wheat

géré *a.* 41D, 44B managed, run

Germaine *f.p.n.* 5D feminine first name

germanique *a.* 14D Germanic

geste *m.n.* 18A, 25D, 30D, 31D, 44D gesture, movement; **chanson de geste** 48D medieval epic poem recounting heroic deeds

Gevrey-Chambertin *p.n.* 30A, 31E, 33A town in Burgundy famous for its red wines

Ghislaine *f.p.n.* 12ABCE feminine first name

Giacometti, Alberto (1901–1966) 51D Swiss sculptor and painter

Gide, André (1869–1951) 8D, 48D French novelist, winner of Nobel Prize in Literature, 1947

gigantesque *a.* 10D gigantic

gigot *m.n.* 24ABC leg of lamb

Gildas *m.p.n.* 8A masculine first name

Gilles *m.p.n.* 5D, 21D masculine first name

Gillot-Pétré, Alain (1950–) 32A French TV weatherman

Gini *m.p.n.* 39A brand of soft drink

Giraudoux, Jean (1882–1944) 51D French playwright

gitan *m.n.* 50D Gypsy

Givenchy, Hubert de (1927–) 11A French fashion designer

glace *f.n.* 6AB, 7A, 27AD ice; 26A ice cream; 27AD mirror

glacé *a.* 26AB glazed, candied; 38D frozen

glaçon *m.n.* 24A ice cube; 48ABE block of ice

gland *m.n.* acorn; 38D tassel

glisser (4) *v.* 17AD, 32D, 44ABC to slide, to slip

glissière *f.n.* slide; **fermeture à glissière** 43AB zipper

globalement *adv.* 18D overall

gloire *f.n.* 14D glory

glou-glou *int.* **faire glou-glou** 17D go glug-glug

gna, gna, gna *int.* 16A whine, whine, whine!

Godard, Jean-Luc (1930-) 37D, 40A French filmmaker

godasse *f.n. (coll.)* 40D shoe

gogo *adv. (coll.)* **à gogo** 29ABD, 40D galore

golf *m.n.* 6D golf

Golfe du Mexique *p.n.* 11B Gulf of Mexico

gomme *f.n.* 46D gum; **boule de gomme** 15A gumdrop; **mystère et boule de gomme** 16A that's for me to know and you to find out

Goncourt, Edmond de (1822–1896); 19D, 23D French writer who collaborated with his brother, **Jules de Goncourt (1830–1870)**, on novels and numerous other works; **Académie Goncourt** 15D literary society; **Prix Goncourt** 13D annual literary prize awarded by the Académie Goncourt

gonfler (se) (7) *v.* 51D to inflate

gorge *f.n.* throat; **avoir mal à la gorge** 12A to have a sore throat; **gorges du Verdon** 47A grand canyon of the Verdon

Goscinny, René (1928–1978) 43D, 46D, 50D French comic writer, author with Albert Uderzo of the *Astérix* series

gosse *m.n. (coll.)* 8D, 16AB, 41D, 42AB, 45A kid

gothique *a.* 6D, 16D, 30D gothic

Gounod, Charles (1818–1893) 5D French composer

gourmand *a.* 26D gourmand

gourmet *m.n.* 23A, 50A gourmet

gousse *f.n.* pod; **gousse d'ail** 26D, 47D clove of garlic

goût *m.n.* 13D, 19D, 24B, 26BD, 29D taste

goûter (4) *v.* 24ABD, 48AC to taste, to try, to sample; *m.n.* 9ABC afternoon snack

goutte *f.n.* 18D, 24B, 31AB, 47D drop

gouvernement *m.n.* 13D, 34B, 41D, 42D, 45AB government

grâce *f.n.* **grâce à** 15D thanks to; **de bonne grâce** 16E willingly

gracieux *a.* 11D graceful; 34D free

gradé *a.* 18D promotion-track employee

graffiti *m.n.* 31D graffiti

graisse *f.n.* 24B, 50ADE fat, lard; **graisse d'oie** 26AE goose fat

grammaire *f.n.* 21AD grammar

grammarien *m.n.* 21D grammarian

gramme *m.n.* 24D gram

grand *a.* 4B, 6ABCD, 7ACD, 9A, 10ABD big, tall; 5D great; **faire de grands gestes** 18A to gesture extravagantly; **toujours les grand mots** 39A always exaggerating; **Grand Marnier** 24E brand of orange liqueur; **tout grand** 36D all the way up; **avoir une grande culture** 6D, 52A to be very cultivated; **grandes personnes** 33E adults

grand, grande *f. & m.n.* 13D, 50D the great (one); **ma grande/mon grand** 36A, 43D my dear/my boy

grand-chose *indef. pron.* **pas grand-chose** 19D, 21D, 28D, 39A, 42A not much

grandeur *f.n.* 15D, 33D, 38D, 47AD greatness, grandeur, size; **grandeur naturelle** 44D life size

grandiose *a.* 21D grandiose

grandir (5) *v.* 7D, 38D, 44A, 45D to grow, to grow up

grand-mère *f.n.* grandmother

grand-oncle *m.n.* 8A great-uncle

grand-père *m.n.* 8A, 15A, 16AC, 38D, 44D grandfather

grands-parents *m.pl.n.* 8AD, 15ABCD, 16AC, 42D grandparents

grand-tante *f.n.* 8AC great-aunt

Grand-Tout *m.n.* 21D The Almighty

grange *f.n.* 34ABCE, 35D barn

granit *m.n.* 50A granite

gras, grasse *a.* 24ABD, 26A, 33ACE fat, rich; **matières grasses** 50ACDE fat

grattage *m.n.* 41D scratching

gratter (4) *v.* 41D to scratch

gratuit *a.* 6D, 15D, 21D, 29D free

grave *a.* 9A, 13D, 19B, 31AB, 33D, 39A serious; **ce n'est pas grave** 5D it's not serious

graviter (4) *v.* 39D to gravitate

gravure *f.n.* 20D print, engraving

grec, grecque *a. & n.* 10B, 15D, 19ACE, 20AE, 35A Greek

Grèce *f.p.n.* 19B, 50D, 51A Greece

grenat *a.* 52D garnet

grève *f.n.* 11AB, 12D, 13A strike

Grévin (Musée) *p.n.* 38D waxworks museum in Paris

Giffith, D. W. (1875–1948) 38A American filmmaker

grillade *f.n.* 26AB grilled meat

grille *f.n.* 27AD, 32D, 33A, 51AB gate

grimace *f.n.* 13D, 22D grimace

grimper (4) *v.* 45D, 47A to climb

grimpeur *m.n.* 47B climber

gris *a.* 6A, 7AC, 9A, 12A, 13A gray

grisé *a.* 41D intoxicated

gronder (4) *v.* 46D to scold

gros, grosse *a.* 7ABC, 14D, 18D, 19D, 30A big, fat, large; **gros plan** 38AB close-up; **gros lot** 43D jackpot; **Gros Horloge** 52A the great clock in Rouen

groseille *f.n.* 26B red currant

grossier *a.* 40E, 43E coarse, crude

grossièreté *f.n.* 48D rudeness, coarseness

grossir (5) *v.* 26E to gain weight

grosso modo *adv.* (*Latin*) 18D pretty much, more or less

grotte *f.n.* 24A cave, grotto

grouillant *a.* crawling; **estomac grouillant** 26D rumbling stomach

groupe *m.n.* 12AB, 13D, 18D, 35D, 42AB group

gruyère *m.n.* 49D, 50B Gruyère cheese

guadeloupéen *a. & n.* 38D Guadeloupian

guère *adv.* 41D **ne . . . guère** scarcely, hardly

guérite *f.n.* 41D, 51D shack, hut

Guernesey *p.n.* 48D Guernsey, one of the British Channel Islands off the northwest coast of France

guerre *f.n.* 8AB, 13D, 21D, 22D, 26D war; **Deuxième Guerre Mondiale** 19B World War II; **Guerre Franco-Allemande** 49D Franco-Prussian War; **Guerre de Cent Ans** 52D Hundred Years' War; **Malbrough s'en va-t-en guerre** 27D Marlborough is off to war

guet *m.n.* **faire le guet** 31D to be on watch

guetter (4) *v.* 49D to watch out for

gueule *f.n.* (*coll.*) 18D face, mug; **Gueules cassées** 41A veterans with serious facial injuries

gueuleton *m.n.* (*coll.*) 45AB feast, blowout

guévariste *a. & n.* 46A follower of Latin American revolutionary Che Guevara

guichet *m.n.* 22D, 27AB, 43D ticket window

guide *m.n.* 15D, 26A, 36D, 39A guide, guidebook; **guide vert** 47D Michelin travel guide; **guide du routard** 49D tourist guide

guider (4) *v.* 45D, 51D, 52D; **guidé** 29A guided

guignol *m.n.* 39D Punch and Judy show; **avoir l'air d'un guignol** 43D to look like a jerk

guillotiné *a.* 47D guillotined

guimbarde *f.n.* 45D jalopy

Guimilliau *p.n.* town in Brittany

guitare *f.n.* 45D guitar

Guitry, Lucien (1860–1925) 15D French actor

Guitry, Sacha (1885–1957) 15D French film and stage actor, son of Lucien Guitry

Guy *m.p.n.* 5D masculine first name

gypse *m.n.* 49D gypsum

habilement *adv.* 24B skillfully, cleverly

habileté *f.n.* 18E skill

habillé *a.* 19D, 37AE, 45AB, 52A dressed, dressed up

habillement *adv.* 43A clothing

habiller (4) *v.* to dress; **s'habiller** 11A, 25AC, 32D, 37E to get dressed, to dress up

habit *m.n.* 47D suit, outfit

habitant *m.n.* 34D, 44D, 52D inhabitant

habitable *a.* 24D, 34ABC habitable; **260 m² habitables** 35D living area of 260 square meters

habitation *f.n.* 24D, 33BD, 34BD, 35E living space, dwelling

habiter (4) *v.* 8D, 14AC, 15B, 18A, 19D to live in, to inhabit, to live, to reside

habitude *f.n.* 14BD, 22E, 36A, 37A, 52E habit; **avoir l'habitude** 14A to be used to; **d'habitude** 14D usually, ordinarily

habitué *m.n.* 14B, 15D, 22D habitué, regular guest, regular customer; *a.* 46D accustomed

habituer (s') (7) *v.* 44A, 48D to get used to

haie *f.n.* 33A hedge; **faire la haie** 47D to line the streets

haineux *a.* 13D full of hatred

haïr (*) *v.* 9D, 26D, 46D to hate

hall *m.n.* 30A, 35D entrance hall, foyer (of hotel)

Halles (les) *f.pl.p.n.* 15AB, 23AD, 33D, 49D shopping district in Paris which used to be the central market

halli-hallo *int.* 46D nonsense refrain

hallucinant *a.* 29D mind-blowing

halte *f.n.* stop; **halte-dégustation** 30D roadside wine-tasting stand

hamburger *m.n.* 4D, 16B, 20D, 22D, 29D hamburger

hameau *m.n.* 27D hamlet; **hameau de Marie-Antoinette** 27D Marie Antoinette's farm in the park of Versailles

hand *m.n.* 7A handball

handicap *m.n.* 44B handicap (racing)

handicapé *a.* 43D handicapped

hardiesse *f.n.* 48D daring

hareng *m.n.* 36D herring

Harfleur *p.n.* 48D town on the coast of Normandy

haricot *m.n.* 24AB, 25E, 26BE, 44B bean; **haricot vert** 24A green bean

hasard *m.n.* 3B, 7A, 23D, 27B, 32B chance, luck; **par hasard** 16A by any chance, by accident; **à tout hasard** 37D on the off chance

hausse *f.n.* rise; **températures en hausse** 12D rising temperatures

hausser (4) *v.* to raise; **hausser les épaules** 38D, 45D to shrug one's shoulders

haut *a.* 6D, 7D, 14D, 42D, 47AE high, tall; **haute cuisine** 24A gourmet cooking; **à voix haute** 40D out loud; *m.n.* top; **en haut** 16D upstairs; **en haut de** 17A to the top of; **de haut en bas** 18D from top to bottom; **haut de gamme** 43A top of the line; **d'en haut** 52D from on high

hauteur *f.n.* 9A, 30D, 39D, 40E height; **saut en hauteur** 9A high jump

Hauts-de-Seine *p.n.* 20D administrative department near Paris

haut-parleur *m.n.* 52AB loudspeaker

hé *int.* 22D, 27A, 47D, 51A hey!

hebdomadaire *a.* 40D, 41D, 46A, 47D weekly

HEC (école des Hautes Etudes Commerciales) *f.p.n.* 13AB French school of business and management

hein *int.* 2D, 5A, 9A, 13A, 16A huh?, right?, what do you say?, OK?

hélas *int.* 23D, 32D, 35D, 48D alas, unfortunately

Hélène *f.p.n.* 5D feminine first name

hélice *f.n.* propeller; **avion à hélice** 52E propeller airplane

hélicoptère *m.n.* 27ABCD, 52A helicopter

Hemingway, Ernest (1898–1961) 19A, 20ABCE, 51A American novelist

Henri *m.p.n.* 5D, masculine first name; 47D, 48D name of several kings of France

herbe *f.n.* 11D, 25D, 35E grass; **fines herbes** 26A herbs

Hérédia, José Maria de (1842–1905) 15D Cuban-born French poet

héréditaire *a.* 29B, 48D hereditary

hérétique *n.* 52D heretic

héritage *m.n.* 34D, 43D inheritance

héritier, héritière *m. & f.n.* heir; 41D heiress

hermaphrodite *n.* 5B hermaphrodite

héroïne *f.n.* 5D, 13D, 21B, 52D heroine; 21AB heroin

héroïque *a.* 15D heroic

héroïquement *adv.* 52A heroically

héroïsme *m.n.* 33D, 45D heroism

héros *m.n.* 14D, 21B, 37C, 38D, 38D hero

hésitation *f.n.* 52A hesitation

hésiter (4) *v.* 15D, 22A, 27E, 38D, 41D to hesitate

heure *f.n.* 9AC, 10AB, 11C, 17D, 18D hour; **une heure et demie** 9D an hour and a half; **de bonne heure** 51D early; **tout à l'heure** 10A, 16AC, 22A just now; 22A, 28A right away, soon; **être à l'heure** 28A to be on time; **à trois heures pile** 28A at exactly 3 o'clock; **à tout à l'heure** 28A see you later

heureusement *adv.* 8A, 10A, 15D, 17A, 21A fortunately, luckily

heureux *a.* 8A, 11D, 22A, 24B, 32A happy

heurter (4) *v.* 28ABC, 43A to run into, to collide with

hexagone *m.n.* 46B hexagon; **l'Hexagone** 46A France

hier *adv.* 6B, 11ABC, 14A, 15AE, 17A yesterday

hiérarchie *f.n.* 18D hierarchy

hiérarchique *a.* 48D hierarchical

hiéroglyphe *m.n.* 38AB hieroglyph

Himalaya *p.n.* 36D Himalayas

hindouiste *a. & n.* 25E Hindu

Hindoustan *p.n.* 46D Hindustan

hippique *a.* 41D equestrian

hippodrome *m.n.* 44D race track

histoire *f.n.* 3ABCE, 4A, 5A, 6D, 7D story, history; **histoire ancienne** 12D ancient history; **histoire de l'art** 11AB art history; **histoire de crime** 4A detective story; **c'est une autre histoire** 26A that's another story; **c'est toute une histoire** 26A it's a long story; **histoire à dormir debout** 49B incredible tale, tall tale; **histoire de faire un peu d'exercice** 47A just to get a little exercise

historien *m.n.* 12D, 19D, 21D, 52D historian

historique *a.* 5D, 24D, 48D, 51AE historic, historical

historiquement *adv.* 33B historically

Hitler, Adolf (1889–1945) 45D German dictator and founder of the Nazi party

hiver *m.n.* 11ABDE, 13BE, 29D, 44A, 46E winter

HLM (Habitation à Loyer Modéré) *m.n.* 20D, 33ABD, 34B low-cost housing

hocher (4) *v.* **hocher la tête** 42D to nod one's head

hockey *m.n.* 3B, 7A hockey

hold-up *m.n.* (*angl.*) 14B hold-up

hollandais *a. & n.* 24D, 27D Dutch, Dutch person

homard *m.n.* 50A lobster

Home Latin *m.p.n.* 14A, 21AB, 30A, 31A, 42E small hotel in the Latin Quarter

hommage *m.n.* 21D, 40D homage, tribute; **mes hommages** 33A my respects

homme *m.n.* 3ABC, 4AC, 5BD, 6D, 7D man; **homme d'affaires** 18B businessman

homogène *a.* 44D homogeneous, uniform

Hongrie *f.p.n.* 50A Hungary

hongrois *a. &. n.* 16D, 35A Hungarian

honnête *a.* 10B, 14E, 18D, 49B, 50E honest, decent

honnêteté *f.n.* 34D honesty

honneur *m.n.* 15D, 19B, 24E, 33E, 39D honor; **à vous l'honneur** 51A it's all yours

honorable *a.* 9D, 14E honorable

honorer (4) *v.* 9D, 48D, 51D to honor; **honoré** *a.* 51A honored

honte *f.n.* 24AB, 39A disgrace, shame; **avoir honte** 20D to be ashamed; **c'est une honte!** 39A it's a disgrace!

honteusement *adv.* 44E shamefully

honteux *a.* 24B, 44A shameful, disgraceful

hop *int.* 47D bam!; **allez hop** 52A alley-oop, let's go

hôpital *m.n.* 13D, 14B, 21A, 27AB, 30D hospital

horaire *a. & m.n.* 36D timetable; **décalage horaire** 22A time lag

horizon *m.n.* 46AB, 51A horizon; **changer d'horizon** 46A to get a change of scenery

horloge *f.n.* 19ABE, 21AC clock

hormis *prep.* 18D except for

horoscope *m.n.* 31D horoscope

horreur *f.n.* 32A, 40A, 50A horror; **avoir horreur** 13A to hate, to loathe

horrible *a.* 10D, 13A, 21B, 34B, 42A horrible, dreadful

horriblement *adv.* 46B horribly

hors *adv.* 8D, 13D, 23D, 33D, 45D out, outside

hors d'œuvre *m.n.* 26A hors d'oeuvre, appetizer

hostile *a.* 50E hostile

hostilité *f.n.* 37D, 45D hostility

hôtel *m.n.* 4D, 11A, 14AC, 15ABCE, 18BD hotel

Hôtel de Ville *m.p.n.* 23ABD city hall and square in Paris

hôtelier *m.n.* 41D hotel keeper

hôte *m.n.* 19D, 49D inhabitant, occupant

hôtesse *f.n.* 29D hostess

hou *int.* 16A whoa!

houhou *int.* 51A yoo-hoo!

houx *m.n.* 48D holly

Huchette (théâtre de la) *f.p.n.* 39ABD small theater in the Latin Quarter

Hugo, Victor (1802–1885) 4B, 18D, 20B, 29B, 48ABCE French poet, novelist, and playwright

huile *f.n.* 18D, 19D, 26ABD, 31B, 39B oil; **huile d'olive** 26B olive oil; **huile solaire** 12AB suntan lotion

huissier *m.n.* 41D bailiff

huit *a. & n.* 8D, 13D, 17AC, 21B, 24D eight; **il y a huit jours** 40D a week ago; **de lundi en huit** 42A a week from Monday

huître *f.n.* 26AB, 50A, 52B oyster

humain *a. & m.n.* 7D, 15D, 21D, 24D, 39A human; 26D human being

humanité *f.n.* 17E humanity

humble *a. & n.* 35E, 44D humble; **les humbles** 48D the humble

humblement *adv.* 44D humbly

humecté *a.* 25D, 26D moistened

humeur *f.n.* 9C, 20E mood, spirits, temper; **de bonne/mauvaise humeur** 9ABC in a good/bad mood; **mouvement d'humeur** 20E fit of temper

humide *a.* 22D, 24D moist

humiliant *a.* 45D humiliating

humilié *a.* 44D humiliated

humilier (s') (7) *v.* 48D to humble oneself

humoriste *m.n.* 23D humorist

humoristique *a.* funny; **sketch humoristique** 15D cartoon

humour *m.n.* 51D humor; **avoir beaucoup d'humour** 40D to have a great sense of humor

hure *f.n.* 10D snout

hurler (4) *v.* 18D, 36D, 45D yell, bellow

Hutin (le) *m.p.n.* 8D, 47D nickname given to Louis X

hydraulique *a.* 16D, 30A hydraulic

hydrogène *m.n.* 4D hydrogen; **bombe à hydrogène** 4D hydrogen bomb

hygiène *f.n.* 52E hygiene

hygiénique *a.* 14B hygienic

hymne *m.n.* 14D anthem, hymn; *f.n.* 14D church hymn

hypnotique *a.* 45D hypnotic

hypothèse *f.n.* 37D, 49E hypothesis

hystérique *a.* 40D hysterical

ici *adv.* 11A, 12A, 14AD, 15AE, 18AD here; **ici Robert Taylor** 22A Robert Taylor speaking

idéal *a.* 49D, 51D ideal

idée *f.n.* 7D, 9Ad, 12E, 18E, 19D idea; **idée fixe** 52E obsession; **changer d'idée** 25E to change one's mind

idem (*Latin*) *adv.* 51D the same as previously mentioned

identifié *a.* 16D identified

identique *a.* 45D identical

identité *f.n.* 26D identity

idéologique *a.* 19D ideological

idiot *a. & n.* 10AB, 13A, 14B, 37D,

43A idiot, fool; **faire l'idiot** 36AB to be silly

idole *f.n.* 38D, 48D idol

idyllique *a.* 46E idyllic

If (château d') *p.n.* 48D castle and former prison on a small island near Marseille

ignorance *f.n.* 14D ignorance, unawareness

ignorer (4) *v.* 6D, 11E, 12D, 14D, 21D not to know, to be unaware of; 43E ignore; **ignoré** *adj.* 32D ignored

il *pron.* he, it; **ils** they

île *f.n.* 9B, 20D, 23D, 42A, 43D island; **île de la Cité** 4D, **île Saint-Louis** 15B islands on the Seine River in Paris; **Ile de France** 47E province in north central France; **île des Faisans** 47D island in the Bidassoa River in the Basque country; **île de Saint-Domingue** 48D island in the Antilles

illégal *a.* 13B, 21B illegal

illisible *a.* 51A illegible, unreadable

illuminer (4) *v.* 28AB, 29AD to light up, to illuminate

illusion *f.n.* 6B, 9D, 18A illusion; **se faire des illusions** 18A to kid oneself

illustration *f.n.* 18D illustration

illustre *a.* 14D, 15D, 51D famous, renowned

illustré *a.* 48D illustrated

illustrer (s') (7) *v.* 19B to make oneself famous

image *f.n.* 13D, 30D, 32D, 38A image

imaginaire *a.* 15D imaginary

imagination *f.n.* 28E, 52E imagination

imaginer (4) *v.* 16D, 21D, 26E, 38A, 39D to imagine; **s'imaginer** 13AB to imagine, to suppose

imbattable *a.* 19AB, 47A unbeatable, invincible

imbécile *a.* 13A silly, idiotic; *n.* 18B fool, idiot

incompris *a.* 19B misunderstood, unappreciated

imitation *f.n.* 32D, 45D imitation

imiter (4) *v.* 16D, 29B, 39D, 51D to imitate

immaculé *a.* 14B immaculate

immangeable *a.* 49D inedible

immatriculation *f.n.* **numéro d'immatriculation** 44D license plate number

immédiat *a.* 12D, 41D immediate

immédiatement *adv.* 22D, 36D, 41D immediately

immense *a.* 10AD, 45D, 46D immense, huge

immeuble *m.n.* 20AD, 32BCDE, 33B, 34B, 35D building

immobile *a.* 14B, 38D immobile

immobilier *a.* 35D real estate; *n.* 35D, 43D real estate; **agent immobilier** 18D realtor

immoral *a.* 44AE, 45AE immoral

immortel *a.* immortal; **les 40 Immortels** 51D members of the Académie Française

impasse *f.n.* 51D dead end

impassible *a.* 48D impassive

impatient *a.* 22A, 37C, 42E, 44E, 46D impatient, eager

impeccable *a.* 29A impeccable, flawless

imper (*abbr. for* **imperméable**) *m.n.* 13AB, 37A raincoat

impératif *a.* 52A imperative

impériale *f.n.* 46AB upper deck; **la Méhari n'a pas d'impériale** 46A the Mehari is not a double-decker vehicle

impérialisme *m.n.* 19D imperialism

impérieux *a.* 25E, 32A, 33A imperious

imperméabilisé *a.* 43A waterproof

impertinent *a.* 35B impertinent

importance *f.n.* 18D, 20E, 34D, 37D, 52D importance; **ça n'a pas d'importance** 18B it doesn't matter

important *a.* 13D, 14E, 16E, 18B important; 20B, 32D, 34D sizeable, extensive; *n.* 15D, 52A the important thing

importer (4) *v.* 46D to matter, to be of importance; **n'importe qui** 9A no matter who; **n'importe quoi** 13A no matter what; **n'importe où** 23D no matter where; **n'importe quel** 33D no matter which

imposant *a.* 47D imposing, stately

imposer (4) *v.* 36E, 48D to impose; **s'imposer** 26D to compel recognition

impossible *a.* 13AD, 16AD, 29A, 31A, 34AC impossible

impôt *m.n.* 34ABD, 49D tax; **impôt de Solidarité** 41D estate tax

impotent *a.* 23D disabled, crippled

imprégner (4) *v.* 38D to permeate; **imprégné** *a.* 50D imbued

imprenable *a.* 32A unrestricted, protected

impression *f.n.* 6B, 19A, 22D, 23BE, 39AC impression

impressionnant *a.* 48A impressive

impressionner (4) *v.* 18D, 21E, 48E to make an impression, to impress; **impressionné** *a.* 48E impressed

imprévu *a.* 15D, 52AB unforeseen, unexpected

imprimer (4) *v.* 45AB to impart, to transmit

imprimerie *f.n.* 51D printing press

improbable *a.* 37D improbable

imprudent *a.* 37C, 52E imprudent

impulsif *a.* 52E impulsive

inaccessible *a.* 48D inaccessible

inactif *m.n.* **les inactifs** 33D, 44D non-working population

inaperçu *a.* 45A, 52D unnoticed, unseen

inattendu *a.* 16AB, 52B unexpected

incapable *a.* 8D, 21D, 22D incapable

incendie *m.n.* 18B, 40B fire

incendier (4) *v.* 40A to set fire to

incident *m.n.* 48A incident

incomparable *a.* 47A unrivaled, matchless

incompréhensible *a.* 12AB, 14D, 16D, 37A incomprehensible

incompris *a.* 19AB misunderstood, unappreciated

inconfort *m.n.* 38D lack of comfort

incongru *a.* 38D incongruous

inconnu, inconnue *m. & f.n* 12D, 13B, 35AB stranger; *a.* 15D, 30D, 45D, 48D unknown

inconscient *m.n.* 24D unconscious; *a.* 45D unaware

inconsolable *a.* 26A inconsolable, disconsolate

inconsolé *m.n.* 44D grieving person

inconvénient *m.n.* 29A disadvantage, drawback

incorrect *a.* 13D improper, impolite

incroyable *a.* 25A, 35B, 49B, 52B unbelievable, incredible; *m.n.* 41D the unbelievable

incurable *a.* 38D hopeless

Inde *f.p.n.*, **Indes** *f.pl.p.n.* 47D, 51AC India

indéchiffrable *a.* 51A indecipherable, illegible

indécision *f.n.* 52E indecision

indéfectible *a.* 13D unfailing

indemnité *f.n.* 43D compensation

indépendance *f.n.* 22E independence

indépendant *a.* 13D, 15AB, 18D, 33D, 42A independent

indépendantiste *m.n.* 16D freedom fighter

indicateur *a.* 33D index; **panneau indicateur** 52A sign post

indicatif *a.& n.* 45D indicative

indication *f.n.* 30AB sign, direction

indice *m.n.* 33D index; 49E indication, sign

indien, -ienne *a. & n.* 5B, 16D, 29D Indian

indifféremment *adv.* 45D equally

indifférence *f.n.* 13D indifference

indifférent *a.* 6D unimportant; 26D, 35E, 44D indifferent

indigestion *f.n.* 26A indigestion

indignation *f.n.* 33E indignation

indignité *f.n.* 39B indignity

indigo *m.n.* 46D indigo

indiquer (4) *v.* 16C, 32A, 36E, 37AB, 40D to indicate, to show

indiscuté *a.* 26D undisputed

individu *m.n.* 35B individual

individuel *a.* 19D personal; 33D, 34D, 35D private

Indochine *f.p.n.* 51D Indochina, Vietnam

indulgence *f.n.* 14D indulgence

indulgent *a.* 6C, 7A indulgent, tolerant

industrie *f.n.* 5B, 18ABC, 45D, 48E industry

industriel *m.n.* 18AB industrialist; *a.* 33E, 50E industrial

inévitablement *adv.* 20D inevitably

infamie *f.n.* 39B infamy

infante *f.n.* 23D infanta (younger daughter of a king); **l'Infante (d'Espagne)** 16D, 47D Marie-Thérèse (1638–1683), daughter of Philip IV of Spain

infarctus *m.n.* 22ABE heart attack; **faire un infarctus** 22A to have a heart attack

infect *a.* 33A foul, putrid, disgusting

infection *f.n.* 25A stench, stink; **c'est une infection** 25A it stinks!

inférieur (à) *a.* 32D, 33D, 36D, 50D lower than

infernal *a.* 34AB infernal, impossible

infini *a.* 51A infinite

infiniment *adv.* infinitely; **infiniment d'esprit** 21D infinite wit

infirmier, infirmière *m. & f.n.* 17ABE, 18D, 52ABE nurse

infliger (4) *v.* 27D to inflict

influence *f.n.* 8D, 13D, 15D, 32D, 42D influence

influencer (4) *v.* 21A to influence

influent *a.* 13D influential

informaticien *m.n.* 17AE computer scientist, data-processing expert

information *f.n.* 15D, 18D, 36D, 48B information

informatique *f.n.* 13AC, 16D computer science

informe *a.* 12D shapeless

informer (4) *v.* 12D, 37B, 45E to inform

infortuné *a.* 46D unfortunate

infusion *f.n.* 36AB infusion, herb tea

infuser (4) *v.* 36B to infuse

ingénieur *m.n.* 5A, 15D, 17D, 18A, 23D engineer; **ingénieur ECAM** 32A engineer with a degree from ECAM

ingrédient *m.n.* 33D ingredient

initiale *f.n.* 41AC initial

initié *n.* 38D initiate; *a.* 48D initiated

injure *f.n.* 43E insult

injustice *f.n.* 21D injustice

innocemment *adv.* 28B innocently

innocence *f.n.* 26D, 29E, 33D, 38D, 46D innocence

innocent *a.* 29E, 46E, 49BD innocent

innovation *f.n.* 18D innovation

inoffensif *a.* 13A innocuous, harmless

inonder (4) *v.* 51AB to drench, to soak

inouï *a.* 13D unheard of

inquiet *a.* 19E, 23ABC, 31B, 38AC, 45A worried, anxious

inquiétant *a.* 45A, 46E, 48E, 52A worrisome, disturbing

inquiéter (s') (10) *v.* 23A, 49AC, 52A to worry; **ne vous inquiétez pas** 23A don't worry

inquiétude *f.n.* 23D, 52E anxiety

inscription *f.n.* 49D inscription

inscrire (s') (19) *v.* 13AD, 20D to sign up, to join; **la France s'inscrit dans un hexagone** 46B France fits inside a hexagon

inscrit *a.* registered; **être inscrit** 20D to be a member

insecte *m.n.* 14B, 42B insect

insécurité *f.n.* 31D lack of security

INSEE (Institut National de la Statistique et des Etudes Economiques) *p.n.* 8D, 18D, 33D French national bureau of statistics

insensé *m.n.* 21D madman

insignifiant *a.* 13D trivial, superficial

insinuation *f.n.* 20E insinuation

insinuer (4) *v.* 14E, 46E to insinuate

insistance *f.n.* 39A, 42D insistence

insistant *a.* 51E insistent

insister (4) *v.* 16D, 23E, 24E, 34E, 45D to insist; 34DE to stress, to emphasize; **là, j'insiste** 34D I emphasize this

inspecter (4) *v.* 4B, 47D to inspect

inspection *f.n.* 42D inspection

inspecteur, inspectrice *n.* 22D inspector

inspiration *f.n.* 10D, 51D inspiration

inspiré *a.* 14D, 16D, 46E inspired

instable *a.* 5D, 7D unstable

installation *f.n.* 48A installation

installer (4) *v.* 18B, 49D to install, to establish; **installé** *a.* 29D, 37D, 45B installed, established; **s'installer** *v.* 23D, 29A to set up shop; 25AC, 28A, 33A, 37D, 39ABE to get settled, to sit down

instant *m.n.* 18D, 28A, 32A, 33D instant, moment; **pour l'instant**

13A for the time being; **à l'instant** 52A just now

instantané *a.* 41D instant

instinct *m.n.* 44D instinct

institué *a.* 41D instituted

institut *m.n.* 11ABE, 15D, 19AE, 51D institute

instituteur, institutrice *n.* 18D, 19ACE, 40D primary school teacher

institution *f.n.* 39C, 44AC, 51D institution

institutionnalisé *a.* 51D institutionalized

instructif *a.* 36A instructive, educational

instruction *f.n.* 36D, 46B instruction

instruit *a.* 46AB educated, learned

instrument *m.n.* 39D, 41D instrument

insuffisant *a.* 33D, 43A, 51A insufficient, inadequate

insultant *a.* 38E, 43E, 50E insulting

insulte *f.n.* 43E insult

insulter (4) *v.* 36D, 43E, 50E to insult

insupportable *a.* 17A, 32A, 42E unbearable, intolerable

insurrection *f.n.* 45D insurrection

intégral *a.* **calcul intégral** 19B, 21A integral calculus

intégration *f.n.* 8D integration

intellectuel *a.* 6D, 10D, 18D, 21A, 51AB intellectual; *n.* 38AC intellectual

intelligence *f.n.* 12D, 14E, 39D intelligence, understanding

intelligent *a.* 7AD, 9D, 10C, 13D, 14D intelligent

intensité *f.n.* 13D intensity

intention *f.n.* 31E, 44D, 46E intention; **avoir l'intention** 27AE, 35AE to intend to, to mean to

intentionnel *a.* 20E intentional

interdiction *f.n.* 47D ban

interdire (18) *v.* 47D to forbid

interdit *a.* 36B, 41D, 45D forbidden, banned; **interdit aux moins de 18 ans** 36A under 18 not admitted; *m.n.* 8D prohibition

intéressant *a.* 11C, 13B, 14E, 15E, 16D interesting

intéresser (4) *v.* 13E, 16E, 18D, 28E,

34A to interest, to be of interest; **ça ne m'intéresse pas** 18A I'm not interested; **s'intéresser** 13D, 44E to be interested in

intérêt *m.n.* 10D, 14ABCE, 18A, 30D, 44B interest

intérieur *m.n.* 19C, 25A, 28A, 32D, 44D inside; *a.* 22D, 32B, 33D, 35D, 38D inside, interior, inner, internal

interlocuteur *m.n.* 37D interlocutor

intermédiaire *a.* 18D intermediate; *m.n.* 41D, 42D intermediary

interminable *a.* 34D interminable

intermittent *a.* 12D intermittent

international *a.* 4D, 18A, 24A, 37B, 42D international

interné *a.* 45D interned, confined

interprétation *f.n.* 19D, 20E interpretation

interpréter (10) *v.* 45E to interpret

interprofessionnel *a.* 45D interprofessional

interrogateur *a.* 37D questioning, inquiring

interrogation *f.n.* interrogation; **interrogation écrite** 19A quiz, test

interroger (4) *v.* 22D to question

interrompre (6) *v.* 40E to interrupt

interrupteur *m.n.* 36D switch

intersection *f.n.* 37D intersection

intervalle *m.n.* 45A interval, space

intervenir (39) *v.* 33A to intervene

intervention *f.n.* 52D intervention

intime *a.* intimate; **journal intime** 2A diary, journal

intimidé *a.* 52D intimidated

intitulé *a.* 13D, 21D titled

intrigué *a.* 45A, 47A intrigued

intrigue *f.n.* 48D plot

introduire (13) *v.* 37D to show in; **introduit** *a.* 41D introduced

intrusion *f.n.* 46A intrusion, interference

intuition *f.n.* 9B intuition

inutile *a.* 20A, 21ABD, 40D, 45D useless, pointless, unnecessary; **inutilité** *f.n.* 21E pointlessness

Invalides (les) *m.pl.p.n.* 15AB monument in Paris built by Louis XIV to provide a home for disabled soldiers

inventer (4) *v.* 3AC, 9A, 16D, 18E, 34E to invent, to make up

inventeur *m.n.* 37D, 48E inventor

inventif *a.* 18E inventive

invention *f.n.* 3B, 5A, 45A, 46B, 48BD invention, fabrication

inverse *a. & m.n.* 33D reverse; **en sens inverse** 38A in or from the opposite direction; **dans le sens inverse des aiguilles d'une montre** 47A counterclockwise

inversement *adv.* 29B inversely

investissement *m.n.* 43D, 45AE investment

investir (5) *v.* 41D to invest

invisible *a.* 11D, 38D, 40D invisible

invitation *f.n.* 21C, 24C, 32D invitation

invité *m.n.* 13D, 33E, 36C guest

inviter (4) *v.* 9D, 10D, 19AE, 23AC, 24AE to invite; **s'inviter** 39A to invite oneself

involontaire *a.* 20E, 45E involuntary, unwitting

involontairement *adv.* 38E involuntarily, unwittingly

invoquer (4) *v.* 21E, 28D to invoke

Ionesco, Eugène (1912–1994) 39D Romanian-born French playwright

Iowa *m.p.n.* 50A Iowa

Iran *p.n.* 51A Iran

Irlandais *a. &. n.* 33D Irish

Irlande *f.p.n.* 50D Ireland

ironique *a.* 39E ironic

ironiquement *adv.* 26E, 29E ironically

Irouléguy *p.n.* 16D town in the Basque country known for its wine

irrégulier *a.* 45AE uneven, erratic

irrévérencieux *a.* 15D, 17D irreverent

Iseran (col de l') *m.p.n.* 47A mountain pass in the Alps

Iseut *f.p.n.* 48D heroine of Arthurian legend who marries the king of Cornwall and has a love affair with the knight Tristan

Isigny *p.n.* 47A town in Normandy known for its butter

isolement *m.n.* 51D isolation

Ispahan *p.n.* 51B former capital of Iran

Israël *p.n.* 22D Israel
Israélien *a. & n.* 35A Israeli
issu (de) *a.* 38D stemming from
Italie *f.p.n.* 8D, 27B, 41D, 45D, 50D
Italy
italien *n. & a.* 2AD, 3AE, 4A, 5B,
15A Italian
itinéraire *m.n.* 43B, 48AB itinerary
Ivoire (Côte d') *f.p.n.* 2A, 3D, 50A
Ivory Coast

Jacques *m.p.n.* 5D, 16D masculine
first name; **Frère Jacques** 30D
children's round
jadis *adv.* 52D long ago, in the old
days
jaillir (5) *v.* **jaillir du néant** 49D spill
out from nowhere
jalousie *f.n.* 43E, 46E jealousy
jaloux, -ouse *a.* 15E, 23E, 24AB,
29AE, 39E jealous
jamais *adv.* 9AD, 11A, 13AC, 14D,
15A never; 21A, 34D, 39A ever;
jamais de la vie 20A out of the
question, not on your life; **on ne
sait jamais** 17A you never know
jambe *f.n.* 6ABC, 7D, 10B, 13D,
28AB leg
jambedieu *int.* 39D invented epithet
jambon *m.n.* 16D, 22D, 25E, 26AD,
28B ham; **jambon de pays** 22A
country-cured ham
janvier *m.n.* 8A, 43D, 48AB January
japonais *a. & n.* 2A, 3A, 4A, 5B, 22A
Japanese
jardin *m.n.* 11ABE, 14D, 16D, 17A,
22C garden, yard; **jardin public**
18A park
jardinage *m.n.* 34D gardening
jargon *m.n.* 39D gibberish
jarnicotonbleu *int.* 39D invented
epithet
jarre *f.n.* 39B jar
Jarry, Alfred (1873–1902) 39D
French dramatist
jauge *f.n.* 31A gauge
jaune *a.* 10D, 26D, 45ACE yellow;
jaune d'œuf *m.n.* 25A, 26A egg
yolk
jazz *m.n.* 17D jazz
je, j' *pron.* I
jean *m.n.* 13A, 45D jeans

Jean *m.p.n.* 5D masculine first name;
50D the apostle John
Jean le Bon (1319–1364) 52D
French king captured by the
English during the 100 Years'
War
Jeanne *f.p.n.* 5D feminine first name
Jeanne d'Arc (1412–1431) 5D, 47D,
52ABCDE French heroine and
martyr, burned at the stake in
Rouen
Jeannine *f.p.n.* 5D feminine first name
Jean-Claude *m.p.n.* 5D masculine first
name
Jean-Denis *m.p.n.* 8A masculine first
name
Jean-Luc *m.p.n.* 5D masculine first
name
Jean-Michel *m.p.n.* 11B masculine
first name
Jean-Paul *m.p.n.* 5D masculine first
name
Jean-Pierre *m.p.n.* 5D masculine first
name
Jean-René *m.p.n.* 44B masculine first
name
Jehanne d'Arc *f.p.n.* 52D Jeanne
d'Arc
Jérémy *m.p.n.* 5D masculine first
name
Jérôme *m.p.n.* 5D masculine first
name
Jersey *p.n.* 48D largest of the English
Channel Islands off the northwest
coast of France
jersey *m.n.* 52D sweater
Jésus-Christ *p.n.* 7D, 8E, 17D, 41B,
50D Jesus Christ
jeter (9) *v.* 15D, 36D, 37AB, 38A,
43B to throw, to throw away; **jeter
un coup d'œil** 51D to glance at; **se
jeter** 39D to throw oneself; 48B,
50D to flow
jeton *m.n.* 22BC token
jeu *m.n.* 3ABC, 9D, 15D, 21E, 27E
game; **jeu de mots** 33E play on
words; **jeux télévisés** 40D TV
game shows; **ce n'est pas du jeu**
10A that's not fair; **vieux jeu**
27A old-fashioned
jeudi *m.n.* 12D, 15D, 23A, 24AE,
27A Thursday

jeune *a.* 3ABCE, 4ACD, 7D, 9B, 10D
young
jeunesse *f.n.* 18A, 20DE, 26A, 42D,
46AD youth; **auberge de jeunesse**
42A youth hostel
Joachim *m.p.n.* 35D masculine first
name
job *m.n.* (*angl.*) 5B job
Joconde (la) *f.p.n.* 23AB *Mona Lisa*,
painting by Leonardo da Vinci in
the Louvre
joie *f.n.* 8A, 19D, 23D, 33D, 44D joy,
delight
joindre (se) (20) *v.* 46E to join
joli *a.* 5ABE, 6D, 10AC, 11AB, 14D
pretty, good-looking
joliment *adv.* (*coll.*) 35AB awfully,
terribly
Joseph *m.p.n.* 5D masculine first
name
Joséphine *f.p.n.* 5B feminine first
name
Josette *f.p.n.* 5D feminine first name
Jospin, Lionel (1937–) 12D
Minister of Education in the second
Mitterrand cabinet
joue *f.n.* 10D, 41B, 45D cheek
jouer (4) *v.* 3B, 5D, 10AC, 15D, 16A,
17A to play
jouet *m.n.* 18AB toy
joueur *m.n.* 16D, 18A, 41DE, 44D
player
Jouhandeau, Marcel (1888–1979)
33D French author
jouir (de) (5) *v.* 18D, 33D, 42D,
44E, 47D to enjoy
jour *m.n.* 5D, 8A, 10D, 11ACD, 12B
day; **ces jours-ci** 20A these days;
de jour en jour 17D from day to
day; **jour de l'an** 22D New Year's
Day; **jour ferié** 22D holiday; **100F
par jour** 14B 100 francs a day;
plat du jour 26A daily special; **il
y a 8 jours** 31D a week ago; **dans
15 jours** 42A two weeks from now
journal *m.n.* 6D, 10AB, 21BD, 23D,
27AB, 29A newspaper; **journal
télévisé** 32AC TV news; **journal
intime** 2D, 4D diary, journal
journaliste *m.n.* 6D, 15D, 17D, 23D
journalist
journée *f.n.* 12D, 14D, 16A, 20D day;

faire la journée continue 22D to be open all day

Jouvet, Louis (1887–1951) 42D French actor and director

joyeux *a.* 17D, 45D merry, joyous

judiciare *a.* 15D judicial

judo *m.n.* 13D judo

juge *m.n.* 13B, 16A judge

jugement *m.n.* 21D judgment

juger (4) *v.* 13D, 34D to judge

juif *a. & n.* 25DE Jewish, Jew

juillet *m.n.* 6D, 9B, 13D, 36D, 41D July; **14 Juillet-Parnasse** 36AC movie theater

juin *m.n.* 8A, 11B, 23A, 25A, 40B June

Jules *m.p.n.* 7D masculine first name

Julien *m.p.n.* 5D masculine first name

Juliette *f.p.n.* 8A feminine first name

jumeau, -elle *n.* 26D twin

jupe *f.n.* 11ABCE, 13B, 20ACE, 39AE, 44D skirt

Jura *m.p.n.* 12D, 15D, 47A Jura mountains

Jurançon *p.n.* 47D town in the Pyrénées known for its wines

jurat *m.n.* 47D title of certain municipal officials in the Middle Ages

jurer (4) *v.* 18D, 19D, 44D to swear; **je vous jure** 20A I swear

juridique *a.* 13B legal

jurisprudence *f.n.* 13B jurisprudence

juriste *m.n.* 13B jurist

juron *m.n.* 37AB, 39D swear word

jus *m.n.* 41D, 50D, 51B juice

jusque *prep.* 16D, 21ABD, 24A, 30A, 31AB as far as, up to, until; **jusqu'à dix** 8D up to 10; **jusqu'à la fin** 19A until the end; **jusque-là** 47B, 51D, 52D up to there; **jusqu'à ce que** 24D until

Jussieu, Antoine Laurent (1748–1836) 15D, 50AB French botanist

juste *a.* 16A, 20B, 23AD, 24ABD, 26A just, fair, right, exact, accurate; *adv.* 16A just exactly, right; **au juste** 13A exactly, precisely; **juste en face** 14A right across the street

justement *adv.* 15A, 18D, 20AB, 22ADE, 24A just, precisely, so; as it happens

justesse *f.n.* 28D exactness, accuracy, fairness

justice *f.n.* 4D, 38D, 47D justice

justifié *a.* 21E justified

justifier (4) *v.* 13E, 22D to justify; **justifié** *a.* 21E justified

juteux *a.* 26D juicy

Juvénal (c. 60–140) 40D Roman author

kangourou *m.n.* 45B kangaroo

Kant, Immanuel (1704–1824) 15D German philosopher

karaté *m.n.* 6A, 15CE, 30D, 38A, 51A karate

Karine *f.p.n.* 5D feminine first name

Karr, Alphonse (1808–1890) 23D French author

Katmandou *p.n.* 2D, 51AC Katmandu, capital of Nepal

kayak *m.n.* 6D kayak

Kévin *m.p.n.* 5D masculine first name

kg, kilo, *abbr. for* **kilogramme** 7ADE, 50D kilogram

kilomètre *m.n.* 8D, 27AD, 29B, 31A, 46B kilometer

kimono *m.n.* 51B kimono

kinésithérapeute *m.n.* 18D physiotherapist

kiosque *m.n.* 2D, 36D, 41D kiosk; **kiosque à journaux** 41AB newsstand

kir *m.n.* 19ABE, 20AE, 21A, 22AE apéritif made with white wine and blackcurrant liqueur

kirsch *m.n.* 24E kirsch

km *abbr. for* **kilomètre** 27B, 28D, 29B, 30A, 35D; **km/h** *abbr. for* **kilomètres/heure** 27B, 52A kilometers per hour

Kurosawa, Akira (1910–) 18A Japanese filmmaker

la, l' *def. art.* the; *pron.* she, her, it

là *adv.* there, here; **là-bas** 8A, 13A over there, down there; **là-dedans** 32D in there; **là-dessus** 24D whereupon; **là-haut** 44D up there

Labiche, Eugène (1815–1888) 31D, 39AB French dramatist, author of comedies and vaudevilles

laborieusement *adv.* 21D laboriously

La Bruyère (1645–1696) 15D French writer known for his portraits and maxims

labyrinthe *m.n.* 11B labyrinth

lac *m.n.* 42D lake

Lacan, Jacques (1901–1981) *p.n.* 24D French psychiatrist and author

lâcher (4) *v.* 45D to let go, to drop

La Fontaine, Jean de (1621–1695) 19D French author of fables

Lagarde et Michard *p.n.* 48D authors of guides to French literature

lai *m.n.* 48D poem; **les lais de Marie de France** 48D thirteenth-century poems of courtly love

laid *a.* 10D ugly

laine *f.n.* 44D wool; **en laine** 45A woolen

laïque *a.* 21D secular, state-run

laisser (4) *v.* 15A, 20A, 32ABC, 35E to leave, to let, to allow; **laisser tomber** 9A to drop; **laisse ce banc tranquille** 18A leave that bench alone; **laisser entendre** 24D to let it be understood; **il se laisse tromper** 39E he lets himself be fooled; **se laisser faire** 37D to go along; **se laisser pousser la barbe** 42A to grow a beard

lait *m.n.* 24D, 25BCD, 47D, 50AB milk

laitier *m.n.* 42D milk delivery person

Lamartine, Alphonse (1790–1869) French Romantic poet

lamentation *f.n.* 45D lamentation

lampe *f.n.* 38D lamp

lancer (4) *v.* 15D, 37D, 40E, 41D, 45D to launch, to issue; **se lancer** 30AB to leap, to rush

Landes *f.pl.p.n* 50ABE region along the Atlantic in southwest France

langage *m.p.* 19D, 21D, 49D language

Langeais *p.n.* 47A town on the Loire river famous for its Renaissance castle

langue *f.n.* 13D, 16D, 17E, 19AC, 21D language, tongue

Langues-O. *abbr. for* **Langues Orientales** *f.pl.p.n.* 13AB Institute of Slavic and Asian Language Studies

languette *f.n.* 44D tongue (of a shoe)

langueur *f.n.* 10D languor

Lanvin (1867–1946) 11A French fashion designer

lapin *m.n.* 25ABDE rabbit; **cage à lapins** 33AB rabbit hutch

lard *m.n.* 25D, 26AB lard, fat

large *m.n.* 25D open sea; **au large de** 50D off the coast of

large *a.* 7A, 10D, 19D, 21B wide, broad; **famille large** 8D extended family

largement *adv.* 30D, 32D, 33D greatly, amply

largeur *f.n.* 10D width

larme *f.n.* 24AB, 40D, 44D, 52D tear; **une larme de xérès** 24A a drop of sherry

Larousse (les Classiques) *p.n.* 48D series of condensed literary classics

Lascaux *p.n.* 24AD famous prehistoric cave in the Dordogne region

laser show *m.n.* (*angl.*) 29D laser show

latéral *a.* 28A, 32B side

latin *a. & n.* 14D, 18D, 19AC, 21ABC Latin; **Amérique Latine** 14AE Latin America; **Quartier Latin** 4A Latin Quarter; **Home Latin** 14A small hotel on the Left Bank

latitude *f.n.* 20B latitude

lauréat *m.n.* 51D laureate

Laurel et Hardy 3B American slapstick comedy team

Laurence *f.p.n.* 5D feminine first name

Laurent *m.p.n.* 5D masculine first name

laurier-rose *m.n.* 33D oleander

Lautréamont, comte de (1846–1870) 21D French author

lavable *a.* 45D washable

laver (4) *v.* 47AB to wash; **se laver** 22AB to wash oneself; **lave-linge** *m.n.* 33D washing machine; **machine à laver** *f.n.* 33D washing machine; **lave-vaisselle** *m.n.* 33ABD, 48E dishwasher

Lavoisier, Antoine de (1743–1794) 11B French scientist, founder of modern chemistry

Lazare *p.n.* 50D Lazarus

le, l' *def. art.* the; *pron.* he, him, it

leçon *f.n.* 2A, 18A, 20D, 24E, 30D lesson

lecteur *m.n.* 20D reader

lecture *f.n.* 13ADE, 20D, 23D, 38D, 39A reading

légal *a.* 13B, 45D legal

légalement *adv.* 8D, 20D legally

légendaire *a.* 48D, 51D legendary

légende *f.n.* 13D, 50D, 51D legend; 33D caption

léger *a.* 14D, 26ABC, 39A, 40B, 43A light, slight

légèrement *adv.* 21E, 23E, 24A, 31B, 45D slightly

législatif *a.* 14, 15D legislative

législation *f.n.* 13B legislation

légume *m.n.* 24AB, 25E, 28B, 34D, 37D vegetable

lendemain *m.n.* 11B, 16CE, 18D, 23A, 29C next day; **du XIXe siècle au lendemain de la deuxième guerre mondiale** 45D from the nineteenth century through the Second World War

Lénine, Vladimir Ilitch (1870–1924) 38AE a leader of the Russian Revolution

lent *a.* 23D slow

lentement *adv.* 26D, 28A, 33D, 37D, 45D slowly

lenteur *f.n.* 26D slowness

lentille *f.n.* 44ABE lentil; **trier des lentilles** 44A to pick over lentils

Léoville–Las-Cases *m.p.n.* 24AE distinguished bordeaux wine

lequel, laquelle, lesquels, lesquelles *pron.* 13A, 15D, 18E, 20D, 22D, 25E who, whom, which

les *def. art.* the; *pron.* they, them

lettre *f.n.* 14C, 15AE, 22AD, 32D, 33E letter

lettres *f.pl.n* 12D, 13D letters, humanities; **section lettres** 19A liberal arts concentration; **boîte aux lettres** 15A mailbox

leur, leurs *a.* 3B, 5D, 7AD, 8AD, 9A their, theirs; **leur** *pron.* them

Levallois *p.n.* 35D northwest suburb of Paris

lever *m.n.* 39D raising

lever (8) *v.* 26A, 40A, 44D, 45D, 47D to raise, to lift; **elle lève les yeux** 11AB she looks up; **se lever** 11A to rise, to get up; **ça se lève** 10A the weather is clearing

levier *m.n.* 30B (gear-shift) lever

Lévi-Strauss, Claude (1908–) 46D French social anthropologist and writer

lèvre *f.n.* 6D, 9B, 10D, 20D, 47D lip; **rouge à lèvres** 25A lipstick

liaison *f.n.* 37D affair

Liban *m.p.n.* 50AB Lebanon

libéral *a.* 18D, 20C, 34D, 44D, 45D liberal

libération *f.n.* 45D, 49D liberation; *Libération* *p.n.* 2D French newspaper

libérer (10) *v.* 51B, 52D to free; **libéré** *a.* 45D liberated

liberté *f.n.* 13D, 42D, 48AB freedom, liberty; **Statue de la Liberté** 49D Statue of Liberty

libraire *m.n.* 28D bookseller

librairie *f.n.* 37D, 38AB bookstore

libre *a.* 16D, 19AB, 20A, 21D, 22A free, vacant, available; **libre-service** 24A self-service

licencié *n.* 13D holder of the equivalent of a bachelor of arts degree

licenciement *m.n.* 43D dismissal, discharge

Lido *m.p.n.* 39ABE famous music hall in Paris

lié *a.* 13D, 35D linked

liège *m.n.* 50E cork

lierre *m.n.* 51D ivy

lieu *m.n.* 22D, 24D, 25E, 28D, 35D place; **au lieu de** 13E instead of; **avoir lieu** 43D, 47B to take place, to happen

ligne *f.n.* 14D, 27AD, 41D, 42B line

Lille *p.n.* 12D, 47A city in the north of France

limite *f.n.* 25A, 26D, 45D limitation

limité *a.* 21D limited

limitrophe *a.* 22D adjoining

Limoges *p.n.* 50AC town in central France known for its porcelain

limonade *f.n.* 9A, 51D carbonated lemon-flavored drink

linéaire *a.* 21D linear

linge *m.n.* 33D, 45B laundry, linen; **pince à linge** 51B clothes-pin

linteau *m.n.* 49D lintel

lion *m.n.* 28A, 30A, 47D lion; **Lion d'or** 45D prize for best film; **Lion de Belfort** 49D sculpture by Bartholdi

Lipp *p.n.* 29D, 51D café and restaurant in Saint-Germain-des-Prés

liquéfier **(4)** *v.* 49A to liquefy

liqueur *f.n.* 24E, 36B, 50D liqueur

liquide *m.n.* 24D liquid

lire **(23)** *v.* 4B, 10A, 20ABDE, 22D, 31D to read

Liré *m.p.n.* 35D region in the Loire valley

liste *f.n.* 17D, 21A, 32A, 41A, 47E list

lit *m.n.* 32D, 36AB, 47D, 49AB, 50AB bed

litre *m.n.* 29AB, 45D, 50D liter

littéraire *a.* 13D, 21D, 29B, 38AC, 46B literary

littérature *f.n.* 8D, 17D, 20D, 21ABC, 23D literature

living *m.n. (angl.)* 32B living room

livre *m.n.* 13D, 14E, 17AE, 20D, 23D book

local *a.* 12D, 50D, 52D local

locataire *m.n.* 32A, 33D tenant

location *f.n.* 30C, 40D, 41D rental; **voiture de location** 27A rental car

Loches *p.n.* 47A town in the Loire valley with medieval dungeon and fortifications

locomotive *f.n.* 27, 46D locomotive

loge *f.n.* 40D lodge; 32ABC, 36D concierge's lodge

logé *a.* 33D, 34B housed

logement *m.n.* 4D, 8D, 21D, 32DE, 33ABCD lodging, housing

loger **(4)** *v.* 33A, 35C, 42D to live, to put up

logiciel *m.n.* 38E computer software

logique *f.n.* 21D, 22D logic

logiquement *adv.* 52B logically

logistique *f.n.* 46E logistics

loi *f.n.* 13BD, 15D, 16D, 19D, 38AD law

loin *adv.* 14ABC, 15D, 16AD, 17D, 22D far

lointain *a.* 28D, 35D, 41D, 48D distant, far-off

Loire *f.p.n.* 34D, 35D, 47A, 50D, 52A one of the four main rivers of France

loisir *m.n.* 8AB, 20D, 25A, 29D, 45D leisure, spare time

Londres *p.n.* 40D, 42D, 45D London

long, longue *a.* 6ABCD, 7D, 10CD, 15D, 20CDE long

long *m.n.* 22A, 49D, 51AB, 52A length

Longchamp *p.n.* 44AE racetrack near Paris

longer **(4)** *v.* 45D to border; **longer la côte** 48A to sail along the coast

longitude *f.n.* 20B longitude

longtemps *adv.* 5D, 10C 20D, 23D, 24E (for) a long time; **ça fait longtemps?** 10C has it been long?

longuement *adv.* 38D, 45D, 48D for a long time, at length

longueur *f.n.* 45D length; **une petite longueur d'avance** 18D a bit of an advantage

lors *adv.* 13D then; **lors de** 29D, 39E on the occasion of

lorsque *conj.* 13D, 14D, 21D, 22D, 30D when

Lot *p.n.* 6D department in southwestern France

lot *m.n.* 43D, 51A prize; **gros lot** 43D jackpot

loterie *f.n.* 34A, 41ACDE, 42A, 43AE, 44ACE lottery; **Loterie nationale** 41A national lottery, sweepstakes

Loto *m.p.n.* 41D, 43D, 44AD, 51D lottery game

loucher **(4)** *v.* 10ABC, 40B to be cross-eyed

louer **(4)** *v.* 9B, 27C, 29AE, 30ACE, 34AB to rent, to hire, to let; **ce n'est pas à louer** 30A it's not for rent; **loué** *a.* 9A, 33D, 36D rented

loueur *m.n.* 41D owner who rents

Louis XIV **(1638–1715)** 15D king of France 1643–1715

loup *m.n.* 3AE wolf; **Pierre et le Loup** 3A Peter and the Wolf; **Le Renard et le loup** 3A The Fox and the Wolf; **un froid de loup** 11A bitter cold

lourd *a.* 21D, 26ABDE, 35AB, 41D, 44A heavy

Lourdes *p.n.* 28D town in southwest France and site of famous Catholic shrine

Lourmarin *p.n.* 35D village in the Lubéron mountains of southern France

Louvre *m.p.n.* 14ABD, 15A, 23ADE, 33AC, 38AC national museum of art in Paris

Louxor *p.n.* 38B Luxor, city in Egypt

loyer *m.n.* 34ABCE rent, rental

lu *p.part. of* lire 20ACDE, 35A, 46D, 51A

Lubéron *p.n.* 35D mountain range in the French Alps

lucide *a.* 11D clear

Lucien *m.p.n.* 5D masculine first name

Lucrèce *f.p.n.* 39B Lucretia, wife of the Roman emperor Tarquin; she was raped and took her own life

ludique *a.* 41D ludic, gamelike

Lugné-Poë **(1869–1940)** 39D French actor and theater director

lui, leur *pron.* 2A, 4D, 10D, 12AB, 13A he, it, they, him, it, them; **lui-même** 15D himself

luisant *a.* 22D shiny

lumière *f.n.* 28AB, 32ABE, 36ABE, 37A, 38D light

lumineux *a.* 6D, 7D, 21D luminous, radiant

lundi *m.n.* 15D, 22D, 24A, 27AE, 37AE Monday

lune *f.n.* 6D moon

lunettes *f.pl.n.* 10AB, 22D, 35B, 40D, 50D glasses; **lunettes noires** 37AB dark glasses; **lunettes à soleil** 51A sunglasses

lustre *m.n.* 26D luster

Lutèce *p.n.* 15D, 25AE ancient Roman name of Paris; **les Arènes de Lutèce** 15D ruins of an ancient arena

lutte *f.n.* 45D struggle

lutter **(4)** *v.* 38B, 45D fight

luxe *m.n.* 33D, 35B, 42AB, 46E, 51B luxury

Luxembourg, Luco *m.p.n.* 11ABCE, 14AD, 15ACDE, 16AC, 17AE

palace and gardens on the Left Bank in Paris

luxueux *a.* 14ABC, 18D, 29B, 35E, 43B luxurious, sumptuous

Luz (-Saint-Sauveur) *p.n.* 47AD town in the Pyrénées with fortified church

Luziens *m.pl.n.* 47D inhabitants of Luz

lycée *m.n.* 12D, 19ACE, 20ACD, 21D, 28D high school

lycéen *m.n.* 12D, 20D, 21D, 33D high school student

lymphatique *a.* 26D lymphatic

Lyon *p.n.* 18D, 24AE, 27B, 30A, 41D third largest city in France, considered a gastronomical capital

lyonnais *a. & n.* Lyonnais

lyrique *a.* 48D lyric

ma. *See* **mon**

machine *f.n.* 18B, 21D, 37E, 42D, 50E machine; **machine à calculer** 16D adding machine; **machine à laver** 33D washing machine; **machine à écrire** 37A typewriter; **machine à vapeur** 38E steam engine

Mâcon *p.n.* 30AE, 35D city on the Saône, center of the Burgundy wine trade

maçon *m.n.* 43D mason; **faire les maçons** 34A do the masonry oneself

madame, mesdames *f.n.* 2AD, 8A Mrs., madame; **madame ma mère** 15D my dear mother

Madeleine *f.p.n.* **l'église de la Madeleine** 38ACD church in Paris, built in the Greek style

madeleine *f.n.* 48AB madeleine, tea cake

mademoiselle, mesdemoiselles *f.n.* 12AB Miss

magasin *m.n.* 16AC, 18D, 25D, 29B, 38B store, shop; **grand magasin** 20D department store

magazine *m.n.* (*angl.*) 20D, 39A magazine

magique *a.* 30D magical

magistrat *m.n.* 13B, 18AB judge

magistrature *f.n.* 13B, 18ABC magistrature, public office

magnanime *a.* 51E magnanimous

magnétique *a.* 22ACD magnetic

magnétoscope *m.n.* 20D, 36D, 48E video cassette recorder

magnificence *f.n.* 28D magnificence, splendor

magnifique *a.* 12ABC, 14BD, 23A, 28D, 32A magnificent, splendid, superb

magot *m.n.* 49B Chinese figurine; **Aux Deux Magots** 29ABD historic literary café in Saint-Germain-des-Prés

magret *m.n.* **magret de canard** 26A fillet of duck

Magritte, René (1898–1967) 13D Belgian painter

mai *m.n.* 2D, 4D, 11B, 28D, 41D May

maigre *a.* 28D, 51D thin

maigrichon *a.* 26D scrawny

maigrir (5) *v.* 26E to lose weight

maillot (de bain) *m.n.* 43AB, 46D bathing suit

main *f.n.* 6D, 7D, 9A, 18ABCE, 22D hand; **avoir le cœur sur la main** 23A to be generous; **prendre les choses en main** 18D to take control, to take matters into one's own hands; **se donner la main** 28D to join hands; **frein à main** 31A handbrake; **fait à la main** 50E handmade

maintenant *adv.* 4A, 5A, 6A, 9A, 11C now

maire *m.n.* 42D, 47D mayor

mais *conj.* 2AD, 3A, 4ADE, 5AD, 6AB but, well, oh; **mais oui** 3A sure, of course, you bet; **mais non** 2D oh no, of course not, no way; **mais si** 9A well of course, why sure, on the contrary; **mais enfin** 21A but come on, for goodness' sake; **mais j'y pense** 46A it just occurs to me

maison *f.n.* 4A, 8D, 9ABC, 16D, 17AD house; **maison de vacances** 10D vacation house; **maison à la campagne** 34D country house; **maison de retraite** 41A retirement home; **avoir une maison bien à soi** 35A to have a house of one's

own; **maison de jouets** 18A toy company

maître *m.n.* 13D, 15D, 18D, 19D, 24E master; 22D schoolmaster; **maître d'hôtel** 25A headwaiter

maîtresse *f.n.* 24E, 33E, 37D, 43D, 48D mistress; 42D schoolmistress

maîtrise *f.n.* 13AB French equivalent of M.A. degree

majesté *f.n.* 14D, 28D, 39D majesty

majestueux *a.* 28D majestic

major *m.n.* 27ABE major

majoritaire *a.* 50D predominant

majorité *f.n.* 32D, 33D, 38D, 42D, 45D majority

mal *m.n.* 2AD, 8A, 10D, 15D, 16D harm, hurt; **avoir mal à la gorge** 12A to have a sore throat; **avoir du mal à** 22D to have a hard time doing something; **il n'y a pas de mal** 23A no harm done; *adv.* bad, badly; **ça finira mal** 22A it's going to end terribly; **ce n'est pas mal** 10D it's not bad; **mal élevé** 37A ill-mannered; **pas mal de** 50A quite a lot of

malade *a.* 2ABD, 3D, 5D, 6AC, 15D sick, ill

maladie *f.n.* 13D, 15D, 20B, 23D illness

maladif *a.* 11D unhealthy

maladresse *f.n.* 20E, 45A awkwardness, clumsiness

maladroit *a.* 20E, 32D clumsy, awkward

malchanceux *a. & m.n.* 31D unlucky person

malgré *prep.* 16E, 33D, 37D, 39D, 41A in spite of, despite

malheur *m.n.* 33D, 41E, 45D, 51E bad luck, misfortune

malheureusement *adv.* 14A, 19A, 21ABD, 22A, 25D unfortunately, unhappily

malheureux *a.* 33AB, 39B, 45E unhappy, unfortunate

malhonnête *a.* 34D, 50E dishonest

malice *f.n.* 44D malice

malin *a.* 13A, 19D, 42AB, 44D clever, sharp; **c'est malin!** 19AC, 17A that was smart!; *n.* 22D clever person

Mallarmé, Stéphane (1842–1898)

11D, 15D, 51D French symbolist poet

Malraux, André (1901–1976) 8D French novelist and politician, minister of culture under de Gaulle

maman *f.n.* 5D, 8A, 10A, 13B, 14A mom, mommy

Manche *f.p.n.* 12D, 48AC, 52D English Channel; **manche** *f.n.* 45D, 46D sleeve

mangeable *a.* 26D edible

manger (4) *v.* 19D, 20B, 23AE, 24ABCD, 25A to eat; **ça se mange!** 25B people eat it!; **salle à manger** 32A dining room

manier (4) *v.* 52A to handle, to use

manière *f.n.* 19D, 21D, 26D, 32A, 48D manner, way; **manières** *f.pl.n.* 32A, 41E, 48D manners

manif *abbr. for* **manifestation**

manifestant *m.n.* 12ABCE, 14C demonstrator

manifestation *f.n.* 11E, 12AD demonstration; 47E expression

manifestement *adv.* 40D clearly, manifestly

manifester (4) *v.* 12D, 14AC, 19A, 29E to protest, to demonstrate, to express

manipulé *a.* 21B manipulated

Mann, Thomas (1875–1955) 4B, 20B German writer

manne *f.n.* 41D manna

manoir *m.n.* 34AD manor

manque *m.n.* 22E lack; **manque de domestiques** 34A shortage of servants

manquer (4) *v.* 9AB, 23E, 26D, 31AB, 34E to miss; 33D to lack, to be short of; **elle manque se retrouver dans le fossé** 31A she nearly ends up in the ditch; **ce ne sont pas les trucs qui manquent** 13A there are lots of tricks; **il en manque une?** 34D is one missing?; **il manque encore une heure et demie** 46D there's still an hour and a half left

Mans (le) *m.p.n.* 50A city southwest of Paris known for its pork specialty (rillettes)

manteau *m.n.* 25D, 47D, 52D coat

manuel *a. & m.n.* 7D, 18DE, 34D, 40D, 48D manual; **changement de vitesse manuel** 30A stick shift

manuscrit *m.n.* 33A manuscript

maquereau *m.n.* 26D mackerel

Marais (le) *m.p.n.* 25AD old district in the center of Paris

Marat, Jean-Paul (1743–1793) 29B French revolutionary assassinated by Charlotte Corday

marathon *m.n.* 9B marathon

marbre *m.n.* 22D, 35D marble

marchand, marchande *f. & m.n.* 25ABC, 38B merchant, seller

marchandise *f.n.* 16D, 17A, 49D merchandise, goods

marche *f.n.* 13D, 38D march; 36D step; 47D walk, walking; **fermer la marche** 18D bring up the rear; **en marche** 39D on the march; **faire de la marche** 44A to go walking; **chaussures de marche** 44A walking shoes; **en marche du taxi** 45AB while the taxi is in motion

marché *m.n.* 9D, 18D, 23A, 25E, 27B market; **bon marché** *inv. a.* 14B cheap

marcher (4) *v.* 13ABCD, 16B, 19D, 22ABD, 29A to work, to function; 22A, 23A, 26D, 28D, 29B to walk; **ça marche à tous les coups** 13A it works every time, you can't miss

mardi *m.n.* 15D, 42B, 47D, 49D, 52A Tuesday

marécage *m.n.* 50D swamp, marshland

maréchal *m.n.* 45BD, 51D marshal

marée *f.n.* 47AB, 48A tide; **marée basse** 9D low tide

marémoteur, -trice *a.* tidal; **marémotrice** *f.n.* 48AC tidal power station

margarine *f.n.* 50D margarine

marginal, -aux *a.* 33D marginal

marguerite *f.n.* 31BE daisy

mari *m.n.* 8ACD, 10AB, 18A, 22ACE, 24A husband

mariage *m.n.* 8D, 16D, 37A, 45B, 47D marriage, wedding

marié *a.* 5ABCD, 8CD, 10D, 16D, 23D married

Marie-Antoinette (1755–1793) 14D, 27AD, 47D, 51D wife of Louis XVI, executed under the Revolution

Marie de France 48D twelfth-century poet of courtly love

Marienbad *p.n.* 13AB spa in Germany; *L'année dernière à Marienbad* 13A title of French movie directed by Alain Resnais

marier (se) (7) *v.* 10D, 16D, 37D, 38A, 45E to get married

marin *a.* 35D, 25D; *m.n.* 17A sailor

Marne *f.p.n.* 48AC river in northeastern France

marocain *a. & n.* 15D Moroccan

marque *f.n.* 44D, 48D, 48E mark, brand

marqué *a.* 31D, 32D, 33D, 42D marked, labeled

marquer (4) *v.* 36D, 40D, 47D to mark

marquis *m.n.* 17D marquis

marquise *f.n.* 49D marchioness

marraine *f.n.* 15ABC, 16AD, 20B, 23A, 24A godmother

marre *adv. (coll).* **en avoir marre** 47AB to be fed up

marron *inv. a.* 6A, 7A chestnut, brown; *m.n.* horse chestnut; **marrons glacés** 26AB glazed chestnuts

marronnier *m.n.* 11ABC horse chestnut tree

mars *m.n.* 11B, 12D, 20D, 42D March

Marseille *p.n.* 5D, 12D, 33B, 48ABCDE Marseilles, seaport on the Mediterranean and second largest city in France

marteau *m.n.* 47D hammer

Martini *m.p.n.* 19AE, 26A brand of apéritif wine

martiniquais *a. & n.* 29AB of Martinique

Martinique *f.p.n.* 50A island in the French West Indies

martyre *m.n.* 52E martyrdom

marxisme *m.n.* 38A, 52E marxism

marxiste *a. & n.* 19A, 37D, 38E, 46AE marxist

mas *m.n.* 34AD, 35D farmhouse in the south of France

masculin *a.* 5D, 7D, 36A, 45D masculine

masque *m.n.* 10B, 51D mask

masqué *a.* 14D masked

masquer (4) *v.* 38D to mask

massacre *m.n.* 51D massacre

massacrer (4) *v.* 18D, 39D, 47D to massacre

masse *f.n.* 21D mass

masser (4) *v.* 18AB to massage

masseur *m.n.* 18ABC masseur

massif *a.* massive; **or massif** 47D solid gold

Massif Central *m.p.n.* 12D, 37D, 43B, 47AC, 52A mountains of volcanic origin in central France; **Massif des Vosges** 47A Vosges mountains in Eastern France; **Massif Armoricain** 47E mountain range in Brittany

massivement *adv.* 12D massively, in large numbers

mat *abbr. for* **matinée**

match *m.n.* 9BD, 16D, 47D game

matelot *m.n.* 15D, 17D sailor

matérialisme *m.n.* 52A materialism

matérialiste *m.n.* 50E materialist

matériel *a.* 34D material; *m.n.* 42ABC, 43AE equipment

maternel *a.* 8A maternal; **école maternelle** 19A nursery school

mathématicien *m.n.* 16D, 37D, 38B mathematician

mathématiques *f.pl.n.* 10AB, 13D, 20B, 21ACDE, 37D mathematics

matheux, matheuse *n.* 13A person studying mathematics

Mathieu, Mireille (1946–) 5D French singer

maths *abbr. for* **mathématiques**

matière *f.n.* 12D, 14AB, 19A, 21E, 29E subject matter; 50A matter; **se connaître en matière de vins** 33E to be knowledgeable about wine; **matière grasse** 50AC fat

matin *m.n.* 11A, 12CE, 15ACD, 20D, 21B morning

matiné *a.* 51D crossed with, mixed with

matinée *f.n.* 13A, 14A morning; 29D matinée performance; **en matinée** 36AE in the afternoon

matines *f.pl.n.* 30D matins

Matisse, Henri (1869–1954) 19ABE French painter

Mattéi *p.n.* 30A car rental company

Mauriac, François (1885–1970) 46D French writer

Maurois, André (1885–1967) 33D French writer

mauvais *a.* 6C, 9C, 11D, 15D, 20A bad, poor; **il fait mauvais** 11AB, 12A the weather's bad

mauve *a.* 38D, 51D mauve

maximal *a.* 22D maximum; **température maximale** 12D high (temperature)

maxime *f.n.* 14D, 21D, 44D maxim, saying

maximum *m.n.* 22D maximum; **au maximum** 8D at the most, to the maximum

maya *a.* 38E Mayan

Mayol (Concert) *p.n.* 40A music hall in Paris

mayonnaise *f.n.* 50ABC mayonnaise

Mazarin, Jules (1602–1661) 47D Italian-born French cardinal, chief minister to Louis XIV

me, m' *pron.* 4D, 5D, 6D, 9A, 10D me

Meaux *p.n.* 30B town east of Paris known for its brie cheese

mec *m.n. (coll.)* 13A, 26D, 27D, 32D, 36D guy

mécanique *a.* 25D, 40A, 45D mechanical; *f.pl.n. (coll.)* shoulders; **rouler les mécaniques** 50ABE to swagger, to show off

méchanceté *f.n.* 21D, 27E wickedness, malice

méchant *a.* 6ABC, 8E, 9A, 10AB, 39D mean, malicious, bad-natured; *m.pl.n.* 44D the bad

mécontent *a.* 33D discontented, dissatisfied; *m.pl.n.* 47D grumblers, malcontents

mécontentement *m.n.* 45D discontent

Med (Club) *p.n.* 51A vacation club

médaille *f.n.* 47D medal

médecin *m.n.* 15ABD, 18D, 37D, 42D doctor, physician; **Médecins sans frontières** 17D organization of doctors who do relief work throughout the world

médecine *f.n.* 13B, 15AB, 51D medicine; **faire médecine** 13A to study medicine

médiatique *a.* 40D pertaining to the media

médical *a.* 22D, 26E medical

médicament *m.n.* 50D medications

Médicis *p.n.* Fontaine Médicis 11B fountain in Luxembourg gardens; **Marie de Médicis (1573–1642)** 14D queen of France, wife of Henry IV; **Catherine de Médicis (1519–1589)** 47D queen of France, wife of Henry II

Méditerranée (mer) *f.p.n.* 12D, 15D, 21B, 47D, 48A Mediterranean (Sea)

méditerranéen *a.* 12D, 50D Mediterranean

médusé *a.* 41D dumbfounded

méfier (se) (7) *v.* 19D, 46ABE, 51C to be wary or suspicious, to distrust; **méfiez-vous** 40B watch out!

mégot *m.n.* 17B, 18D cigarette butt

méhari *m.n.* 46A camel; **Méhari** *f.p.n.* 46ABCE small Jeep-like car

Meije (la) *f.p.n.* 47A mountain in the Alps

meilleur *a.* 22D, 44D, 50A better; 15AD, 20D, 27BE, 38B, 42E best; **c'est la meilleure de l'année** 47A that's the best I've heard all year

mélancolique *a.* 6D, 11D, 48D melancholy

mélange *m.n.* 18B mixture

mélangé *a.* 26A mixed

mélanger (se) (4) *v.* 32D, 45D to mix

mêler (4) *v.* 24D to be involved in; **se mêler** 42D to mingle with, to join with

mélodie *f.n.* 38D melody

mélodieux *a.* 9C melodious

membre *m.n.* 8D, 13D, 21D, 26D, 40D member

même *a.* 7E, 8AD, 10A, 12AD, 13AD same; **le même jour** 8A the same day; **la même chose** 12E the same thing; *indef. pron.* self; **elle-même** 33A herself; **la même** 43B the same (one); **vous êtes tous les mêmes** 13A you're all the same; **ça revient au même** 52A it comes to the same thing; *adv.* 6A, 7A, 9D even, actually; **ils sont même assez riches** 5A they are actually quite rich; **de même** 9D in the same way; **quand même** 11A just the same; **il n'est même pas beau** 13A he's not even cute; **le soir même** 19A that very evening; **tout de même** 27A still, all the same

mémoire *m.n.* 5D, 13D, 33D memoir; *f.n.* 26A memory

menace *f.n.* 48CE, 49E threat

menacer *v.* 48A to threaten

ménage *m.n.* 31D, 32D, 33D, 35D, 36D household, family; **ménage à trois** 39A love triangle

ménager *a.* 33D, 34B household; **appareil ménager** 33D household appliance

mener (8) *v.* 13AB, 18A, 23D, 38D, 43D to lead, to take; **ça mène à tout** 13A it opens all doors; **mener en bateau** 48A to pull someone's leg

méninges *f.pl.n.* 39B brain; **ça ne te fatiguera pas les méninges** 39A that won't tax your brain

mensonge *m.n.* 21A, 39A lie

mensuel *a.* 20D, 34B monthly

mental *a.* 21ABC, 49B mental

mentalité *f.n.* 39A mentality

menteur *m.n.* 43D liar

menthe *f.n.* 36B, 48B mint; **une menthe** 36A mint tea

mention *f.n.* 27E mention

mentionner (4) *v.* 46A to mention

mentir (28) *v.* 18D, to lie; **sans mentir** 19D, 49D truly, honestly

menton *m.n.* 7AB, 10AB chin

Menton *p.n.* 48D resort town on the Riviera, near the Italian border

menu *m.n.* 20D, 25A, 26A, 28A, 45AC menu

menu *a.* 6D fine, small

menuisier *m.n.* 34AB joiner, cabinetmaker

mépris *m.n.* 13D contempt

méprisé *a.* 24D scorned

mer *f.n.* 9ACE, 11D, 15D, 16D, 45D sea; **poisson de mer** 26B salt-water fish; **au bord de la mer** 43D at the shore; **Mer du Nord** 48A North Sea; **Mer Méditerranée** 48B Mediterranean Sea

merci *adv.* 2A, 12A, 13A, 15A, 16D thank you

mercredi *m.n.* 15AD, 24D, 40B, 41AD, 47D Wednesday

Mercure *m.p.n.* 17B Mercury, the messenger of the Roman gods

merde *int. (sl.)* 41A shit!

mère *f.n.* 4D, 5ACD, 6A, 8A, 14A, mother; **Fête des Mères** 41D Mother's Day

Mérimée, Prosper (1803–1870) 19D French writer

mérite *m.n.* 14ACDE, 21E, 29E, 39E, 40D credit, merit, advantage

mériter (4) *v.* 39D, 44D to deserve, to merit

merveille *f.n.* 24A, 47AE wonder, marvel

merveilleusement *adv.* 14A, 18AB, 21D, 24D, 47A marvelously

merveilleux *a.* 14A marvelous

mes. *See* **mon**

mesdames. *See* **madame**

mesdemoiselles. *See* **mademoiselle**

message *m.n.* 17AB, 37E, 40AD, 45D, 46D message

messager *m.n.* 17BC, 47D messenger

Messager, André (1853–1929) 17AE French composer

messagerie *f.n.* message service

messe *f.n.* 16D, 21AB, 26E, 28B, 37D mass

messieurs. *See* **monsieur**

mesure *f.n.* 44ABE measurement; 41D measure (of music); 50A measure; **dans une moindre mesure** 18D to a lesser extent; **sur mesures** 45B custom-made

mesurer (4) *v.* to measure; **il mesure un mètre 70** 7ACDE, 44BE he's 5 feet 5; **le bruit se mesure en décibels** 17B noise is measured in decibels

métal, -aux *m.n.* 44D, 48AE metal

métallurgique *a.* 48E metallurgic

métaphysique *a.* 16D metaphysical

météo *abbr. for* **météorologie** *f.n.* 12D, 32AE weather report

méthode *f.n.* 21D, method

méthodiquement *adv.* 45D, 49D methodically, systematically

métier *m.n.* 14ABCE, 16CD, 17BD, 21D, 41D profession, occupation; **pharmacien de son métier** 17A pharmacist by trade

mètre *m.n.* 7A, 23D, 31A, 37D, 44B meter; **mètre carré** 27D square meter

métro *m.n.* 15D, 18AB, 23ACE, 27ABCDE, 30B subway

mets *m.n.* 26D dish

metteur en scène *m.n.* 39B, 40E director, producer

mettre (24) *v.* 11D, 22AC, 24AD, 26D, 37D, to place, to put; **mettre une jupe** 20A to put on a skirt; **mettre son clignotant** 31B to signal a turn (in a car); **mettre l'électricité** 34B to bring in electricity; **mettre la table** 48A to set the table; **on a mis trois ans** 21B it took us three years; **tu as mis le temps!** 42A it took you long enough!; **je mettrais bien un béret** 44D I would wear a beret; **se mettre** 18D, 45D to place oneself, to bring oneself; **se mettre en colère** 17D to get angry; **se mettre à l'heure** 18D to get up to date; **se mettre en congé** 20A to take a leave of absence; **se mettre (à table)** 20AE, 22E, 24A to sit (down); **se mettre à** 17D, 21B, 43D to begin, to start; **s'y mettre** 21AB to get going, to get started; **se mettre en tête de** 37A to set one's mind on; **se mettre à genoux** 46D to kneel

meublé *a.* 32D, 43D furnished

meubler (4) *v.* 32D to furnish

meubles *m.pl.n.* 32D furnishings, furniture

mexicain *a. & n.* 4D Mexican

Mexique *m.p.n.* 2D Mexico; **le Golfe du Mexique** 11B Gulf of Mexico

mezzanine *f.n.* 32D mezzanine

Michel-Ange (1474–1564) 19B, 20AE Italian sculptor, painter, architect, and poet

Michelet, Jules (1798–1874) 24D, 52D French historian

Michelin *p.n.* 37D, 42AB, 47D French tire manufacturer and publisher of maps and travel guides

microcellulaire *a.* 44D microcellular

micro-ondes (four à) *m.n.* 33D microwave oven

micro-ordinateur *m.n.* 20D, 36D microcomputer

midi *m.n.* 20B, 21AB, 22ACE, 28B, 36E noon; 32B south; **midi pile** 28B exactly noon; **en plein midi** 32A facing south; **le Midi (de la France)** 5D, 18D the south of France

miel *m.n.* 31D honey

mien (le), mienne (la), miens (les), miennes (les) *pron.* 31D, 43A, 44D, 48A mine

mieux *adv.* 2AD, 13AD, 15D, 17E, 21A better; **ça/il vaut mieux** 10A, 17E, 20E it's better, it would be better; **vous feriez mieux** 27A you'd be better off; **aimer mieux** 51D to prefer; **mieux vaut tard que jamais** 51A better late than never; **le mieux** 43D the best, the most; **c'est ce qu'il y a de mieux** 27AB it's the best there is

mignon *a.* 38B darling, cute

migraine *f.n.* 23ABD, 41D migraine, headade

migraineux *a.* 23D subject to migraine headaches

mil *a.* 8A thousand

milieu *m.n.* 20D, 31A, 33E, 34D, 39D middle; **au milieu** 16A in the middle; 13D, 32D, 35D milieu, social class, environment

militaire *a.* 7D, 45D military; *n.* 18ABD soldier

militant *a.* militant

militariste *m.n.* 19D militarist

mille *a. & n.* 8E, 15D, 40A, 41AB, 42D thousand; **je te le donne en mille** 44AB you'll never guess

millénaire *m.n.* 24B millenium

milliard *m.n.* 20D, 22D, 36D, 41D, 44D billion

milliardaire *m.n.* 35E billionaire

millième *a.* 47A thousandth

millier *m.n.* 12D, 14D, 26D, 28D, 40E about a thousand

million *m.n.* 5D, 13D, 17D, 20D, 24D million

millionnaire *m.n.* 5B, 40D, 41D millionaire

mimer (4) *v.* 32D to mime

mimétisme *m.n.* 42D mimicry

mimosa *m.n.* 42D mimosa

minable *a.* 15AB shabby, seedy

mince *a.* 6ABCE, 7A, 9AB, 10D, 14D thin, slim; **mince!** *int.* 46A shoot!

mine *f.n.* appearance; **tu as bonne mine!** 44D you look great!; **faire mine** 40D to go through the motions

mine *f.n.* 47ABD mine

miné *a.* 40D undercut, worn down

minéral *a.* 35E mineral; **eau minérale** 26A mineral water

minéralogie *f.n.* 13D mineralogy

mineur *m.n.* 17AB miner; **mineur de fond** 48A underground miner

minier *a.* 42D mining

minimal *a.* 12D, 22D minimum; **température minimale** 12D low (temperature)

minimiser (4) *v.* 20E to minimize

minimum *a.* 33D minimum

ministère *m.n.* 5A, 12D, 13D, 15A, 18A ministry

ministre *m.n.* 13D, 17D, 38D, 45D minister

Minitel *m.p.n.* 36AD home on-line data-access system

minitéliste *m.n.* Minitel user

minivélo *m.n.* 29AC minibike

minuit *m.n.* 26A, 36D, 37D midnight

minuscule *a.* 39AB tiny

minute *f.n.* 5D, 14D, 22D, 23E, 24D minute; **on n'a pas une minute à soi** 20A there's no time for oneself; **minute, papillon!** 42AB not so fast!; **minute!** 48A hold it!

minuterie *f.n.* 32B, 36ABD automatic light timer

minutieux *a.* 15D meticulous

mirabelle *f.n.* 24E fruit brandy made from yellow plums

miracle *m.n.* 50D, 52AD miracle

miraculé *m.n.* 41D beneficiary of a miracle

mirent *passé simple of* **mettre** 13D

Miró, Joan (1893–1983) 13D Spanish painter

miroir *m.n.* 32AD, 37D, 41E, 51D mirror

mironton, mirontaine *loc.* 27D song refrain

mis *p. part. of* **mettre**

mis *a.* placed, put; 32BE set (table); **mis à part** 12D except for; **mis en place** 13D, 36D set up, provided; **mis en scène** 40A staged, directed

Misanthrope (le) 15D, 40A *The Misanthrope*, play by Molière

mise *f.n.* 2CE, 3CE, 4CE, 5CE, 6CE placing, putting, bet; **mise en scène** 39D staging, production; **mise moyenne** 41D average bet

misérable *m.n.* 39D miserable person, wretch

misère *f.n.* 52D poverty; **misère!** 36D woe is me!

mission *f.n.* 13D mission, assignment

Mistral, Frédéric (1830–1914) 5D Provençal poet, winner of Nobel Prize in literature, 1904

mitrailleuse *f.n.* 45D machine-gun

Mitterrand, François (1916–) 13D, 51D president of France

MLF *see* **Mouvement de Libération de la Femme**

Mlle *abbr. for* **mademoiselle**

Mme *abbr. for* **madame**

mn *abbr. for* **minute**

Mnouchkine, Ariane (1939–) 39A French stage and film director

Mo *abbr. for* **métro**

mobilier *m.n.* 32D furniture

mobiliser (se) (4) *v.* 12D, 13D, 45D to mobilize

mobylette *f.n.* 18D, 28B moped

mode *f.n.* 13A, 13CE, 16B, 18D, 29B fashion; **45D** mode, way; **à la mode** 5D fashionable; *m.n.* 45D mode, way; **mode de vie** 29D way of life

modèle *m.n.* 22E, 33D, 43A model

modéré *a.* 12D moderate

moderne *a.* 10D, 16B, 20A, 21ACE, 24D modern

modernisé *a.* 7D modernized

moderniser (4) *v.* 22D, 34A to modernize

modernisme *m.n.* 10D, 12D, 32D modernism

moderniste *m.n.* 12D modernist

modeste *a.* 14E, 20BD, 34DE, 35A modest, unpretentious

modestie *f.n.* 20AB modesty

modifier (4) *v.* 33D, 40A to modify

Modigliani, Amedeo (1884–1920) 38AE Italian painter who lived in Paris

moelleux *a.* 37D plush

mœurs *f.pl.n.* manners, customs

moi *pron.* 2A, 15B, 17D, 18A, 22D I, me; **moi aussi** 4A me too; **moi non plus** 4A me neither; **c'est moi** 4D it is I; **c'est à moi** 9A it's mine, it's my turn; **chez moi** at my house

moindre *a.* 18D lesser; 22D least; **c'est la moindre des choses** 27A it's the least one can do

moineau *m.n.* 38AB sparrow

moins *adv.* 7AD, 9A, 11A, 14D, 16D less; **la moins chère** 30A the least expensive; **au moins** 8A at least; **du moins** 18A at least; **midi moins cinq** 21A five minutes before noon; **de moins en moins** 24D less and less; **à moins que** *conj.* 29D unless

mois *m.n.* 6D, 8A, 12D, 13D, 15D month; **quelques francs par mois** 18D a few francs a month

Moïse *m.p.n.* 20E Moses; **le *Moïse* de Michel-Ange** 20AB celebrated statue of Moses by Michelangelo

Moissac *p.n.* 35D town in southwestern France famous for its Romanesque cloister

moitié *f.n.* 13D, 20D, 22D, 32D, 33D half; **à moitié endormie** 42A half-asleep

moleskine *f.n.* 40D moleskin

Molière (1622–1673) 9D, 15D, 26D, 39ABD, 40ADE French dramatist

mollet *m.n.* 7D, 41D, 44D calf

moment *m.n.* 9C, 10D, 23D, 24B, 32A moment, time, point (in time); **en ce moment** 10D at the moment, just now; **au même moment** 12AC at the same moment; **au moment où** 14E just when; **à ce moment-là** 16A at that moment; **au bon moment** 24B at the right time

mon, ma, mes *a.* my 2AD, 4D, 8A; **mon vieux** 10A old boy; **mon petit (Robert)** 24A my dear (Robert); **mon cher** 13A my dear (fellow)

monarchique *a.* 13D monarchistic

monarchiste *m.n.* 38E monarchist

monarque *m.n.* 47D monarch

monastère *m.n.* monastery

mondain *a.* 48D worldly

monde *m.n.* 6D, 10D, 16AED, 17D, 18ABD world, people; **tout le monde** 3A everyone, everybody; **très peu de monde** 28A very few people; **beaucoup de monde** 28C many people; **autour du monde** 28D around the world; **le monde entier** 48A the whole world

Monde (le) *p.n.* 2D, 12D, 20D, 37B daily newspaper; ***Le Monde de l'Education*** 20D magazine on educational issues published by *Le Monde*

mondial *a.* worldwide; **Deuxième/Seconde Guerre Mondiale** 19B, 45D World War II

moniteur, -trice *n.* 18D, 30D, 50D instructor; 46ABE camp counselor

monnaie *f.n.* 22AD, 25A, 41ACE, 42D money, change

monologue *m.n.* 48D monologue

monoménage *m.n.* 35D single-parent household

mononucléose *f.n.* 8B mononucleosis

monopole *m.n.* 41D monopoly

Monopoly *p.n.* 3B popular board game

monotone *a.* 14D, 40D monotonous

monseigneur *m.n.* 23D Your Grace

monstre *m.n.* 28A, 40A, 47A monster

monstrueusement *adv.* 10D monstrously

mont *m.n.* 15D, 35D mount, mountain

montage *m.n.* 38AB cutting, editing; 44D assembly

montagne *f.n.* 9E, 10D, 16D, 34D, 35D mountain; **chaussures de montagne** 44A hiking boots; **montagne à vache** 47A low mountain; **jambon de montagne** 50A specialty of the region of the Auvergne

Montaigne, Michel de (1533–1592) 13D, 21D French essayist and philosopher

Montand, Yves (1921–1992) 40A French singer and actor

montant *m.n.* 44D amount, value; *a.* 44ABD high; **chaussures montantes** 44A boots, high shoes

Mont Blanc (le) *m.p.n.* 47ACDE, 52A tallest mountain in France

Mont-Dore *p.n.* 50ABC mountain in the Auvergne

monté *a.* 19D, 22A perched

Monte-Carlo *p.n.* 15D, 51A capital of the principality of Monaco

Montélimar *p.n.* 48AB, 50E town in Provence famous for its nougat

monter (4) *v.* 22AD, 27AB, 29B, 36D, 49A to go up, to climb, to get into; **monter à pied** 32AB to go up on foot; **meuble à monter soi-même** 32D furniture requiring assembly; **ça se monte à 200F** 13D that comes to 200F

Montesquieu (1689–1755) 15D, 33D French political philosopher and writer

Montherlant, Henri (1895–1972) 33D French author and dramatist

Montmartre *p.n.* 15AB, 23ACD, 38AD, 39D hill and district of Paris known for its associations with artists

Montparnasse *p.n.* 22A, 27ACB, 36ABCD district on the Left Bank in Paris; **Tour Montparnasse** 32ABCE modern high-rise in Montparnasse area

montre *f.n.* 13A, 15E, 19AE, 20E, 22A watch

montrer (4) *v.* 11E, 13A, 14A, 18D, 19AC to show

Montreuil *p.n.* 43D suburb north of Paris

Montrouge *p.n.* 20D suburb south of Paris

Mont-Saint-Michel *m.p.n.* 40D, 47ABE, 52A medieval abbey on an island off the coast of Normandy

monture *f.n.* 39D mount

monument *m.n.* 25E, 29AD, 38B monument

monumental *adv.* 10A monumental

moquer (se) (7) *v.* 11E to joke; **se moquer de** 6B, 16A, 17E, 18D, 20ACE to make fun of

moquerie *f.n.* 21E mockery

moquette *f.n.* 37D carpet

moqueur *a.* 6ABC, 7A, 20E, 21E mocking, ironic

moral, -aux *a.* 6A, 10D, 36A, 37AD, 44E, 49E moral

moral *m.n.* **au moral** 6AC in terms of character

morale *f.n.* 26D, 41D morality; 19D moral (of a fable)

morceau *m.n.* 24B, 25A, 26AD, 41AB, 42B piece

mordre (6) *v.* 46D to bite

Morgan, Michèle (1920–) 6D French actress

morosité *f.n.* 33D moroseness

morse *m.n.* 40AC, 45AE Morse code

mort *a.* 10B, 11D, 14BC, 23D, 25D dead; *n.* 14D dead person

mort *f.n.* 14D, 21BD, 27D, 43D, 45D death

mortel *a.* 52C deadly; (*coll.*) 9ABC boring, deadly dull

moscovite *a.* 39D Muscovite

mosquée *f.n.* 15D, 25ADE mosque

mot *m.n.* word; 8D, 15D, 17AC, 18D, 23A; **mots croisés** 21A crossword puzzle; **jeu de mots** 33E pun, play on words

moteur *m.n.* 28B, 29AD, 31AB, 38E, 45E engine

moto *abbr. for* **motocyclette** *f.n.* 2D, 15D, 18D, 20D, 27AB motorcycle, motorbike

motocycliste *m.n.* 27B motorcyclist

mou, molle *a.* soft 41D limp, lethargic

mouche *f.n.* beauty-mark; 42D pastry

mouchoir *m.n.* 43D, 46D, 50D handkerchief

Mouffetard (rue) *p.n.* 15D, 25E quaint street in Paris, known for its market

moule *m.n.* 24D mold

moulin *m.n.* mill; **moulin à vent** 39D windmill; **Moulin à Vent** *p.n.* 26AB, 39D superior beaujolais wine

mourir (25) *v.* 5D, 6D, 8ABCD, 9D, 10D to die; **ma mère elle meurt sur place** 18D may my mother die on the spot; **mourir de faim** 24A to starve; **mourir d'envie de** 46A to be dying to

mousquetaire *m.n.* 47D musketeer

mousse *f.n.* 51B mousse; **mousse au chocolat** 26AB chocolate mousse

mousseux *a.* 51AB sparkling; *m.n.* 51A sparkling wine

moussu *a.* 51D mossy

moustache *f.n.* 7ABCD, 10A, 14D, 26D, 34A mustache

moutarde *f.n.* 25ADE mustard; **la moutarde me monte au nez** 25A I'm going to lose my temper

mouton *m.n.* 16D, 17A, 25AE sheep, mutton; **côtelette de mouton** 25A lamb chop

Moutonne *p.n.* 24A prestigious white wine from Chablis

mouvement *m.n.* 20DE, 35D, 45DE, 51D movement; **Mouvement de Libération de la Femme** 13ABD French women's rights movement

moyen *a.* 7D, 20D, 41D, 44D average, middle; *m.n.* 20D, 24A, 31E, 35D, means, way; **il n'y a pas moyen de se tromper** there is no way you can make a mistake; **au moyen de** 39D by means of; **moyens** *m.pl.n.* 27E, 40A, 45D means, resources; **moyenne** *f.n.* 32D, 45D, 51D average; **en moyenne** 5D on average

Moyen-Age *m.n.* 19AB Middle Ages

muet *a.* 38ABCD silent

mule *f.n.* 3B mule

multicolore *f.* 28A multicolored

multiple *a.* 17D multiple

multiplication *f.n.* 21A multiplication; 29D proliferation

multiplier (se) (7) *v.* 12D, 41D to proliferate

multipropriété *f.n.* 34D collective property

multitude *f.n.* 39D multitude, crowd

municipal *a.* 47D municipal

munir (se) (5) *v.* 22D to furnish oneself

mur *m.n.* 18D, 19AB, 22D, 31D, 32A wall

muraille *f.n.* **La Grande Muraille de Chine** 47A the Great Wall of China

mural *a.* 19A mural; **peinture murale** 19A mural, wall painting

muré *a.* 47D bricked up

muscadet *m.n.* 26AE dry white wine from the Atlantic region

musclé *a.* 28AB, 29A, 50B, 51A muscular

musée *m.n.* 14B, 15B, 16A, 23AD, 27A museum

musical *a.* 4A, 6D, 36A, 40D musical

musicien *m.n.* 3B, 5D, 27D, 38E, 40E musician

music-hall *m.n.* 40ACE music hall

musique *f.n.* 6D, 17D, 20D, 28D, 38D music

Musset, Alfred de (1810–1857) 20D, 29B French writer of the Romantic period

mussolinien *a.* 51D influenced by Mussolini

musulman *a. & n.* 25E, 26E, 40E, 47E Moslem; **Institut Musulman** 15D Moslem Institute in Paris

mutation *f.n.* 18D change, alteration

mutisme *m.n.* 38D silence, muteness

mutuel *a.* 41D mutual

mystère *m.n.* 38D, 39A mystery; **mystère et boule de gomme** 15A it's a secret, it's for me to know and you to find out

mystérieux *a.* 22A, 36D, 39A, 48AE, 49D mysterious

mystique *a.* 37D, 50A mystical

mythique *a.* 24D mythical

mythologie *f.n.* 21A mythology

na! *int. (coll)* 9A, 18A so there!

nager (4) *v.* 17AE, 27D, 43D, 48A, 51D to swim

naïf, naïve *a.* 39D naive

naissance *f.n.* 5D, 8AD, 15BD, 21B, 44D birth; **c'est de naissance** 29A it comes naturally

naître (26) *v.* 9A, 15B, 16ADE, 29B, 35D to be born

nana *f.n. (coll.)* 13AB, 38A, 51A gal

Nancy *p.n.* 12D, 41D city in the province of Lorraine in eastern France

Nantes *p.n.* 47D city on the Atlantic coast; **l'Edit de Nantes (1598)** 47D proclamation that gave Protestants freedom of religion in France

Napoléon Bonaparte (1769–1821) 5B, 38B, 41D, 48D, 51D emperor of France (1804–15)

nappe *f.n.* 25ABC tablecloth

narine *f.n.* 10D nostril

narrateur *m.n.* 37D narrator

narration *f.n.* 22E, 41E story, narration

natation *f.n.* 6AB, 17AE swimming

natatoire *a.* **vessie natatoire** 39D swim or air bladder

nation *f.n.* 21AD, 24D, 26D, 48D, 52ACD nation

national *a.* 7D, 18D, 19A, 26D, 39A national

nationalisé *a.* 26D nationalized

nationaliste *m.n.* 51D nationalist

nationalité *f.n.* 6D, 14D, 15C, 18D, 38E nationality

nature *f.n.* 20D, 24D, 26D, 47A nature; **de nature** 41E by nature; **nature sauvage** 42A wilderness; **en pleine nature** 42D out in the countryside; **sandwich nature** 26D plain sandwich

naturel *a.* 15D, 19A, 25D, 27C, 33DE natural

naturellement *adv.* 19A, 20E, 32A, 37D, 46A naturally, of course

nautique *a.* **ski nautique** 7A, 14D, 46D water skiing

Navarre *f.p.n.* 47D province of southwestern France

navigateur, -trice *n.* 17D sailor

navigation *f.n.* 52E navigation

naviguer (4) *v.* 15D to sail

navire *m.n.* 15D boat

nazi *a. & n.* 16D, 45D Nazi

ne, n' *adv.* 2ABCDE not; **ne . . . aucun** 5D, 14CE, 16A, 19D, 20D no, none; **ne . . . jamais** 5D, 9A, 15AD, 16D, 17AD never; **ne . . . pas** 2ABDE not; **ne . . . personne** 8D, 9A, 13D, 15AB, 16A, 17A nobody; **ne . . . plus** 9A, 10AB, 11D, 13A, 14AD no longer, no more; **ne . . . que** 12D, 22D, 26D, 33B, 39A only; **ne . . . rien** 8D, nothing

né *p. part of* **naître** *a.* 8AD, 13D, 51D born; **est né(e)** 5D, 8E, 12D, 15B, 16A was born

néanmoins *adv.* 37D, 42D nevertheless, however

néant *m.n.* 45D, 49D nothingness

nécessaire *a.* 15D, 17E, 33D, 34D, 36B necessary

nécessité *f.n.* 42D necessity

nécessiter (4) *v.* 20D, 33D to necessitate, to require

Néerlandais *a. & n.* 33D Dutch

nef *f.n.* 16D, 47AB nave

négligence *f.n.* 38D casualness, offhandedness

négligent *a.* 22D casual, offhanded; 31E careless

neige *f.n.* 11ACD, 12D, 13D, 40ACE, 41D snow; **œufs à la neige** 26A floating island (dessert made from egg whites, sugar, custard)

neiger (4) *v.* 11BD, 37D to snow

nerf *m.n.* nerve; **à bout de nerfs** 49B at the breaking point

nerveusement *adv.* 37A nervously, anxiously

nerveux, -euse *a.* 23AB, 28C, 29A, 41B nervous, anxious, high-strung

net *a.* 18D, 37D net, clear; **il n'a pas l'air net** 49AB he looks suspicious

nettement *adv.* 18D, 33D clearly

nettoyage *m.n.* 34A cleaning

nettoyer (11) *v.* 34B to clean

neuf *a. & n.* 8A, 16A, 18AD, 23A, 32D nine

neuf, neuve *a.* 30A, 32D, 33D, 35E, 45D new; **ce n'est pas bien neuf** 13A that's not very original

Neuilly *p.n.* 43D northwest suburb of Paris

neuroleptique *a.* 45D neuroleptic, tranquilizing

neveu *m.n.* 8AD, 46B, 47D, 48D nephew

Newton, Isaac (1642–1727) 9B, 21B English mathematician and physicist

nez *m.n.* 6D, 7D, 9BC, 10ABD, 26A nose

ni . . . ni *conj.* 14D, 16D, 19D, 23D, 29A neither . . . nor

Niagara *m.p.n.* **les chutes du Niagara** 21B, 42A Niagara Falls

Nice *p.n.* 12D, 41D, 52D port and resort on the Riviera

Nicolette *f.p.n.* 6D, 7D, 10D heroine of *Aucassin et Nicolette,* a medieval romance

nièce *f.n.* 8AD, 47D niece

Nikko *m.p.n.* 22AE modern hotel on the Seine river in Paris

nimbus *m.n.* 11A nimbus cloud

Nîmes *p.n.* 52AB city in southern France known for its Roman monuments

n'importe qui *pron.* anyone, anybody

n'importe quoi *pron.* anything

niveau *m.n.* 18D, 40DE, 42D level; **vérifier les niveaux** 31AB to check the oil and water; **niveau de la mer** 47D sea level

no. *abbr. for* **numéro**

Nobel *p.n.* **prix Nobel** 8D, 23D Nobel prize

noble *a.* 23D, 48D, 51D noble

noblesse *f.n.* 48D nobility

noce *f.n.* 47D wedding; **corbeille de noce** 47D wedding gifts

Noël *m.p.n.* 15AB, 37D, 41D, 46B Christmas

noirci *a.* 51A blackened

noircir (5) *v.* 44B to blacken, to darken

noir *a.* 5D, 6 AB, 13ABCD, 22ACE, 24B black; **tableau noir** 25B blackboard; **lunettes noires** 37A dark glasses; *m.n.* 37E black; **les noirs** 48D blacks

Noiret, Phillipe (1931–) 17D French film actor

noix (de coco) *m.n.* 26D coconut

nom *m.n.* 5D, 6D, 11D, 12A, 13D name; **nom de jeune fille** 17A maiden name; **nom de famille** 17A surname; **nom propre** 17A proper name

nombre *m.n.* 7E, 8D, 13D, 17D, 20D number

nombreux *a.* 20D, 33D, 34D, 44D, 45D numerous

nomenclature *f.n.* 18D nomenclature

nommé *a.* 20D named

nommer (se) (7) *v.* 18D to be named

non *adv.* no; **non plus** (n)either; **moi non plus** neither do I

nord *m.n. & inv. a.* 5D, 11D, 27B, 33E, 35D north; **Amérique du Nord** 16D North America; **Afrique du Nord** 45D North Africa; **la Mer du Nord** 48AC the North Sea

nord-est *m.n. & inv. a.* 12D, 52D northeast

nord-ouest *m.n. & inv. a.* 12D, 27D, 42D northwest

Norge (Georges Mogin, 1898–) 18D, 19D French writer

normal, -aux *a.* 11E, 22E, 37BD, 48E, 51D normal

normalement *adv.* 15C, 23E, 25E, 29D, 31D normally, ordinarily

normand *a. & n.* 47AD, 51A, 52AB Norman

Normandie *f.p.n.* 34AD, 47ABCD, 48D, 50ACE, 51A Normandy

Norvège *f.p.n.* 50A Norway

norvégien *a. & n.* 3A Norwegian

nos. *See* **notre**

nostalgique *a.* 26D nostalgic

notable *m.n.* 18D notable

notamment *adv.* 18D notably, particularly

note *f.n.* 6D, 10D, 16D, 20D, 47D note; 20ABD, 21A grade; 41D musical note

noter (4) *v.* 34D, 41A to note, to notice; 20B to grade

notion *f.n.* 48D, 52DE notion

notoriété *f.n.* 15D notoriety

notre, nos *a.* 7D, 9A, 10A, 13B, 21B, our; **Notre Dame** 15D Gothic

cathedral in Paris; **Notre Dame de Chartres** 28D twelfth- and thirteenth-century cathedral in the Beauce region

nôtre (le *or* **la), nôtres (les)** *pron.* 48A ours

Nôtre (Le) (1613–1700) famous gardener and garden designer

nougat *m.n.* 48AB, 50E nougat

nourrir (se) (5) *v.* 26D to eat; **bien nourri** 42D well-fed

nourriture *f.n.* 42D, 50B food, nourishment

nous *pron.* we, us

nous-mêmes *pron.* 34A, 51A ourselves

nouveau, -el, -elle *a.* 6D, 10A, 15A, 26D, 38D new; **de nouveau** 27A again; **à nouveau** 36D again; **Nouvelle Vague** 40B New Wave cinema

nouveauté *f.n.* 20D new title

nouvelle *f.n.* 15D short story; 44ADE, 45AD, 46ADE, 51D news; **vous n'en direz des nouvelles** 24A I'm sure you'll like it

Nouvelle-Orléans (la) *f.p.n.* 21AB, 31B New Orleans

novembre *m.n.* 13D, 32D, 37D, 38D, 48D November

noyau *m.n.* 18D knot, core

noyé *a.* 17D drowned

noyer (se) (11) *v.* 46B, 48A to drown

nu *a.* 40AB naked

nuage *m.n.* 11AB, 12A, 16A, 18AB, 45D cloud

nuageux *a.* 12D, 45D cloudy

nuance *f.n.* 48D nuance

nucléaire *a.* nuclear

nuisance *f.n.* 35D irritant, annoyance

nuit *f.n.* 6D, 10D, 11D, 16D, 20D night; **gardien de nuit** 14A night watchman; **boîte de nuit** 16E nightclub

Nuits-Saint-Georges *p.n.* 30AE, 33A town in Burgundy famous for its red wines

nul, nulle *a.* 8D nil, hopeless; **nulle part** 16D nowhere; **nul en maths** 19ABC hopeless at math; **nul!** 40A zilch!, zero!

numéro *m.n.* 24A, 27AE, 32AE, 35D,

36D number; **faux numéro** 27A wrong number; **petit numéro** 33CE little performance

numismatique *f.n.* 13B coin collecting

nuptial *a.* 47D nuptial

nurse *f.n.* 39B nurse

nylon *m.n.* 43A, 45B, 51B nylon

Obaldia, René d' (1918–) 39A French dramatist

obéi *a.* 13D obeyed

obéir (5) *v.* 23D, 32A, 39D to obey

obéissant *a.* 45A obedient, docile

obélisque *m.n.* 38ABDE obelisk

Obélix *m.p.n.* 7AB cartoon character in the *Astérix* series

objectif *a.* 13D, 21B, 33D, 45D objective; *m.n.* 45D objective, target

objection *f.n.* 15D, 19D, 27E, 46CE, 47E objection

objet *m.n.* 13D, 30D object

obligation *f.n.* 46E obligation

obligatoire *a.* 4D, 19A, 27AB, 46B, 52A compulsory

obligé *a.* 18C, 19AC, 30D, 31A, 39D obliged, compelled

obligeance *f.n.* **veuillez avoir l'obligeance** 33A, 39D would you be so kind

obliger (4) *v.* 42B, 52A to oblige, to compel

oblique *a.* 18D sidelong

obliquer (4) *v.* **obliquer à droite** 30A, 52A to bear right

obscur *a.* 38D obscure, dark

obscurité *f.n.* 10D, 36D darkness

obsédé *a.* 39D obsessed

obséder (10) *v.* 37D to obsess, to haunt

observateur *m.n.* 15D observer

observatoire *m.n.* 19ABE, 21AC observatory

observer (4) *v.* 20D, 23E, 25D, 26D, 47D to observe

obsession *f.n.* 19A, 24A obsession

obstacle *m.n.* 42E obstacle

obstination *f.n.* 13D obstinacy

obstrué *a.* 45D, 47D obstructed

obtenir (37) *v.* 41E to get; 45D to win

occasion *f.n.* 17D, 38C, 39D, 43AB,

49DE opportunity, chance, bargain; **meubles d'occasion** 32D second-hand furniture

occasionnellement *adv.* 20D, 44D occasionally

occupant *m.n.* 35D occupant

occupation *f.n.* 11D, 13D, 49D occupation, work; **occupation allemande (1940–1944)** 45B German occupation of France during World War II

occupé *a.* 8A, 12D, 17D, 24D, 45D busy

occuper (4) *v.* 18D, 33CDE, 48D to occupy; **s'occuper de** *v.* 5D, 6E, 15D, 17AB, 24B to take care of; **occupe-toi de tes affaires** 12A mind your own business

océan *m.n.* 18D ocean

octobre *m.n.* 9B, 50D October

octroi *m.n.* 49D duty, levy

ode *f.n.* 15D, 23D ode

Odeillo *p.n.* 48B city in the Pyrénées, site of a solar furnace

Odéon (l') *m.p.n.* 15D, 24D theater and square in the Latin Quarter

odeur *f.n.* 15D, 19D, 49D smell, odor, scent

Œdipe *m.p.n.* 5D, 9B, 48D Oedipus

œil, yeux *m.n.* 6B, 9A, 10AB, 24B, 26D eye; **avoir la larme à l'œil** 24B to be emotional, to be teary-eyed; **en un clin d'œil** 48A in a flash; **avoir le compas dans l'œil** 44A to have a good eye; **avoir un œil qui dit zut à l'autre** 40B to be cross-eyed; **cligner d'un œil** 37AB to wink; **faire de l'œil** (*coll.*) 40A to make eyes; **jeter un coup d'œil** 36D to glance

œillet *m.n.* 44D carnation

œuf *m.n.* 20D, 24D, 25A, 26D, 48B egg; **œufs brouillés** 24A scrambled eggs; **œufs durs farcis** 26A deviled eggs

œuvre *f.n.* 5D, 12D, 13D, 16B, 20ABC work; **hors-d'œuvre** 26A appetizer; **chef d'œuvre** 40D masterpiece; **bonne œuvre** 41A charitable act

off *adv.* (*angl.*) 45D offstage

offense *f.n.* 52D offense

office *m.n.* 39D duty; 45D office

officiel *a.* 22D, 42D official

Officiel des spectacles **(l')** *m.p.n.* 36AC, 39A weekly Paris entertainment guide

officier *m.n.* 27E, 39D, 45D, 51D officer

offre *f.n.* 46E offer

offrir (27) *v.* 9D, 15D, 16D, 22D, 30D to offer

oh, eh! *int.* 13A, 34A, 48A hey you!, come on!

ohé *int.* 15D song refrain

oh, là là *int.* 2A, 2D, 9A, 10A, 14A oh my gosh, oh my goodness

oie *f.n.* 24AB, 26AE goose; **confit d'oie** 24A preserved goose

oignon *m.n.* 26D onion

Oise (Val d') *p.n.* 20D administrative department north of Paris

oiseau *m.n.* 16A, 18D, 19D, 26D, 31D bird

olive *f.n.* 26ABC, 50E olive; **huile l'olive** 26BD, 50AD olive oil

olivier *m.n.* 35D, 50A olive tree

Olympia *m.p.n.* 40ABC music hall in Paris

ombragé *a.* 35D shaded

ombre *f.n.* 11ABC, 36D, 44D shadow, shade

omelette *f.n.* 20D, 26ACE omelet

on *pron.* 2A, 5B, 6D, 8ABD, 9ABC one, we, you, people, they; **on y va!** 37A let's go!

oncle *m.n.* 8ADE, 10ABC, 15D, 30ABCE, 33ABC uncle

onde *f.n.* 28D wave, water

ongle *m.n.* 22D, 25A, 26D, 37A, 52B nail, claw; **ongles en deuil** 42B dirty nails

onze *a. & n.* 19A, 36A, 42D, 44AE eleven

opaque *a.* 32B opaque

opéra *f.n.* 5D, 15AB, 40D, 42A opera house, opera; **l'Opéra, l'Opéra-Comique** 39D Paris opera houses; **l'Opéra de la Bastille** 33A modern opera house on the place de la Bastille

opération *f.n.* 21C, 36D operation

opinion *f.n.* 3D, 14B, 18E, 21BDE, 33ABD opinion

opinionâtre *a.* 21D stubborn, obstinate

opposé *a.* 21D, 44D, 47E, 48D opposite, contrary, opposed; **opposé à** 34D as opposed to; *m.n.* 50E opposite; **c'est à l'opposé** 45A it's in the other direction

opposer (4) *v.* 15D to oppose; **s'opposer à** 48D to oppose, to be in opposition to

opposition *f.n.* 35B opposition

oppresseur *m.n.* 33A oppressor

opprimé *m.n.* 48D oppressed person

optimiste *a.* 23A optimistic

option *f.n.* 21D option

optique *f.n.* 16D optics

opulence *f.n.* 44D wealth

or *m.n.* 38D, 47D, 48D gold; **rouler sur l'or** 42AB to be rolling in dough; **Lion d'or** 45D film prize

or *conj.* 48D now; **or donc** 39D now therefore

orage *m.n.* 12D storm

orange *f.n.* 26AC, 36B, 41D, 42D orange

Orange *p.n.* 33B city in Provence

Orangina *m.p.n.* 9A, 22A, 30D brand of soft drink

orchestre *m.n.* 3B, 29D, 38D orchestra

ordinaire *a.* 22D, 31B, 32B, 37D ordinary

ordinateur *m.n.* 16D, 18E, 21ABC, 38E computer

ordonné *a.* 51D ordered

ordonner (4) *v.* 32A to order, to command

ordre *m.n.* 11D, 18D, 44D order, sequence; **ordres** *m.pl.n.* 39D orders

ordure *f.n.* 33C, 34B garbage, trash

oreille *f.n.* 7D, 36D, 38D, 40B, 41B, 44D ear; **vous me cassez les oreilles** 36D you're getting on my nerves!, stop that racket!; **il faut le changer d'oreille** 44D you have to wear it over the other ear

organisateur *m.n.* 41D organizer

organisation *f.n.* 15D, 17D, 35B, 41AB, 50D organization

organisé 12D, 21D, 43D, 52B organized

organiser (4) *v.* 21D, 24A, 45D, 48D, 50D to organize; **s'organiser** 35C to get organized

orgue *m.n.* 23ABC organ

orgueil *m.n.* pride

Orient (l') *m.p.n.* 51A the Far East; **Orient-Express** 35AB celebrated European train

oriental *a.* 48D eastern, oriental

orientation *f.n.* 15D orientation

orienté *a.* facing

originaire *a.* 40D native

original *a.* 13C, 19D, 33B, 36AE, 40C original

originalité *f.n.* 48D originality

origine *f.n.* 48A, 49D origin; **à l'origine** 4D in the beginning

Orléans *p.n.* 12D, 52D city in the Loire valley, liberated from the English by Jeanne d'Arc; **Pucelle d'Orléans** 52D Jeanne d'Arc; **Porte d'Orléans** 27AB Paris metro terminus

Orly *p.n.* 4B, 35D Paris airport

orné *a.* 47D decorated

ornement *m.n.* 7D, 21D ornament

orphelin *m.n.* 15D orphan

Orsay (musée d') *f.p.n.* 15AB, 38AC, 40D museum of nineteenth-century art in Paris

orteil *m.n.* 10AB toe

orthographe *f.n.* 17AC spelling

orthophoniste *m.n.* 18D speech therapist

os *m.n.* 40B, 49A, 50AD bone; **en chair et en os** 40A in the flesh

oser (4) *v.* 20D, 28D, 39D, 40D, 41E to dare

Oshima, Nagisa (1932–) 36A Japanese filmmaker

ossements *m.pl.n.* 49D bones

ossuaire *m.n.* 49D ossuary

ostensiblement *adv.* 40E conspicuously

ostentatoire *a.* 52D ostentatious

ôter (4) *v.* 34D to take away

ou *conj.* 2ACD, 3ADE, 6ACD, 7A, 8D or; **ou bien** 4D or else, or maybe; **ou alors** 13A or else

où *prep.* 2ACDE, 4AC, 5D, 11CD, 12A where; **où encore?** 2A where

else?; **d'où elle vient** 11A where it comes from; **où ça?** 36A where?

ouah, ouah *int.* 3D bow-wow

ouais *int. (coll.)* 8A, 13A, 17A, 18A, 19D yeah!, yup!, oh yeah?

oubli *m.n.* 11D oblivion

oublié *a.* 16A, 21A forgotten

oublier (4) *v.* 11D, 14A, 16A, 22A, 29A to forget

oublieux *a.* 43D forgetful

Ouessant *p.n.* 48AC island off the coast of Brittany

ouest *m.n.* 22E, 28D, 36B, 50A west

ouf *int.* 23A whew!, what a relief!

oui *adv.* yes

ouille *int.* 43A ouch!

ouplà *int.* 49D up you go!

ours *m.n.* 3B bear; **ours blanc** 48ABE polar bear

outil *m.n.* 21D, 29D tool

outre *prep.* 20D aside from

outré *a.* 44D outraged

ouvert *a.* 5D, 14D, 17AB, 19D, 21BD open

ouverture *f.n.* 38D overture

ouvrage *m.n.* 15D, 18D, 20D work

ouvreuse *f.n.* 37ABCE, 38D, 39ABC usherette

ouvrier *a. & n.* 18D, 20D, 33ABC, 34D, 42D worker; **classe ouvrière** 33A working class

ouvrir (27) *v.* 19D, 21D, 23AE, 24A, 29D to open; **j'ouvre la radio** 36D I turn on the radio; **toit ouvrant** 29A sunroof; **s'ouvrir** 24A to open (up)

ovale *a.* 6AB, 37D oval

oxydecarboné *a.* 51D polluted (**oxyde de carbone,** carbon monoxide)

oxygène *m.n.* 51D oxygen

Pacifique (le) *m.p.n.* 42A the Pacific Ocean

paf! *int.* 31D, 44D bam!, wham!

page *f.n.* 2D, 22D, 33D, 36D, 51A page; **page-écran** 36D screen (of data)

paiement *m.n.* 41D payment

paille *f.n.* 35E straw

pain *m.n.* 17A, 25ABCE, 26B, 34AD, 40AB bread; **petit pain** 9A roll;

pour une bouchée de pain 34D for a song; **j'ai du pain sur la planche** 34D I have my work cut out for me

paire *f.n.* 18A, 20B, 44A, 45D pair

paix *f.n.* 47D, 48D peace; **Paix des Pyrénées** 47D treaty between France and Spain in 1659; **fichez-nous la paix** 47D leave us alone!

palace *m.n.* 35AB, 42AC luxury hotel

palais *m.n.* 4D, 14BD, 35D, 38AE, 40BD palace; **Petit Palais** 33A exhibit hall on the Champs-Elysées; **Palais Omnisport de Bercy** 33A modern sports and arts center in Paris

Palatin (mont) *m.p.n.* 35D one of the seven hills of ancient Rome

pâle *a.* 41A, 51A pale

palier *m.n.* 23D, 32AB landing

palmarès *m.n.* 5D winners' list

palme *f.n.* 50AD palm branch

palmier *m.n.* 50ABCE, 52A palm tree

pan *int.* 30D, 38A bang!

pan *m.n.* 37D edge, end

panache *m.n.* 47D plume

pancarte *f.n.* 38D, 39D, 40A, 41AC, 51D sign

panem et circenses 40A *(Latin)* bread and circuses

panier *m.n.* 27D, 46D basket

panique *f.n.* 36D, 45D panic

panne *f.n.* 16BC, 31B breakdown; **en panne** 16A in irons (boat); 31A broken down (car); 32B out of order (elevator); **tomber en panne** 27AB to break down

panneau *m.n.* 30AB, 50D, 51D sign; **panneau indicateur** 52A road sign

panorama *m.n.* 40B, 47D panorama

pantalon *m.n.* 13AB, 45AD, 52A trousers, pants

Panthéon (le) *m.p.n.* 12AB, 15D, 32A, 38D, 48D monument in Paris containing the tombs of famous French citizens

pantoufle *f.n.* 44ABD, 45D slipper

papa *m.n.* 8A, 9A, 17D, 18A, 22A daddy; **fils à papa** 13A daddy's boy

pape *m.n.* 18B, 51D pope

papeterie *f.n.* stationery store

papier *m.n.* 13AB, 18D, 40D, 42D, 50AD paper; **papier collant** 12B scotch tape; **papier peint** 34B wallpaper; **pâte à papier** 50C pulp

papillon *m.n.* 42B, 52A butterfly; **minute, papillon!** 42A not so fast!

papillote *f.n.* 36D (hair) curling paper

Pâques *m.pl.n.* 46B Easter

paquet *m.n.* 44B, 45D, 46D, 48A package, bundle; **paquet de billets** 52A wad of bills·

par *prep.* 4A, 5D, 9CD, 10D, 13D by; **par avion** 15AE via airmail; **par exemple** 2A for example; **par contre** 42D on the other hand; **par cœur** 19D by heart; **par-dessus** 22D, 26A over, on top; **par en dessous** 52D underneath; **par hasard** 16A by chance; **par jour** 20D per day; **par ici** 15A this way, over here; **par là** 12A over there; **par la fenêtre** 25A out the window; **par où?** 12C which way?

parachute *m.n.* 51D parachute

paradis *m.n.* 14D, 24D, 28A, 50A paradise, heaven; 5D last balcony

paradoxalement *adv.* 33D paradoxically

paraître **(14)** *v.* 20D, 21E, 30D, 32A, 38D to seem, to appear; **il paraît que** 20A apparently

parallèle *a.* 32D parallel

paranoïaque *a.* 23D, 45D paranoid

parapente *m.n.* 6A hang-gliding

parapluie *m.n.* 46D umbrella

parasol *m.n.* 51D parasol

Paray-le-Monial *p.n.* 47A town in central France with Romanesque church

parc *m.n.* 14D, 27AD, 47D park

parce que *conj.* 3A, 5AD, 6A, 7A, 8A because

parcourir **(15)** *v.* 46AE, 47D, 51D, 52A to cover, to travel

parcours *m.n.* 18D, 46B course, trajectory

pardi *int.* (*coll.*) 44AB of course!

pardon *m.n.* pardon; 50A Breton religious festival; **pardon!** (*int.*) 13AB, 23A, 32A, 39D, 43A excuse me, pardon, sorry

pardonner **(4)** *v.* 14D, 20E to pardon

pare-brise *inv. m.n.* 30D, 45D, 52AB windshield

pareil *a.* 11D, 17D, 19AB, 33E, 39A same, similar, such, like; **c'est pareil** 25A it's the same thing; **une chose pareille** 17D such a thing; **un pareil chapeau** 44D a hat like that

parent *m.n.* 32D relative; **parents** *m.pl.n.* 5AC, 8AD, 9CE, 14AE, 15A parents

parenthèse *f.n.* parenthesis; **entre parenthèses** 48A incidentally

paresse *f.n.* 44AB laziness, idleness

paressseux *a.* & *n.* 44B, 47D lazy, lazy person

parfait *a.* 9A, 15D, 35D, 45AD, 52A perfect

parfaitement *adv.* 30D, 33E, 40D perfectly

parfois *adv.* 20D, 22D, 26D, 42D, 44B sometimes, every so often

parfum *m.n.* 51B perfume

parfumé *a.* 50B perfumed

parfumer **(4)** *v.* 24B to perfume

pari *m.n.* 37D, 38AE, 41D, 44B bet, wager

parier **(4)** *v.* 37D, 38E, 44B to bet

Paris *p.n.* 2A, 4ABDE, 8AD, 10ACD, 15D capital of France

Pariscope (**le**) *m.p.n.* 36AC, 39D weekly Paris entertainment guide

parisien *a.* & *n.* 8D, 12D, 13D, 20D, 45A Parisian; *Le Parisien* 41D Paris newspaper

parking *m.n.* 35D parking lot

parlement *m.n.* 15D parliament

parler **(4)** *v.* 2ACDE, 4D, 13D, 14AB, 16E to speak; **parlez-moi de** 24A tell me about; **ne m'en parle pas** 31A let's drop the subject; **de quoi ça parle?** 48E what's it about?; **cinéma parlant** 38A talking pictures

parmi *prep.* 13D, 20D, 22D, 44D, 45D among

parnassien *a.* 15D Parnassian (school of poetry)

parole *f.n.* 10D, 25D word

parrain *m.n.* 24A godfather

part *f.n.* 12D, 13D, 18D, 20D, 22D share, side; **faire part** 8A to announce; **à part ça** 12A aside from that; **nulle part** 16D nowhere; **d'une part . . . d'autre part** 18D on one hand . . . on the other hand; **dites-lui que vous venez de ma part** 30A tell him I sent you; **quelque part** 23D somewhere

partager **(4)** *v.* 33AB, 34D, 39D, 41E, 42E to share

partenaire *m.n.* 40D partner

parterre *m.n.* 27AD flower bed

Parthénon *m.p.n.* 51A monument in Athens

parti *m.n.* 13D (political) party

participation *f.n.* 42D participation

participer **(4)** *v.* 10D, 12D, 13D, 20D, 41D to participate

particulier *a.* 10C, 16E, 24E, 26E, 40C particular, specific, special, individual; **en particulier** 11E particularly; *m.n.* 18D, 35ABC private individual

particulièrement *adv.* 9D, 14E, 19A, 28D, 33E particularly, specifically

partie *f.n.* 4D, 18D, 20E, 28D, 29D part; 49D party; **faire partie de** 13D to be part of; **en partie** 16D partly, in part

partiel *a.* 5D, 34D partial; **à temps partiel** 5D part-time

partir **(28)** *v.* 15DE, 20B, 23A, 43D, 48A to leave, to go away; **c'est parti** 20A you're off! **à partir de** 22D, 35D from

partout *adv.* 16D, 17D, 19D, 24D, 27A everywhere

parure *f.n.* 47D set of jewelry

pas *adv.* 5A, 11E no, not; **pas du tout** 7A, 14A not at all; **pas encore** 13A not yet; **pas possible!** 10A no kidding!

pas *m.n.* step; **faire quelques pas en avant** 37A to take a few steps forward; **au pas de course** 39D at a run

Pascal, Blaise (1613–1662) 16D, 37D, 38ABDE French scientist, philosopher, and writer

pascalien *a.* 37D pertaining to Pascal

passage *m.n.* 12D, 47A episode,

passage; **de passage** 51D on the way

passager a. 12D passing, fleeting; m.n. 19D, 27ABC, 29A, 40D passenger

passant, passante n. 12A, 22A, 23AE, 32A, 52D passerby

passé a. 9A past; **11 heures passées** 31A eleven o'clock already!; **c'est passé de mode** 16B it's passé, it's outdated

passé m.n. 14AD, 19D, 23D, 37D, 45D the past; **passé simple** 19D literary past tense

passeport m.n. 4ABD, 38ABCE passport

passer (4) v. 4ACD, 10B, 12AD, 24AD, 45A to pass, to go (through), to spend; **passer les vacances** 14A to spend one's vacation; **je vous la passe** 22A I'll tell her you're calling; **passer au cinéma** 36E to be playing at the movies; **ça passe partout** 46A it goes everywhere; **se passer** 10D, 11C, 12A, 14AD, 17C to take place, to happen; **s'en passer** 40A to do without

passerelle f.n. 51D foot-bridge, overpass

passion f.n. 23A, 36A, 41D, 47D, 48D passion; **fruit de la passion** 26A passion fruit; **Passion du Fruit** f.p.n. 46A juice bar in Paris

passionnant a. 40D, 46A, 47A captivating, thrilling

passionné n. 15D fanatic

passionnel a. **crime passionnel** 21D crime of passion

passionnément adv. 30D, 31A passionately

passivité f.n. 39A passivity

pasteurisation f.n. 48A pasteurization

pastis m.n. 24ABCE anise-flavored apéritif popular in the south of France

Patagonie f.p.n. 13AE Patagonia

patatras int. **et patatras** 40D crash!

Pataugas pl.p.n. 44ABC walking boots

pâte f.n. 9D, 50BC spread, paste, pulp

pâté m.n. 26D, 28B paté; **faire des pâtés** 43D to build sand castles

pâtée f.n. 24D dog food

pathétique a. 18D, 39A pathetic, touching

patience f.n. 37A, 46B, 48D patience

patient, patiente n. 13D patient

patin m.n. skate; **faire du patin** 7E to skate; **faire du patin à glace** 6AB, 7A to ice skate; **faire du patin à roulettes** 7ABE to roller skate

patineur, patineuse n. 44B skater

pâtisserie f.n. 26AB, 42D, 47E, 48E, 50A cake shop, pastry

patricien m.n. 40E patrician

patrie f.n. 19D, 45D, 52D country, fatherland

patriote a. 26D patriotic

patron, patronne n. 18D, 22D, 28D, 30ACDE, 43D owner, boss

patte f.n. 26D, 45D paw, foot; 44D, 45D flap (of garment)

Pau p.n. 12D, 47D city located in the Béarn region of southwestern France

Paul et Virginie (1787) p.n. 3A novel by Bernardin de Saint-Pierre

paume f.n. palm; **jeu de paume** 47D precursor of tennis

pause-café f.n. 9D coffee break

pauvre a. 5ABC, 8A, 10AB, 12A, 15D poor; f. & m.n. 5B, 17D, 47D, 48D poor person

pauvreté f.n. 44D poverty

pavé a. 51D paved

pavillon m.n 35D, 41D, 49D pavilion; **pavillon de chasse** 31A hunting lodge

payé a. 20B, 40B paid

payer (11) v. 30D, 34AB, 35D, 41E, 43D to pay; **se payer** 42AB to treat oneself to

pays m.n. 16AB, 19AD, 21AD, 22AD, 24D region, country

paysage m.n. 33D, 47D, 51D scenery, landscape

paysan, paysanne n. 5D, 34ABD peasant

Pays-Bas m.p.n. 45D, 50D The Netherlands

Pays Basque (le) m.p.n. 9B, 15B, 16ABCDE, 46B, 50C the Basque region

peau f.n. 44B skin

pêche f.n. 26B peach

pêche f.n. 42D, 43D fishing; **canne à pêche** 51A fishing rod

péché m.n. 43B sin

pêcher (4) v. 16ABD, 43D, 51B to go fishing

pêcheur m.n. 16D, 51B fisherman

pédagogique a. 12D pedagogical

pédagogue m.n. 21D pedagogue

pédant n. 16A pedant

Péguy, Charles (1873–1914) 20D, 28D French poet

peigner (4) v. 52A to comb; **se peigner** 52AB to comb one's hair

peindre (20) v. 26D to paint

peine f.n. 10A, 12B, 21A, 23D, 39BE sorrow, sadness, pains, trouble; **ça vaut la peine** 39A it's worth it; **ce n'est pas la peine** 10A it's not necessary, you needn't bother; **prendre la peine de** 39B to go to the trouble of; **à peine** 8D barely; **j'ai peine à croire** 46D I can hardly believe; **peine de mort** 48D death penalty

peintre m.n. 10D, 17A, 19AE, 20DE, 23A painter

peinture f.n. 19ABD, 28E, 35D, 48D, 49D painting; **pot de peinture** 43AB can of paint

pêle-mêle adv. 22D pell-mell, helter-skelter

pèlerin m.n. 28D pilgrim

pèlerinage m.n. 28D, 48D, 50D pilgrimage

pélican m.n. 20D pelican

pelle f.n. 11AB shovel; **ramasser à la pelle** 11D to shovel up

pelote (basque) f.n. 9ABC, 16D, 50A pelota

pénal a. 38D penal

pencher (4) v. 24D, 52E to lean, to tilt; **se pencher** 17AB, 31ABC, 40D, 52A to lean out, to lean over

pendant prep. 8D, 9D, 13D, 15D, 16AD during; **pendant ce temps-là** 12A meanwhile; conj. **pendant que** 12A while

pendant m.n. 47D pendant; **pendant d'oreille** 47D drop earring

pendre (6) v. 31D to hang

pénétrer (10) *v.* 10D, 48D to penetrate, to enter

pénible *a.* 14D painful

péniche *f.n.* 51D barge

pénitence *f.n.* 44D penance

pensée *f.n.* 15D, 16D, 27AB, 33D thought

penser (4) *v.* 10D, 16D, 20A, 21D, 43D to think; **pensez-vous** 19A what an idea! of course not!

penseur *m.n.* 38E thinker

pension *f.n.* 15D pension; 41D hotel; 24D boarding school; 51AB boarding kennel; **pension complète** 35AB full board

pente *f.n.* 45D slope

Pépin le Bref (714?–768) 47D Frankish king, father of Charlemagne

percé *a.* 27D full of holes; 49D, 51D opened up

percepteur *m.n.* 41D, 43D tax collector

perception *f.n.* 33D perception

perche *f.n.* **saut à la perche** 9A pole vault

perché *a.* 15D, 19D, 49D perched

percher (se) (7) *v.* 19D to perch

perçu *a.* 52D perceived

perdre (6) *v.* 18D, 22B, 31D, 37D, 38AE to lose; **se perdre** 11AB to become lost, to get lost

perdu *a.* 20AB, 23A, 27AB, 30AB, 32A lost

père *m.n.* 5ACD, 8AB, 11B, 14ABCE, 15ABD, father

perfection *f.n.* 26D, 28D, 48D perfection

perfectionner (4) *v.* to improve

perforé *a.* 44D perforated

performance *f.n.* 9A performance

Périgord *m.p.n.* 24AD, 34AD, 43D province in the Dordogne region of southwest France

Périgueux *p.n.* 24D, 48B principal city of the Périgord region

période *f.n.* 41D period

périodicité *f.n.* 41D periodicity, regular frequency

périodique *a.* 34A periodic

périodiquement *adv.* 21D periodically

périphérique *a.* peripheral; **boulevard périphérique, le périphérique** 30ABC beltway around Paris

périr (5) *v.* 39D to perish

perle *f.n.* 47D pearl; **c'est une perle!** 23A (s)he's a gem! a treasure!

permanent *a.* 21D, 45D permanent

permettre (24) *v.* 14D, 22D, 23D, 32BD, 33D to allow, to permit; **permettez** 20A permit me

permis *m.n.* permit; **permis de conduire** 30A driver's license

permission *f.n.* 34E permission, leave; **en permission** 38AB on leave

Pernod *m.p.n.* 19AC, 24B, 26A brand of pastis

perpétuel *a.* 21D perpetual

persan *a. & n.* 15D, 43B Persian

persécuté *a.* 38D, 45D persecuted

persécuter (4) *v.* 47D to persecute

persévérance *f.n.* 7D perseverance

persil *m.n.* 25E, 26BD parsley

persister (4) *v.* 48D to persist

personnage *m.n.* 11ABCD, 13E, 15D, 19D, 22A character

personnalité *f.n.* 17D, 35D personality

personne *f.n.* 5D, 8D, 9AB, 10A, 13D person; **ne . . . personne** 9A nobody, no one; **grandes personnes** 34E grown-ups

personnel *a.* 2D, 19D, 20E, 21E, 34E personal; *m.n.* 18D personnel

persuader (4) *v.* 24E, 27E, 52D to persuade

persuasif *a.* 52A persuasive, convincing

perturbant *a.* 40D disturbing, perturbing

perturbé *a.* 19E disturbed, perturbed

peser (8) *v.* 7ACE, 44E to weigh

pessimisme *m.n.* 2D pessimism

peste *f.n.* 47D plague

Pétain, Philippe (1856–1951) 45ABDE French statesman, head of the collaborationist Vichy government during World War II

pétainiste *a.* 45E supporter of Pétain's Vichy government

pétanque *f.n.* 43D French bowling game

péter (10) *v.* 18D to backfire

petit *a.* 3B, 5D, 15D, 19A, 22D small, little; **Petit Chaperon rouge (le)** *m.n.* 3AE Little Red Riding Hood; **petit ami** 12A boyfriend; **petit déjeuner** 25B breakfast; **petit vin** 16D country or local wine; **petit beurre** 32D butter cookie; **petit four** 32D small dessert cake; **petit pain** 9A roll; **petits pois** 25A peas

petit *n.* 28D little one; **mon petit, ma petite** 2A, 22A my dear; **pauvre petit** 20A poor baby!

petite-fille *f.n.* 8A, 13A granddaughter

petit-enfant *m.n.* 8D, 35E grandchild

petit-fils *m.n.* 8AC, 38D, 47D grandson

Petit Palais *m.p.n.* 33A, 38ADE exhibition hall in Paris near the Champs-Elysées

pétrole *m.n.* 21B petroleum

peu *adv.* 5D, 12D, 18D, 19D, 26B little, not very; **à peu près** 15E more or less, pretty much; **peu de chose** 33D nothing much; **peu de monde** 28A few people; **peu après** 22A shortly after; **peu à peu** 36D little by little; *m.n.* **un peu** 6ABC a little, somewhat; **un peu de** 10A, 19B, 20A a bit of; **un petit peu** 3B a little bit

Peugeot 205 *f.p.n.* 29ABE, 30ACD, 45D compact car

peuple *m.n.* 21D, 30D, 33D, 40BE, 45D people

peuplement *m.n.* 33D number of inhabitants

peur *f.n.* 38D fear; **avoir peur de** 20D, 27A to be afraid of; **faire peur à** 30D to frighten

peut-être *adv.* 5A, 6A, 7AB, 10D, 13A perhaps, maybe

pfeuh *int.* 47A, 50A give me a break!

pffuitt *int.* 31A no, really!; 52D poof!

phare *m.n.* 31AB headlight

pharmacie *f.n.* 17A, 28AB pharmacy, drugstore

pharmacien *m.n.* 15D, 17AE, 21A pharmacist, druggist

Phèdre f.p.n. 39B verse tragedy by Racine

phénix m.n. 19D, 49D phoenix

phénoménalement adv. 14D phenomenally

phénomène m.n. 18D, 45D, 50D phenomenon

Philippe Auguste (1165–1223) 47D, 51D king of France who expanded Paris and built the first Louvre

Philippe, Gérard (1922–1959) 38D French stage and film actor

philo. abbr. for **philosophie**

philosophe m.n. 16D, 20D, 21D, 27D, 38B philosopher

philosophie f.n. 12D, 13D, 15D, 19A, 37D philosophy

philosophique a. 16D, 38E philosophical

photo f.n. 8AE, 40D, 51A photo; **appareil photo** 48E camera

photocopie f.n. 20D photocopy

photographie f.n. 15D photography

phrase f.n. 9AB, 12ABE, 21D, 34E, 39E sentence, phrase

physicien m.n. 16D, 38B physicist

physiologie f.n. 19A, 26D physiology

physiologique adv. physiological

physique a. 6A, 7A, 18E, 49B physical; f.n. 13D, 15D physics; m.n. 7A physique; **au physique** 7D physically

physiquement adv. 24C, 44C physically

pianiste n. 18AC, 38D, 40D, 41D pianist

piano m.n. 32A, 41D, 45D piano

PIB (Produit intérieur brut) inv. m.n. 33D gross national product

pic m.n. 47E mountain peak; **pic du Midi** 47D location of a high-altitude scientific station in the Pyrénées

Picasso, Pablo (1881–1973) 20D, 44B, 51D Spanish painter who lived in France; **les arènes Picasso** 33D modern apartment complex in the Paris suburbs

pichet m.n. 28AB pitcher

Picon m.p.n. brand of apéritif

pictural a. 10D pictorial

Pie XI, Pie XII 51D popes of the Roman Catholic Church

pièce f.n. 22ABCD coin; 15D, 24D, 27E play; 32ABC, 33A, 34A, 35D, 36E room; **faire pièce à** 24D to be on equal footing with

pied m.n. 7D, 10AB, 28A, 30AB, 40AB foot; **à pied** 19E on foot, walking; **au pied de** 32A at the foot of; **au pied de la lettre** 33E literally; **être bête commes ses pieds** 10A to be too stupid for words; **coup de pied** 39A kick; **prendre son pied** 40A get one's kicks

pied-noir, pieds-noirs n. 40D Algerian-born French person

piège m.n. 46E trap, snare

Pierre m.p.n. 18D Peter

pierre f.n. 16D, 25AB, 35AE, 43B, stone, rock

Pierre et le loup p.n. 3AE *Peter and the Wolf*

Pierrefonds p.n. 47A town north of Paris famous for its medieval castle

pierreries f.pl.n. 47D jewels, precious stones

piéton m.n. 41B, 45D pedestrian

pieu m.n. (sl.) bed, rack

pigeon m.n. 25D, 38B pigeon

pile adv. 28AB, 39D, 48AE, 51D right on time, on the dot

pile f.n. 49D pile, stack

pilier m.n. 28AB pillar, column

piller (4) v. 47D to loot

pilote m.n. 51D, 52A pilot

piloter (4) v. 52AC to fly an airplane

pin f.n. 50AE pine tree

pince f.n. 15D (coll.) hand, mitt; **pince à linge** 51B clothespin

pinceau m.n. 26D brush

pincer (4) v. 51A to pinch

pineau des Charentes m.n. 19A type of apéritif wine

pinguoin m.n. 39D penguin

pipe f.n. 24B pipe

pipi m.n.(coll.) 32A urine

piquant a. 26D piquant

pique-niquer (4) v. 52AB to picnic

piquer (4) v. 45D to go into a dive (airplane); **se piquer de** 32D to think one knows a lot about

piquet m.n. 19D piquet (card game)

piranha m.n. 42A piranha

pire a. 19B, 24A, 26D, 39A, 44AC worse; **le/la pire** n. 19AB the worst

pis adv. worse; **tant pis** 6A, 32D, 44A too bad

piscine f.n. 35D swimming pool

piste f.n. 29D (dance) floor; 37B (circus) ring

pistolet m.n. 39D pistol, revolver

pitié f.n. 36D pity

pittoresque a. 16D, 39D, 50D, 51D, 52A picturesque

Pivot, Bernard (1935–) 51D host of a popular literary program on television

pizzeria f.n. 29D pizzeria

placard m.n. 18D, 22D closet, cupboard

place f.n. 21D, 29A, 32D, 33DE, 36D place, square, room, seat; **à la place de Mireille** 24E in Mireille's place; **on n'a pas la place, on n'a pas de place** 9A, 32A there's no room; **toutes les places sont prises** 29A all the seats are taken; **tenir en place** 46D to sit still

placement m.n. 33E seating; 44ABC investment

placer (4) v. 24E, 25D, 33E, 39D, 43D to place, to invest; **se placer** 13A to take one's place; **je n'ai pas pu placer un mot** 23A I couldn't get a word in edgewise

plafond m.n. 19AB, 22D, 27D, 32D, 40D ceiling

plage f.n. 9D, 16D, 37D, 42B, 43D beach

plaindre (se) (20) v. 17D, 29E, 33D, 39AB, 44E to complain

plaine f.n. 28D, 39D, 47AE plain

plaire (29) v. 5D, 16D, 19A, 24A, 27B to please; **la France me plaît** 39A I like France; **s'il vous plaît** 13A please

plaisant a. 23D singular

plaisanter (4) v. 15E, 28AB, 32BD, 36E, 39D, 41E to joke, to kid

plaisanterie f.n. 7D, 17E, 29E, 34E, 35E, 36E joke, jest

plaisir m.n. 6D, 12A, 33A, 38D, 39B

pleasure; **faire plaisir** 22A to please, to give pleasure

plan *m.n.* 15E, 44E, 52D level, plane; 23A, 30A map; 42B, 50A, 51A plan, project; 30B, 45D shot (cinema); **gros plan** 38B close-up; **plan général** 38B panoramic shot; **sur le plan moral** 44E on an ethical level

plan *a.* level; **géométrie plane** 38D plane geometry

planche *f.n.* 34D board; **planche à voile** 6AD windsurfer; **planche à gratter** 41D scratch-and-play lottery ticket

plancher *m.n.* 30AB, 34B, 40D floor

planer (4) *v.* 23D to hover, to hang

planète *f.n.* 18D planet

plante *f.n.* 32D, 42D plant

planté *a.* 7D set

planteur *m.n.* 51D planter, grower

plaque *f.n.* 29D, 51D plaque; **plaque d'égout** 49D manhole cover

plat *a.* 10D, 45D, 50D flat; **être à plat** 31AB to be flat, to be dead

plat *m.n.* 24ABD, 25DE, 26ABD, 27D, 44E dish, course; **plat en argent** 47D silver dish

platane *m.n.* 18D plane tree

plateau *m.n.* 26A, 41D, 51A tray; 47A plateau

Platon *p.n.* 15D Plato, Greek philosopher

plébéien *a.* 18D plebeian

plein *a.* 6D, 21D, 24A, 25A, 35D full; *adv.* **il y a plein de trucs** 13A there are plenty of tricks; **en plein milieu** 20D right in the middle; *m.n.* **faire le plein** 31A to fill up the tank

plénitude *f.n.* 14D fullness, completeness

pléthorique *a.* 26D overabundant, overflowing

pleurer (4) *v.* 9AB, 10D, 17D, 23D, 25D to cry

pleuvoir (30) *v.* 9ABC, 12AB, 16A, 25D, 41B to rain

pli *m.n.* 23B, 45A, 47D fold, crease; **ça ne fera pas un pli** 23A everything will go smoothly

plomb *m.n.* 39D lead

plombier *m.n.* 18ABCDE, 34AB plumber

plongé *a.* 52ABD immersed

plonger (4) *v.* 17ABE, 19AB, 52A to dive, to plunge, to thrust; **se plonger** 39A to immerse oneself

plouf *int.* 51D splash!

Plougastel *p.n.* 50A town on the coast of Brittany

plu *p. part.* of **plaire** and **pleuvoir**

pluie *f.n.* 5D, 10D, 12D, 31A, 38D rain; **manteau de pluie** 25D raincoat

plumage *m.n.* 19D, 49D plumage

plumard *m.n. (coll.)* 40D bed

plume *f.n.* 17D, 19D, 26D, 47D feather

plupart *f.n.* 28D, 29D, 33D, 34AD, 35ACE most, the largest part; **pour la plupart** 33D mostly

pluralité *f.n.* 33D multiplicity

pluriel *m.n.* 39D plural

plus *adv.* 2A, 4D, 5ABD, 6D, 7A more; **moi non plus** 4A me neither; **en plus** 8D in addition, besides; **ne . . . plus** 10B no longer, no more; **plus tard, plus tôt** 15D later, earlier; **de plus en plus** 20D more and more; **une fois de plus** 27A once again; **au plus** 28A at (the) most; **de plus** 44D in addition; **plus on est de fous, plus on rit** 46A the more the merrier; **pas une minute de plus** 48A not one minute longer; **plus ou moins** 52E more or less; *m.n.* **le plus** 18D the most

plusieurs *a. & pron.* 12D, 14D, 15D, 16A, 22D several

Plutarque (ca. 46–120) 26D Plutarch, ancient Greek biographer and moralist

plutôt *adv.* 6ABD, 8D, 16ABD, 21D, 23ACE, 40ABE rather, instead

PMU (pari mutuel urbain) *p.n.* 41D, 44D pari-mutuel, system of collective betting

pneu, pneumatique *m.n.* 18BD, 31D, 48A tire

poche *f.n.* 11AB, 39AC, 41D, 44D pocket; **argent de poche** 40D pocket money; **poche revolver**

44D hip pocket; **format de poche** 45D pocket-size

Poche-Montparnasse (théâtre de) *p.n.* 39A small theater in Montparnasse

poêle *f.n.* 24BD stove; 26D pan

poème *m.n.* 5D, 13D, 15D, 23D, 26D poem

poésie *f.n.* 6D, 10D, 20D, 48D poetry

poète *m.n.* 6D, 8D, 10D, 13D, 14D poet

poétique *a.* 26D, 48D poetic

poh *int.* 45A pish!

poids *m.n.* 7D, 50D weight; **poids lourd** 18D truck

poignet *m.n.* 7D, 45D wrist, cuff

poil *m.n.* 18D, 19D, 26D hair, fur; **de tout poil** 51D of all stripes

point *m.n.* 16D, 19D, 21D, 22E, 37D point, extent; **à point** 25A just right, medium; **faire le point** 20AB to take stock; 40AC dot (Morse Code); **être sur le point de** 44D to be on the verge of; **point!** *adv.* 19D not at all!

pointe *f.n.* 3B, 48A tip, leading edge; 48A ballpoint pen; **vitesse de pointe** 52A cruising speed

pointu *a.* 9AB pointed

pointure *f.n.* 44ABCDE size

poire *f.n.* 26AB pear

pois *m.n.* pea; **petits pois** 25ABCE garden peas

poisson *m.n.* 24AB, 26B, 43D, 47D, 48E fish; **poisson rouge** 43ABE goldfish

Poitiers *p.n.* 12D, 47AD town in central France famous for its Romanesque churches and cathedral

poitrine *f.n.* 7D, 38D, 45AB, 47D chest, bust

poivre *m.n.* 25DE, 26AD pepper

poivrer (4) *v.* 25D, 26D to season with pepper

poker *m.n.* 3B, 9AB poker

poli *a.* 32A, 37B, 41E, 43E, 48D polite

police *f.n.* 4ABCD, 10B, 17B, 27B, 39B police

policier *m.n.* 4AB, 18D police; *a.*

5B, 45D police; **roman policier** 5B detective novel

poliment *adv.* 24A, 34E politely

politesse *f.n.* 20E, 33E, 41E, 48D, 50D politeness, good manners

politique *f.n.* 18A, 37B, 52A politics; *a.* 20E, 21D political

politisé *a.* 12E, 52E politicized

pollution *f.n.* 31D, 34B pollution

polo *m.n.* 7A, 14D polo

Pologne *f.p.n.* 39D, 45D Poland

polonais *a.* 38E, 39D, 40A, 42D Polish

polyester *m.n.* 45D polyester

Polytechnique (Ecole) *f.p.n.* 13BD prestigious polytechnic school in Paris

pomme *f.n.* 16D, 26B, 51B, 52D apple; **pomme de terre** 24A potato

pommier *m.n.* 33B apple tree

Pompadour, Mme de (1721–1764) 47D, 49D favorite mistress of Louis XV

pompe *f.n.* 33AB, 38D pump; 38D rite; **entreprise de pompes funèbres** 37E undertaker

pomper (4) *v.* 31A to pump

Pompidou, Georges (1911–1974) president of France; **Centre Culturel Georges Pompidou** 15B museum and cultural center in Paris

pompier *m.n.* 17ABCDE, 18E, 39B, 40D, 52ACE fireman; **caserne des pompiers** 27E fire station

pompiste *m.n.* 31A gas station attendant

ponctuel *a.* 28AC punctual

pondre (6) *v.* 20A to lay

pont *m.n.* 14AB, 15D, 28D, 38A, 45D bridge

Pont-l'Evêque 26AE, 50AE *p.n.* town in Normandy famous for its cheese, also called pont-l'évêque

populaire *a.* 5D, 7D, 24D, 35E, 40E popular

population *f.n.* 18D, 29D, 39D, 40D, 42D population

porc *m.n.* 25ABE, 44D, 50A pig, pigskin

porcelaine *f.n.* 50A, 51D porcelain, china

port *m.n.* 16B, 48D harbor; 27B (act of) wearing

portail *m.n.* 28ADE portal

porte *f.n.* 15A, 23AC, 24AB, 26D, 32ABCDE door; 27ABC gate

porté *a.* 5D, 45D worn; 20D inclined

porter (4) *v.* 11A, 12A, 13AB, 24AD, 39ACD to wear; 12A to carry, to bring; **porter bonheur/malheur** 16D, 41AE to bring good/bad luck

porteur *m.n.* 40D porter, carrier; **chaise à porteurs** 47D sedan chair

Port-Grimaud *p.n.* 48D seaside resort near Saint-Tropez

portière *f.n.* 31ABC, 42A door (of car)

portillon *m.n.* 27A gate, barrier

porto *m.n.* 24AC, 51A port

portrait *m.n.* 6ABD, 9ACD, 12D, 26D, 32B portrait

Port-Royal *p.n.* 15D Jesuit abbey and school

portugais *a. & n.* 22AE, 23AE Portuguese

Portugal *m.p.n.* 22D, 50AD, 51AC Portugal

posé *a.* 28A placed, resting

poser (4) *v.* 24D, 25E, 35D, 37A to set down; 18D to pose; **ça me pose** 18D it makes people think I'm somebody; **poser une question** 17D to ask a question; **se poser** 52B to land

position *f.n.* 12D, 13D, 17D, 18D, 41D position

positiviste *m.n.* 46E positivist

posséder (10) *v.* 20D, 32BCD, 33D, 34AE, 51D to own

possesseur *m.n.* 36D owner

possession *f.n.* 32B, 39B possession

possibilité *f.n.* 10D, 27E, 34E, 40A, 41D possibility

possible *a.* 5A, 7A, 24A, 27AE, 33D possible

postal *a.* postal; **carte postale** 12A, 14ABC, 15AE, 28A, 51A postcard

poste *m.n.* 16A position, job, appointment, mail; **poste de commandement** 49D headquarters; **poste de télévision** 42D television set; **bureau de poste** 14ABC post office

postérieur *m.n.* 51A posterior, bottom

postier *m.n.* 32D postman

pot *m.n.* 19A, 42A, 44D, 47D, 51D pot; **pot de peinture** 19B jar of paint; **prendre un pot** 50A to have a drink

potage *m.n.* 24ABC soup

pote *m.n.* 39D buddy, chum; **touche pas à mon pote** 15D leave my buddy alone

poterie *f.n.* 50ABE pottery

poubelle *f.n.* 36D, 43B trash bin, garbage can

pouce *m.n.* 7D, 31D thumb

Poudovkine, Vsevolod (1893–1953) 38A Russian filmmaker

poudre *f.n.* 24D powder

pouh *int.* 9A, 18A ugh!; 21A no way!

poule *f.n.* 26BD, 47D hen; **ma poule** (*coll.*) my pet

poulet *m.n.* 15D, 18D, 26ABC, 47D, 50A chicken; (*sl.*) 18D cop

poumon *m.n.* 47D lung

poupée *f.n.* 49ABE doll

poupon *m.n.* 41A baby

pouponnière *f.n.* 41B public nursery

pour *prep.* 3A, 13A, 15A, 18B, 44A for, to, in order to; **pour l'instant** 13A for the time being; **pour cent** 37D percent; **pour que** *conj.* 47D so that

pourboire *m.n.* 37AE, 39ACE tip

pourquoi *conj.* 2AE, 16A, 19A, 21D, 44D why

poursuite *f.n.* 30AB, 49D chase, pursuit

poursuivre (36) *v.* 30B, 39D, 44D, 52E to chase, to go after; 52A to pursue, to follow; **se poursuivre** 44D to go on

pourtant *adv.* 17D, 19D, 22D, 37D, 46D nevertheless, however, still, (and) yet

pourtour *m.n.* periphery; **le pourtour méditerranéen** 12D the Mediterranean coast

pourvu *a.* 33D, 34D provided, equipped

pourvu que *conj.* 41AB, 52A provided that, so long as

pousser (4) *v.* 17D, 31AC, 32A, 36D,

52A to push; 42A **laisser pousser la barbe** 42A to grow a beard

poussière *f.n.* 26D, 38ABD, 45D dust; **un an et des poussières** 18D just over a year

poussiéreux *a.* 38D dusty

pouvoir *m.n.* 13D, 15D, 33D power; **pouvoir d'achat** 33D buying power

pouvoir (31) *v.* 4A, 22D, 24A, 27A, 36A to be able to; **je n'en peux plus** *(coll.)* 46A I'm pooped, I'm dead tired

prairie *f.n.* 35D meadow

pratique *a.* 18A, 20D, 21D, 36D, 43A practical

pratiquement *adv.* 33D, 35D, 44D, 51D practically

pratiquer (4) *v.* 21E, 45D to practice, to engage in

pré *m.n.* 33D meadow, field

préalablement *adv.* 22D beforehand

précaution *f.n.* 26D, 51A precaution

précédent *a.* 24E preceding; *n.* 8D aforementioned (person)

précéder (10) *v.* 20D, 47D, 52D to precede

précepteur *m.n.* 5D private tutor

précieux *a.* 39D, 46D, 47D precious, affected

préciosité *f.n.* 48D preciosity, affectation

précipice *m.n.* 36D precipice

précipitamment *adv.* 23E, 51A hurriedly, hastily

précipitation *f.n.* 12D, 37E haste, precipitation

précipiter (se) (7) *v.* 20A, 37E, 41AB, 49A, 52AC to dash, to rush, to lunge

précis *a.* 15DE, 21D, 37AD, 38A precise

précisément *adv.* 20E, 37D precisely

préciser (4) *v.* 15E, 20D to specify, to say specifically; **je vous demanderais de préciser** 52D could you be more specific?

précocité *f.n.* 18D precocity

préconçu *a.* 21B preconceived

précurseur *m.n.* 16D precursor

prédilection *f.n.* preference, predilection

préface *f.n.* 15D preface

préfecture *f.n.* **préfecture de police** 4D police headquarters

préférence *f.n.* 24D preference

préférer (10) *v.* 4ACE, 7A, 21D, 29ADE, 32ABD to prefer

préhistorique *a.* 8E, 24AD, 38E prehistoric

préjugé *m.n.* 21AB bias, preconceived notion

prélude *f.n.* 48D prelude

prémédité *a.* 44D premeditated

premier *a.* 4D, 14A, 15D, 23D, 31D first; *n.* 18D, 46D first (one); **en premier** 34D first of all; **en première** 19A in the junior year of high school; **billet de première** 27A first-class ticket; **les premiers** 39AB leading actors

prendre (32) *v.* 5D, 10A, 13D, 19A, 24A to take, to take on; **prendre congé** 36A to take leave; **prendre forme** 46A to take shape; **prendre au sérieux** 32AD to take seriously; **pour qui se prend-il?** 13A who does he think he is?; **qu'est-ce qui te prend?** 38A what's the matter with you?

prénom *m.n.* 5ABCDE, 18D, 22D, 38B first name

préoccupation *f.n.* 45D, 48D preoccupation, concern

préoccuper (se) (7) *v.* 31E, 35E, 45E to be concerned, to be preoccupied

préparation *f.n.* 25D, 26B, 33D, 50A preparation

préparé *a.* 44E, 52B prepared

préparer (4) *v.* 11D, 12D, 19AC, 25D, 38A to prepare; **se préparer** 31A, 52B to prepare, to be prepared

prépondérant *a.* 18D predominant

préposé, préposée *n.* 18D employee

près *adv.* 11A, 14A, 15D, 18A, 21D near; **près d'un livre sur trois** 20D nearly one book in three; **à peu près** 15E more or less, almost, nearly; **de près** 10A close, closely; **tout près** 12A right next to, very near

présence *f.n.* 39B, 40A, 46C, 47D, 51D presence

présent *a.* 11B, 33D, 39D, 45D present; **à présent** 17D now, at present; *m.n.* 14D the present; 47D *m.n.* gift

présentateur *m.n.* 5D, 32AE announcer

présentation *f.n.* 24A introduction; 29D presentation

présenté *a.* 13E, 21B, 38D presented

présenter (4) *v.* 5D, 34DE, 35E, 48D to present; 24ACE to introduce; **se présenter** 11AE to introduce oneself

présidé *a.* 52D presided over

présidence *f.n.* 15D presidency

président *n.* 14E, 17D, 45D, 51D president

presque *adv.* 8A, 10A, 13D, 15D, 18AD almost, nearly; **presque pas** 10A almost not at all; **presque rien** 24A hardly anything; **presque partout** 48AC almost everywhere

presse *f.n.* 16D press

pressé *a.* 2A, 15A, 22B, 25A, 32A in a hurry

pressentir (28) *v.* 18D, 31B to sense, to have a premonition

presser (4) *v.* 42AB to hurry; **rien ne presse** 42AB there's no hurry

pression *f.n.* 16D, 44D, 45D pressure

prestige *m.n.* 18D prestige

prestigieux *a.* 14E, 17E, 34D prestigious

prêt *a.* 21D, 26D, 30D, 34D, 40D ready

prêt *m.n.* 34D loan

prétendre (6) *v.* 23E, 34D, 50A to assert, to maintain

prétentieux *a.* 26D, 34E, 39D, 51D pretentious

prêter (4) *v.* 30AB, 31E, 46A, 51A to lend

prétexte *m.n.* 37D, 44D, 52D pretext

prêtre *m.n.* 18ABC, 37E, 42D, 46E priest

preuve *f.n.* proof; **faire la preuve** 27A, 47E, 51E to prove

prévenir (39) *v.* 8A, 30AB, 32A, 41D, 50D to alert, to warn

Prévert, Jacques (1900–1977) 5D, 8D, 10D, 11D, 25D French poet

prévoir *v.* 47D to foresee

prévu *a.* 31D, 47D, 50A foreseen

prier (4) *v.* 26E, 40D, 43D to pray; **je vous en prie** 12A you're welcome, think nothing of it

prière *f.n.* 51D prayer

prieur *m.n.* 34B prior

prieuré *m.n.* 34AB priory

primaire *a.* 19ABC, 20B, 22A, 24D primary

primitif *m.n.* 22D primitive

prince *m.n.* 15D, 40A prince

princesse *f.n.* 23D princess

principal *a.* 11ABC, 15D, 33D, 34DE, 45D main, principal; *m.n.* **les principaux de ces poètes** 48D principal among these poets

principalement *adv.* 17D, 32D, 49D mainly, principally

principe *m.n.* 16D, 37D, 40D, 41A, 46AE principle; **en principe** 18D in principle, as a rule

printemps *m.n.* 11ABCDE, 12A, 14AD, 16AC, 48D spring

pris *p. part. of* **prendre**; *a.* 22D, 36D, 41D, 42A taken

prise *f.n.* 38B shot, take; **prise de position** 12D stand

prison *f.n.* 6D, 13B, 48D prison

prisonnier *n.* 52D prisoner

Prisunic *p.n.* 11AD, 13A, 51B discount department store

prit *passé simple of* **prendre**

Privas (coupe) *f.n.* 26ABCE dessert

privatif *a.* private

privé *a.* 16D, 19A, 24D private; **être privé de** 17D to go without; *m.n.* **dans le privé** 13D in the private sector

privilège *m.n.* 18D, 33E privilege

privilégié *a.* 29D, 35D, 42D privileged, favored

privilégier (4) *v.* 18D to favor

prix *m.n.* 13D, 15D, 22D, 29D, 35BD price; 8D, 13D, 20AB prize

probabilité *f.n.* 16D, 37D probability

probable *a.* 40D probable

probablement *adv.* 10D, 14E, 15B, 46E, 49D probably

problème *m.n.* 4B, 18A, 21D, 34A, 42C problem

procédé *m.n.* 7D procedure

procédure *f.n.* 38D procedure

procession *f.n.* 14D, 50AD procession

processus *m.n.* **processus primaire** 24D primary process reasoning

prochain *a.* 30D, 38A, 40D, 42B, 46A next

proche *a.* 18D, 32D, 36E, 45D near

proclamer (4) *v.* to proclaim

Procope (le) *m.p.n.* 29BD historic restaurant in the Latin Quarter

procurer (4) *v.* 20D, 44D to bring

prodigieusement *adv.* 37A prodigiously

prodigieux *a.* 13D prodigious

prodigue *m.n.* 15D spendthrift

production *f.n.* 18D, 20D production

producteur, -trice *n.* 45D producer

produire (13) *v.* 15D, 21B, 40C, 50AE to produce; **se produire** 20D to take place, to happen

produit *a.* 36B produced

produit *m.n.* 13D, 18D, 33D, 37B, 45D product

proférer *v.* 24D to utter

prof *abbr. for* **professeur** *m.n.* 2A, 6D, 10A, 19A, 20A teacher, professor

profession *f.n.* 13BD, 17AE, 18DE, 20D, 44D profession

professionnel *a.* 15D, 18A, 31D, 36D professional

profil *m.n.* profile; **de profil** 26E from the side

profit *m.n.* 26E, 41B profit, benefit; **au profit de** 41A in aid of

profiter (de) (4) *v.* 16AB, 19D, 23A, 35D, 39A to profit from, to take advantage of

profond *a.* 26D, 39AB deep

profondément *adv.* 13D, 16D, 36D, 37D profoundly, deeply

profondeur *f.n.* 48D depth

profusion *f.n.* 50D profusion

programmation *f.n.* 40D programming

programme *m.n.* 19A, 21D, 36AD, 40D program, curriculum, syllabus

programmer (4) *v.* 21A to program

progrès *m.n.* 38D, 51D progress

progresser (4) *v.* 20D, 33D, 45D to progress

proie *f.n.* 19D, 49D prey

projection *f.n.* **salle de projection** 38D projection room

projet *m.n.* 12D, 38D, 48AB, 46A, 48A project, plan; **projet de loi** 13D bill

projeté *a.* 28AB, 51D hurled; 46A planned

projeter (9) *v.* 28AB to project

promenade *f.n.* 22A, 29BD, 38A, 43D walk, promenade

promener (8) *v.* 22A, 38A, 50D, 51AB to take for a walk; **se promener** 11A to go for a walk, to stroll

Prométhée 24D, 45B Prometheus

promettre (24) *v.* 24A, 41D to promise

promis *a.* 18D promised

prompt *a.* 18D prompt, quick

prononcer (4) *v.* 5AB to pronounce; **se prononcer pour** 12D to come down in favor of

prononciation *f.n.* 5A pronunciation

propagande *f.n.* 45D propaganda

propager (se) (7) *v.* 18D to extend, to spread

prophète *m.n.* 20E prophet

proportion *f.n.* 20D, 33D, 44D proportion

proportionné *a.* proportioned

proportionnellement *adv.* 20D proportionately

propos *m.n.* 15D, 39D, 41A remark, commentary; **à propos** 13D, 27A, 33A speaking of, with regard to, by the way

proposer (4) *v.* 3A, 6A, 15DE, 27CE, 34C to propose, to offer

proposition *f.n.* 27E, 46C, 51CE suggestion, proposal

propre *a.* 14AB, 25AC, 31A, 42E clean; 24D, 35D proper, own; **nom propre** 17A last name

propreté *f.n.* 21D, 22D cleanliness

propriétaire *m.n.* 30AC, 32B, 33D, 34CD, 35D owner

propriété *f.n.* 32B, 34AE, 42D, 47A, 48A property, estate

prose *f.n.* prose

prospérer (10) *v.* 51D to prosper

prospérité *f.n.* prosperity

protecteur, -trice *n.* 35D, 44A, 48D protector

protégé *a.* 20D, 33B protected

protéger (10, 4) *v.* 47D to protect

protestant *m.n.* 21B, 26B, 40E, 47D, 51D Protestant

protestantisme *m.n.* 8D Protestantism

protestation *f.n.* 33A protest

protester (4) *v.* 11B, 13AE, 33E, 37E to protest

proue *f.n.* prow; 23D tip

prouesse *f.n.* 48D prowess

Proust, Marcel (1871–1922) 20B, 43D French novelist

prouver (4) *v.* 13D, 20CE, 22D, 39A, 47D to prove

provenant *a.* 45D coming from

provençal, -aux *a. & n.* 5D, 33D, 35D, 48D Provençal

Provence *f.p.n.* 5D, 6D, 12D, 33ABD, 34AD region in southern France

provenir (39) *v.* 22D to come from, to derive from

proverbe *m.n.* 8D, 33D proverb

providence *f.n.* 18AB, 46D providence

province *f.n.* 12D, 33BC, 35D, 37D, 50B province; **la province** 33A the provinces

Provins *p.n.* 29A, 30ACE, 31AE, 33ABDE, 44B town southeast of Paris

provisions *f.pl.n.* 43A, 52AB food

provisoire *a.* 45D provisional, temporary

provoquer (4) *v.* 48D to provoke, to incite

prudent *a.* 4D, 9E, 31A, 42C, 45A wise, prudent; **soyez prudente** 31A be careful!

Prudhomme, Sully (1839–1907) 23D French poet and writer

psalmodie *f.n.* 16D psalmody, psalm singing

pseudonyme *m.n.* 5D, 42D pseudonym

psychanalyse *f.n.* 13AE, 24D psychoanalysis

psy *abbr. for* **psychanalyste** *f. & m.n.* 13ABD, 14B psychoanalyst

psychiatre *f. & m.n.* 13D, 32D psychiatrist

psycho *abbr. for* **psychologie** *f.n.* 10D, 13AD psychology

psychologique *a.* 36A, 40D, 48D psychological

PTT (*abbr. for* **Postes, Télégraphes, et Téléphone**) 18D postal and telecommunications agency

pu *past part. of* **pouvoir**

puant *a.* stinking; (*coll.*) 13A, 20E, 51AE conceited, insufferable

public, publique *a.* 18AD, 19AB, 22D, 27B, 50A public; **public** *m.n.* 22D, 39AC, 40AD audience, public

publication *f.n.* 15D publication

publicité *f.n.* 24D, 29D, 37A, 39AC, 40DE advertising, advertisement

publié *a.* 13D, 15D, 20D, 40D, 48D published

publier (4) *v.* 13D, 15D, 24D, 37D, 48D to publish

publiphone *m.n.* 22D public telephone

pucelle *f.n.* 52D virgin; **la Pucelle d'Orléans** 52D Jeanne d'Arc

pudeur *f.n.* 40D modesty

pudiquement *adv.* 41AD modestly

puer (4) *v.* 25AB to stink

puéril *a.* 39D puerile, childish

puis *prep.* 11D, 12D, 13D, 14A, 15D then, next; **et puis** 2A, 5D, 9A also, in addition, then, what's more

puisque *conj.* 4A, 9A, 14D, 15A, 18A since, seeing (that)

puits *m.n.* 35D well

pull *m.n.* 12AB, 13A, 14AE, 29B, 44D sweater

punch *m.n.* 51D punch

punir (5) *v.* 33E to punish

pupitre *m.n.* 13D desk

pur *a.* 27B, 32BE, 44D, 46E pure; *m.n.* 47A pure in heart

purée *f.n.* 26A puree

purement *adv.* 32D, 48D, 52A purely

Puy (le) *m.p.n.* 50AE town in central France known for its lace

pyrénéen *a. & n.* 16D Pyrénéan

Pyrénées *f.pl.p.n.* 43BD, 47ACDE, 52A Pyrénées, mountain range between France and Spain;

Pyrénées Orientales 48A eastern range of the Pyrénées

quai *m.n.* 5D, 15A, 23A, 29D, 46AD quay, bank, track, street along the Seine in Paris

qualifié *a.* 33D qualified

qualité *f.n.* 12D, 35D, 39AB, 44B, 51D quality

quand *conj.* 2D, 4E, 6D, 8AE, 9ACE when; **quand même** 11AB all the same, still, even so, of course, surely, really; **il faudrait quand même se décider** 26A we really should make up our minds

quant *adv.* **quant à** 39A, 42D as for

quarantaine *f.n.* 37A, 39D about forty

quarante *a.* 15D, 39B, 41D, 47A, 51D forty

quart *m.n.* 19A, 22D, 32D, 37A, 45D quarter; **au quart de tour** 31A right away

quarté *m.n.* 44D form of mutual betting

quartier *m.n.* 8D, 14A, 15D, 19AB, 25D neighborhood; **Quartier Latin** 4A Latin Quarter

quasi *adv.* 12D, 18D, 33D quasi, near, nearly

quater *adv.* 46D to be sung four times

quatorze *a.* 20D, 21B fourteen

Quatorze-Juillet-Parnasse *m.p.n.* movie theater in Paris

quatre *a.* 8D, 9A, 11B, 15D, 20D four; *m.n.* 44D number four; **à quatre** 46A with four (of us)

quatrième *a.* 32D, 33D, 36D, 43A, 46C fourth; *m.n.* 32A fifth floor

que, qu' *pron.* 4A, 6D, 11CD, 12CE, 13C that, what, whom, which; *conj.* 3A, 4A, 5D, 6BDE that, than; **que je suis stupide** 2D how stupid of me!; **qu'est-ce que, qu'est-ce qu'** 2A what; **qu'est-ce qui** 10D what; **qu'est-ce que c'est que ça?** 10A, 25A, 39A what are you talking about?, what is this?, what's that?

Québec *m.p.n.* 2A, 3D, 42D French-speaking province in eastern Canada

quel, quelle, quels, quelles *a. &*

pron. 4DE, 5C, 7C, 11C, 13A what, which

quelque *a.* 5D, 18D, 22D, 34A, 42D some, a few, any; **quelque piège** 46E some kind of trap

quelque chose *pron.* 9D, 15AD, 16BD, 18AE something, anything

quelquefois *adv.* 15A, 16D, 20C, 18D, 19D sometimes

quelque part *adv.* 23D, 40D, 42A, 43D, 52A somewhere

quelque peu *adv.* 18D somewhat

quelqu'un *pron.* 9AB, 10A, 11DE, 13BCD, 15AB somebody, someone, anyone, anybody

Queneau, Raymond (1903–1976) 21D, 26D, 51D French humorist and writer

question *f.n.* 2C, 13E, 14D, 18A, 20B, question

queue *f.n.* tail; **à la queue** 13A to the end of the line; **faire la queue** 13B to wait in line

qui *pron.* 2E, 3A, 4D, 5D, 6A who, which, that; **qui est-ce?** 8A who is it?; **de qui** 8A whom

quinté *m.n.* 44D form of mutual betting

quinzaine *f.n.* 33D, 46A about fifteen

quinze *a.* 8D, 15D, 22A, 24B, 38D fifteen

quitter *(4) v.* 20B, 28D, 29BC, 30B, 34D to leave; **ne quittez pas** 27A please hold; **vous ne vous quittez plus tous les deux** 39D you two have become inseparable; **quitter des yeux** 40D to take one's eyes off of

quoi *pron.* 3D, 5A, 8D, 9AC, 21A what; **quoi que ce soit** 8D anything at all; **quoi encore** 19A what else?; **il n'y a pas de quoi** 27A don't mention it, not at all

quotidien *a.* 13D, 20D, 33A, 34D, 49D daily

quotidiennement *adv.* 44D daily

rabaisser *(4) v.* 47A to reduce
rabattre *(6) v.* 52D to turn down
Rabelais, François (1494–1553) 21D French humanist and comic writer

raccompagner *(4) v.* 24C, 36AE, 37D, 41E, 49A to accompany, to see home

raccrocher *(4) v.* 27A, 36D, 52D to hang up

race *f.n.* 44A race

racheter *(8) v.* 43D to buy back

Racine, Jean (1639–1699) 15D, 23D, 39AB, 51D French dramatist

raconter *(4) v.* 5B, 6D, 16D, 17D, 37A to tell

radio *f.n.* 5D, 21B, 36D, 40D, 45D radio

radioactivité *f.n.* 48A radioactivity

radiographie *f.n.* 3B radiography

radium *m.n.* 15D radium

raffiné *a.* 29D, 40E, 48D refined, cultivated

raffinement *m.n.* 48D refinement

raffiner *(4) v.* 21AB to refine

raffinerie *f.n.* 21B refinery

rage *f.n.* **faire rage** 26D to rage

raglan *a.inv.* 45D raglan

raisin *m.n.* grape; **petit pain aux raisins** 9A raisin bun

raison *f.n.* 12D, 18E, 21AE, 23E, 26D reason; **à raison de** 13D at the rate of; **avoir raison** 13A, 14A to be right; **donner raison à tout le monde** 34D to believe everyone else is right

raisonnable *a.* 6A, 21D, 34B, 36E, 43D reasonable

raisonner *(4) v.* 52B to reason; **tu raisonnes comme une casserole** 52A you sound like a jerk

ralentir *(5) v.* 37D, 40D to slow down; **se ralentir** 35D to slow down

rallier *(4) v.* 47D to rally

rallumer (se) *(7) v.* 37A, 40D to go on again

ramage *m.n.* 19D, 49D warbling

ramasser *(4) v.* 11A, 13B, 31B, 38A, 49E to gather, to collect, to pick up

rame *f.n.* 46B oar

ramener *(8) v.* 49E, 50AB to bring back

ramer *(4) v.* 46D to row

Rance *f.p.n.* 48AC river in Brittany

rancunier *a.* 51D vindictive, spiteful

randonnée *f.n.* 43ABC, 46A hike

rang *m.n.* 18D, 33D, 45D, 51D rank, place

rangé *a.* 49D arranged; **rangée** 13D in her place

rangement *m.n.* 35D tidying up

ranger *(4) v.* 25D, 32D, 40D, 45D to arrange, to put, to put away

râpé *a.* grated

rapide *a.* 6A, 14D, 22D, 29AB, 27A fast, quick, rapid

rapidement *adv.* 7D, 22D, 28A rapidly

rapidité *f.n.* 45A rapidity, speed

rappeler *(9) v.* 10D, 14D, 22ABC, 25A, 37E to call back, to remind; **se rappeler** 24A to recall, to remember

rapport *m.n.* 5D, 18D, 33D, 42E, 45D relationship; **aucun rapport avec l'acteur** 16A no relation to the actor

rapportage *m.n.* 17D tattling

rapporté *a.* 38B brought back

rapporter *(4) v.* 25AC, 41D, 44B, 48A, 51D to bring back; **se rapporter** 19D to resemble, to bear a relation

rapporteur *n.* 13D spokesperson

rapproché *a.* 45D close

rapprocher (se) *(7) v.* 45D to approach

rappuyer *(11) v.* 36D to press again

rare *a.* 18D, 51D infrequent, few

rarement *adv.* 35D, 36D, 39E rarely

ras le bol *int. (coll.)* **j'en ai ras le bol** 47AB I've had it up to here!, enough is enough!

rasé *a.* 7D, 10A shaven; **rasé de près** 10A close-shaven

raser (se) *(7) v.* 14D, 23A, 25A to shave

rasoir *m.n.* 37A razor

Raspail (boulevard) *p.n.* 30ABC main artery on the Left Bank in Paris

rassembler *(4) v.* 18D, 45D to include, to gather together

rassurer *(4) v.* 13D, 36D, 37B, 46E to reassure

raté *a.* 19B missed; **c'est raté** 35A it's too late

rater *(4) v.* 36A, 37D, 43A, 46D, 51A

to miss; 19AE, 20AC to fail an exam

ration *f.n.* 26D, 46D ration

rationaliste *m.n.* 15D, 46E rationalist

RATP (Régie Autonome des Transports Parisiens) 27D Paris bus and subway system

rattraper (4) *v.* 30BD, 52ABE to catch up with someone

Ravel, Maurice (1875–1937) French composer

ravi *a.* 18D happy, delighted; **ravi de faire votre connaissance** 22A delighted to meet you

ravissant *a.* 11AB, 39A ravishing

Ray, Man (1890–1976) 13D American painter and photographer who lived and worked in France

rayon *m.n.* 18D, 43ABCE, 44A counter, department; 28AB ray; **ce n'est pas mon rayon** 43A that's not my line; **rayon d'habillement** 43A clothes department

rayonnage *m.n.* 37D set of shelves

rayure *f.n.* 38B, 48B stripe

réacteur *m.n.* 51D jet engine

réaction *f.n.* 19E, 33E, 40A, 43E reaction; **avion à réaction** 52AE jet plane

réactionnaire *m.n.* 33CE, 45D reactionary

réagir (5) *v.* 8D, 20E, 29E, 33CE, 38C to react

réalisateur *m.n.* 45D, 51D film director

réalisation *f.n.* 21D, 48A accomplishment

réalisé *a.* 20D, 45D produced, carried out

réaliser (4) *v.* 37D, 42D, 49D to realize, to carry out, to achieve; **réaliser un rêve** 42E to make a dream come true

réaliste *m.n.* 42E realist

réalité *f.n.* 11B, 21D, 23D, 40D reality; **en réalité** 5D actually, as a matter of fact

réapparaître (14) *v.* 52A to reappear

récapituler (4) *v.* 15D to sum up, to recapitulate

récemment *adv.* 24C, 28D, 34E, 35D recently

récent *a.* 10C, 20D recent

réception *f.n.* 25A, 31A reception desk; 32D reception

recette *f.n.* 11D, 24D, 25D, 26D, 48A recipe; 41D receipts

recevoir (33) *v.* 13D, 15D, 21D, 26D, 30D to receive, to get, to take in

réchaud *m.n.* 42B camp stove

recherche *f.n.* **à la recherche** 22A in search

recherché *a.* 32D, 47E mannered, affected

rechercher (4) *v.* to seek, to search for

récidiver (4) *v.* to relapse; **je récidivai** 13D I did the same thing again

récital, -als *m.n.* 40A recital

récitation *f.n.* 16D recitation

réciter (4) *v.* 47A to recite

réclame *f.n.* 37ABC advertising, commercial; 43B sale, special offer

réclamer (4) *v.* 13D, 17D to call for

recommander (4) *v.* 15D, 39DE, 44C to recommend

recommencer (4) *v.* 17D, 36D, 45D, 51B, 52A to begin again

récompensé *a.* 39B, 48D rewarded

reconduire (13) *v.* to take back; **je vais vous reconduire** 24A I'll take you home

réconfort *m.n.* 49E comfort, consolation

reconnaissable *a.* 22D, 41A recognizable

reconnaître (14) *v.* 12A, 13D, 25A, 30D, 33A to recognize

reconnu *a.* 32D, 45D, 48D recognized, acknowledged

recopier (4) *v.* 40D to recopy

record *a. & m.n.* 33D, 34D, 41D, 51D record

recouper (4) *v.* to cut again

recouvert *a.* 37D covered

recouvrir (27) *v.* 18D to cover

recrue *f.n.* 34D recruit

rectangle *m.n.* rectangle

rectorat *m.n.* 12D chancellor's office

reçu *a.* 13D, 19E, 51A received

recueil *m.n.* 10D, 13D collection

reculer (4) *v.* to move back, to shrink back

récupérer *v.* 45D to recover

récurrent *a.* 21D recurrent

redémarrer (4) *v.* 31A to start up again

redescendre (6) *v.* 22A, 52A to go down again

redondance *f.n.* 39D redundancy

redoublé *a.* 24D redoubled

redresser (4) *v.* 18D to straighten

réduire (13) *v.* 20D to reduce

réduit *a.* 22D, 43B reduced

réécrire (19) *v.* 38D to rewrite

réédition *f.n.* 32D reissue

réel *a.* 21A, 40E real

réellement *adv.* 8E, 44A really

réentendre (6) *v.* 45D to hear again

réf. *abbr. for* **référence**

refaire (21) *v.* 24D, 34B to start again, to do over

référence *f.n.* 6D, 33D, 41D, 44D reference

refermer (4) *v.* 32D, 42A, 46D to close

réfléchir (5) *v.* 20AB, 30D, 37D, 48A, 52A to think over, to reflect

reflété *a.* 41E reflected

refléter (10) *v.* 22E, 32E to reflect

réflexe *m.n.* 18E reflex

réflexion *f.n.* 15D, 20B, 30D, 51D thought, reflection

réforme *f.n.* 12D, 21D, 38D reform

réformer (4) *v.* 21D to reform

refrain *m.n.* 15D, 18D, 40D, 46D refrain

réfrigérateur *m.n.* 33AD refrigerator; **réfrigérateur-congélateur** 33D refrigerator-freezer

refroidir (5) *v.* 24D to chill

refuge *m.n.* 51D refuge

réfugié *n.* 45D refugee

réfugier (se) (7) *v.* 45D, 52D to take refuge

refuser (4) *v.* 10C, 13D, 30A, 31A, 48D to refuse

regagner (4) *v.* 47D to return to

régal *m.n.* 19AE treat, delight

régaler (4) *v.* 41D to regale, to entertain; **se régaler** 40B to have a great time

regard *m.n.* 11A, 13D, 29B, 40D, 45D look, glance

regarder (4) *v.* 2A, 10A, 15A, 30D, 43D to look at; **regardez-moi ça!** 25A take a look at that!

régénérer (10) *v.* 45D to uplift morally

régie *f.n.* 10D state-owned company

régime *m.n.* 26ABE diet, regime; **suivre un régime, être au régime** 26AD to be on a diet; **Ancien Régime** 49D ancien regime, political and social system that existed in France before 1789

région *f.n.* 5D, 8D, 24E, 30D, 35D region, area

régional *a.* 50AD regional

réglable *a.* 43A, 44D adjustable

règle *f.n.* 21A, 37D, 48D rule

réglé *a.* 41D regulated

régler (10) *v.* 52E to sort out

règne *m.n.* 27D, 35E reign

régner (10) *v.* to reign

Régnier, Henri de (1864–1936) French poet

régression *f.n.* 45D decline

regret *m.n.* 11D regret

regrettable *a.* 22E, 39D regrettable

regretter (4) *v.* 13D, 21E, 25A, 33D, 37D to regret

regrouper (4) *v.* 18D to group, to include

régulier *a.* 6D, 41D, 45D regular

régulièrement *adv.* 20D, 30D, 41D, 44D, 51C regularly

réhabilité *a.* 51D rehabilitated

réhabiliter (4) *v.* 44B to rehabilitate

Reims *p.n.* 47ABD, 52AD city northeast of Paris, center of the Champagne trade, famous for its Gothic cathedral

reine *f.n.* 5D, 14D, 23D, 28A, 47D queen

rejeter (9) *v.* 33D, 52D to reject

rejoindre (20) *v.* 37E, 47D, 51A, 52B to join, to rejoin

relâche *m.n.* 51D break; 39D no performance

relation *f.n.* 6D, 15E relationship; 32D connection; *f.pl.n.* 8ACDE acquaintances; 39B intercourse

relativement *adv.* 32B, 33D, 46E, 47D, 49D relatively

relaxe *a.* (*coll.*) 20AB, 51D relaxed, cool

relever (8) *v.* 45D to lift; **se relever** 28A, 45D to get up

relié *a.* 49D linked, connected

relief *m.n.* **en relief** 16D in relief

religieuse *f.n.* nun 26AB cream-filled pastry

religieusement *adv.* 35D religiously, scrupulously

religieux *a.* 8D, 21B, 24A, 28B, 37B religious

religion *f.n.* 16D, 25E, 37DE, 38A, 52B religion

reliquaire *m.n.* 50D reliquary

relire (23) *v.* 14E, 15A, 37D to reread

remarié *a.* 5A, 14AB, 35D remarried

remarier (se) (7) *v.* 44D to remarry

remarquable *a.* 8D, 47D, 48A, 51D remarkable

remarquablement *adv.* 23A, 32A remarkably

remarque *f.n.* 38E, 44E remark, comment

remarquer (4) *v.* 11A, 12A, 13D, 18D, 29AE to notice

rembourser (4) *v.* 30D, 51A to reimburse

remercier (4) *v.* 13A, 24A, 27A, 31A, 41E to thank

remettre (24) *v.* 37D, 42D, 43E to put back

remonter (4) *v.* 22AB, 30A, 45D, 47D, 52A to go up, to come back upstairs; 49D to go back

remords *m.n.* 34E remorse

remorquer (4) *v.* 31ABC to tow

remous *m.n.* 18D stirring

remplacé *a.* 29D, 33D, 42D replaced

remplacer (4) *v.* 17C, 40AD, 51D to replace

remplir (5) *v.* 31B, 41D, 45D, 51D to refill

remporter (4) *v.* 25AE to take back

remuer (4) *v.* 24D to stir

renaissance *f.n.* 5D, 25E, 34D Renaissance

renard *m.n.* 15D, 19D, 49D fox

Renard et le loup *p.n.* 3A medieval tale

Renard, Jules (1864–1910) 13D, 15D, 20D, 21D, 33D French writer

Renault *p.n.* 5AB, 29AE French automobile company; **Alpine Renault** 29A sports car; **les Renault** 48AC Renault automobiles

rencontre *f.n.* 6D, 12D, 24A, 28E meeting, encounter

rencontrer (4) *v.* 2A, 13C, 14D, 16A, 32ACD to encounter, to meet; 38A to find, to come across

rendre (6) *v.* 12A, 15D, 20D, 26D, 46B to return, to give back, to make; **ça me rend malade** 18B that makes me sick; **rendre service** 30D to do a favor; **se rendre** 13D to go to; **se rendre compte de** 8D to realize

rendez-vous *m.n.* 13A, 15E, 22E, 27A, 37A rendezvous, appointment

renforcer (4) *v.* 14D to reinforce, to strengthen

rengaine *p.n.* 31D old song

Rennes *p.n.* 12D capital of Brittany

Renoir, Jean (1894–1979) 38B French filmmaker

renoncer (4) *v.* 34D, 43D to give up; 44D to renounce

renouveler (9) *v.* 36D to renew

rens. *abbr. for* **renseignements**

renseignement *m.n.* 39D, 43E, 49D information

rentré *a.* **être rentré** 22A, 24A, 31A, 49A to be home, to be back

rentrer (4) *v.* 12A, 17AD, 30D, 31A to go/come home; to go/come back, to return; 18D to pull down; **rentrer dedans** 30D to crash into

renversé *a.* 43B, 24ABCD, 43B knocked down, knocked over, overturned

renverser (4) *v.* 20E, 24A, 43ABC, 46D, 51A to knock over, to overturn; **se renverser** 48B to capsize

renvoyer (*) *v.* 25C, 32D to send back

réorganisé *a.* 21B reorganized

répandre (se) (5) *v.* 48D to spread

répandu *a.* 33D widespread

réparateur, -trice n. 18D repair person

réparation f.n. 31B, 34AC, 45A repair

réparer (4) v. 18B, 31AA, 34C, 43D to repair, to fix

réparti a. 26D shared

repartir (28) v. 31A, 37AE to leave again

repas m.n. 15D, 22D, 24ABE, 26D, 33ABD meal

repassage m.n. 45D ironing

repasser (4) v. 29D to pass by again

repeindre (20) v. 22D, 34AB to repaint

repentir m.n. 44D repentance

répertoire m.n. 8D, 39AD repertory

répéter (10) v. 15E, 22A, 23AC, 34E, 39D to repeat

répondre (5) v. 2C, 11E, 13AC, 16D, 52D to answer

réponse f.n. 21DE, 24E, 35C, 52A answer, response

report m.n. 12D bringing forward

reporter (se) (7) v. 26E to refer back to

repos m.n. 35A rest

reposant a. 30D restful

reposer (4) v. 24D, 52A to rest, to be restful; 25D to put down again; **se reposer** 11ABC to rest, to take a rest

reprendre (32) v. 23AD, 24A, 34A to take again; 47D to recapture; 38A, 40AE to resume; 51D to regain

représentant m.n. 18AD salesperson; 15D representative

représentation f.n. 38D representation, performance

représenté a. 28E, 40BC, 44D represented, portrayed

représenter (4) v. 8E, 20D, 26D, 32D, 38A to represent

répressif a. 45D repressive

réprimander (4) v. 33E, 34AE to reprimand

reprise f.n. 29A pick-up, acceleration

reprocher (4) v. 21D, 34E, 38C to blame, to reproach

reproduction f.n. 19AE reproduction

reproduire (13) v. 41A to reproduce

république f.n. 13D, 15D, 17D, 20D republic

réputé a. 51E well-known

RER (Réseau Express Régional) m.p.n. 27D, 35D 49AB express rail transportation in the Paris area

réseau m.n. 27A, 42AB network

réservation f.n. 51D reservation

réserve f.n. 39AE, 42D, 48D reserve, reservation

réservé a. 37D, 14D reserved

réservoir m.n. 31B reservoir

résidence f.n. 32A, 33D, 34DE residence, home; **résidence secondaire** 34ACDE second residence, vacation house, country place

résidentiel a. 35D residential

résider (4) v. to reside

résigné a. 31D resigned

résigner (se) (7) v. 51D to resign oneself

résine f.n. 50AC resin

résistance f.n. 17E, 45D, 49D, 52D resistance; **Résistance française** 19B, 45D French opposition to the German occupation during World War II

résistant a. 44D, 46A solid, strong; n. 45DE member of the French Resistance during World War II

résister (4) v. 24B, 36D, 44D, 49D to resist

Resnais, Alain (1922–) 13B French film director

résolu a. 21D, 39E resolved

résonner (4) v. 52BE to resonate

résoudre (se) (*) v. 39A, 42E, 46B to get resolved

respect m.n. 34E, 41A respect

respectable a. 4E, 14B respectable

respectif a. 18E respective

respirer (4) v. 37D, 46B, 51AB, 52B to breathe

responsabilité f.n. 46E, 50D responsibility

responsable n. 12D leader; a. 19B responsible

resquille f.n. (coll.) sneaking, cheating **eh là! pas de resquille** 13A hey! no cutting in line

resquiller (4) v. 13E to cut in

resquilleur m.n. 13AB cheater, person who cuts in line

ressembler (4) v. 8AE, 13A, 16D, 20D, 24A to look like

ressort m.n. 37ABC, 52A spring

ressource f.n. 15D resource

ressuscité f. & m.n. 50D resurrected person

restaurant m.n. 15D, 18D, 22CD, 25AE, 26CE restaurant; **restos du cœur** 15D restaurants that feed the needy

restaurateur m.n. 18D restaurant owner

restauration f.n. 22D restaurant business; **restauration rapide** 22D fast-food business

restaurer (4) v. 35D to restore

restau-U abbr. for **restaurant universitaire** m.n. 2A, 24AE university dining hall

reste m.n. 18D, 19A, 21D, 26D, 35D rest, remainder

resté a. 37E stayed

rester (4) v. 8D, 14AB, 15D, 16A, 29A to remain, to be left, to stay; **il en reste** 9A there is/are some left; **reste calme!** 50D stay calm!

restreint a. 8D, 34E limited, narrow

résultat m.n. 12D, 18D, 20E, 38D, 42D result

résumé m.n. 24E, 34D, 36A summary

résumer (4) v. 38D to epitomize

retapisser (4) v. 34AB to repaper

retard m.n. delay 28C; **en retard** 2ABD, 20D, 22AE late

retardé a. 47D hindered

retéléphoner (4) v. 23A to call again

retenir (37) v. 24AB, 31D, 36D, 37D, 44BD to keep, to hold back

retentir (5) v. 37B to ring out

retentissant a. 37AB resounding, loud

réticence f.n. 15E reticence

réticent a. 37D reticent

retiré a. 22D secluded

retirer (4) v. 25D to pull out; **se retirer** 45D to withdraw

rétorquer (4) v. 18D to retort

retour m.n. 28D, 29AD, 36D, 41D, 45D return; **de retour** 39D, 43D back from, back again; 48D in return

retourner (4) v. 22DC, 36A, 37A,

44D to return; 25D to turn over, to flip; 44D to turn inside out; **se retourner** 22D, 25D, 37D, 48A to turn around

retrait *m.n.* 12D withdrawal

retraite *f.n.* 31D, 41A, 51D retirement; **en retraite** 35B retired

retraité *n.* 20D, 35A, 43D retired person

retransmis *a.* 43D rebroadcast

retrouver (4) *v.* 28AC, 32B, 37A, 45AD, 51AE to find (again); **se retrouver** 10B, 18D, 31B, 51AB to meet (again)

rétroviseur *m.n.* 45ABC rearview mirror

réuni *a.* 18D included; 47A gathered

réunion *m.n.* 46AB meeting

réunir (5) *v.* 44A, 46A, 49D, 52D to combine, to bring together; **se réunir** 14AB, 40D, 47C, 51D to meet, to gather

réussir (5) *v.* 13D, 18AB, 20C, 22C, 37D to succeed

réussite *f.n.* 20D, 26D, 48A success

revalorisé *a.* 18D revalorized

revanche *f.n.* 18E revenge

rêve *m.n.* 35ACD, 44ABD, 48D, 52AC dream

réveil *m.n.* 36D alarm clock

réveillé *a.* 25DE, 42B awake

réveiller (4) *v.* 36D, 51E, 52E to awaken, to wake up; **se réveiller** 25ABD, 36AB, 37E, 52A to wake up

révélation *f.n.* revelation

révéler (10) *v.* 38D, 40D, 46E to reveal; **se révéler** 37D, 49D to turn out to be

revenant *m.n.* 40B ghost

revendeur *m.n.* 22D retailer

revendiquer (4) *v.* 52D to claim, to lay claim to

revendre (6) *v.* 42D to sell again

revenir (39) *v.* 7A, 15AD, 16ABC, 27D, 40B to come back, to go back; **ça revient au même** 52AB it amounts to the same thing

revenu *m.n.* 18D, 32D, 34B revenue, income

rêver (4) *v.* 18A, 34D, 35ABC, 44C, 51AE to dream

réverbère *m.n.* 13D, 51D street-lamp

Reverdy, Pierre (1889–1960) French surrealist poet

révérence *f.n.* 46D bow

rêverie *f.n.* 20D, 24D reverie, musing

revers *m.n.* 41D flip side

revêtir (*) *v.* 18D to cover

rêveur *a.* 42D dreamy

revint *passé simple of* **revenir**

révision *f.n.* 22D inspection

revoir (41) *v.* 23E, 26D, 35D, 39D, 44A to see again; **au revoir** 2AD goodbye

révolte *f.n.* 48D revolt

révolution *f.n.* 19B, 20D, 51D revolution

révolutionnaire *a.* 38E revolutionary

revolver *m.n.* 4D, 44D revolver

revue *f.n.* 15D, 20D, 39D, 40D, 51ABC review

rez-de-chaussée *m.n.* 32A first floor

Rhône *m.p.n.* 18D, 48AB, 50D one of the four main rivers of France

rhum *m.n.* 46D, 51D rum

rhume *m.n.* 12AB, 26A cold

Rhumerie Martiniquaise *f.p.n.* 29AB, 51D café in Saint-Germain-des-Prés

Ricard *m.p.n.* 19A, 24B brand of pastis

riche *a.* 5ABC, 15ABE, 23D, 27E, 43D wealthy, rich

Richelieu (cardinal de) (1585–1642) French prelate and statesman, minister to Louis XIII, founder of the Académie française

richesse *f.n.* 33D, 47ABC, 50ABC wealth, riches

richissime *a.* 47D extremely wealthy

rideau *m.n.* 36D, 38D, 39D, 40D, 47D curtain

ridicule *a.* 6B, 21A, 35A, 39D, 41E ridiculous

rien *pron.* 4ABD, 5D, 8D, 10D, 11BD nothing, anything; **ça ne fait rien** 11B it doesn't matter, it makes no difference; **ce n'est rien** 12A it's nothing; **petits riens** 51D trifles; **comme si de rien n'était** 40A as if nothing had happened; **de rien** 27A don't mention it; **pour trois fois rien** 51AB for next to nothing; **rien que** 13D, 20AB, 21A just,

nothing but; **rien qu'en histoire** 19A in history alone

rieur *a.* 7D laughing, merry

rigide *a.* 8D rigid

rigoler (4) *v.* (coll.) 43D, 48A, 50D to laugh

rigolo *a.* (coll.) 43D, 46D funny

rigoureusement *adv.* 10D absolutely

rigoureux *a.* 29D, 47D rigorous

rillettes *f.pl.n.* 50A potted pork

Rimbaud, Arthur (1854–1891) 46D, 51D French poet

rimer (4) *v.* 19D, 22E to rhyme

Rio de Janeiro *p.n.* 4B, 51D major city in Brazil

rire *m.n.* 37D, 40D laugh, laughter

rire (35) *v.* 13D, 22A, 23D, 28D, 46B, 50A to laugh; **éclater de rire** 40D to burst out laughing; **faire rire** 21AB to make someone laugh; **vous voulez rire** 50A you're kidding!

risque *m.n.* 22D, 31D, 33D risk, hazard

risquer (4) *v.* 16D, 22D, 30D, 44B, 52A to risk

rissoler (4) *v.* 26D to brown

Ritz (le) *m.p.n.* 18B luxury hotel

rival *m.n.* 15D, 46E rival

rivaliser (4) *v.* 47D to compete, to vie with

rivalité *f.n.* 42E rivalry

rive *f.n.* bank; **rive gauche** 15D left bank of the Seine in Paris

Riverside (le) *m.p.n.* 29ABD nightclub in the Latin Quarter

Riviéra (la) *f.p.n.* 23D the Mediterranean coast of France

rivière *f.n.* 27D, 45D, 46D, 47D, 48AB river

Rivoli (rue de) *m.p.n.* 42A, 44A major street near the Louvre

riz *m.n.* 46D, 50AE rice

RMI (Revenu minimum d'insertion) *p.n.* 41D government welfare payment

RN *abbr. for* **route nationale**

Robbe-Grillet, Alain (1922–) 12D French writer

robe *f.n.* 13A, 14D, 28D, 29AB, 47D dress

Robespierre, Maximilien de (1758–

1794) 29B, 47A leading figure of the French Revolution

robinet *m.n.* 18AB, 51B faucet

robot *m.n.* 48A robot

robuste *a.* 6BC, 7A, 18D robust, strong

Rochelle (la) *f.p.n.* 16AB, 48BD, 52A seaport on the Atlantic

rocher *m.n.* 16D rock

Rodin, Auguste (1840–1917) 38ABCE French sculptor

Rohmer, Eric (1920–) 10A, 36A, 37D, 39E French filmmaker

roi *m.n.* 8D, 14D, 15D, 17D, 19AD king; **Roi Soleil** 47D Sun King (Louis XIV)

Roland (Chanson de) *p.n.* 47D, 48D medieval epic poem recounting the exploits of Charlemagne's nephew, Roland

rôle *m.n.* 15D, 17E, 32A, 42D, 45E part, role

romain *n. & a.* 4D, 5D, 7D, 19D, 21B Roman

roman *m.n.* 4ABC, 5BD, 6D, 10D, 19D novel

roman *a.* 35D, 47AB Romanesque

romancier, -ière *n.* 5D, 10D, 12D, 17D, 35D novelist

romanesque *a.* 48D fabulous, fantastic

romantique *a.* 16D romantic; 14D, 24D, 35D, 51D Romantic (artistic movement)

romantisme *m.n.* 48D Romanticism

rompu *a.* 13D, 22D broken

Ronchamp *p.n.* 47A town famous for its church designed by Le Corbusier

rond *a.* 6AB, 9CD, 43D round; *m.n.* **faire des ronds** 25D to blow smoke rings; **il n'a pas un rond** (*coll.*) 51AB he's broke, he doesn't have a cent

ronde *f.n.* 28D trip, visit

Ronsard, Pierre (1524–1585) 11D French poet

roquefort *m.n.* 26ABE famous variety of cheese

Roque-Gageac (la) *f.p.n.* 24D picturesque town on the Dordogne river

rosace *f.n.* 28AB rose window

rose *a.* 26ABD, 34D, 41BD, 50BDE pink, rose-colored; *f.n.* 6D, 24A, 32AE, 51AB rose

roseau *m.n.* 16D reed

rosée *f.n.* 25D dew

Rostand, Jean (1894–1977) 13D French biologist and writer

rôti *m.n.* 24A roast

Rotonde (la) *f.p.n.* 36ABE, 37AE well-known café in Montparnasse

Roubaix *p.n.* 47A city in northern France

Roudy, Yvette (1929–) 13D former French Minister for the Rights of Women

roue *f.n.* 17B, 31ABCE, 51B wheel; **roue de secours** 31AB spare tire; **Roue de la Fortune** 40D television game show

Rouen *p.n.* 2A, 47A, 48A, 52ABD large town in Normandy

rouennais *a.* 47A, 52AB from Rouen

rouge *a.* 11A, 13A, 14ACE, 28AB, 36A red; **feu rouge** 31ABCD red traffic light; **poisson rouge** 43ABE goldfish; *m.n.* **rouge à lèvres** 25AB lipstick

rougir (5) *v.* 31A to blush

rouille *f.n.* 36D rust

rouillé *a.* 14D, 36A, 40A, 47A rusty

rouiller (se) (7) *v.* 38A to get rusty

roulant *a.* rolling; **escalier roulant** 43AB escalator

rouler (4) *v.* 17AB, 28A, 30D, 38AB, 42ABC to roll, to drive, to move, to go; **rouler sur l'or** 42AB to be rolling in money; **rouler les mécaniques** (*coll.*) 50ABE to swagger, to show off

roulette *f.n.* 3B, 51A roulette; **patin à roulettes** 7ABE roller skating

roumain *a. & n.* 35A, 40D Romanian

Roumanie *f.p.n.* 40D Romania

rouspéter (10) *v.* 25B, 29E to complain, to grumble

rouspéteur *a.* 25ABE dissatisfied, complaining; *f.& m.n.* complainer, tough customer

rousse. *See* **roux**

Rousseau, Jean-Jacques (1712–

1778) 15D, 29B, 33D French philosopher and writer

Rousseau (le douanier) (1844–1910) 42B French painter

routard *m.n.* person who likes to travel cheaply; **Guide du routard** *p.n.* 49D, 51D tourist guide

route *f.n.* 16D, 17D, 18D, 27AB, 31A road, route, way; **avoir une bonne tenue de route** 29AB to handle well on the road; **bonne route!** 30A have a good trip!; **en route!** let's get going!

routier *a.* pertaining to the road **col routier** 47D road on mountain pass; **réseau routier** 42A road system; *m.n.* 17B trucker

rouvrir (27) *v.* 37ABC, 52A to reopen

roux *a.* 7ACD redhaired

royal *a.* 28AD, 24D, 41D, 47D, 48D royal

royaliste *m.n.* 51D royalist

Royan *p.n.* 47A, 48D resort on the Atlantic coast famous for its modern church

royaume *m.n.* 47D, 52D kingdom; **Royaume Uni** 8D, 50D United Kingdom

rubis *m.n.* 46D ruby

rubrique *f.n.* 18D article

rude *a.* 48D harsh

Rudel, Jaufré 48D twelfth-century French troubador

rue *f.n.* 2A, 12AB, 17A, 32BDE, 37D street; **donner sur la rue** 32B to look out on the street

ruée *f.n.* **La Ruée vers l'or** 38AB *The Gold Rush*

ruelle *f.n.* narrow street; 48D bedroom where literary women held salons in the seventeenth century

ruer (se) (7) *v.* 39D to throw oneself

ruine *f.n.* 14D, 21D, 34B, 35B ruin; **tomber en ruine** 34A to fall into ruins

ruiné *a.* 23D, 41D, 51AC ruined

ruiner (se) (7) *v.* 12AB to go bankrupt; **se ruiner en huile solaire** 12A to spend a fortune on suntan lotion

rural *a.* 20D, 22D, 33D rural

rusé *a.* 49D cunning, sly

russe *a. & n.* 4B, 13D, 35A, 38E, 39D Russian

Russie *f.p.n.* 12D, 40A, 47D, 48AE Russia

rustique *a.* 32D rustic

sa. *See* **son**

sable *m.n.* 11D, 13D, 46D sand

sabot *m.n.* wooden shoe 33D sit-up bathtub

saboter (4) *v.* 45D, 52AB to sabotage

sabre *m.n.* 39D sword, saber

sac *m.n.* 12A, 45D, 46B, 52ABD bag; **sac de couchage** 42ABC sleeping bag; **sac à dos** 42ABE backpack

saccadé *a.* 45D staccato

sacré *a.* 16D sacred; 46B, 47B crowned; (*coll.*) **un sacré service** 46AB a big favor; **une sacrée invention** 46B one hell of an invention

sacrer (4) *v.* 47A to anoint, to crown

sacrifié *a.* 24D sacrificed

sacrifier (4) *v.* 21D to sacrifice

sage *a.* 5D, 48C, 52A good, well-behaved; **si tu es sage** 48A if you behave yourself

saignant *a.* 26ABD rare

saindoux *m.n.* 50D lard

saint *a.* 17D, 21D, 39D, 44D, 47D holy, saintly, saint; *n.* 5D, 21D, 52D saint

saint-andré *inv. m.n.* 26AE variety of cheese

Saint-Barthélemy (jour du) *m.p.n.* 47D, 51D massacre of the Protestants in 1572

Saint-Benoît-sur-Loire *p.n.* 47A town known for its Romanesque church

Sainte-Beuve, Charles-Augustin (1804–1869) 35D French critic and poet

Sainte-Chapelle (la) *f.p.n.* 4D, 40D flamboyant Gothic chapel in Paris, famous for its stained-glass windows

Saint-Eloi (ca. 588–660) 47D bishop, royal treasurer under Dagobert

Saintes-Maries-de-la-Mer *f.pl.p.n.*

47A, 50D town in the Camargue region with fortified church

Saint-Esprit *m.p.n.* 44D Holy Spirit

Sainte-Vierge *p.n.* 17D, 39D Virgin Mary

Saint-Exupéry, Antoine de (1900–1944) 12D, 51D French aviator and writer

Saint-Germain-des-Prés *p.n.* 17D, 29BCD, 38AC, 49A, 50B district on the Left Bank in Paris

Saint-Jacques-de-Compostelle *p.n.* 28D pilgrimage church in northern Spain

Saint-Jean-de-Luz *p.n.* 16ABDE, 48A seaside resort in the Basque region

Saint-Just (1767–1794) 33D French revolutionary and celebrated orator

Saint-Laurent, Yves (1936–) 11A French fashion designer

Saint-Lazare (gare) *f.p.n.* 27B, 45A Paris railroad station

Saint-Louis (l'Ile) *f.p.n.* 15AB, 23D, 47D island in the middle of the Seine in Paris

Saint-Maclou *p.n.* 52A famous church in Rouen

Saint-Mandé *p.n.* 40D town near Paris

Saint-Michel *p.n.* 2A, 12A, 13D, 14A, 15D fountain and square in the Latin Quarter

Saint-Nectaire *p.n.* 47AC town in central France known for its Romanesque church and its cheese

Saint-Raphaël *m.p.n.* 19A brand of apéritif

Saints-Innocents (cimetière des) *m.pl.n.* 49D medieval cemetery in Paris

Saint-Thégonnec *p.n.* 50A site of famous calvary in Brittany

Saint-Tropez *p.n.* 13AB, 14B, 48D fashionable resort on the Riviera

Saint-Valentin (le) *m.n.* 41D Valentine's Day

saisir (5) *v.* 41D, 45D, to seize, to grab; **se saisir** 19D, 49D to grab, to pounce on

saison *f.n.* 11BCDE, 22D, 35D, 38D season

Salacrou, Armand (1899–) 33D French author and dramatist

salade *f.n.* 24AC salad

salarié *a.* 18D salaried; *n.* 27D employee

sale *a.* 14B, 16AB, 18D, 25BC dirty, nasty, horrible; **sale caractère** (*coll.*) 8A nasty temper; **sale type** 13B unsavory character

salé *a.* 26A, 26E salted

saler (4) *v.* 25D to salt

saleté *f.n.* 45B dirt

salière *f.n.* 43ABC saltshaker

salir (5) *v.* 38B to soil; **se salir** 34B, 45B to become soiled

salissant *a.* 15D, 45AB easily soiled

salle *f.n.* 13BD, 22AB, 38D, 40D, 41D room, theater, hall; **salle à manger** 32ABD dining room; **salle de bains** 32ABD bathroom; **salle de cours** 2A classroom; **salle d'eau** 33D lav; **salle de séjour** 32ABCD living room; **salle de cinéma** 37AE movie theater; **salle subventionnée** 39ACD subsidized theater

salon *m.n.* 32ABD, 35D, 36A, 40D, 48D drawing room; **salon de coiffure** 43D hairdressing salon; **salon de thé** 45A tearoom

saloperie *f.n.* (*sl*). filth; **saloperie de sac** 12A damn bag!

saluer (4) *v.* 33CE to greet

salut *int.* 2A, 10A, 22A, 27A, 32A hi!

salut *m.n.* 38E salvation; **Armée du Salut** 27A Salvation Army

Samaritaine (la) *f.p.n.* 43AB, 44A, 52A department store in Paris

samedi *m.n.* 9D, 15ADE, 20D, 22D, 25A Saturday

Samothrace (Victoire de) 23ABE well-known ancient Greek sculpture in the Louvre

Sand, George (1804–1876) literary name of Aurore Dupin, French writer

sandale *f.n.* 44AB sandal

sandwich *m.n.* 25E, 26D, 27B, 29D, 42D sandwich

sang *m.n.* 15D, 25D, 26D, 47AB, 52D blood

sanglot *m.n.* 10D sob

sanguin *m.n.* 26D sanguinity; **les sanguins** 26D sanguine people
sans *prep.* 5A, 7A, 9D, 11D, 12D without, but for; **sans blague** 13A no kidding!; **sans doute** 10A no doubt; **sans compter** 19A not to mention
sans-gêne *m.n.* 39ABE pushiness
santé *f.n.* 2A, 5A, 6AC, 18D, 33D health; **la santé, ça va** 2A he's feeling fine!
Saône *f.p.n.* 48ABC river in Burgundy
sapin *m.n.* 47D, 50AB fir tree
sapoudré *a.* 22D sprinkled
sapoudrer (4) *v.* 26D to sprinkle
sarcasme *m.n.* sarcasm; 39E sarcastic remark
sarcastique *a.* 29E sarcastic
sardine *f.n.* 16D sardine; **être serrés comme des sardines** 29AB to be packed like sardines
Sarraute, Nathalie (1900–) 12D French novelist
Sartre, Jean-Paul (1905–1980) 13D, 21D, 26D, 38D, 44D French philosopher, novelist, and playwright
Satie, Erik (1866–1925) French composer
satin *m.n.* satin
satirique *a.* 40E satiric
satisfaction *f.n.* 20D, 33D satisfaction
satisfaire (21) *v.* 25C to satisfy
satisfaisant *a.* 33D satisfying
satisfait *a.* 15E, 33D, 41D satisfied
saturé *a.* 49D satiated, saturated
sauce *f.n.* 26D, 34D, 52B sauce
saucisse *f.n.* 18AB, 26ABE, 50B fresh sausage
saucisson *m.n.* 22D, 28B, 46D dry sausage
sauf *prep.* 13BD, 27A, 39D, 49D, 51D except
saugrenu *a.* 52D ludicrous
saumon *m.n.* 26A salmon
Saumur *p.n.* 47AC city on the Loire river famous for its fifteenth-century castle and its sparkling white wine
saumure *f.n.* 26E pickling brine
saut *m.n.* jump; **saut à la perche**

9A pole vault; **saut en hauteur** 9A high jump
sauté *a.* 24A, 26AD sautéed
sauter (4) *v.* 18D, 24E, 39D, 51D, 52A to jump, to jump out, to pop, to blow up; **corde à sauter** 17D jump rope; **faire sauter le bouchon** 51AB to pop the cork; **faire sauter la Tour Eiffel** 21B, 40AB to blow up the Eiffel Tower; **faire sauter le poulet** 26AB to sauté the chicken
sauvage *a.* 42AB, 43D, 50ABD wild, uncivilized; *m.n.* 37B, 46A savage
sauvagement *adv.* 26D savagely
sauver (4) *v.* 17AE, 51D, 52AD to save; **sauve qui peut** 39D everyone for themselves; **se sauver** 39D, 51B to run off; **je me sauve** 13A, 14A I'm out of here!
sauvetage *m.n.* **bouée de sauvetage** 46B lifebouy; **ceinture de sauvetage** 51D lifebelt
savant *n.* 18D, 51D scholar
Savoie *f.p.n.* 10D, 50B province in the Alps
savoir (34) *v.* 3A, 11DE, 16D, 33D, 39A to know; **je n'en sais rien** 43D I don't know anything about it; **savoir compter** 8D to know how to count; **que je sache** 23A as far as I know
savon *m.n.* 19D soap
savourer (4) *v.* 14D, 29D to enjoy, to relish
savoyard *a.* 50A from Savoie
scandale *m.n.* 24ABD, 39A scandal
scandaliser (4) *v.* 47D to scandalize
Scandinavie *f.p.n.* 8D Scandanavia
scénario *m.n.* 5D, 17D, 45D, 52AE screenplay
scène *f.n.* 11E, 22D, 24D, 26B, 29C scene, stage
Schéhérazade *p.n.* 5B heroine of *A Thousand and One Nights*
schéma *m.n.* 18D, 47D pattern
science *f.n.* 13D, 15D, 20D, 21D, 39D science; **science-fiction** 17D science fiction; **sciences nat (naturelles)** 19A natural sciences
scientifique *a.* 12D, 18D, 20D 40E scientific

sciure *f.n.* 22D sawdust
scolaire *a.* 20D, 48D scholastic
scotch *m.n.* 24A scotch whiskey
scout *m.n.* 46B scout
Scrabble *m.p.n.* 34AE Scrabble game
sculpté *a.* 16D, 49D, 50A sculptured, carved
sculpter (4) *v.* 51D to sculpt
sculpteur *m.n.* 49D, 51D sculptor
sculpture *f.n.* 20D, 28DE sculpture
se *pron.* 6B, 7ACE, 9D, 11ABCE, 12ABCDE himself, herself, oneself, themselves
séance *f.n.* 13D, 28B, 41D show
sec, sèche *a.* 44B, 45B dry; **le sec** *m.n.* 24D what is dry
séchage *m.n.* 45D drying
séché *a.* 32D dried
sécher (10) *v.* 45AB to dry; **sèche-linge** 33D clothes dryer
second *a.* 18D, 33E, 39D, 45D, 52D second
secondaire *a.* 11B, 13B, 19B, 20BE, 34ACDE secondary, second
seconde *f.n.* 10D, 20D, 31D, 36D second, second class; 40D second position (ballet); **billet de seconde** 27A second-class ticket; **classe de seconde, en seconde** 20D sophomore year of high school; **je voyage en seconde** 27A I travel in second class
secoué *a.* 45B shaken
secours *m.n.* help **roue de secours** 31AB spare tire
secousse *m.n.* 45AB jerk, jolt
secret *a. & m.n.* 2D, 24ADE, 34D, 37E, 41E secret
secrétaire *f. & m.n.* 18D, 28D secretary
secrétariat *m.n.* 13D department office
secrètement *adv.* 52A secretly
secte *f.n.* 37E sect
secteur *m.n.* 13B sector
section *f.n.* 7E, 14D, 19AC, 42D section
sécurité *f.n.* 27B, 33B, 42D security
séductrice *f.n.* 49D temptress
séduire (13) *v.* 32D, 37AB to charm, to captivate, to appeal to

séduisant *a.* 13D, 39B attractive, devastating, seductive

seersucker *m.n.* 38ABC, 51A seersucker

seigneur *m.n.* 7D, 17D, 47D, 48D noble; **Seigneur!** 44D Lord!

seigneurial *a.* 48D noble, lordly

sein *m.n.* breast; **au sein de** 18D in the heart of, in the middle of

Seine *f.p.n.* 4D, 23AD, 29BD, 38A, 47D one of the four main rivers of France

seize *a.* 20D, 38D, 46B sixteen

seizième *a.* 21D sixteenth

séjour *m.n.* 6D, 51E stay; 32D, 35D, 37D living room, 35D home; **salle de séjour** 32A living room

sel *m.n.* 16D, 25D, 26D, 33AC, 34A salt

selon *prep.* 13D, 21C, 23D, 44C according to

semaine *f.n.* 13D, 20B, 23D, 36AE, 50D week; **en semaine** 26E during the week

sémantique *f.n.* 28D semantics

semblable *a.* 24E, 33E, 46D similar; *m.n.* 24D fellow human

semblant *m.n.* semblance, pretense **faire semblant** 11ABC, 13AE, 17DE, 22D, 34E to pretend

sembler *(4) v.* 13D, 15AD, 23A, 29D, 33D to seem; **il me semble que** 34A, 40D it seems to me

semelle *f.n.* 44ABD sole

semelloïde *a.* 26D leathery

semer *(4) v.* to sow; *(sl.)* 52AB to ditch, to lose

semoule *f.n.* 25D semolina

Sempé, Jean-Jacques (1932–) 31D, 40D French cartoonist

Sénat *m.p.n.* 14ABCD, 15A, 17AC, 18AE, 32AB Senate

sénateur *m.n.* 14ABD, 18E, 38D senator

sénatorial *a.* 38D senatorial

Sénégal *m.p.n.* 2A, 3D, 38D Senegal

sens *m.n.* 6D, 18E, 33D, 36D, 38A sense, meaning, direction, way; **dans un sens** 35A in a way; 16D, 24D, 25D direction; **en sens inverse** 38A in the opposite direction

Sens (Hôtel de) *m.p.n.* 25D late medieval residence in Paris

sensation *f.n.* 33D feeling

sensibilité *f.n.* sensitivity

sensible *a.* 6D, 20D sensitive

sensualité *f.n.* 48D sensuality

sentencieux *a.* 21A sententious

senti *a.* 24D felt

sentiment *m.n.* 14D, 15D, 40D, 48D sentiment, impression, feeling

sentimental *a.* 35E, 48D sentimental

sentir *(28) v.* 39D, 42E, 44D, 45D, 46A to feel; 15D, 19D, 21A, 32A to smell, to smell of; **ça sent mauvais/bon** 25BD it smells bad/good; **se sentir** 19ABD, 38D to feel; **on se sent chez soi** 33AB one feels at home

séparation *f.n.* 15D, 49D separation

séparé *a.* 16D, 35D, 40D, 43D separated

séparément *adv.* 44A separately

séparer *(4) v.* 11D, 42D, 47A to separate

sept *a.* 16A, 17AD, 18D, 20D, 21D seven

septembre *m.n.* 11B, 24A, 41D, 45D September

septième *a.* 36D, 38D, 42D seventh

sépulture *f.n.* 45A burial

séquoia *m.n.* 50AE sequoia

serein *a.* 6D, 11D, 51D serene

série *f.n.* 32D, 41A, 43D, 45D series; **série-feuilleton** 40D soap opera; **en grande série** 50E mass produced

sérieusement *adv.* 15E, 17E, 20E, 21E, 39E seriously; 52A genuinely

sérieux *a.* 2D, 7A, 11E, 36A, 39E serious; **prendre au serieux** 32ABD to take seriously

sermon *m.n.* 34D sermon

serrage *m.n.* 44D tightening

serré *a.* 44D, 45D, 46AB, 47A, 52A tight; **serrés comme des sardines** 29AB packed like sardines

serrer *(4) v.* 10D, 15D, 17D, 44AB, 45D to squeeze, to hold

servante *f.n.* 22D domestic servant

serveur, serveuse *n.* 18D, 22A, 28A, 41CD, 51D waitperson

service *m.n.* 5A, 7D, 17E, 21BD, 27AB service, duty; **le service est compris** 22A the tip is included; **de service** 40D on duty; **rendre service** 46AB to do a favor; **service de table** 47D dinner service

serviette *f.n.* 25ABCD, 31B napkin; 46D towel

servir *(28) v.* 14AB, 19A, 21D, 45A, 49A to be useful, to serve; **à quoi ça sert?** 21AB what good is it?; **ça ne sert à rien** 21AB it's useless; **on n'est plus servi** 34ABE you can't get good help any more; **se servir** 25A, 32D, 36D to use, to help oneself; **servez-vous de pommes de terre** 24A help yourself to potatoes

serviteur *m.n.* 15D, 44D servant

ses. *See* **son**

Sète *p.n.* 48B port on the Mediterranean

seuil *m.n.* 36D threshold

seul *a.* 9ABE, 10D, 20BD, 22AD, 52A alone; 12D, 20D, 27D, 42D only; 7D, 25D, 27A, 35A single

seulement *adv.* 9D, 14A, 16D, 18AD, 22D only

sévère *a.* 24D stern

sexe *m.n.* 20D sex

sexiste *a.* 13A sexist, male chauvinist

sexuel *a.* 39B sexual

short *m.n.* 28A, 29A, 45D, 46D shorts

si, s' *adv.* 6D, 7A, 11A, 14A, 20A so, so much; **si bien que** 30D as a result; 9A, 13A, 14A, yes (on the contrary); **mais si!** 9A yes there are!

si, s' *conj.* 3AD, 4DE, 9B, 13B, 15AD if, whether, what if; **si ça ne vous fait rien** 50A if you don't mind; **si j'avais su** 29A if I had known; **si on veut** 17E if you like; **si on allait** 29A what if we went; **s'il vous plaît** 40D please

SICAV (Société d'investissement à capital variable) *p.n.* 43D mutual fund

sidérer *(10) v. (coll.)* 48ABE, 51D to flabbergast

sidérurgie *f.n.* 48A iron and steel metallurgy

siècle *m.n.* 6D, 7D, 8D, 24B, 27BD century

siège *m.n.* 32B, 51D seat

siéger (10, 4) *v.* 14D to sit

sieste *f.n.* nap, siesta; **faire la sieste** 7AB, 10A, 23D, 35D to take a nap

sifflement *m.n.* 51D whistling

siffler (4) *v.* 31D to whistle

signaler (4) *v.* 21D, 42E, 46A to point out, to draw attention to

signe *m.n.* 26D, 31D, 37E, 38B sign; **faire signe** 40D to signal, to wave

signer (4) *v.* 12D, 26D, 40D, 47AD to sign

signification *f.n.* 26D, 40D meaning

signifier (4) *v.* 33D, 39D, 47D to signify, to mean

silence *m.n.* 13D, 24AE, 26D, 36AD, 38A silence

silencieux *a.* 14AB, 40D silent

silhouette *f.n.* 12A, 28A figure

Simon, Claude (1913–) 12D French writer, 1985 Nobel Prize winner

simple *a.* 5B, 14E, 20E, 24A, 27B simple; 41D single; **passé simple** 19D literary past tense; **aller simple** 27B one-way ticket

simplement *adv.* 20A, 21E, 22A, 40AD, 44B simply

simplicité *f.n.* 21E, 24D, 37D simplicity

simplifié *a.* simplified

simpliste *a.* 52D simplistic

simulation *f.n.* 11B simulation

sincère *a.* 14B sincere

sincerement *adv.* 44E sincerely

sincérité *f.n.* 21E sincerity

Sinclair, Anne (1949–) 17D television anchor

singerie *f.n.* 22D clowning, antics

sinistre *a.* 9B sinister

sinon *conj.* 9A, 11D, 30D, 37D, 48A otherwise, if not, or else

sire *m.n.* 39D sire

sirène *f.n.* 17B horn; 21AB sea nymph

site *m.n.* 24D, 47A site, landscape

sitôt *adv.* 9D as soon as

situation *f.n.* 8CD, 11E, 33DE, 37D situation; 35D site, location

situé *a.* 34D, 42D, 50D situated; **bien situé** 32A well located

situer (se) (7) *v.* 18D, 33D, 37D, 42D to be situated

six *a.* 9A, 16A, 20D, 21AB, 36AD six

sixième *a.* 17D, 21A, 32A sixth

Sixtine (la Chapelle) *f.p.n.* 19B Sistine chapel in the Vatican

sketch, sketches *m.n.* (*angl.*) 15D sketch

ski *m.n.* 6AD, 13B, 46B skiing, ski; **ski nautique** 7A waterskiing

slip *m.n.* 45ABCDE jockey shorts

slogan *m.n.* 12D, 15D, 45D slogan

snack *m.n.* 29BD snack

SNCF (Société Nationale des Chemins de fer Français) 22D, 28D, 29ABC French national railway

snob *n. inv.* 40AD, 51A snob

snobisme *m.n.* 40D, 48D snobbery

sobre *a.* 46A sober

sociable *a.* 6A, 7A, 51E sociable, outgoing

social *a.* 8D, 18D, 32D, 33D, 37D social

socialisé *a.* 26D socialized

socialiste *m.n.* 38D socialist

société *f.n.* 3B, 12D, 15D, 18A, 21D society, company

socioculturel *a.* 18D sociocultural

sociologie *f.n.* 12D, 13A sociology

Socrate 26D Socrates, Greek philosopher

sœur *f.n.* 5B, 8AD, 10D, 13D, 14A sister; **bonne sœur** (*coll.*) 34ABC nun

soi *pron.* 13D, 18A, 20A, 22D, 32D oneself, himself, herself, itself; **soi-même** 32D, 37D oneself

soie *f.n.* 51BD silk

soif *f.n.* 24D thirst; **avoir soif** 16B to be thirsty; **mourir de soif** 39D to die of thirst

soigné *a.* 39AB, 45D, 47AB well done, meticulous, groomed, well cared for

soin *m.n.* **avoir soin de** 26D to take care to; **par ses soins** 24D coming from him

soir *m.n.* 9D, 10A, 13D, 14A, 20A evening; **à jeudi soir** 29A see you Thursday night; **tous les soirs** 29D every evening

soirée *f.n.* 14A, 24A, 40D, 41D, 52A evening

soit . . . soit *adv.* 19D be it . . . or

soixante *a.* 22A, 24D sixty

soixante-quatre *a.* 8A sixty-four

soixante-quinze *a.* 22A, 42D seventy-five

soja *m.n.* 26B soy

sol *m.n.* 43A, 52B ground, earth

solaire *a.* 48ABE solar; **huile solaire** 12AB suntan lotion

soldat *m.n.* 38ABCD, 39D, 45D, 47D, 52D soldier

solde *f.n.* 43B sale, bargain; **en solde** 43ABE on sale

sole *f.n.* 47A, 52AB sole

soleil *m.n.* 11BD, 12C, 14AD, 16B, 24D sun; **coup de soleil** 12A sunstroke; **faire soleil** 12A to be sunny; **Roi Soleil** 47D Sun King (Louis XIV)

solennel *a.* 11D solemn

solennellement *adv.* 12D solemnly

Solex *p.n.* 28B, 37D brand of motorbike

solidaire *a.* 8D cohesive, interdependent

solidarité *f.n.* 8D solidarity

solide *a.* 6D, 7AB, 43A, 44A, 50D strong, sturdy

solitaire *a.* 44D solitary; *m.n.* 44D people living alone

solitude *f.n.* 9B, 16E, 40D, 44D solitude

sollicité *a.* 13D appealed to

solliciter (4) *v.* 51AB to coax out

Sologne *p.n.* 34AD region south of Paris known for hunting and fishing

solution *f.n.* 27E, 46B solution

sombre *a.* 32A, 44D dark

somme *f.n.* 51D sum; **en somme** 7A, 19A on the whole, in short

sommeil *m.n.* sleep; **avoir sommeil** 24B to be sleepy; **tomber de sommeil** 24AB to be ready to fall asleep

sommet *m.n.* 32A, 47DE summit

somnoler (4) *v.* 52E to doze

somptueux *a.* 39B, 47D lavish, magnificent

son, sa, ses *a.* 2A, 5ACD, 7AD his, hers, its

sondage *m.n.* 17D, 33D survey, poll

sonner (4) *v.* 23ACD, 24AB, 27AC, 30D, 32AB to ring, to sound

sonnerie *f.n.* 36D, 52D ring, bell

sonnette *f.n.* 24B bell; **coup de sonnette** 32AB ring

sonore *a.* 6D, 38AB, 45D resonant; **bande sonore** 38A soundtrack

sophistiqué *a.* 6D sophisticated

sorbet *m.n.* 26AE sherbet

Sorbonne (la) *f.p.n.* 2A, 11ABC, 12ABDE, 21B, 28D oldest part of the université de Paris, founded by Robert de Sorbon in the 13th century

sorcellerie *f.n.* 24D sorcery

sorcier, -ière *n.* 52BD sorcerer, sorceress

sort *m.n.* 8D fate

sorte *f.n.* 6D, 8D, 16D, 24BD, 44D kind, sort; **de sorte que** 33D so that; **en quelque sorte** 42D in a way, as it were

sortie *f.n.* 31A, 49A, 50D exit

sortir (28) *v.* 11AB, 15D, 22A, 28A, 30AC to leave, to go out, to come out, to take out; **sortir un plan** 30A to take out a map; **sortir victorieux** 11E to emerge victorious; **au sortir de la terminale** *m.n.* 21D as the last year of high school draws to a close

sot *a.* 14ABE, 17AB stupid, foolish; *m.n.* 14B foolish person

sottise *f.n.* 39D stupidity, foolishness

sou *m.n.* 18B, 38D, 46B, 51B penny

souci *m.n.* 22D, 26D, 40D care, worry

soucieux *a.* 41D concerned

soudain *adv.* 27E, 29D, 36D, 42A, 46A suddenly

soudainement *adv.* 42D suddenly

soudé *a.* 44D fastened

souffler (4) *a.* 47D to blow

souffrance *f.n.* 33D suffering

souffrir (27) *v.* 33D, 45D, 46B, 48D to suffer

souhaiter (4) *v.* 20D, 22D, 32D, 38D, 40D to wish, to wish for

soulager (4) *v.* 39D to relieve

soulever (8) *v.* 25D, 45D, 46D, 47E to lift up, to raise; **se soulever** 49D to open up

soulier *m.n.* 39B, 44AB shoe

souligner (4) *v.* 12D to stress, to underline

soumettre (24) *v.* 45D, 48D to subject

soumis *a.* 48D subject

soumission *f.n.* 48D submission

Soupault, Philippe (1897–) 47D French surrealist writer

soupçonner (4) *v.* 31B, 36D to suspect

soupe *f.n.* 24BD, 25E, 26D, 48B soup

souper (4) *v.* 47D to have supper

soupirant *m.n.* 44D suitor

souple *a.* 44AD supple, flexible

source *f.n.* 8D, 42A, 48D source; 50E spring

sourcil *m.n.* 7ABCE, 14D, 38D eyebrow

sourd *a.* 9A, 10A, 12A deaf

souriant *a.* 32A, 40D, 52A smiling

sourire (35) *v.* 12A, 13DE, 14CE, 41D, 44D to smile

sourire *m.n.* 12AB, 13AD, 14D, 25D smile

souris *f.n.* 22ABE mouse

sous *prep.* 11A, 12AD, 13D, 14DE, 18D underneath, beneath, below, under; **sous forme de** 12D, 23D in the form of

souscrire (19) *v.* 48D to subscribe to, to agree to

sous-marin *a.* 17ADE underwater

sous-métier *m.n.* 18D pseudo-occupation

sous-secrétaire *m.n.* 45D under secretary

sous-sol *m.n.* 22AB, 35D, 49D basement

sous-titre *m.n.* 36AE, 38D, 40AE, 43D subtitle

soustraction *f.n.* 21A subtraction

sous-vêtement *m.n.* 45DE underwear

soutenir (37) *v.* 39B to maintain

soutenu *a.* 39AB sustained, unflagging

souterrain *a.* 27A, 49D underground

souvenir *m.n.* 11D, 36D, 45ADE memory, souvenir

souvenir (se) (39) *v.* 6D, 11D, 13A, 40D, 52D to remember

souvent *adv.* 6D, 7D, 8D, 9CD, 15D often, frequently

souverain *a.* 48D sovereign

SPA (Société Protectrice des Animaux) *p.n.* 44A SPCA, Society for the Prevention of Cruelty to Animals

spécial *a.* 14D, 27B, 29D, 41D, 43B special

spécialement *adv.* 48D specially

spécialisé *a.* 20D, 22D, 26D, 36D, 45D specialized

spécialiser (se) (7) *v.* 13AC to major in, to specialize in

spécialiste *m.n.* 17D, 27A specialist, expert

spécialité *f.n.* 19B, 21D, 24D, 50ABC, 52B specialty

spécificité *f.n.* **spécificité française** 36D distinctively French

spécifique *a.* 29D specific

spectacle *m.n.* 5D, 18D, 25E, 29D, 36A show, spectacle, sight

spectaculaire *a.* 33D spectacular

spectateur, -trice *n.* 9A, 28B audience member, spectator, onlooker

sphérique *a.* 24B spherical

Sphinx 9B Sphinx, monster in Greek mythology

spirituel *a.* 15D, 17E, 19A witty

splendeur *f.n.* 48D splendor

splendide *a.* 14B, 51D splendid, magnificent

sport *m.n.* 16E, 18A, 29A, 35D, 40D sport; **faire du sport** 6ABC to play sports; **sports d'hiver** 13B skiing

sportif, -ive *a.* 6AD, 7A, 9B, 14D, 28A athletic; *n.* 9A, 10A, 17D athlete

square *m.n.* 49A, 50AB public garden

squelette *m.n.* 22D, 40B, 49D skeleton

stagner (4) *v.* 50D to stagnate

stalinisme *m.n.* 51D Stalinism

stand *m.n.* (*angl.*) 41ABC stand

standing *a.* (*angl.*) 34B, 35D status, standing

station *f.n.* 40D, 42D station; **station de métro** 27AB subway station;

station service 31E service station; **station de sports d'hiver** 13B ski resort

stationnaire *a.* 12D steady

stationner (4) *v.* 47D to park

statue *f.n.* 8E, 13D, 19D, 38ABC, 49D statue

steak *m.n.* 26A steak

Stein, Gertrude (1874–1946) 20B, 21D American writer who lived in Paris

Stendahl (1783–1842) 33D French novelist

stéthoscope *m.n.* 38E, 48AB stethoscope

stop *abbr. for* **auto-stop**

stoppeur *m.n.* hitchhiker

strabisme *m.n.* **avoir un strabisme** 40B to be cross-eyed

Strasbourg *p.n.* 47A, 52A city in Alsace famous for its cathedral

stratégie *f.n.* 11E strategy

stratus *m.n.* 11A stratus (cloud)

strident *a.* 37A strident, shrill

structure *f.n.* 48D structure

studieux *a.* 11B studious

studio *m. n.* 32A, 35D, 40B studio apartment

stupeur *f.n.* amazement, stupefaction

stupide *a.* 2D, 9D, 16A, 39B, 49E stupid

stupidité *f.n.* 19D, 47A stupidity

style *m.n.* 10B, 13B, 15D, 41E, 48D style; **meubles de style** 32D period furniture

stylisé *a.* 48D stylized

stylo *m.n.* 47D, 48E pen

suaire *m.n.* 40D shroud

Suarès, André (1868–1951) French writer

subalterne *a.* 18D subordinate

subjonctif *m.n.* 37A, 52A subjunctive

submergé *a.* 45D submerged

subordonné *a.* 18D subordinate

substance *f.n.* 24D, 38D substance

substantiel *a.* 24D substantial

subtil *a.* 48D, 51D subtle

subvention *f.n.* subsidy; **subvention de l'état** 39AB government subsidy

subventionné *a.* 39ABC, 39B, 40D subsidized

suc *m.n.* 24D juice, sap

succéder (10) *v.* 11D, 44B, 51D to succeed, to follow

succès *m.n.* 8D, 11E, 15D, 22A, 24D success

succession *f.n.* 27E, 45A, 52D succession, series

succomber (4) *v.* 51D to succumb, to yield to

sucre *m.n.* 24D, 25ABD, 46D, 50A sugar; **canne à sucre** 50A sugar cane; **sucre en poudre** 24D superfine sugar

sucré *a.* 9D sugared, sweetened

sud *m.n. & a. inv.* 4D, 5D, 20D, 28D, 32B south

sud-est *m.n. & a. inv.* 12D, 30A, 33E, 45D southeast

sud-ouest *m.n. & a. inv.* 27B, 30A, 33E, 40D, 47D southwest

Suède *f.p.n.* 42A Sweden

suédois *a.* 4A, 28A, 40D, 47D Swedish; *n.* 4C, 14D, 28ABC Swede

sueur *m.n.* 47AB sweat, perspiration

suffire (18) *v.* 21D, 23D, 34A, 48D, 52D to suffice, to be enough; **ça suffit comme ça** 10AB that's enough, that'll do!

suffisant *a.* 15E, 35E, 44B sufficient

suggérer (10) *v.* 17E, 20E, 23C, 27E, 42A to suggest

suggestif *a.* 39D evocative

suggestion *f.n.* 30E, 39D, 42E, 44E suggestion

suicide *m.n.* 27D suicide

Suisse *f.p.n.* 2A, 22D, 27B, 35A, 37B Switzerland; *a. & n.* 31AB Swiss

suite *f.n.* 47D retinue; **à la suite de** 34D after, in the aftermath of; **avoir de la suite dans les idées** 18D, 27E to be single-minded; **par la suite** 13D, 38D subsequently; **tout de suite** 8AE immediately, at once

suivant *a.* 2C, 10B, 36D, 38D, 42B next, following

suivi *a.* 17D, 18D, 22A, 32A 45D followed

suivre (36) *v.* 12AB, 13D, 20D, 22D, 30B to follow; **suivre un cours** 19A to take a course; **suivre un**

régime 26A to be on a diet; **se suivre** 19D to follow in succession

sujet *m.n.* 15D, 21D, 22E, 23E, 32E subject; **au sujet de** 15E, 18E about, concerning

sumérien *a. & n.* 38E Sumerian

super *a. (coll.)* **il est super-sympa** 46A he's really nice

super (*abbr. for* **supercarburant**) *m.n.* 31ABE premium gasoline

superbe *a.* 13A, 14D, 35D, 51A superb, splendid

superficie *f.n.* 42B surface area

superficiellement *adv.* 19B superficially

supérieur *a.* 6D, 18BD, 20D, 22D, 44D superior; **enseignement supérieur** 19B higher education; *m.n.* 34B, 48D superior, immediate superior

supériorité *f.n.* 20E, 39D superiority

superlatif *a.* 26D superlative

supersonique *a.* 51D supersonic

superstitieux *a.* 43AE, 46E superstitious

superstition *f.n.* 41E, 43A superstition

supplément *m.n.* 20D supplement

supplier (4) *v.* 36D to beg, to implore

support *m.n.* 44D support

supporter (4) *v.* 18AB, 34B, 44AD, 50D to tolerate, to put up with, to stand

supposé *a.* 22D, 46E supposed

supposer (4) *v.* 15E, 23D, 24E, 33D, 39E to suppose, to assume

supposition *f.n.* 15E supposition

suppression *f.n.* 39D, 48D suppression, removal

supprimer (4) *v.* 39D, 41D, 47D, 48A to do away with

sur *prep.* 2A, 5D, 6D, 7D, 9B on, upon

sûr *a.* 4D, 7E, 9A, 13A, 18BD sure, certain; **bien sûr!** 2A, 3A of course!

suranné *a.* 51D worn, tattered

surchargé *a.* 45D overloaded

surdoué *a.* 20A exceptionally gifted

sûrement *adv.* 4D, 11E, 14A, 17A, 19A surely, certainly

Surf *p.n.* 41D lottery game

surface *f.n.* 49E surface

surfing *m.n.* 7A surfing

surgélé *a.* 25E, 33D frozen

surlendemain *m.n.* 22E two days later

surmené *a.* 47D overworked

surpeuplement *m.n.* 33D overpopulation

surprenant *a.* 40D, 48B surprising

surprendre (32) *v.* 37B, 51AC to surprise, to catch

surpris *a.* 15E, 23AE, 29E, 33A, 36E surprised

surprise *f.n.* 37B, 38A, 42D, 44E, 51D surprise

sursaut *m.n.* 45D start, jump

surtout *adv.* 5D, 8AD, 10AD, 13D, 15D above all, especially

surveiller (4) *v.* 31D, 47D, 50D to watch over, to look after

sur-vêtement *m.n.* 45E outerwear

survivant *f. & m.n.* 49D survivor

survivre (40) *v.* 44D to survive

susciter (4) *v.* 24D, 46E to provoke, to arouse

suspendre (6) *v.* 14D to suspend, to stop

suspense *f.n.* 36D, 41D suspense

suspension *f.n.* 30A suspension

Suze *f.p.n.* 19A brand of apéritif

suzerain *m.n.* 48D suzerain

svp *abbr. for* **s'il vous plaît**; *see* **plaire**

swahili *m.n.* 3B Swahili

swastika *f.n.* 16D swastika; **swastika basque** 16D Basque cross

symbole *m.n.* 16D symbol

symboliste *m.n.* 14D symbolist

symétrie *f.n.* 28D symmetry

sympa *abbr. for* **sympathique**

sympathie *f.n.* 40D sympathy

sympathique *a.* (*coll.*) 6D, 8AC, 14A, 16AC, 20E, 37A nice, likeable

synchronisation *f.n.* 45A synchronization

synchronisé *a.* 30A synchronized

syndicat *m.n.* 12D trade union

synthétique *a.* 43A synthetic

syrien *a. & n.* 35A Syrian

systématique *a.* 31A, 45D, 50A systematic

systématiser (4) *v.* 19D to systematize

système *m.n.* 8D, 13B, 19AC, 31B, 32E system

ta. *See* **ton**

tabac *m.n.* 13D tobacco; **bureau de tabac** 14AB, 15A tobacconist's shop

table *f.n.* 13D, 20AB, 25ABC, 32A, 47AD table; 24D food, fare; **passer à table** 22E to sit down to dinner; **se mettre à table** 24A to sit down; **tout le monde à table** 33A dinner is served; **service de table** 47D dinnerware

tableau *m.n.* 19A, 22D, 23ADE, 26D, 32B picture, painting; **tableau d'affichage** 12AB bulletin board; **tableau noir** 25D blackboard

tablette *f.n.* **chocolat en tablettes** 9D chocolate bar

tabou *m.n.* 8D taboo; **Tabou (le)** *m.p.n.* 29ABD nightclub in Saint-Germain-des-Prés

tache *f.n.* 23D, 28AB stain, spot, splash

tâche *f.n.* 37D, 49AB, 51D task, work

tacot *m.n.* (*sl.*) 51ABCE jalopy, heap

Tac-O-Tac *p.n.* 41D lottery game

tact *m.n.* 44D tact

tactique *a.* 7D tactic

Tahiti *p.n.* 2AD French overseas territory in the Pacific Ocean

taille *f.n.* 6ABC waist; 7E, 39D, 45AB height, stature; 7D, 35D, 39D, 45AB size; **vous faites quelle taille?** 45A what's your size?

tailleur *m.n.* 17ABC tailor

taire (se) (29) *v.* 36D, 37A, 40B to be silent, to hold one's tongue; **tais-toi** 9A be quiet!

Taj-Mahal *m.p.n.* 51A famous seventeenth-century mausoleum at Agra, India

talent *m.n.* 15D, 18A, 20A, 52A talent, aptitude

talon *m.n.* 39D heel

tandis que *conj.* 15D, 18A, 33D, 34D, 40A whereas, while

tant *adv.* 6D, 13D, 33D, 45CE, 47D so much, so many; **tant de fois** 28D so often; **tant pis** 6A too bad!,

it can't be helped; **tant qu'il y a** 16A, 43B as long as there is/are

tante *f.n.* 8D, 15D aunt

tantôt *adv.* 48D sometimes

taper (4) *v.* 18E, 25D, 39D, 41D, 49A to hit, to slap, to knock; **taper à la machine** 18A to typewrite; **taper dessus** 39D to beat; **se taper** (*sl.*) 46D, 47ACD to be faced with, to get hit with

tapis *m.n.* 43B rug, carpet; **tapis de sol** 43A groundcloth

tapisserie *f.n.* 50AE tapestry

taquiner (4) *v.* 38E, 47E to tease

Tarascon *p.n.* 43D city in Provence on the Rhône river

tard *adv.* 8D, 14D, 19D, 24B, 46A late; **il se fait tard** 36A it's getting late; **mieux vaut tard que jamais** 51A better late than never

Tardieu, Jean (1903–) 13D, 15D, 31D, 36D, 39D French poet and dramatist

tarif *m.n.* 22D, 39D price, rate

Tarn *m.p.n.* 47A river in southwest France famous for its gorges

tarte *f.n.* 26ABC, 43D tart; **tarte au citron** 26A lemon tart

tartine *f.n.* 42AE slice of bread with a spread

tartiner (4) *v.* 9D to spread

Tartuffe *m.p.n.* 15D main character of Molière's play of the same name

tas *m.n.* 29D, 39D, 46A, 47D, 49A pile, heap; **des tas de** 17A, 21D, 43D lots of; **tout un tas** 46E a whole lot, a whole bunch

tasse *f.n.* 25BD, 37AB, 51A cup

tassé *a.* packed, crammed; **bien tassé** 24ABE strong, with very little water

Tastevin (Chevaliers du) *m.pl.n.* 34D wine-tasting association

tâtonner (4) *v.* to grope, to feel one's way

taudis *m.n.* 33AB slum

taureau, -aux *m.n.* 47D, 50ABD bull

taux *m.n.* 33D, 50D rate

taxe *f.n.* 22D, 34B, 49D tax

taxi *m.n.* 4ADE, 18D, 28A, 29A, 42A taxi

te *pron.* 8AD, 9A, 10D you

technicien *m.n.* 18D technician
technique *a.* 20D, 48A technical; *f.n.* 26D, 40B technique
technologie *f.n.* 10D technology
tel, telle *indef. a.* 15D, 19D, 24D, 41D such, as, as such; **de telle sorte que** 24D such that; **tel poète** 48D such and such a poet; **tels des diables** 49D like devils; **à telle enseigne que** 51D so much so that; **tel qui** *pron.* 23D he who
télé *abbr. for* **télévision**
télécarte *f.n.* 22D magnetic telephone card
télégraphe *m.n.* 48A telegraph
téléphone *m.n.* 3B, 12A, 22BCD, 23C, 24A telephone; **guichet téléphone** 22D telephone window at post office; **jeton de téléphone** 22D pay phone token; **annuaire du téléphone** 24B telephone directory; **coup de téléphone** 52D telephone call
téléphoner (4) *v.* 22AE, 24BC, 27ACE, 30A, 41E to telephone
téléphonique *a.* **conversation téléphonique** 16D phone conversation; **cabine téléphonique** 22AD telephone booth; **combiné téléphonique** 36D receiver
téléspectateur, -trice *n.* 40D viewer
Télétel *m.n.* 36D French telecommunications agency
télévisé *a.* **journal télévisé** 32AC, 40D television news; **jeux télévisés** 40D television game shows
téléviseur *m.n.* 33AD television set
télévision *f.n.* 9AB, 17D, 18A, 19D, 20D television; **chaîne de télévision** 40D television network
tellement *adv.* 14D, 16D, 19A, 23E, 35A so, so much, in such a way
témoigner (4) *v.* 33D to bear witness
tempérament *m.n.* 26D temperment
température *f.n.* 12D temperature
tempête *f.n.* 16B storm
temple *m.n.* 26ABE (Protestant) church
temporaire *a.* 49D temporary
temporairement *adv.* 51B temporarily

temps *m.n.* 5D, 10A, 11B, 12A, 52A weather; **avoir (du) beau temps** 12A to have nice weather; **quel temps!** 10B what weather!; **quel temps fait-il?** 9C what's the weather like?; **un temps de chien** 11D rotten weather
temps *m.n.* 7A, 8A, 10AB, 20A, 40A time, days, cycle; **à temps partiel** 5D part-time; **du temps de/que** 8A, 17D in the days of/when; **en ce temps-là** 11D in those days; **pendant ce temps-là** 12A meanwhile; **en même temps** 13D at the same time; **moteur à deux temps** 18D two-cycle engine; **dans le temps** 40D once upon a time; **ces temps-ci** 42A these days; **de temps en temps, de temps à autre** 42AD from time to time
tendance *f.n.* 35D, 46A, tendency, inclination
tendancieux *a.* tendentious
tendre *a.* 44D, 48D tender, soft
tendre (6) *v.* 13A, 25AD, 41AB, 52A to hold out, to hand; 48D, 50D to tend to, to have a tendency to **tendre la main** 22D to extend one's hand; **tendre l'oreille** 41B to prick up one's ears
tendresse *f.n.* 37D, 53D tenderness
tendu *a.* 23AB, 41B strained, tense
ténébreux *m.n.* **beau ténébreux** 51AB intense, dark-haired, good-looking man
tenir (37) *v.* 16AC, 24D, 32D, 44A, 50AD to hold, to keep, to occupy; **tenir à** 45A, 47A, 51A to be determined to; **si vous y tenez** 27A if you really want to; **tiens!, tenez!** 2A, 5A look!, hey!, say!, here!; **tenir compte de** 44D to take into account; **il ne tient plus en place** 46D he can't sit still; **il tint à peu près ce langage** 19D he said more or less these words; **se tenir au courant** 37B to keep informed; **se tenir bien/mal** 33B to be well/poorly behaved; **se tenir debout** 47D to stand upright; **tiens-toi bien** 33A behave

yourself!; **se tenir par la main** 41A to hold hands
tennis *m.n.* 6ABD, 42D, 47D tennis; **jouer au tennis** 12AB to play tennis
tension *f.n.* 41B tension
tentation *f.n.* 26B, 44D temptation
tente *f.n.* 23B, 43ACD tent; **tente à oxygène** 51D oxygen tent
tenté *a.* 37A tempted
tenter (4) *v.* 26ABC to tempt; 41D to try; **tenter sa chance** 41ABD to try one's luck
tenue de route *f.n.* 29AB road-holding ability
tergal *m.n.* 45ACD French polyester fabric
terme *m.n.* 24E, 45D term; **mettre un terme** 45D bring an end
terminal *a.* 36D terminal
terminale *f.n.* 19AB, 20D, 21D last year of high school in France
terminé *a.* 9A, 49A finished
terminer (4) *v.* 5D, 12C, 34E, 51D to end, to finish, to bring to an end; **se terminer** 36A, 42A to end, to come to an end
terrace *f.n.* 14A, 18AB, 22D, 37A, 41D terrace
terrain *m.n.* 35D, 43D, 44AB plot of land
terre *f.n.* 13D, 24BD, 39D, 45D, 47A world, earth; **par terre** 10D, 41A on/to the ground; **terre-plein** 37D strip of flat ground; **Terre Sainte** 47D the Holy Land; **terres émergées** 47A dry land, land mass
terrestre *a.* 24A, 45D, 48D, 50A earthly, worldly; **force terrestre** 45D land forces
terrible *a.* 8D, 23D awful; 17D, 25D, 30D awesome, incredible; 43D terrific
terriblement *adv.* 4D awfully
terrifié *a.* 52AE terrified
terrine *f.n.* 24D earthenware pot
territoire *m.n.* 45D territory
terrorisme *m.n.* 45D terrorism
terroriste *m.n.* 40B, 52A terrorist
tes. *See* **ton**
testament *m.n.* **Ancien Testament** 20E Old Testament

tête *f.n.* 7D, 10AB, 13BD, 20A, 21D head, expression, look; **quelle tête d'idiot!** 13A what a jerk!; **en tête (de liste)** 17D, 18D at the top (of the list); **il avait une tête comme ça** 30D his head was swollen out to here; **se mettre en tête** 37A to take it into one's head; **la tête qu'il fera** 43A his expression; **coûter les yeux de la tête** 46AB to cost an arm and a leg; **il avait une tête de fouine** 49D he had a sneaky look about him; **tête de mort** 49A skull; **tomber sur la tête** 50AB to be off one's rocker

texte *m.n.* 2C, 3C, 4C, 5C, 6C 10D, 19DE, 21D, 26D text; **traitement de texte** 18BE word processing

textile *m.n.* 51B textile

TGV (Train à Grande Vitesse) *m.p.n.* 27ABCD, 42ACE high-speed train

thé *m.n.* 9D, 24D, 25AE, 36B, 46D tea; **salon de thé** 45A tea room

théâtral *a.* 15D theatrical

théâtre *m.n.* 6D, 20D, 36A, 39ABCD, 40ACDE theater; **pièce de théâtre** 15D play; **théâtre de boulevard** 24D light comedy

thème *m.n.* 44D, 48D theme; 50AB translation (into a foreign language)

théologal *a.* 3B theological

théorie *f.n.* 19D theory

thermal *a.* **eaux thermales** 50AE hot springs

thermique *a.* 48A thermal

thermographie *f.n.* 23D thermography

thon *m.n.* 16D, 26B tuna

tibia *m.n.* 49D tibia

Tibre *p.n.* 35D Tiber River in Rome

tic *m.n.* 37AC tic

ticket *m.n.* 27AD, 37A, 44D ticket

tien (le), tienne (la), tiens (les), tiennes (les) *pron.* 30D your, yours; **à la tienne** 30D to your health!

tiercé *m.n.* 41D, 44ABD betting game whose object is to guess the top three horses in a race

tiers *m.n.* 20D, 22D, 29D, 33D, 36D third, third part

tigre *m.n.* 40B tiger

tilleul *m.n.* 36A lime-blossom tea; 36B lime-tree

timbre *m.n.* 14AB, 15ACE stamp

timide *a.* 41DE, 52E timid; *m.* shy, bashful person

tins, tint *passé simple* of **tenir**

tirage *m.n.* 41AD, 43D drawing

tiré *a.* 36D, 40D, 47D taken, drawn, pulled

tirer (4) *v.* 18D, 36D, 39AD, 41B, 43D to pull, to tug, to draw; 39D, 40D to shoot; **tirer un profit** 41B to derive a profit; **se tirer** 39D to extricate oneself

tiroir *m.n.* 44D furniture drawer

tisonnier *m.n.* 36D poker

tissé *a.* 47D woven

tissu *m.n.* 16AB, 45AD, 51D fabric

Titan *m.p.n.* 24D giant in Greek mythology

titre *m.n.* 10AC, 19A, 20D, 24D, 36A title; **au même titre** 24D in the same way; **à ce titre** 24D as such; **à titre gracieux** 34D free

tituber (4) *v.* 40D to stagger

Tocqueville, Alexis de (1805–1859) French political historian

toi *pron.* 2A, 11D, 13A, 15A, 29AD you; **toi-même** 8A yourself; **c'est toi?** 12A is that you?; **c'est encore toi?** 18A are you back again?; **bonjour, toi** 33A hi there!

toile *f.n.* 43A, 44D, 50A cloth; 26D canvas

toilette *f.n.* **cabinet de toilette** 35AB bathroom; **les toilettes** 22AB, 44D toilets

toison *f.n.* 35D fleece

toit *m.n.* 10D, 29A, 32A, 34ABCD, 35BCD roof

toiture *f.n.* 35DE roof

tôle *f.n.* 22D sheet metal

tolérance *f.n.* 45D tolerance

tolérant *a.* 8D tolerant

tomate *f.n.* 26ABD, 28D tomato

tombant *a.* falling; **moustaches tombantes** 10AB drooping moustache

tombe *f.n.* 33D, 44D, 48D tomb, grave

tombeau *m.n.* 30D, 45D, 47D tomb

tomber (4) *v.* 13B, 17ABD, 20A, 21B, 24D to fall; **laisser tomber** 9A to drop; **tomber sur** 23A to come across; **tomber bien/mal** 24B to happen at the right/wrong time, to come at the right/wrong time; **tomber de sommeil** 24B to be ready to drop; **tomber amoureux** 25D to fall in love; **tomber en panne** 27B to have a breakdown

tombereau *m.n.* dumpcart

tombola *f.n.* 41D tombola

ton *m.n.* 22D, 29E, 37AC, 39E, 48D tone (of voice)

ton, ta, tes *a.* 8A, 10AD, 13B, 28A your

tonalité *f.n.* 36D tone

tondeuse *f.n.* 12B lawn-mower

tondre (6) *v.* 12B to mow

tonne *f.n.* 18D ton

tonneau *m.n.* 48D barrel

tonton *m.n.* (*coll.*) 8ACD, 9AC, 30ADE, 31AE, 45ABC uncle

topo *m.n.* (*coll.*) spiel; **même topo** 40D same story as before

torche *f.n.* 33B, 39AB torch

torchon *m.n.* 24D dish towel

torrent *m.n.* 39D torrent

torsion *f.n.* 39D twisting

tort *m.n.* 30D, 31D, 34D wrong; **avoir tort** 14C, 34D to be wrong; **être dans son tort** 31D to be in the wrong

torture *f.n.* 39D torture

torturé *a.* 45D tortured

tôt *adv.* 15D, 36AB, 37E, 42D, 46D soon; **au plus tôt** 24A at the earliest; **ce n'est pas trop tôt!** 19D it's about time!

total *a. & n.* 20D, 36D total; **au total** 33D, 34A all in all

totalement *adv.* 13D, 37D totally

totaliser (4) *v.* 40D to total

totalité *f.n.* 12D totality

touchant *a.* 20E, 26A touching, moving

touche *f.n.* 18E, 41D key

toucher (4) *v.* 18D, 26D, 29D, 30B to touch, to affect; **toucher un chèque** 43D cash a check; **toucher le RMI** 41D to be on welfare

toujours *adv.* 3B, 5D, 8ABCE, 9A,

10A always, ever, still; **il vit toujours** 14B he's still alive

toulousain *a.* 26A, 50A from Toulouse

Toulouse *p.n.* 12D, 41D, 48B city in southwest France

tour *m.n.* 6D, 15A, 24D, 32A tower, circuit, turn; **tour de taille/poitrine** 45AB waist/chest measurement; **faire un tour** 15A, 24A, 42A, 44A to take a stroll, to walk around; **faire le tour de** 23A, 30B, 43D, 47A to go around; **à tour de bras** 39D as hard as you can; **Tour de France** 47A bicycle race around France;

Touraine *f.p.n.* 34AD region around Tours in the Loire valley

Tourcoing *p.n.* 47A, 48A industrial city in northeast France

tourisme *m.n.* 30B, 48A tourism, touring, tourist trade

touriste *m.n.* 20AB tourist

touristique *a.* 15D, 24A, 49D tourist

Tourmalet (col du) *m.p.n.* 47AD mountain pass in the Pyrénées

tourmenter (4) *v.* 23D to torment

tourner (4) *v.* 16D, 25D, 31BE, 44D, 45D to turn; 17A, 18A to turn out; 52A to turn over; **tourner un film** 38B, 40AB to make a film

Tournier, Michel (1924–) 23D, 24D French writer

tournoi *m.n.* 16D tournament

tousser (4) *v.* 43D, 45D to cough

tout *a.* any, every, all **tout le monde** 3A everybody, everyone; **tout ça** 3A, 7A all that; **tous les deux** 5A both; **en tout cas** 10A in any case; **tous les jours** 13D every day; **à toute vitesse** 17A as fast as possible; **de toute façon** 18A anyhow, in any case; **toute la journée** 22D all day long; **à tous les coups** 31E every time; *pron.* all, every, everything **tout ira bien** 23A everything will be fine; **c'est tout** 24A that's all; **tout est bien qui finit bien** 52B all's well that ends well; *adv.* quite, entirely, all, very **tout rouge** 14A all red; **tout seul** 16D all alone; **tout**

simplement 17D quite simply; **tout près** 18A very close; **tout en continuant** 24D while continuing; **les tout premiers** 50D the very first; **tout droit** 52D straight ahead; *adv. phr.* **pas du tout** 7A not at all; **tout de suite** 8A right away; **tout à l'heure** 10A just now, soon; **tout à fait** 17E completely, quite, entirely; **tout à coup** 22D all of a sudden; **tout de même** 37D all the same

tout-à-l'égout *m.n.* 33AB sewer system

toutou *m.n. (coll.)* 2AE, 8A, 45A doggie

tout-Paris *m.n.* 5D, 32A fashionable Paris

trace *f.n.* 37D, 44D, 52A trace

tracer (4) *v.* 48D to draw, to trace

tracteur *m.n.* 17AB tractor

tradition *f.n.* 11B, 16D, 24E, 45D, 48D tradition

traditionnel *a.* 18D, 34D, 39A, 47D, 48D traditional

traditionnellement *adv.* 31E, 34D, 51D traditionally

traducteur *m.n.* 8D translator

traduction *f.n.* 6D, 50B translation

traduire (13) *v.* 13D, 48D, 50A to translate

trafic *m.n.* trade; **trafic de drogue** 52A drug trafficking

tragédie *f.n.* 4A, 15D, 21AE, 39B tragedy

tragique *a.* 48D tragic

train *m.n.* 4AD, 17B, 27ABC, 28ACD, 29ACE train; **être en train de** 21A, 47A to be in the act of; **toujours en train de parler de sa famille** 32A always talking about his family

traînant *a.* 40D slow, drawn-out

traînée *f.n.* 45D trail

traîner (4) *v.* 37D, 39D, 45D to drag

traire (*) *v.* 47D to milk

trait *m.n.* 13D, 15E trait; 40AC line, dash (in Morse code)

traite *f.n.* 42D trading

traité *m.n.* 33D, 47AD treaty

traité *a.* 44D, 45D, 48D treated

traitement *m.n.* 34AB compensation;

traitement de texte 18BE word processing

traiter (4) *v.* 33E, 43E, 45E, 48D, 50E to treat

trajectoire *f.n.* 37D, 51A trajectory

tranche *f.n.* 26AD, 28B slice; 41D game, series

trancher (4) *v.* 22D to end the discussion

tranquille *a.* 16AD, 18AB, 19D, 20A, 52A calm, still, quiet

tranquillement *adv.* 48A, 49A calmly, peacefully

tranquillisant *m.n.* 45D tranquilizer

transaction *f.n.* 41B transaction

transatlantique *a.* 17D transatlantic

transept *m.n.* 47B transept

transformation *f.n.* 21B, 31B, 34E transformation

transformé *a.* 21B transformed

transformer (4) *v.* 18D, 32D, 34A, 34B, 40A to transform, to change

transi *a.* paralyzed **amoureux transi** 48D bashful lover

transition *f.n.* 37D transition

transmettre (24) *v.* 21D, 26D to transmit

transmission *f.n.* 45E transmission

transparent *a.* 41E transparent

transport *m.n.* 18D, 20D, 27AE transportation; **transports en commun** 20D public transportation

transporté *a.* 19ABD carried away; 27D transported

transporter (4) *v.* 27AB, 39D, 46D, 49D to transport, to carry

Trash *p.n.* 36AC counterculture film by Andy Warhol

travail, -aux *m.n.* 5D, 8B, 13D, 14A, 18BD work; **travaux pratiques** 13D practical applications, exercises; **travaux forcés** 20AB forced labor

travailler (4) *v.* 5AB, 11B, 14A, 34AB, 42D to work

travailleur *m.n.* 5D, 20D, 48A worker

travers *adv.* **à travers** 42E, 43B, 45A, 52A across, through; **en travers** 39D across; **de travers** 46D askew

traverser (4) *v.* 12AC, 19A, 28AB, 38AD, 52A to cross

trébucher (4) *v.* 17D, 38D to stumble

trèfle *m.n.* 41B clover

treize *inv. a. & n.* 17A, 43ABC thirteen

tremblant *a.* 44D tremulous, quavering

tremblement *m.n.* 45D trembling; **et tout le tremblement** 37D the whole nine yards

trempé *a.* 17A, 31AB, 51B soaked, drenched

tremper (4) *v.* 34D to dip, to soak

trentaine *f.n.* 37A about thirty

trente *inv. a. & n.* 15D, 20D, 21D, 22A, 35D thirty

trentième *a.* 17D thirtieth

très *adv.* 3BD, 6ABCD, 13A, 22A, 36A very, most

trêve *f.n.* 48D truce

triangle *m.n.* 21D triangle

Trianon (le Grand) *m.p.n.* pavilion in the Versailles gardens built by Hardouin-Mansard in 1687

tribunal *m.n.* 13D, 16A, 48D, 52D tribunal, law court

tricot *m.n.* 22E knitting

trier (4) *v.* 44ABE to sort, to pick over

trigonométrie *f.n.* 21A trigonometry

trimestre *m.n.* 34B trimester

trinité *f.n.* 21D trinity

triomphalement *adv.* 52A triumphantly

triomphe *m.n.* 39A, 41D triumph; **l'Arc de Triomphe** 15B triumphal arch on the place de l'Etoile

tripes *f.pl.n.* 47A tripe; **tripes à la mode de Caen** 47A culinary speciality from Caen

triplé *a.* 45D tripled

Tristan et Iseut *p.n.* 48D medieval romance of Tristan and Isolde

triste *a.* 14D, 15E, 16D, 26A, 34A sad, sorrowful

tristement *adv.* 11D sadly

trogne *f.n.* (*coll.*) 31A face

trois *a. & n.* 3B, 4A, 8AB, 10AD, 17D three; **trois-quarts** 22D three-fourths; **ménage à trois** 39A love triangle; **pour trois fois rien** 51AB for next to nothing

troisième *a. & n.* 4C, 9D, 17D, 21A, 30D third

trois-pièces *m.n.* 44D three-room apartment

trombone *m.n.* 40D trombone

trompe *f.n.* 19D trunk (of elephant)

tromper (4) *v.* 19D, 39E to deceive; **se tromper** 11AB, 21B, 23AD, 37E, 51D to be mistaken, to make a mistake, to be wrong

trompette *f.n.* 14D trumpet

trompettiste *m.n.* 17D trumpet player

trône *m.n.* 52D throne

Tronoën *p.n.* 50B city in Brittany known for its calvary

trop *adv.* 2AD, 5D, 9E, 11A too, too much; **il pèse trop** 7E he weighs too much; **trop de travail** 18B too much work; **je ne sais pas encore trop** 13A I don't really know yet

Trotsky, Léon (1879–1940) 38AE Russian revolutionary

trotskyste *a. & n.* 46A Trotskyite

trotter (4) *v.* 46D to trot

trottoir *m.n.* 22D, 28AB, 36D, 41ABD, 43A sidewalk

troubadour *m.n.* 48D troubadour

troublé *a.* 36D, 52D troubled

troupe *f.n.* 15D, 45BD, 52D troop

troupeau *m.n.* 16D, 45D herd, flock

trouver (4) *v.* 8AE, 9DE, 16A, 22A, 23D to find; **se trouver** 12AB to happen to be, to be; 20AC to find oneself

Troyens *m.pl.n.* 48D Trojans

Troyes, Chrétien de (1135–1183) *m.p.n.* 48D poet of chivalric romances

truc *m.n.* 13ABC, 18E, 19D, 21D, 29A trick, gimmick

trucage *m.n.* 40AB special effect

truchement *m.n.* **par le truchement de** 39D with the aid of, by means of

Truffaut, François (1932–1985) 18A, 40D New Wave filmmaker

truffe *f.n.* 24AB, 43D truffle

truite *f.n.* 24AB trout

truqué *a.* 40B faked

tt *abbr. for* **tout**

ttc *abbr. for* **toutes taxes comprises**

tube *m.n.* 25B tube

tuberculeux *m.n.* 41A tuberculosis patient

tué *a.* 48D, 51D killed

tuer (4) *v.* 13BD, 39D, 47D, 48D, 51D to kill; **ça me tue** (*coll.*) 13AB that slays me

tueur *m.n.* 42D killer

tuile *f.n.* 34A, 35ABDE tile

Tuileries (les) *f.pl.p.n.* 38A public gardens on former site of royal palace in Paris, between the Louvre and the Champs-Elysées

Tunis *p.n.* 47D capital of Tunisia

tunisien *a. & n.* 15D, 35A Tunisian

tunnel *m.n.* 27A, 52B tunnel

turbo *f.n.* 43D turbocharged car

Turc *n.* 35A, 47D Turk

Turquie *f.p.n.* 52AE Turkey

tutoiement *m.n.* 27C use of **tu** and **toi**

tutoyer (11) *v.* 27ABCE, 41E to address someone as **tu** and **toi** (instead of **vous**)

tutu *m.n.* 8A tutu, ballet skirt

tuyau, -aux *m.n.* 18AB, 24B, 34B pipe, tube; (*coll.*) 24ABE pointer, tip

type *m.n.* 9C, 15E, 18D, 33CD, 43C type, kind; (*coll.*) 13ABCD, 18D, 32AB, 40A guy, character, type; **drôle de type** 13A, 32A real character; **sale type** 13B unsavory character

typique *a.* 50D typical

typiquement *adv.* 22D typically

Tzara, Tristan (1896–1963) 13D Romanian writer who lived and worked in France

ubuesque *a.* 39D in the style of *Ubu Roi*

Ubu Roi *p.n.* 39D satirical play by Alfred Jarry

UCPA (**Union des Camps de Plein Air**) *p.n.* 46B association of summer camps

ulcère *m.n.* 40D ulcer

ultra-léger *a.* 30A extra lightweight

ultra-rapide *a.* 52E ultra-fast

Ulysse *m.p.n.* 35D Ulysses

uni *a.* 47D united; **fond uni** 39D plain backdrop

uniforme *m.n.* 14B, 46D, 49ABC, 50D uniform

union *f.n.* 46B association; **vivre en union libre** 44D to live together, to cohabit

unique *a.* 5A, 22D, 39D, 41D sole, single

uniquement *adv.* 20D, 21D, 48E solely

unité *f.n.* 52D unity; 22D, 26D unit

univers *m.n.* 19D, 32D universe

universitaire *a.* 24AE university; **Cité Universitaire** 4ACD, 14A, 35A group of student resident halls in Paris

université *f.n.* 5B, 12D, 15D, 18D, 20ABE university

urbain *a.* 34D, 35D, 41D urban

urgence *f.n.* 21D urgency

urgent *a.* 46A urgent

URSS (Union des Républiques Socialistes Soviétiques) *f.p.n.* 48B former USSR

usage *m.n.* 30D, 33D, 49D use; 35D experience

usager *m.n.* 36D user

usine *f.n.* 37D, 47ABD, 48AC, 52B factory, plant

utile *a.* 3ABD, 5A, 10D, 21ABC, 46D useful

utilisateur *m.n.* 50D user

utiliser (4) *v.* 12B, 17E, 22D, 36D, 46E to use

utilité *f.n.* 21DE utility

vacances *f.pl.n.* 6D, 8ABD, 9AD, 10D, 14AB holidays, vacation; **colonie de vacances** 43D summer camp

vaccination *f.n.* 38E vaccination

vache *f.n.* 24D, 26E, 38A, 47ABD cow; **il n'y a pas plus vache** 10A there's no one meaner; **parler français comme une vache espagnole** 16D to speak very poor French; **vachement** *adv.* (*sl.*) 43D, 46A, 48A really, incredibly; **il avait vachement peur** 49A he was really scared

vachette *f.n.* 44D calfskin

Vagenende *p.n.* 29AD café in Saint-Germain-des-Prés

vague *f.n.* **la Nouvelle Vague** 40B New Wave artistic movement in novels and film

vague *a.* 36D, 52D vague

vaguement *adv.* 45A vaguely

vaillance *f.n.* 48D valor

vaillant *a.* 48D valiant

vain *a.* 33D futile; **en vain** 36D, 37D in vain

vaincu *a.* 27D beaten

vainqueur *m.n.* 27D victor

vaisselle *f.n.* 25B, 33C dishes; **faire la vaisselle** 25AB to wash the dishes

valable *a.* 21E valid

Val-de-Marne, Val-d'Oise *p.n.* 20D administrative departments near Paris

Valençay *p.n.* 47AC, 52A town in the Loire valley famous for its castle and its goat cheese

Valéry, Paul (1871–1945) 33D, 50D French poet

valeur *f.n.* 32D, 35E, 45ABD, 46E, 52E value, worth

valise *f.n.* 29AB, 45D, 46D, 51A suitcase; **faire la valise** 46D to pack one's suitcase

Vallauris *p.n.* 50AB town on the Riviera known for its pottery

vallée *f.n.* 6D, 18D, 24AB, 47A, 52A valley

Vallée d'Auge *p.n.* region of Normandy known for its culinary specialties

valoir (38) *v.* 18E, 39B, 44AB, 46D, 51D to be worth; **ça vaut la peine** 39A it's worth it; **ça vaut combien?** 43A what does it cost?; **il vaut mieux . . .** 19D it's better to . . . ; **mieux vaut tard que jamais** 51A better late than never

Valparaiso *p.n.* 20B port city in Chile

Vals *p.n.* 45A brand of mineral water

vampire *m.n.* 47B vampire

vanille *f.n.* 24D vanilla; **glace à la vanille** 26A vanilla ice cream

vaniteux *a.* 20E vain, conceited

vanter (4) *v.* 29E to praise; **se vanter** 34E to brag, to boast

vapeur *f.n.* steam; **locomotive à vapeur** 27D steam locomotive; **machine à vapeur** 38E steam engine

Vaqueyras, Raimbaut de 48D twelfth-century Provençal troubadour

variable *a.* 12D, 18D, 41D variable

variante *f.n.* 7D variant

varié *a.* 47C varied

variété *f.n.* 47AD, 50A, 51D variety, diversity; 40D variety show

vase *m.n.* 32A vase

vassal *m.n.* 48D vassal

vaste *a.* 27B, 37D, 45D, 50D, 52D vast, extensive

vaudeville *m.n.* 38D, 39B vaudeville, light comedy

veau *m.n.* 25E calf; **tête de veau**; 25ABCE calf's head (culinary speciality)

vécu *p. part. of* **vivre**

vedette *f.n.* 13D, 40B, 51D star

végétal *a.* 35E plant, vegetable

végétation *f.n.* 33D vegetation

véhicule *m.n.* 31B vehicle

veille *f.n.* **la veille** 11AB, 15E, 22E, 26D, 36D the day/night before; **la veille de Noël** 37D Christmas Eve

veine *f.n.* 26D vein; (*coll.*) 41B luck; **ce n'est pas de veine** 41A what rotten luck!

vélo *m.n.* 28B, 43D, 45D, 47AB, 51B bicycle, bike; **faire du vélo** 6A to bicycle; **vélo de course** 51A racing bike

vélomoteur *m.n.* 28AB, 37D lightweight motorbike

vélosolex *m.n.* 37D, 51AB popular model of moped

velours *m.n.* 44D, 47D velvet; **velours côtelé** 45A corduroy

velu *a.* 42AB hairy

Vendée *f.p.n.* 34AD department in western France on the Atlantic coast

vendeur *n.* 18D, 26A, 37AB, 43ABCE, 44A salesperson

vendre (6) *v.* 17AB, 18B, 27B, 28A, 51AD to sell; **se vendre** 32D, 34D to sell

vendredi *m.n.* 15D, 22D, 23AD, 27A, 29D Friday

vendu *a.* 13D, 27D, 32D, 41A, 49D sold

vénérer (10) *v.* 52D to venerate

venger (se) (4) *v.* 18E, 27D to avenge oneself, to take revenge

venir (39) *v.* 2A, 5D, 10A, 17D, 24A to come; **venir de** + *inf.* to have just; **elle vient de sortir** 11A she's just left; **viens voir** 13A take a look at this!

Venise *p.n.* 45D Venice (Italy), location of a famous film festival

vent *m.n.* 11D, 12D, 16AB wind; **dans le vent** 16AB up to date, with it; **moulin à vent** 39D windmill

Ventadour, Bernard de (c. 1150–1200) 48D Provençal troubadour

vente *f.n.* 34D, 41D sale; **point de vente** 22D point of sale

ventilé *a.* 20D broken down

ventral *a.* 20D ventral

ventre *m.n.* 7ACDE, 28D, 51D stomach, belly; **à plat ventre** 45D flat on one's face

ventru *a.* 51D potbellied, bulging

Vénus de Milo *f.p.n.* 23AE famous Greek statue in the Louvre

véranda *f.n.* 32D veranda, porch

verbe *m.n.* 21D verb; **le Verbe** 3D the Word

Vercingétorix (ca. 72B.C.–46A.D.) 47D chief who led the Gauls against Caesar

Verdon *m.p.n.* river in Provence; **gorges du Verdon** 47AD, 52A deep gorges formed by the Verdon river

verglas *m.n.* 12D road ice

vérifié *a.* 31E checked

vérifier (4) *v.* 4B, 22D, 31ABDE, 36A, 37D to check, to verify

véritable *a.* 4A, 41D, 42D, 44D, 48D veritable, real, authentic

vérité *f.n.* 13D, 14B, 19D, 21B, 40D truth

Verlaine, Paul (1844–1896) 6D, 10D, 51D French poet

vermeil *a.* 6D bright red

vermine *f.n.* 14B vermin

verre *m.n.* 16D, 20AD, 22AD, 25ABC, 30D glass

vers *prep.* 5D, 8D, 12A, 21B, 22A toward, around

vers *m.n.* 13D, 21A verse, line of poetry

Versailles (Palais de) *p.n.* 14BD, 27ABC, 40D, 47D celebrated seventeenth-century royal palace in Versailles, near Paris

verser (4) *v.* 22D, 24D, 26D to pour

version *f.n.* 38BD version; 50AB translation (into one's own language); **version originale** 36AE, 40AC film in the original language

vert *a.* 6A, 11A, 13A, 26BD, 32D green; **Aiguille verte** 47D one of the peaks at Chamonix; **haricots verts** 24AB green beans

vertical *a.* 36D vertical

vertige *m.n.* 36D vertigo

vertigineux *a.* breathtaking

vertu *m.n.* 31D, 44A, 48D virtue

vessie *f.n.* 39D bladder

veste *f.n.* 13A, 38AB, 51B, 52A jacket; **veste de sport** 45A sports jacket; **veste en seersucker** 38ACE, 51A seersucker jacket

vestibule *m.n.* 32ABCE, 34B vestibule, entrance hall, lobby

vestige *m.n.* 51D vestige, trace

vestimentaire *a.* pertaining to clothing

veston *m.n.* 22D jacket

vêtement *m.n.* article of clothing; **vêtements** 18D, 43AC, 45AE clothes, clothing

vétérinaire *m.n.* 23ABE veterinarian

vêtu *a.* 13D, 39D clothed

veuf, veuve *a.* 8AB, 16D, 37E widowed; *n.* 8D, 38D widower, widow

vexé *a.* 47A upset, vexed

Vézelay *p.n.* 47A hilltop town in Burgundy famous for its Romanesque basilica

Vian, Boris (1920–1959) 17D, 39B, 40D French writer and jazz musician

viande *f.n.* 17A, 24A, 25E, 26C, 47D, 48E meat

vibration *f.n.* 51D vibration, sensation

vice *m.n.* 44B vice

vice-president *m.n.* 14ABE vice-president

Vichy *p.n.* 45ABD, 50C spa in central France, seat of Pétain's collaborationist government; 45ABE, 50A brand of mineral water

vicomte *m.n.* 14D, 18D viscount

victime *f.n.* 5B, 42D, 49B victim

Victoire de Samothrace *f.p.n.* 23ABE Greek statue celebrating a naval victory, discovered on the island of Samothrace

victoire *f.n.* 44B, 52D victory

victorieux *a.* 11E, 45D victorious

vide *a.* 19D, 29A, 41D, 47BD empty; *m.n.* 51D empty space

vidéaste *n.* 18A video artist

vidéo *a.* 20B video; *f.n.* 23E, 26E, 40AC video (cassette)

vide-ordures *inv. m.n.* 33AB trash chute

vider (4) *v.* 38D, 40D, 46D, 49D to empty

vie *f.n.* 6D, 11D, 13D, 14BD, 15BD life; **gagner la vie** 34A to earn one's living; **jamais de la vie** 20A not on your life!; **il n'y a pas que ça dans la vie** 50A there's more to life than that!

vieillir (5) *v.* 35AB, 47D to get older

Vierge (la) *f.n.* 28D, 50D the Virgin Mary; **la Sainte Vierge** 17D the Blessed Virgin

Viêt-nam *p.n.* 13D, 51D Vietnam

vietnamien *a.* Vietnamese

vieux, vieil, vieille *a.* 2A, 5D, 10D, 12A, 18D old; **vieux jeu** 10A old-fashioned, out of date; *n.* **les vieux** 40D, 41A old people; **mon vieux** 10A, 31D old man, old boy

vif, vive *a.* 6D, 7AD, 10D, 41D alive, lively, living, animated; **avoir l'esprit vif** 7A to be quick-witted

vigne *f.n.* 15D, 30D, 34AD, 52A vine

vigneron *m.n.* 30D wine-grower

vignoble *m.n.* 30AD, 31B, 34D, 35D vineyard

Vigny, Alfred de (1797–1863) 11D French poet of the romantic period

vigoureux *a.* 45D vigorous

vilain *a.* 19D vile, nasty

villa *f.n.* 33ABC, 35D, 43D, 44B detached house

village *m.n.* 15D, 16D, 24D, 30D, 33D village

ville *f.n.* 10D, 16D, 18AB, 34A, 47D town, city; **centre ville** 35D business district; **hôtel de ville** 23AB city hall

Villefranche-de-Lauraguais *p.n.* 48D fortified town in southwest France on the canal du Midi

Villequier *p.n.* 48ACE town on the Seine

Villeret, Jacques (1951–) 40AD French actor and entertainer

Villette (la) *f.p.n.* 33A district of Paris in the nineteenth arrondissement

vin *m.n.* 15D, 19B, 21B, 24AB, 26A wine; **vin ordinaire** 22D table wine

vinaigre *m.n.* 26D vinegar

Vincennes *p.n.* 44B, 47D suburb southeast of Paris, known for its chateau

vingt *inv. a. & n.* 8DE, 15B, 18D, 47B, 48A twenty

vingtaine *f.n.* 34A, 39D, 42D about twenty

vingt-tonnes *m.n.* 18AD tractor trailer

viol *m.n.* 39AB rape

violé *a.* 39B raped

violemment *adv.* 44E violently

violence *f.n.* 33E, 38A violence

violent *a.* 12D, 23D, 40E, 46B, 48D violent

violet *a.* 13AE, 47D violet

violine *m.n.* 26D reddish-purple color

violon *m.n.* 10D, 18A violin

violoniste *m.n.* 18AC violinist

virage *m.n.* 31AB turn, bend, curve

Vire *p.n.* 50ABE town in Normandy famous for chitterling sausage and cider

Virgile (70–19 B.C.) 48D, 51D Latin poet

virtuose *m.n.* 18A virtuoso

virulence *f.n.* 13D viciousness

visa *m.n.* 4D, 51A visa

visage *m.n.* 6AB, 7D, 10BD, 13B, 28D face; **en plein visage** 51A smack in the face

vis-à-vis *prep.* 20D, 34D, 45D toward, with respect to

visiblement *adv.* 11E, 45D visibly, clearly

vision *f.n.* 42D vision

visite *f.n.* 16B, 22D, 23D, 45E visit, social call; 47C, 49ABD tour; **carte de visite** 32A calling card; **visite médicale** 22D checkup; **visite guidée** 49D guided tour

visiter (4) *v.* 16A, 23A, 27A, 40D, 42E to visit

vitamine *f.n.* 46AE vitamin

vite *a.* 12D, 13A, 26D, 27A, 45B fast; **aussi vite que possible** 30B as quickly as possible; **faites vite** 22B hurry up!

vitesse *f.n.* 26D, 52A speed; **à toute vitesse** 17A at top speed; **changement de vitesses** 30A gear shift; **vitesse de pointe** 42A cruising speed; **vélo à dix vitesses** 51A ten-speed bike

Vitez, Antoine (1930–) 39A French stage director

viticulteur *m.n.* 18D wine-grower

vitrail, vitraux *m.n.* 20D, 28AB, 47A stained glass window

vitre *f.n.* 32B, 34AB, 37D, 47B, 51B window, window pane

vitré *a.* 29D, 32ABD glassed, glassed in

vitrine *f.n.* 25D, 26A store window

Vittel *p.n.* 45A spa in the Vosges mountains and the brand of mineral water it produces

vivant *a.* 14B, 25B, 26B, 46D alive, living; *m.n.* **bon vivant** 23AB person who enjoys good living

vivement *adv.* 39D briskly, smartly

vivre (40) *v.* 8E, 9B, 14AB, 34D, 43D to live; **vive la Bretagne** 9D long live Brittany!; **de quoi vivez-vous?** 15AB what do you live on?; **qui vivra verra** 23D live and learn

vocabulaire *m.n.* 21A vocabulary

vocation *f.n.* 52AC vocation, calling

voici *prep.* 2D, 17D, 23A, 25A, 37D here is, here are

voie *f.n.* 45D, 50D, 51D road, path, route, track; **voie ferrée** 42D railroad

voilà *prep.* 2D, 6A, 15A, 20A, 29A there is, there are; *int.* 10A, 50A there you are!

voile *f.n.* 6ABD, 10AC, 26D, 46B, 48D sail, sailing; **planche à voile** 6AD, 37A windsurfer, windsurfing

voilé *a.* 48D veiled

voilier *m.n.* 48ABC sailboat

voir (41) *v.* 10A, 15A, 22D, 23A, 52A to see

voisin *n.* 9D, 35D, 36D, 37A, 42D neighbor; *a.* 25ACE nearby

voisinage *m.n.* 33D neighborhood

voiture *f.n.* 9B, 16BD, 24A, 30AB car, automobile; **voiture de police** 17B police car; **voiture de location** 27A rental car; **voiture décapotable** 29A convertible; **voiture de sport** 29A sports car; **c'est de la voiture!** 29B that's a real car!

voix *f.n.* 9C, 13AD, 19D, 22A, 27A voice; **à voix basse** 40A in a low voice; **à voix haute** 40D out loud

vol *m.n.* 14D flight; 39A theft, robbery

volaille *f.n.* 26B poultry

volant *m.n.* 30B, 31D, 45D, 52A steering wheel; **être au volant** 30A to drive; **donner un coup de volant** 31A to turn sharply, to swerve

volcan *m.n.* 17D, 50ACD, 52A volcano

volcanique *adv.* 50D volcanic

volcanologue *f.n.* 17D volcanologist

volé *a.* 51D stolen

voler (4) *v.* 48E to fly; 39B, 46E, 47D to steal

voleur *m.n.* 32E, 39B, 49A thief, robber

volley *abbr. for* **volleyball** *m.n.* 7A volleyball

Volnay *p.n.* 30D town in Burgundy famous for its red wines

volontaire *a.* 47D voluntary; *m.n.* 17D, 21D, 45E volunteer

volonté *f.n.* 39B, 47D will; **à volonté** 26D to taste; 32D at will

volontiers *adv.* 27AB willingly, gladly

Voltaire (1694–1778) French philosopher and writer

voltiger (4) *v.* 11D to flutter

volume *m.n.* 18D, 19D, 24D volume

Volvic *p.n.* 45A town in the Auvergne or brand of mineral water

vos. *See* **votre**

Vosges *f.pl.p.n.* 12D, 47A, 50AB mountain range in northeast France

Vosne-Romanée *p.n.* 30A, 31E, 33A town in Burgundy famous for its red wines

voter (4) *v.* 12D, 38D to vote

votre, vos *a.* 4D, 5A, 8A, 9A, 10A your; **à votre avis** 6E in your opinion; **à votre santé!** 36A to your health!

vôtre (le, la), vôtres (les) *pron.* 24A, 31D your, yours

Vougeot *p.n.* 30ADE, 33A, 34D town in Burgundy famous for its wine and castle, both called Clos de Vougeot

vouloir (42) *v.* 3A, 13AB, 15A, 16D, 24A to want; **je voudrais** 11D I would like; **je veux dire** 14A I mean; **ça ne veut rien dire** 17A that doesn't mean anything; **vouloir bien** 30A to be willing, to want to; **si vous voulez bien vous asseoir** 32A won't you please sit down?; **qu'est-ce que ça veut dire?** 37E what does that mean?

vous-même *pron.* 2A, 14D, 16A, 44D yourself

vouvoyer (11) *v.* 27AB to address someone as **vous** rather than **tu**

voyage *m.n.* 3AB, 4AC, 15D, 20B, 24C journey, trip; **faire un voyage** 21D to take a trip; **être en voyage** 22A to be traveling, to be away

voyageur *m.n.* 27BD, 29E, 46D, 52D traveler

voyeur *m.n.* 40A voyeur, peeping tom

voyons 2A, 4A, 9A let's see!, think about it!; **on va voir** 4A we'll see; **viens voir** 13A take a look at this!; **va voir** 15A go see; **ça ne se voit pas** 44D it doesn't show; **c'est à voir** 48A that remains to be seen; **c'est tout vu** 48A that's all there is to it; **je me vois très bien** 52A I can just see myself

vrac *m.n.* **en vrac** 33D loose, unpacked goods

vrai *a.* 5D, 10C, 16D, 38AC, 47A true, real; **c'est pas vrai!** 10A oh, no!; **des vrais** 37D, 49A real ones

vraiment *adv.* 2A, 11A, 13A, 17A, 20A really, truly

vu *past part. of* **voir**

vu *a.* 15D, 27D seen

vue *f.n.* 17D, 22DE, 32AB, 33D, 35D view, vision; **vue imprenable** 32B protected view

vulcanisé *a.* 44D vulcanized

vulgaire *a.* 39D, 40A, 41B, 43E, 50A vulgar

wagon *m.n.* 27A, 40D, 46D, 49A, 50D railroad car

Warner-Vieyra, Myriam (1939–) 38D Guadeloupean writer

week-end *m.n.* (*angl.*) 20D, 34AD weekend

Wehrmacht *f.p.n.* 45D forces of Nazi Germany in World War II

western *m.n.* (*angl.*) 36A western

whisky *m.n.* (*angl.*) 19AE, 24A, 29B whisky

Whisky à Gogo *m.p.n.* 29ABD nightclub in Saint-Germain-des-Prés

W-C *abbr. for* **water-closet** 33D toilet

X *abbr. for* **Ecole Polytechnique**

xérès *m.n.* 24AB sherry

yacht *m.n.* 13AB, 48AB yacht

yaourt *m.n.* 51AB yogurt

yougoslave *a. & n.* 36A Yugoslav

Yougoslavie *f.p.n.* 22D, 42A former Yugoslavia

Yourcenar, Marguerite (1903–1987) 5D, 14D, 33D, 48D, 51D French novelist, first woman to be elected to the Académie française

Yvelines *p.n.* 20D, 43D administrative department northwest of Paris

Yvetot *p.n.* 47A town with a modern church near Rouen, in Normandy

Zambèze *p.n.* 21B, 42A river in southern Africa, known for its spectacular waterfall

zèbre *m.n.* 3B zebra

zéro *m.n.* zero; **recommencer à zéro** 51B to go back to square one

zigzag *m.n.* 52A zigzag

zone *f.n.* 12D zone

zoo *m.n.* 39D zoo

zoologie *f.n.* 19A zoology

Zouc (1950–) 40A Swiss actress and entertainer

zut *int.* (*coll.*) 13A, 31A, 36AC, 40AB, 52A darn!, damn!

Credits

Grateful acknowledgment is made for permission to reproduce excerpts and illustrations from the materials listed below.

Prose and Verse Excerpts

L'Avant Scène: Jean-Luc Godard, No. 70-1967, 352; René Clément, *Jeux interdits* No. 15-1962, 434 © L'Avant Scène

Cazzani, Serge: Georges Brassens, "Les Bancs publics" 147

Coquillat, Michelle: Michelle Coquillat, *Qui sont-elles?* "Qui est Simone de Beauvoir?" 95

Colucci, Veronique: Coluche, *L'Horreur est humaine* ("Je sais compter jusqu'à dix" 51; "L'Homme invisible" 74; untitled 104; untitled 117; "Accidents de la rue" 136; "Le Sucre" 228; "Régime-régime" 239; "Do you speak English" 252; "Un Plat de pauvre" 252; "Campagne anti-tabac" 253; "L'Heure, c'est l'heure" 261; "Hypothèses" 261; "On est monté à deux cents" 270; "Hiver rigoureux" 270; "Apprentissage" 279; "Le Temps des cerises" 292; "Le Psychiatre maladroit" 302; "Question d'honnêteté" 327; "Retour de croisade" 343; "Au cinéma" 354; "Qu'est-ce que vous comptez faire?" 364; "Mais vous ne vous quittez plus!" 373; "La Machine à sandwichs" 402; "Pur Coton" 437; "La Galère" 446; "Surpopulation" 446; "Boomerang" 469; "Politesse volcanique" 486)

Disques Meys: excerpt "La Montagne" 324, lyrics and music Jean Ferrat, © 1980 Productions Alleluia, © 1964 Production Gerard Meys

Editions André Balland: Philippe Besnard and Guy Desplanques, *Un Prénom pour toujours* ("Le Palmarès des prénoms" 29; "Des prénoms à la mode" 30; "Prénoms et professions" 147)

Editions Bayard Presse: Marguerite Yourcenar and Matthieu Galey, *Les Yeux ouverts* ("Prénom: Marguerite" 31; "Comme le temps passe!" 104; "L'Histoire" 159; "L'Amour" 470)

Editions Calmann-Levy: Christian Nohel, *Les Histoires du Tout-Paris* 31 © 1964

Editions Christian Bourgois: Boris Vian, "On a le monde" 36; "Mon Ministre des finances" 134; "J'suis snob" 383

Editions de l'Herne: Eric Rohmer, *Six contes moraux* "Scenario ma nuit chez Maud" 352

Editions DeNoël: Jean-Jacques Sempé and René Goscinny, *Les Vacances du Petit Nicholas* ("Il faut être raisonnable" 413; "Le Petit Nicholas part en colonie de vacances" 447,487)

Editions du Seuil: Roland Barthes, *Mythologies* ("Le Vin et le lait" 217; "Le Bifteck-frites" 240; "L'Automobile au XXème siècle" 278); Guy Bedos, *Petites Drôleries* "Les Gens" 381; Azouz Begag, *L'Ilet-aux-vents* (untitled 149; "Une Visite médicale" 194; "Le Petit Déjeuner d'Azouz" 228; "La Guerre de la faim" 240)

Editions Enoch & Cie: Jacques Prévert, "Les Feuilles mortes" 74 © 1947

Editions Espace: Guy Béart, "Il n'y a plus d'après" 270

Editions Flammarion: Paul Fort, *Ballades françaises* ("Les Baleines" 136; "La Ronde autour du monde" 261; "Le Bonheur est dans le pré" 316); Norge, *Les Cerveaux brûlés* ("Nationale Sept; poids lourd" 146; "L'Histoire" 159; "L'Heure exacte" 180)

Editions Galilée: François George, *Professeur à T* ("Un Match de football" 59; untitled 217; "Le Bonheur [opinions de lycéens]" 315)

Editions Gallimard: Simone de Beauvoir, "Memoires d'une jeune fille rangée" 95; Eugène Ionesco, *La Cantatrice chauve* (extract, scene 4) 373; Patrick Modiano, *Dimanches d'août* ("Evénement . . . rencontre?" 393; "Histoire de diamant" 516); Patrick Modiano and Jean-Jacques Sempé, *Catherine Certitude* ("Papa a connu mon professeur de danse" 382); Charles Peguy, "La Tapisserie de Notre Dame"; Jacques Prévert, *Drôle de drame* "Bizarre! . . . Bizarre!" 402; Jacques Prévert, *Paroles* ("Dans ma maison" 31; "Les Belles Familles" 49; "Paris at night" 64; "Déjeuner du matin" 228; "Pour faire le portrait d'un oiseau" 239; "La Belle Saison" 364; "Les Paris stupides" 364; "Evénements" 421; "Le Message" 446; "Ceux Qui" 460; "Composition française" 499); Raymond Queneau, *Le Chien à la mandoline* ("Hommage à Gertrude Stein" 180; "Pour un art poétique" 238); Jean-Paul Sartre, *Les Mots* ("Jean-Paul Sartre au cinéma" 363; "Jean-Paul au cimitière des chiens" 423; "Enfance heureuse" 458); Jean Tardieu, *Comme ceci comme cela* "Le Jeu du poulet" 117; Jean Tardieu, *Le Fleuve caché* "Monsieur, Monsieur" ("L'Homme qui n'y comprend rien" 74; "Rengaine à pleurer" 293; "Le Tombeau de Monsieur Monsieur" 437); Jean Tardieu, "Insistance" 273; Jean Tardieu, *Le Part de l'ombre* "Souvent j'oubliais" 344; Jean Tardieu, *Le Professeur Froeppel* "Petites Problèmes et travaux practiques" ("La Vie de tous les jours" 93; "La Géographie" 469); Michel Tournier, *Petites Proses* ("La Mort de la princesse Bibesco" 205; "Habitation et circulation" 219); Paul Valéry, *Charmes* "Palme" 486

Les Editions Hatier: Bernstein et al., "Vichy et l'occupation allemande" 360–369,433

Editions Métropolitaines: Barbara, "Je ne sais pas dire" 261

Editions Odé: Doré Ogrizek, *Paris tel qu'on l'aime* "Le Bistro" 193

Editions Pierre Tisseyre: Mel B. Yoken, *Entretiens québécois* "Une Enfance canadienne" 403

Editions Raoul Breton: Charles Aznavour, "Je hais les dimanches" 241; Serge Gainsbourg, "Ces Petits Riens" 499

Jean-Charles, Jehanne: Jean-Charles Jehanne, *Les Plumes du corbeau* "Arthur tombe dans le bassin" 136

Larousse: Jean Frappier, *Les Romans courtois* 470

Librairie Gründ: Robert Desnos, *Chantefables et chantefleurs* "Le Pélican" 169

Librairie Plon: Raymond Devos, *Matières à rire* ("Il y a quelqu'un derrière" 195; "Sévère mais juste" 219; "L'Accident assuré" 279; "Les Gens sont très marqués par ce qu'ils font" 292; "Le Visage en feu" 292; "L'Horoscope" 293; "Le Quatrième Dimension" 303; "A tort ou à raison" 327; "Suspense" 344; "C'est fou ce que je vous aime!" 380; "L'Ordre et le désordre ou le tiercé" 422; "Ça n'a pas de sens" 425; "Affabulation" 478; "Le Progrès, c'est formidable!" 498; "Jehanne d'Arc" 518); Pierre Jakez Hélias, *Le Cheval d'orgeuil* "Le Pause-café dans la Bretagne d'autrefois" 59

Les Nouvelles Editions Méridien: Marcel Mouloudji and Georges Van Parys, "Un Jour, tu verras" 203 © 1954, copyright renewed; in U.S., administered by Southern Music Publishing, international copyright secured, all rights reserved

Presence Africaine: Myriam Warner-Vieyra, *Juletane* "Au cinéma" 363

Trailer Trash Music, Slow Train Music & BMG Music, Inc.: Gilbert Bécaud, "Dimanche à Orly" 336 © 1992

Warner Chappell Music France: Jacques Brel, "Ne me quitte pas" 424

WGBH, Boston: Jacques Villeret, "Vous n'auriez pas un petit autographe?" 381

Periodicals

France-Soir/CREDOC: "Les Ingrédients du bonheur" 314

France Télévision: "Opéra et télé" 380

Institut de L'Enfant: "Le Goûter" 59

Le Journal français d'Amérique: "La Loterie nationale" 392

Larousse: Gérard Mermet, *Francoscopie 1993* ("Les Français" 31 "L'Apparence physique des Français" 41; "Situation de famille des Français [en 1990]" 50; "Entrer à l'X" 93; "La France sur le divan" 94; "La Cote des métiers" 148; "Que lisent les Français?" 170; "5 millions de Français sont migraineux" 204; "Les Derniers Cafés où l'on cause" 269; "Embouteillages et crottes de chien" 292; "Ameublement et décoration" 302; "Le Confort" 313; "Electroménager" 313; "Les Français sont-ils heureux?" 314; "Habitations à Loyer Modéré" 314; "Donnez-nous notre pain quotidien" 323; "Le Jardinage concerne 60% des Français" 323; "Les Paysans abandonnent les campagnes pour la ville" 324; "Résidences secondaires" 324; "Avoir son chez soi" 335; "Le Nombre d'occupants par logement diminue" 335; "Communications et informatique" 341; "Communication: téléphone et Minitel" 342; "Chaque jour en France" 379; "Les Jeux télévisés remplacent les jeux du cirque" 380; "Les Français et les jeux" 391; "Le Loto" 392; "Dépenser ou investir?" 412; "Loteries et courses de chevaux" 422; "La Solitude s'accroît" 423; "Chaque jour les Français achètent" 435; "La Consommation du vin en baisse" 435; "Emotivité" 478; "Matières grasses" 485; "Matières grasses et crise cardiaque" 486)

Ministère de la Culture et de la Francoscopie: "Livres et lecture" 170

Le Monde de l'Education: "Etudiants qui défilent" (3/92) 82; "Les Filles lisent deux fois plus que les garçons" (5/91) 170; "La Vie des jeunes" (3/92) 171; "Etudiants qui vivent chez leurs parents" (3/92)

Observatoire Economique de Paris: "Repas chez soi et à l'extérieur" 192; "91% des Français satisfaits de leur logement" 313; "Vin, bierre et cidre" 486

Le Parisien: "Le Miraculé du Loto" 393; "Voix express" 412

Peugeot: "Cauchemar" 278

Guidebooks

Hachette/Guide Bleus: Saint-Germain-des-Prés, *Guide de Routard Paris* extract 500

Michelin: "Le Mariage de Louis XIV," "Col du Tourmalet" *Michelin Green Guide Pyrénées Aquitaine*, 3d ed. 1992, No. 93-750, 460

Cartoons

Numbers in italics indicate the position of the cartoons on the page, counting vertically by column. If only one artist is represented on the page, no position numbers are given. Maps, unless adorned with an illustration, are not included.

Les Editions Albert René: Goscinny and Uderzo, *La Grand Traversée* 42; Uderzo, *Astérix gladiateur* 105,*1*

Editions Casterman: La Fontaine, *Fables,* illustrated by Simonne Baudouin, "Le Corbeau et le renard" 161

Editions Cherche-Midi: Mose, *Les Meilleurs Dessins de Mose* 135; 194; 202; 229; 282,*1*

Editions DeNoël: Jacques Faizant, *Vive la marine* 94; 158 © 1979

Editions Glénat: Claude Serre, 77,*1*; 82; 140,*3*; 150; 172; 256; 270; 290; 291; 329,*2*; 411,*1*; 419,*1*

Editions Rivages: Philippe Corentin, *C'est à quel sujet* 158

Ha! Humoristes Associés: Blachon *Le Vin* 282,*4*; R. Sabatier, *Le Vin* 282,*3*; Soulas, *Le Vin* 282,*2* © 1980

Le Nouvel Observatoire du Monde et Claire Bretécher: Claire Bretécher, "Agrippine" 137; *Les Frustrés* "Les Champions" 173

WGBH, Boston: Jean Effel, 17; 231,*1*; Jean-Jacques Sempé, 8; 10; 15; 19; 20,*4*; 27,*4*; 35,*2*; 45,*1,2,4,5,6,8*; 46,*2*; 47,*2*; 54,*1,2*; 62,*4*; 63,*2*; 76,*1*; 79,*1*; 82,*5*; 84,*2*; 85,*3*; 97,*5*; 120,*2,3*; 132,*1*; 138,*1*; 139,*3*; 140,*4*; 142,*3,4*; 152,*2*; 155,*4*; 165,*1*; 185,*2,3*; 189; 197,*4*; 209,*2*; 211,*3*; 213,*4*; 221,*1*; 241,*1*; 243,*5*; 248,*4*; 257,*1,2*; 262,*1*; 271,*1*; 277,*6*; 285,*2,4*; 291; 298,*1*; 329,*1*; 349; 355; 377; 382; 385,*2*; 395; 411; 413; 414; 419; 442,*5*; 447; 448; 463,*2*; 465; 487; 495,*4*; 510,*1*

The following artists were commissioned to make illustrations for this textbook: Anne Ferrer, Todd Lynch, Claude Martineau, Aline Mathieu, Claude Raynaud, and Christian Siret.